Christoph Kleßmann
Die Selbstbehauptung einer Nation

Studien zur modernen Geschichte

Herausgegeben von

Fritz Fischer
Klaus-Detlev Grothusen
Günter Moltmann

Universität Hamburg

Band 5

Bertelsmann Universitätsverlag

Christoph Kleßmann

Die Selbstbehauptung einer Nation

Nationalsozialistische Kulturpolitik und polnische Widerstandsbewegung im Generalgouvernement 1939–1945

Bertelsmann Universitätsverlag

Gedruckt mit Unterstützung der
Stiftung Volkswagenwerk

GG = Term?
Kultur
Widerstand

6

Umschlaggestaltung: studio für visuelle kommunikation, Düsseldorf
Gesamtherstellung: Mohndruck Reinhard Mohn OHG, Gütersloh

Printed in Germany

ISBN 3-571-09193-0

Inhalt

Vorwort

Die vorliegende Untersuchung wurde im Juni 1969 von der Abteilung für Geschichtswissenschaft der Ruhr-Universität Bochum als Dissertation angenommen. Für die Drucklegung wurden Kürzungen vorgenommen und die neueste Literatur eingearbeitet.

Für die Beschaffung und Benutzung des hier verarbeiteten, z. T. sehr verstreuten Materials habe ich vor allem der Biblioteka Polska in London zu danken, ferner dem Polish Research Center und dem Studium Polski Podziemnej (The Polish Underground Movement Study Trust), ebenfalls in London. Ohne die Möglichkeit zur ausgiebigen Benutzung exilpolnischer Quellen- und Bibliotheksbestände wäre die Ausarbeitung dieser Darstellung unmöglich gewesen. Archivalien aus Polen selbst sind mir unzugänglich geblieben. Ein entsprechender Antrag wurde seinerzeit (1966) von den polnischen Behörden abgelehnt.

Ferner habe ich zu danken: dem Bundesarchiv Koblenz, in dem sich der größte Teil der noch erhaltenen, für das Thema wichtigen deutschen Akten befindet; dem Staatlichen Archivlager Göttingen, das über eine fast vollständige Sammlung der umfangreichen Nürnberger Prozeß-Dokumente verfügt; dem Institut für Zeitgeschichte in München und dem Herder-Institut in Marburg für die Benutzung verschiedener gedruckter und ungedruckter Materialien. Ein Versuch, auch Quellen aus dem Deutschen Zentralarchiv in Potsdam zu verwerten, wurde nicht mehr unternommen, da es sich laut Auskunft der Archivverwaltung dort nur um geringfügige Einzelstücke handelt, die evtl. für das anstehende Thema zu verwerten gewesen wären. Das gleiche gilt für das Politische Archiv des Auswärtigen Amtes, das Geheime Staatsarchiv in Berlin-Dahlem und das Militärgeschichtliche Forschungsamt in Freiburg. Besonderen Dank schulde ich der Stiftung Volkswagenwerk und dem Evangelischen Studienwerk Villigst für die Gewährung eines zweijährigen Stipendiums und eines Zuschusses für die Drucklegung.

Für die kritische Durchsicht des Manuskripts und zahlreiche Hinweise und Anregungen möchte ich Herrn Prof. Dr. Hans Mommsen (Bochum), Herrn Prof. Dr. Rudolf Vierhaus (Bochum), Herrn Prof. Dr. Dietrich Geyer (Tübingen), Herrn Prof. Dr. Karl Otmar Freiherr von Aretin (Darmstadt) und Herrn Claus Scharf (Mainz) meinen herzlichen Dank aussprechen. Schriftliche oder mündliche Auskünfte habe ich freundlicherweise erhalten von: Frau Dr. M. L. Danilewicz, London; Herrn Jakob Enders, Neustadt/Weinstraße; Herrn Józef Garliński, London; Herrn Prof. Dr. Hans Goetting, Göttingen; Herrn Prof. Dr. Otto Hahn †, Göttingen; Herrn Albert Heise, Marburg; Herrn Dr. Hans Hopf, Koblenz; Herrn Prof. Dr. Czesław Madajczyk, Warschau; Herrn Dr. Erich Weise, Hannover.

Meinem akademischen Lehrer, Prof. Dr. Hans Roos (Bochum), möchte ich für das große Interesse danken, mit dem er die Entstehung dieser Arbeit begleitet und gefördert hat.

Bochum, im März 1971 *Christoph Kleßmann*

Abkürzungsverzeichnis

ADAP	Akten zur Deutschen Auswärtigen Politik
AK	Armia Krajowa; Landesarmee
AL	Armia Ludowa; Volksarmee
BA	Bundesarchiv, Koblenz
BIP	Biuro Informacji i Propagandy; Informations- und Propagandabüro (der AK)
BP	Biblioteka Polska, London
BOSZZ	Biuro Oświatowo-Szkolne Ziem Zachodnich; Bildungs- und Schulbüro der Westgebiete
DFO	Deutsche Forschung im Osten
DOK	Departament Oświaty i Kultury; Abteilung für Bildung und Kultur
GG	Generalgouvernement
GKBZH	Główna Komisja Badania Zbrodni Hitlerowscych; Hauptkommission zur Erforschung der Verbrechen der „Hitleristen“
HA	Hauptabteilung (der Regierung des GG)
HTO	Haupttreuhandstelle-Ost
HSSPF	Höherer SS- und Polizeiführer
HZ	Historische Zeitschrift
IDO	Institut für Deutsche Ostarbeit, Krakau
IMG	Internationaler Militärgerichtshof (Der Prozeß gegen die Hauptkriegsverbrecher vor dem Internationalen Militärgerichtshof Nürnberg)
Jbb	Jahrbücher
KOP	Komisja Oświecenia Publicznego; Kommission für öffentliche Bildung
KRN	Krajowa Rada Narodowa; Landesnationalrat
KRP	Krajowa Reprezentacja Polityczna; Politische Landesrepräsentation
KWC	Kierwonictwo Walki Cywilnej; Leitung des zivilen Kampfes
KWK	Kierownictwo Walki Cywilnej; Leitung des konspirativen Kampfes
Nürnb Dok	Nürnberger Dokumente (ungedruckt)
NSZ	Narodowe Siły Zbrojne; Nationale Streitkräfte
ONR	Obóz Narodowo-Radykalne; Nationalradikales Lager
OPW	Obóz Polski Walczącej; Lager des kämpfenden Polen

OZN	Obóz Zjednoczenia Narodowego; Lager der nationalen Einigung
PHA	Polnischer Hauptausschuß
PKOK	Powiata Komisja Oświaty i Kultury; Bezirkskommission für Bildung und Kultur
PKP	Polityczny Komitet Porozumiewawczy; Politisches Verständigungskomitee
POM	Polska Organizacja Młodych; Polnische Jugendorganisation
PPR	Polska Partia Robotnicza; Polnische Arbeiterpartei
PRC	Polish Research Center, London
REM	Reichserziehungsministerium
RFSS	Reichsführer SS
RJN	Rada Jedności Narodowej; Rat der Nationalen Einheit
RK	Raporty Krajowe; Berichte aus dem Lande
RKF	Reichskommissar(iat) für die Festigung des deutschen Volkstums
RMVP	Reichsministerium für Volksaufklärung und Propaganda
Roczn	Rocznik (Jahrbuch)
RPPS	Robotnicza Partia Polskich Socjalistów; Arbeiterpartei der Polnischen Sozialisten
RSHA	Reichssicherheitshauptamt
SD	Sicherheitsdienst (der SS)
SGH	Szkoła Główna Handlowa; Haupthandelsschule
Sipo	Sicherheitspolizei
SL	Stronnictwo Ludowe; Volkspartei (Bauernpartei)
SN	Stronnictwo Narodowe; Nationalpartei (Nationaldemokraten)
SNSZ	Stowarzyszenie Nauczycieli Szkół Zawodowych; Vereinigung der Berufsschullehrer
SP	Stronnictwo Pracy; Partei der Arbeit (Christdemokraten)
St P P	Studium Polski Podziemnej, London
SZP	Służba Zwycięstwu Polski; Dienst für den Sieg Polens
T	Tagebuch (Diensttagebuch des Generalgouverneurs Hans Frank)
TON	Tajna Organizacja Nauczycielska; Geheime Lehrerorganisation
TNSŚW	Towarzystwo Nauczycieli Szkół Średnich i Wyższych; Vereinigung der Ober- und Hochschullehrer
UZZ	Uniwersytet Ziem Zachodnich; Universität der Westgebiete
VOBlGG	Verordnungsblatt für das Generalgouvernement
VfZG	Vierteljahreshefte für Zeitgeschichte
VOMI	Volksdeutsche Mittelstelle

WRN	Wolność, Równość, Niepodległość; Freiheit, Gleichheit, Unabhängigkeit (Name der polnischen Sozialisten im Untergrund)
WWP	Wolna Wszechnica Polska; Freie Polnische Hochschule
ZfG	Zeitschrift für Geschichtswissenschaft
ZNP	Związek Nauczycielstwa Polskiego; Polnischer Lehrerverband
ZWM	Związek Walki Młodych; Kampfverband der Jugend
ZWZ	Związek Walki Zbrojnej; Verband für bewaffneten Kampf

Einleitung

Die Relevanz des hier dargestellten Ausschnittes aus der Geschichte des deutsch-polnischen Verhältnisses ergibt sich für den ersten Teil dieser Arbeit u. a. aus den bis zur Gegenwart andauernden nachhaltigen Auswirkungen der in Polen praktizierten deutschen Politik, für den zweiten Abschnitt aus mehreren Gründen, nicht zuletzt daraus, daß in Deutschland über die polnische Widerstandsbewegung, die in Polen zu einem der Hauptarbeitsgebiete der Historiographie gehört, kaum etwas bekannt ist. Bleibt man nicht bei der Rekonstruktion von Organisationen und Aktionen stehen, so zeigt sich überdies, daß die Probleme einer „Fundamentaldemokratisierung", wie sie im Untergrund angesichts der direkten Konfrontation mit einem faschistischen System reflektiert wurden, an Aktualität nichts verloren haben.

Louis de Jong, der beste Kenner der holländischen Résistance, hat betont, „daß man den Widerstand als solchen nicht untersuchen und beschreiben" könne, daß vielmehr eine Geschichte des Widerstandes „zunächst eine Geschichte der Nazi-Herrschaft" sein müsse[1]. Im Sinne eines solchen Zusammenhanges von Herausforderung und Antwort ist auch für das vorliegende Thema die Verbindung von Okkupationspolitik und Widerstandsbewegung unmittelbar gegeben. Legt man den Akzent auf die Darstellung der letzteren, so wäre freilich, um diesen Zusammenhang sichtbar werden zu lassen, nur eine grobe Skizzierung der deutschen Politik nötig. Wenn dagegen in dieser Untersuchung beide Teile nahezu gleichen Umfang aufweisen, so deswegen, weil sich das Bild der im Generalgouvernement (GG) verfolgten Politik bei näherem Zusehen immer stärker differenzierte und ohne relative Ausführlichkeit schwer der Gefahr zu entgehen war, eine schablonenhafte Zeichnung zu geben, d.h. die nationalsozialistischen Intentionen und Planungen in Polen weitgehend mit der historischen Wirklichkeit gleichzusetzen.

Theorie und Praxis nationalsozialistischer Polenpolitik sind in ihren wesentlichen Grundzügen und brutalsten Erscheinungsformen wie der Ausrottung der polnischen Juden, der Vertreibung großer Bevölkerungsteile aus Posen und Westpreußen, Massenhinrichtungen und der Zwangsdeportation polnischer Arbeitskräfte ins Reich erforscht und bekannt[2]. Die hier vorgenommene Untersuchung des Sektors Kultur bezieht sich demgegenüber auf einen relativ unbekannten Bereich. Er erhält seine Bedeutung dadurch, daß er integraler Bestandteil der Besatzungspolitik in Polen war und das GG zu einem Modellfall nationalsozialistischer Slawenpolitik werden ließ, insofern die intendierte Vernichtung der polnischen Nationalkultur die Geschlossenheit und innere Konsequenz eines politischen Konzepts deutlich macht, das für andere osteuropäische Länder in dieser Form ohne Zweifel nach dem „Endsieg" vorgesehen war, jedoch während des Krieges nirgendwo so detailliert durchgeplant und auch ansatzweise realisiert wurde wie in Polen. Am Beispiel Polens läßt sich somit über allgemeine Grundzüge hinaus bis in charakteristische Details gewissermaßen ablesen, welche Politik die slawischen Völker generell zu erwarten hatten und mit welchen Mitteln diese Politik die gewünschte Unterwerfung und substantielle Vernichtung zu bewerkstelligen versuchte[3]. Der Krieg gegen Polen, der zunächst scheinbar als „nationaler Restitutionskrieg" angelegt war, mündete in eine Vorform des später in der Sowjetunion praktizierten „ideologischen Vernichtungskrieges"[4] ein und machte somit Polen zum Experimentierfeld der Hitlerschen Ost- und Lebensraumpolitik[5].

Auf die an rein destruktiven Zielen orientierten Maßnahmen den Begriff „Kulturpolitik" anzuwenden, widerspricht ohne Zweifel jedem geläufigen Verständnis von Kultur. Seine Verwendung ist daher im folgenden auch lediglich in formalem Sinne zu verstehen.

Der kulturpolitische Ausschnitt macht den spezifischen Charakter eines *faschistischen* Imperialismus besonders deutlich. Bevölkerungsdeportationen, Massenerschießungen und Zwangsarbeit waren Mittel der Politik, deren sich auch Stalin mit prinzipiell gleicher Skrupellosigkeit wie Hitler bediente. Eine ganze Nation mit langer historischer Tradition auf den Stand eines kulturlosen Arbeitersklavenvolkes herabzudrücken, war indes eine Vorstellung, die selbst einer stalinistischen Gedankenwelt fremd war[6]. In einer Zeit, in der der Stern des „klassischen", auf überseeische Expansion ausgerichteten Imperialismus schon längst im Sinken begriffen war, verwirklichte Hitler in Polen den Grundcharakter des radikalen Faschismus: „die Potenzierung des Kolonialimperialismus."[7] Liquidierung oder Aussiedlung der Intelligenz und die Zerstörung nationaler Kulturtradition erhielten daher in dieser politischen Konzeption einen zentralen Stellenwert. Eine faschistische Herrschaft konnte von ihren Prämissen her in einem unterworfenen Raum keine fremde Kultur als gleichwertig anerkennen, sondern mußte versuchen, diese in irgendeiner Form zu vernichten und die eigene an ihre Stelle zu setzen. Nach diesem Grundsatz verfuhr der italienische Faschismus im besetzten Dalmatien[8], der Nationalsozialismus in Polen und anderen osteuropäischen Ländern. Das Element der Gewalt, die tendenziell auf totale Vernichtung abzielte, machte dabei das spezifisch Faschistische gegenüber ähnlichen nationalistischen Bestrebungen aus. Die ideologische Rechtfertigung der angestrebten Vernichtung der nationalen Kultur als eines wesentlichen Bestandteils der nationalen Eigenständigkeit des fremden Volkes sah der Nationalsozialismus in der These von der kulturellen Überlegenheit der germanischen Rasse. Diese These sollte in Polen gewissermaßen „verifiziert" werden durch die forcierte Aktualisierung historischer germanischer und deutscher Spuren. Für einen machtpolitisch und ökonomisch motivierten Imperialismus in Osteuropa bot sich die Kulturgeschichte – im umfassendsten Sinne – als einziges, wenn auch dünnes, kontinuitätstiftendes Element an. Die deutsche „Kultursendung im Osten", die ursprünglich durchaus einmal eine idealistische Komponente gehabt hatte – ähnliches galt für das Verhältnis der alten polnischen Republik zu den litauischen, weißruthenischen und ukrainischen Ostgebieten –, wurde jetzt ausschließlich zum Deckmantel imperialistischer Kolonialpolitik. Die nationalsozialistische Kulturpolitik war in Wahrheit Instrument einer kalkulierten Herrschaftstechnik gegenüber einem unterworfenen Volk, indem sie dieses politisch und ökonomisch beliebig verfügbar machen sollte. Sie trug somit durch und durch *ideologischen* Charakter, insofern sie einen „Rechtfertigungszusammenhang einer Gesellschaft, die dieser Rechtfertigung bedarf"[9] darstellte.

Die Frage, welches Verständnis von Kultur der nationalsozialistischen Politik zugrundelag, ist kaum eindeutig zu klären. Ein an sich schon schillernder Begriff mußte in einer vorwiegend aus irrationalen Elementen zusammengesetzten Ideologie vollends amorph werden. Dennoch lassen sich einige konstitutive Züge des nationalsozialistischen Kulturbegriffs herausarbeiten. Seine inhaltliche Bestimmung erfuhr er zu einem wesentlichen Teil aus der alten und vor allem in der deutschen geistesgeschichtlichen und politischen Tradition bedeutsamen Entgegensetzung von Zivilisation und Kultur[10]. Die beiden aus der Zeit der Aufklärung stammenden Begriffe, die ursprünglich durch ihre Grundbedeutung „Verfeinerung" aneinandergebunden waren, wurden in Deutschland schon in der Zeit der Romantik in die Bedeutungsgehalte „äußerlich" und „innerlich" mit einer entsprechenden Bewertung aufgespalten. Einen Höhepunkt der Politisierung erreichte dieser Gegensatz dann im 1. Weltkrieg in der Übertragung auf den Kampf Deutschlands gegen seine westlichen Nachbarn und die Verbindung von Kultur und Rasse[11].

Obwohl es im Nationalsozialismus, besonders bei Rosenberg, Ansätze gab, diesen Gegensatz zu überwinden[12], blieb doch die im antizivilisatorischen Affekt zum Ausdruck kommende, irrationale und „innerliche" Bestimmung des Kulturbegriffs und die negative Wertung der Zivilisation grundlegend. Daß diese prinzipielle Trennung in sich widersprüchlich war und sein mußte, wurde nicht reflektiert. Der Widerspruch brach jedoch in der politischen Praxis zwangsläufig auf, insofern etwa der Technik und einer sachbezogenen Bildungspolitik, Bereichen also, die der „mechanischen Zivilisation" zuzuordnen waren, gerade im Krieg eine immer stärkere Bedeutung zukam. Hier zeigte sich, was David Schoenbaum als Wesensbestimmung des Nationalsozialismus und Quelle für die Erklärung der Anomalien seiner Herrschaftspraxis hervorgehoben hat: die ideologische Revolution gegen die bürgerliche Industriegesellschaft mit den industriellen Mitteln eben dieser Gesellschaft; ein Staatsgebilde mit nationalsozialistischer (d.h. irrational bestimmter) Politik und kapitalistischer (d.h. rational orientierter) Wirtschaftsstruktur[13].

Knüpfte der nationalsozialistische Kulturbegriff in seiner Entgegensetzung von Kultur und Zivilisation unmittelbar an konservative Traditionen an, so ging er doch in der Bestimmung von Kultur als „Bewußtseinsgestaltung des Vegetativ-Vitalen einer Rasse"[14] über konservatives Denken hinaus. Hatte die konservativ-nationale Kulturauffassung, die ebenfalls jeden „Internationalismus" ablehnte, fremde Kultur grundsätzlich respektiert[15], so konnte der Nationalsozialismus nicht-arische Kultur nicht mehr tolerieren, da ihm Rassen nicht gleichwertig waren und sie, da es keine Brücke zwischen ihnen gab, nur in der Form der Unterwerfung oder Vernichtung miteinander zu verkehren vermochten[16].

Im Nationalsozialismus wurde Kultur zur Funktion der angestrebten harmonischen, rassisch einheitlichen Volksgemeinschaft. „Kultur im engeren Sinne", schrieb der führende Pädagoge des Dritten Reiches, Ernst Krieck, „geistige Schöpfung in Dichtung, Kunst und Wissenschaft hat der völkischen Lebenssubstanz und Lebensrichtung Ausdruck zu geben, sie ins Bild und Bewußtsein zu erheben und wiederum im Dienst der Gesamtaufgabe erhöhend und bildend auf das Volkstum zurückzuwirken"[17]. Künstlerische Produkte konnten damit eine herrschaftstechnische Funktion erhalten: als Integrationskräfte, die durch Vermittlung und künstlerische Objektivation von Volkssymbolen die Ausrichtung auf jene Volksgemeinschaft anstreben[18].

Aus dieser völkischen Fundierung aller Kultur resultierte eine ausgeprägt populistisch-antielitäre Komponente im nationalsozialistischen Kultur- und Bildungsbegriff, die auch dem Antiliberalismus als bestimmendem Grundzug des Nationalsozialismus konsequent entsprach. Um den Weg zur völkischen Kultur freizumachen, forderte Krieck „den radikalen Abbau der ‚höheren' Welt der Idealität, der Humanität, aller ‚höheren' Werte der Bildung und der Kultur. Es verschwindet damit nicht eine Wirklichkeit, eine Lebensnotwendigkeit, sondern nur ein verhängnisvolles Vorurteil"[19]. „Volksrealismus" war die Formel, die Krieck für die „kommende Lebens- und Kulturrichtung" anbot[20].

Charakteristisch ist jedoch für diese antielitäre Komponente im Nationalsozialismus, daß sie lediglich eine nivellierende, nicht aber eine progressive Note trug. In den Erziehungsgrundsätzen zeigte sich das besonders deutlich. Nichtschulischen Faktoren wie Wehrmacht und Arbeitsdienst fiel die zentrale Rolle in diesem Nivellierungsprozeß zu[21]. Hitlers pädagogische Vorstellungen waren am Leitbild des Dorfschullehrers des 18. Jahrhundert, dem entlassenen Unteroffizier, orientiert. Die Volksschullehrer sollten sich aus Berufssoldaten rekrutieren, die HJ und Arbeitsdienst abgeleistet und an einem zweijährigen Kurs teilgenommen hatten, höhere Schulbildung war dazu nicht nötig[22]. Primäres Ziel der Schulerziehung sollte daher auch nicht Wissensvermittlung und Anleitung zu selbständigem Denken sein, sondern „Charakterbildung" und Erziehung zum „gesunden und tüchtigen Einzelmenschen" als einem „einsatzbereiten Gemeinschaftsglied"[23]. Der „kerngesunde Körper" rangierte vor dem „geistreichen Schwächling"[24].

Den politischen Bezug solcher pädagogischen Prinzipien ließ Hitler in „Mein Kampf" klar zu Tage treten, wenn er Nationalismus und Gemeinschaftssinn als Hauptinhalte schulischer Charakterbildung postulierte. Denn damit wurde eine wesentliche Voraussetzung für die Expansion der in sich geschlossenen Volksgemeinschaft über ihre politischen Grenzen hinaus geschaffen. „Die Angst unserer Zeit vor Chauvinismus ist das Zeichen ihrer Impotenz", schrieb Hitler 1924[25]. Die bildungs- und kulturpolitischen Grundsätze konnten somit zu einer „Manipulationsideologie"[26] für politische Ziele werden. Mit einem Volk, das zu „Charakterstärke", Nationalismus und Innerlichkeit erzogen war, ließ sich nicht nur leichter Eroberungspolitik treiben, dieses Volk würde sich auch einer entsprechenden Diffamierungspropaganda fremder Kultur gegenüber als zugänglicher erweisen. Konsequent folgte aus einem solchen ausschließlich auf die herrschende Volksgemeinschaft bezogenen Kulturbegriff für ein beherrschtes und zudem als „rassisch minderwertig" eingestuftes Volk wo nicht Vernichtung, so zumindest Entmündigung und Diffamierung seiner Kultur als unschöpferisch.

Im nationalsozialistischen Kulturbegriff und in der praktizierten Kulturpolitik war der Rekurs auf die Vergangenheit angelegt, da aus ihr die Legitimation für die Gegenwart bezogen wurde. Formal gleichartig, nur unter umgekehrten Vorzeichen, wurde eben diese Vergangenheit auch von den Polen betrachtet. Von beiden Seiten wurde das Kontinuitätsproblem, in dem sich oftmals Wissenschaft und Propaganda bis zur Unentwirrbarkeit miteinander verbanden, zumeist so verkürzt oder verzerrt, daß nationalsozialistische Ostpolitik als folgerichtige und notwendige Vollendung von in der deutschen Geschichte angelegten Tendenzen erschien. Will man den Nationalsozialismus über seinen Charakter als Phänomen einer „Epoche des Faschismus" hinaus als Erscheinung spezifisch deutscher Geschichte verstehen und ihn nicht durch Isolierung aus dem historischen Kontext letztlich bagatellisieren, so läßt sich diese Kontinuitätsfrage kaum umgehen. Gerade im kulturpolitischen Bereich sind Kontinuitäten zwischen preußisch-wilhelminischer und nationalsozialistischer Zeit evident. Ohne bestimmte, historisch bedingte sozialpsychologische Prädispositionen hätte das Programm für Polen schwerlich in dieser Form entworfen und ansatzweise realisiert werden können. Was in Polen geschah, war nur zum Teil Ausfluß persönlicher Verworfenheit einzelner. Daß sich vielmehr ein System etablieren konnte, in dem Figuren wie Globocnik, Krüger oder Frank eine entsprechende Wirkungsmöglichkeit eingeräumt wurde, und daß sie diese in ähnlichem Ausmaß in westeuropäischen Ländern schwerlich gehabt hätten, hängt eben mit einer bestimmten Tradition gegenüber „dem Osten" zusammen[27]. Der Zusammenbruch von 1945, die Vertreibung der deutschen Bevölkerung und der seitdem in Polen im Rückgriff auf eine ältere nationalistische Tradition offiziell verordnete Sprachgebrauch von der „Rückkehr" in die „wiedergewonnenen Gebiete" sind verständlicherweise auch heute noch dazu angetan, einer kritischen Beurteilung dieser Tradition im Wege zu stehen[28]. Daß die politische Zäsur des Jahres 1970 mit dem Warschauer Vertrag auch zum Ausgangspunkt für eine künftige differenziertere Betrachtung der historischen deutsch-polnischen Beziehungen auf beiden Seiten werden könnte, scheint indes immerhin möglich.

Wenn, wie schon angedeutet, die politische Realität im GG schließlich doch nicht voll den anfänglichen Planungen entsprach, wenn die Umsetzung der politischen Grundsätze in administrative Maßnahmen nur in beschränktem Umfang tatsächlich vonstatten ging, so hatte das verschiedene Gründe, die genauer zu analysieren sein werden. Es geht dabei vor allem um die schon in der Trennung von Kultur und Zivilisation aufgezeigte innere Antinomie, um den „Konflikt zwischen dem magischen Charakter der Propaganda und der völligen Rationalität der Gesellschaft"[29], der nicht zuletzt seine institutionelle Ausprägung in einer durch mehrere, sich gegenseitig oftmals paralysierende Machtfaktoren bestimmten Herrschaftsstruktur fand. Ohne diese „Anarchie der Vollmachten"[30] ist weder das Erscheinungsbild der Polenpolitik noch die Breite und Intensität der polnischen Widerstandsbewegung zu erklären und zu verstehen.

Eine Beschränkung der Untersuchung auf das GG ergab sich im wesentlichen aus zwei Gründen. Zum einen hätte eine Einbeziehung der ins Reich eingegliederten westpolnischen Gebiete in die vorliegende Darstellung und die damit verbundene Auswertung von Archivalien aus der Provenienz der obersten Reichsbehörden – für das GG waren sie nur indirekt zuständig – den Rahmen dieser Arbeit gesprengt. Zum anderen läßt sich der hier zu behandelnde Zusammenhang zwischen der geplanten und tatsächlich praktizierten nationalsozialistischen Kulturpolitik und der Breite und Vielfalt der polnischen Reaktionen darauf nur für das GG verfolgen, da es in den polnischen Westgebieten nach der Liquidierung und Vertreibung der Intelligenz und der staatsrechtlichen Einbeziehung dieser Gebiete in das Deutsche Reich weder irgendeine Form von Kulturpolitik für die verbliebene polnische Bevölkerung gab noch auch eine zivile Untergrundbewegung von größerer Bedeutung.

Dieser Zusammenhang zwischen Besatzungspolitik und Widerstand im GG ist vielschichtig. Zweifellos haben die Exekutivorgane des NS-Regimes zu einem erheblichen Teil die Untergrundbewegung selbst „aufgebaut", indem Widerstand gegen die unsinnigen und brutalen Maßnahmen fast zwangsläufig provoziert wurde. Darüber hinaus spielten jedoch gerade im zentralpolnischen Gebiet konspiratorische Traditionen eine bedeutsame Rolle, so daß man vermuten darf, daß sich eine Widerstandsbewegung auch bei einer maßvolleren Politik entwickelt hätte, wenn auch zweifellos in erheblich geringerem Umfang. Die Vielfalt der illegalen Aktionen besonders auf zivilem Sektor ist wohl eine spezifisch polnische Erscheinung, die sich nicht zuletzt aus dieser besonderen Tradition Polens herleitet. Dem deutschen Okkupationsstaat entsprach schließlich ein polnischer Untergrundstaat wie ein Positiv dem Negativ.

Auf der anderen Seite blieb jedoch auch das Verhalten der Okkupationsmacht, zumal seit sich das Kriegsglück zu wenden schien, nicht unbeeinflußt vom Erfolg und von der Politik der Widerstandsbewegung. Zumindest ansatzweise versuchten verschiedene deutsche Stellen, die ideologischen Richtlinien, welche die Formierung und Entfaltung der Widerstandsbewegung in ihrer ganzen Breite erst in Gang gesetzt hatten, zu modifizieren und so den illegalen Aktionen den Boden zu entziehen. Gerade hier kam der Kulturpolitik die größte Bedeutung zu.

Schließlich – und dieser Gesichtspunkt ist von besonderer Wichtigkeit – rief die nationalsozialistische Politik einen nicht zuletzt für Polens Zukunft außerordentlich bedeutsamen Effekt hervor. Die Konsequenzen einer faschistischen Politik traten in Polen mit einer Deutlichkeit zu Tage, wie sie vorher schwerlich vorstellbar waren. Auf diese unmittelbare Erfahrung reagierten die Polen in der Untergrundbewegung nicht nur mit Haß und aktivem Widerstand, sondern auch mit einer kritischen Auseinandersetzung mit der eigenen politischen und kulturellen Vergangenheit und dem Versuch einer grundsätzlichen innenpolitischen Neuorientierung. Gerade diese Diskussionen signalisieren in oft verblüffenden und faszinierenden Formen eine „Umwertung der Werte": der restriktive Druck von oben löste Reaktionen von unten aus, die den Anspruch des „deutschen Kulturträgers" gegenüber „polnischer Unkultur" und die These vom „Kulturgefälle" allein durch ihre Existenz total ad absurdum führten. Die rein regressive Ausrichtung der nationalsozialistischen Kulturkonzeption mit ihren verheerenden Konsequenzen für die polnische Intelligenz wurde gewissermaßen zur „Initialzündung", den entgegengesetzten Weg einzuschlagen. Aus der scharfen Kritik der politischen Vergangenheit Polens und besonders der sozialen Stellung der Intelligenz gingen unter dem Druck von Terror und Verelendung nicht nur Utopien einer besseren Welt hervor, sondern konkrete, detaillierte Aktionsprogramme. Diese „innere Geschichte" kann hier nur in Umrissen dargestellt werden, da sie ein außerordentlich komplexes Phänomen ist und einer eigenen Untersuchung bedürfte. Das gleiche gilt für die Frage, wieweit die Widerstandsbewegung als Bindeglied zwischen der autoritären Vorkriegs- und der kommunistischen Nachkriegszeit verstanden werden kann, wieweit Programmelemente dieser Zeit in Volkspolen übernommen und realisiert wurden und welche Bedeutung die Politisierung und Radikalisierung besonders der Intelligenz, aber auch breiterer Volksschichten, für Polens Nachkriegszeit, nicht zuletzt den Oktober 1956, hatte. Diesen Fragen kann hier nicht nachgegangen werden. Einige Hinweise dazu mögen sich immerhin aus der Darstellung selbst ergeben.

Es wäre reizvoll, die polnische Widerstandsbewegung in den Zusammenhang der europäischen Résistance einzufügen und damit zugleich Umfang, Eigenart und Bedeutung der polnischen deutlicher werden zu lassen. Bei dem gegenwärtigen Forschungsstand, wo zwar über Partisanenaktionen und Sabotagemaßnahmen zahlreiche Untersuchungen vorliegen, der politische „inside"-Aspekt aber noch kaum behandelt ist, erweist sich das als unmöglich. Überdies läßt sich dem Faschismus als einem gesamteuropäischen Phänomen nicht mit der gleichen inneren Folgerichtigkeit eine „europäische Widerstandsbewegung" zuordnen[31]. Zweifellos gab es für alle Widerstandsbewegungen konstitutive Züge, die prinzipiell in allen Ländern gleich waren, auch gab es die illegale Kooperation über nationale Grenzen hinweg, darüber hinaus wäre jedoch ein übernationaler innerer Zusammenhang, der über den „Antifaschismus" als generelles Kennzeichen hinausging, zunächst einmal genauer zu untersuchen und nachzuweisen. Eine ausschließliche Beschränkung auf den nationalen, polnischen Rahmen war daher unvermeidbar.

Die Schwierigkeiten bei der Behandlung der vorliegenden Materie resultieren u.a. daraus, daß angesichts einer leicht sichtbar zu machenden Generallinie vor allem das Detail Interesse beanspruchen, dieses jedoch nur begrenzt Berücksichtigung erfahren kann. Auch wo die Quellen das erlauben, wird weder im Hinblick auf die deutsche Politik noch auf die Widerstandsbewegung eine erschöpfende Behandlung angestrebt.

Für den Bereich der Résistance ergeben sich überdies gravierende terminologische und methodische Probleme. Partei, Kommission, Institut, Fakultät usf. sind vorstellungsmäßig halbwegs genau umrissene Begriffe. Die Verwendung solcher Bezeichnungen für den Untergrund würde daher völlig falsche Vorstellungen hervorrufen, weil illegale Arbeit mit einem Minimum an institutionellem Aufwand verbunden sein muß, die überkommenen Begriffe aber gleichwohl weiterverwendet werden und auch werden müssen, da es zwar ein System von Kryptonymen gibt, aber kein die konspirativen Formen im Unterschied zu den legalen hinreichend und korrekt erfassendes begriffliches Instrumentarium. Derartige terminologische Vorbehalte, die auch eine beträchtliche sachliche Bedeutung besitzen, hat man sich daher stets zu vergegenwärtigen.

Schwerwiegender ist die methodische Schwierigkeit der Quellenauswertung[32]. Abgesehen von ihrer Bruchstückhaftigkeit und der Zufälligkeit ihrer Erhaltung geht es dabei vor allem um den repräsentativen Charakter bestimmter Zeugnisse. Der Artikel im Zentral- oder Regionalorgan einer illegalen Partei beispielsweise kann in viel höherem Maße Ausdruck persönlicher Überzeugungen des Autors sein als in einer legalen Zeitung, da in der Konspiration die Kooperations- und Selektionsmechanismen nur sehr bedingt wirksam werden können und die Arbeitsbedingungen ein hohes Maß an Dezentralisation, Delegierung von Verantwortung und Selbständigkeit der einzelnen Mitglieder erfordern. Deshalb läßt sich immer nur „cum grano salis" etwa von „dem Lehrerverband", „der Delegatur", „der Bauernpartei" etc. sprechen.

Ein gewisser Allgemeinheitsgrad in der Darstellung ist zudem bisweilen unvermeidlich, da die Quellenbasis vielfach sehr schmal ist. In bestimmten Fällen ist es zwar möglich, detaillierte Organisationsschemata nachzuzeichnen, ihr Aussagewert ist jedoch relativ gering. Denn eine zu starke Betonung der organisatorischen Struktur kann allzu leicht zu einer „petitio principii" werden: die konspirative Wirklichkeit entsprach dem geplanten Organisationsschema meist nicht oder nur sehr unvollkommen. Erinnerungsberichte vermögen daher oft der Realität gerechter zu werden, auch wenn sie keine „authentischen" Quellen sind.

Eines der verfolgten Prinzipien der Quellenbehandlung ist dies, daß die Opfer zumeist das bessere Gedächtnis besitzen als die Unterdrücker. Das gilt zweifellos in erster Linie für die Situation der Polen in der Kriegszeit, daneben jedoch auch für die Lage der Volksdeutschen im polnischen Staat vor Ausbruch des Krieges, die in der heutigen polnischen Literatur aus politischen Gründen allzu sehr beschönigt wird[33].

Bewußt ausgeklammert oder lediglich gestreift werden drei Fragenkomplexe, die zwar in einem Bezug zum Thema stehen, aber doch ohne Schaden ausgeschlossen werden können: die Kirchenpolitik, die im GG erheblich anders aussah als etwa in den eingegliederten Gebieten, die damit eng verflochtene Nationalitätenpolitik[34] und schließlich das Problem der Juden in Polen. Da die Nationalsozialisten die Trennung der Juden von den übrigen polnischen Staatsbürgern radikal vorgenommen haben, muß der Historiker dieser vielfach künstlichen Scheidung notgedrungen folgen und kann daher auch beide Themen weitestgehend voneinander trennen. Ein wichtiges, aber sehr schwieriges und politisch heikles Thema wäre dagegen das Verhältnis der polnischen Untergrundgruppen zur jüdischen Bevölkerung und Widerstandsbewegung. Ohne Erschließung neuer Quellen oder zumindest Aufarbeitung der gesamten Literatur in Polen, die dazu etwaige Aufschlüsse liefern könnte, ist jedoch dieser Komplex kaum sinnvoll zu behandeln[35].

Es ist schwer, heute noch voll zu realisieren, welchen Schock das nationalsozialistische Vorgehen in Polen auslöste. Die Flut von Dokumentationen, Darstellungen und Erinnerungen in Polen, die diesen Zeitraum behandeln[36], ist ein Gradmesser für diesen

Schock, dessen Rückwirkungen bis heute niemals in einer politisch probaten Propaganda gegen „westdeutschen Revanchismus“ aufgegangen sind. Aber auch die Widerstandsbewegung hat die jetzt in Polen politisch und kulturell führende Schicht in einem schwer abzuschätzenden Maße geprägt. Daß es in Polen selbst auf dem Höhepunkt des stalinistischen Terrors nicht zu ähnlichen Exzessen gekommen ist wie in der Tschechoslowakei oder Ungarn, mag damit zu einem Teil zusammenhängen. In Erinnerungen polnischer Intellektueller wird freilich gelegentlich auch das melancholisch klingende Paradoxon deutlich, daß es im Untergrund, unter dem Risiko und der ständigen Drohung von Verhaftung und Tod, einen „Freiheitsraum“ und einen Pluralismus der Meinungen gab, wie er weder in den dreißiger Jahren noch unter kommunistischer Herrschaft zu finden war. Auch das gehört zur politischen Aktualität der polnischen Widerstandsbewegung.

Erster Teil

I. Kontinuitäten

In polnischen Denkschriften, Pamphleten und Darstellungen aus dem Untergrund und dem Exil ebenso wie in einer Vielzahl wissenschaftlicher Veröffentlichungen nach dem Kriege taucht bei Erörterungen des deutsch-polnischen Verhältnisses immer wieder das Stereotyp „von den Kreuzrittern bis zu Hitler" auf. Vom Deutschen Orden über Friedrich d. Gr. und Bismarck wird eine direkte Kontinuität des „deutschen Dranges nach Osten" konstruiert. „Zweifellos ist auch der verbrecherische Geist der Jahre 1939–1945 nicht plötzlich entstanden, sondern er ist nur eine kondensierte Erscheinung derselben Instinkte, die wir aus dem 10. (Markgraf Gero), 14. (die Kreuzritter) und 19. (damals in zivilisierter Form) Jahrhundert kennen", schreibt Marian Friedberg in seinem während des Krieges geschriebenen, 1946 erschienenen und von der Krakauer Akademie der Wissenschaften preisgekrönten Werk „Polnische und deutsche Kultur"[1]. Die Tatsache allein, daß die nationalsozialistische Propaganda unter anderem Vorzeichen eben solche Kontinuitäten ständig beschwor, sollte immerhin skeptisch stimmen. Geschichte läßt sich nicht aus Instinkten ableiten. In ihrer vergröberten Form sind solche Thesen so offenkundig unsinnig, daß sich ein Eingehen darauf erübrigte, würde dadurch nicht ein im Kern reales und schwieriges Problem verdeckt: die nahezu totale Gegensätzlichkeit der Beurteilung preußisch-deutsch-polnischer Geschichte in deutscher und polnischer Sicht, die weit über das unvermeidliche Maß national bestimmter Geschichtsbilder hinausgeht[1a]. Der Glorifizierung des Ordens, Friedrichs d. Gr. und Bismarcks in ihrer deutlichsten Form in der Tradition Treitschkes entsprach eine analoge Dämonisierung auf polnischer Seite, insbesondere bei Sienkiewicz.

Es geht hier nicht um eine „Korrektur des Geschichtsbildes", da aber die Kontinuitätsfrage ständig von der nationalsozialistischen Propaganda ebenso wie von der Widerstandsbewegung aufgeworfen wurde, ist es unumgänglich, darauf kurz einzugehen.

Die Frage nach Kontinuitäten zwischen nationalsozialistischer und preußisch-deutscher Polenpolitik zielt nicht etwa auf formale Ähnlichkeiten im Denken radikaler völkischer Propheten, sondern fragt nach einer Politik, welche die Ausbildung von Vorurteilen im öffentlichen Bewußtsein und die Formung bestimmter Einstellungen zu den Polen und zu einem polnischen Staat begünstigte, die dann, in der Zwischenkriegszeit zumeist noch gefestigt, im 2. Weltkrieg wieder virulent werden konnten. Es kommt daher auch nicht auf eine territorial exakte Eingrenzung der Kontinuitätsfrage auf das spätere GG an[2].

Zeitlich läßt sich Kontinuität im Sinne eines unmittelbaren Zusammenhanges vor der Mitte des 19. Jahrhunderts kaum sinnvoll nachweisen, wenn auch durch die polnischen Teilungen die Grundlage für die spätere preußische Polenpolitik gelegt wurde und seit dieser Zeit durch das Aufeinanderstoßen zweier so grundverschiedener Staaten und der sie bestimmenden Schichten die Entstehung der Stereotype vom polnischen und preußischen Wesen datiert.

Zu den Prinzipien der preußischen Polenpolitik der 50er und 60er Jahre des 19. Jahrhunderts gehörte die grundsätzliche Trennung von Staat und Nation. Im national-kulturellen Bereich wurde daher den Polen völlige Freiheit und Gleichberechtigung gewährt, wenn man auch zugleich von der allgemeinen staatlichen Förderung der deutschen Kultur eine integrierende und assimilierende Wirkung auf die Polen erhoffte[3]. Auch für Bismarck gilt diese Trennung prinzipiell noch. Da sie sich jedoch in einer immer stärker vom Nationalismus geprägten Zeit nicht mehr durchführen ließ, griff die Abwehr der politisch-staatlichen Eigenbestrebungen auch auf den national-kulturellen Bereich über. Aus dem für rein staatlich-preußische Interessen geführten Kampf erwuchsen Maßnahmen, die sich von völkisch motivierten Germanisierungsforderungen und -maßnahmen nur noch wenig unterschieden. Der Klerus als Hauptträger des polnischen Nationalbewußtseins seit dem Untergang des Staates und die stark von geistlichem Einfluß bestimmte polnische Schule stellten zwei der wesentlichsten Angriffsobjekte der antipolnischen Politik Bismarcks dar. In der ersten Phase dieser Politik, der Zeit des Kulturkampfes, sollte daher mit dem Klerus zugleich die Schule getroffen werden[4].

Da diese Politik auf der ganzen Linie ein Fehlschlag wurde, griff man in der Folgezeit zu rücksichtsloseren Mitteln: die Ausweisung von 30 000 aus Kongreßpolen und Galizien stammenden Polen aus den preußischen Provinzen im Juli 1885[4a] und das Ansiedlungsgesetz von 1886 lassen die allgemeine Radikalisierung der Intentionen und auch der Praktiken der preußischen Polenpolitik erkennen. Es steht außer Frage, daß Bismarck trotz dieser radikalen Maßnahmen einer nationalistisch bestimmten Germanisierungspolitik innerlich fremd gegenüberstand. Es kam ihm nicht etwa auf die Liquidierung der polnischen Sprache oder auch eines polnischen kulturellen Eigenlebens an sich an – er beherrschte bekanntlich nicht nur selbst das Polnische, sondern empfahl auch dem Kronprinzen, diese Sprache zu erlernen; Verachtung für „die Polen" lag ihm völlig fern –, vielmehr zielten alle seine Maßnahmen in erster Linie gegen die politisch bewußte Führungsschicht, d.h. die Geistlichkeit und den Adel, die „Preußen auf 24stündige Kündigung"[5], und sollten die bislang loyalen Massen dem Einfluß ihrer „politischen Agitation" entziehen. Die auf Wiederherstellung Polens hinarbeitende nationale Aktivität mußte dem preußischen Staatsmann als außerordentlich gefährlich erscheinen, da der staatliche Bestand Preußens dadurch gefährdet schien. Diese Erkenntnis findet schon früh bei ihm Ausdruck, so in besonders drastischer Form in dem Brief an seine Schwester Malwine von 1861: „Haut doch die Polen, daß sie am Leben verzagen, ich habe alles Mitgefühl für ihre Lage, aber wir können, wenn wir bestehen wollen, nichts andres thun, als sie ausrotten. Der Wolf kann auch nicht dafür, daß er von Gott geschaffen ist, wie er ist . . ."[6]. In vertrautem Kreise äußerte er später seine Absicht, „die Trichine des polnischen Adels aus dem Land zu schaffen".[6a] Nehmen sich auch solche sozialdarwinistisch gefärbten Äußerungen im Munde Bismarcks gänzlich anders aus als im Munde Himmlers, so zeigen sie doch die Begrenztheit des konservativen Politikers, wenn es darum ging, Nationalitätenprobleme mit zukunftsweisenden Mitteln zu lösen und nicht mit brutaler Unterdrückung. Solche Äußerungen trugen naturgemäß erheblich zur Dämonisierung des polnischen Bismarckbildes bei.

Eine Art innerer Schizophrenie wird bei Bismarck ständig deutlich: er wollte nicht die polnische Sprache als solche „anfeinden"[7], seine kulturpolitischen Maßnahmen mußten jedoch gerade so erscheinen; er wollte mit seiner radikalen Politik nicht das polnische Volk schlechthin treffen, seine von patriarchalischen Vorstellungen des ostelbischen Gutsbesitzers bestimmte Sicht der Nationalitätenfrage versperrte ihm aber die Erkenntnis, daß man in dieser Zeit nicht mehr ohne weiteres die Führungsschicht einer Nation von den Massen trennen konnte, um deren politische Gefügigkeit zu konservieren[8].

Auf die Maßnahmen der Bismarckzeit blieb auch die wilhelminische Polenpolitik fixiert. Sie stellte durchweg eine allgemeine Radikalisierung dar und erhielt außerdem unter dem Einfluß radikaler Elemente eine zunehmend von völkischer Ideologie und Lebensraumvorstellungen geprägte geistige Grundlage. Nach kurzfristigen Versöhnungsversuchen Caprivis in der Form von Konzessionen an den Klerus und einer Milderung der germanisierenden Schulpolitik setzten seine Nachfolger die Bismarckschen Ansätze trotz der offenkundigen Fehlschläge dieser Politik fort.

„Geistige Industrialisierung des Ostens" war seit 1898 das Banner, unter dem eine große kulturpolitische Offensive als Ergänzung zu den wirtschaftlichen Maßnahmen gestartet wurde. Die Gründung des Kaiser-Friedrich-Museums, der Kaiser-Wilhelm-Bibliothek, des Hygienischen Instituts und der Akademie in Posen, der Technischen Hochschule in Danzig, die Errichtung verschiedener Theater, der Ausbau des Bibliotheks- und Volksbüchereiwesens, die Errichtung von Monumentalbauten wie der Kaiserpfalz und des Bismarckdenkmals in Posen, schließlich die Gründung der „Deutschen Gesellschaft für Kunst und Wissenschaft" als Zusammenfassung einer Vielzahl lokaler Vereine – das sind einige Beispiele dieser Offensive, welche freilich die Polen auf sämtlichen Gebieten zu parieren versuchten[9].

Auf schulpolitischem Gebiet trieben die Verfügungen des preußischen Kultusministeriums von 1900 und 1906, die die deutsche Sprache auch im Religionsunterricht obligatorisch machten, die nationalen Konflikte auf die Spitze. Sie waren der Auslöser für die Auseinandersetzung zwischen Eltern, Lehrern und Polizei in Wreschen (bei Posen) und schließlich für den großen Schulstreik von 1906, der ganz Posen und Westpreußen erfaßte und an dem sich über 40 000 Schüler beteiligten. Zentrum, Sozialdemokraten und Freisinnige bezeichneten die Verfügungen als Bankrotterklärung der preußischen Polenpolitik, und Bebel erklärte sich im Reichstag mit dem polnischen Schulboykott solidarisch[10].

Wie auf schulpolitischem Gebiet der alte Germanisierungskurs noch bis in das letzte Kriegsjahr festgehalten wurde, zeigt der „Immediatverwaltungsbericht" des Posener Regierungspräsidenten an den Kaiser vom 29. 4. 1918, in dem u.a. von polnischen Wünschen nach Einführung der polnischen Sprache im Schulunterricht und der Einrichtung polnischer Lehrerseminare die Rede war. Der Kaiser quittierte sie mit der Randbemerkung: „Nein, nein! Gibt's nicht!"[11]

Mit dieser Politik ging ein großer und politisch bedeutsamer Teil der öffentlichen Meinung durchaus konform. Ein Beispiel dafür sind die Denkschriften der sechs großen Wirtschaftsverbände vom März und Mai 1915 und insbesondere die Intellektuelleneingabe an den Reichskanzler vom 8. Juni 1915[12]. In dieser Denkschrift, die von 1347 Persönlichkeiten aus allen Bereichen des öffentlichen Lebens unterschrieben wurde[13], wird die Annexion neuen Landes, eines polnischen Grenzstreifens, als Gegengewicht gegen die Industrialisierung und seine „Neubesiedlung und Eindeutschung" gefordert. „Solches Land für unsere leibliche, sittliche und geistige Gesundheit ist vor allem im Osten zu finden", heißt es dort[14].

Diese keineswegs neuen Gedankengänge sind hier nur insofern von Interesse, als sie Ausdruck der politischen Überzeugung relativ breiter führender Kreise sind, die zugleich auf Grund ihrer sozialen und beruflichen Stellung einen entscheidenden Einfluß auf die öffentliche Meinung und auf kommende Generationen auszuüben vermochten. Direkte Beziehungen zwischen den Unterzeichnern dieser Denkschrift und den späteren mehr oder minder vehementen völkischen Agitatoren im Bereich der

Presse, Verwaltung, Wissenschaft und Schule im okkupierten Polen können hier kaum noch zweifelhaft erscheinen. Die „Ostraumideologie" in Gestalt des vermeintlichen Zwanges zur Expansion in den östlichen „Lebensraum" haben in dieser Zeit und in einem geistigen Klima, dessen Ausdruck eine solche Denkschrift ist, ihre Wurzeln, auch wenn die hypertrophe Maßlosigkeit imperialistischer Entwürfe späterer Zeiten noch fehlt oder nur bei einigen Außenseitern zu finden ist. Das Bewußtsein vom kulturell auf niedrigerem Niveau stehenden Osten als „natürlicher Stoßrichtung" der für unabdingbar gehaltenen Ausdehnung Deutschlands baute zwangsläufig Hemmungen gegen eine Vergewaltigung der osteuropäischen Völker ab und stellte damit eine wichtige Voraussetzung für die spätere Politik dar.

Neben direkten Kontinuitäten ist zu einem beträchtlichen Teil der indirekte Effekt der Eskalation, den die preußisch-deutsche Polenpolitik auslöste, von Bedeutung. Durch ihren provozierenden Charakter rief sie erst geschlossenen polnischen Widerstand hervor und steigerte die nationalen Reaktionen bis zum Siedepunkt, so daß sich, als die Fesseln fielen, der aufgestaute Haß fast zwangsläufig kollektiv gegen das Volk der früheren Unterdrücker entladen mußte. „Die innere Polenfrage des kaiserlichen Deutschland verwandelte sich in das überaus gespannte außenpolitische Verhältnis zwischen Polen und der Weimarer Republik."[15] Unter den Rückwirkungen dieses Verhältnisses hatte vor allem die deutsche Volksgruppe in Polen zu leiden.

Als nach dem 1. Weltkrieg im östlichen Europa nach westlichem Muster geformte „Nationalstaaten" entstanden, sahen sich die Deutschen in all diesen Gebieten zumeist der gleichen Situation konfrontiert: aus der Zugehörigkeit zur Staatsnation waren sie in die Rolle einer Minorität geraten und wurden trotz minderheitenrechtlicher Absicherung unmittelbar dem vehementen Nationalismus des jeweiligen Staatsvolkes ausgesetzt. Diese Situation war nicht nur bei den direkt Betroffenen geeignet, bestehende negative Einstellungen zu verfestigen und für vorhandene Vorurteile Beweis- und Anschauungsmaterial zu liefern.

Beide Faktoren, die psychologische Umstellung der Minorität auf eine völlig neue Situation mit all ihren Konsequenzen auf sprachlich-kulturellem, politischem und wirtschaftlichem Gebiet, und zum andern ein durch jahrzehntelangen äußeren Druck zu besonderer Heftigkeit entwickelter engstirniger Nationalismus des Staatsvolkes sind in ihrer Bedeutung für das Minderheitenproblem in der Zwischenkriegszeit kaum zu überschätzen. Für Polen dürfte das in besonderem Maße zutreffen. Es ist daher auch nicht leicht zu entscheiden, wo echte Gravamina der deutschen Minderheit gegenüber Polonisierungsmaßnahmen vorlagen und wo die Beschwerden nur nationaler Überempfindlichkeit und der Unfähigkeit zur Umstellung entsprangen. Die Schul- und Kulturpolitik enthielt dabei besonders viel Zündstoff, weil sie als Instrument der Entnationalisierungspolitik jeden einzelnen unmittelbar betraf[16]. Radikalisierung der Minderheit im Innern, Verschlechterung ihres Verhältnisses zum Staatsvolk und zunehmende Anfälligkeit für die völkische Ideologie des Nationalsozialismus mußten sich daraus als notwendige Konsequenz entwickeln.

Das gilt zwar in erster Linie für die deutsche Bevölkerung in den westlichen Gebieten Polens, aber es war unvermeidlich, daß sich dieses gespannte und feindliche Verhältnis allmählich auch auf die zentralpolnischen Gebiete übertrug und damit auch unter den dortigen zunächst zweifellos loyalen Gruppen eine wachsende Infiltration mit nationalsozialistischem Gedankengut stattfand, die schließlich 1939 in den „Dank an die Befreier" einmündete[17]. Auch wenn sich in dem Fragenkomplex der Behandlung der deutschen Minderheit durch die polnische Regierung das Geflecht von bürokratischer Schikane, Zufälligkeit, statistischer Manipulation im eigenen Interesse auf beiden Seiten und natürlicher Assimilationsentwicklung kaum entwirren läßt, so ist doch erklärlich, daß bei den Deutschen auf die Dauer ein verletztes Rechtsgefühl zurückbleiben mußte und schließlich auch Skepsis, ob der polnische Staat überhaupt ernsthaft eine vernünftige Lösung des Minderheitenproblems anstrebe. Von dieser Skepsis bis zur Bereitschaft, die Rolle der 5. Kolonne, in die man allmählich von Berlin gedrängt wurde, zu spielen, war der Weg dann nicht mehr sehr weit.

Trotz des feindlichen Verhältnisses einiger volksdeutscher Organisationen zum Nationalsozialismus[18] läßt sich im Laufe der 30er Jahre eine allmählich zunehmende Nazifizierung der deutschen Volksgruppe insgesamt nicht verkennen. Die Verbindung zu Berlin und die finanzielle Förderung durch reichsdeutsche Stellen bilden dafür nur eine unzureichende Erklärung. Hier zeigte sich vielmehr – ähnlich wie in den Sudetengebieten –, welch starken Sog vor dem Hintergrund der späten und in Polen besonders lang andauernden Auswirkungen der Weltwirtschaftskrise die deutschvölkische „Bewegung" auch auf Nichtnationalsozialisten ausübte. Diese Anziehungskraft entsprang der Situation der „nationalen Diaspora" mit nationaler, sozialer und wirtschaftlicher Deklassierung der Minderheit bei einer vielfach gänzlich unpolitischen Einstellung besonders der überwiegend agrarischen volksdeutschen Bevölkerung, wodurch einer illusionären Verkennung des Nationalsozialismus nur allzu leicht Vorschub geleistet werden konnte[19]. Die engstirnige Polonisierungspolitik der Warschauer Regierung förderte naturgemäß diesen Prozeß außerordentlich. Tonangebend konnten daher in der deutschen Volksgruppe bald die radikalen und stark mit nationalsozialistischem Gedankengut infiltrierten Organisationen werden, wie die „Jungdeutsche Partei" und die „Deutsche Vereinigung für Westpolen"[20].

Die zunehmende Nazifizierung der deutschen Minderheit blieb auf die Dauer auch den polnischen Behörden nicht verborgen und provozierte deren administrative Gegenmaßnahmen. Diese Eskalation fand ihren Höhepunkt nach der Aufkündigung des deutsch-polnischen Paktes am 28. April 1939 durch Hitler. 70 000 Volksdeutsche sollen bis zum 21. August nach Deutschland geflohen sein, um polnischen Verfolgungen zu entgehen, die sich nun unterschiedslos gegen alles Deutsche schlechthin zu richten drohten[21]. Es konnte nicht wundernehmen, daß nach diesen Erfahrungen auch bislang loyale Volksdeutsche in der Deutschen Wehrmacht schließlich den Befreier sahen und sich ihr nach Beginn des Feldzugs bei erster Gelegenheit anzuschließen suchten. Dennoch steht die heute polnischerseits vertretene These, zumindest der größere Teil der deutschen Minderheit habe die Rolle der 5. Kolonne gespielt und aktive Spionage und Sabotage betrieben, auf sehr schwachen Füßen. Trotz der zahlreichen Aktionen blieb die Mehrheit der Volksdeutschen bis zum Einmarsch passiv[22]. Nichtsdestoweniger war dieser Verdacht in der von wilder Agitation aufgeputschten Atmosphäre der ersten Septembertage einer der Hauptgründe für blutige Exzesse von Seiten der polnischen Bevölkerung und Armee. Weder der berüchtigte „Bromberger Blutsonntag" noch der in der Folgezeit immer wieder beschworene „Todesmarsch nach Brest und Beresa Kartuska", auf dem viele der mehreren Tausend internierten Volksdeutschen umkamen, mißhandelt und erschossen wurden, waren reine Erfindungen Goebbelsscher Propaganda[23]. Diese Terrorakte mögen aus dem anfänglichen Chaos der Kriegssituation zu erklären sein, dennoch sollten sie nicht bagatellisiert werden, wie das heute polnischerseits geschieht[24]. Sie wurden nun allerdings zum Ausgangspunkt für einen durch zynische Zahlenmanipulation geschaffenen Propagandamythos: den Mythos der 58 000 ermordeten Volksdeutschen, die dem polnischen Volk als Kollektivverbrechen angelastet wurden, es damit aus der Reihe der zivilisierten Nationen streichen und zugleich die Rechtfertigung für die nationalsozialistische Polenpolitik liefern sollten[25].

Zwischen 5 000 und 6 000 liegt die Zahl der tatsächlichen Opfer, unter denen zahlreiche in der polnischen Armee gefallene Soldaten, von deutschen Bomben Getötete und Vermißte waren. Per Funkspruch wurde diese Zahl auf die „amtliche" verzehnfacht[26].

Dieses in der Folgezeit zum festen Bestandteil aller Reden, Bücher und Artikel über Polen gewordene „Alibi" deutscher Politik dürfte damals nur von wenigen als Betrugsmanöver durchschaut worden sein, den meisten Volksdeutschen mußten die Mordaktionen als Bestätigung ihrer im Laufe der vergangenen Jahre immer deutlicher ausgeprägten negativen Einstellung und als Endglied der deutschfeindlichen polnischen Politik erscheinen, die sie lange Zeit zu spüren bekommen hatten und die viele von ihnen jetzt um so bereitwilliger mit der deutschen Okkupationsmacht zusammenarbeiten ließ.

Die bisher dargestellten deutsch-polnischen Spannungen und Kämpfe spiegeln sich auch im wissenschaftlichen Bereich. Das in Versailles außenpolitisch gegen Deutschland konzipierte und in seinen Grenzen umstrittene Polen provozierte auf beiden Seiten einen starken Propagandakrieg um die Grenzgebiete, in dem die Geschichtswissenschaft unmittelbar engagiert war. Die Durchführung und die Abwehr von Polonisierungsmaßnahmen hatten ihre Korrelate in entsprechenden wissenschaftlichen Arbeiten. Eine Fortsetzung fand diese Tradition auf deutscher Seite in der Okkupationszeit, polnischerseits in notwendigerweise bescheidenem Umfang im Untergrund und in großem Stile nach 1945. Die Wissenschaft überschritt dabei sehr oft die Grenzen zur Propaganda und trat unmittelbar in den Dienst der aktuellen Politik. Dem Kampf der Waffen schien der Kampf der Publizistik und der Wissenschaft voraufzugehen[27].

Dieser ganze Komplex der jeweiligen Verflechtung von Wissenschaft und Volkstumspolitik verdiente eine sorgfältige Spezialuntersuchung und kann hier nur andeutungsweise behandelt werden. Provokation und Gegenaktion bedingten sich bis zur Unentwirrbarkeit, und die Politisierung der Wissenschaft erscheint angesichts der damaligen außenpolitischen Situation als fast unvermeidlich. Gerade deswegen aber sollte man sich vor Pauschalurteilen hüten, wie sie Friedberg fällt[28]. Nicht alle polemischen Töne der deutschen Ostforschung stempeln diese gleich zum „Stoßtrupp des deutschen Imperialismus"[29], ebenso waren nicht alle überspitzten Äußerungen zu den „urpolnischen Westgebieten" Ausdruck eines gefährlichen und verstiegenen polnischen Chauvinismus[30].

Setzte sich der aus preußischer und wilhelminischer Zeit datierende „Grenzlandkampf" nach 1918 auf wissenschaftlichem und publizistischem Gebiet auch in unverminderter Härte fort, so gab es nach Abschluß des deutsch-polnischen Paktes von 1934 immerhin einige Ansatzpunkte, die einen Ausgleich nicht als völlig unmöglich erscheinen ließen[31]. Insgeheim lebte jedoch die alte polenfeindliche Tradition fort, und auch in Polen konnte die Propaganda, da sie von der Zensur nicht in gleichem Maße reglementiert wurde, ebenfalls ziemlich unverblümt im alten Stil weiteragieren.

In vorderster Linie stand hier der einflußreiche „Westmarkenverband", dessen genauer Name schon seine Zielsetzung andeutet: „Polnischer Verband zum Schutze der Westgebiete". Man kann in ihm das polnische Gegenstück zum deutschen „Ostmarkenverein"[32] sehen. Der 46 700 Mitglieder umfassende und in 600 Ortsgruppen gegliederte Verband (1934) entfaltete besonders in den 30er Jahren eine rege Tätigkeit, vor allem in Schlesien. Elternbesuche unter dem Schlagwort „das polnische Kind in die polnische Schule", Einrichtung von Ferienkolonien für polnische Kinder aus Danzig und dem Reich, Errichtung von Volkshochschulen und Wandertheatern, Boykottaufrufe gegen deutsche Waren – das waren einige der Kampfmittel aus dem Arsenal des Verbandes[33].

Prinzipiell ähnliche Zielsetzungen wie der Westmarkenverband hatte das 1925 gegründete „Baltische Institut" in Thorn. Auch hier hatte wissenschaftliche und publizistische Arbeit die „allseitige Ausrottung der übriggebliebenen Spuren der deutschen Übermacht" zur Aufgabe, die als Antwort auf die Herausforderung der deutschen Ostforschungsinstitute verstanden wurde[34]. Hier zeigt sich deutlich, wie fließend die Grenzen zwischen Wissenschaft und Propaganda waren. Das Institut veranstaltete im Oktober 1934 eine Tagung in Krakau, an der Vertreter aller polnischen Universitäten, mehrere Institute, Akademien, Verbände und auch der Regierung und des Militärs teilnahmen. Auf dieser unter Ausschluß der Öffentlichkeit tagenden Konferenz wurde die Tendenz offenkundig, den 10-Jahres-Pakt mit Deutschland zur endgültigen Polonisierung Pommerellens auszunutzen, vornehmlich mit Hilfe von siedlungspolitischen Mitteln[35].

Auch das 1933 gegründete „Schlesische Institut" in Kattowitz sollte für Oberschlesien ähnliche Funktionen erfüllen wie das Baltische für Westpreußen. Daß der wegen seiner Polonisierungsmaßnahmen berüchtigte polnische Wojewode Grażyński im Vorstand dieses Institutes saß, dürfte kaum ein Zufall gewesen sein und gibt zugleich einen Hinweis auf die politische Zielsetzung[36].

Auf deutscher Seite konnte sich die Ostforschung nach Abschluß des Vertrages nicht mehr so öffentlich entfalten wie in den Zeiten der Weimarer Republik, da die politische Zensur dem im Wege stand. Auf einer Tagung der „Nordostdeutschen Forschungsgemeinschaft" im August 1934, an der nahezu alle deutschen Ostforscher von Rang teilnahmen, wurden die Konsequenzen diskutiert, die sich für die Wissenschaft aus dem deutsch-polnischen Pakt ergaben. Man hielt einen anderen Stil für erforderlich, Polemiken und Revisionsforderungen mußten wegfallen, da aber die alte Gegnerschaft im Grunde als unverändert angesehen wurde, sollte die Arbeit nicht prinzipiell revidiert werden. „Wir müßten so arbeiten, daß wir nach 10 Jahren alles das bereit hätten, was wir im gegebenen Falle brauchen können", heißt es in einem „vertraulichen Bericht" über diese Tagung[37].

Aus dem Subventionsfond der „Nordostdeutschen Forschungsgemeinschaft", deren Vizepräsident Hermann Aubin, einer der bekanntesten deutschen Osthistoriker, war, wurden auch Zeitschriften und Broschüren unterstützt, so die „Deutschen Monatshefte in Polen" und die „Deutsche Wissenschaftliche Zeitschrift für Polen"[38].

Organisatorisch und personell mit der Nordostdeutschen Forschungsgemeinschaft verbunden war die 1932 von Albert Brackmann im Geheimen Staatsarchiv in Berlin gegründete „Publikationsstelle Berlin-Dahlem". Mochte sich ihre Tätigkeit zunächst vor allem auf Materialsammlungen, Aufträge für Behörden und Übersetzungen insbesondere osteuropäischer Publikationen für den internen Dienstgebrauch konzentrieren, so bekam sie Ende der 30er Jahre immer stärker unmittelbar volkstumspolitischen Charakter. Die seit Mai 1939 herausgegebenen „Polenberichte" deckten sich schon weitgehend mit der Tendenz der nationalsozialistischen Propaganda. Nicht nur „wissenschaftliche Abwehr politischer Ansprüche vor allem des Polentums", sondern auch „die Begründung deutscher politischer Ansprüche durch wissenschaftliche Forschungsarbeit" wurde schließlich zur Aufgabe der Publikationsstelle[39].

Hier wurden u.a. die vertraulichen Schulungsbriefe des „Bundes Deutscher Osten" (BDO) vorbereitet, zu dessen Präsidenten Theodor Oberländer gehörte[40]. Dieser Bund war im Mai 1933 als Vereinigung aller Ostverbände unter nationalsozialistischem Druck gegründet worden. Auch der berüchtigte „Deutsche Ostmarkenverein" ging damit im BDO auf[41].

Für das Klima der deutsch-polnischen Beziehungen waren auch wissenschaftliche Arbeiten der deutschen Minderheit in Polen selbst von Bedeutung. Als ein charakteristisches Beispiel sei hier das Buch des Posener Forschers Kurt Lück genannt: „Deutsche Aufbaukräfte in der Entwicklung Polens"[42]. Der Anstoß zu diesem ungewöhnlich materialreichen Werk entsprang der politischen Situation der deutschen Minderheit: angesichts der feindlichen Haltung des polnischen Volkes bemühte es sich um eine gerechtere Würdigung des deutschen Elements in der Geschichte Polens, um auf diese Weise das historisch legitimierte Heimatrecht der deutschen Volksgruppe im polnischen Staat zu dokumentieren. Das Buch war zweifellos im Bewußtsein einer kulturellen Überlegenheit des deutschen Volkes geschrieben und traf gerade damit einen besonders empfindlichen Punkt des polnischen Nationalbewußtseins: die Sorge, als Kulturvolk nicht genügend anerkannt zu werden[43]. Schon allein die einseitig volksgeschichtliche Fragestellung gab diesem – und ähnlichen Werken – trotz eines auf Versöhnung und Verständigung gestimmten Vorworts einen tendenziösen Charakter. Die einseitige Quellenauswahl und vor allem die Veröffentlichungen, die nach der Niederlage Polens folgten, enthüllten dann endgültig die Versöhnungsbereitschaft als Deklamation[44]. Lück selber betätigte sich als SS-Hauptsturmführer aktiv als Nationalsozialist, seine Werke wurden zu einer Fundgrube für die nationalsozialistische Tagespropaganda[45].

Die Formel von „der Ostforschung" ist zweifellos eine unzulässige Schablone. Ebenso ist nicht zu verkennen, daß die preußische Polenpolitik , wie negativ auch das Urteil über sie ausfallen mag, qualitativ anders als die nationalsozialistische Politik aussah. Eine solche notwendige Differenzierung sollte jedoch nicht den Blick für die Notwendigkeit der Kontinuitätsfrage verstellen. Mochten sowohl die Betonung der Kontinuität nationalsozialistischer Politik durch die offizielle Propaganda wie der abwertend gemeinte Hinweis von polnischer Seite auf eben diese Kontinuität das Problem auch vergröbern und simplifizieren, es ist unbestreitbar, daß die von vielen Vertretern der Osteuropaforschung vor 1939 entwickelten und verbreiteten Vorstellungen vom „östlichen Vorfeld", von einem seit dem Jahre 800 „durchgehenden Zusammenhang" der „deutschen Ostbewegung" und von einem „allzu großen Abstand an Menschen und Kultur an der deutschen Ostgrenze, der nach Ausgleich drängte"[46], wesentliche Bausteine für die ideologische Begründung der deutschen Okkupationspolitik in Polen waren. Diese Vorstellungen kamen nicht erst in der Weimarer Republik zur Geltung, als sich Außenpolitik und Minderheitenfrage immer enger verzahnten, sondern ihr Ursprung ist im 19. Jahrhundert zu suchen. Sie hatten im wilhelminischen Deutschland mehr und mehr die Funktion erhalten, den Prozeß der nationalen Wiederbefreiung und Emanzipation der Polen ideologisch zu überlagern und die Entwicklung zu nationaler Selbständigkeit aufzuhalten. Der Nationalsozialismus konnte sich in seiner an viel weiter gesteckten und radikaleren Zielen orientierten Politik solche tiefsitzenden Vorurteile und Klischees unmittelbar nutzbar machen.

II. Grundelemente nationalsozialistischer Polenpolitik und machtpolitische Struktur des Generalgouvernements

1. Gründe für die Radikalität der politischen Planung; Entwicklungsphasen des Generalgouvernements

Fragt man nach den Ursachen für die Radikalität der nationalsozialistischen Konzeption der Politik in Polen, so sind im wesentlichen vier Faktoren von besonderer Bedeutung zu nennen:

die Rolle Polens im außenpolitischen Konzept Hitlers und die Enttäuschung über die Weigerung Polens 1938/39, sich mit dem Reich zu arrangieren;
wirtschaftliche Gesichtspunkte angesichts der Konfrontation mit einem Krieg im Westen und der vorläufig gescheiterten „großen" Ostexpansion;
das Rassedogma als ideologische Untermauerung imperialistischer Gewaltpolitik;
die Unmöglichkeit, einen geeigneten „Quisling" zu finden.

Von der Okkupationszeit her gesehen mußte die polenfreundliche deutsche Politik seit 1934 als reine Taktik erscheinen. Die grenzenlose Brutalität der seit 1939 entworfenen Programme und ihre mehr oder weniger konsequente Durchführung scheinen diesen Schluß zwingend nahezulegen. Das Rassedogma mit seiner spezifisch antislawischen Komponente erscheint dabei als der wesentliche und konstante Faktor, der durch politisches Kalkül nur verdeckt wurde, nicht aber an Bedeutung verloren hat. So naheliegend dieses Bild im Lichte der späteren Ereignisse ist, so wenig Anhaltspunkte bieten sich dafür, wenn man die Polenpolitik im Gesamtkonzept der Hitlerschen Außenpolitik sieht[1].

Der Antibolschewismus als bestimmender Faktor der nationalsozialistischen Ideologie und die Fixierung des raumpolitischen Imperialismus auf sowjetisches Gebiet (besonders die Ukraine) legten ein Bündnis mit Polen durchaus nahe. Der Piłsudski-Staat, wenn auch nicht faschistisch, so doch mit faschistoiden Zügen, war aufgrund seiner innenpolitischen Struktur und seiner außenpolitischen Orientierung sicher kein zufälliger Bündnispartner. Görings Vorwort zu der deutschen Ausgabe der Werke Piłsudskis mag Ausdruck dieser Hochschätzung des polnischen Staatsmannes durch den Nationalsozialismus sein, die selbst noch in der Okkupationszeit fortdauerte, wie sie sich in der deutschen Ehrenwache am Grabe des Marschalls in Krakau manifestierte[2].

Nimmt die Tschechoslowakei in internen programmatischen Äußerungen Hitlers, von denen Rauschning berichtet[3], oder in der Hoßbachbesprechung von 1937 eine zentrale Rolle in der raumpolitischen Planung ein – von der Aussiedlung der Tschechen nach Sibirien soll nach Rauschning bei Hitler schon 1932 die Rede gewesen sein –, so kommt Polen zunächst offenbar nur eine untergeordnete Bedeutung zu. Zweifellos hätte die nationalsozialistische Politik keinen wirklich unabhängigen polnischen Staat mit weitgehender territorialer Integrität geduldet, aber nach Abtretungen im Westen und etwaigen Entschädigungen im Osten[4] war der Status eines „Schutzstaates“ (nach dem Muster der Slowakei oder sogar Rumäniens oder Ungarns) nicht nur denkbar, sondern durchaus wahrscheinlich. Görings Äußerungen gegenüber Szembek[5] bei seiner Besuchsreise in Polen von 1935 und auch die seit 1938 erhobene Forderung des Beitritts zum Antikominternpakt zeichnen diese Linie deutlich vor.

Unter dem Blickpunkt solcher langfristigen Planung ist die seit 1934 verfolgte propolnische Politik unter dem Signum des antibolschewistischen Kreuzzuges keineswegs reine Taktik und Hitlers Äußerung zu Rosenberg von 1935 durchaus glaubwürdig: „Die deutsch-polnische Politik soll nicht nach 10 Jahren zuende sein, sondern fortdauern“[6].

Mit der Weigerung Polens, das deutsche „Angebot“ zu akzeptieren, und der Anlehnung an England fiel nicht nur dieser außenpolitische Funktionswert Polens fort, sondern es wurde zugleich auch die ganze bisherige raumpolitische Planung zunichte gemacht. Aus einem nützlichen Partner wurde ein Hindernis für die nun zunächst angestrebte Zusammenarbeit mit der Sowjetunion. „Zerschlagung“ Polens mußte sich also für Hitler als außenpolitisch folgerichtige Konsequenz ergeben. Diese Zerschlagung sollte nicht nur militärisch erfolgen, sondern darüber hinaus durch Liquidierung der nationalen Führungsschicht, um jede politische Regung auszuschalten, die Reibungsflächen mit der Sowjetunion bot oder eine Rückenbedrohung im Krieg mit dem Westen darstellte[7]. Ein koloniales Niemandsland würde diese Forderungen am ehesten erfüllen und schließlich sogar ein geeignetes Aufmarsch- und Durchgangsgebiet abgeben, wenn es zur Auseinandersetzung mit der Sowjetunion kommen würde[8].

Polens Weigerung, sich dem Reich zu fügen, brachte aber nicht nur die Eroberung von Lebensraum im ursprünglich geplanten Stil zum Scheitern, sondern führte obendrein zum Krieg mit den Westmächten. Daraus folgte für die nationalsozialistische Politik, daß Polen zunächst als karger Ersatz für neuen Boden im Osten und zugleich als Arbeiterreservoir für Landwirtschaft und Rüstungsindustrie zu dienen hatte. Die Forderung nach neuem Lebensraum bei Mangel an Arbeitskräften im eigenen Lande war dabei einer der für den Nationalsozialismus charakteristischen inneren Widersprüche. Durch die Eingliederung polnischer Gebiete ins Reich und die Aussiedlung eines Großteils der dort ansässigen Polen war neuer „Siedlungsboden“ annektiert worden, während das restpolnische Gebiet vornehmlich Arbeiter stellen sollte. Aus dieser Funktion des GG als Arbeiterreservoir ergab sich nach den Prinzipien der nationalsozialistischen Ideologie folgerichtig eine entsprechende Bildungs- und Kulturpolitik: die „Segnungen des Analphabetismus“, von denen Walter Darré sprach, sollten der Bevölkerung nicht vorenthalten bleiben[9]. Gerade diese an ökonomischer ratio, wie sie die nationalsozialistische Führung verstand, orientierte Kulturpolitik ist ein charakteristisches Element der nationalsozialistischen Polenpolitik.

Gegenüber dieser wirtschaftlichen Konzeption – daß sie völlig irreal war, braucht in diesem Zusammenhang nicht zu interessieren – als dem für die Polenpolitik vielleicht wichtigsten Faktor spielt das Rassedogma zweifellos nur eine sekundäre Rolle. Wie weit dieses gegebenenfalls relativierbar war, zeigt überdies das Beispiel der Slowakei[10]. Immerhin bot es eine gewisse theoretische Fundierung der radikalen Politik, die überdies alte Vorurteile von „slawischer Minderwertigkeit“ und germanischer Rassenüberlegenheit ansprach und folgerichtig zuendeführte. Nicht etwa Assimilation durch Vermittlung einer höheren Kultur- und Zivilisationsstufe war das erstrebenswerte Ziel, sondern strikte Trennung zwischen dem germanischen Herren und dem slawischen Knecht, um nicht die „Höhe und Würde“ des deutschen Volkstums durch fremdrassige Elemente zu kompromittieren, wie Hitler schon in „Mein Kampf" ausführte[11]. Sparta stand dabei als historisches Beispiel Pate[12].

Daß sich schließlich kein „Quisling" fand, der über einen nennenswerten Anhang unter der polnischen Bevölkerung verfügte, war für die Radikalisierung und Ausgestaltung des ideologischen Programms im einzelnen zweifellos von großer Bedeutung, auch wenn die Entschlußbildung zur politischen Vernichtung Polens, insbesondere zur Liquidierung der Führungsschicht, schon früher, noch während des Septemberfeldzuges, erfolgte. Das Projekt einer „Quisling-Regierung" war jedoch eng mit dem außenpolitischen Kalkül des polnischen Reststaats als eines Verhandlungsobjektes für Friedenskonsultationen mit England verquickt und mußte daher, als Chamberlain am 12. Oktober Hitlers Angebot zurückwies, erheblich an Aktualität verlieren. In Polen war überdies das „Nein" zu einem Satellitenstaat von Hitlers Gnaden zumindest in den Führungskreisen der großen politischen Parteien und der Militärs in Warschau schon eindeutig, unabhängig von deutschen Sondierungen[13]. Im „Dilemma zwischen einer begrenzten Kollaboration mit dem Bösen, um es schließlich zu zähmen, und auf der anderen Seite einem kompromißlosen, heroischen, aber selbstmörderischen Widerstand gegen das Böse um den Preis, daß die zum Widerstand fähigen Kräfte letztlich geschwächt werden"[14], entschied sich Polen – anders als die Tschechoslowakei 1938 – eindeutig für den Widerstand. Von der historischen Tradition Polens her und auch angesichts der schon während des Septemberfeldzuges deutlich gewordenen Brutalität der „Einsatzgruppen" mochte es schwerlich eine Alternative geben. Es wurde damit jedoch auch einer evtl. gemäßigten Variante des politischen Programms im GG von vornherein der Boden entzogen.

Die rechtliche Situation des am 26. Oktober 1939 geschaffenen GG zwischen den Extremen des autonomen Reststaates und der Kolonie ohne völkerrechtlich fixierten Status war z. T. ein Reflex der politischen Ratlosigkeit der nationalsozialistischen Führung im Falle Polens angesichts ihres durchkreuzten außenpolitischen Konzepts. Der juristisch ganz und gar ungeklärte und bis zum Kriegsende nie eindeutig festgelegte Zustand war einerseits unverbindlich genug, um jeglicher Willkür Tür und Tor zu öffnen, ohne durch Normen des Besatzungsrechtes eingeengt zu werden[15], andererseits in der lockeren Bindung an das Reich auch hinreichend flexibel, um im Falle der Konzedierung eines Reststaates keinerlei juristisches Präjudiz darzustellen. Der Terminus „Generalgouvernement" war durchaus in diesem Sinne konzipiert worden[16].

Ein knapper Überblick soll im folgenden die allgemeinen Grundlinien der Entwicklung des GG, eine kurze inhaltliche Charakterisierung der einzelnen Phasen und eine Analyse der politischen Grobstruktur des GG bieten, um vor diesem Hintergrund die Kulturpolitik in den politischen Gesamtzusammenhang einordnen zu können.

(1) Die kürzeste Phase war die Zeit, in der Reststaatspläne erwogen wurden. Schon während des Feldzuges gab es entsprechende Projekte, die trotz der gleichzeitigen Liquidierungsdirektiven hinsichtlich der Intelligenz kurzfristig durchaus ernsthaft betrieben wurden. Die polnischen Westgebiete sollten, über die Grenzen der ehemaligen preußischen Ostprovinzen hinaus „großzügig arrondiert", annektiert werden, der Rest nach Hitlers Wünschen einen polnischen Staat mit eigener Regierung abgeben[17], mit dem über einen Frieden verhandelt werden sollte, was zugleich indirekt die Chance für einen Ausgleich mit den Westmächten bot. Dieses nicht ungeschickte Kalkül scheiterte vor allem an der Ablehnung Englands. Die Konsequenz aus dem Fehlschlag war die schnelle Einrichtung einer deutschen Zivilverwaltung

im GG[18]. Dennoch wurden die Reststaatpläne nicht ganz aufgegeben, sondern fanden erst im Frühjahr 1940 ihren vorläufigen, im Juli ihren definitiven Abschluß[19].

(2) Mit dem Ende der Reststaatphase und dem Entschluß zur – wenn auch sehr lokkeren – Angliederung des GG an das Reich konnte eine solche reine Ausplünderungs- und Zerstörungspolitik nicht mehr sinnvoll und im Interesse des Reiches sein. Nicht mehr auf bloße Exploitation, sondern auf Ausnutzung der vorhandenen Kapazitäten wurde daher jetzt die Politik abgestellt[20]. Nicht zuletzt die katastrophalen Folgen der Ausplünderung, die Notwendigkeit, monatlich ca. 10 000 t Getreide einzuführen[21], um eine Hungersnot zu vermeiden und die persönliche Intervention Franks bezüglich dieser Situation bei Hitler mögen eine Änderung der bisherigen Politik mitveranlaßt haben[22]. Sollte das Gebiet des GG bisher außerdem als geeignetes Territorium zur „Abschiebung" der Polen aus dem Reich und den Westgebieten, ebenso der Juden und Zigeuner dienen[23], so wurden jetzt mit der engeren Bindung an das Reich die wilden Umsiedlungsaktionen zunächst einmal gestoppt und nur noch die „Tauschsiedlungen" von Volksdeutschen und Polen zwischen dem „Warthegau" und besonders dem Lubliner Gebiet weitergeführt[24]. Das GG büßte dadurch zunächst einen Großteil seiner ehemals ethnisch deutschen Bewohner ein. Es wurde offiziell zur „Heimstätte des polnischen Volkes" erklärt, einer Heimstätte allerdings, in der die Polen nur geduldet wurden und keinerlei eigene Rechte besaßen[25]. Darüber hinaus wurde das GG auch von der „Aktion zur Wiedergewinnung verloren gegangenen deutschen Blutes" erfaßt, einer Aktion, die sich auf die sogenannten „verpolten" Deutschen richtete, zunächst freilich nur in beschränktem Umfang Bedeutung gewinnen konnte[26]. Der Fortfall des Zusatzes „für die besetzten polnischen Gebiete" in der bisherigen vollständigen Bezeichnung des GG am 31. Juli 1940 stellte auch äußerlich die sichtbare Änderung des bisherigen Status dar[27]. Damit wurde dokumentiert, daß es sich hier weder um einen Reststaat handelte noch um ein militärisch besetztes Gebiet, sondern um ein zum Reich gehöriges Kolonialland mit fremder Bevölkerung, das zwar devisen- und zollrechtlich Ausland war, aber eng in die deutsche Wirtschaft integriert wurde[28].

(3) Die Einbeziehung auch in das Germanisierungs- und völkische Raumordnungsprogramm erfolgte im Zusammenhang mit dem Rußlandfeldzug. Schon aus dem Jahre 1940 finden sich zwar Äußerungen[29], die auf künftige Germanisierungstendenzen hinweisen und das Schlagwort von der „Heimstätte" als propagandistische Verschleierung erweisen, jedoch ließ die Kriegslage nicht ohne weiteres konsequente Germanisierungsmaßnahmen zu. Zudem bedeutete Germanisierung für den Nationalsozialismus etwas völlig anderes, als etwa die preußische Polenpolitik oder vice versa auch die polnische Politik gegenüber den Volksdeutschen darunter verstanden: nicht Assimilation des fremden Volkstums, sondern radikale Trennung, mit dem Endziel der Aussiedlung, um jede „Blutsvermischung" zu vermeiden[30].

Erst mit der geplanten Expansion nach Osten ergaben sich solche Aussiedlungsmöglichkeiten. „Das GG als Zweckgründung", erklärte Frank im März 1941, „steht vor seinem Ende. . . Der Führer ist entschlossen, aus diesem Gebiet im Laufe von 15 bis 20 Jahren ein rein deutsches Land zu machen. Das Wort von der Heimstätte des polnischen Volkes wird auf dieses Gebiet . . . nun nicht mehr anwendbar sein. Damit ist eine völlige Umformung des Ziels und der Arbeit in diesem Raum gegeben"[31].

Die im Mai 1941 erlassene und auf Germanisierung des polnischen Dorfes abzielende „Bodenordnung im GG", die konsequente Eindeutschung polnischer Staßennamen und Steuervergünstigungen für deutsche Unternehmer bei Investitionen im GG waren konkrete Schritte auf diesem Weg[32].

Der „Generalplan-Ost" ist Ausdruck dieser neuen Planung in ihren phantastischsten Formen[33]. Was in diesem Maßstab als Produkt infantiler Wunschbilder anmutet, wurde in kleinem Rahmen in Polen immerhin ansatzweise in die Tat umzusetzen versucht: die Siedlungsaktionen im Gebiet von Zamość (am Oberlauf des Bug) und die vorgesehene Eindeutschung Lublins wären ohne die Verschlechterung der Kriegslage nicht nur eine brutale Episode geblieben[34].

Ließen sich also auch vorerst konkrete Aussiedlungsmaßnahmen großen Stils im GG noch nicht durchführen, so war doch die allgemeine Politik auf das Ziel der künftigen Germanisierung abgestellt. Die ideologische Fundierung dieser Zukunftsperspektiven konnte dabei schon während des Krieges eine bedeutende Rolle spielen: die Suche nach den „deutschen Ursprüngen" des Weichsellandes und ihre entsprechende propagandistische Aufbereitung. Die Ende 1941 eingeleitete „Deutschstämmigkeitsaktion" zog z. T. unmittelbar die rassepolitischen Konsequenzen aus den von Wissenschaftlern aufgespürten, längst polonisierten deutschen Streusiedlungen: oftmals nicht ohne Zwang wurden solche polonisierten „Deutschstämmigen" in die „große germanische Familie" zurückgeholt[35]. Ein deutscher „Vandalengau", anknüpfend an die „erste germanische Kultur" im Weichselraum, war die rassepolitische Utopie im GG[36].

(4) Die militärische Wende des Krieges 1943, das Anwachsen der polnischen Widerstandsbewegung, die nicht zuletzt wegen der unzureichenden Zahl deutscher Polizeikräfte die Sicherheitslage im GG katastrophal verschlechterte[37], schließlich Katyn als scheinbar leicht auszuschlachtende deutsche Propagandamöglichkeit[38] markieren den Beginn einer weiteren Phase: den Versuch einer grundlegenden Kursänderung in der Polenpolitik. Es handelte sich dabei freilich weder um einen plötzlichen Wechsel, noch wurde dieser Versuch von allen für die Polenpolitik bestimmenden Kräften getragen. Im Zeichen einer antibolschewistischen Europaideologie erstrebte vor allem die Zivilverwaltung eine Lockerung der radikalen Direktiven, Minderung des Terrors und konkrete Verbesserungen der Situation wie die Heraufsetzung der Lebensmittelsätze[39]. Initiiert von zivilen Stellen im GG, einschließlich des Generalgouverneurs[40], zumindest teilweise unterstützt durch die Politik des Propagandaministeriums[41], selbst von SS-Vertretern durch Kontakte mit Polen sekundiert[42], blieben diese Versuche jedoch ohne Erfolg. Die Parteikanzlei und die SS-Führung in Berlin blockierten alle derartigen Bemühungen, machten sogar schon eingeleitete Maßnahmen wieder rückgängig[43]. Frank erklärte in einer internen Besprechung am 15. April 1943, er wolle an den Führer herantreten, „damit endlich mit den unmöglichen Planungen auf dem Gebiet der Polenpolitik aufgeräumt wird, die sich nun seit 1939 wie eine Haßkrankheit fortschleppen und auf die Dauer eine große Gefahr für das deutsche Reich darstellen"[44]. Doch solche realistischen Warnungen – auch wenn sie viel zu spät kamen – fanden in Berlin keinerlei Echo.

(5) Trugen schon die Bemühungen des Jahres 1943 den fatalen Stempel der Flucht nach vorn im Zeichen der militärischen Niederlage – schon deswegen mußten die Reaktionen der polnischen Bevölkerung weitgehend ablehnend ausfallen[45] –, so

gilt das vollends für die anarchische Endphase. Die Teilräumung Ost-Galiziens[46] zu Beginn des Jahres 1944 schien das Startzeichen für die bevorstehende Auflösung des GG zu sein. Partisanentätigkeit und – fast ebenso wirkungsvoll – erbitterte Rivalitätskämpfe zwischen SS, Partei und Zivilverwaltung drohten auch die Reste staatlicher Ordnung noch zu paralysieren[47]. Die Verstärkung der Propagandaaktionen, die Gründung einer „Antibolschewistischen Liga", schließlich sogar eines polnischen Freiwilligenheeres, die Erörterung der Grundsätze der Polenpolitik, jetzt selbst vom Chef des RSHA befohlen, vielfache Versuche der Kontaktaufnahme zu polnischen Gruppen und Pläne zur Beteiligung von Polen an der Verwaltung auch auf höherer Ebene schienen nun den bislang gescheiterten Kurswechsel zu bringen[48]. Doch selbst jetzt kam er nicht zustande: Konzessionen wurden nur mit halbem Herzen und ohne Konsequenz gewährt und überdies in ihrer politischen Wirkung maßlos überschätzt[49], zu einer prinzipiellen Änderung konnte man sich nicht durchringen. Die dafür angegebenen Motive freilich trafen den Sachverhalt zweifellos ziemlich genau: die Polen würden einen grundsätzlichen Wandel als Schwäche auslegen[50]. Die nationalsozialistischen Politiker waren zu Gefangenen ihrer eigenen Politik geworden. In der Tat richtete sich das Hauptaugenmerk der Polen zu dieser Zeit auf interne Angelegenheiten und auf das Verhältnis zur Sowjetunion. Deutsche Verständigungsversuche wurden als das angesehen, was sie in Wirklichkeit waren: die letzten hektischen Bewegungen einer Macht, die schon in der Agonie lag.

2. Rivalisierende Machtgruppierungen

Von seiner Gründung an kennzeichnete das GG in allen Entwicklungsphasen, wenn auch in unterschiedlicher Intensität, eine Situation, die Generalgouverneur Hans Frank als „Anarchie der Vollmachten" charakterisierte[1]. Wirtschaftsminister Funk äußerte sich schon Anfang 1940 drastisch über die Zustände im GG: „Um dieses Durcheinander auszuhalten, muß man entweder verrückt oder besoffen sein – ich ziehe das letztere vor."[2]

Als Ursachen für dieses „Durcheinander" sind vor allem die verschiedenen Konzeptionen zur Polenpolitik zu nennen. Sie waren teils als mehr oder minder geschlossene Entwürfe schon vorhanden, teils bildeten sie sich im Vollzug der Praxis heraus. Hitler, SS und Parteikanzlei, ferner Wirtschaft und Wehrmacht und schließlich die Zivilverwaltung waren die drei großen für die Linie der Polenpolitik relevanten Machtgruppierungen. Die Skala der politischen Orientierung, die innerhalb dieser drei Gruppen wiederum vielfältig abgestuft war, reichte von rein ideologischer Ausrichtung bis zu einer pragmatisch motivierten Versöhnungspolitik.

Dieser Richtungsstreit um die in Polen einzuschlagende Politik machte den Kern der auch nach außen offen sichtbaren Anarchie im GG aus. Er bildet den Hintergrund für das Erscheinungsbild der deutschen Herrschaft. Die wichtigsten Elemente dieses Richtungskampfes müssen daher wenigstens in Umrissen aufgezeigt werden. Wenn hier die drei genannten Gruppierungen unter dem Gesichtspunkt ihres Einflusses auf die Politik im GG analysiert werden, so muß das freilich in starker Schematisierung geschehen, denn in der Wirklichkeit gab es vielfache personelle Verquickungen und sachliche Überschneidungen zwischen diesen Gruppen.

In den Rivalitäten und der mangelnden „straffen Führung" wird ein der totalitären Herrschaft nationalsozialistischer Prägung immanentes Prinzip deutlich. Hannah Arendt hat die eigentümliche Strukturlosigkeit der nationalsozialistischen Herrschaft als „Multiplikation identischer Ämter und Instanzen" gekennzeichnet[3], die sich herrschaftstechnisch zur Verwirklichung des Führerprinzips vorzüglich eignet. Angesichts sich überschneidender Funktionen und konkurrierender Instanzen war eine wirksame Opposition gegen die obersten Führungsdirektiven kaum möglich. Andererseits – und das war zweifellos die unerwünschte Nebenwirkung – ließen sich diese auch nur selten voll verwirklichen, da die Interessen der konkurrierenden Instanzen oft in ganz verschiedene Richtungen liefen.

a) Hitler, SS und Parteikanzlei

Die SS und – im Laufe des Krieges in zunehmendem Maße – die Parteiführung waren neben Hitler für den radikalen Kurs in Polen bestimmend. Vor allem der SS ermöglichte die prinzipielle Übereinstimmung mit Hitler innerhalb des von ihm bewußt groß gelassenen Spielraums bedeutende Einflußmöglichkeiten, nicht zuletzt konnten auf diese Weise persönliche Einstellungen wie Himmlers ausgeprägter Slawenhaß oder auch persönliche Steckenpferde wie die Siedlungspläne des Lubliner SS- und Polizeiführers Globocnik unmittelbar zum Tragen kommen[4]. „Der Osten" war überdies per se ein Politikum, das der SS von Anfang an ein entscheidendes Übergewicht einräumte[5]. Diese politische Sonderstellung der weltanschaulich gefestigten Truppe im Osten fand ihren Niederschlag in der Organisation der SS und Polizei und in der Ernennung Himmlers zum „Reichskommissar für die Festigung des deutschen Volkstums" (RKF).

Trat gegenüber dem scheinbar beherrschenden Einfluß Himmlers und Heydrichs die Partei zunächst sehr in den Hintergrund, so gewann seit dem Flug des Führerstellvertreters Heß nach England Bormann als Chef der Parteikanzlei und später als „Sekretär des Führers" in zunehmendem Maße als „braune Eminenz" an Bedeutung. Dem „Schatten Hitlers"[6] gelang es immer stärker, politisch bedeutungsvolle Angelegenheiten durch seine Hände laufen zu lassen, lästige Interventionen bei Hitler eigenmächtig abzubiegen und durch geschickte Vorbereitung Entscheidungen des Diktators in seinem Sinne durchzusetzen. Bormanns ebenfalls ausgeprägter Slawenhaß[7] konnte sich auf diese Weise unmittelbar auf die Ostpolitik auswirken.

Es ist daher durchaus legitim, Hitler persönlich, die SS-Führung und die Parteispitze im Hinblick auf ihre Vorstellungen zur Polenpolitik als relativ geschlossene Gruppe zu behandeln, auch wenn die SS sonst keineswegs eine monolithische Einheit und das Verhältnis zwischen Partei und SS alles andere als freundlich war.

Hitler ließ schon vor dem Angriff auf Polen unmißverständlich durchblicken, daß dieser Feldzug weitergesteckte Ziele habe als nur die militärische Niederringung des Gegners. „Vernichtung Polens – Beseitigung seiner lebendigen Kraft" stellte er am 22. August 1939 den Heeresgruppen- und Armeeführern der drei Wehrmachtsteile zur Aufgabe[8]. Daß mit der „Beseitigung der lebendigen Kraft" in erster Linie umfangreiche Exekutionen der polnischen Führungsschicht und des Klerus gemeint waren, wurde aus Hitlers Äußerungen am 12. September klar[9].

Die Besprechung Hitlers mit Keitel vom 17. Oktober 1939, an der auch Frank als künftiger Generalgouverneur teilnahm, ließ über die Funktion des nicht in das Reich eingegliederten Gebietes und den einzuschlagenden politischen Kurs keinen Zweifel mehr[10]. Nicht der Aufbau einer Musterprovinz sollte nach Hitlers Worten die Aufgabe der deutschen Verwaltung sein, sondern im Gegenteil die Beseitigung aller Ansätze zu einer Konsolidierung. „Die polnische Wirtschaft muß zur Blüte kommen." Die Bildung einer Führungs- und Intelligenzschicht müsse verhindert werden, und ein niederer Lebensstandard garantiere am ehesten die Interessen des Reiches, die sich ausschließlich auf die Gewinnung von Arbeitskräften richteten.

Der Abbruch der Militär- und die Einrichtung der Zivilverwaltung samt der Polizeiorganisation im GG, vor allem aber die Ernennung Himmlers zum RKF und des Höheren SS- und Polizeiführers (HSSPF) F. W. Krüger zum RKF-Beauftragten für das GG beseitigten die letzten bürokratischen Hindernisse auf dem Wege zu einer vom Terror diktierten Politik[11]. Nicht nur die Rückführung von Volksdeutschen aus dem Ausland gehörte in den Aufgabenbereich des RKF, sondern auch die „Ausschaltung des schädlichen Einflusses von solchen volksfremden Bevölkerungsteilen, die eine Gefahr für das Reich und die deutsche Volksgemeinschaft bedeuten". Diese dehnbare Formel erlaubte Himmler praktisch Einmischung in alle politischen Angelegenheiten von Belang, zumal der formell dem Generalgouverneur unterstellte HSSPF auf Grund eines Hitlerschen Geheimerlasses, den Frank erst 1945 zu Gesicht bekam, in Zweifelsfällen den Generalgouverneur in der Befehlshierarchie übergehen konnte[12]. Auf dem Umweg über das RKF konnte also das Reichssicherheitshauptamt (RSHA) die Polenpolitik außerordentlich stark beeinflussen.

Seinen programmatischen Niederschlag fand dieser Einfluß in Himmlers „Gedanken über die Behandlung der Fremdvölkischen im Osten" vom Mai 1940[13]. Dieses nur in wenigen Exemplaren verbreitete und lediglich einem kleinen Kreis von 25 bis 30 Spitzenfunktionären bekanntgegebene Dokument stellt wohl eins der hybridesten Zeugnisse nationalsozialistischer Rassenideologie dar. Aus der Konzeption des GG als eines Arbeiterreservoirs wurden hier konkrete politische Folgerungen gezogen. Zwar wurde die Ausrottung der Polen als „bolschewistische Methode" und als „ungermanisch" abgelehnt[14], aber die Aufspaltung der Bevölkerung in möglichst viele kleine Volkssplitter durch die Pflege aller separatistischen Tendenzen, „rassische Siebung" dieses „ganzen Völkerbreis" und Verpflanzung der „rassisch Wertvollen" nach Deutschland, um sie dort zu assimilieren, und eine totale bildungsmäßige Degradierung sollten die Bevölkerung des GG zu dem gewünschten führerlosen Arbeitsvolk machen. Als Ziel der allein zuzulassenden 4klassigen Volksschule verzeichnet Himmler minutiös: „Einfaches Rechnen bis höchstens 500, Schreiben des Namens, eine Lehre, daß es göttliches Gebot sei, den Deutschen gehorsam zu sein und ehrlich, fleißig und brav zu sein. Lesen halte ich nicht für erforderlich." Eine höhere Bildung sollte – bei entsprechender rassischer Qualität – nur über einen Antrag beim HSSPF möglich sein und bedeutete Umsiedlung ins Reich für immer. Die verbleibende orientierungslose Bevölkerung würde dann „bei eigener Kulturlosigkeit unter der strengen, konsequenten und gerechten Leitung des deutschen Volkes berufen sein, an dessen ewigen Kulturtaten und Bauwerken mitzuarbeiten und diese, was die Menge der großen Arbeit anlangt, vielleicht erst ermöglichen".

Einige Monate später nahm Hitler selbst noch einmal zum Polenproblem Stellung und bestätigte dabei voll und ganz die hier vorgezeichnete Linie. Das GG habe als „Ausleihzentrale für ungelernte Arbeiter" zu fungieren, und da es für den Polen nur einen Herrn, den Deutschen, geben könne, seien folglich „alle Vertreter der polnischen Intelligenz" umzubringen[15].

Die völlig veränderte außenpolitische Situation nach Beginn des Feldzuges gegen die Sowjetunion gab den Anstoß zu grundlegend veränderten Programmen. Im Rahmen der nun angestellten raumpolitischen Planungen von grotesk anmutenden Ausmaßen wurde das Polenproblem einerseits relativiert, andererseits verschoben sich jedoch die Akzente der konkreten Planung im GG, wenn auch deren Auswirkungen zunächst nur relativ begrenzt in Erscheinung traten. War bislang das eigentliche Ziel jeder nationalsozialistischen Germanisierungspolitik, die Aussiedlung aller „rassisch Unerwünschten“, nicht möglich gewesen, so ergab sich diese Möglichkeit jetzt mit der projektierten Ausweitung des „deutschen Lebensraums“ nach Osten. Der für den RFSS ausgearbeitete und diesem am 15. Juli 1941 vorgelegte „Generalplan Ost“, dessen Inhalt bisher nur aus einer Stellungnahme des Ostministeriums bekannt war, der aber 1942 um detaillierte Planungen hinsichtlich der künftigen Gestaltung der deutschen Herrschaft in Osteuropa erweitert wurde, ist der signifikanteste Ausdruck dieser neuen Situation[16].

Hitlers Erlaß vom 13. 1. 1943 zur Einstellung aller „Vorbereitungen und Planungen für künftige Friedensaufgaben“[17] bedeutet auch das Ende des „Generalplans-Ost“. Die Siedlungsmaßnahmen im Lubliner Gebiet wurden freilich noch keineswegs sofort eingestellt – ein Indiz für die starke Stellung Himmlers gerade im GG[18].

Schon im Laufe des Jahres 1942 zeigte sich, daß die bisherige Politik im GG wegen oder – in den Augen der Berliner Führung – trotz des bestimmenden Einflusses der SS auf ein Fiasko zusteuerte, das von den „Scharfmachern“ in SS und Partei in erster Linie dem Generalgouverneur angelastet wurde. Auch Bormann schaltete sich jetzt direkt ein. Über die Parteiorganisation im GG hatte er bisher kaum Einfluß. Der „Arbeitsbereich GG der NSDAP“ – als Zwischenform zwischen Gau- und Reichsorganisation – war erst relativ spät (am 6. Mai 1940) gegründet worden und wurde vom Generalgouverneur in Personalunion geleitet[19]. Die Partei spielte daher als Gegengewicht gegen die Zivilverwaltung kaum eine Rolle. Nicht von ungefähr sah daher Globocnik, einer der rüdesten Vertreter eines radikalen Kurses gegenüber den Polen, in der restlosen Trennung von Partei und Verwaltung eine „Existenzfrage der deutschen Führung“ im GG[20].

Nachdem Bormann schon im Frühjahr wesentlich an einem „hochnotpeinlichen Verhör“ gegen Frank wegen einiger Korruptionsaffären beteiligt gewesen war[21], schickte er im August seinen Sonderbeauftragten im OKW-Stab, A. Hoffmann, auf eine Inspektionsreise durch das GG. Die Berichte von dieser Reise geben ein außerordentlich instruktives Bild der Situation im GG[22]. Daß die Ursachen der politischen Misere dabei einseitig in der mangelnden Konsequenz und Härte der deutschen Verwaltung und vor allem in Franks persönlicher Unfähigkeit gesehen wurden, entsprach selbstverständlich den Intentionen des Bormanngesandten. Neben drastischen Schilderungen von Korruption und Schleichhandel konzentrierte sich die Kritik des Beauftragten auf die Kulturpolitik, die einerseits große Summen für reine Repräsentation ausgebe und andererseits den Polen gegenüber entschieden zu liberal sei und das polnische Nationalbewußtsein beachtlich fördere[23]. Die praktischen Vorschläge zur Änderung dieser Situation lehnten sich an das in den polnischen Westgebieten durchgeführte Verfahren der „Deutschen Volksliste“ (DVL) an und empfahlen die Aufteilung der Polen im GG in sechs Klassen, wobei nicht „rassische oder ideelle Merkmale“, sondern ausschließlich Nützlichkeitserwägungen bestimmend sein sollten. Aus der Klasse 6, in die zunächst alle Polen kommen sollten, war dann bei besonders guter Arbeit oder besonders erfolgreicher Denunziation Aufstieg in die höheren Klassen möglich, nach denen gestaffelt alle materiellen und kulturellen Güter zuzuteilen waren. Statt eine geschlossene Front gegen die deutsche Herrschaft zu errichten – wie es in zunehmendem Maße der Fall war –, würde es auf diese Weise gelingen, die Polen gegeneinander aufzuwiegeln. „Ich glaube“, schreibt Hoffmann, „den polnischen Volkscharakter so zu kennen, daß dann der Sohn seine Mutter und die Tochter ihren Vater verrät"[24].

Bormann griff die hier empfohlene „differenzierende" Therapie gar nicht erst auf, sondern fühlte sich offenbar nur noch in seinem bisherigen Kurs bestätigt: rücksichtslose Härte gegenüber den Slawen, Ablehnung aller prinzipiellen Änderungen und jeder sozial oder regional gestuften Behandlung der Polen[25].

Erst nach dem Warschauer Aufstand stellte man in Berlin prinzipielle Überlegungen über die Möglichkeiten und Formen einer veränderten Politik an, da man insbesondere bei einem Teil der Intelligenz einen gewissen prodeutschen Stimmungsumschwung feststellen zu können glaubte[26].Wie sollte eine eventuelle neue Politik aussehen? Kaltenbrunner zog in seinem Brief an Himmler aus dem offensichtlichen Mißerfolg der bisherigen Polenpolitik und aus den Erörterungen verschiedener Möglichkeiten, die von dem Muster der „im Warthegau bewährten, harten, aber gerechten Polenpolitik" bis hin zur Errichtung eines „freien Polens mit eigener Wehrmacht und Staatshoheit" reichten, den Schluß, daß z. Z. eine Neuordnung nur in dreifacher Richtung möglich sei:

1. Verzicht der öffentlichen Propaganda auf alle diskriminierenden Äußerungen.
2. Wegfall von Maßnahmen, die von den Polen als Schikane aufgefaßt werden und zum Widerstand reizen. „Festzuhalten ist jedoch an einer harten und gerechten Führung . . . sowie an allen Maßnahmen, die biologisch bedingt sind."
3. Kontakte zur AK – ohne sie damit zu legalisieren –, um politische und militärische Fragen zu klären „unter Hinweis auf Auflockerung und befriedigende Regelung des Polenproblems nach dem Kriege. (Dies könnte jedoch allein über BdS Krakau als autorisierte politische Führungsstelle, *niemals* aber über Regierung des GG durchgeführt werden)". Voraussetzung für alle Erörterungen mußte jedoch, darauf wies auch Kaltenbrunner ausdrücklich hin, eine Entscheidung „von höchster Stelle" sein, ob das GG künftig „deutscher Siedlungsboden" sei und bleibe[27].

Diese schon im Zeichen der totalen Niederlage geführten ausführlichen Erörterungen geben noch einmal ein getreues Abbild der völlig verfahrenen politischen Situation des GG, in der selbst eine radikale Kursschwenkung kaum Aussicht auf Erfolg gehabt hätte; sie resümieren alle wesentlichen Elemente, die die Auseinandersetzung um die politische Linie von Anfang an bestimmten: der – trotz aller Pläne – ungeklärte Status des GG, das Festhalten an reiner Machtpolitik ohne bedeutungsvolle Konzessionen auf irgendeinem Gebiet einschließlich dem kulturellen, das Festhalten auch an rassepolitischen Maßnahmen und schließlich die Beanspruchung des absoluten politischen Primats der SS gegenüber der Zivilverwaltung – ein Zankapfel, durch den die ohnehin schon wirren Zustände vollends in die Anarchie einmündeten.

b) Wehrmacht und Wirtschaft

Eine gemeinsame Betrachtung der Wehrmacht – als des Kontrollorgans der Rüstungsbetriebe, da rein militärische Fragen in diesem Zusammenhang nicht interessieren – und der Wirtschaft unter dem Gesichtspunkt ihres Einflusses auf den grundsätzlichen politischen Kurs in Polen wird dadurch legitimiert, daß beide primär sachlich orientiert, d.h. auf Störungsfreiheit und wirtschaftliche Effektivität ausgerichtet waren[28].

Die sachbezogene Orientierung war ein Faktor, der vor allem die Wehrmacht, aber auch Göring als Vorsitzenden der Vierjahresplan-Organisation sehr bald in einen Konflikt mit den zunächst proklamierten ideologischen Prinzipien der Polenpolitik bringen mußte, und zwar dort, wo diese vom wirtschaftlichen Standpunkt aus offensichtlich unsinnig waren oder fühlbar nachteilige Konsequenzen hatten: auf dem Gebiet der Kultur- und Siedlungspolitik. Es war daher nur folgerichtig, daß Frank bei seinen späten Versuchen zu einer stärker pragmatisch ausgerichteten Politik am ehesten bei Göring und der Wehrmacht auf Rückhalt rechnen konnte[29]. Auf der anderen Seite gerieten jedoch die ökonomischen Interessen, vor allem seit Beginn des Ostfeldzuges, immer mehr in den circulus vitiosus der nationalsozialistischen Kriegswirtschaft: der Wille zur maximalen Ausbeutung des unterworfenen Landes ließ sich schließlich nur noch mit rücksichtslosen Zwangsmaßnahmen realisieren und verschlechterte dadurch die Produktionsverhältnisse derartig, daß die erstrebte Steigerung oder zumindest die Stabilität der Produktion gefährdet wurde. Die wirtschaftliche Ausbeutung in Form immer höher geschraubter Ablieferungsnormen konnte auf diese Weise schließlich in ähnlichem Maße wie der SS-Terror zur Radikalisierung der gesamten Politik und zur Herausforderung der Widerstandsbewegung führen.

In der ersten, der Reststaatphase, dominierten im GG die wirtschaftlichen Nahziele. Unter dem Eindruck eines – wie man hoffte – baldigen Kriegsendes wurde gegen die Interessen der Wehrmacht eine reine Ausplünderungspolitik betrieben, um die wirtschaftliche Basis des Reiches zu stärken und einen industriellen Wiederaufbau Polens nach Kriegsende zu erschweren. Frank interpretierte in diesem Sinne Hitlers Direktiven in Übereinstimmung mit Göring: „Ausnutzung des Landes durch rücksichtslose Ausschlachtung, Abtransport aller für die deutsche Kriegswirtschaft wichtigen Vorräte, Rohstoffe usw., Drosselung der gesamten Wirtschaft Polens auf das für die notdürftigste Lebenshaltung der Bevölkerung notwendige Minimum, Schließung aller Bildungsanstalten, insbesondere der technischen Schulen und Hochschulen zur Verhütung des Nachwuchses einer polnischen Intelligenzschicht“[30]. Selbst Telefon und Telefonkabel sollten ausgebaut, Eisenbahnstrecken nur notdürftig eingleisig aufrechterhalten werden[31]. Hess, der Stellvertreter des Führers, richtete am 20. November 1939 an verschiedene Wirtschaftsorganisationen ein Schreiben, in dem er sich ausdrücklich gegen die Bestrebungen einiger Dienststellen (wie des Wehrwirtschaftsstabes und des Reichsarbeitsministeriums) wandte, die Industrie im GG wieder aufzubauen oder in Gang zu bringen[32]. Volkswirtschaftlich wäre es ohne Zweifel von ungleich größerer Effektivität gewesen, die polnische Industrie für deutsche Interessen arbeiten zu lassen, wie es Vertreter der deutschen Industrie beim Oberost vorschlugen.

Der Gegensatz dieser Interessen zu den gültigen Direktiven zeigt sich sehr deutlich in einer Denkschrift der Wehrwirtschaftsinspektion Oberost vom 21. 11. 1939 zur „Beurteilung der gegenwärtigen politischen und wirtschaftlichen Lage im deutschen Verwaltungsgebiet Polens und ihrer rüstungswirtschaftlichen Auswirkungen“[33]. Als Voraussetzung für ein störungsfreies Funktionieren der Rüstungsindustrie wird hier die politisch-stimmungsmäßige Befriedung des Gebietes genannt, die jedoch in Polen in keiner Weise gegeben sei. Maßnahmen nichtwirtschaftlicher Art werden dafür verantwortlich gemacht: das Vorgehen gegen die katholische Kirche, Sprengung von Denkmälern, das Verbot jeglichen kulturellen Lebens, die Schließung aller mittleren und höheren Bildungsanstalten, Liquidierung der polnischen Presse, Polizeiwillkür und Massenerschießungen usf. Die Denkschrift betont die Bedeutung solcher Faktoren für die störungsempfindliche Rüstungsindustrie und empfiehlt, auch entsprechende politische Voraussetzungen für die Wiederbelebung der polnischen Industrie und die Ausnutzung des großen vorhandenen Arbeiterpotentials an Ort und Stelle zu schaffen.

Als sich das Kriegsende nicht so bald einstellte und überdies die Unsinnigkeit der bisherigen Maßnahmen eklatant wurde, gab Göring – nach vorübergehenden Plänen zu einer regional abgestuften Behandlung in Aufbau- und Abbaugebiete[34] – im Februar 1940 das Startzeichen für einen geänderten Kurs: die relative Konsolidierung der Wirtschaft im GG und die Ausnutzung der Industriekapazitäten im Dienste der deutschen Rüstungsindustrie. Die Wirtschaft des GG wurde dem Vierjahresplan angepaßt mit dem Ziel der Intensivierung der Land- und Forstwirtschaft, der Steigerung der Rohstoffproduktion, Nutzung der Industrie für die deutsche Rüstung und der Verschrottung der dafür nicht brauchbaren Betriebe[35]. Im Juni 1940 waren 400 polnische Betriebe von der Rüstungsinspektion beim Oberost erfaßt, 60 davon wurden zu Wehrmachtsbetrieben erklärt[36].

Da der Wehrmacht auch nach dem Abbruch der Militärverwaltung das Aufsichtsrecht über die Rüstungsbetriebe blieb, hatte sie auf diesem Gebiet gewisse Einflußmöglichkeiten auf eine Änderung und Milderung des Programms durch die Wahrnehmung rüstungswirtschaftlicher Interessen. Einen wirklich politischen Einfluß hat die Wehrmacht zwar nicht erreichen können, nicht zuletzt weil sie sich allzu leicht und bereitwillig aus der Verantwortung für das, was in Polen geschah, verdrängen ließ, obwohl der Oberost mehrmals scharf gegen den SS-Terror protestierte[37]. Dennoch wuchs ihre Bedeutung auf wirtschaftlichem Gebiet im Zusammenhang mit dem Reich ins GG[38]. Sie konnte somit einerseits für die polnischen Arbeiter als Sicherheitsmoment wirken – Arbeit in einem Wehrmachtsbetrieb bedeutete das Maximum an Schutz im GG – zum andern durch ihren Bedarf an geschulten Fachkräften auf eine Änderung der rein destruktiven Schulpolitik hinwirken. Daß die Wehrmacht mit ihren Vorstellungen ab 1942 ein größeres Gewicht erlangte, hing vor allem mit dem in diesem Jahr deutlich gewordenen Scheitern der Hitlerschen Blitzkriegsstrategie zusammen. Daraus folgte nämlich erstmals die zwar allmähliche, aber konsequente Umstellung der deutschen Wirtschaft auf eine wirkliche Kriegswirtschaft, während es bis dahin lediglich eine kurzfristige Konzentration aller ökonomischen Kräfte auf das jeweilige militärische Ziel gegeben hatte, aber keine totale Mobilisierung aller Reserven erfolgt war. Die deutschen Erfolge beruhten auf einer „Breitenrüstung", nicht auf einer „Tiefenrüstung"[39]. Damit mußte auch das Plünderungsprinzip durch eine rationellere und effektivere Form der Ausnutzung zu ersetzen versucht werden. Die angestrebte Förderung der Fach- und Berufsschulen im GG seit 1942 belegt diesen Zusammenhang[40].

Andererseits verschlechterte aber das mit der Verschärfung der Kriegslage sprunghaft steigende Ablieferungssoll an landwirtschaftlichen Produkten, das dem GG auferlegt wurde, die Ernährungssituation im Jahre 1943 derart, daß auch wichtige Rüstungsbetriebe gefährdet waren. Generalleutnant Schindler, der Inspekteur der Rüstungsindustrie im GG, erklärte, daß jeder Rüstungsbetrieb gezwungen sei, seinen Arbeitern zwei Tage in der Woche freizugeben, damit sie sich durch Schwarzhandel zusätzlich die notwendigsten Lebensmittel beschaffen könnten[41]. Die Folge war, daß schließlich sämtliche Reichs- und Regionalinstanzen Sonderversorgung ihrer Arbeiter forderten, so die Ostbahn, die Wehrmacht, das Reichswirtschaftsministerium (für Erdöl- und Grubenarbeiter), Generalfeldmarschall Milch (für Arbeiter der Reparaturwerkstätten), Speer (für Arbeiter der Panzerfertigung), Sauckel als Beauftragter für den Arbeitseinsatz (für die Angehörigen der im Reich arbeitenden Polen) usw.[42] Als die Sicherheitspolizei ebenfalls darauf drang, die Ernährungssätze zu erhöhen, weil das der einzige Weg zur Aufrechterhaltung der Sicherheit sei, wurden schließlich im September 1943 die sog. „Warthegausätze" eingeführt, die wenigstens das Existenzminimum garantieren sollten. Die Gesamtlage änderte sich damit freilich nur unwesentlich[43]. Frank war sich der katastrophalen Situation seit langem bewußt und versäumte nicht, bei jeder sich bietenden Gelegenheit darauf hinzuweisen, war jedoch nicht fähig oder willens, eine Änderung der immer stärker unmittelbar vom Reich bestimmten Wirtschaftspolitik durchzusetzen. Auch wenn angesichts des gestiegenen Eigenbedarfs des GG für das Kriegswirtschaftsjahr 1943/44 die Ablieferungskontingente für das Reich wesentlich herabgesetzt wurden, so nahmen doch die Methoden der Ernteerfassung immer mehr terroristische Züge an, wie allein schon die Ausrufung eines „Ernteausnahmezustandes" (seit 1942) bewies[44]. Das Diktat der Ablieferungskontingente und die rücksichtslose Ausbeutungspraxis in der Landwirtschaft trugen somit nahezu ebenso stark wie der unmittelbare Terror der SS infolge sozialer Verelendung und politischer Radikalisierung, die ihrerseits wiederum den Terror verstärkte, zur Verschärfung der Situation und zur Schaffung anarchischer Zustände im GG bei.

c) Zivilverwaltung

Beim Aufbau der am 26. Oktober 1939 ins Leben gerufenen deutschen Zivilverwaltung[45] dominierten zunächst politische Gesichtspunkte. Gemäß dem Kontrollrecht Himmlers als RKF über die rassisch-politische Qualitfikation der künftigen Beamten des GG[46] erhielten anfangs kämpferische Gesinnung und zuverlässige politische Einstellung den Vorrang vor Beamtenqualitäten, so daß sich beispielsweise das Reichsinnenministerium darüber empörte, daß vorgeschlagene Beamte nur deswegen abgelehnt würden, weil sie gute Beamte seien[47].

Wenn sich die Zivilverwaltung auf längere Sicht dennoch nicht nur als reines Vollzugsorgan ideologischer Direktiven erwies, sich vielmehr partiell zum Träger des Widerstandes gegen ihre konsequente Durchführung entwickelte, so war es vor allem die ständige Konfrontation mit der politischen und wirtschaftlichen Realität, die eine relative innere Geschlossenheit und solchen Widerstand nach außen hervorrief. War auch die Verwaltung „weltanschaulich" von vornherein keineswegs insgesamt ein Gegner des destruktiven politischen Programms in Polen, so mußte sie fast zwangsläufig zum Antipoden der obersten Führung werden, sobald sie versuchte, die am grünen Tisch des RSHA, des Rasse- und Siedlungshauptamtes oder gar in der Unwirklichkeit der Bunkerwelt des Führerhauptquartiers entstandene Befehle zu realisieren. Direkte Obstruktion freilich war sinnlos, die Möglichkeiten der Zivilverwaltung lagen lediglich in der Modifikation der Durchführung.

Der Generalgouverneur selbst war anfangs einer der rücksichtslosesten Verfechter eines radikalen Kurses. Das in der Proklamation an die polnische Bevölkerung gegebene Versprechen der Respektierung der „polnischen Eigenart" „in allen Ausstrahlungen der Gemeinschaft"[48] erwies sich sehr schnell als rein propagandastische Phrase. Über eine Besprechung mit Goebbels einige Tage nach der Errichtung des GG heißt es in Franks Tagebuch: „Einleitend führte der Herr Generalgouverneur aus: Den Polen dürften nur solche Bildungsmöglichkeiten zur Verfügung gestellt werden, die ihnen die Aussichtslosigkeit ihres völkischen Schicksals zeigten. Es könnten daher höchstens schlechte Filme oder solche, die die Größe und Stärke des Deutschen Reiches vor Augen führten, in Frage kommen. Es werde notwendig sein, daß große Lautsprecheranlagen einen gewissen Nachrichtendienst für die Polen vermitteln . . . Der Herr Generalgouverneur erklärte, daß die höheren Schulen bereits geschlossen seien. Die Priesterseminare, die von der Wehrmacht bereits wieder eröffnet worden seien, würden grundsätzlich geschlossen werden, da es sich hier nur um Brutstätten des Deutschenhasses handele"[49]. „Frank benimmt sich wie ein größenwahnsinniger Pascha", so gab Ulrich von Hassell zutreffend den Eindruck wieder, den der Generalgouverneur allenthalben hervorrief[50].

Frank war freilich zu intelligent, um nicht sehr bald die katastrophalen Folgen der von ihm mitbetriebenen Politik zu sehen. So wurde er dann auch zum Initiator des Kurswechsels: im Februar 1940 sagte ihm Göring die Aufrechterhaltung polnischer Industriebetriebe und wenigstens einen teilweisen Stopp der „Abschiebungsaktion" zu und beseitigte damit zwei Haupthindernisse für eine wenigstens ansatzweise funktionierende Verwaltung[51]. Wenige Monate praktischer Erfahrung belehrten Frank, daß es im Interesse des Reiches liegen müsse, „in gewissem Umfang" wieder Bildungsmöglichkeiten für die Polen zuzulassen, einschließlich von Fachschulen auf niedrigem Niveau und technischen und medizinischen Abschlußprüfungen an den ehemaligen Universitäten[52]. Die neue Phase, in der das GG als „Heimstätte des polnischen Volkes" galt, sollte auch auf diese Weise sinnfällig gemacht werden.

Solche Ansätze zu einer gewissen Mäßigung waren und blieben freilich bei Frank ausschließlich vom Interesse und Nutzen des Reiches her motiviert, die Erfahrungen schon einer kurzen Regierungszeit ließen ihn taktische Gesichtspunkte in den Vordergrund rücken, ohne daß er dabei je das Fernziel aus den Augen verlor und auch ohne daß die Hypertrophie seiner internen Äußerungen je verschwand.

Mit der am 1. 1. 1940 durchgeführten Neugliederung der Verwaltung des GG in vier Distrikte zu je zehn Kreishauptmannschaften mit der übergeordneten Zentrale in Krakau, die anfangs „Amt des Generalgouverneurs", dann „Regierung des Generalgouvernements" hieß, war prinzipiell die Möglichkeit zu einer straffen zentralistischen Verwaltungsführung gegeben. Dieses System mit dem unmittelbar dem Führer unterstellten Generalgouverneur an der Spitze wurde jedoch im Laufe des Krieges in zunehmendem Maße durch eine große Zahl von Sonderbeauftragten paralysiert, so daß faktisch die Stellung eines formal recht unabhängigen Landesherren, des „polnischen Vizekönigs", wie ihn Goebbels nannte[53], völlig untergraben wurde und als Kompensation für den Mangel an realer politischer Macht nur noch das übersteigerte Repräsentationsbedürfnis übrigblieb.

Einer der bestimmendsten Faktoren der Politik Franks und der Zivilverwaltung wurde der Kampf mit der SS, der sowohl sachliche wie persönliche Gründe hatte und, anfangs noch latent schwelend, im Laufe des Krieges immer heftigere Formen annahm. Der Kampf wurde nie eindeutig entschieden, so sehr auch SS und Partei gegen den Generalgouverneur intrigierten, trotz Korruptionsaffären, in die Frank verwickelt war und trotz der immer deutlicher zu Tage tretenden politischen Situationsverschlechterung im GG. So offenkundig Bormann und Himmler bei Hitler stets auf Rückendekkung ihrer Anordnungen und Aktionen rechnen konnten, so wenig bedeutete das, daß Frank fallen gelassen wurde. Hitler handelte offensichtlich nach dem Grundsatz „divide et impera". Nach jeder Unterredung, die Frank im Führerhauptquartier gewährt wurde, fühlte dieser sich in seiner Politik bestätigt, er avancierte zum „großen Realpolitiker des Ostens", das GG war gegenüber allen anderen „das bestverwaltete besetzte Gebiet"[54]. Diese kaum mehr als psychologische Stütze, die er in seinen seltenen Audienzen bei Hitler fand, stellte jedoch den inneren Rückhalt dar, mit dem er sich stets aufs neue im Kampf mit der SS zu behaupten und seinen Kurs einer elastischeren Politik durchzusetzen versuchte.

Seit 1943 versuchte Frank in mehrfachen Vorstößen, einen wirklichen Umschwung der bisher eingeschlagenen Politik zu erreichen[55]. Die rücksichtslose Ausbeutung des

GG durch die Sonderbeauftragten der Reichsbehörden, und der Fortgang der Siedlungsmaßnahmen auch nach dem tiefen Einschnitt der Niederlage von Stalingrad bildeten den Ausgangspunkt für seine umfangreiche Denkschrift an Hitler vom 19. 6. 1943[56].

Der lange Katalog der deutschen Maßnahmen, welche die katastrophale Situation im GG heraufbeschworen und die Frank selbst mitveranlaßt hatte, wird ohne Beschönigung aufgeführt: die völlig unzureichende Ernährung selbst der im deutschen Interesse Arbeitenden; die entschädigungslose Enteignung und Aussiedlung von polnischen Bauern aus Gebieten für Truppenübungsplätze und für Deutsche vorgesehenen Siedlungsregionen; Massenverhaftungen und -erschießungen; rabiate Methoden der Arbeitererfassung; weitgehende Lahmlegung des kulturellen Lebens und Schließung aller höheren Bildungsanstalten; Ausschaltung der Polen aus der staatlichen Verwaltung; Beschneidung des Einflusses der katholischen Kirche. Angesichts dieser deutschen Politik, schreibt Frank, sei es geradezu ein Zeichen für die Langmut und Duldsamkeit des polnischen Volkes, wenn die Masse der polnischen Arbeiter und Bauern bisher gegenüber den deutschen Anordnungen noch loyal geblieben sei. Die Widerstandsbewegung und die bolschewistische Propaganda verzeichne jetzt aber immer größere Erfolge, da sie in der Tat die deutschen Methoden nur wahrheitsgetreu darzustellen brauche. In der Eingabe der Untergrundorganisation „Miecz i Pług" an Hitler[57] und in der Katynaffäre sah Frank Ansatzpunkte für eine Einschaltung der Polen in den „antibolschewistischen Abwehrkampf", sofern gleichzeitig ein grundlegender Wandel im deutsch-polnischen Verhältnis eintrete. Neben einer Verbesserung der wirtschaftlichen Situation, der Einstellung der öffentlichen Terror- und Siedlungsmaßnahmen könne sich dieser Wandel vor allem auf kulturpolitischem Gebiet vollziehen. Die Vernichtung des polnischen Schulsystems und die Senkung des Bildungsniveaus, die ohnehin kaum im Sinne der deutschen kriegswirtschaftlichen Interessen liege, gebe nicht nur der gegen Deutschland verschworenen Intelligenz großen Auftrieb, sondern rufe bis in die untersten Schichten hinein Mißstimmung hervor und drohe zu verwirklichen, was in Polen bisher unerreichbar gewesen sei: „die Herbeiführung einer auf ein einheitliches Ziel ausgerichteten und innerlich auf Gedeih und Verderb zusammenhaltenden Volksgemeinschaft". Eben das aber solle die deutsche Führung durch gewisse kulturelle Konzessionen und durch Förderung und Ausspielen der sozialen Klassengegensätze zu vermeiden suchen. Nicht als „Angelegenheit des Herzens", betonte Frank, sondern nur der nüchternen Vernunft solle man das Problem der Polenpolitik behandeln. „Mit unbrauchbaren Ideologien und falsch aufgefaßtem Herrentum wird dem Reich unter den gegenwärtigen angespannten Verhältnissen nicht genützt."

Die ungeschminkte und mutige Denkschrift deckte sich in der Diagnose weitgehend mit der des Bormannbeauftragten oder des HSSPF. Die Ursachen freilich lasteten sich die verfeindeten Brüder gegenseitig an. Frank dürfte dabei der Wahrheit immerhin näher gekommen sein als seine Gegenspieler, auch wenn er durch sein Verhalten nicht nur seinen deutschen Gegnern mehr als genug Anlaß zur Kritik bot, sondern auch bei den Polen der bestgehaßte Mann war[58]. Ein positives Echo Berlins auf den Vorstoß des Generalgouverneurs blieb aus.

Im November sandte Frank dem Generalbevollmächtigten für den Arbeitseinsatz, Sauckel, eine Denkschrift, in der er sich für eine bessere Behandlung der polnischen Zivilarbeiter im Reich und den Abbau der diskriminierenden Bestimmungen (äußerliche Kennzeichnung als Pole u.ä.) einsetzte[59]. Der Zusammenhang der Situation der polnischen Arbeiter im Reich mit der immer schwerer werdenden und daher immer rücksichtsloser vorgenommenen „Arbeitererfassung" und dem Anwachsen der Widerstandsbewegung im GG legten diesen Schritt nahe, der jedoch ebenfalls ohne greifbaren Erfolg blieb.

Dennoch schien der Generalgouverneur vorübergehend Oberwasser zu bekommen: im Herbst 1943 wurden seine erbittertsten Feinde, Krüger und Globocnik, von ihren Posten im GG abberufen. Als Hitler in einer Besprechung mit Frank am 6. Februar 1944 – der letzten, die er ihm gewährte – auch den „neuen Kurs" zu billigen schien und sogar von den Polen als einem „zweifellos hochbegabten Volk" sprach[60], glaubte der Generalgouverneur endgültig, den oft verkündeten Kurswechsel nun auch tatsächlich durchführen zu können.

Einige Gouverneure sowie zentrale und regionale Verwaltungsstellen assistierten schon seit längerem bei solchen Versuchen durch Kontakte mit Vertretern der polnischen Fürsorgeorganisation PHA und der Widerstandsbewegung, durch Interventionen bei der Polizei zugunsten verhafteter Polen und durch konkrete Änderungsvorschläge[61]. Der Warschauer Gouverneur Fischer sandte im Sommer 1943 Berichte mit dieser Zielsetzung nach Krakau und Berlin[62]. Der im Herbst 1943 neu ernannte Krakauer Gouverneur von Burgsdorff, wohl einer der wenigen ehrlichen Vertreter einer Versöhnungspolitik, reichte der Regierung des GG am 25. Juli 1944 eine Denkschrift über „das Problem der polnischen Jugend" ein, in der er aus dem Impuls des „gesamteuropäischen Gedankens" vor allem eine völlige Revision der bisherigen deklassierenden Bildungs- und Kulturpolitik forderte[63].

Die schnellen Erfolge der sowjetischen Sommeroffensive und der Warschauer Aufstand machten jedoch zunächst eine weitere Erörterung der Prinzipien der Polenpolitik hinfällig. Das GG schrumpfte auf fast ein Fünftel seines bisherigen Bestandes und Frank zog die offenkundig einzig vernünftige Konsequenz, indem er die Liquidierung des GG als Verwaltungskörper forderte, die Restverwaltung den angrenzenden Gauleitungen übertragen und sich selbst zum Frontdienst melden wollte[64]. Aus außenpolitischen Propagandarücksichten lehnte Hitler diesen Vorschlag jedoch ab, die juristische Fiktion wurde aufrechterhalten, das GG existierte in schattenhafter Form und unter „völliger Zertrümmerung der Autorität", wie Frank an Goebbels schrieb, weiter[65].

Die vorübergehende Stabilisierung der militärischen Lage und die Niederschlagung des Warschauer Aufstandes ließen noch einmal schwache Hoffnungsfunken aufglimmen: am 5. Oktober wandte sich Frank an Hitler mit einem Vorschlag „zur endgültigen Bereinigung des Verhältnisses zwischen der deutschen Führung und den Polen im GG" und bat um die Genehmigung eines Verordnungsentwurfs, der die Beteiligung der Polen an der Verwaltung in Form von Beratungsorganen auf allen Ebenen vorsah[66]. Eine endgültige Stellungnahme zu diesen Vorschlägen erfolgte nicht mehr, obgleich die Reaktion im RSHA negativ ausfiel. Die Vordringlichkeit von Evakuierungsmaßnahmen und Stellungsbauten überschattete ohnehin alle theoretischen Erörterungen.

Das Fazit der Frankschen Versuche zu einer modifizierten Polenpolitik fällt kaum positiv aus. Die Ansätze zu einer Änderung kamen viel zu spät, sie wurden zu halbherzig und zu sprunghaft betrieben. Ihren rein taktischen Charakter wird man überdies bei Frank persönlich kaum bezweifeln können. Noch im Mai 1944 sprach er vor Parteivertretern von der Zweideutigkeit seiner Politik, die er als Nationalsozialist und als Politiker zu verfolgen gezwungen sei[67].

Daß sich unter den Anhängern einer Kursänderung viele Opportunisten befanden, ist nicht verwunderlich. Dennoch gab es zahlreiche Beamte, die nicht in diese Kategorie passen. Einige Beispiele dafür in der Krakauer Zentrale waren: Siebert, der erste

Präsident der Abteilung „Innere Verwaltung" sowie sein Nachfolger Losacker, die Leiter der Abteilung „Bevölkerungswesen und Fürsorge" Föhl und Weirauch, mehrere Beamte der deutschen Schulverwaltung und vor allem der Krakauer Gouverneur von Burgsdorff[68]. Sie zeigen die hoffnungslose Situation des konservativen Beamtentums in der nationalsozialistischen Politik und die eng begrenzten Möglichkeiten in einem wenig aussichtsreichen Kampf um Milderung einer verstiegenen und hybriden Terrorpolitik. Das Urteil des polnischen Gerichtshofes im Jahre 1948 gegen von Burgsdorff versuchte – wenn auch sehr unvollkommen – dieser Situation immerhin annähernd gerecht zu werden[69].

Der Zustand der Anarchie, der sich aus dem Neben- und Gegeneinander der hier beschriebenen politischen Konzeptionen ergab, brachte zwar einerseits ein furchtbares Elend über die polnische Bevölkerung, zum anderen jedoch bot er, nicht zuletzt im Hinblick auf die Bestechlichkeit der deutschen Behörden[70], sehr günstige Ansatzpunkte für die Widerstandsbewegung, und die ganze Breite ihrer Aktivität wäre ohne diese Anarchie kaum denkbar gewesen. Sie bewahrte die polnische Bevölkerung im GG vor der konsequenten Realisierung der 1939 ausgegebenen Direktiven und möglicherweise die Intelligenz vor einer noch weitergehenden Liquidierung. Die Anarchie mochte sich in ihren Folgen auf die innere Lage des polnischen Volkes erheblich schlimmer auswirken als die rigorose Ordnung in den eingegliederten Gebieten, sie mochte soziale Verwahrlosung und Kriminalität in einem Ausmaß fördern, daß sich auch die Widerstandsbewegung damit auseinanderzusetzen hatte[71] – dennoch war sie letztlich das kleinere Übel besonders gegenüber der rationalisierten totalen „Diktatur der Ordnung" im „Mustergau" Wartheland.

3. Umsiedlung und Liquidierung der Intelligenz

Die Vorbedingung für die geplante politische und kulturelle Vernichtung Polens mußte eine wirksame Ausschaltung der polnischen Intelligenz sein. Spielten die politischen und kulturellen Träger der Nation keine Rolle mehr, ließ sich auch äußerlich auf administrativem Wege eine eigenständige polnische Kultur schnell beseitigen. Prinzipiell galt das ebenfalls für andere besetzte Gebiete wie das Protektorat, die dem Reich angegliederten Teile Sloweniens und in bestimmten Grenzen auch Elsaß-Lothringen. Die Ausschaltung der Intelligenz war Vorbedingung für die angestrebte „Umvolkung", „Rückdeutschung", „Entwelschung" etc.[1]

Eine konsequente Durchführung der von Hitler ausgegebenen Direktiven, die auf eine totale physische Liquidierung der gesamten polnischen Intelligenz hinausliefen, ist freilich den Exekutivorganen nicht gelungen, auch wenn in verschiedenen Regionen daran nicht viel fehlte. Für das GG ist sie überdies schwerlich ernsthaft geplant worden, zumindest bestanden widersprüchliche Vorstellungen[2]. Die größten Ausrottungsaktionen wurden während und unmittelbar nach dem Septemberfeldzug vorgenommen, und zwar in erster Linie in den polnischen Westgebieten, deren Angliederung an das Reich von Anfang an feststand. Genaue Angaben über die Zahl der Opfer unter der Intelligenz gibt es bisher nicht. Das gleiche gilt für die Umsiedlungsmaßnahmen. Auch hier war zwar in erster Linie die Intelligenz betroffen, aber in der praktischen Durchführung der Austreibungsaktionen herrschte eine solche Wahllosigkeit, daß der genaue Prozentsatz der Intelligenzangehörigen unter den Umgesiedelten nicht feststellbar ist. Insgesamt geht die Zahl derer, die im Herbst und Winter 1939 Opfer der Exekutionen oder der provisorisch eingerichteten Lager wurden, in die Zehntausende. Besonders in Westpreußen, das als erstes Gebiet zur Eindeutschung vorgesehen war, entging nur ein kleiner Teil der polnischen Führungsschicht Exekutionen oder Aussiedlung[3].

Ohne hier auf Details der Umsiedlung einzugehen[4], vor allem auf den Widerspruch zwischen den Liquidierungsdirektiven Hitlers und den konkreten Umsiedlungsanweisungen Himmlers, ist im Hinblick auf die politische Situation des GG vor allem die Tatsache von großer Bedeutung, daß ein großer Teil der aus rassischen oder politischen Gründen „unerwünschten" Polen nicht liquidiert, sondern umgesiedelt wurde. Eine geheime Anordnung des HSSPF in Posen, Koppe, vom 12. 11. 1939 zeigt, wieweit der Kreis der „Unerwünschten" ging: „Die Säuberung und Sicherung ist mit allen Konsequenzen erst dann erreicht, wenn die geistig führende Schicht, die gesamte Intelligenz sowie alle politischen und kriminellen Elemente entfernt sind. Alle bewußt polnisch fühlenden Personen sind gleichfalls abzuschieben. Bei der Intelligenz braucht der Tatbestand der politischen oder deutschfeindlichen Betätigung *nicht* gegeben zu sein."[5]

Die Gesamtzahlen der Ausgesiedelten lassen immerhin annähernd die Größenordnung erkennen, in der auch Intelligenzangehörige ins GG gelangten. Insgesamt wurden bis Anfang 1943 nach Angaben Himmlers 365 000 Polen ins GG deportiert, davon der weitaus größte Teil aus dem Warthegau[6]. Nach einer Statistik der polnischen Widerstandsbewegung kamen aus den ins Reich eingegliederten Gebieten allein ca. 15 000 Lehrer (aus den östlichen Wojewodschaften ca. 3 000) ins GG[7].

Die Vorstellung vom GG als dem großen „Abschiebungsgebiet" für alle „unliebsamen Elemente" bedeutete nun noch keineswegs, daß die Intelligenz hier eine, wenn auch chaotische, so doch halbwegs sichere Zuflucht gefunden hätte. Wenn der Terror im GG im Vergleich zu den Westgebieten zunächst noch relativ geringfügig war, so mochten dafür verschiedene Gründe maßgebend sein: der noch ungeklärte politische und rechtliche Status, der Einfluß der Militärverwaltung, der auch über die Zeit der Einsetzung von Zivilbehörden hinausging, der hohe Grad von Desorganisation und der Mangel an Polizeikräften[8].

Setzte somit der Terror im GG nicht gleich unmittelbar nach dem Ende des Feldzugs mit voller Stärke ein, so ist hier stattdessen fast eine aufsteigende Linie verschiedener Terrorwellen zu beobachten, von denen das GG bis zum Kriegsende überzogen wurde. Während diese später den Charakter oft wahlloser Massenrepressalien annahmen, stellten sie anfangs stärker gezielt gegen die Intelligenz gerichtete Aktionen dar. In Warschau, Radom und Lublin wurden im Herbst 1939 zahlreiche Angehörige der Intelligenz verhaftet. Das Attentat auf Hitler im Bürgerbräukeller am 8. November bildete dabei vielfach den willkommenen Vorwand[9]. Aus Radom ist eine Mitteilung Himmlers an die Zivilverwaltung erhalten, die die Erschießung eines „größeren Teils der Intelligenz" anordnete[10]. In Lublin rief die Exekution von 10 Verhafteten (4 Juristen, 2 Professoren, 2 Schuldirektoren und 2 Starosten) am 23. Dezember 1939 ein starkes Echo in der öffentlichen Meinung hervor, da es sich um die erste gezielte Mordaktion ohne Gerichtsurteil in diesem Gebiet handelte[11]. Anfang November wurden ferner der Bischof von Lublin, Fulman, zusammen mit mehreren Geistlichen sowie die Suffraganbischöfe von Siedlce und Krakau verhaftet, während der Metropolit, Erzbischof Sapieha, weiter amtieren durfte[12]. In Radom saß im November 1939 ein Großteil der Intelligenz in Haft, so daß Gouverneur Lasch den Generalgouverneur bat, auf größere Zurückhaltung bei Verhaftungen, besonders unter den polnischen Ärzten, auf deren Mitarbeit man angewiesen sei, hinzuwirken[13]. Unter dem Kennwort „Sonderaktion" waren am 9. 11. 1939 in Radom und Umgebung 145, in Kielce 51 Polen verhaftet worden[14]. In Warschau begannen schon seit den ersten Oktobertagen gezielte Verhaftungsaktionen. So wurden am 8. Oktober 354 Priester und Lehrer wegen ihrer „chauvinistischen Haltung" festgenommen[15].

Am Vorabend des 11. November, des polnischen Nationalfeiertages, wurden in Warschau ca. 300, in Krakau 120 Personen, darunter ein Großteil Lehrer, als Geiseln verhaftet, in der ehemaligen Wojewodschaft Rzeszów rund 500 Personen festgenommen[16]. In der Regel ließ man den weitaus größten Teil der Verhafteten nach einigen Wochen oder Monaten wieder frei. Dem zunächst noch relativ großen Ermessensspielraum der Regionalbehörden war es zuzuschreiben, daß derartige Aktionen zunächst sehr verschieden ausfielen und kaum systematisch für das ganze GG durchgeführt wurden, da sie mit der Zentrale nicht ausreichend koordiniert waren.

Eine solche zentral geleitete und systematisch durchgeführte Aktion ließ jedoch nicht lange auf sich warten. Da die Widerstandsbewegung gleich nach dem Zusammenbruch des polnischen Staates sehr rege zu arbeiten begann[17], wenn auch noch völlig von den spontanen Aktionen einzelner Gruppen bestimmt und noch kaum zentralisiert, nicht zuletzt, weil man in der polnischen Bevölkerung allgemein mit einem baldigen Sieg Frankreichs rechnete[18], verhaftete die deutsche Polizei zunächst am 30. März 1940 schlagartig im ganzen GG 1 000 Personen und startete dann am 31. März unter Leitung des Kommandeurs der Sicherheitspolizei, SS-Brigadeführer Streckenbach, die sogenannte „Außerordentliche Befriedungsaktion" (AB-Aktion), die der Widerstandsbewegung durch Liquidierung ihrer Führungsschicht das Rückgrat brechen sollte[19]. Ihren Höhepunkt erreichte diese Aktion während des Frankreich-Feldzuges, als das „Weltscheinwerferlicht" sich vom GG abgewandt hatte, wie Frank sich ausdrückte[20]. Frank ließ deutlich erkennen, daß es sich hier um die Realisierung der Forderung des Führers nach Liquidierung der polnischen Führungsschicht handele. „Ich gestehe offen, daß das (d.h. die AB-Aktion; C.K.) einigen Tausend Polen das Leben kosten wird, vor allem aus der geistigen Führerschicht Polens. Für uns als Nationalsozialisten bringt eben diese Zeit die Verpflichtung mit sich, dafür zu sorgen, daß aus dem polnischen Volk kein Widerstand mehr emporsteigt"[21]. Die Politik der sozialen Spaltung des polnischen Volkes sollte auch bei dieser Aktion berücksichtigt werden: sie war gegen die Intelligenz, nicht aber gegen Arbeiter und Bauern gerichtet[22].

Nach den Angaben Streckenbachs wurde von den Polizeimaßnahmen ein Kreis von ca. 3 500 Personen unmittelbar betroffen[23]. Neben der geistigen und politischen Führungsschicht bezog sich diese Zahl auch auf kriminelle Verbrecher, ohne daß sich freilich ein bestimmter Prozentsatz feststellen läßt, zumal die Kriterien für ein solches Verbrechertum sehr unscharf sind, auch wenn grundsätzlich außer Zweifel steht, daß Kriminelle nach dem Zusammenbruch des polnischen Staates aus den Gefängnissen freigelassen wurden und unter bestimmten Auflagen mit der Widerstandsbewegung zusammenarbeiteten[24]. In jedem Fall dürften „Verbrecher" nicht mehr als einen geringfügigen Anteil gestellt haben. Da genaue Unterlagen über das Ergebnis der AB-Aktion nicht vorhanden[25], zumindest bislang nicht bekannt geworden sind, läßt sich nicht mehr feststellen, ob die von Streckenbach angegebene Schätzzahl von 3 500 erreicht bzw. unter- oder überschritten wurde. Die angegebene Größenordnung dürfte sich kaum wesentlich verändert haben. Da die Durchführung der Aktion, die Aburteilung der Verhafteten durch Standgerichte ausschließlich Sache der SS und Polizei war und Frank dabei generell auf sein Gnadenrecht verzichtete, außerdem betonte, die Konzentrationslager im Reich sollten nicht mit Angelegenheiten des GG „belastet" werden, kann kaum ein Zweifel bestehen, daß der größte Teil der Festgenommenen, sofern sie der Intelligenz angehörten, zum Tode verurteilt wurden. Daß es sich bei der Vollstreckung der Urteile um Massenexekutionen großen Stils handelte, die für die zu dieser Zeit offenbar noch nicht völlig verrohten SS- und Polizeimannschaften eine erhebliche innere Belastung darstellten, deutet der während der AB-Aktion herausgegebene Erlaß der Abteilung „Innere Verwaltung" an, der den Polizeiführern Rücksicht auf die psychische Situation der mit der Exekution Beauftragten zur Pflicht machte[26].

Diese Großaktion war zunächst bis zum 15. Juni 1940 befristet worden, zog sich jedoch noch bis in den Juli hinein. Sie war ohne Zweifel das umfassendste und gezielteste Unternehmen gegen die polnische Führungsschicht während der Okkupationszeit. Obwohl dabei über den Kreis der aktiv in der Widerstandsbewegung Arbeitenden hinausgegriffen und auch das stärkste „potentielle Reservoir" für die Widerstandsbewegung, die Intelligenz allgemein und insbesondere die Lehrer[27], einbezogen wurde, gelang damit keineswegs eine „Lahmlegung der Widerstandsbewegung auf lange Zeit", wie sie sich Streckenbach erhofft hatte[28]. Dennoch mußte die AB-Aktion einen furchtbaren Schlag für die Widerstandsbewegung bedeuten, und sie dürfte neben der Niederlage Frankreichs ein wesentliches Motiv für die straffere Neuorganisation der polnischen Widerstandsbewegung im Sommer 1940 gewesen sein. Ungeachtet dieser Aktion forderte Himmler bei seinem Besuch in Warschau am 5. Mai 1940 die Einlieferung von 20 000 Polen ins KZ, stieß dabei allerdings auf den Widerstand des Generalgouverneurs, der dadurch die wirtschaftliche Entwicklung gefährdet sah[29].

Im Sommer 1941 nach der Besetzung Ostgaliziens wiederholte sich in Lemberg in kleinerem Maßstab, aber in blutigen Formen, die Krakauer „Sonderaktion". Nach einer vorbereiteten Liste wurden u.a. 21 Lemberger Wissenschaftler verhaftet und z. T. mit ihren Angehörigen erschossen. Das im Rahmen der Wehrmacht gebildete ukrainische Bataillon „Nachtigall" spielte die Hauptrolle in diesen Exzessen[30]. Im August des gleichen Jahres kam es ebenfalls in Ostgalizien, in Stanisławów (Stanislau) nochmals zu einer Massenerschießung. Etwa 200 Angehörige der Intelligenz, in der Mehrzahl Lehrer, wurden umgebracht[31].

Spätere Aktionen hatten nicht mehr den Charakter des einigermaßen genau Umgrenzten – darauf, daß die AB-Aktion nicht als Willkürakt erschien, legte der Generalgouverneur großen Wert[32] –, sondern wurden zu Willkürmaßnahmen, die im Zusammenhang mit der militärischen Situation standen oder Konsequenz der unaufhaltsamen Eskalation von Terror, Gegenterror und Vergeltung waren. So setzte im Frühjahr 1942 nach einem Besuch Himmlers im GG, am 13. März, und vor Beginn der neuen Ostoffensive abermals eine Terrorwelle ein. In Krakau beispielsweise verhaftete man die Besucher des Cafés „Plastyków", zum größten Teil Intelligenzangehörige, und deportierte sie nach Auschwitz. Wenige Tage später wurden im gesamten Distrikt ca. 2 000 Reserveoffiziere festgenommen und ebenfalls nach Auschwitz gebracht[33]. Je länger die Okkupation dauerte, desto schwieriger freilich wurde es, eine Zielrichtung des Terrors auf einen bestimmten Personenkreis festzustellen, auch wenn es nach wie vor erklärtes Ziel der nationalsozialistischen Politik blieb, die unteren sozialen Schichten möglichst ungeschoren zu lassen und sie gegen die Führungsschicht auszuspielen. General Haenicke, der Wehrkreisbefehlshaber im GG, charakterisierte die Verhältnisse zweifellos treffend, wenn er feststellte, im GG werde praktisch der Ausnahmezustand durchgeführt, auch wenn dieser Begriff aus politischen Gründen nicht gebraucht werden dürfe[34].

Aus den genannten Gründen ist es nicht möglich, genaue Daten über die Verluste speziell unter der Intelligenz des GG zu geben. Die vorliegenden Zahlen machen jedoch zweierlei deutlich: zum einen lassen sie den Umfang und die Intensität des gegen die Intelligenz gerichteten Terrors erkennen, zum anderen zeigen sie, daß es keine völlig konsequente Ausrottung der Intelligenz im GG gegeben hat, so daß damit eine der wesentlichsten Voraussetzungen für die Organisation des polnischen Untergrundstaates, der wesentlich ein Werk der Intelligenz war[35], erhalten blieb.

III. Die nationalsozialistische Kulturpolitik im Generalgouvernement

1. Programm und Ideologie der Kulturpolitik

Die Zerstörung polnischer Kultur als wichtiges Element innerhalb des übergeordneten volkstumspolitischen Gesamtplanes vollzog sich zu einem erheblichen Teil in den geschilderten Aktionen gegen die Träger und Vermittler dieser Kultur und darüber hinaus in Plünderungen, Zerstörungen und in der Unterdrückung eines eigenständigen kulturellen Lebens. Im Vordergrund der nationalsozialistischen Propaganda aber stand die These vom deutsch-polnischen Kulturgefälle und der Versuch, die Abhängigkeit aller polnischen Kultur von der deutschen nachzuweisen und damit den Wahrheitsgehalt des Dogmas von der allein kulturschöpferischen germanischen Rasse am konkreten Beispiel Polens zu belegen. Aus diesem Konzept ergab sich ein für die Kulturpolitik sehr charakteristischer Dualismus von Destruktion und forcierter Aktualisierung. Die zunächst für die gesamte deutsche Presse im Reich und im GG verbindlich vorgeschriebene antipolnische Propaganda, die noch weit über den Beginn des deutsch-sowjetischen Krieges hinaus geführt wurde, legte nicht nur auf die emotionale Ablehnung alles Polnischen und die assoziative Gleichsetzung von Polen mit Juden und Zigeunern großen Wert, sondern auch auf ausgeprägten „Stolz auf die deutsche Kulturleistung"[1]. In dem Augenblick, in dem Polen zum dauernden Bestandteil des Reiches werden sollte, gewann die Suche nach den „deutschen Ursprüngen des Weichsellandes" unmittelbar an politischer Relevanz. Was früher allenfalls zur legitimen Selbstrechtfertigung und Selbstbestätigung der deutschen Volksgruppe in Polen gedient hatte, wurde jetzt zu einem unverzichtbaren Bestandteil der Gesamtpolitik.

Hatten für die Deutschen im GG die verschiedenen Kulturbereiche nicht nur den Sinn der „Repräsentation der deutschen Kulturhöhe gegenüber dem Fremdvolk"[2], sondern auch der politischen Konzentration der Kräfte als „Rüstungsbetriebe des Geistes"[3] zu dienen, so sollte demgegenüber den Polen lediglich ein dem „primitiven Unterhaltungs- und Zerstreuungsbedürfnis" dienendes „kulturelles Eigenleben" gestattet werden. Die im Frühsommer 1940 herausgegebenen „Kulturpolitischen Richtlinien" stellen eine dementsprechende totale und direkte Reglementierung des gesamten polnischen kulturellen Lebens mit dem Ziel der allgemeinen Primitivierung dar[4]. Der Inhalt der „Richtlinien" stellt eine Art von „Ausführungsbestimmungen" zu den allgemein-politischen Direktiven dar. Es heißt dort u.a.:

„Um die intellektuellen Kreise soweit wie möglich vom politischen Konspirieren abzuhalten, soll versucht werden, eine Anzahl der zur Zeit beschäftigungslosen polnischen „Kultur"schaffenden im Rahmen der genehmigten Veranstaltungen unterzubringen ... Gemeinsames Auftreten von deutschen und polnischen Künstlern ist grundsätzlich verboten ... Polnische musikalische Darbietungen sind zu gestatten, wenn sie nur der Unterhaltung dienen. ... Operetten, Revuen und leichte Lustspiele können durch polnische Darsteller vor Polen aufgeführt werden. ... Bei Darbietungen polnischer Künstler bestehen wegen einer Verflachung und Erotisierung des Programms keine Bedenken. Zu verbieten sind alle Darbietungen, die das polnische Volkstum darstellen. ... Polnische Schriftsteller können sich auf dem Gebiete des Schrifttums betätigen. ... Es wird dafür gesorgt werden, daß nur leichte Unterhaltungsromane, Kurzgeschichten, usw. zugelassen werden. ... Soweit der Ausstellungsgedanke umgangen wird, können Bilder auf der Straße, in Buchhandlungen, Kaffees, usw. zum Verkauf zugelassen werden. Zu verbieten sind Bilder mit Motiven des nationalen polnischen Gedankens, der deutschen und ehemals polnischen Armee, zerstörte Häuser, usw. ... Aus den Buchhandlungen, Verlagshäusern und Leihbibliotheken sind, soweit noch nicht geschehen, aus dem Verkehr zu ziehen: 1. sämtliche Landkarten und Atlanten, die das ehemalige Polen darstellen. ... 2. Sämtliche englisch- und französischsprachliche (sic!) Literatur, einschließlich Wörterbuch. 3. Die polnische Literatur gemäß den laufend erscheinenden Listen über verbotenes Schrifttum. ... 4. Polnische Fahnen, Embleme, Bilder führender Persönlichkeiten, chauvinistische Bilder aus der polnischen Geschichte, soweit sie sich gegen das Deutschtum richten, aus öffentlichem und Vereinsbesitz. ... Ausgenommen sind Pilsudski-Bilder. ... Die deutschen Buchhandlungen dürfen deutsche Bücher nur an Deutsche verkaufen. Der Pole ist von deutschen Büchern, vor allem von weltanschaulichen Werken, fernzuhalten."

Als Rechtfertigungsideologie der an diesen Prinzipien orientierten Politik diente die Kulturträgertheorie. Sie wurde propagandistisch und „wissenschaftlich" mit einem ungeheuren Aufwand auf allen Gebieten mit all ihren möglichen Varianten durchgespielt.

Der Name Kurt Lück, der schon in anderem Zusammenhang auftauchte, gehört hierher[5]. Der Posener Historiker, der als einer der besten Polenkenner galt, schrieb im Vorwort zu seinem 1940 erschienenen Werk mit dem beziehungsreichen Titel „Deutsche Gestalter und Ordner im Osten": „Wann wird einmal in unseren Grenzgauen ein großes „Museum der deutschen Kulturleistungen im Osten" stehen? Wann wird die deutsche Wissenschaft daran gehen, ein großes biographisches Nachschlagewerk für die vielen tausend Deutschen zu schaffen, die im Vorfeld unserer Ostgrenzen unvergängliche Werke auf allen Gebieten menschlicher Betätigung schufen? ... Der Deutsche war in unserem östlichen Vorfeld schon immer der Führende, der Pole immer der Geführte, wenn dieses Verhältnis auch im Laufe der Jahrhunderte verschiedenartig in Erscheinung trat"[6]. Hier war aus der Hervorhebung deutscher Leistungen, die sein Werk von 1934 bestimmten und die aus der politischen Situation der volksdeutschen Minderheit in Polen verständlich war, eine einseitig auf das Verhältnis von Führenden und Geführten reduzierte Beziehung zwischen Deutschen und Polen geworden und damit eine komplizierte historische Nachbarschaft in einer der aktuellen politischen Situation angepaßte Schablone gepreßt.

Diesem Schema folgend bildete es einen wesentlichen Bestandteil der nationalsozialistischen Kulturpolitik im GG, die „unvergänglichen Werke im deutschen Vorfeld" der Vergangenheit zu entreißen, ins allgemeine Bewußtsein zu heben und entsprechend einseitig politisch auszumünzen. Mit ermüdender Monotonie wurden die polnische Geschichte, die Kunst-, Stadt- und Rechtsgeschichte nach deutschen Spuren durchforstet und die politische Gegenwart als folgerichtiger und gerechter Endpunkt einer Entwicklung gesehen, die sich von den wahren, d.h. deutschen, Ursprüngen entfernt hatte.

Im Bereich der Vorgeschichtsforschung hatte schon 1919 in Danzig Gustav Kossinna ein Buch publiziert, das nicht zufällig 1940 neu aufgelegt und von Werner Radig[7] neu herausgegeben wurde und dessen Titel hinreichend viel über die Intentionen aussagte: „Das Weichselland, ein uralter Heimatboden der Germanen". Kossina, Professor an der Universität Berlin und renommierter Prähistoriker, ließ seine berechtigte Kritik an der polnischen Theorie der slawischen Urbesiedlung des Weichselgebietes in einen wüsten Nationalismus einmünden. Altgermanisches Heldentum möge „wie eine Windsbraut durch die Ostmark dahinfegen", wünschte er, wenn Westpreußen und „seine hochstehende deutsche Kultur in halbasiatischer Unkultur ertränkt werden soll"[8]. Entsprechend der hier verfochtenen germanisch-deutschen Kontinuitätstheorie konnte die Weichsel später kurzerhand für deutsch erklärt werden: „Die Weichsel ist aus germanischer Tradition und aus erneut geopfertem deutschen Blute in ihrem ganzen Verlauf heute und für alle Zeiten ein deutscher Strom geworden", war im Jahrbuch des IDO 1941 zu lesen[9]. Damit wurden genau die Direktiven des Propagandaministeriums eingehalten, die sich ihrerseits wieder auf Werke wie das Kossinnas stützten. Im „Zeitschriftendienst" vom 9. September 1939 hieß es: „Der deutsche Abwehrkampf gegen Polen findet auch seine kulturelle Begründung in der maßlos aggressiven polnischen Kulturpropaganda und im wissenschaftlich dokumentierten Urrecht germanischer Völker auf den heute umstrittenen Ostraum."[10] 1939 wurde zum Jahr der Sühne für „vorgeschichtliches Unrecht"[11].

Der Anstoß zur polnischen Staatsbildung wurde dem Normannen Dago zugeschrieben[12]. Die deutsche Ostkolonisation stellte sich als eine Wiederanknüpfung an germanische Tradition dar. Das Reichspropagandaamt gab die Anweisung, in Zukunft nicht mehr von einer „deutschen Kolonisation im Osten" zu sprechen, sondern diesen Vorgang „als ‚Wiedergewinn germanischen Kulturbodens' oder ähnlich zu bezeichnen"[13]. Der 1943 mit Unterstützung der Regierung des GG in einer Auflage von 20 000 Stück erschienene „Baedeker des GG" und die in amtlichem Auftrag herausgegebenen Stadtführer von Warschau, Lublin, Neu-Sandez u.a. gaben ausführliche und gezielte Abrisse der deutschen Vergangenheit polnischer Städte[14]. Für die entsprechende Indoktrination der Truppen gab das OKW eigens eine Schrift „Der Osten" heraus. Sie betonte ebenfalls die grundlegende Bedeutung der deutschen Aufbauarbeit, die „kulturelle Kleptomanie" der Polen und die sich aus der Geschichte legitimierende Notwendigkeit der Trennung des Deutschen vom Polen im Sinne eines Herr-Knecht-Verhältnisses[15].

Vor dem nicht zu ignorierenden Phänomen totaler ethnischer Assimilation mußte freilich die Kulturträgertheorie kapitulieren. Man konnte diese Entwicklung als Tragik beklagen, zu erklären war sie mit völkischen Kategorien nicht. So schrieb Karl Grundmann, vor dem Krieg Assistent des polnischen Germanisten Zygmunt Łempicki, jetzt Chef der Propagandaabteilung des Warschauer Distrikts[16], in einem Artikel über das Deutschtum Warschaus: „Erschüttert steht jeder, der sich auch nur flüchtig mit der Vergangenheit dieser Stadt beschäftigt hat, vor der Tatsache, daß seit der unter deutschem Einfluß erfolgten Stadtgründung immer und immer wieder Deutsche in diese Stadt gekommen sind, um nach oft schon wenigen Jahrzehnten polnische Sitte, polnischen Brauch und auch die polnische Sprache anzunehmen und damit für immer dem Deutschtum verlorenzugehen"[17]. Krakau, dessen starker deutscher Bevölkerungsanteil im Mittelalter Gegenstand zahlreicher Bücher, Aufsätze und Broschüren war, eignete sich besonders gut für eine aktuelle volkspolitische Inanspruchnahme[18]. Nach den Worten des Schriftleiters der „Krakauer Zeitung", Heinrich Kurtz, kehrte Krakau schlicht heim ins Reich: „Was vor Jahrhunderten die Bürger dieser stolzen Stadt ersehnt haben, . . . heute hat sich ihre Zeit vollendet: Krakau ist heimgeführt ins Großdeutsche Reich. . . . So steht Krakau, deutsche Stadt im Osten, wieder an einem neuen Anfang seiner deutschen Geschichte"[19].

Ein solcher neuer deutscher Anfang sollte symbolisch auch dort wieder anknüpfen, wo 1410 mit Tannenberg ein Bruch eingetreten war: am 19. Mai 1940 gab Generalgouverneur Frank in Anwesenheit des Generalobersten von Blaskowitz die von den Polen eroberten Fahnen des Deutschen Ritterordens feierlich zurück[20].

Eine Untersuchung über die deutschen Einflüsse auf die polnische Sprache in der Parteizeitschrift „Vorfeld" kam zu dem Ergebnis: „Polnische Sprache und Kultur erweisen die Wahrheit des Satzes ‚im Anfang war in Polen der Deutsche'"[21].

Auch das legitime Anliegen der deutschen Kunstgeschichtsforschung, deutschen Künstlern und deutschen Stilelementen in der polnischen Kunst nachzugehen, endete zumeist mehr oder minder deutlich in einer nationalistischen Sackgasse. So stellte etwa der Breslauer Kunsthistoriker Dagobert Frey als Fazit seiner Untersuchung der „deutschen Baukunst in Polen" von Bolesław Chrobry bis in die Zeit des Klassizismus fest: „Die Kunst in Polen ist zu ihrem überwiegenden Teil ein Stück deutscher Kunstgeschichte, und es ist eine Ehrenpflicht der deutschen Kunstwissenschaft, die sich bisher wenig mit Polen beschäftigt hat, dieses Kapitel der deutschen Kunstgeschichte einzufügen"[22].

Veit Stoß, neben Kopernikus der zweite Große, den sich Polen und Deutsche gegenseitig streitig machten und auch noch heute machen, wurde zum „Zeugen deutscher Berufung im Osten"[23]. Neben zahllosen, qualitativ zum Teil guten Abhandlungen über sein Werk[24] wurde ihm eine eigene Ausstellung mit deutlich politischem Akzent gewidmet. Die geplante „Akademie der bildenden Künste" in Krakau sollte seinen Namen tragen und für besondere künstlerische Leistungen wurde vom Generalgouverneur der jährlich verliehene Veit-Stoß-Preis gestiftet. Die Zusammensetzung der Jury sprach für sich: der stellvertretende IDO-Präsident und Unterstaatssekretär Boepple, IDO-Direktor Coblitz, der Chef der Hauptabteilung Propaganda, Ohlenbusch, der Leiter des Arbeitsbereichs GG der NSDAP, Adolf Stahl, und Generalleutnant Eugen von Hoeberth, Kommandant der Oberfeldkommandantur in Krakau, waren darin vertreten[25].

Der völlig unproduktive Streit um die Nationalität – Stoß stammte aus Deutschland, besaß das Nürnberger Bürgerrecht, siedelte 1477 nach Krakau über, wurde somit dessen Bürger und kehrte 1496 nach Nürnberg zurück – beschäftigte im Falle des Kopernikus sogar die höchsten Spitzen der NS-Führung. Die Schreibweise des Namens war Gegenstand gemeinsamer Beratungen Rosenbergs, des Reichserziehungsministeriums, des Innen- und des Propagandaministeriums und der Deutschen Forschungsgemeinschaft[26]. Die endgültige Entscheidung wurde schließlich Dr. Fritz Kubach übertragen, dem bevollmächtigten Vertreter des Reichsstudentenführers im Kriege und Vorsitzenden der Kommission für die Herausgabe der Kopernikus-Gesamtausgabe. Bei der Entscheidung über diesen Streit, der schon lange vor dem Polenfeldzug existierte und dessen Ernst in voller Tragweite zu erfassen reichlich schwerfällt, fungierte an erster Stelle das Kriterium: „Welche Bedeutung wird nach Zerschlagung Polens der wesentlich aus den Volkstumsauseinandersetzungen von 1939 entspringenden Forderungen nach „c" und Doppel„p" beigemessen? "[27]. Solche philologische Akribie im Volkstumskampf wurde nicht zuletzt deshalb für besonders relevant erachtet, weil der 400. Todestag des Kopernikus in das Jahr 1943 fiel, der im Ausland, vor allem in den USA, unter propolnischem Vorzeichen gefeiert wurde. Angesichts der Kriegslage mußten auf Anordnung von Goebbels die geplanten großen Kopernikusfeiern zwar ausfallen, dafür wurde wenigstens in den Zeitungen und Zeitschriften eine entsprechende Propagandaaktion vorgeschrieben[28]. Ferner fand in allen deutschen Schulen des GG am 14. 5. 1943 eine Kopernikus-Feierstunde statt[29].

Zur „Förderung von Leistungen, die für die deutsche Kultur im GG von Bedeutung sind", wurde am 19. 11. 1943 ein Ostpreis deutscher Kultur im GG vom Generalgouverneur gestiftet, dotiert mit je 50 000 Złoty für Bildende Kunst, Dichtung und Musik[30].

Die zahlreichen Ausstellungen, von denen hier nur einige genannt zu werden brauchen, dienten wenn nicht der direkten Propaganda, so zumindest indirekt der sinnfälligen Dokumentation des Anspruchs des deutschen „Kulturträgers". Teilweise waren sie zugleich eine recht unmittelbare Spiegelung politischer Ereignisse.

Schon im Februar 1940 wurden in Krakau Studien und Skizzen des Malers Engelhardt-Kyffhäuser von der Rückführung der Galiziendeutschen gezeigt[31]. In Zusammenarbeit mit dem Deutschen Auslandsinstitut Stuttgart stellte die Abteilung Volksaufklärung und Propaganda im Amt des Generalgouverneurs im September 1940 eine Schau über die „deutsche Leistung im Weichselraum" zusammen, die von germanischen Siedlungen über mittelalterliche Kolonisation, Deutschen Orden und josefinische Besiedlung bis ins 19. Jahrhundert Zeugnisse deutscher Arbeit zeigte. Nach Franks Worten bei der Eröffnung stellte sie zugleich eine Dokumentation polnischer Kulturlosigkeit dar: „Die polnische Leistung war seit je die Zerstörung dessen, was die Deutschen aufgebaut haben, war die Unterhöhlung der eigenen polnischen Lebensform"[32].

Als Beweis für die „neugewonnene Kulturkraft des deutschen Volkes, die selbst in solchen Situationen, wie sie im GG vorliegen, nicht nachläßt", fand ab 1941 – veranstaltet von der Propagandaabteilung – jährlich eine Ausstellung „Deutsche Künstler sehen das GG" statt, die neben Malerei und Grafik auch Modellbauten, Kunstgewerbe und eine Photoschau zeigte[33]. Im Januar 1942 eröffnete Frank im IDO eine Ausstellung „Hilfswerk für deutsche bildende Kunst", im August 1943 „Westmärkische Künstler im GG", bei der u.a. der „Kulturpreis der NSDAP, Arbeitsbereich GG" verteilt wurde[34].

Die im Rahmen der „Warschauer Kulturtage" gezeigte Ausstellung „Buch und Schwert" (1941) stellte vor allem einen Appell an Wissenschaftler und Dichter dar, das militärisch eroberte Land nun auch kulturell zu integrieren[35], ähnliche Ziele verfolgte die Krakauer Schrifttums- und Dokumentenschau „Deutscher Kampf im Osten"[36], während „Der Weltkampf gegen Bolschewismus und Plutokratie", 1942 veranstaltet von der Wehrmacht in Krakau[37], offensichtlich schon Spiegelung der militärisch sich schwieriger gestaltenden Situation war.

Die „Kulturtage des GG" im November 1943 in Krakau[38] und vor allem die „Warschauer Kulturtage" (seit 1940) stellten weitere Manifestationen nationalsozialistischer Kulturpolitik dar, die auf mehr abzielten als die Förderung des kulturellen Lebens der im GG lebenden Deutschen (cf. Anhang). Die Warschauer Kulturtage, die nicht zuletzt als Verpflichtung gegenüber den deutschen Soldaten, als „Dank des Warschauer Deutschtums an die kämpfende Front" verstanden werden sollten[39], wurden mit solchem äußeren Aufwand betrieben, daß 1943 die „Reichsstelle für Papier" die pompösen Einladungskarten zum Anlaß nahm, dem GG fünfzig Prozent der Einfuhr an holzfreiem Papier zu streichen, eine Maßnahme, die nur mit Mühe wieder rückgängig gemacht werden konnte[40].

Als Dachorganisation lokaler und privater Initiativen wurde im Juli 1943 mit Frank als Ehrenpräsidenten die „Kulturvereinigung des GG e.V." in Krakau gegründet, die allgemein der „Förderung des kulturellen Lebens der Deutschen im GG" dienen sollte[41]. Neben dem Zeitpunkt dieser Initiative sind, obwohl Deklamationen Franks bei öffentlichen Anlässen im allgemeinen wenig Wert besitzen, seine Sätze bei der Gründungsfeierlichkeit insofern aufschlußreich, als sich hier im Einklang mit Versuchen einer zaghaften politischen Umorientierung eine neue Kulturpropaganda zeigt, die im Rahmen der beschworenen europäischen Solidarität gegen den Bolschewismus auch nationaler Eigenständigkeit einen gewissen Raum beließ und die den inneren Widerspruch eines Kulturbegriffs erkannte, dessen eine Seite in forcierter Förderung, dessen Kehrseite aber in brutaler Unterdrückung bestand. „Die Kulturvereinigung", sagte Frank, „. . . wird es auch zu ihren Aufgaben rechnen können, die Kultur fremden Volkstums in diesem Raum . . . der Pflege entgegenzuführen, die mit dem Gesamtinteresse Europas notwendig verbunden ist. Wir können nicht der deutschen Kultur dienen, die Kultur anderer Völker dieses Raumes aber vernichten wollen"[42].

Die Beschwörung Europas war jedoch kaum mehr als eine Flucht nach vorn und Ausdruck steigender innerer Unsicherheit. Überdies blieb es bei der politischen Deklamation, da das kulturpolitische Konzept zwar modifiziert, aber nie prinzipiell revidiert wurde. Ohne Zweifel war der deutsche Kultureinfluß in der Entwicklung Polens bedeutend, auch wenn seine Stärke schon überschätzt wurde[43], bevor sich in Mittelpolen ein nationalsozialistisches Regime etablierte. Erst jetzt aber wurde die Rolle der Deutschen in Polen unverhüllt zum Ausgangspunkt genommen, um der Eroberung die Weihe historischer Legitimation zu geben. Das 1941 entstandene „Lied der HJ im Generalgouvernement" war eine der zahlreichen Ausprägungen dieses Versuchs:

„1. Einst zogen die Völker nach Osten
und nahmen das Land untern Pflug,
daß reicher die Saaten entsproßten
den Äckern an Weichsel und Bug.
Verstreut in den östlichen Weiten
verblieb ihnen dennoch der Traum,
mit Kindern und Enkeln zu reiten
nach Deutschlands gesichertem Raum.

2. Sie kamen mit Rossen und Wagen,
die Heimat entschwand ihrem Zug.
Wir aber, wir Jungen, wir tragen
die Wimpel des Reichs bis zum Bug.
Verstreut in den östlichen Weiten
erringen wir neu diesen Raum,
sind, wo wir auch rasten und schreiten,
verbrüdert mit Erde und Baum.

3. Das Land mit dem Geist zu durchdringen,
erging an uns alle der Ruf.
Und strahlend wird endlich gelingen,
was keiner vor uns erschuf.
Verstreut in den östlichen Weiten,
gestellt zwischen Weichsel und Bug,
erfüllen wir kommenden Zeiten,
was einstmals begonnen der Pflug."[44]

2. Hochschul- und Wissenschaftspolitik

a) Hochschulen

Am 6. November 1939 sollte im Collegium Novum der Krakauer Universität um 12.00 Uhr ein Vortrag über „Das Verhältnis des Deutschen Reiches und des Nationalsozialismus zu Wissenschaft und Universität" stattfinden. Der Referent: SS-Obersturmbannführer Müller, das Auditorium: der Lehrkörper der Krakauer Universität und der Bergakademie. Der „Vortrag" dauerte kaum fünf Minuten, aber das Verhältnis des Nationalsozialismus zu Wissenschaft und Universität in Polen wurde hinreichend deutlich: sämtliche anwesenden polnischen Professoren und Dozenten wurden verhaftet und deportiert.

Die Hintergründe und Auswirkungen dieser Aktion sind insofern von besonderem Interesse, als sie ein bezeichnendes Licht auf die anfängliche Zielsetzung der SS werfen, die polnische Intelligenz tatsächlich auszuschalten, während die Wehrmacht eine völlig andere Haltung einnahm, zum anderen aber auch gewisse Grenzen der Polizeiwillkür angesichts internationaler Intervention deutlich machen[1].

Am 11. September hatte Generaloberst von Brauchitsch als Oberbefehlshaber des Heeres in Krakau einen Aufruf erlassen, in dem die Bevölkerung aufgefordert wurde, in allen Bereichen des öffentlichen Lebens wieder normal ihrer Arbeit nachzugehen. Der Rektor der Jagiellonen-Universität in Krakau, Tadeusz Lehr-Spławiński, verständigte sich daraufhin mit dem zuständigen Vertreter der Militärverwaltung Zörner – später Gouverneur in Lublin –, ferner mit Professor Hans Koch, Offizier bei der Abwehr, und dem Chef der Abteilung Wissenschaft im Armeeoberkommando, General Schumann, ebenfalls Professor. Da keine Einwände erfolgten, setzte Lehr-Spławiński den offiziellen Beginn des neuen Semesters auf den 6. November fest. Drei Tage vorher meldete dann Obersturmbannführer Müller seinen Wunsch an, an diesem Tag seinen Vortrag zu halten, zu dem der gesamte Lehrkörper erscheinen sollte. Die Szene, die sich am 6. November abspielte, schilderte einer der Beteiligten: „Als ich mich der Universität näherte, fiel mir die große Zahl von deutscher Polizei (SS) mit Karabinern und Stahlhelmen auf, die rings um das Collegium Novum aufgestellt war. Den Rektor traf ich sehr beschäftigt. Von der Ansammlung von Militärs wußte er nichts. . . . Pünktlich um 12.00 Uhr kam Müller . . . zusammen mit sechs bewaffneten Polizeioffizieren in das Zimmer des Rektors . . . Der Rektor begrüßte Müller und stellte mich als Professor der Jagellonischen Universität und Mitglied der Akademie für Deutsches Recht vor. Müller fragte mich, ob ich auf einer Universität in Deutschland gewesen sei, worauf ich antwortete, daß ich als Doktor der Rechte etwa ein Jahr in Leipzig, Berlin und Göttingen verbracht hätte. Müller sagte „Schön" und forderte uns auf, mit ihm in den Vorlesungsraum zu gehen. Auf den Treppen und Fluren des Universitätsgebäudes standen schon Reihen von bewaffneten, behelmten Polizeisoldaten. Müller schritt mit seinen Offizieren in den vollbesetzten Hörsaal, nahm wie sie nicht den Helm ab und grüßte nicht, ging zum Katheder, wies auf einen sehr beleibten Herrn in Zivil hin und sagte, das sei der Dolmetscher, der, wenn nötig, seine Worte ins Polnische übersetzen könne, was aber wohl nicht notwendig sei, da bei dieser Versammlung alle deutsch verstehen müßten. Dann wandte er sich an uns mit folgenden Worten, die ich, wie ich glaube, fast wörtlich wiedergeben kann, da sie mir sehr gut im Gedächtnis blieben: ‚Die hiesige Universität hat ihr akademisches Jahr begonnen ohne die ausdrückliche Erlaubnis der deutschen Behörden. Das ist böser Wille. Ferner ist allgemein bekannt, daß die Dozenten der deutschen Wissenschaft gegenüber immer feindlich eingestellt waren. Deswegen werden alle Anwesenden mit Ausnahme dreier Frauen in ein Konzentrationslager überführt. Jegliche Diskussion und jede Äußerung zu diesem Thema ist ausgeschlossen. Wer bei der Ausführung meines Befehls Widerstand leistet, wird erschossen'. Die Belehrung war beendet. Müller befahl uns, hinauszugehen . . ."[2]

183 Professoren, Dozenten und Assistenten wurden verhaftet, zunächst in eine Krakauer Kaserne transportiert, wo 10 von ihnen wieder auf freien Fuß gesetzt wurden (Ukrainer und einige polnische Ärzte), von dort begann die Deportation nach Breslau, wo 2 weitere entlassen wurden: der Historiker Dąbrowski, da er Mitglied der Ungarischen Akademie der Wissenschaften war, und der Völkerrechtler Sarna, da er mit einer Ungarin verheiratet war[3]. Die übrigen wurden als politische Häftlinge in das KZ Sachsenhausen eingeliefert. Am 8. Februar entließ man den größten Teil (102 Personen), 13 waren inzwischen im Lager gestorben, 4 erlagen den Folgen der Behandlung im KZ nach der Entlassung. Wer jünger als 40 Jahre alt war, wurde weiterhin in Haft gehalten, ein Teil nach Dachau verschickt. Ende 1940 und Anfang 1941 wurde auch von dort der Großteil der Professoren entlassen.

Die Hintergründe für die Entlassungsaktion werden sich exakt wahrscheinlich nie mehr aufklären lassen. Soweit sie bekannt geworden sind, geben sie das Bild einer vielseitigen privaten und offiziösen diplomatischen Aktivität hinter den Kulissen und zeigen, daß zu diesem Zeitpunkt die nationalsozialistische Führung offenbar noch gewisse Rücksichten auf ihr internationales Renommee zu nehmen hatte. Frank, der als Generalgouverneur erst am 7. November, also einen Tag nach der Aktion in Krakau eintraf, hat – sekundiert von seinem Staatssekretär Bühler – im Nürnberger Prozeß die Freilassung vor allem auf seine persönliche Intervention zurückgeführt[4]. Auch wenn diese Version nicht völlig auszuschließen ist, so passen doch die humanitären Züge, die Frank nachträglich seinem Bild zu geben bemüht war, sehr schlecht zu seinem sonstigen Verhalten in dieser Zeit und zu seinen Äußerungen zur Krakauer Affäre.

Es erscheint sehr viel naheliegender, daß man in Berlin einen internationalen Skandal schließlich doch noch vermeiden wollte. Bald nach der Verhaftung begannen nämlich neutrale und befreundete Staaten bei den Reichsbehörden zu intervenieren[5]. Schwedische Diplomaten versuchten sich schon im November 1939 einzuschalten. Mexikanische Wissenschaftler bemühten sich um Freilassung einiger jüdischer Kollegen – ohne irgendeinen Erfolg. Über den Präsidenten der italienischen Akademie, der vom Rektor der Universität Budapest informiert wurde – dieser erfuhr von den Krakauer Vorgängen durch den ungarischen Konsul in Krakau – versuchte man, Mussolini für eine Intervention zu gewinnen, ebenso über den Präsidenten des italienischen nationalen Kriegsinvalidenverbandes Carlo del Croix, der bei Mussolini als Held des 1. Weltkrieges in hohem Ansehen stand. Der ungarische Konsul in Krakau erreichte eine Audienz bei Horthy, in der er diesen zur Einschaltung des ungarischen Außenministeriums bewegen konnte. Schließlich mochte auch der Aufenthalt einiger Vertreter des amerikanischen Roten Kreuzes und der Quäker im GG eine gewisse Bedeutung haben.

Ein wenig genauer lassen sich die Versuche verfolgen, die zugunsten der nach dem Februar 1940 noch in Sachsenhausen oder Dachau befindlichen Häftlinge unternommen wurden. Vilim Frančić, Lektor für serbokroatische Sprachen an der Krakauer Universität, konnte nach seiner Entlassung aus Sachsenhausen nach Berlin fahren und dort Kontakte mit Ivo Andrić, dem damaligen jugoslawischen Botschafter in Berlin, aufnehmen, der selbst in Krakau studiert hatte. Andrić, der italienische und der türkische

Botschafter trieben auf einem internationalen Empfang, auf dem auch Frank zugegen war, diesen so in die Enge mit Fragen nach den polnischen Professoren, daß er die Beherrschung verlor und den Raum verließ. Göring, der bislang offenbar von der Krakauer Affäre noch nichts erfahren hatte, bat daraufhin um eine Notiz an sein Sekretariat. Mit Rückendeckung von Andrić gelang es Frančić sogar, direkt im Reichssicherheitshauptamt vorstellig zu werden. Dort erfuhr er, daß schon mehrere Interventionen erfolgt seien und daß die restlichen Häftlinge noch im Jahre 1940 entlassen werden sollten.

Zu den Hintergründen der „Sonderaktion" gehört schließlich auch ein Vorgang, der zugleich ein kleines Teilstück deutscher Universitätsgeschichte im Dritten Reich beleuchtet: der gescheiterte Versuch einer geringen Zahl deutscher Professoren, für ihre polnischen Kollegen zu intervenieren[6]. Initiator war der Berliner Slawist Max Vasmer. Da aus deutschen Zeitungen nichts über die Krakauer Vorgänge zu erfahren war, wurde er erst mehr oder weniger zufällig durch die Frau des ehemaligen Lektors für Russisch in Krakau, die nach Berlin kam, im Januar 1940 informiert. Da Vasmer die Einschaltung der Universitätsbehörden für zwecklos hielt, versuchte er zusammen mit einigen Gleichgesinnten wie dem Historiker Robert Holtzmann, dem Afrikanisten Westermann, dem Sinologen Haenisch und den Physikern von Laue und Hahn im Auswärtigen Amt vorstellig zu werden. Insbesondere der ehemalige Botschafter in Warschau, von Moltke, hatte durchaus Verständnis für Vasmers Bitten, hielt es jedoch für effektiver, wenn die Universität oder die Akademie als Körperschaft einen entsprechenden Schritt unternähme, da dann auch das Auswärtige Amt mit größerem Gewicht intervenieren könne. Angesichts der politischen Situation an der Berliner Universität hielt Vasmer diesen Weg für ungangbar. So setzte er eine Erklärung für eine Unterschriftensammlung auf, die jedoch ebenfalls an der Weigerung der Mehrheit der Professoren, sich für ihre polnischen Kollegen zu engagieren, scheiterte. So blieb nur noch das Bemühen, unter der Hand Nachrichten von der Verhaftung zu verbreiten und vor allem auch ausländische Kreise dafür zu interessieren[7].

Vasmer schrieb dazu nach dem Krieg an den polnischen Historiker Konopczyński, der auch zu den Verhafteten gehört hatte: „Sie müssen bedenken, daß im Jahre 1939 die Gesamtheit der Professoren in zwei ganz getrennte Lager aufgespalten war. Es gab Nationalsozialisten, zu denen wir keine Beziehungen hatten und denen sich auch jene zahlreichen ängstlichen Gemüter angeschlossen hatten, die in ihrer Unentschlossenheit leider Gottes die Mehrzahl darstellten. Ferner gab es eine sehr kleine Gruppe energischer Gegner der Bewegung, die immer mit der Möglichkeit von Drangsalierungen rechnen mußte und die der Regierung als Opposition gut bekannt war. Dekane und Rektoren wurden schon nicht mehr gewählt, sondern nur noch ernannt. Die Leitung der Berliner Universität und Akademie war in der Zeit Ihrer Verhaftung so ungeeignet, daß keine Aussichten für die Durchführung eines Mehrheitsbeschlusses in der Angelegenheit der verhafteten polnischen Professoren bestanden . . ."[8]

Bedeutete die Krakauer Aktion ihrem Umfang und der brutalen Präzision ihrer Durchführung nach auch einen Sonderfall, so ereigneten sich doch in Lublin und später in Lemberg prinzipiell ähnliche Vorfälle. In Lublin, das deutsche Truppen am 17. September besetzten, wurde am 6. Oktober der Lehrbetrieb an der katholischen Universität wieder aufgenommen. Die Ablösung der deutschen Militärverwaltung zeigte dann auch hier unmittelbar die Konsequenzen für die polnische Intelligenz: am 9. November 1939 wurden alle in Lublin anwesenden Professoren sowie einige Studenten verhaftet, am 17. November die Schließung der Universität offiziell verfügt. Im Rahmen der Exekution, die am Tag vor Weihnachten stattfand und als bewußtes Abschreckungsexempel gedacht war, wurden auch zwei Lubliner Professoren erschossen, die übrigen traf zum größten Teil das Schicksal der Deportation in verschiedene Konzentrationslager[9].

Die Hochschulen in Lemberg, die unter sowjetischer Okkupation im großen und ganzen reibungslos hatten arbeiten können[10], traf, als Ostgalizien dem GG angegliedert wurde, das gleiche Los wie die übrigen polnischen Universitäten unter deutscher Herrschaft. Zahlreiche Angehörige der Lemberger Universität wurden festgenommen. Der Aktivität des Präsidenten des „Polnischen Hauptausschusses“, Adam Ronikier, gelang es, einige von ihnen durch Intervention bei der Krakauer Zentrale freizubekommen[11]. Als der päpstliche Nuntius jedoch im Mai 1942 zugunsten von 17 Professoren im Auswärtigen Amt zu intervenieren versuchte, deren Namen ihm bekannt waren[12], wußte er offenbar noch nicht, daß es schon zu spät war: alle 17 waren ermordet worden. Unter den Opfern befanden sich auch der ehemalige polnische Ministerpräsident Kazimierz Bartel und der Schriftsteller und Übersetzer Tadeusz Boy-Żeleński[13].

In Warschau verlief die Entwicklung zunächst etwas anders. Die großen Kriegszerstörungen, die nicht zuletzt die Warschauer Hochschulen empfindlich getroffen hatten, dazu der ungeheure Zustrom von Flüchtlingen aus den Westgebieten in die Hauptstadt – u.a. kam der größte Teil der Wissenschaftler aus Posen nach Warschau – machten 1939 einen sofortigen Wiederbeginn des Lehrbetriebes illusorisch, obwohl auch hier die Stadtbehörden in Übereinstimmung mit der deutschen Militärverwaltung die Wiedereröffnung aller Schulen verfügt hatten, soweit diese betriebsfähig waren[14].

Der Einschnitt, der mit der Ablösung der Militärverwaltung entstand, war indes in Warschau nicht gleichbedeutend mit dem völligen Verbot aller akademischen Tätigkeit. Das Beispiel Warschau zeigt vielmehr, welch bestimmenden Einfluß in der Anfangszeit der Okkupation noch die lokalen Instanzen hatten. Verhaftungen und Exekutionen gehörten zwar in Warschau schon sehr bald zum täglichen Leben dieser Stadt, die das „Pulverfaß des GG“[15] war und blieb. Gezielte Großaktionen zur Ausschaltung der Intelligenz, insbesondere der Hochschullehrer gab es jedoch vor der umfangreichen „AB-Aktion“ hier nicht. In kümmerlichen Rudimenten existierten sogar anfangs noch einige Teilbereiche der Universität Warschau weiter, unter deutscher Leitung zwar, aber mit dem polnischen Personal der Vorkriegszeit.

Die Geschichte der deutschen Verwaltung der polnischen Hochschulen, d.h. ihrer Vernichtung und auch ihrer schrittweisen Wiederzulassung in bruchstückhaften Ersatzformen in einigen Sektionen, bildet ein getreues Spiegelbild sowohl der verschiedenen Entwicklungsphasen des GG als auch der verschiedenen Einflüsse heterogener Machtfaktoren auf den Gesamtbereich des politischen Lebens im GG. Die erste Phase ist einerseits gekennzeichnet durch rücksichtslose Plünderung, andererseits aber auch durch relative Freizügigkeit in der Kontrolle. So wurde beispielsweise das Inventar des Warschauer Instituts für Experimentalphysik, das dank einer 50 000-Dollarstiftung der Rockefeller-Foundation sehr gut ausgestattet war, zu 95 Prozent ins Reich abtransportiert. Mit der Mehrzahl anderer qualifizierter Institute verfuhr man ähnlich[16]. Auf der anderen Seite jedoch durften die naturwissenschaftlichen, technischen und medizinischen Fakultäten der Universität und der Technischen Hochschule bis zum Frühjahr 1940 im allgemeinen unbehelligt von deutschen Behörden Abschlußprüfungen für die Studenten höherer Semester durchführen. Einige Institute und Laboratorien konnten, sofern sie nicht zerstört oder aufgelöst worden waren, ebenfalls noch für kurze Zeit relativ selbständig weiterarbeiten[17].

Mit der Konstituierung der „Abwicklungsstelle für das polnische Kultusministerium“ im Februar 1940 wurde jedoch das Ende dieser Phase eingeleitet. Der Einfluß der Zentrale, die in Krakau selbst die Liquidierung aller akademischen Einrichtungen schon sehr viel schneller vollzogen hatte, begann sich nun auch unmittelbar in Warschau auszuwirken. Alle noch arbeitenden Institute wurden geschlossen. Lediglich in Kliniken konnte wissenschaftliches Personal weiter tätig sein, allerdings nicht an leitender Stelle und nicht zu Zwecken der Forschung, die ausdrücklich verboten wurde. Im Mai wurden die Abschlußprüfungen eingestellt[18], und den formellen Schlußstrich unter die Liquidierung jeder akademischen Selbständigkeit zog die Verordnung der Abwicklungsstelle vom 14. September 1940, die die Schließung der Hochschulen seit September 1939 bestätigte, jede akademische Verwaltung verbot und es den Institutsleitern untersagte, weiterhin an führender Stelle tätig zu sein[19]. Auch die Liquidierung aller polnischen wissenschaftlichen Vereinigungen und die Einziehung ihres Vermögens, die schon längst stattgefunden hatte, war damit formell verfügt[20].

Durch Verordnung vom 29. Oktober ersetzte der Generalgouverneur die bisherige Abwicklungsstelle durch regionale Hochschulkuratorien, die jeweils in Krakau, Warschau und Lublin – Lemberg wurde davon 1941 ausgenommen – „zur Abwicklung der Geschäfte der akademischen Behörden auf den früheren Hochschulen“ eingesetzt und an die Weisungen der Abteilung Wissenschaft, Erziehung und Volksbildung im Amt des Generalgouverneurs gebunden waren. Sie waren neben der Ausstellung von Urkunden und Bescheinigungen aller Art auch für die Verwaltung der Gebäude und des Vermögens der polnischen Hochschulen zuständig sowie für die „Antragstellung über die Fortführung und Leitung jener Hochschulinstitute, die aus wehrpolitischen Rücksichten oder aus den Notwendigkeiten des GG weiterbestehen müssen“[21].

Die Hochschulkuratorien bestanden bis Ende des Jahres 1943, danach wurden sie als Referat „Hochschulen“ in die Hauptabteilung „Wissenschaft und Unterricht“ der Regierung des GG eingegliedert. Da die deutsche Verwaltung auf diesem Sektor besonders anfangs auf polnische Mitarbeiter angewiesen war, ergab sich zumeist die Situation, daß lediglich der Kurator selbst ein Deutscher war, das gesamte höhere und niedere Personal aber aus Polen bestand. Für die polnische Widerstandsbewegung, d.h. für die illegalen Universitäten, war es von Bedeutung, auf diese Weise Verbindungen zu den noch fortgeführten Instituten zu haben[21a].

Die systematische Liquidierung der Universität ging am gründlichsten in Krakau vor sich. Am 29. November wurde im Hauptgebäude der Universität, dem „Collegium Novum“ eine Treuhandstelle errichtet, die bis zum April 1941 bestand und erst dann in das Hochschulkuratorium übergeführt wurde[22].

Plünderungsaktionen in polnischen Instituten, zu denen es besonders 1939 und 1940 kam, vollzogen sich oftmals unter aktiver Mitwirkung reichsdeutscher Wissenschaftler. Kennzeichnend für die Tendenz war beispielsweise der Brief des damaligen Rektors der Breslauer Universität, Staemmler, vom 22. 1. 1940 an den Minister für Wissenschaft, Erziehung und Volksbildung in Berlin, in dem Staemmler den Minister darum bat, daß die Breslauer Universität „gleichsam als Nachfolgerin der Universität Krakau anerkannt würde“. „Die Breslauer Universität“, heißt es dort, „steht in so vielen Hinsichten den mitteldeutschen und westdeutschen Universitäten an Ausstattung nach, daß es hier einmal ohne geldliche Opfer möglich wäre, die gröbsten Lücken auszugleichen und die Institute der Breslauer Universität zu gleichwertigen Arbeits- und Forschungsstätten zu machen“[23].

Am Ende des Krieges waren von den insgesamt 130 Instituten, die die Universität Krakau im September 1939 besessen hatte, 12 vollständig zerstört, und die meisten beschädigt. Nur 10 blieben unversehrt[24].

Obwohl anfänglich rein destruktive Maßnahmen der deutschen Behörden vorherrschten, machten sich doch auch Tendenzen bemerkbar, die vorhandenen Kapazitäten den eigenen Interessen nutzbar zu machen. So konnten auch nach der Schließung aller Institute einige Abteilungen der Technischen Hochschule Warschau und der Bergbauakademie in Krakau als sogenannte „Prüfungsanstalten" weiterarbeiten. Jeder Forschungs- und Lehrbetrieb war zwar verboten, aber immerhin boten diese Einrichtungen einigen polnischen Wissenschaftlern Arbeitsmöglichkeiten. Die Prüfungsanstalten führten gegen Bezahlung öffentliche und private Aufträge aus dem Bereich der Metallurgie, Starkstromtechnik, Vermessungen u.a. durch[25].

Mochten solche Relikte polnischer Hochschulen zunächst auch mehr als notwendiges Übel den Interessen der Industrie zuliebe geduldet werden, so zwangen doch die Anforderungen der Rüstung und der allgemeinen Wirtschaft die politische Führung im GG im Laufe des Krieges immer stärker, von den ideologischen Richtlinien stillschweigend abzugehen, freilich stets mit der „reservatio mentalis", solche Abweichungen dürften nur vorübergehender Natur und lediglich auf die Überwindung der schwierigen Kriegslage zugeschnitten sein. Das Ergebnis waren insbesondere auf hochschulpolitischem Gebiet recht eigentümliche Kompromisse.

In Warschau wurde im April 1942 ein Polytechnikum als Nachfolgeinstitution der früheren Technischen Hochschule eröffnet. Es wurde aus der Kompetenz des Hochschulkurators ausgegliedert und der Abteilung Wissenschaft und Unterricht des Distrikts Warschau direkt unterstellt. Es umfaßte die vier Abteilungen Bau, Mechanik, Chemie und Elektrotechnik und war zunächst auf Kandidaten zugeschnitten, die 1939 ihr Studium an der Technischen Hochschule hatten abbrechen müssen. Neben ca. 500 ehemaligen Studenten der Technischen Hochschule wurden jedoch auch einige Neubewerber zugelassen. Das Verhältnis von ca. 3 000 Anmeldungen zu 160 Aufnahmen zeigt dabei sehr deutlich, wie stark das Ausbildungsbedürfnis und wie geringfügig das Angebot war. Das Personal stammte zum größten Teil von der ehemaligen Technischen Hochschule, deren damaliger Leiter nun als Stellvertreter des Direktors, eines deutschen Ingenieurs, fungierte[26]. Insgesamt sollen von 1942 bis 1944 ca. 1 500 Hörer das Polytechnikum besucht haben und 400 von ihnen in diesem Rahmen zugleich in illegalen Gruppen gearbeitet haben[26a].

Ähnlich wie das Polytechnikum arbeitete die „Landwirtschaftliche Forschungsanstalt" in Puławy als Nachfolgeorganisation und mit einem Großteil des Personals der ehemaligen staatlichen „Hauptschule für Landwirtschaft" in Warschau. Sie setzte sich aus 14 Einzelinstituten zusammen, besaß mehrere Versuchsgüter von insgesamt 5 000 ha Größe und beschäftigte 1942 ca. 2 000 Personen, davon 11 deutsche und 250 polnische Wissenschaftler[27].

Das ehemalige staatliche Institut für Geologie wurde als „Dienststelle für Polenforschung" im Amt des GG ebenfalls aufrechterhalten, unter deutscher Leitung, aber mit polnischem Personal[28].

Das Dilemma zwischen den politischen Richtlinien und den praktischen Notwendigkeiten der bevölkerungspolitischen und wirtschaftlichen Situation im GG wurde noch sehr viel deutlicher am Beispiel der sogenannten „Lemberger Fachkurse". Der quasi-akademische Charakter ließ sich nur noch schwer leugnen. Der ungeheure Verschleiß an Menschen und Material, den der Ostfeldzug mit sich brachte, und ferner die Ausschaltung und Vernichtung der polnischen Juden beschworen eine Situation herauf, in der sich schließlich selbst maßgebende SS-Vertreter der Notwendigkeit einer veränderten Ausbildungspolitik nicht völlig verschließen konnten. Seit dem September 1941 arbeitete die Hauptabteilung Wissenschaft und Unterricht an der Vorbereitung dieser

„Fachkurse“, die dem Nachwuchsmangel auf den Gebieten der Medizin und Veterinärmedizin, der Forst- und Landwirtschaft und der Technik abhelfen sollten, ohne dabei Hochschulcharakter zu tragen, da im Vorhandensein einer größeren nichtdeutschen Intelligenzschicht nach wie vor die größte Gefahr für den deutschen Herrschaftsanspruch gesehen wurde. Um eine hinreichende Kontrolle zu gewährleisten, sollten Unterrichtssprache und Lehrmittel deutsch sein. Zudem sollten zunächst nur „ungefährlichere“ Ukrainer zugelassen werden[29].

Als die Lemberger Kurse im Mai 1942 mit fünf Abteilungen und einigen hundert Hörern begannen, mußten von diesen unrealistischen Planungen sofort erhebliche Abstriche gemacht werden. Die Kursleiter waren zwar im allgemeinen Deutsche, der Unterricht wurde jedoch von Anfang an auch in ukrainischer und polnischer Sprache abgehalten[30]. Auch die Beschränkung auf Ukrainer ließ sich nicht durchführen, in kurzer Zeit vielmehr überflügelte die Zahl der polnischen Hörer die der ukrainischen erheblich. Selbst aus Krakau und Warschau gab es Anmeldungen. Schließlich wurden sogar „zuverlässige fremdvölkische Lehrkräfte“ als Leiter zugelassen, wenn Deutsche nicht vorhanden waren[31]. Erklärtes Ziel der Kurse war „die Vermittlung der für den Einsatz im Osten erforderlichen praktischen Kenntnisse und Fähigkeiten“ und die „Heranbildung eines entsprechend qualifizierten nichtdeutschen Nachwuchses für eine Reihe von Mangelberufen“[32].

Diese rein praktische Ausrichtung implizierte aber noch nicht zwingend ein bestimmtes und niedriges Ausbildungsniveau, über das es daher auch immer wieder zu Grundsatzdiskussionen kam. Am 21. Januar 1943 hielt Staatssekretär Boepple von der Regierung des GG eine Sitzung ab, in der die „Entscheidung über die leidige und umstrittene Frage des Ausbildungsniveaus, das den Fachkursen unter Berücksichtigung der politischen Richtlinien zugebilligt werden kann“, vorangetrieben werden sollte[33]. Obwohl die Zivilverwaltung Initiator der Kurse war, sprach sich hier Boepple strikt gegen jedes akademische Niveau aus, während der Gouverneur von Galizien, SS-Brigadeführer Wächter, entschieden eine volle wissenschaftliche Ausbildung insbesondere für Mediziner forderte, da nicht zuletzt durch die Ausschaltung der 1 200 jüdischen Ärzte eine ungewöhnliche Mangelsituation herrsche und die sich daraus ergebenden gesundheitlichen Folgen gefährlicher als die politischen seien. Auch der Vertreter der Hauptabteilung Forsten verlangte eine Hochschulausbildung. Sogar von Seiten der Polizei wurden solche Bestrebungen indirekt unterstützt, indem der Vertreter des HSSPF erklärte, eine größere Gefahr als in der Heranbildung einer fachgebundenen Intelligenz bestehe darin, daß die vorhandene nicht entsprechend eingesetzt werde. Daß sich die Frage einer akademischen oder halbakademischen Ausbildung schließlich auf die Dauer nicht von dem Problem einer veränderten Schulpolitik, d.h. der Einrichtung von Oberschulen, trennen ließ, wurde immerhin angedeutet, wenn auch nicht weiter erörtert[34].

Diese Diskussion ist ein Musterbeispiel für die totale innere Widersprüchlichkeit, in die sich die Kulturpolitik durch ihre Orientierung sowohl an den ideologischen Prinzipien wie an den sachbedingten Interessen des Reiches verwickeln mußte.

Im Februar 1944, in einer Zeit also, als Frank seinen letzten Versuch zu einem Kurswechsel in der Polenpolitik unternahm, rang man sich schließlich dazu durch, aus politischen Gründen für die Fachkurse die Bezeichnung „Hochschulkurse“ einzuführen. Der Generalgouverneur selbst sprach in seiner Berliner Rede vor der Auslandspresse vom 7. 2. 1944 von „universitätsartigen Instituten“[35].

Die Fachkurse existierten bis Mitte März 1944, als angesichts des schnellen sowjetischen Vormarsches im Gebiet von Galizien Evakuierungsmaßnahmen vorbereitet wurden. Nach Angaben der Hauptabteilung Wissenschaft und Unterricht waren Anfang 1944 im Rahmen der tierärztlichen Kurse 15 ehemalige Professoren (4 Ukrainer, 11 Polen) und 35 Assistenten (14 Ukrainer, 21 Polen) eingesetzt. Da andere Daten fehlen, lassen sich hieraus wenigstens annähernd die Anzahl der Dozenten und die Verhältniszahl zu den Studenten erschließen. Ohne die landwirtschaftliche Abteilung, die schon 1943 wieder auf die Fachschulebene überführt wurde, gab es insgesamt 3 285 Studierende, davon 1 840 in der medizinischen, 380 in der tierärztlichen, 215 in der forstwirtschaftlichen und 850 in der technischen Abteilung[36].

Aus dem schnellen Anwachsen der Studentenzahlen läßt sich zweifellos das große Interesse der Bevölkerung gegenüber diesen akademischen Ersatzinstitutionen ablesen. Wie hoch das Niveau und die Effektivität des Unterrichts war, ist freilich schwer anzugeben. Die kurze Dauer von nichteinmal zwei Jahren läßt kaum optimistische Schlüsse zu, zumal auch noch das Verhältnis von Ukrainern und Polen prinzipiell äußerst gespannt war und sich somit kaum das notwendige Maß an Zusammenarbeit ergeben haben dürfte.

Zur gleichen Zeit, als die Lemberger Kurse aus militärischen Gründen geschlossen werden mußten, wurden Pläne zur Wiederzulassung einer polnischen Universität bekannt. Ferner nahm die Hauptabteilung „Wissenschaft und Unterricht" Kontakte zu polnischen Gelehrten auf, um die polnische Akademie der Wissenschaften wieder zu eröffnen[37]. Wie sich am Beispiel der für September 1944 in Aussicht gestellten polnischen Gymnasien belegen läßt[38], konnten solche Initiativen, da ihre Verwirklichung vor allem von der SS-Führung nicht toleriert worden wäre, nur propagandistischen oder fiktiven Charakter tragen. Aufschlußreicher für mögliche Entwicklungstendenzen – für den hypothetischen Fall der Zeit nach einem deutschen Sieg – ist demgegenüber die offenkundige Tendenz zu einer gewissen Versachlichung der Ausbildungspolitik, die hier an einigen Beispielen illustriert wurde und die sich latent unter der äußeren Hülle der Fortdauer des zu Beginn der Okkupation aufgestellten ideologisch-politischen Programms vollzog.

b) Das Institut für Deutsche Ostarbeit (IDO)

Der „Ostraum" als Politikum stellte in nationalsozialistischer Sicht besonders hohe politisch-ideologische Anforderungen an alle Wissenschaftler, die sich auf dieses Feld begaben. Nach der Eroberung neuer Räume im Osten wurde von der Wissenschaft die nachträgliche Legitimation dieser imperialistischen Politik erwartet. Ein Indiz dafür ist die Gründung neuer Institutionen für die Ostforschung in den eroberten Gebieten. Die Schaffung von vier Organisationen dieser Art mitten im Kriege bestätigt die Bedeutung, die der Ostforschung einerseits als politischem Faktor und andererseits als Element nationalsozialistischen Satrapenehrgeizes zukam: das IDO in Krakau (1940), die „Reichsstiftung für deutsche Ostforschung" in Posen (1941), die „Reinhard-Heydrich-Stiftung, Reichsstiftung für wissenschaftliche Forschung" in Prag (1942) und schließlich Rosenbergs „Reichszentrale für Ostforschung" im Ministerium für die besetzten Ostgebiete, die 1943 gegen den Widerstand der Parteikanzlei und des Reichserziehungsministeriums zustande kam, freilich keinerlei Bedeutung erlangte[1].

Die genannten Institute grenzten ihre Aufgabenstellung zwar auf das jeweilige geographische Gebiet ein, dennoch mußten sich naturgemäß Überschneidungen ergeben und die Ostforschung insgesamt zu einem reichlich aufgeblähten Apparat werden, zumal außer den Neugründungen auch noch die verschiedenen Osteuropainstitute und

„Landeskundliche Forschungsstellen“ den einzelnen Gauleitern zur Verfügung standen. Das IDO nahm nicht nur an innerem und äußerem Aufwand, sondern auch in seiner Zielsetzung einen besonderen Platz ein.

Bald nach dem Ende der „Ausplünderungsphase“, als feststand, daß das GG in irgendeiner Form beim Reich verbleiben würde, regte Frank bei seinem Propagandaleiter, du Prel, die Errichtung des IDO an[2]. Einen Monat später, am 20. April 1940, fand im gotischen Festsaal der früheren Jagiellonischen Bibliothek, in der das IDO untergebracht wurde, der feierliche Gründungsakt statt. Mit dem Dank an die volksdeutschen Forscher im ehemaligen Polen und insbesondere die Mitarbeiter der Zeitschrift „Deutsche Monatshefte in Polen“ und der „Deutschen Wissenschaftlichen Zeitschrift in Polen“ – Viktor Kauder, Alfred Lattermann, Kurt Lück und Hermann Aubin nannte er namentlich – wollte Frank die Arbeit des Instituts als Fortsetzung dieser Traditionen verstanden wissen[3]. Er umriß die Zielsetzung in seiner Eröffnungsansprache als „Beantwortung der Lebensfragen des deutschen Volkes“ in den Ostgebieten. „Wir werden hier Kulturarbeit leisten und diese unsere geistige Führungssendung als wichtigste Waffe gegen die Feinde Deutschlands dem Führer zur Verfügung stellen. . . . Die deutsche Ostarbeit stand stets im engsten Zusammenhang mit der politischen Führung im Reiche, sie ist die naturgegebene Sendung der deutschen Ostgebiete“[4]. Franks Lieblingsidee vom GG als Modell einer spezifisch nationalsozialistischen künftigen inneren Ordnung stand auch hier Pate. Die Vorstellung, „im IDO eine Ostkunde als Elementarlehre des imperialen Nationalsozialismus aufzubauen“[5], und die diesem Ziel angepaßte Organisationsform ließen das deutlich werden. Diese enge Verquickung von wissenschaftlicher Arbeit und Unterordnung unter umfassendere politische Forderungen und zugleich auch konkrete Verwaltungsbedürfnisse charakterisierte das IDO in besonderem Maße.

Die Statuten des Instituts lehnten sich sehr eng an die der Frankschen „Akademie für deutsches Recht“ an. Die Gründung erfolgte als Körperschaft öffentlichen Rechts, mit dem Recht der Selbstverwaltung und in unmittelbare Unterstellung unter den Präsidenten, den Generalgouverneur selbst. Der Haushalt wurde zwar aus den Mitteln des GG bestritten, im übrigen aber war das Institut aus der staatlichen Verwaltung herausgenommen[6]. Zum Direktor ernannte Frank Dr. Wilhelm Coblitz, einen Juristen, der schon in der Akademie mit ihm zusammengearbeitet hatte und u.a. 1937 an der Herausgabe der Sammelpublikation „Deutsches Verwaltungsrecht“ beteiligt war[7].

Elf wissenschaftliche Sektionen, 7 geisteswissenschaftliche und 4 naturwissenschaftliche, wurden zunächst vorgesehen, einige von ihnen mit mehreren Referaten. Zweigstellen besaß das Institut in Warschau und ab 1941 in Lemberg. Obwohl bedeutende finanzielle Mittel zur Verfügung standen und auch der Personalaufwand mit insgesamt (einschl. der Zweigstellen) einer 195köpfigen Belegschaft (darunter 125 Nichtdeutsche, überwiegend Polen) erheblich war[8], gelang es offenbar nie, alle Sektionen voll, vor allem nicht mit wissenschaftlichen Leitern, zu besetzen. Zusätzliche geplante Abteilungen kamen über ihren Gründungserlaß nicht hinaus: so die Sektionen „Moderne ostpolitische Entwicklung“, „Kulturpolitik“, „Geschichte des Ostraums“ und „Nationalsozialistische Forschung und Lehre“. Die Kriegslage erzwang zudem seit 1943 eine weitgehende Stillegung der geisteswissenschaftlichen Sektionen, an deren Stelle kriegswichtige physikalische und chemische traten.

Nicht zuletzt diese fehlende Konsolidierung und der Mangel an geeigneten Wissenschaftlern führten daher auch zur engen Verflechtung der wissenschaftlichen Führungskräfte des IDO mit der Zentralverwaltung des GG: mehrere Sektionsleiter und Referenten waren zugleich Beamte in der Regierung des GG. Den Posten des wissenschaftlichen

Leiters zu besetzen, den zunächst kommissarisch Dr. Gerhard Sappok, ein Historiker aus der „Nord- und Ostdeutschen Forschungsgemeinschaft", bekleidete, stieß offenbar auf besondere Schwierigkeiten. Theodor Oberländer, Walter Kuhn, Herbert Ludat, Hermann Aubin und Kurt Lück wurden vorgeschlagen, lehnten jedoch ab oder wurden nicht ernannt[9].

Bis 1941 zogen sich die Verhandlungen hin. Die Hintergründe dieser Suche nach einem Leiter sind nicht uninteressant für die Gesichtspunkte, die dabei maßgebend waren. Sappok war am 1. September 1940 fristlos entlassen worden, formell wegen einer gefälschten Reisekostenabrechnung. Dahinter steckte jedoch der Wunsch, jeden Einfluß von Seiten der „Nord- und Ostdeutschen Forschungsgemeinschaft" auf das IDO auszuschalten. „Der Generalgouverneur und der von ihm eingesetzte Direktor des Instituts, Coblitz, wollen ein eigenes Programm ohne irgendwelche Bevormundung und ohne hinten herum erfolgte Lancierungen durchführen", schrieb darüber Archivdirektor Randt[10]. Hier lag der eigentliche Grund für die gescheiterte Besetzung des Postens: selbständige Köpfe waren unerwünscht. Zum Vorschlag Kuhn und Lück bemerkte Prof. Harmjanz, Oberregierungsrat im Reichserziehungsministerium: „Die Herren sind mir beide persönlich bekannt. Beide kennen Polen, Land und Leute und können polnisch. Kuhn wird ablehnen. . . . Lück käme am ehesten in Frage; wird aber sicher schon nach 4 bis 6 Wochen wieder dort wie sein Vorgänger hinausfliegen. Lück läßt sich nichts gefallen und dürfte wohl der beste Kenner dieser Fragen sein"[11].

Die Ersatzlösung bestand schließlich in der jeweils einjährigen Leitung durch einen der Sektionschefs, den der Direktor ernannte[12].

Ein knapper Überblick über die verschiedenen Sektionen mit kurzen, die politische Grundtendenz verdeutlichenden Eigencharakteristiken durch ihre Leiter oder Mitarbeiter soll im folgenden näheren Einblick in die Arbeit und Zielsetzung des IDO geben[13]. Die Sektionen gliederten sich folgendermaßen:

1. Sektion Vorgeschichte (Leitung Prof. Werner Radig, zugleich Beauftragter in Rosenbergs „Amt für Vorgeschichte" in Berlin)[14]: „Geistige und volkspolitische Untermauerung des siegreichen Volkstumskampfes" sollte ihre Aufgabe sein. „Es ist in der Tat auch nicht schwer, den deutschen Führungsanspruch im Vorfelde des deutschen Volks- und Kulturbodens aus den Urtiefen des geschichtlichen Lebens zu erweisen und sichtbar zu machen: wir stehen eben auf altgermanischem Volksboden. So ist auch die Vorgeschichte nichts anderes als Volkstumsgeschichte". Der Ausbau eines Fundarchivs, „Fundpflege im Gelände" und der Forschungsauftrag des Generalgouverneurs „Germanenerbe im Weichselraum" sollten konkrete Nahziele der Sektionsarbeit sein[15].
2. Sektion Geschichte (ohne Sektionsleiter): Im offiziösen „Bericht über den Aufbau im GG" hieß es über ihre Aufgabe: „Da der deutsche kulturelle und politische Führungsanspruch durch die geschichtlichen Leistungen unseres Volkes im ehemaligen Polen am wirksamsten zu begründen ist, kommt den Arbeiten dieser Sektion erhöhte Dringlichkeit und Bedeutung zu. Dabei wird es sich zunächst darum handeln, den deutschen Anteil und die deutschen Aufbaukräfte in der Entwicklung des polnischen Staates quellenmäßig genauer zu ergründen und wirksam zur Darstellung zu bringen"[16]. Der ungehinderte Zugang zu allen polnischen Quellen sollte entsprechend der nationalsozialistischen Geschichtskonzeption zu einer völlig neuen Geschichte des osteuropäischen Raumes führen. „Entsprechend unseren weltanschaulichen Erkenntnissen kommt es nicht so sehr auf die dynastischen Zusammenhänge an, sondern auf die Bewährung eines Volkes im Rahmen seiner geschichtlichen Sendung. Dieser Standpunkt ist bisher bei der Geschichtsschreibung über Polen völlig

unbeachtet gelassen. Hier setzen die Aufgaben des IDO ein"[17]. Zur Sektion Geschichte gehörte das Referat Literaturgeschichte. Auch hier ging es natürlich um die Feststellung des deutschen Einflusses auf die polnische Literatur vom Mittelalter über Humanismus und Barock und die Wirkungen Herders in der Romantik bis ins 20. Jahrhundert. „Untersuchungen auf psychologischer Grundlage werden wieder deutsche Art und deutsches Wesen innerhalb der Literatur hervortreten lassen. Deutsche Lebenshaltung, die sich wie bei Goetel in starker und gewachsener Lebensbejahung äußert, wird im Gegensatz stehen zu polnischer Mentalität, die in grenzenlosem Pessimismus zum Ausdruck kommt, dessen typischer Vertreter Choromański ist"[18].

3. Sektion Kunstgeschichte (ohne Leiter): Sie hatte in erster Linie als historische Hilfswissenschaft zu fungieren, „als Quelle für die Untersuchung deutscher Kultureinflüsse auf das Gebiet des ehemaligen Polen". Geschichte und Kunstgeschichte sollten in gegenseitiger Ergänzung „ein Gesamtbild des deutschen Kulturwillens im Ostraum" geben[19].
4. Sektion Rassen- und Volkstumsforschung (Leiter Dr. habil. E. Riemann, zugleich wissenschaftlicher Mitarbeiter der „Volksdeutschen Mittelstelle" (Vomi) in Krakau; die Sektion umfaßte die drei Referate: Anthropologie, Ethnologie und Judenforschung): Volksgruppenforschung, wie Untersuchungen über das Bergvolk der Goralen, Feststellung der verschiedenen „Rassetypen" und ihrer Eigenarten und Suche nach den Spuren „versickerten deutschen Blutes" an Hand von Körpermessungen und Aufstellung von Indices usf., schließlich die Untersuchung des Ostjudentums gehörten in den Bereich dieser Sektion[20]. Enge Zusammenarbeit auf dem Gebiet der Judenforschung mit Rosenbergs „Institut der NSDAP zur Erforschung der Judenfrage" in Frankfurt wurde dadurch gewährleistet, daß Coblitz, der Direktor des IDO, Mitglied des „Sachverständigenrates" in Frankfurt war.
5. Sektion Recht (Leitung zunächst Johannes Werner Niemann, ab 1942 Rechtanwalt Siegmund Dannbeck): „Die wissenschaftliche Arbeit am Recht der nationalsozialistischen Gegenwart soll den aktuellen, im Raum des GG geltenden Rechtsstoff einer systematischen Durchdringung unterziehen; sie steht unter dem leitenden Gedanken der machtmäßigen Durchdringung des nationalsozialistischen Rechtsdenkens im Ostraum". Konkret waren darunter ein neues Nationalitätenrecht, ein neues „Bauern- und Bodenrecht" sowie ein neues am „Großraumdenken ausgerichtetes Wirtschaftsrecht" zu verstehen. Die rechtsgeschichtliche Forschung hatte ferner die starken deutschen Einflüsse im Rechtsleben des Mittelalters und der Neuzeit in Polen herauszustellen[21].
6. Sektion Wirtschaft (Leitung Ministerialdirigent Dr. Walter Emmerich, Präsident der Hauptabteilung Wirtschaft in der Regierung des GG): Die enge Verbindung zur Praxis ergab sich hier schon durch die personelle Besetzung. Probleme des Wirtschaftsumbaus, vor allem die Beseitigung der rückständigen Wirtschaftsstruktur Polens standen im Vordergrund. Neben wirtschaftsgeschichtlichen Untersuchungen und Analysen der Infrastruktur des GG sollte auch eine „Wirtschaftstheorie des GG" entwickelt werden, „eine Aufgabe, die sich naturnotwendig aus der Eigenart bestimmter wirtschaftlicher Gegebenheiten und aus der doppelten wirtschaftlichen Zielrichtung, nämlich Ergänzung der großdeutschen Wirtschaft und wirtschaftliche Sicherung des Ostraumes, ergibt"[22].
7. Sektion Sprachwissenschaft (erst im Herbst 1941 gegründet; Sitz in der Zweigstelle Warschau): Ihre Hauptaufgabe sollte sein, „die Ausbreitung deutschen Sprachgutes an Lehn- und Fremdwörtern im polnischen Sprachschatz zu untersuchen und die

Sprachgrenze zwischen deutscher und polnischer Sprache unter Berücksichtigung der allezeit vorhanden gewesenen Polonisierungsversuche festzustellen". Ferner sollte hier den Gründen dafür nachgegangen werden, „daß so zahlreiche deutsche Siedlungen ... ihrem Volkstum entfremdet werden konnten, während daneben andere jahrhundertelang sich der Polonisierung mit Erfolg zu erwehren wußten"[23]. Hier entstanden auch die Vorarbeiten für ein großangelegtes Lehnwörterbuch der polnischen Sprache[24].
Sektion Landeskunde (Leiter Dr. habil Hans Graul): „Das Arbeitsprogramm einer Sektion am IDO ist letzten Endes nur ein Teil des Programms deutscher Arbeit im Osten überhaupt. ... (Die Wissenschaft ist) im GG einzig ein Werkzeug für die Lenkung der zukünftigen Entwicklung unseres Volkes, einer Entwicklung, die wir uns nur als erfolgreiches Sichdurchsetzen unserer Art gegenüber allem Fremdartigen vorstellen können. Es ist daher von vornherein klar gewesen, daß die Tätigkeit am Krakauer IDO in der Methode streng wissenschaftlich, in der Zielsetzung aber politisch, und zwar im eigentlichen Sinne volkspolitisch ist"[25].

9. Sektion Landwirtschaft (Leiter Prof. Fritz Christiansen-Weniger, zugleich Chef der landwirtschaflichen Forschungsanstalten in Puławy): Im Gegensatz zu den meisten anderen Sektionen wurde hier keinerlei experimentelle Forschung betrieben – dafür waren die landwirtschaftlichen Forschungsanstalten in Puławy zuständig –, sondern unmittelbar praxisbezogene Arbeit zum Nutzen der Verwaltung wie Erörterung und Klärung allgemeiner Strukturprobleme der Landwirtschaft im GG, Aufgaben der Flurbereinigung und Rationalisierung zur Steigerung der Produktion[26]. Auf diese Weise wurde ein unmittelbarer Beitrag zur Erfüllung des vom Reich gesetzten Ablieferungssolls geleistet.
10. Sektion Gartenbau (Leitung Prof. Erich Maurer): „Die Aufgaben der Gartenkultur im Rahmen der Raumordnung und aller ihr nachgeordneten Bestrebungen können durch den Gestalter nur dann gemeistert werden, wenn – auf eine kurze These gebracht – die Öde der osteuropäischen Tieflandsmonotonie in das schwellende Grün der vom deutschen Baum überwölbten deutschen Landschaft gebettet wird und das urzeithafte, in der Landschaft hockende, baumlose, allslawische Dorf so schnell wie möglich verschwindet"[27].
11. Sektion Forst- und Holzwirtschaft (Leitung Prof. Dr. Dr. Kurt Mantel, zugleich Chef der forstlichen Versuchsanstalten in Lemberg; ferner Prof. Dr. Ing. A. F. Kriesche): Ziel der Arbeit war „eine der deutschen Art entsprechende Waldraumwirtschaft", die darauf abgestellt werden sollte, „insbesondere jene Kräfte der Großvegetationsform Wald (zu) pflegen, die im seelischen Erleben dem deutschen Menschen jenes Bewußtsein vermitteln, heimat- und erdgebunden sich verpflichtend Mitglied seiner Volksgemeinschaft zu sein"[28].

Die hier wiedergegebenen Selbstcharakteristiken bedürfen kaum eines Kommentars, um die „Wissenschaft", die hier geleistet werden sollte und z. T. auch geleistet wurde, deutlich zu machen. Eine nähere Betrachtung erweist freilich, daß hinter einer solchen rein propagandistisch ausgerichteten Fassade in begrenztem Umfang durchaus wissenschaftliche Sachlichkeit möglich war, auch wenn diese in einem vorgegebenen politischen Rahmen nicht davor geschützt war, in tagespolitisches Handgeld umgemünzt zu werden. Die rechtshistorischen Untersuchungen J. W. Niemanns, einige kunstgeschichtliche Beiträge und eine Archivübersicht des Archivdirektors im GG, Randt, heben sich inhaltlich und formal von der großen Masse der absolut linientreuen Abhandlungen deutlich ab[29]. Da sich das Schwergewicht der Arbeit des Instituts infolge der Kriegsentwicklung schon ab 1942 auf die kriegswichtigen naturwissenschaftlichen Bereiche verschob, konnte zudem der ursprünglich noch viel stärker ideologisch bestimmte Charakter nicht voll wirksam werden. So hatte der Generalgouverneur schon einen Tag nach der Eröffnung des IDO vorläufig den Pressechef des Generalgouverneurs, Wilhelm Zarske, zum Leiter einer Sektion „Moderne ostpolitische Entwicklung", ernannt, den Chef der Abteilung „Volksaufklärung und Propaganda", du Prel, zum Leiter einer Sektion „Kulturpolitik" und Gerhard Sappok zum Leiter einer eigenen Sektion „Geschichte des Ostraums"[30]. Alle drei Sektionen kamen jedoch nicht zustande. Ob dabei Personalmangel oder die Sorge vor einer allzu deutlichen Decouvrierung des wissenschaftlichen Anspruchs im Vordergrund standen, läßt sich nicht mehr entscheiden.

Unmittelbar auf die Kriegssituation zurückzuführen ist dagegen wohl das Nichtzustandekommen der Sektionen „Nationalsozialistische Forschung und Lehre" und „Rußlandforschung". Während letztere, die vom Schachweltmeister Dr. Alexander Aljechin, der in Krakau lebte und gute Beziehungen zum Generalgouverneur hatte, geleitet werden sollte, gar nicht erst offiziell gegründet wurde, legte Frank auf die Abteilung „Nationalsozialistische Forschung und Lehre" offensichtlich großen Wert. Sie sollte nicht zuletzt als Vorläuferin eines entsprechenden Lehrstuhls an der geplanten Universität in Krakau dienen. Über die Gründungsverfügung und die Ernennung eines Leiters namens Karl Hohlweger aus der „Hauptabteilung Arbeit" am 23. Juli 1941 gelangte die Sektion jedoch nicht hinaus[31]. Im Zuge der beginnenden Verwaltungsvereinfachung und der Einschränkung der geisteswissenschaftlichen Sektionen wurde das IDO 1943 als Körperschaft öffentlichen Rechts aufgehoben und der Hauptabteilung „Wissenschaft und Unterricht" unterstellt[32], die Sektionen „Wehrwissenschaften" und „Chemie" eingerichtet, die aus Geheimhaltungsgründen in der Öffentlichkeit nicht erwähnt wurden, und der größte Teil der nicht als kriegswichtig angesehenen Sektionen stillgelegt[33].

Neben Krakau – Warschau kam aus Sicherheitsgründen nicht in Frage – wurde die Zweigstelle Lemberg zu einem Mittelpunkt wehrwissenschaftlicher Forschung, die in Zusammenarbeit mit der „Forschungsgruppe Ost" des OKW betrieben und die u.a. in Charkow begonnene Arbeiten fortführte[34].

Da die Autokratie des Präsidenten und seines Direktors unter den veränderten Bedingungen gänzlich sinnlos werden mußte, übernahm ein „Steuerungsbeirat" die faktische Leitung, der sich aus Vertretern des Reichsministeriums für Bewaffnung und Munition, des Luftfahrtministeriums, des OKW und OKL und des Reichsamtes für Wirtschaftsaufbau zusammensetzte[35]. Im Frühjahr 1944 erhielt das IDO zwei wichtige Aufträge vom OKW: es sollte das Rüstungs- und Ernährungspotential der UdSSR feststellen. Mit Hilfe der im Institut arbeitenden russischen Kräfte wurden diese Untersuchungen bis zum Juni durchgeführt[36].

Im August 1944 wurde das Institut, mittlerweile zu einer reinen Zweckforschungsanstalt zusammengeschrumpft, aus dem GG mit sämtlichen Einrichtungen und Materialien nach Schloß Zandt (Bayern) und Miltach/Cham (Oberpfalz) verlagert – ausgenommen die Sektion Landeskunde[37] – und arbeitete an Projekten mit höchsten Dringlichkeitsstufen für die Wehrmacht, wie der Entwicklung von „Grundlagen für eine unmittelbare Drehstromerzeugung mit Windkraftwerken", um die durch Kohleausfall gefährdete Elektrizitätsversorgung sicherzustellen. Noch im Februar 1945 hielt das IDO hier mit einer Belegschaft von 57 Mann, darunter 27 Nichtdeutschen, seinen Betrieb aufrecht[38]. Das IDO überlebte somit den Zusammenbruch des GG um einige Monate, von seinen ursprünglichen Arbeitszielen war jedoch nahezu nichts geblieben.

Diese ursprünglichen Aufgaben traten daher nur in den ersten Jahren des Bestehens in Erscheinung. Durch Publikationen, Ausstellungen und Tagungen sollte der wissenschaftlichen Arbeit Resonanz in der Öffentlichkeit verschafft werden. Die Vierteljahresschrift „Die Burg“ (sie erschien von Oktober 1940 bis Oktober 1944) und die Mitteilungen des IDO „Deutsche Forschung im Osten“ (das letzte Heft stammt vom März 1944) waren die beiden Publikationsorgane.

Die Beiträge der „Burg“ sind ebenso wie der „Deutschen Forschung im Osten“ zumeist von trostloser Monotonie gezeichnet, da das Ergebnis von vornherein feststand: der überragende deutsche Einfluß, gleichgültig auf welchem Sachgebiet. Die großformatige Aufmachung und reiche Illustrierung verlieh der „Burg“, die 1941 über eine Auflage von rd. 3 000 Exemplaren verfügte[39], durchaus repräsentativen Charakter, während „Deutsche Forschung im Osten“, ohne daß sie sich in der Aufgabenstellung wesentlich unterschied, ein bescheideneres Äußeres hatte, stärker internen Mitteilungen entsprach, u.a. auch eine regelmäßige Bibliographie bot und in der Regel nur Mitarbeitern des IDO als Publikationsorgan offenstand. Vom „Jahrbuch des IDO“ erschien nur der erste Band (1941) mit Beiträgen von Institutsmitarbeitern und Gastreferenten. Neben den laufenden Veröffentlichungen gab das IDO eine eigene Schriftenreihe und die für einen begrenzten Kreis bestimmte „vertrauliche Manuskriptenreihe“ heraus[40].

Ein besonders kostspieliges Unternehmen war die Neuedition des außerordentlich wertvollen „Codex picturatus“ des Krakauer Stadtschreibers Balthasar Behaim von 1505, die in Zusammenarbeit mit dem Berliner Verein für Kunstwissenschaft erfolgte. Möglich wurde sie durch große finanzielle Zuwendungen des Generalgouverneurs[41]. Der Codex illustriert in 25 Miniaturen das Krakauer Zunftleben und bietet eine Sammlung verschiedener Krakauer Privilegien, u.a. die Gründungsurkunde Krakaus nach deutschem Recht vom Jahre 1257. Der Sinn dieser Edition war deutlich: der Codex sollte „für das Deutschtum Krakaus unwiderleglich Zeugnis ablegen“[42].

Der Absicht, auch weniger sinnfällige „deutsche“ Spuren in Polen der Öffentlichkeit vor Augen zu führen, dienten ferner die vom IDO veranstalteten Ausstellungen, von denen besonders „Germanenerbe im Weichselraum“ (September 1941) und „Altdeutsche Kunst aus Krakau und dem Karpatenland“ (Juli 1942) hervorzuheben sind. Das Motto der ersteren besagt bereits genug über die Tendenz. Die Urgermanenzeit erhielt unverblümt politischen Charakter, indem „völkisches Ringen“ schon in diese Periode zurückprojiziert wurde[43], und die Kontinuitätstheorie wurde in abstruser Weise ausgeweitet und verdreht, wenn Frank sie für Polen so interpretierte: „Wir müssen kristallklar diese innere Einstellung uns und allen Deutschen dieser Zeit einhämmern: Fremdling in diesem Lande ist nicht der Deutsche, sondern der Nichtdeutsche.“[44]

Unter dem Titel „Kunstgeschichte im Dienste der Volksforschung“ kündigte der zuständige Referent des IDO, Ewald Behrens, die Ausstellung an, die das Gebiet zwischen Weichsel, San und Karpaten als ein „Kerngebiet der mittelalterlichen deutschen Siedlung im heutigen GG“ mit kunsthistorischen Mitteln zu erschließen hatte. Diese Ausstellung sollte dem übergeordneten Ziel einer „Gesamtgeschichte der deutschen Kunst im Ostraum“ dienen, „die bereits vorhandenen Umrisse mit deutlicher Innenzeichnung versehen“. Die im IDO vorbereitete Bibliographie zur deutschen Kunst im Osten (Polen, Rußland, Ukraine, Slowakei, Ungarn, Siebenbürgen) stellte einen weiteren Schritt auf diesem Wege dar[45].

Schließlich dienten mehrere Arbeitstagungen dazu, das IDO in größerem Umfang bekannt zu machen und vor allem auch den Kontakt mit reichsdeutschen Wissenschaftlern zu pflegen. Die erste (Juni 1940) fand – unter Zeitdruck improvisiert – unter dem Thema „Der deutsche Kämpfer auf östlichem Vorposten“ statt[46]. Das Programm bestritten fast ausschließlich reichsdeutsche Wissenschaftler[47]. Die zweite Arbeitstagung wurde vom 27. bis 29. März 1941 unter dem Thema „Der Deutsche im Weichselraum" veranstaltet. Eine stärker aktuell-praktische Ausrichtung der Themen gegenüber der ersten Tagung wurde hier schon deutlich, zumal in erster Linie Mitarbeiter des IDO das Programm bestimmten[48]. Die Arbeitstagung 1942 war eine rein interne Angelegenheit mit Berichten der Abteilungsleiter und Franks groteskem Vortrag über die „Epoche des Ostens" als Abschluß[49]. Die vierte Veranstaltung schließlich fand zu einer Zeit statt, als mehrere Sektionen des IDO stillgelegt wurden, vom 11. bis 14. Februar 1943. Obwohl hier historische, siedlungsgeographische und rechtskundliche Beiträge im Vordergrund standen, bekamen diese ungewöhnliche Aktualität im Zusammenhang des Tagungsthemas: „Deutsche Forschung im Vorkarpaten- und Weichselraum als Grundlage für die praktische Volkstumsarbeit". Die Tagung wurde daher auch in direkter Zusammenarbeit mit dem RKF durchgeführt, das durch den Leiter der Volksdeutschen Mittelstelle (Vomi) Krakau, SS-Obersturmbannführer Dr. Weibgen vertreten war. Man wollte aufzeigen, wie die Volkstumsforschung in Zusammenarbeit der verschiedenen Disziplinen vorangetrieben und ausgebaut werden könne und, sofern Untersuchungen etwa zur josefinischen Kolonisation in Galizien oder den Hauländersiedlungen unmittelbar zur Grundlage für die praktische Aufgabe der „Umvolkung" nutzbar zu machen seien, „wie die Aufgabenstellung der Volkstumsforschung nach den Bedürfnissen des Reichskommissars für die Festigung des deutschen Volkstums am zweckentsprechendsten ausgerichtet werden könne."[50]

Neben der zumindest in ihrem Anspruch wissenschaftlichen Forschungsarbeit sollte das IDO nach den Intentionen seines Gründers auch unmittelbar der Schulung des deutschen Verwaltungspersonals im GG dienen mit dem Ziel, „eine Art Facharbeiterschaft für die Ostarbeit im nationalsozialistischen Sinne zu gewinnen"[51]. Ließ sich dieser Plan auf breiter Ebene auch nie durchführen, so wurden doch ab Mai 1941 regelmäßig „Lehrkurse für Beamte, Angestellte, Angehörige der Polizei und SS" abgehalten[52]. Auch die von November 1940 bis zum Ende des Jahres 1943 durchgeführten „Gastvorträge des IDO", deren Referenten vorwiegend reichsdeutsche Wissenschaftler und hohe nationalsozialistische Funktionäre waren, sind in diesem Zusammenhang zu sehen.

Nicht zuletzt diese Doppelfunktion mochte schließlich zu einer erheblichen Niveausenkung der Institutsarbeit beitragen. Die z. T. schneidende Kritik der Eingeweihten blieb denn auch nicht aus. Dr. Kloss, Mitarbeiter des Deutschen Auslandsinstituts in Stuttgart, berichtete über die Arbeitstagung des IDO vom März 1941, sie habe sich „durch phantastisch schlechte Organisation" ausgezeichnet. Trotz tüchtiger Mitarbeiter und guter Zeitschriften lasse sich auf einigen Arbeitsgebieten des IDO kein klarer Eindruck gewinnen. Kloss sah es als besonders verhängnisvoll an, „daß Coblitz, der Leiter des Instituts, ein reiner Verwaltungsjurist ist und der Forschung sehr fern zu stehen scheint", und lehnte daher auch vorläufig jede Zusammenarbeit des Deutschen Auslandsinstituts mit dem IDO ab[53]. Noch schärfer ging Abb, der Direktor der Bibliotheksverwaltung des GG, der durch die enge Zusammenarbeit der Staatsbibliotheken mit dem IDO zweifellos guten Einblick hatte, mit dem Institut ins Gericht. Es fehle an wissenschaftlich qualifizierten Mitarbeitern, es werde nur kompiliert, statt selbständige Forschung zu treiben, und das Ignorantentum sei offenkundig, äußerte Abb[54]. Ähnlich geringschätzige Bemerkungen machte Randt, der Direktor der Archive des GG[55].

Das „Ignorantentum" war nicht zuletzt die Konsequenz mangelnder sprachlicher Qualifikation der Mitarbeiter des IDO. Die ungewöhnlich hohe Zahl polnischer wissenschaftlicher und technischer Hilfskräfte, die z. T. unter Drohungen zur Mitarbeit gezwungen wurden[56], machte diese Tatsache in einer schon kompromittierenden Weise deutlich. Da die Arbeit in einem deutschen Institut mit unverhüllt propagandistischem Anstrich für Polen keineswegs ungefährlich war – es kam auch zu scharfen Angriffen von Seiten der Widerstandsbewegung –, mußten diese schon deswegen versuchen, sich möglichst wenig für die gestellten Aufgaben zu engagieren. Dieses Desinteresse ging bis zur „wissenschaftlichen Sabotage" durch Auslassungen, Übersetzungsfehler etc.

Hinter der so eindeutig faschistischen Fassade dieses Instituts waren jedoch auch deutsche Wissenschaftler zu finden, die sich in den vorgezeichneten Rahmen nicht vollständig einfügten. So machte ein junger Historiker, Gerhard Brauns, aus seiner ablehnenden Einstellung zum Nationalsozialismus keinen Hehl. Wegen „Abhören von Feindsendern" wurde er fristlos entlassen. Der polnische Professor Małecki, der das Lexikon deutscher Lehnwörter im Polnischen zu bearbeiten hatte, diese Arbeit jedoch bewußt hinauszögerte, wurde von seinem Vorgesetzten, Niemann, ohne weiteres toleriert. Niemann erklärte ihm, sie warteten schließlich beide auf das Ende des Krieges, und er verlangte lediglich eine schriftliche Begründung der Verzögerung zur eigenen Absicherung[57]. Solche Fälle, selbst wenn sie nicht die einzigen waren, stellten jedoch seltene Ausnahmen dar.

„Wissenschaft im Dienste des deutschen Führungsanspruchs"[58] wurde im GG in Gestalt des IDO Realität. Nicht zuletzt von dieser Funktion her, die dem Institut zugewiesen war und die schwerlich jemandem unbekannt gewesen sein dürfte, wird dann auch die Mitarbeit reichsdeutscher Wissenschaftler etwa bei den Arbeitstagungen zu werten sein. Ein Vortrag über „Deutschland und die Völker des Ostens"[59], den Hermann Aubin 1940 hielt und der für sich genommen das Maß des damals selbstverständlichen Nationalismus kaum überstieg, erhält innerhalb eines solchen Rahmens ein anderes Gesicht und wird somit schließlich auch nicht mehr nur an immanenten Wahrheitskriterien zu messen sein.

Der Krieg setzte nicht nur der vollen Entfaltung des IDO bald Grenzen, sondern brachte auch den mit großem Eifer verfolgten Plan zu Fall, das IDO zu einer Universität, der „Kopernikusuniversität" in Krakau, auszuweiten. Kaum einen Monat nach der Gründung des IDO gab Frank zu verstehen, es sei grundsätzlich als Ausgangspunkt für eine deutsche Universität in Krakau gedacht, und da das GG für immer der deutschen Machtsphäre unterstellt bleibe, könne man jetzt schon Dauereinrichtungen schaffen und eine Universitätssatzung entwerfen[60]. Dazu kam es zwar nicht mehr, immerhin wurde jedoch ein Jahr später ein Kuratorium gebildet, für das man neben dem Staatssekretär der Regierung des GG, Bühler, und dem Hauptabteilungspräsidenten Watzke den Rektor der Universität Wien, den Präsidenten der Reichsakademie und den Präsidenten des Kopernikusinstituts in Berlin gewinnen wollte[61]. Sofern man Franks Äußerungen Glauben schenken darf, hatte Hitler zunächst grundsätzlich seine Einwilligung zu dem Projekt gegeben. Die Planungen in Krakau nahmen daher bisweilen auch groteske Formen an. Frank wollte eine der kleineren deutschen Universitäten wie Marburg, Gießen oder Greifswald mit dem gesamten Personal nach Krakau verlegen lassen. Das IDO sollte dann in die „Akademie der Wissenschaften im GG" umgewandelt werden[62]. Watzke wünschte schon im Winter 1941/42 den Beginn von Vorlesungen am IDO[63]. Das IDO als Kernstück der künftigen Universität, die die Tradition der alten Krakauer Universität, „der zweitältesten auf deutschem Boden", wie Watzke schlicht feststellte, fortsetzen sollte, wurde beauftragt, das Vermögen der ehemaligen Jagiellonen-Universität zu verwalten und der deutschen Hochschule nach ihrer Errichtung zu übertragen. Diese neue Alma Mater sollte dann vor allem, anders als die traditionsverhafteten Reichsuniversitäten, „aus nationalsozialistischem Denken und nationalsozialistischem Tatwillen geboren, die erste wirkliche nationalsozialistische Universität werden"[64].

Im August 1941 setzte Bormann solch hochfliegenden Plänen vorerst ein Ende: der Führer hatte entschieden, daß während des Krieges eine deutsche Universität in Krakau „auf keinen Fall in Frage komme"[65]. Frank gab daraufhin die Devise aus: stilles, aber stetiges Aufbauen der zu einer Universität führenden Institute; aber Vermeidung aller öffentlichen Diskussionen[66]. Die Gründungsurkunde einer medizinischen Akademie hatte er am 14. August 1941 noch unterzeichnet[67], ihre Errichtung wurde von Berlin dann ebenfalls blockiert.

Der zweitältesten osteuropäischen Universität blieb somit erspart, daß aus einem Institut mit deutlich propagandistisch-politischer Zielsetzung, das über ihren Trümmern errichtet wurde, die erste Hochschule nationalsozialistischer Prägung im Osten hervorging.

c) Bibliotheken

Mit der Liquidierung des gesamten wissenschaftlichen Lebens in Polen mußte zwangsläufig eine entsprechende Neu- und Umordnung des Bibliothekswesens Hand in Hand gehen. Gegenüber der planvoll-planlosen Zerstörung in den eingegliederten Gebieten, die in der völlig wahllosen Stapelung von zwei bis drei Millionen Bänden aus polnischen Büchereien in einer Posener Kirche gipfelte[1], bietet das GG trotz vieler Zerstörungsaktionen ein erheblich anderes Bild, hinter dem allerdings auch das Fernziel einer Germanisierung Zentralpolens sichtbar wird.

Daß es im GG nicht zum Abtransport polnischer Buchbestände in großem Stil kam[2], mochte bis zu einem gewissen Grad juristische Gründe haben – beschlagnahmtes Staatseigentum sollte zunächst im GG verbleiben –, größere Bedeutung dürfte jedoch den Bemühungen der zuständigen deutschen Beamten zukommen. Den Ausschlag aber wird schließlich die Haltung des Generalgouverneurs selbst gegeben haben, dem zwar nichts ferner lag, als polnische Kultur und Wissenschaft zu erhalten[3], der jedoch ein ausgeprägtes Hausmachtstreben an den Tag legte und sich in der Pose des deutschen Kunst- und Wissenschaftsmäzens entsprechenden Ratschlägen gegenüber als sehr zugänglich erwies[4]. Insofern ist es nicht widersinnig, daß wenigstens die Sicherung der großen polnischen Bibliotheken vor dem Abtransport nicht zuletzt einem der ärgsten Polenfeinde zu verdanken war[5]. Bald nach der Übernahme der vollziehenden Gewalt durch die Zivilverwaltung wurden prinzipiell – mit einer anfänglichen Ausnahme, der Stadtbücherei in Warschau – alle wissenschaftlichen Bibliotheken geschlossen. In den Universitätsstädten Krakau, Warschau, Lublin und 1941 auch Lemberg sollten alle vorhandenen Buchbestände wissenschaftlicher Bibliotheken einschließlich der Seminarbüchereien der aufgelösten Universitäten zu zentralen „Staatsbibliotheken" zusammengefaßt werden. Die beiden größten in Krakau und Warschau werden im folgenden im Mittelpunkt stehen[6].

In Krakau herrschten, bevor sich eine deutsche Bibliotheksverwaltung etablierte, chaotische Zustände. Die Bücher ebenso wie das Inventar der aufgelösten Universitätsinstitute wurden ausgelagert, herumtransportiert, verschickt oder wanderten z. T. sogar als Makulatur in die Papiermühle[7]. Erst im Mai 1940 führte der 1. Direktor der Preußischen Staatsbibliothek, Dr. Becker, auf Empfehlung des „Reichsbeirats für Bibliotheksangelegenheiten" Verhandlungen in Krakau, die dann die Errichtung der „Hauptverwaltung der Bibliotheken im GG" am 1. Juli 1940 und die Planung der „Staatsbibliotheken" zur Folge hatten. Zum Direktor und Chef der Hauptverwaltung wurde der Leiter der Berliner Universitätsbibliothek, Dr. Gustav Abb, ernannt. Zum kommissarischen Leiter für Warschau wurde Dr. Wilhelm Witte von der Staats- und Universitätsbibliothek Breslau nominiert[8].

Abb gelang es vor allem, Frank für die Erhaltung der großen Krakauer Jagiellonischen Bibliothek als des geplanten künftigen wissenschaftlichen Zentrums im GG zu gewinnen. So wurden der bei Kriegsausbruch schon kurz vor der Vollendung stehende polnische Bibliotheksneubau fertiggestellt, die bereits abmontierten Metallregale wieder installiert und die Bestände der Jagiellonischen Bibliothek sowie der Bergakademie, der Akademie der Wissenschaften und der Universitätsinstitute dorthin übergeführt, insgesamt über 1 Million Bände[9]. Im April 1941 wurde die Krakauer „Staatsbibliothek" in einem feierlichen Akt eröffnet, zu dem Vertreter von Wehrmacht, Partei und Verwaltung und der großen reichsdeutschen Bibliotheken erschienen.

Frank, der bei allen festlichen Gelegenheiten das Wort ergriff, nahm die Eröffnung zum Anlaß, um daran kulturpropagandistische Erörterungen zu knüpfen, deren Tenor für die gesamte nationalsozialistische Propaganda sehr charakteristisch ist: „Nicht so, wie es ein englischer Gouverneur tun würde, eröffnen wir hier Börsen, Märkte, Handelsgeschäfte, Opiumkneipen, Zersetzungszentralen aller Art, wir errichten sie hier nicht, weil wir Deutschen eben ohne diese geistige ideale Größe nicht leben können, sondern wir eröffnen hier Bibliotheken"[10]. Abb schlug ähnliche Töne an in seiner Festrede: von Karl d. Gr. bis zu Hitler habe es in der deutschen Geschichte neben der kämpferischen immer die „kulturschaffende Seite" gegeben. „Darin liegt auch der Grund, weshalb der Deutsche niemals wie etwa die Generale Ludwigs XIV. als Zerstörer feindlicher Kulturgüter auftritt, sondern auch hier die Notwendigkeiten des Krieges von der Bedeutung überzeitlicher Kulturwerte sehr wohl zu trennen weiß"[11]. Die Aufgaben freilich, die Abb für die deutsche Bibliotheksverwaltung im GG nannte, harmonieren schwerlich mit solchem Anspruch. „Sichtung und Sicherung aller wissenschaftlichen Bibliotheken im GG", einschließlich Kirchen-, Klöster-, Adels- und Privatbibliotheken[12], bedeutete in der Praxis nicht nur eine bis zur Unsinnigkeit getriebene Zentralisierung, sondern war zugleich ein konkreter Faktor der destruktiven Gesamtpolitik, die der polnischen Wissenschaft jeden Boden entziehen und damit der deutschen volkspolitischen Zielsetzung dienen sollte.

Personalmangel, der Zwang der Kriegssituation und nicht zuletzt „Nachlässigkeiten" der deutschen Bibliothekare verhinderten jedoch auch hier, daß die Trennung zwischen Polen und Deutschen konsequent und strikt durchgeführt wurde. Ca. 80 Polen arbeiteten als Angestellte in der Krakauer Bibliothek[13]. Grundsätzlich hatten nur Deutsche und Polen, die in der deutschen Verwaltung tätig waren, Benutzungserlaubnis. Solche Bestimmungen ließen sich immerhin sehr weit auslegen. Das zahlreiche polnische Personal konnte überdies der illegalen Arbeit polnischer Wissenschaftler vielfach entgegenkommen oder verschiedene private und Institutsbibliotheken in den Magazinen sichern[14]. Den polnischen Professor Nitsch stellte Abb pro forma als Bibliothekar ein, um ihm die Weiterführung der Arbeit am „altpolnischen Wörterbuch" zu ermöglichen[15]. Dennoch blieb der Kreis der „Privilegierten" verschwindend klein, und solange prinzipielle Direktiven nicht außer Kraft gesetzt wurden, mußten auch der Gutwilligkeit deutscher Beamten enge Grenzen gezogen bleiben.

Die Bibliothek hatte den deutschen Interessen zu dienen, die Wehrmacht, die deutsche Verwaltung und das „Institut für deutsche Ostarbeit" waren demgemäß die Hauptinteressenten. Außer auf naturwissenschaftlichen Schriften, die vor allem als notwendige Vervollständigung der früher sehr stark geisteswissenschaftlich orientierten Bibliothek erforderlich schienen, lag daher auch das Schwergewicht des inneren Ausbaus auf politisch-historischem Gebiet. Der Etat für Neuankäufe lag mit 251 103 RM im Jahre

1942 immerhin höher als derjenige der Preußischen Staatsbibliothek in Berlin (1940/ 41: 216 800 RM). Die Zahl der Bücherbestellungen blieb mit 11 564 für ein Jahr freilich weit unter der reichsdeutscher Universitätsbibliotheken[16].

Die Krakauer „Staatsbibliothek" sollte ebenso wie die anderen in Warschau, Lemberg und Lublin in Zukunft vor allem dem Aufbau eines deutschen wissenschaftlichen Lebens im GG dienen, das in Krakau selbst, als der „Hauptstadt" des GG, schon während des Krieges die Form konkreter Planungen annahm in Gestalt einer Kopernikusuniversität, einer Veit-Stoß-Akademie der bildenden Künste, einer Medizinischen Akademie, einer Sternwarte und der Gesellschaft der Wissenschaften. Diese Funktion im Dienste einer künftigen „wissenschaftlichen Germanisierung" war es aber schließlich auch, die als Argument zur Abwehr reichsdeutscher Ansprüche diente und so letzlich dafür sorgte, daß die polnischen Bibliotheksbestände im Lande blieben und – zumindest im Falle Krakau – ohne allzu große Dezimierung wieder in polnische Hände übergehen konnten. Als das Reichserziehungsministerium im November 1942 Wünsche zur Auffüllung zerstörter deutscher Bibliotheken mit polnischen Beständen äußerte, weil diese wegen der stillgelegten Universitäten überflüssig seien, wandte sich die Verwaltung des GG entschieden gegen solche Tendenzen, da die Staatsbibliotheken des GG dazu dienten, „Pflegestätten für die deutsche Wissenschaft zu errichten" und ihnen geeignetes Büchermaterial zur Verfügung zu stellen[17].

Neben Krakau mit der ältesten polnischen Bibliothek, die vor allem Polonica in großer Vollständigkeit besaß, so daß Estreicher seine Bibliographie – die erste europäische Nationalbibliographie – fast ganz auf den vorhandenen Beständen aufbauen konnte[18], besaß Warschau die traditionsreichsten und umfangreichsten Bibliotheken. Ihr Schicksal während des Zweiten Weltkrieges spiegelt in einem kleinen, aber bedeutungsvollen Ausschnitt das wechselvolle Los der polnischen Hauptstadt.

Auch in Warschau wurden erst mit dem Amtsantritt des kommissarischen Leiters Witte übersichtliche Verhältnisse geschaffen. Obwohl Warschau durch die Belagerung im September 1939 schwere Zerstörungen erlitten hatte, gab es zu dieser Zeit noch keine nennenswerten Verluste der Bibliotheken. Bis zur Gründung der „Staatsbibliothek" im Juli 1940 blieben zunächst alle Bibliotheken unzugänglich[19], mit Ausnahme der „Stadtbibliothek". Diese unterstand nicht der Krakauer Zentralverwaltung, sondern den Warschauer Stadtbehörden und blieb deswegen auch entgegen der sonst verfolgten Kulturpolitik bis 1942 für Polen geöffnet, wiederum ein Symptom für den relativ großen Handlungsspielraum der Regionalinstanzen und das Fehlen einer „totalen" Organisation und Koordination.

In der Universitätsbibliothek hatte sich bald nach der Kapitulation Warschaus das Polizeibataillon 304 einquartiert. Als es im Januar 1941 abrückte, hinterließ es völlig demolierte Räume, was Abb mit der Bemerkung quittiert: „Jetzt verstehe ich den 30jährigen Krieg"[20]. Die neu zu schaffende „Staatsbibliothek" sollte als organisatorische Einheit aus den drei großen, der National-, der Universitäts- und der Krasiński-Bibliothek entstehen. Der weitaus größte Teil des polnischen Bibliothekspersonals wurde für die „Staatsbibliothek" wieder eingestellt, insgesamt während der Besatzungszeit ca. 120 Bedienstete[21]. Neben der Ordnung der verschiedenen Bestände und ihrer weiteren Katalogisierung – die im Falle der Universitätsbibliothek in polnischer Zeit noch sehr unzureichend geblieben war – und der Sicherung der herrenlos gewordenen Institus-, Ministerial- und auch Privatbibliotheken, die innerhalb der Staatsbibliothek immerhin ein Maximum an Sicherheit hatten, sollte nach Wittes Plänen eine wesentliche Aufgabe der Bibliotheksarbeit darin bestehen, eine Gliederung in drei Abteilungen durchzuführen. Mit der Verfügung vom 19.2.1941 wollte er drei Sektionen innerhalb der „Staatsbibliothek" schaffen: eine allgemein-wissenschaftliche, vor allem mit ausländischer Literatur; eine rein polnische, mit polnischer Literatur ab 1800 (vergleichbar der „Deutschen Bücherei" in Leipzig); und eine Sonderabteilung mit Stichen, Handschriften und Drucken vor 1800. Räumlich sollten die drei Abteilungen auf die Gebäude der ehemaligen Universitäts-, der National- und der Krasińskibibliothek verteilt werden[22].

Der Realisierung dieser Konzeption, die angeblich auf polnische Vorschläge aus der Vorkriegszeit zurückging[23], wurde nicht nur von Seiten des polnischen Personals angesichts der Kriegssituation erbitterter Widerstand entgegengesetzt, sondern Abb selbst vereitelte schließlich ihre weitere Durchführung, obwohl ein erheblicher Teil insbesondere der alten Drucke und Handschriften bereits im Gebäude der Krasiński-Bibliothek konzentriert wurden. Nicht zuletzt daraus resultierten dann auch die großen Verluste auf diesem Gebiet während und nach dem Warschauer Aufstand. Daß Abb intervenierte, mochte zum einen den sachlichen Grund haben, daß er die Gefahren einer solchen Zentralisierung realistischer einschätzte, zum andern auch persönlichen Motiven entspringen: er wollte einem Untergebenen, der obendrein kein Nationalsozialist war, derartige Eigenmächtigkeiten nicht durchgehen lassen[24].

Witte verhielt sich im übrigen keineswegs polenfeindlich, sondern suchte im Gegenteil, so weit er konnte, polnischen Interessen entgegenzukommen. Nachdem am 25.7. 1942 die Abteilung I der Staatsbibliothek zur Benutzung offiziell eröffnet worden war, versuchte er, das Benutzungsverbot für Polen durch entsprechende Bescheinigungen zu umgehen, indem er fiktive Mitarbeiter ernannte – z. B. den polnischen Dichter Czesław Miłosz – oder polnischen Anträgen, die mit verschiedensten Vorwänden kaschiert wurden, ohne weitere Prüfung stattgab[25]. So konnte etwa Stefan Żółkiewski, 1956 Kultusminister und damals aktiv in der kommunistischen Untergrundpresse tätig, ziemlich ungestört marxistische Literatur im Lesesaal benutzen, so daß sich Witte schließlich beim polnischen Personal nach Gründen dafür erkundigt haben soll[26]. Von den 307 Benutzern des Lesesaals in zwei Jahren waren nur 48 Deutsche und 3 Ukrainer, der Rest Polen.

Witte kümmerte sich ferner um eine Verbesserung der Lebensbedingungen des polnischen Personals, um Schutz vor der Arbeitserfassung, bemühte sich 1940 um die Freilassung zweier verhafteter polnischer Bibliothekare aus dem KZ und rettete große jüdische Bibliotheksbestände und auch Privatbüchereien durch Unterbringung in den Magazinen der „Staatsbibliothek". Schließlich sabotierte er sogar erfolgreich die Abgabe von ca. 100 m Büchern aus dem Bereich von Geschichte, Recht, Literatur u.ä. nach "Kressendorf", in die Privatresidenz des Generalgouverneurs[27].

Wie verhängnisvoll sich aber der, wenn auch nur teilweise realisierte, Dreiteilungsplan Wittes auswirken konnte, wurde in dem Augenblick deutlich, als Warschau in die Gefahrenzone der militärischen Kämpfe rückte. Abb wünschte daher eine Rückverteilung der eben erst in der Abteilung III zusammengefaßten alten Drucke und Handschriften[28]. Im Juli 1944 ergingen konkrete Anweisungen Abbs zur Aussortierung und Verschickung der wertvollsten Bestände ins Reich. Witte führte sie freilich nicht mehr aus, sondern verließ das GG am 23. Juli und ernannte den ehemaligen Warschauer Bibliotheksdirektor Josef Grycz zu seinem Beauftragten[29].

Daß Ausbruch und Verlauf des Warschauer Aufstandes für die Bibliotheken und Archive in Warschau eine Katastrophe bedeuteten, braucht kaum besonders hervorgehoben zu werden. Dennoch brachten weniger der Aufstand selbst als vielmehr die nach Abschluß der Kampfhandlungen einsetzenden Zerstörungs- und Verbrennungsaktionen der SS-Kommandos die großen Verluste. Nur ein kleiner Teil der unversehrt gebliebenen Bestände konnte noch evakuiert werden[30]. Vor allem ging fast der gesamte Bestand der

Krasiński-Bibliothek, der Abteilung III der Staatsbibliothek, in Flammen auf, ca. 4000 der insgesamt 4 132 Stücke umfassenden Handschriftensammlung der Universitätsbibliothek, die Anfang des 19. Jahrhunderts von Samuel Linde begründet worden war, ferner ein Großteil der Sammlungen des Kupferstichkabinetts, der größten graphischen Sammlung Polens, die einschließlich der Verluste durch Auslagerung und Raub insgesamt ca. 60 000 ihrer über 100 000 Exemplare einbüßte[31].

Während 1939 die großen wissenschaftlichen Bibliotheken zusammen mit der Schließung der polnischen Hochschulen und der Auflösung aller wissenschaftlichen Gremien offiziell unzugänglich wurden, blieben nichtwissenschaftliche Büchereien zunächst großenteils geöffnet. Die deutsche Verwaltung bemühte sich allerdings, diese ebenso wie die polnischen Buchhandlungen einer gründlichen „Reinigung" zu unterziehen. Karl Grundmann, der Leiter des Warschauer Propagandaamtes, verfaßte dazu 1940 im Auftrag der Krakauer Propagandaabteilung eine streng vertrauliche „Liste des deutschfeindlichen, schädlichen und unerwünschten polnischen Schrifttums", die jährlich ergänzt wurde[32]. Sie wies etwa 3 000 Titel auf und umfaßte jede Art historischen und politischen Schrifttums und auch alle polnischen Klassiker. Piłsudskis Schriften fielen ebenfalls unter das Verbot, obwohl Bilder von ihm ausdrücklich zugelassen waren[33].

Das bemerkenswerteste Beispiel für eine relativ großzügige Weiterführung – verglichen mit dem Schicksal der übrigen großen Bibliotheken und abgesehen von den erwähnten „Säuberungen" – ist die Warschauer Stadtbibliothek[34]. Die Zahl ihrer Mitarbeiter wurde zwar von 180 auf 124 gesenkt, etwa 10 000 Bücher „beanstandet" und gesperrt und ca. 4 000 für Deutsche reserviert, im übrigen aber blieb sie dem Publikumsverkehr uneingeschränkt zugänglich und erreichte in den drei Jahren ihres Bestehens mit 2,4 Mill. Besuchern und 3,5 Mill. Entleihungen immerhin ein Drittel des Vorkriegsstandes. Im Herbst 1942 wurde sie geschlossen, wohl auf Druck der Krakauer Regierung, die auf die Dauer die Warschauer Sonderregelungen nicht dulden mochte. Die unmittelbare Aufsicht erhielt nach der Schließung Stadtschulrat Fuhr. Er bemühte sich vor allem nach dem Warschauer Aufstand, der hier keine großen Verluste verursacht hatte, um die Evakuierung wenigstens der wichtigsten Bestände. Noch kurz vor Abzug der deutschen Truppen wurde das Gebäude dann in Brand gesteckt und weit über die Hälfte des Buchbestandes vernichtet.

Im Bereich des polnischen Buchhandels hatte der „Beauftragte des polnischen Buchhändlerverbandes im GG", der Volksdeutsche Paul Peter Kostrzewa, für die Umsetzung der allgemeinen kulturpolischen Richtlinien in seinem Gebiet zu sorgen: Eliminierung der indizierten polnischen Bücher sowie der englischen, französischen und später auch russischen Literatur und sämtlicher Karten und Atlanten. Auch nationalsozialistische Literatur („weltanschauliche Werke") durfte an Polen nicht verkauft werden[35].

Im GG wurden zwar 118 Buchhandlungen geschlossen, es existierten aber immer noch – im Gegensatz zu den eingegliederten Gebieten – 260 weiter, davon allein 170 in Warschau[36]. Die Einschränkungen und Verbote bedeuteten freilich auf die Dauer den wirtschaftlichen Ruin vieler Buchhandlungen, nicht zuletzt weil nur noch wenige polnische Verlage bestanden, die sich überdies, da sie deutsche Lizenzen benötigten[37], im wesentlichen der Herstellung von Sachbüchern und Kalendern sowie zweit- und drittrangiger Belletristik widmen mußten. Bis 1943 wurden insgesamt nicht mehr als 438 polnische Bücher und Kalender mit einer Gesamtauflage von 4,8 Millionen in lizenzierten polnischen Verlagen gedruckt[38].

Wie pedantisch von Seiten der deutschen Polizei das Verbot polnischer Klassiker bis in die letzten Tage des GG zu kontrollieren versucht wurde, zeigt ein Vorfall vom Herbst

1944. Am 26. Oktober 1944 erschien in der „Krakauer Zeitung" in deutscher Übersetzung ein Gedicht des polnischen Romantikers Słowacki „Bevor der Mond aufgeht". Am folgenden Tag kam es deshalb zu einer Beschwerde des Chefs der Sicherheitspolizei, der darauf drang, daß ähnliches in Zukunft zu unterbleiben habe[39].

Gegenüber dem polnischen erfuhr das deutsche Verlags- und Büchereiwesen eine forcierte Förderung. Sieben Verlage bestanden im GG[40]. Propagandistische Werke – in mehr oder minder geschickt verhüllter Form – und amtliche Publikationen dominierten in ihrer Produktion[41]. Ein solcher Zustand ergab sich freilich mehr der Not gehorchend als den Wünschen der führenden Funktionäre entsprechend. Denn das Ziel der nationalsozialistischen Schrifttumspolitik im GG war die Schaffung einer bodenständigen, möglichst historischen Reminiszenzen folgenden deutschen Literatur als eines wichtigen Bestandteils der Volkstumspolitik und Vehikels zu einer baldigen „eigenständigen geistigen Verwurzelung" (Frank) der Deutschen in diesem Gebiet. Frank regte an, Dichter ins GG zu holen und sie zur Abfassung von Novellen und Romanen aufzufordern über Themen wie: Mozarts Sohn in Lemberg, Kopernikus in Krakau, die Geschichte der Hansestadt Krakau oder die österreichische Garnison in Krakau[42]. „Durch Buch und Schrift", schrieb der Propagandachef Ohlenbusch, „müssen bei den deutschstämmigen Alt- und Neusiedlern dieses Raumes deutscher Stolz, deutsches Empfinden und deutsches Wollen immer von neuem wachgerufen, gesteigert und vertieft werden. Um dieses Ziel zu erreichen, ist der Einsatz solcher Literatur notwendig, die aus der Quelle deutschen Volkstums und deutscher Gesittung schöpft – aus Werten, die schon vor mehr als einem Jahrtausend in diesen Raum einzuströmen begannen"[43].

Im Sinne dieser Zielsetzung wurde am 1. Dezember 1941 die „Bücherei des GG" eröffnet: es wurden 12 große (je 2 000 Bände) und 200 kleine (je 150 Bände) Büchereien der Öffentlichkeit übergeben[44]. In Zusammenarbeit mit der Hauptabteilung „Wissenschaft und Unterricht" und dem „Schulungsamt der NSDAP, Arbeitsbereich GG", errichtete die „Zentralstelle für das Büchereiwesen" ein Netz von festen und wandernden Büchereien. Im Januar 1943 bestanden insgesamt 700, davon 17 große (mit über 1 000 Bänden), 44 mittlere (mit 500 bis 1 000 Bänden) und 640 Wanderbibliotheken[45]. Nicht auf das Element der Unterhaltung, sondern auf das Buch als Politikum richtete die nationalsozialistische Politik ihr Augenmerk. Das Parteiorgan „Vorfeld" schrieb dazu: „Besonders hier im Osten ist (das Buch) als Träger unserer Weltanschauung und nationalen Kultur gegenüber fremdvölkischen Einflüssen von höchster politischer Bedeutung"[46].

d) Archive

Die im Oktober 1939 eingerichtete deutsche Archivverwaltung im GG hatte vor allem drei Aufgaben zu erfüllen:

1. „Sicherung und Betreuung allen Archivguts, das sich in staatlichen und nichtstaatlichen Archiven und an sonstigen Stellen vorfindet, sowie Erschließung für Bedürfnisse der Behörden und der deutschen wissenschaftlichen Forschung.
2. Feststellung des Archivgutes deutscher Provenienz und Vorbereitung seiner Rückgabe an Deutschland.
3. Förderung deutscher Forschungsvorhaben, insbesondere solcher, die zur Begründung deutscher Ansprüche an Polen dienen und die Geschichte des deutschen Volkstums und der deutschen Kultureinflüsse in Polen aufhellen"[1].

Die Erfüllung des ersten Punktes bereitete angesichts der Kriegszerstörungen erhebliche Schwierigkeiten, ließ sich aber mit Hilfe des polnischen Fachpersonals bewältigen. Die Archive des Auswärtigen Amtes in Warschau waren zum großen Teil vor der Flucht der polnischen Regierung vernichtet oder nach Rumänien verbracht worden. Aus den vorgefundenen erhaltenen Beständen gab das Berliner Auswärtige Amt die „Dokumente zur Vorgeschichte des Krieges" heraus. Das polnische Unterrichtsarchiv war fast vollständig verbrannt, das Finanzarchiv, soweit es in Warschau lag, zu großen Teilen, die Registraturen der Warschauer Ministerien befanden sich – nach der Beschießung Warschaus – meist in einem trostlosen Zustand[2].

Als zumindest ebenso einschneidend wie diese Zerstörungen erwiesen sich aber die Eingriffe Berliner Instanzen, die ohne vorherige Konsultation der deutschen Archivverwaltung im GG erfolgten. So hatte der Beauftragte des Chefs der deutschen Heeresarchive 1 600 m polnischer Militärakten, darunter vor allem die Akten des Generalgouvernements Warschau und des Gouvernements Lublin aus der Zeit des Ersten Weltkrieges, „sichern" und nach Potsdam schaffen lassen. Ebenso hatte die Sicherheitspolizei schon zahlreiche Bestände nach Berlin gebracht, bevor die deutsche Archivverwaltung in Aktion treten konnte[3].

Mit der Etablierung der deutschen Archivämter wurde solchen wilden Aktionen immerhin ein Riegel vorgeschoben und Möglichkeiten für die Wiederherstellung einer gewissen Ordnung geschaffen. Schon im Oktober 1939 übernahm Dr. Erich Randt, Direktor der Breslauer Staatsarchive, den Bereich des GG[4]. Im November wurde unter seiner Leitung die „Archivverwaltung beim Amt des Generalgouverneurs" – ab März 1943 als „Direktion der Archive des GG" der Hauptabteilung „Innere Verwaltung" unterstellt[5] – geschaffen und nun auch offiziell das frühere polnische Archivpersonal wieder eingestellt[6]. Analog wurden Distrikts-Archivämter geschaffen.

Die Politisierung der Archivarbeit setzte unvermeidlicherweise ein, sobald es um die Feststellung der deutschen Provenienz des Archivguts und das „Auseinandersetzungsverfahren" ging. Das bedeutete nicht nur Aussonderung entsprechend der geographischen Aufteilung Polens in die eingegliederten Gebiete, deren Archive der Zentraldirektion der preußischen Archive in Berlin unterstellt wurden, und das GG, sondern auch Selektion der Bestände nach Zugehörigkeit zum ehemals preußischen und österreichischen Teilgebiet. Nach den Richtlinien[7] vom Mai 1940, die der Generaldirektor der preußischen Staatsarchive aufgestellt hatte und die vom Generalgouverneur gebilligt worden waren, sollte Archivgut aus den neu zum Reich gekommenen Gebieten in Reichsarchive übergeführt werden. Wo die Grenze den Zuständigkeitsbereich durchschnitt, hatte der Amtssitz, an dem die betreffenden Dokumente entstanden waren, als Orientierung zu dienen. Das Reich sollte ferner die Archivalien erhalten, die es zum Aufbau der Verwaltung und zur „Pflege der geschichtlichen Überlieferungen" in den neuen Gebieten benötigte. So wurden auch Akten, die nicht in den neuen Gebieten entstanden waren, in die Auseinandersetzungsaktion einbezogen (Pertinenzprinzip). Eine schematische Auseinanderreißung von Beständen wurde damit allerdings nicht sanktioniert, vielmehr sollte der Aussagewert für die Geschichte des Deutschtums in den betreffenden Gebieten als Kriterium für die Auswahl der in Reichsarchive zu überführenden Quellen dienen.

Während die Auseinandersetzungsmaßnahmen im Bereich der Archivalien mithin sowohl dem Provenienz- wie dem Pertinenzprinzip folgen konnten, sollte für die Registraturen der ehemaligen polnischen Behörden lediglich im lokalen Bereich, nicht dagegen für die Zentralbehörden, das Pertinenzprinzip gelten. Ausgenommen von der ganzen Aktion bleiben vorerst Archivalien in privatem oder kirchlichem Besitz. Im

Rahmen dieses Auseinandersetzungsverfahrens wurden beispielsweise aus dem „Archiv der alten Akten" Bestände, die aus der Teilungszeit stammten, nach Berlin und Wien transportiert, darunter galizische Akten, die 1932 in einer Übereinkunft zwischen Polen und Österreich dem polnischen Staat übergeben worden waren. Unter Aufsicht von Kurt Forstreuter kamen ferner 70 Bände polnischer Gerichtsakten aus Ostrołęka aus der Zeit von 1455 – 1802 nach Berlin, offensichtlich zu speziellen Forschungszwekken. Auf Anforderung des Generaldirektors Zipfel mußten auch die Dokumente des Deutschen Ordens, die 1525 an die polnische Krone übergeben worden waren und seitdem im Kronarchiv in Warschau lagerten, an das Preußische Staatsarchiv in Königsberg ausgehändigt werden[8]. Zweifellos gab es in diesem wie in anderen Fällen für beide Seiten gute Argumente, die Entscheidung aber traf, wer die Macht hatte.

Freilich verhinderte der Widerstand einiger deutscher Archivbeamten auch hier, daß bestimmte Direktiven konsequent verwirklicht wurden. So konnte der Leiter des Warschauer Archivamtes, Dr. Erich Weise, den Streit mit Zipfel um Aufteilung des „Archivs der neuen Akten" nach dem Schriftgut- oder Archivgutprinzip zu seinen Gunsten beenden: die Akten bieben als Archivgut an einer zentralen Stelle, d.h. in Polen, und wurden nicht als Schriftgut an die verschiedenen Verwaltungsstellen innerhalb und außerhalb des GG verteilt[9]. Der Grund, weshalb diese komplizierte und langwierige Archivauseinandersetzung – auch wenn sie sich nicht voll realisieren ließ – initiiert wurde, war ein politischer. Es sollte die Endgültigkeit einer politischen Regelung, d.h. der Zerschlagung und Aufteilung Polens, auch auf dem Gebiet des Archivwesens dokumentiert werden.

Die dritte unter den genannten Aufgaben der Archivverwaltung im GG, der deutschen Forschung möglichst schnell die geeigneten Quellen zum weiteren Beleg der starken deutschen Einflüsse in Polen zugänglich zu machen, konnte während des Krieges nur höchst unvollständig verwirklicht werden. Die politische Zielrichtung war jedoch eindeutig. In einem Referat auf der Tagung der volksdeutschen Forschungsgemeinschaften in Nürnberg am 23. 2. 1941 erklärte Zipfel: „Brackmann hat erstmalig ein Ostprogramm der Archivverwaltung aufgestellt, zu dessen Durchführung seinerzeit die Publikationsstelle geschaffen wurde"[10]. Jetzt nach dem Sieg im Osten habe sich die Situation so „grundlegend geändert, daß auch dem Ostprogramm der Archivverwaltung ein neues Ziel gesetzt werden mußte. Galt es ehedem, in erster Linie die Ansprüche der Polen auf Reichsgebiet durch den Nachweis alter deutscher Besiedlung zu entkräften, so ist es heute unsere Aufgabe, aus der Geschichte den Nachweis zu erbringen, daß alles höhere Leben im Ostraum deutschen bzw. nordischen Ursprungs ist und daß die slawischen Völker selbst der ordnenden Hand des deutschen Menschen bedürfen, um zu Ruhe und Wohlstand zu gelangen"[11].

Auch wenn man höheren Beamten der NS-Hierarchie ein gewisses Maß an verbaler Linientreue aus taktischen Gesichtspunkten zubilligt, so passen doch diese Äußerungen zu gut in die politische Physiognomie Zipfels, als daß sie nicht der von ihm angestrebten politischen Tendenz entsprochen hätten. Entsprechend dieser Grundlinie arbeitete die preußische Archivverwaltung im sogenannten „Ost- und Westprogramm" einen Katalog von Themen aus, deren Grundtenor (im Ostprogramm) die Kulturträgerthese war. So sollte die Untersuchung der preußischen Verwaltung in Süd- und Neuostpreußen „an einem Musterbeispiel zeigen, daß gegenüber der slawischen Verwahrlosung und Desorganisation allein der deutsche Ordnungssinn in der Lage ist, eine blühende Kulturlandschaft zu schaffen"[12].

Das „Ostprogramm" blieb jedoch außerhalb des GG und abgesehen von der Tagespropaganda weitgehend unverwirklicht, da – abgesehen von der Kriegssituation – das

Interesse bei deutschen Historikern und Archivaren offensichtlich gering war, obwohl Verzeichnisse über das Archivmaterial im GG allen Reichsarchiven zugänglich gemacht wurden[13].

Die Verluste, die das polnische Archivwesen im GG während der Okkupationszeit erlitt, waren außerordentlich hoch und betrafen vor allem Warschau. Den bei weitem größten Schaden richteten jedoch auch hier nicht die Abtransportaktionen an, die durch die Kriegslage nur in begrenztem Unfang durchzuführen waren, und selbst nicht einmal die eigentlichen Kampfhandlungen während des Warschauer Aufstandes, bei dem immerhin ca. 15 Prozent der Archivbestände in Warschau vernichtet wurden[14]. Die „Räumungskommandos" der SS vielmehr waren es, die nach dem Ende des Aufstandes im November 1944 eine rücksichtslose Vernichtungsaktion durchführten, der das Archivmaterial, soweit es nicht vorher ausgelagert war, nahezu vollständig zum Opfer fiel. Die Gesamtverluste beliefen sich in Warschau nach Kriegsende auf 100 Prozent des Schatz- und Stadtarchivs und des Unterrichtsarchivs, 97 Prozent des „Archivs der neuen Akten", 90 Prozent des „Zentralen Archivs der alten Akten" und 80 Prozent des „Archivs der alten Akten"[15].

3. Schulpolitik

Ein Vergleich der deutschen Schulpolitik in den „eingegliederten Gebieten" und im GG läßt dieses noch in relativ günstigem Licht erscheinen. Während dort noch nicht einmal Himmlers Vorstellung von einer 4klassigen Volksschule als einzigem polnischen Schultypus verwirklicht wurde[1], versuchte man im GG selbst in der radikalsten Anfangsphase nicht, ähnliche Pläne zu realisieren. Verschiedene Faktoren waren dafür maßgebend.

Bis zur Ablösung der Militärverwaltung standen der Weiterführung der polnischen Schulen prinzipiell keinerlei Hindernisse im Wege. Im Einvernehmen mit der deutschen Wehrmacht gab der Warschauer Stadtpräsident Starzyński am 19. Oktober 1939 die Wiedereröffnung aller Schulen in Warschau bekannt, soweit sie schon wieder arbeiten konnten[2]. Die erste Verordnung, die das Schulwesen betraf, erließ der Generalgouverneur schon am 31. Oktober[3]. Sie sah neben dem prinzipiell getrennten Unterricht für Polen und Deutsche vor, daß sowohl polnische Volksschulen als auch Berufsschulen, denen allerdings die Bezeichnung „Gymnasium" und „Lyzeum" verboten wurde, wieder eröffnet werden sollten. Für Privatschulen war eine Sondergenehmigung der Distriktschefs erforderlich, für Ober- und Hochschulen wurde eine Sonderverordnung angekündigt, die jedoch nie erschien. Fast bis Mitte November blieb die Tätigkeit der polnischen Schulbehörden in Warschau noch ziemlich ungestört. Der amtierende Leiter des Erziehungsministeriums, Szelągowski, gab noch am 8. November einen vertraulichen Erlaß heraus, der die Feier des polnischen Unabhängigkeitstages am 11. November regelte: der Nationalfeiertag sollte angesichts der politischen Situation äußerlich wie ein normaler Schultag verlaufen[3a]. Da die deutsche Polizei aber offensichtlich mit Demonstrationen rechnete, nahm sie in Warschau und Krakau zahlreiche Verhaftungen vor[4].

In dieser Zeit, als die neue Zivilverwaltung zu arbeiten begann, ließ sich nun auch in Warschau ein deutlicher Wandel der bisherigen Politik beobachten, der in anderen Distrikten des GG schon früher eingesetzt hatte[5]. Am 15. November wurden unter dem Vorwand einer Epidemiegefahr sämtliche Warschauer Schulen geschlossen, zwei Wochen später verhaftete man Szelągowski, brachte ihn ins KZ und löste sein Ministerium auf. Am 4. Dezember wurden dann zunächst nur die Grundschulen wieder eröffnet. Der Vorgang war nicht untypisch: ein formelles Auflösungsdekret für das polnische Schulwesen war nie erlassen, ebenso wurden grundlegende Richtlinien oftmals nicht schriftlich fixiert oder veröffentlicht, was unter propagandistischen Gesichtspunkten ein gewisses Maß an Flexibilität ermöglichte. Die Schließung der höheren Schulen erfolgte – mit wenigen Ausnahmen – im gesamten GG im Winter 1939[6].

Mit der Errichtung der Abteilung „Wissenschaft, Erziehung und Volksbildung" im Amt des Generalgouverneurs wurde im März 1940 das gesamte Schulwesen der Verwaltung und der Richtlinienkompetenz der Krakauer Zentrale unterstellt[7]. Gleichzeitig löste man das noch bestehende polnische Schulkuratorium in Warschau, das unter deutscher Aufsicht Schulverwaltungsangelegenheiten bearbeitete, auf[8]. Damit waren die Grundvoraussetzungen für eine Vereinheitlichung und Lenkung der Schulpolitik geschaffen, auch wenn es nie ganz gelang, einen gewissen lokalen Spielraum der Gouverneure wirksam einzuengen.

Die Schulverwaltungsorganisation entsprach mit ihrer Gliederung in Regierungsabteilung, Distriktsabteilungen und Kreis- bzw. Stadtschulämter genau dem zentralistischen Prinzip der allgemeinen Verwaltung des GG. Seit Juni 1940 war die Zentralabteilung „Wissenschaft, Erziehung und Volksbildung" in Krakau – ab März 1941 hieß sie Hauptabteilung „Wissenschaft und Unterricht" – arbeitsfähig, während die Distriktsabteilungen z. T. noch nicht voll besetzt waren. Es fehlte Fachpersonal, vor allem geeignete Kreisschulräte zur Überwachung der Schulen[9]. Diese personellen Schwierigkeiten im Verwaltungs- und Aufsichtsapparat ließen sich nie ganz beheben. Im Januar 1941, also zu einer Zeit, als die Behörden etabliert waren und noch keine Einberufungen zur Wehrmacht größeren Stils vorgenommen wurden, gab es für das gesamte GG nicht mehr als 350 deutsche Beamte in der Schulverwaltung[10]. Man war daher, sobald polnische Schulen wieder in größerem Umfang arbeiteten, nicht nur auf deutsche unausgebildete Hilfskräfte, sondern auch auf polnische Mitarbeiter angewiesen[11]. So wurden den deutschen Schulräten polnische Schulinspektoren beigeordnet, die – außer im Distrikt Warschau – auch das Recht zu Schulvisitationen ohne Anwesenheit des deutschen Schulrats besaßen[12]. In der Schulabteilung des Warschauer Distrikts waren sogar zwei Ministerialräte des ehemaligen polnischen Kultusministeriums eingestellt[13]. Teilweise arbeiteten jedoch polnische Schulinspektoren und Verwaltungsangestellte mit der Widerstandsbewegung zusammen. Durch Fälschen von Statistiken konnte sie polnische Schüler – in begrenztem Umfang – vor Baudienst oder Zwangsarbeit im Reich schützen[14]. Die Verpflichtungserklärung, die alle im öffentlichen Dienst beschäftigten Nichtdeutschen abzulegen hatten, war naturgemäß für nationalbewußte Polen nichts als eine unverbindliche Formalität[15].

Als Leiter der Abteilung „Wissenschaft, Erziehung und Volksbildung" fungierten zunächst der „Sonderbeauftragte für die Erfassung und Sicherung der Kunst- und Kulturschätze", Kajetan Mühlmann, von Mai 1940 bis August 1942 Adolf Watzke, ehemals Lehrer an einer „Napola" in der „Ostmark", und nach ihm Ludwig Eichholz, vormals Lehrer im Sudetenland[16].

Zur Vereinheitlichung der nach wie vor sehr unterschiedlichen Schulpolitik in den einzelnen Distrikten[17] erschien ab Februar 1941 (bis zum Juni 1944) in deutscher, polnischer und ukrainischer Sprache ein eigenes Amtsblatt der Zentralabteilung in Krakau. Watzke schrieb im Geleitwort des ersten Heftes: „Der Zusammenbruch des früheren polnischen Staates hatte auf dem Gebiet der Wissenschaft, Erziehung und Volksbildung völlig chaotische Zustände hinterlassen. Aus den Trümmern des polnischen Schulwesens baute deutsche Tatkraft, deutsche Organisationskunst, deutsche Sachkenntnis und deutscher Fleiß in kaum 15 Monaten eine Schulorganisation auf, die heute fast klaglos arbeitet. Die deutsche Schule, die vor der völligen Ausrottung stand, blüht heute bei sorgsamer Pflege überall auf, den ehemals unterdrückten völkischen Minderheiten der Ukrainer, Weißruthenen und Goralen wurden die ihrer Bevölkerungszahl und Bedeutung entsprechenden Schuleinrichtungen gewährt, in den polnischen Schulen aller Art, die die Stürme des Zusammenbruchs überdauerten, herrschte noch niemals eine so gute Ordnung wie heute"[18].

Die Realität sah erheblich anders aus. Eine geordnete Schulpolitik war bis 1942 allein schon deswegen illusorisch, weil aufgrund der Zerstörung von Schulgebäuden, durch Truppenbelegungen (in verstärktem Maße vor dem Ostfeldzug) und durch Requirierungen von Gebäuden für die neugegründeten deutschen Schulen ein geordneter Unterricht in polnischen Schulen kaum durchzuführen war[19]. Darüber hinaus machten vor allem Spannungen und Rivalitäten zwischen SS und Zivilverwaltung jede sinnvolle Ordnung zunichte, wofür sich die Rivalen gegenseitig die Verantwortung zuschoben. Die Schulpolitik wurde somit zu einem wesentlichen Teilbereich in der Auseinandersetzung um den politischen Kurs in Polen.

Die Schulpolitik paßte sich zunächst den rein destruktiven allgemeinpolitischen Direktiven zwar nicht völlig, aber doch weitgehend an. Auf einer Tagung der Schulbeauftragten in Krakau im Dezember 1939 wurden Richtlinien für den deutschen und polnischen Schulbetrieb einem kleinen Kreis bekanntgegeben[20]. Sie sahen eine generelle siebenjährige Schulpflicht vor, ab dem 16. Lebensjahr Arbeitspflicht für die polnische Jugend und die Heraufsetzung der Klassenfrequenzen bis zu 80 Schülern[21], um den vom GG getragenen Schuletat zu entlasten und das Niveau des Unterrichts zu drücken. Um den polnischen Lehrern lokale Bindungen zu zerschneiden, empfahl man, sie innerhalb des Kreises möglichst zu versetzen[22]. Religionsunterricht sollte generell auf eine Stunde beschränkt werden. Alle nichtdeutschen Privatschulen sollten geschlossen bleiben, ebenso wie polnische Lehrerbildungsanstalten, „da die Versorgung mit polnischen Lehrern auf zehn Jahre gesichert ist"[23].

Darüber hinaus galt ein generelles Unterrichtsverbot für alle Fächer, die Kenntnisse über Polen vermittelten, wie Geschichte, Geographie, Literatur und Literaturgeschichte[24]. Die entsprechenden polnischen Schulbücher wurden aus diesem Grunde Ende des Jahres 1939 von den Behörden eingezogen[25]. Dabei kam es zu lokal durchaus verschiedenen Verfahrensweisen. In einigen Distrikten blieben Schulbücher zugelassen, die in anderen verboten waren[26].

Der Erlaß vom 13. 4. 1940 sanktionierte den sogenannten Abbau der „Überproduktion an Intelligenz": Volksschullehrer, die politisch unzuverlässig oder „charakterlich nicht einwandfrei" erschienen, Doppelverdiener und Kontraktlehrer wurden entlassen, Lehrer der aufgelösten Oberschulen durften grundsätzlich nicht an Volksschulen unterrichten[27].

Mochte das frühere polnische Schulwesen einschließlich der Berufsschulen tatsächlich auch einen übertrieben starken Zug zum Theoretischen und Allgemeinbildenden aufweisen, so war doch die nationalsozialistische These, die deutsche Schulpolitik bringe hier nur die notwendigen Korrekturen durch stärkere Ausrichtung auf die Praxis[28], kaum mehr als eine propagandistische Umschreibung für die Ausrichtung des polnischen Schulsystems auf die Bedürfnisse des „Großdeutschen Reiches". Diese Bedürfnisse waren anfänglich weitestgehend von rein ideologischen und pseudoökonomischen Gesichtspunkten bestimmt, die dann jedoch im Laufe der Kriegsentwicklung immer stärker hinter den realen wirtschaftlichen Notwendigkeiten zurücktraten.

Obwohl Entnationalisierung als Teilziel auch der Schulpolitik nie aufgegeben und „chauvinistischer Unterricht" tatsächlich scharf verfolgt wurde, kamen Zweifel am Sinn dieses Konzepts nicht erst in der Endphase des GG auf. Schon im Herbst 1940 äußerte Frank, als er von illegalem polnischem Unterricht hörte, Bedenken, ob man die polnischen Kinder auf die Dauer ohne geographischen und historischen Unterricht lassen könne. Er empfahl stattdessen in einer internen Besprechung, geeignete Lehrbücher zu schreiben, „in denen z. B. im Hinblick auf die geschichtliche Entwicklung Polens auf den Umstand hingewiesen werde, daß die Polen unter deutscher Oberhoheit stets sich wohlgefühlt hätten"[29]. Diese Äußerung ist insofern interessant, als sie zeigt, daß Frank bisweilen Sachverhalte richtiger einschätzte, als seine öffentlichen Äußerungen im allgemeinen vermuten lassen. Konsequenzen zog er daraus jedoch nicht. Überdies wäre einer solchen Aktion kaum Erfolg beschieden gewesen angesichts des durch die deutsche Okkupation neu entfachten polnischen Nationalgefühls.

Den einzigen Ersatz für die verbotenen polnischen Schulbücher stellte zunächst die im deutschen Auftrag seit September 1940 herausgegebene Schülerzeitschrift „Ster" (Steuer) dar. Sie wurde von Felix Burdecki, einem der Hauptkollaborateure im Bereich des Pressewesens, herausgegeben und sollte monatlich erscheinen, kam jedoch nur unregelmäßig heraus. Sie hatte eine Auflage von ca. 600 000 Stück (1941)[30]. Sie wurde von Watzke zum verbindlichen Lesestoff für das 3. bis 7. Schuljahr in allen polnischen Volksschulen erklärt und mußte in einer Stückzahl, die der halben Schülerzahl entsprach, abonniert werden[31]. Die im „Ster" wiedergegebenen Texte boten in der Regel anspruchslose und politisch harmlose Lektüre: Nachdrucke aus Kinderzeitschriften der Vorkriegszeit, Texte des Herausgebers Burdecki und anderer unbedeutender Literaten, Aufsätze über große Deutsche und einmal sogar in verstümmelter Form eine Mickiewiczballade[32]. Es kam auch vor, daß Lehrer, die aktiv in der Widerstandsbewegung mitarbeiteten, im „Ster" Erzählungen veröffentlichten und diese dann als Beweis der Loyalität der Gestapo gegenüber bei einer Verhaftung ins Feld führten[33]. Im Februar 1941 wurde eine Fibel „Elementarz", verfaßt von Edmund Chodak in Zusammenarbeit mit der Redaktion des „Ster", für den Gebrauch an Volksschulen genehmigt[34]. In den folgenden Jahren erhielten weitere kleine Sammlungen und Erzählungen die Zulassung als Lesestoffe für polnische Volksschulen[35]. Diese Erzeugnisse konnten jedoch nicht einmal dürftigen Ersatz für reguläre Schulbücher bieten. Darüber hinaus lehnte es ein großer Teil der polnischen Lehrer ab, diese literarisch und pädagogisch minderwertigen Publikationen im Unterricht zu benutzen. Bestenfalls wurden sie bei Revisionen vorgezeigt[36].

Erst 1943 gab es von Seiten der deutschen Schulverwaltung verstärkte Bemühungen, Lesebücher zu schaffen, die bessere Qualität aufwiesen und in denen auch polnische Dichtung berücksichtigt werden sollte[37]. Als im Sommer 1944 der Großteil der geplanten neuen Schulbücher fertiggestellt war, scheiterte der Druck an den dazu benötigten 250 t Papier, die zu diesem Zeitpunkt nicht mehr zu bekommen waren[38].

Die Tatsache, daß sich die deutsche Schulverwaltung schließlich immerhin bemühte, dem katastrophalen Mangel an Schulbüchern abzuhelfen, zeigt, daß das anfängliche schulpolitische Konzept zwar keine prinzipielle Revision, wohl aber erhebliche Modifikationen erfuhr. Diese Modifikationen traten in allen Bereichen der Schulpolitik deutlich in Erscheinung. Im wesentlichen drei Gründe dürften dafür maßgeblich gewesen sein.

(1) Die anarchische Struktur der nationalsozialistischen Herrschaft im GG verhinderte konsequente und endgültige Lösungen. Zur Überwachung eines auf Repression abge-

stellten Schulsystems hätte es einer erheblich größeren Zahl von deutschen Verwaltungs- und Polizeikräften bedurft. Das Netz von nur ca. 350 deutschen Schulverwaltungsbeamten (ein Kreisschulrat hatte etwa 1 000 Lehrer zu beaufsichtigen in dem geographisch ausgedehnten Gebiet einer Kreishauptmannschaft[39]) war viel zu weitmaschig, als daß es eine auch nur annähernd effektive Kontrolle gewährleistet hätte. Ferner machten seit 1943, vor allem in den Distrikten Lublin und Radom, Partisanen die Straßen unsicher, so daß für deutsche und volksdeutsche Schulräte eine Visitationsreise zu einem lebensgefährlichen Abenteuer wurde. Polizeieskorten konnten im allgemeinen nicht gestellt werden, außerdem mußten haufigere Fahrten des Schulaufsichtspersonals bald allein wegen Benzinknappheit eingestellt werden[40].

(2) Das rein wirtschaftliche Eigeninteresse zwang zu Modifikationen. Die Vorstellung vom GG als Reservoir bildungsloser Arbeitskräfte ließ sich, so sehr sie auch in der Verschickung von Zwangsarbeitern ins Reich Wirklichkeit wurde, mit den Anforderungen der Wirtschaft und der Rüstungsindustrie auf die Dauer nicht vereinbaren. So mußte, wenn auch widerwillig, die SS schon 1940 die Wiederzulassung der polnischen Berufsschulen als eine notwendige Konzession an die deutschen Wirtschaftsbelange hinnehmen[41].

(3) Schließlich gab es unter den deutschen Schulbeamten eine beträchtliche Zahl, die in einem gezwungenermaßen engen Rahmen mäßigend zu wirken versuchten, wenn auch aus sehr verschiedenen Motiven. Dieser Komplex ist der am schwersten erfaßbare, da Zivilcourage selten aktenkundig wird und überdies oft kaum zu beurteilen ist, wo taktisches Verhalten aufhörte und kruder Opportunismus begann. So waren die beiden Präsidenten der Hauptabteilung „Wissenschaft und Unterricht", der Österreicher Watzke und der Sudetendeutsche Eichholz, zunächst durchaus Vertreter des harten offiziellen Kurses. Diese Einstellung schützte Watzke dennoch nicht davor, daß er 1942 offenbar aufgrund von gegen ihn gesponnenen Intrigen des SD das Feld räumen mußte[42]. Sein Nachfolger Eichholz stützte sich anfangs auf diese SD-Fronde, die sich um Richard Schmelzer, einen ehemaligen Lehrer aus Bromberg, der seit 1941 Referent für das polnische Schulwesen in der Regierung in Krakau war, sammelte. Zum Verfechter einer den Polen entgegenkommenden Schulpolitik wurde Eichholz erst, als diese auch der SS opportun schien und selbst von Himmler – pro forma – Projekte zur Wiedereröffnung polnischer Gymnasien erwogen wurden[43]. Mit ihm und der Schmelzergruppe hatten sich Vertreter einer gemäßigteren Politik wie Schubert, Konrad, Enders, Fuhr und andere auseinanderzusetzen[44], wobei sie vor allem auf Unterstützung des Krakauer Gouverneurs von Burgsdorff und gelegentlich auch des Generalgouverneurs zählen konnten. Solche Fälle persönlicher Versuche einzelner, wenigstens im Detail einer unheilvollen Politik entgegenzutreten, wo sich diese insgesamt ohnehin nicht ändern ließ, sind zweifellos nicht repräsentativ für das Gros der deutschen Schulverwaltungsbeamten im GG, dennoch dürften derartige Zeugnisse von mutigem Verhalten häufiger gewesen sein, als die wenigen Beispiele zeigen, die sich aufgrund der erhaltenen Andeutungen darüber noch rekonstruieren lassen[45].

Gegen welche Widerstände in jedem Falle alle Bestrebungen, dem polnischen Schulwesen entgegenzukommen, anzukämpfen hatten, mögen einige Beispiele belegen, die den Kampf zwischen SS und Schulverwaltung illustrieren, auch wenn dieser Kampf keineswegs immer in eindeutigen Frontstellungen verlief. Unter dem HSSPF Krüger kam es vor, daß ohne Kenntnis der entsprechenden Dienststelle polnische Schulen von der Sipo einfach geschlossen wurden. Andererseits wurde in Lublin von Globocnik eine Schule für Kinder von SS-Angehörigen eingerichtet, ohne daß die zuständigen zivilen Verwaltungsstellen hinzugezogen wurden[46]. Die angeblich zu weiche und polenfreundliche Schulpolitik der Zivilverwaltung wertete die SS als symptomatisch für die politische Unfähigkeit der zivilen Führung und benutzte sie in Berlin als Anklagematerial besonders gegen den Lubliner Gouverneur Zörner und gegen Frank. So beschwerte sich Globocnik in einem Brief an Himmler über die angeblich unbeschreiblichen Zustände der deutschen Schule in Lublin, die alle volkstumspolitischen Ziele zunichte mache. „Hingegen aber muß festgestellt werden, daß die deutschen Schulbehörden und die deutsche Verwaltung ihre vornehmlichste Aufgabe darin sieht (sic), fremdvölkischen Jugendlichen wie Polen, Ukrainern usw. anständige Erziehungs- und Ausbildungsstätten zu schaffen. Dadurch wird genau das Gegenteil von dem erreicht, was unserem Wunsche entspricht, nämlich die Heranbildung der fremdvölkischen Intelligenz“[47]. Ein SD-Bericht über die Verhältnisse im GG weist für den Schulsektor einen ähnlichen Tenor auf: „In all diesen Fragen mußte sich der Beauftragte des Reichskommissars (RKF) fast ständig einschalten, weil ein ausgesprochenes Versagen bzw. Unvermögen bei den verantwortlichen Regierungs- und Verwaltungsdienststellen zu verzeichnen war und immer wieder festgestellt werden mußte, daß die Belange der Fremdvölkischen weit über das Maß dessen, was in deutschem Interesse liegen konnte, mit allen Mitteln gefördert wurden“[48].

Auch mit der Partei geriet die Schulverwaltung in Konflikt. Der Fall der Staatlichen Landbauschule Sobieszyn (im Distrikt Lublin) beleuchtet das. Die Schule, an deren Fortführung vor allem der Abteilung „Ernährung und Landwirtschaft“ sehr lag, war ohne Wissen der Abteilung „Wissenschaft und Unterricht“ in Lublin, die das Verfügungsrecht darüber hatte, plötzlich von der HJ besetzt worden. Dem zuständigen Schulrat wurde der Zutritt verweigert. Abteilungsleiter Woerlich beschwerte sich bei der Distriktsstandortführung der NSDAP im GG in scharfer Form: „Bei allem Verständnis für jugendlichen Tatendrang ist dies ein unmöglicher Zustand.“ Die Antwort fiel nicht minder deutlich aus. Der Distriktsstandortführer gab zu verstehen, daß die HJ auf seinen Befehl das Gebäude belegt habe, nachdem die Schule von der Sipo wegen der Aktivität einiger Lehrer in der Widerstandsbewegung geschlossen worden sei. Er verbat sich den Ton des Schreibens und dekretierte, die Schule bleibe geschlossen: „Nehmen Sie . . . zur Kenntnis, daß meine Bedenken in der Züchtung des Nachwuchses der Widerstandsbewegung durch Einrichtungen mit Hilfe deutscher Behörden so groß sind, daß eine Wiedereröffnung der Schule nicht mehr in Frage kommt“.[49]

Dieser Hintergrund stellt zwar kein generelles Alibi für die deutsche Zivilverwaltung dar – nur allzu leicht wird heute die SS dazu mißbraucht –, dennoch ist ohne ihn eine gerechte Beurteilung dessen, was konkret in der deutschen Schulverwaltungspraxis geschah, unmöglich. Aus den ständigen, quer durch alle Gruppen laufenden Konflikten zwischen Dogmatikern und Verfechtern einer liberaleren (und damit für deutsche Interessen letztlich auch effektiveren) Politik resultierte schließlich ein schulpolitisches Programm, das nicht nur beträchtliche lokale Varianten aufwies, sondern überdies voll von inneren Widersprüchen und Inkonsequenzen war. Einige Beispiele mögen das beleuchten.

Während des Schuljahres 1939/40 sollte in allen Grundschulen Deutschunterricht mit 4 Wochenstunden eingeführt werden. Mit Beginn des nächsten Schuljahres wurde diese Bestimmung aufgehoben[50], offenbar in Anpassung an das Programm der strikten Trennung von „Herren“ und „Knechten“. Die angestrebte volle Ausnutzung polnischer Schulabgänger für die deutsche Wirtschaft wurde jedoch durch die fehlenden

Sprachkenntnisse erschwert. „Die Rüstungsindustrie würde sich viele Arbeitsstunden ersparen, wenn die Schulkinder deutsch lernten", berichtete Referent Schmelzer 1944 und forderte die Wiedereinführung des Deutschunterrichts an polnischen Volksschulen[51].

1939 beschloß die Schulbeauftragtenkonferenz in Krakau, vorläufig keine polnischen Lehrer auszubilden. Am 1. September 1940 wurde jedoch für 750 nicht voll ausgebildete Kandidaten eine polnische Lehrerbildungsanstalt gegründet. Gleichzeitig entstand ein einjähriger Abiturientenkurs für die Absolventen der ehemaligen polnischen Lyzeen[52].

Privatschulen konnten nach der Verordnung vom 31. 10. 1939 unter bestimmten Bedingungen wiedereröffnet werden. Nach dem Beschluß der Krakauer Konferenz blieben sie vorläufig geschlossen. Durch die Verordnung vom 12. 4. 1940 wurden sie jedoch ausdrücklich zugelassen, wenn auch mit bestimmten Klauseln, deren vage Formulierung absolute Abhängigkeit von den deutschen Wünschen garantierte[53]. Mit dem Ende des Schuljahres 1942/43 wurden Privatschulen dann plötzlich offiziell aufgehoben mit der Begründung, es gebe mittlerweile genügend öffentliche Schulen[54]. Der Erlaß wurde jedoch keineswegs überall befolgt und selbst in der „Hauptstadt des GG" existierten bis Mitte 1944 vier gut funktionierende private polnische Volksschulen[55].

Anfang 1943 sollte ferner der Religionsunterricht an polnischen Schulen aller Typen aufgehoben werden[56]. Da es 1944 nach offiziellen Angaben ca. 4 000 Religionslehrer gab[57], ist diese Anordnung offenkundig bald wieder aufgehoben oder stillschweigend fallengelassen worden. Vor allem die verstärkten Bemühungen um eine Gewinnung des polnischen Klerus für den „antibolschewistischen Abwehrkampf" dürften dafür maßgebend gewesen sein.

Mit Beginn des Schuljahres 1943/44 wurde die bis dahin beibehaltene Dreistufigkeit des polnischen Volksschulwesens[58] geändert und die siebenjährige Grundschule mit einheitlichem Programm angestrebt. Die Klassenfrequenzen konnten zwischen 20 und 100 Schülern schwanken. Als Pflichtstundenzahl für jeden Lehrer wurden 32 Wochenstunden angesetzt[59]. Mit dieser Umorganisation war zweifellos eine gewisse Niveausenkung für die städtischen Schulen verbunden, zugleich aber auch zumindest tendenziell eine Besserstellung der ländlichen. Der Reform lag die Absicht zugrunde, den Zugang zu den Berufsschulen durch Vermittlung eines möglichst einheitlichen Wissensstandes zu erleichtern und somit das Volksschulwesen den deutschen Wirtschaftsinteressen indirekt möglichst weitgehend anzupassen[60]. Daß sie jedoch erst so spät erfolgte, ist ein Hinweis auf die Konzeptionslosigkeit der gesamten Schulpolitik.

Exakte statistische Angaben über den Stand des gesamten von der Okkupationsmacht zugelassenen polnischen Ausbildungswesen sind nur selten verfügbar, sowohl die amtlichen als auch die Statistiken der Widerstandsbewegung sind oft unzuverlässig. Immerhin lassen sich die Größenordnungsverhältnisse ungefähr daraus ablesen.

An *Grundschulen* bestanden nach Angabe des ehemaligen Hauptabteilungspräsidenten Eichholz[61] zu Beginn des Schuljahres 1943/44 auf dem Gebiet des GG einschließlich der 27 privaten insgesamt 8 250 polnische Volksschulen, davon waren 3 602 ein-, 1 744 zwei-, 1 112 drei-, 468 vier-, 322 fünf-, 235 sechs- und 767 siebenklassig. Die Gesamtschülerzahl betrug 1,382 Mill. Die durchschnittliche Klassenfrequenz lag somit etwa zwischen 60 und 70 Schülern. Die Zahl der Lehrer betrug rd. 20 000[62]. In der Stadt Warschau gab es nach Angaben der polnischen Widerstandsbewegung 1938 380 Grundschulen, im Schuljahr 1940/41 nur noch 175 (46 %), von 207 Privatschulen blieben lediglich 45 (22 %) erhalten und von den ehemals 140 000 Kindern konnten nur

85 000 (61 %) die Schule besuchen. Im Distrikt Warschau waren im gleichen Jahr ca. 30 000 Kinder ohne Unterricht[63]. Die Zahl der Schulen stieg jedoch bis 1944 sowohl für die Stadt wie für den Distrikt Warschau, auch wenn sie nicht den Vorkriegsstand erreichte.

Eine genaue vergleichende Statistik existiert für Krakau, die im Vergleich zu Warschau ein erheblich positiveres Bild bietet[64].

	Krakauer Schulbezirk 1.9.1939	*Kreis Krakau Land 1.2.1940*
Gebiet	2 483 km²	3 006 km²
Bevölkerungszahl	438 057	504 960
Volksschulen	329	406
Lehrer	1 189	1 215
Schüler	70 712	75 883

	Krakau Stadt 1.9.1939	*1.11.1943*
Gebiet	909 km²	750 km²
Bevölkerungszahl	191 533	130 791
Schulpfl. Kinder	33 718	25 927
Volksschulen	140	117
Schüler	33 197	19 445
Lehrer	498	408

Die Angaben zeigen, daß die Veränderungen im Volksschulwesen während der Okkupation gegenüber der Vorkriegszeit geringfügig waren. Eine eklatante Differenz ergibt sich nur in der gegenüber der Zahl der schulpflichtigen Kinder um rd. 6 500 zu niedrigen Schülerzahl in Krakau-Stadt[64a], damit zugleich aber eine erheblich bessere Relation Schüler – Lehrer (1943 1 Lehrer auf ca. 50 Schüler, 1939 1 Lehrer auf ca. 66 Schüler). Rein statistisch hätte es hier somit keine bemerkenswerte Verschlechterung der Situation an den Grundschulen gegeben.

Einen Sonderfall stellte Ostgalizien dar, das am 1. August 1941 dem GG angegliedert wurde. Die Ukrainer, die hier eindeutig in der Majorität waren, wurden in der polnischen Republikzeit von den polnischen Behörden unterdrückt, nach der sowjetischen Okkupation dieses Gebietes erfuhr das gesamte Schulsystem sofort eine grundlegende Umgestaltung, bei der zwar den Ukrainern eine starke Förderung ihrer Belange zuteil wurde, ohne daß jedoch nun einfach eine schematische Umkehrung im Verhältnis Polen – Ukrainer erfolgte. Die nationalsozialistische Verwaltung behielt diese Tendenz auf der Ebene des niederen Schulwesens bei. 1937/38 hatte es in Ostgalizien (bei 2,58 Mill. Einwohnern) 2 406 polnische Volksschulen gegeben, 1940/41 (bei 1,35 Mill.) sank die Zahl auf 352, am 1. 11. 1941 (bei 1,25 Mill.) stieg sie wieder auf 720 Volksschulen. Den Ukrainern dagegen, die bei einer annähernd gleichbleibenden Bevölkerungszahl von ca. 3,7 Mill. 1937/38 über nur 487 rein ukrainische Schulen verfügten, standen in sowjetischer Zeit 3 576 und nach der Eingliederung ins GG 3 113 Volksschulen zur Verfügung. Das gesamte jüdische Schulwesen wurde unter deutscher Herrschaft liquidiert, ebenso die 45 polnischen Gymnasien (1937/38: 92), während den Ukrainern, die in polnischer Zeit über 22, in sowjetischer über 120 Oberschulen verfügt hatten, immerhin noch 10 (mit 6 797 Schülern) zugestanden wurden[65].

Auch im Distrikt Lublin wurden die Ukrainer absolut bevorzugt, obwohl sie dort nur eine kleine Minderheit darstellten. In der Stadt Cholm, in der es ca. 6 000 schulpflichtige polnische Kinder gab, existierte bis zum Herbst 1941 keine polnische Grundschule[66]. Der Distrikt Radom verfügte im Frühjahr 1943 über 1 938 Volksschulen mit ca. 4 100 Lehrern und ca. 300 000 Schülern[67].

Die Bilanz, die sich aus solchen notwendigerweise sehr unvollkommenen und zahlreiche Unsicherheitsfaktoren enthaltenden Daten ziehen läßt, scheint keineswegs so trostlos zu sein, wie angesichts der generellen Instruktionen zu Beginn der Okkupation zu erwarten gewesen wäre, auch wenn die Ergebnisse regional stark differieren. Die Statistik ist jedoch deswegen nur wenig aussagekräftig, weil sie lediglich die auf dem Papier vorhandenen und zugelassenen Schulen registriert, aber nichts über die äußeren Verhältnisse und den tatsächlich durchgeführten Unterricht angeben kann.

Der Schulbesuchszwang wurde von den deutschen Behörden nicht verwirklicht, in den ersten Jahren sogar bewußt vernachlässigt. Nach deutschen Schätzungen blieben z. B. allein im Distrikt Radom ca. 100 000 Kinder ohne Schulunterricht[68]. Es konnte daher die eigentümliche Situation eintreten, daß die illegale Lehrervereinigung TON 1942 einen Aufruf herausgab, der die polnischen Lehrer aufforderte, auf eine strikte Erfüllung der Schulpflicht hinzuwirken[69].

Schulraummangel durch Truppenbelegung blieb aufgrund der besonderen Situation des GG als militärischen Vorpostens und Durchgangsgebietes stets akut, so daß über lange Zeit kein geordneter Unterricht möglich war bzw. nur Kurzunterricht von 2 bis 3 Stunden erteilt werden konnte[70]. In Krakau mußte eine große Berufsschule aus diesen Gründen sechzehnmal umziehen[71]. Dazu kam überall Brennstoffmangel, der in den Wintermonaten den Schulbetrieb oft völlig lahmlegte.

Schließlich stieg die Zahl der verhafteten Lehrer, in denen die deutsche Polizei das tatsächliche und potentielle Rückgrat der Widerstandsbewegung sah, in den letzten Okkupationsjahren sprunghaft an, so daß auch von daher ein geregelter Unterricht weitgehend Illusion blieb. Von 5 945 Lehrern im Distrikt Radom (am 1. 2. 1940) waren 1943 nur noch 4 100 im Amt, die übrigen als politisch unzuverlässig entlassen oder auf eigenen Antrag, besonders wegen der schlechten Ernährungssituation, ausgeschieden[72]. Von April bis Juni 1943 wurden in diesem Distrikt 367 Lehrer verhaftet, in Lublin lagen die Zahlen stellenweise noch höher, in einigen Kreisen bis zu 60 Prozent, so daß in mehreren Schulen wegen Lehrermangel kein Unterricht gegeben werden konnte. Den Schulbehörden blieb oft nichts anderes übrig, als sich mehr oder weniger auf die deutschen Schulen zu konzentrieren[73].

Nach einem Bericht der Widerstandsbewegung war Anfang 1942 die Zahl der Berufsschulen auf 20 Prozent und der Grundschulen auf 10 Prozent des Vorkriegsstandes gesunken[74]. Diese Angaben sind ohne Zweifel viel zu niedrig bzw. fixieren einen bestimmten Moment. Dem tatsächlich geleisteten Schulunterricht dürften sie indes näher kommen als die offizielle Statistik, die im wesentlichen die Fassade registrierte. Diese Tatsache belegt nicht zuletzt ein Memorandum der Sicherheitspolizei über den polnischen Geheimunterricht, das die katastrophale Situation des öffentlichen Schulwesens schonungslos kritisierte, weil auf diese Weise die Ausbreitung der illegalen Schulen geradezu provoziert werde. „Eng und gedrängt", heißt es dort, „sitzen hier die Schüler einer neben dem anderen, ohne Bücher, ohne das notwendigste Material für Übungen und oft ohne für diese Arbeit geeignetes Lehrpersonal. Ferner sind die polnischen Schulen von 10 Monaten im Schuljahr mindestens 5 Monate geschlossen, und zwar aus Mangel an Kohle und Brennstoff. Statt 20 bis 30 geräumiger Schulgebäude, wie sie z. B. Krakau vor 1939 besaß, stehen heute nur 2 sehr schlechte zur Verfügung, obwohl die Zahl der Schulen sich bedeutend vergrößert hat. Täglich muß man sich auf einige Umzüge gefaßt machen. Der Schultag, der normalerweise 5 Stunden dauert, reduziert sich unter solchen Bedingungen auf höchstens eine Stunde."[75]

Das Hauptaugenmerk der deutschen Verwaltung galt – ab 1941 in zunehmendem Maße – den *Berufsschulen*. Durch die Verordnung vom 29. 4. 1941 wurde die allgemeine Berufsschulpflicht und die Gliederung des Berufsschulwesens in Pflicht-, Vor- und Fachschulen festgelegt[76]. Die allgemeine Berufsschulpflicht dauerte drei Jahre, für landwirtschaftliche Berufe zwei Jahre. Die Gebühren für Berufsvorschulen betrugen 200 zł., für Fachschulen, die auf der Berufsschule aufbauten, 300 zł. jährlich[77]. Die Fachschulen sollten – so der Text der Verordnung – „die für eine leitende Stellung im Berufsleben erforderlichen theoretischen und praktischen Kenntnisse und Fähigkeiten" vermitteln.

Obwohl auch hier alle das gesamte polnische Schulwesen betreffenden Einschränkungen galten, waren rein statistische Erfolge offenkundig. Der unmittelbare Nutzeffekt einer gezielten Förderung der Berufsschulen für das Deutsche Reich war freilich auch evident. Mit dem Schuljahr 1940/41 begann die konsequente Ausrichtung des polnischen Berufsschulunterrichts nach deutschen Wünschen: die theoretischen und allgemeinbildenden Elemente, die früher einen breiten Raum eingenommen hatten, wurden eliminiert, vierjährige Programme auf drei Jahre gekürzt[78].

Entsprechend der Wirtschaftsstruktur des GG mit vorwiegender Mittel- und Kleinindustrie und Landwirtschaft sollten vor allem technische und landwirtschaftliche Schulen gefördert werden. Eine große Bedeutung kam ferner den Handelsschulen zu, da durch die Ausrottung der Juden der Nachwuchs auf diesem Sektor besonders dringlich war[79]. Im Zusammenhang mit dem forcierten Meliorationsprogramm für die Landwirtschaft stellten die landwirtschaftlichen Berufs- und Fachschulen den bei weitem größten Teil. Für das Schuljahr 1941/42 ließ sich eine schnelle Entwicklung der Gewerbeschulen noch über den Vorkriegsstand hinaus konstatieren[80], die eine unmittelbare Folge der gesteigerten Anforderungen des Reiches an das GG nach dem Beginn des Rußlandfeldzuges war. Die Forderung nach einer breiteren Facharbeiterausbildung, d.h. der Einschulung der zur Verfügung stehenden ländlichen Arbeiter und der Schaffung industrieller Lehrwerkstätten, wurde seit Ende 1941 nicht zuletzt im Hinblick auf die zu erwartende Auftrags- und Industrieverlagerung aus dem Reich ins GG erhoben[81]. Der Prozeß der Anpassung der Schulpolitik an die wirtschaftlichen Erfordernisse trat im Jahre 1942 auch in der Schaffung von Sonderklassen innerhalb der Fachschulen deutlich in Erscheinung, in denen sogar theoretischer Unterricht wieder zur Geltung kam und die im Niveau annähernd den früheren polnischen Berufslyzeen und -gymnasien entsprachen. Da sich auf dem Gebiet der Fachschulen, besonders auf den Sektoren Bau, Metall, Schneiderei, Hauswirtschaft und Landwirtschaft ferner ein fühlbarer Mangel an Lehrern bemerkbar machte (1942 betrug deshalb die Schülerzahl an technischen Schulen nur etwa 67 Prozent der Zahl des Jahres 1938), wurden für diese Fachrichtungen Jahreskurse für Lehrer eingerichtet[82].

Ein Beweis für eine gewisse Versachlichung in der Ausbildungspolitik ist auch das im Frühjahr 1943 nach dem Muster der „Deutschen Arbeitsfront" im GG geschaffene „Deutsche Berufserziehungswerk". Es wurde von Partei, Staat und Wirtschaft getragen, aber von der Partei geleitet. Der Förderung der Volksdeutschen sollte besondere Aufmerksamkeit geschenkt werden. Darüber hinaus aber setzte sich das Berufserziehungswerk allgemein zum Ziel, „zusätzlich zu den staatlichen Fortbildungsmaßnahmen Mittel und Wege zu finden, die der staatlichen Führung des GG eine ökonomische Verwertung der Arbeitskräfte gewährleisten."[82a]

Nach amtlichen deutschen Angaben bestanden im Schuljahr 1943/44 im gesamten GG: 127 Berufsschulen (gewerblicher, technischer, kaufmännischer und hauswirtschaftlicher Richtung), 190 Berufsvorschulen, 66 Fachschulen und 78 Lehrgänge[83] mit insgesamt 104 311 Teilnehmern; dazu 766 landwirtschaftliche Berufs- und 843 Fachschulen mit insgesamt 229 121 Schülern[84]. Die Gesamtzahl von 333 432 läge somit weit über den Daten von 1938 und auch noch von 1947 für Gesamtpolen[85].

Damit ist freilich über die Qualität noch nichts ausgesagt, hinsichtlich deren vor allem die obengenannten Faktoren zu berücksichtigen sind, die solche Angaben zu einem erheblichen Teil als statistische Fassade decouvrieren. Eine derartig hohe Schülerzahl konnte überdies nur dadurch zustandekommen, daß die Oberschulen geschlossen waren und die Berufsschulen somit die einzige Ausweichsmöglichkeit boten und außerdem den einzigen verbrieften Schutz für die polnische Jugend vor dem Arbeitseinsatz im Reich darstellten[86]. Trotz aller Manipulationen, die das polnische Schul- und Verwaltungspersonal anzustellen versuchte[87], war dieser Schutz allerdings nur kurzfristig, da nach dem Schulabschluß jederzeit Verschickungen möglich waren. So wurden beispielsweise von den rd. 20 000 Fachschulabsolventen im Jahre 1942 ein Teil in die Rüstungsindustrie des Reiches geschickt, ebenso ca. 25 000 Abgänger polnischer und ukrainischer landwirtschaftlicher Berufspflichtschulen für die deutsche Landwirtschaft verpflichtet[88].

Im September 1944, als ohnehin der größte Teil der Berufsschulen geschlossen war, wurden von der Hauptabteilung „Wissenschaft und Unterricht" alle Lehrer und Schüler, soweit man sie nicht anderweitig dringend benötigte, „für den Einsatz in der Rüstungsindustrie oder zu anderen unmittelbar kriegswichtigen Aufgaben bereitgestellt"[89].

Der dunkelste Punkt der nationalsozialistischen Schulpolitik war die Liquidierung der *Oberschulen.* Auch auf diesem Feld wurden jedoch anfänglich Kompromisse gemacht. Auf wessen Initiative sie zurückgehen und welche ideologischen Widerstände dabei zu überwinden waren, läßt sich nicht mehr feststellen. Nützlichkeitserwägungen im Hinblick auf ein funktionierendes Berufsschulsystem dürften dabei im Vordergrund gestanden haben.

Mit dem Ende der Ausplünderungsphase im GG wurden für das Schuljahr 1940/41, beginnend im September, sogenannte „Vorbereitungskurse" für Berufs- und Handelsschulen (auf dem Niveau der früheren Berufslyzeen) in Warschau und Krakau eingerichtet. Sie waren gedacht für polnische Schüler, die im September 1939 ein bis drei Jahre des allgemeinen Gymnasiums (der Vorstufe des Lyzeums) beendet hatten. Das Unterrichtsprogramm der Vorbereitungskurse umfaßte auch die sonst verbotenen allgemeinbildenden Gegenstände, mit Ausnahme von Geschichte und Latein. Die früheren Gymnasiallehrer und Direktoren wurden wieder eingestellt[90]. Die Kurse boten auf diese Weise immerhin einen gewissen Ersatz für die aufgelösten Oberschulen, und der Andrang war auch dementsprechend stark. Sie endeten im Juni 1942, einige schon im Februar des Jahres. Zu diesem Zeitpunkt hatten sie offenbar ihren Zweck erfüllt, nämlich den Übergang ehemaliger Gymnasiasten auf die Berufsschulen höheren Grades sicherzustellen. In Warschau wurden sie von rd. 12 000 Absolventen besucht, verglichen mit der Vorkriegszahl bedeutete das etwa einen rein zahlenmäßigen Verlust von 40 Prozent, in Krakau besuchten rd. 3 000 Schüler die Kurse. Die Gesamtzahl von ca. 15 000 bedeutete nicht mehr als 1/5 der Zahl an Oberschülern, die es vor dem Krieg auf dem Gebiet des GG gegeben hatte[91].

Daß ein Schulsystem ohne Oberschulen auf die Dauer absurd sein mußte, zeigte sich indes sehr bald. Deutsche Dienststellen wie die Ostbahn und auch die Wehrmacht erhoben die Forderung nach polnischen Abiturienten[92]. Besonders grotesk mußte die Situation werden, als man die Fachkurse in Lemberg einrichtete und schließlich nur noch kurze Zeit auf Reserven an polnischen Abiturienten zurückgreifen konnte[93]. Dennoch wurden die Pläne zur Wiedereröffnung polnischer Gymnasien erst im Frühjahr

1944 ernsthaft erörtert und entsprechende Vorbereitungen getroffen[94]. Die prekäre militärische Situation des Reiches legte freilich zu diesem Zeitpunkt zwingend den Schluß nahe, daß es sich um ein reines Propagandamanöver, nicht aber um einen wirklichen Kurswechsel handele. Himmler schrieb in dieser Angelegenheit am 30. 5. 1944 an den HSSPF Koppe: „Ich erfahre, daß der Präsident der Hauptabteilung Wissenschaft und Unterricht in der Regierung des GG, Eichholz, unter dem 16. 5. 1944 eine Anweisung an den Distrikts-Gouverneur herausgegeben hat, in der die Einführung von Gymnasien mit polnischer Unterrichtssprache sehr ernsthaft angeordnet wird. Ich bin absolut damit einverstanden, wenn nach außen diese Frage so gespielt wird, als wollten wir tatsächlich Gymnasien und Schulen einrichten; ich bitte Sie lediglich, darauf zu sehen, daß man sich im Innern klar ist, daß die Gymnasien und Schulen in Wirklichkeit nicht errichtet werden dürfen und können"[95]. Als Eröffnungstermin sicherte Frank dem Präsidenten des Polnischen Hilfskommitees den 15. September zu[96]. Noch mehr als Himmlers Abneigung dürften jedoch der Warschauer Aufstand und der schnelle sowjetische Vormarsch diesen Plänen ein Ende gesetzt haben.

Die Behandlung der *deutschen Schulen* im GG ist in vieler Hinsicht das komplementäre Gegenstück zur Schulpolitik gegenüber den Polen. Wurden in polnischen Schulen die Fächer, die in der nationalsozialistischen Pädagogik als „charakterbildend" oder volkspolitisch wertvoll galten, zugunsten rein sachlicher und möglichst knapper Ausbildung eliminiert, so erhielt die deutsche Schule eine primär völkisch-politische Funktion zugewiesen. Die Unterdrückung der deutschen Minderheit in der Zwischenkriegszeit sollte die propagandistische Rechtfertigung liefern[97] für eine Politik, die weit über das völlig legitime Ziel, einer Minderheit ihr angemessenes kulturelles Eigenleben zu sichern, hinausging. Die Erfolge dieser Politik waren daher bisweilen auch entsprechend grotesk.

Im Rahmen der „Fahndung nach deutschem Blut", die vor allem nach der Einbeziehung des GG in das Germanisierungsprogramm 1941 betrieben wurde, avancierte die deutsche Schule zum „wichtigsten Instrument im Rahmen der Wiedereindeutschungsarbeit". Daher unterstand sie „in ihrer Wirksamkeit in volkspolitischer Beziehung der Aufsicht des RKF"[98], was häufig zu Reibereien mit der deutschen Verwaltung führte. Diese Kompetenzverteilung, die oft in offenen Kompetenzstreit ausartete, zeigte sich bei der Errichtung der Schülerheime, die vor allem für polonisierte volksdeutsche Kinder geschaffen und vom RKF bereitgestellt und ausgestattet wurden, während die Hauptabteilung Finanzen der Regierung des GG die laufenden Kosten übernahm[99]. „Wir sind uns bewußt", schrieb Watzke im Geleitwort zur ersten Nummer der Zeitschrift „Die deutsche Volksschule im GG"[100], „daß wir gerade mit dem Aufbau der deutschen Volksschule in diesem Raum die Grundfesten für Jahrhunderte der Zukunft legen. Jede deutsche Volksschule, die wir gegründet haben, ist ein Bollwerk des Deutschtums". Der Radomer Abteilungsleiter sah die Aufgaben der deutschen Schule darin, „den Anschluß an den deutschen Kulturkreis wieder zu erreichen", eine „geistig-seelische Substanz deutscher Prägung" für die Deutschen dieses Raumes zu bilden und so eine „Festigung des deutschen Volkstums in tiefstem und weitesten Sinne" zu erreichen. „Von diesen volkstumspolitischen und allgemein politischen Gesichtspunkten aus", so erläuterte Stegemann die deutsche Schulpolitik in Radom, „nicht so sehr aus rein bildungspolitischem Blickwinkel, sind die schulorganisatorischen Maßnahmen durchgeführt worden"[101].

In der Tat mußte dem nationalsozialistischen Selbstverständnis nach gerade hier das eigentliche Problem jeder Siedlungspolitik liegen: ohne historischen – und war er auch noch so weit hergeholt – und emotionalen Bezug zum „Boden" war keine echte und dauerhafte Gewinnung fremden Raumes möglich. Der Stoffplan für den Geschichtsunterricht der Volksschule im GG zeigt, welcher Wert geschichtlichen Ereignissen, die eine historische Kontinuität suggerierten, zugemessen wurde[102]. Nicht zufällig rangierten deshalb bei der „Berufsnachwuchslenkung“ landwirtschaftliche Berufe an erster Stelle, vor allem der „Wehrbauer“, da das GG Bauernland bleiben sollte und, wie es hieß, der Osten ernährungspolitisch nur durch einen starken „Bauernwall“ zu sichern sei[103].

Daß trotz großer Anstrengungen gerade dieser volkspolitische Teil mit einem eindeutigen Fehlschlag endete, lag vor allem an der nur kurzen zur Verfügung stehenden Zeit und der äußeren Ungunst der Verhältnisse im GG, schließlich aber auch an der Widerborstigkeit der Materie, mit der man es zu tun hatte: Eindeutschung auch gegen den Willen der Betroffenen[104].

Im Zusammenhang mit der zunächst vorgesehenen und für den Distrikt Lublin auch durchgeführten Aussiedlung der Volksdeutschen ins Reich bzw. in die „eingegliederten Ostgebiete“ mußte die deutsche Schulverwaltung ihre Aufgabe anfangs vor allem darin sehen, „den volksdeutschen Kindern die Erziehung und den Unterricht zuteil werden zu lassen, die ihnen nach der Rückkehr in das Reich die Möglichkeit geben, ohne Schwierigkeiten in die reichsdeutschen Schulen eingegliedert zu werden.“[105] Viele deutsche Schulen hatten demzufolge lediglich Übergangscharakter[106]. Da die Umsiedlungen nicht weitergeführt wurden, konnte seit dem Schuljahr 1940/41 im ganzen GG mit dem systematischen Aufbau eines deutschen Schulwesens begonnen werden.

Nach den Richtlinien vom Dezember 1939 sollten in allen Ortschaften mit mehr als acht deutschen Kindern deutsche Schulen errichtet werden[107]. Obwohl keine detaillierten Angaben darüber vorliegen, dürfte sich dieses Ziel trotz erheblicher Anstrengungen kaum haben verwirklichen lassen, insbesondere angesichts des starken Lehrermangels, der sich nie ganz beheben ließ. Nach einer offiziellen Statistik soll das deutsche Schulwesen am 1. 11. 1940 im GG 195 Volksschulen mit 324 Lehrern und 11 002 Schülern umfaßt haben[108]. Den ungefähren Höchststand dürfte eine Statistik vom 1. Mai 1943 wiedergeben[109], da sich später durch Einberufungen zur Wehrmacht die Lehrerzahl noch stärker verringerte. Danach bestanden in allen fünf Distrikten des GG: 311 Volksschulen (mit 18 angeschlossenen Schülerheimen) und 21 740 Schülern, 5 Hauptschulen (mit einem angeschlossenen Schülerheim) und 166 Schülern, 10 Oberschulen (mit 9 angeschlossenen Schülerheimen) und 1 664 Schülern und 17 reine Internatsschulen mit 1 711 Schülern, dazu 20 Berufsschulen mit insgesamt 2 088 Schülern. Einschließlich sämtlicher Hilfskräfte betrug die Zahl der Lehrer für Grund- und Oberschulen 876, für Berufsschulen 134[110]. Legt man die offizielle deutsche Bevölkerungsstatistik zugrunde, so hätte es damit bei 246 000 Reichs- und Volksdeutschen im GG (ohne Militär und Polizei) im Durchschnitt 11 Schüler auf 100 Einwohner gegeben. (Zum Vergleich: bei 10,2 Mill. Polen nach der gleichen Zählung kamen ca. 16 Schüler auf 100 Einwohner)[111]. Die Zahl der deutschen Schüler lag damit im Vergleich zur Vorkriegszeit bei erheblich verkleinertem Territorium und verminderter deutscher Bevölkerungszahl (auch wenn man die Reichsdeutschen noch mit einbezieht) zwar erheblich höher, fiel jedoch im Vergleich mit der polnischen Situation in der Relation zur Bevölkerungszahl rein zahlenmäßig ungünstig aus. Die Angaben sind ein indirekter Beleg dafür, daß entweder die Zahl der Volksdeutschen eher der Propaganda als der Realität entsprach, oder aber umgekehrt die Bevölkerungszahl der Polen beträchtlich zu niedrig, die Schülerzahl dagegen viel zu hoch lag, so daß sich auf diese Weise ein außerordentlich hoher Prozentsatz ergeben konnte[112].

Trotz der günstigen Zahlenverhältnisse zwischen Lehrern und Schülern (im Durchschnitt 27 Schüler auf einen Lehrer) in den deutschen Schulen konnte das Unterrichtsniveau kaum sonderlich hoch ausfallen. Von insgesamt 390 deutschen Lehrkräften unterrichteten 1942 nur 48 reichsdeutsche, die übrigen arbeiteten in der Schulverwaltung[113]. Das Gros stellten somit volksdeutsche Lehrer und Kantoren und nicht vorgebildete Laienlehrkräfte[114].

In rein volksdeutschen Schulen wurde ferner ständig mit Sprachschwierigkeiten gekämpft. Aus diesen Gründen mußte der Unterricht oft sehr primitiv gestaltet werden[115]. Der Warschauer Kreisschulrat Bandorski stellte im September 1941 fest, daß es in beinahe allen deutschen Schulen Kinder gebe, die zu Hause fast ausschließlich polnisch redeten und kaum in der Lage seien, einen deutschen Satz nachzusprechen[116]. Besonders die Heimschulen mußten in diesem Zusammenhang Bedeutung gewinnen, um die volksdeutsche Jugend in jeder Hinsicht „dem Einfluß fremden Volkstums" zu entziehen. Sie sollten damit die Rolle von „Unteroffiziersschulen für die künftigen Kämpfer im Ostgebiet" spielen[117]. Um die Sprachschwierigkeiten zu beheben, brachte das RKF in Zusammenarbeit mit der Hauptabteilung „Wissenschaft und Unterricht" 1943 außerdem eine Monatsschrift „Wir lernen Deutsch" heraus, für die an allen deutschen Schulen Abonnementspflicht bestand[118].

Welche Bedeutung dem Schulunterricht generell (auch dem nichtdeutschen) im Laufe der Kriegsentwicklung zugemessen wurde, erhellt ein Hinweis der Hauptabteilung in Krakau vom 1. Oktober 1943, daß gemäß einem Runderlaß des Reichsinnenministers der Schulunterricht als kriegswichtig anzusehen und daher auch trotz Truppenbelegungen unbedingt weiterzuführen sei[119]. Daß freilich erst am 30. März 1944 für alle deutschen Kinder im GG die allgemeine Schulpflicht eingeführt wurde[120], gehört zu den zahlreichen Ungereimtheiten, welche die deutsche Schulpolitik in Polen aufzuweisen hatte.

Als sich im Frühsommer 1944 wegen der beginnenden Evakuierung der Deutschen im GG und erhöhter Bombardierungsgefahr die Schließung der deutschen Schulen oder ihre Verlegung ins Protektorat abzeichnete[121], versuchte die deutsche Schulverwaltung das Unterrichtsprogramm dem noch kurzfristig anzupassen. Für das GG wurde ein Erlaß des Reichsinnenministers (Himmler) vom 23. 3. 1944 übernommen, der die Vordringlichkeit der Behandlung der jüngsten deutschen Geschichte angesichts der unvermeidlichen vorzeitigen Schulabgänge betonte. „Ich ersuche deshalb . . . einen besonderen das Stoffgebiet abschließenden Plan aufzustellen", hieß es in dem Erlaß. „Unter allen Umständen ist sicherzustellen, daß alle deutschen Jungen und Mädel über die Vorgeschichte des 1. Weltkrieges, über die Gründe des Versagens der Führung 1918, über das Diktat von Versailles und seine Auswirkungen, über das Rettungswerk des Führers, über seine Bemühungen, den Frieden zu erhalten, und über die planmäßigen Vernichtungsabsichten unserer Feinde von heute eingehend unterrichtet werden."[122]

Die politischen Prinzipien, die das Gesicht der deutschen Schule im GG bestimmten, blieben somit, wenn auch in abgeschwächter Form, bis zur Paralysierung der deutschen Herrschaft im GG dominierend.

4. Pressepolitik

Die Presse spielte als eines der wichtigsten Machtmittel ethnischer Minderheiten im Nationalitätenkampf seit Ende des 19. Jahrhunderts eine zentrale Rolle. Selbst in Zeiten heftigster nationalistischer Auseinandersetzungen verlor jedoch weder im Kaiserreich noch in der polnischen Republik die jeweilige Minorität einen gewissen Spielraum ethnischer Autonomie auf diesem Gebiet. Davon blieb während der nationalsozialistischen Besetzung Polens nichts übrig. Die polnische legale Presse lebte ausschließlich von deutschen Gnaden und unterstand direkt der Kontrolle durch deutsche „Hauptschriftleiter".

Wenn auch die im GG erscheinenden deutschen Blätter ebenfalls wie die Presse im Reich einer sehr weitgehenden Gleichschaltung unterlagen, so unterschieden sie sich dennoch im Niveau und in der Vielzahl erheblich von den „Lappen", wie die lizenzierte polnische Presse verächtlich von der nationalbewußten polnischen Bevölkerung apostrophiert wurde[1]. In Übereinstimmung mit den allgemeinen kulturpolitischen Richtlinien herrschte zunächst eine rein destruktive Zielsetzung vor. Das gesamte Zeitungs- und Zeitschriftenwesen wurde stillgelegt und eine auf reine „Information" – d.h. politisch gefilterte und gezielte Information – abgestellte Einheitspresse mit lokalen Varianten aufgezogen. Derartige Nachrichtenblätter sollten die Anordnungen der deutschen Behörden bekannt machen und auf die polnische Bevölkerung zur Steuerung der Gerüchtebildung einwirken[1a]. Im Presseamt der Regierung des GG[2], das zunächst in Personalunion vom Propagandaabteilungsleiter du Prel geleitet wurde, setzte sich jedoch bald die Erkenntnis durch, daß es im deutschen Interesse liege, die polnische Presse „als Führungsinstrument" einzusetzen und sie „in den Dienst des deutschen Aufbaus zu stellen"[3]. Ihrer propagandistischen Schale entkleidet, bedeutete eine solche Formulierung den Versuch, die polnische Bevölkerung möglichst ruhig und loyal zu halten, indem man

1. ihrem Unterhaltungsbedürfnis entgegenkam,
2. die Unterschichten gegen die gefährliche nationalbewußte Intelligenz auszuspielen suchte und
3. mit Hilfe verschiedener Fachblätter auf einen reibungslosen Wirtschaftsablauf im Sinne der deutschen Interessen einwirkte.

Gerade der Faktor des wirtschaftlichen Eigeninteresses spielte in zunehmendem Maße eine entscheidende Rolle in der Beeinflussung der Pressepolitik. In der Pressebesprechung der Regierung vom 14. Aptil 1942 machte Frank dazu einige grundsätzliche Ausführungen: „Die Polen müssen den Eindruck haben, daß sie in der Presse nicht wie Schweine behandelt werden, sondern als Europäer und Menschen. . . Es ist klar, daß das Bedürfnis an Arbeitern im Reich und unsere Wehrlage geradezu ein Ringen um die polnische Arbeitskraft zur Folge haben. Wir sind ja von den Polen hierin abhängig. . . . Wenn die 100 000 polnischen Eisenbahner nicht die Züge fahren, könnten wir den Aufmarsch einstellen. . . Als erster Grundsatz muß also gelten: die Polen müssen in einer sogenannten Presse etwas mehr erhalten als nur Befehle. . . Der Grund dafür liegt nicht bei den Polen, sondern in unserem ureigensten Interesse."[4]

Die ersten Tageszeitungen erschienen in Tschenstochau (Goniec Częstochowski, seit September 1939), Krakau (Goniec Krakowski, seit Oktober 1939), Warschau (Nowy Kurier Warszawski, seit Oktober 1939) und Lublin (Nowy Głos Lubelski, seit Januar 1940). Im März 1940 kam in Krakau ein zweites Blatt mit Lokaleditionen für Radom und Kielce heraus (Dziennik Poranny), und für Jędrzejów erschien seit Dezember 1939 dreimal wöchentlich die Zeitung „Nowy Czas". Weiterhin erschienen im GG die Tageszeitungen Dziennik Radomski, Kurier Kielecki, Gazeta Radomskowa und Gazeta Lwowska[5].

Über die größte Auflage verfügte der „Neue Warschauer Kurier", der in Aufmachung und Tendenz durchaus als typisch für andere Blätter gelten kann. Verunglimpfung des früheren polnischen Staates und besonders seiner Führungsschicht, die für die Katastrophe verantwortlich gemacht wurde, Zerstörung aller Hoffnungen auf die Westmächte und Hervorhebung des positiven Einflusses der deutschen Besatzung, heftiger Antisemitismus und – seit dem Sommer 1941 – auch ein europäisch akzentuierter Bolschewistenhaß waren die Leitmotive der Artikel[6]. Im Februar 1941 belief sich die Auflage auf 153 000, die Sonntagsausgabe sogar auf 356 000 Stück[7].

Eine Nachrichtenagentur „Telepress" mit einem Lokal- und einem Artikeldienst versorgte die polnische und ukrainische Presse mit Informationen[8]. Ein eigener „Pressedienst des GG" versorgte zweimal wöchentlich die reichsdeutsche Presse mit neuesten Meldungen und Beiträgen über das GG[9].

Zu diesen Tageszeitungen kamen im Laufe des Jahres 1940/41 einige Wochenzeitungen und Magazine: der „Illustrierte Polnische Kurier" (Ilustrowany Kurier Polski, seit Oktober 1939, mit einer Auflage von 12 000 Stück im Januar 1941) und „7 Tage" (7 Dni, seit Mai 1940) – beide brachten wenig Politisches, sondern Unterhaltung, Kuriositäten und literarische Produkte niederen Ranges. Noch unter diesem Niveau stand das Monatsmagazin „Fala" (Die Welle, seit Mai 1940, mit einer Auflage von ca. 10 000 Stück). Entsprechend der in der deutschen Armee populären Serie „Jede Woche ein Roman" wurde in Warschau seit Juli 1940 eine Monatsreihe herausgegeben „Jeden Monat ein Roman" (Co Miesiąc powieść)[10].

Seit dem Sommer 1940, also zu einer Zeit, als die Ausplünderungs- und Reststaatphase vorbei war, riefen die deutschen Behörden mehrere Fachblätter ins Leben, die vor allem der Leistungssteigerung der Wirtschaft dienen sollten[11].

Wenn die polnischen Zeitungen auch nicht mehr, wie ursprünglich beabsichtigt, als reine Mitteilungsblätter zusammengestellt wurden, so war doch angesichts der völligen Unselbständigkeit die propagandistische Wirkung, die sich die deutsche Regierung wünschte, sehr gering. „Die bisher bestehenden Zeitungen in polnischer Sprache sind so sehr zum Amtsblatt gestempelt", heißt es in einem internen Bericht der Propagandaabteilung aus dem Jahre 1943, „daß man von einer halbwegs wirksamen Beeinflussung der polnischen öffentlichen Meinung durch diese Presse überhaupt nicht mehr sprechen kann"[12]. Die Ansätze zu einem zögernden politischen Kurswechsel im Frühjahr 1943 blieben zwar auf die Pressepolitik nicht ohne Auswirkung. In einer ausführlichen Pressebesprechung in der Regierung des GG wollte Frank die „umwälzende Verlautbarung" Goebbels' vom 15. 2. 1943 (Rundschreiben betreffend die Behandlung der europäischen Völker)[13] zum Ausgangspunkt einer neuen Ausrichtung auch auf dem Pressesektor machen. Alle bisherigen Verfügungen zum polnischen Pressewesen sollten aufgehoben, eine stärkere Beteiligung von Polen an der Redaktion und Herausgabe gefördert und nationale Momente in der Berichterstattung berücksichtigt werden[14]. Der „Kurswechsel" kam jedoch, wie auch auf allen anderen Gebieten, zu spät. Einer der Teilnehmer der Konferenz, Hauptschriftleiter Fenske, stellte diese Prognose sofort und schätzte die Wirkung einer neuen deutschen Propaganda sehr gering ein, da diese nur „mit dem leeren und für alle Polen einigermaßen inhaltslosen Begriff des neuen Europa" operieren könne[15].

Dennoch gab es, trotz offenkundiger Verschlechterung der allgemeinen Situation Deutschlands und trotz steigender Papierknappheit, die sich in entsprechender Reduktion der polnischen Zeitungen auswirkte, bis zum Zusammenbruch des GG Versuche, mit Hilfe der Presse die polnische Bevölkerung politisch zu beeinflussen. Anfang 1944 kam die politische Zweiwochenzeitschrift „Przełom" (Der Umbruch) in Warschau und

Krakau heraus, ediert von Felix Burdecki und Emil Skiwski. Unter dem Banner eines „neuen Europa“ fanden sich hier alle Schablonen der Goebbelsschen Propaganda wieder: der Kampf gegen Bolschewismus und Plutokratie als zwei Erscheinungsformen des Weltjudentums, der Versuch, die Polen durch den Hinweis auf den Verrat der polnischen Interessen durch die Verbündeten zu gewinnen, schließlich die Verurteilung des Warschauer Aufstandes als verantwortungsloses Abenteurertum einer kleinen Führungsclique, die ungeheures Elend für die Warschauer Bevölkerung heraufbeschworen habe[16].

Noch im Oktober 1944, als ein großer Teil Polens schon von der deutschen Besatzung befreit war, wurde für die polnischen Schanzarbeiter im Rest-GG eigens eine Wochenillustrierte hergestellt, die „Gazeta Ilustrowana“[17]. Ferner erschien in dieser Zeit die polnisch-deutsche Propagandazeitschrift „Signal“[18].

Einige Zahlen über das Anwachsen der Durchschnittsauflagenzahl polnischer Presseerzeugnisse zeigen einen z. T. erheblichen Anstieg, insbesondere im Bereich der Fachpresse. Die durchschnittliche monatliche Gesamtauflage polnischer Tageszeitungen wuchs von 275 000 im Jahre 1940 auf 363 800 im Januar 1942, die der Wochenzeitungen von 51 050 auf 166 700, der Monatszeitschriften von 10 250 auf 31 500. Die polnische, ukrainische und zweisprachige Fachpresse (wobei die ukrainische eine „quantité négligable“ darstellt) hatte den außerordentlich steilen Anstieg von 12 600 auf 771 650 zu verzeichnen![19]

Gegenüber der polnischen Presse, die trotz der Auflockerung der 1939 vorgesehenen Pressepolitik inhaltlich, verglichen mit der Vorkriegszeit, von erbärmlicher Dürftigkeit war, ist die Vielzahl der *deutschen Zeitungen* und Zeitschriften erstaunlich, vor allem die Tatsache, daß diese im Laufe des Krieges nur unwesentliche Einschränkungen erfuhren.

Das im engeren Sinne politische Zentralorgan des GG war die „Krakauer Zeitung“, mit Nebenausgaben in Warschau und später in Lemberg, die von November 1939 bis Januar 1945 erschien. Sogar von polnischer Seite wurde ihr ein relativ hohes Niveau bescheinigt. „Wir müssen zugeben“, heißt es in einem 1942 im Untergrund geschriebenen Beitrag, „daß der politische Teil des Blattes sehr interessant gemacht ist. Der Herausgeber verfügt über qualifizierte Korrespondenten in allen Deutschland befreundeten Ländern, in allen okkupierten Staaten und selbst auf neutralem Boden. Ihre Berichte sind im allgemeinen gut und temperamentvoll geschrieben; dasselbe kann man von den Leitartikeln und den ungezeichneten Kommentaren . . . sagen. . . Die Art, wie die Nachrichten dargeboten werden, ist stets von einigen leitenden Gesichtspunkten bestimmt, ein System, das die Lektüre der Krakauer Zeitung zugleich erleichtert und attraktiv macht“[20]. In seinem Geleitwort zur ersten Ausgabe vom 12. 11. 1939 stellte es Goebbels als Aufgabe der Zeitung hin, „Trägerin des politischen Willens und der kulturellen Sendung des deutschen Volkes im Ostland zu sein“[21].

Die Auflage der Krakauer Zeitung wuchs von 50 000 im Jahre 1939 auf über 130 000 im Juli 1942[22]. Seit Januar 1940 enthielt das Blatt eine monatliche Bildbeilage, die „Weichselillustrierte“, seit April ferner ein in unregelmäßigen Abständen erscheinendes Supplement, zunächst unter dem Titel „Deutsche Kulturbeiträge für den Osten“, dann unter dem Rubrum „Aus Zeit und Geschichte“[23]. Unter Mitwirkung des IDO wurden hier vor allem „deutsche Pionierarbeit“ der Vergangenheit sowie aktuelle Aufbauprojekte in den Vordergrund gerückt. Unabhängig von der Krakauer (und Warschauer) Zeitung erschien die „Deutsche Ostwacht“, eine „Wochenzeitung für das Deutschtum in den Ostgebieten“, herausgegeben in Allenstein/Ostpreußen, mit einer eigenen Ausgabe für Warschau[24].

Die bei weitem repräsentativste und in der Ausstattung großzügigste Zeitschrift, das Aushängeschild des „Nebenlandes", war die Monatszeitschrift (ab 1942 Vierteljahresschrift) „Das Generalgouvernement", die vom Oktober 1940 bis zum Herbst 1944 in einer Auflagenzahl von ca. 3 000[25] erschien. Großformat, Hochglanzpapier, eine Fülle von Photos und farbigen Reproduktionen sollten auch äußerlich die anspruchsvolle Zielsetzung der „repräsentativen deutschen Kulturzeitschrift" im GG sinnfällig machen. Seit 1943 trug sie vorübergehend auf Franks Wunsch den Untertitel „Blätter für deutsche Kultur im Weichselraum"[26]. Kultur hieß freilich auch Volksnähe und Vermeiden jeder Exklusivität. Die Photographien suggerieren den Eindruck des Vertraut-Heimatlichen, dem Deutschtum Zugehörigen und geben allenfalls Hinweise auf idyllisch-fremdartige und landschaftsverwurzelte Gruppentraditionen ethnischer Minderheiten wie der Goralen. Neben Theater- und Filmaufnahmen und Faksimilereproduktionen alter Urkunden finden sich Schnappschüsse von deutschen Uniformierten beim Eintopfessen mit BdM-Mädchen, einem Polizeiorchester im Palais Brühl, Inneneinrichtungen der „Deutschen Häuser" usf. Die Texte sind durchweg in schlicht-verständlichem Ton gehalten, bieder, brav und sauber, bisweilen von unerträglich kitschiger Sentimentalität.

Die aufwendige Ausstattung der Zeitschrift, die nicht zuletzt auf Franks Wünsche zurückzuführen war, trug diesem 1942 angesichts der wachsenden Papierknappheit zweimal den Tadel der Reichskanzlei ein, wobei hierin vor allem ein Vorwand der Anti-Frank-Fronde in Berlin zu sehen war, dem verhaßten Gegner wieder einmal am Zeuge zu flicken. Abgesehen von Umfang und Aufmachung wurde vor allem kritisiert, daß im Anzeigen- und Reklameteil Waren angeboten wurden, die überhaupt nicht lieferbar waren. Auf die Intervention hin wurden der Zeitschrift erhebliche Beschränkungen auferlegt[27].

Eine gewisse Konkurrenz zum „Generalgouvernement" in der inhaltlichen Gestaltung stellten die „Schulungsblätter für den Nationalsozialisten im GG" mit dem Titel „Das Vorfeld" dar, herausgegeben vom Arbeitsbereich der NSDAP GG und für kurze Zeit mit dem Untertitel „Zeitschrift für Kultur und Politik" versehen. Das „Vorfeld" erschien von September 1940 bis Anfang 1944 und hatte eine durchschnittliche Auflage von 25 000 Stück (1942)[28]. Es sollte „zu einem lebendigen Vermittler kultureller, politischer und sonstiger Höhepunkte aus dem deutschen Leben des GG für alle jene werden, die persönlich nicht bei solchen Anlässen teilnehmen können". „Jeder deutsche Volksgenosse . . . darf erwarten, daß in verständlicher Sprache das Vorfeld zu einem Kampfblatt der nationalsozialistischen Weltanschauung und ihres Führungsanspruches in diesem Raum wird."[29]

Dieser Aufgabe entsprach die inhaltliche Gestaltung: historische Themen waren noch stärker als in der „Burg" oder dem „Generalgouvernement" vertreten, daneben immer wieder Bilder von Aufmärschen, Uniformen, Versammlungen, Kundgebungen. Einem unbefangenen Leser wird hier besonders stark der Eindruck suggeriert, das GG sei uraltes deutsches Land, von Deutschen wieder rechtmäßig in Besitz genommen[30]. Von Polen wird nur selten und ausschließlich zur Kontrastierung mit „deutschem Aufbau" berichtet.

Nach einer Entscheidung des Reichsleiters Amann 1943 – und vermutlich in Rivalität zu Frank – sollte der Arbeitsbereich GG ferner eine Partei-Wochenzeitung mit dem Namen „Deutsche Wacht im Weichselraum" erhalten[31]. Dazu kam es jedoch nicht mehr.

In unmittelbarem Dienste der Regermanisierungspolitik des RKF standen die zweisprachig edierten „Kolonistenbriefe", herausgegeben im Auftrag des SS- und Polizeiführers Lublin, und die „Wochenschrift für Siedlungsdeutsche" „Deutsche Gemeinschaft", die seit 1942 für die rd. 13 000 Siedlungsdeutschen des Distrikts Radom gedacht war. Die Aufgabe der „Kolonistenbriefe" bestand in politischer Unterrichtung und Aufklärung der im Lubliner Distrikt ansässigen oder neuangesiedelten „Deutschstämmigen", in der „Stärkung ihres Herkunftsbewußtseins durch Vermittlung geschichtlicher Vorgänge aus der Zeit „der Ansiedlung", der Hebung des „Sippenzusammengehörigkeitsgefühls" durch Familienberichte usf., der bäuerlichen Berufsschulung und nicht zuletzt der Sprachförderung durch Lektionen zum Selbstunterricht[32].

Der rassepolitischen Indoktrination der Deutschen in Verwaltung, Wirtschaft und in der Wehrmacht galt der von der Abteilung „Innere Verwaltung" herausgebrachte „Volkspolitische Informationsdienst": „Die Schulung in den rassen- und volkspolitischen Grundlagen des GG ist . . . eine praktische Verwaltungsaufgabe."[33]

Lokaler Initiative entsprangen die 1942 zweimal in Krakau herausgegebenen und dann nicht mehr erschienenen „Blätter für deutsche Kultur"[34] mit Erzählungen und Gedichten und vor allem die „Warschauer Kulturblätter", herausgegeben von der Propagandaabteilung des Distrikts Warschau. Hier wurden die „Warschauer Kulturtage" kommentiert, Warschauer Ausstellungen besprochen, alte Dokumente oder Berichte wiederabgedruckt, die von deutschen Spuren in Warschau zeugten, Walter von Molo schrieb „von deutscher Kultur", Theodor Bierschenk gab einen Rückblick auf die „völkische Entwicklung im Deutschtum Kongreßpolens", es wurden Impressionen und Gedichte über Warschau geboten[35].

Allen Papierverknappungserscheinungen zum Trotz erschienen bis zum Frühjahr 1944 auch die „Blätter des Staatstheaters des GG" (mit einer Auflage von 9 000 Stück), die monatlich vom Intendanten Stampe in Krakau herausgegeben wurden[36], der sich dabei offenkundig auf die unmittelbare Protektion Franks stützen konnte.

Noch im Oktober 1943 wurden in einer Regierungssitzung detaillierte Pläne zur Gründung eines eigenen Organs der „Kulturvereinigung des GG" erörtert. Diese „Krakauer Monatshefte" sollten vom ehemaligen Schriftleiter der „Frankfurter Zeitung", Geisenheimer, herausgegeben werden und in einer Auflage von 15 000 Exemplaren erscheinen. Über die Aufgaben eines Mitteilungsblattes hinaus sollte die Zeitschrift dafür sorgen, „alle jene verschütteten kulturellen Kräfte wieder zum Leben (zu) erwecken, die angesichts der besonderen Situation der Gegenwart sich nicht auswirken können"[37]. Das Projekt wurde jedoch nicht mehr realisiert.

Angesichts der ständig akuter werdenden Papierverknappung im GG, die schon 1942 mit der Einrichtung einer eigenen Bewirtschaftungsstelle in Krakau[38] und vor allem der Kürzung des Einfuhrkontingents aus dem Reich um 30 Prozent deutlich wurde[39], ist die Vielzahl deutschsprachiger Zeitschriften, die bis in das Jahr 1944 hinein erschienen, bemerkenswert[40]. Der Papiermangel ließ sich zwar insofern auffangen, als man zunächst den polnischen Zeitungen die Zuteilungen entsprechend einschränkte[41], hätte jedoch auch bei den deutschen Druckerzeugnissen angesichts der wirtschaftlichen Situation eine über die erfolgte Reduktion weit hinausgehende Beschneidung erfordert[42].

Daß sie nicht erfolgte und daß ein gemessen am Leserkreis und der Kriegssituation reichlich aufgeblähtes deutsches Zeitschriftenwesen fast bis zum politischen Ende des GG existierte, mochte zum einen Ausdruck des allgemeinen Strukturdefekts des GG sein, zu einem wesentlichen Teil manifestierte sich darin jedoch auch die persönliche Einstellung des Generalgouverneurs, der in der Förderung der Kultur ein ihm besonders adäquates Metier sah und der den „kulturmissionarischen" Bestandteil für ein zentral wichtiges Element nationalsozialistischer Ostpolitik hielt, auf das man, ohne politischen Schaden anzurichten, nicht verzichten könne. In Franks Schatten war ein Heer von Beamten, Schriftstellern, Journalisten, Wissenschaftlern usf. damit beschäftigt, den vorgezeichneten kulturpolitischen Rahmen mit detaillierten Innenzeichnungen zu versehen, denn nur so war schließlich die hier aufgezeigte Vielfalt kulturpolitischer Aktivitäten möglich. Opportunismus, ehrliche Überzeugung, fanatischer Glaube, äußerer Zwang und blindes, z. T. auf langen Traditionen basierendes Ressentiment stellten dabei einen Motivationszusammenhang dar, aus dem sich nur sehr schwer dominierende Einzelmotive herauslösen und in den Vordergrund rücken lassen.

5. Kunstpolitik

Kunstraub als Bestandteil der Nutzung eines militärischen Sieges hat eine lange Tradition und ist nicht erst eine Erfindung der Nationalsozialisten[1]. Was auf diesem Gebiet in Polen geschah, ist auch kein Spezifikum der nationalsozialistischen Ostpolitik; aus Frankreich beispielsweise, als einem ungleich ergiebigeren Beutefeld, wurden in viel größerem Umfang Kunstschätze geraubt und ins Reich transportiert. Was dagegen die Aktionen in Polen kennzeichnet, ist die völlige Sinnlosigkeit und rein destruktive Zielsetzung verschiedener Maßnahmen, die zeigt, in welchem Ausmaß auch die Kunstpolitik nur Teil eines übergeordneten politischen Konzeptes war.

Schon bevor Frank sein Amt als Generalgouverneur übernahm, wurde SS-Oberführer Dr. Kajetan Mühlmann am 9. Oktober 1939 von Göring zum Sonderbeauftragten ernannt, der die polnischen Kunstgegenstände beschlagnahmen und „sicherstellen" sollte. Die mit seinem Auftrag verbundenen Kosten sollten daher auch aus dem Haushalt des Vierjahresplanes gedeckt werden, zumal nach Meinung Mühlmanns grundsätzlich feststand, „daß die beschlagnahmten Kunstwerke in das Eigentum des Reiches übergehen", wie er im April 1940 an das Reichsfinanzministerium schrieb[1a]. Die Ernennung durch Göring zu einem Zeitpunkt, als über die Verwaltung des restpolnischen Gebiets noch gar nicht offiziell entschieden war, mußte bald zu Spannungen mit dem neuernannten Generalgouverneur führen, sobald dieser von außen her seine Hausmachtinteressen gefährdet sah. Die Auseinandersetzung um die Dienststelle dieses Sonderbeauftragten stellt in der Tat en miniature ein sehr charakteristisches Beispiel für die Gesamtentwicklung des GG dar.

Durch Franks „Verordnung über die Beschlagnahme des Vermögens des früheren polnischen Staates innerhalb des GG" vom 15. November 1939[2] war zunächst eine formaljuristische Handhabe geschaffen, mit Hilfe deren auch jeder öffentliche Kunstbesitz beschlagnahmt werden konnte. Indem Frank seinerseits Mühlmann zum „Sonderbeauftragten zur Erfassung und Sicherung der Kunst- und Kulturschätze" ernannte, versuchte er, dessen Tätigkeit unter eigene Kontrolle zu bringen und somit schließlich auch den anfangs gänzlich willkürlichen und zügellosen Plünderungsaktionen einen Riegel vorzuschieben[3], auch wenn das keineswegs die Absicht bedeutete, Kunstwerke grundsätzlich vor dem Abtransport ins Reich zu schützen.

Mit der Verordnung vom 16. Dezember 1939[4] wurde die verfügte Beschlagnahme des öffentlichen auch um privaten und kirchlichen Kunstbesitz erweitert und mit der „Erfüllung gemeinnütziger öffentlicher Aufgaben" motiviert. Um zu entscheiden, was als privater und kirchlicher Kunstbesitz zu gelten und öffentliche Funktionen zu erfüllen hatte, mußte dieser beim Sonderbeauftragten angemeldet werden, anderenfalls drohten Gefängnisstrafen, die durch ein Sondergericht verhängt wurden. Als ein kennzeichnendes nationalsozialistisches Kuriosum mag man dabei werten, daß nach der Anordnung Mühlmanns nicht prinzipiell alle künstlerisch und kulturgeschichtlich wertvollen Objekte, sondern nur das aus der Zeit vor 1850 Stammende unter diese Anmeldepflicht fiel[5]. Was auf diese Weise an alten Hellebarden, Piken, Pistolen, Schwertern usf. zusammenkam, zierte bald als Dekoration verschiedene deutsche SS-Heime, Kasinos und Wohnungen im GG[6].

Mühlmann war jedoch trotz seiner „Doppelbeauftragung" keineswegs der einzige, der sich von Amts wegen mit der Beschlagnahme zu befassen hatte. Anfang Oktober schaltete sich auch der Bevollmächtigte des Führers, der Direktor der Dresdener Gemäldegalerie, Dr. Hans Posse, ein, um sich einen Überblick über die Sammlungen zu verschaffen und die Wünsche des Reiches anzumelden[7]. Nach der Angliederung Österreichs hatte sich Hitler selbst die Entscheidung über die Verwendung beschlagnahmter Kunstwerke aus besetzten Ländern vorbehalten und Posse zu seinem Bevollmächtigten in dieser Angelegenheit ernannt[8].

Daneben versuchte aber auch noch die SS, ihre Interessen zu sichern. Am gleichen Tage, an dem der Generalgouverneur die Beschlagnahmeverordnung für Kunstbesitz erließ, am 16. Dezember 1939, erschien auch ein Eilrunderlaß Himmlers[9], durch den „zugunsten des Deutschen Reiches" und zur Verfügung des RKF genau das beschlagnahmt werden sollte, was gerade der Sonderbeauftragte Mühlmann für das GG zu „erfassen und sicherzustellen" hatte. Neben künstlerisch und kulturgeschichtlich Wertvollem wie Gemälden, Teppichen, Büchern usf. ging es Himmler vor allem um „geschichtliche und vorgeschichtliche Gegenstände, Urkunden, Bücher, Dokumente, die für die Behandlung des kulturgeschichtlichen und öffentlichen Lebens, insbesondere die Frage des deutschen Anteils an dem historischen, kulturellen und wirtschaftlichen Aufbau des Landes von Bedeutung sind, sowie Dokumente, die für die Zeitgeschichte Wichtigkeit haben." Zudem wurden durch den Erlaß alle bisherigen „Beschlagnahmen" von Seiten der SS gedeckt. Nach den Vorstellungen des RFSS sollten die beschlagnahmten Objekte nach Berlin transportiert und der „Lehr- und Forschungsgemeinschaft" „Das Ahnenerbe e.V." zur kommissarischen Verwaltung übergeben werden[10].

Gegenüber Franks Verordnung zeigt der Erlaß Himmlers ganz offen die volkspolitische Motivierung der Zerstörung einer eigenständigen polnischen Kultur. Er zeichnete damit auch auf diesem Sektor schon die künftige Politik klar vor. Im übrigen manifestierte sich im Kampf um den polnischen Kunstbesitz gleich in den ersten Monaten des Bestehens des GG schon das Phänomen der Anarchie verschiedener Gewalten: Beauftragte Hitlers, Görings, Franks und Himmlers versuchten, ihre jeweiligen Interessen zu sichern.

Da Franks Position anfangs aber noch relativ stark war, gelang es ihm hier, sich durchzusetzen. Er erreichte, daß Himmlers Erlaß rückgängig gemacht wurde und auch Görings „Haupttreuhandstelle Ost" für das GG nicht zuständig sein sollte[11]. Der „stete Kampf, die zahlreichen Begehrlichkeiten der verschiedensten Stellen abzuwehren und das Sammlungsgut so lange vor Zugriffen zu schützen, bis über alle Bestände vernünftige Verfügungen getroffen werden können" – so die Formulierung des offiziösen „Berichts über den Aufbau im GG"[12] –, war damit prinzipiell durchaus zugunsten des Generalgouverneurs entschieden, auch wenn das keineswegs eine auch nur halbwegs geordnete Sammlung und besonders sorgfältige Behandlung des Beschlagnahmten bedeutete. Ebenfalls war damit die Beauftragung Mühlmanns durch Göring noch keineswegs rückgängig gemacht. So konnte es dann auch, als die skandalösen Zustände der Unterbringung eines großen Teils der Kunstwerke im Sommer 1943 bekannt wurden[13], nochmals zu einer sehr charakteristischen Auseinandersetzung zwischen Frank und Mühlmann kommen, aufgrund deren dieser als Beauftragter Franks zurücktrat, Göring gegenüber sich jedoch auch weiterhin verantwortlich erklärte[14], obwohl die „Dienststelle des Sonderbeauftragten" am 27. Juli 1942 in das „Amt für die Pflege alter Kunst", das dem Staatssekretariat direkt unterstellt war, umgewandelt und damit auch äußerlich die Integration in die Regierung des GG dokumentiert worden war[15].

Was konkret an Plünderungsaktionen und „Sicherstellungen" vor sich ging, soll hier nicht detailliert dargelegt, aber doch an einigen Beispielen illustriert werden[16].

Der „Zamek Warszawski", das Warschauer Schloß, wurde zum Objekt der bis zum Warschauer Aufstand rücksichtslosesten und gründlichsten Plünderungen in Polen[17]. Das stellte freilich kaum einen Zufall dar. Das aus dem 16. und mit Erweiterungen und seiner reichen Innenausstattung aus dem 18. Jahrhundert stammende Schloß war als ehemalige königliche Residenz und Sitz des alten Sejm das nationale Symbol schlechthin in Warschau. Umfassende Restaurierungsarbeiten nach 1918 hatten den alten Glanz, der in russischer Zeit sehr gelitten hatte, wiederhergestellt. Die Bombardierung Warschaus hatte zwar beträchtliche Zerstörungen verursacht – das ganze Dach brannte ab –, im Innern jedoch war der Schaden nur geringfügig. Durch die unmittelbar nach der Kapitulation Warschaus von Polen begonnenen und von der Wehrmacht nicht behinderten Schutzarbeiten wurden die größten Schäden immerhin relativ schnell mit Erfolg zu beseitigen versucht. Mit der Ablösung der Militärverwaltung trat nun auch hier abrupt ein Wandel ein. Am 26. Oktober 1939 traf Frank in Warschau zu einer Besichtigung ein. Er erklärte den Vertretern der Warschauer Stadtverwaltung, das Schloß werde abgerissen. Er stoppte die Instandsetzungsarbeiten und gab das Startzeichen zur Plünderung, indem er persönlich die Silberadler vom Baldachin des königlichen Thrones abriß. Jüdische Zwangsarbeiter waren täglich damit beschäftigt, die gesamte Schloßeinrichtung zu demontieren und fortzuschaffen. Ein Teil sollte nach Wünschen Posses für den Ausbau des Dresdner Zwingers verwandt werden. Die Kunstsammlungen – u.a. die Serie der 25 Ansichten Warschaus von Canaletto – wanderten nach Krakau. Vieles wurde gestohlen und erschien unter der Hand in Warschau auf dem Antiquitätenmarkt. Im November begannen Pionierkommandos, Sprengladungen zu bohren. Die ganze Aktion trug also deutlich den Charakter des Geplanten. Nicht wegen Baufälligkeit, wie die Krakauer Zeitung schrieb, sondern aus politischen Motiven, um ein national-historisches Zentrum zu vernichten, sollte die Zerstörung des Schlosses durchgeführt werden.

Ende März 1940 trat dann plötzlich ein offenkundiger Wandel in der Planung ein. Die schon gesetzten Sprengladungen wurden wieder entfernt, auch wenn die Plünderungen noch weiter gingen. Der Grund läßt sich unschwer erschließen: nach dem Entscheid, das GG werde ein Bestandteil des Großdeutschen Reiches bleiben, mußte es sinnlos werden, einen Gebäudekomplex, auch wenn dessen historische Bedeutung politisch unerwünscht war, einfach in die Luft zu sprengen, da er sich auch in verunstaltetster Form zumindest noch für Truppenunterkünfte verwerten ließ.

Das Schloß existierte bis zum Warschauer Aufstand, danach verwandelten es SS-Kommandos in einen Trümmerhaufen. Ist das Schicksal des Warschauer Schlosses ein Beispiel für eine umfassende Plünderungsaktion in rücksichtslosen Formen, so vollzog sich die „Sicherstellung" des polnischen Kunstbesitzes im GG im allgemeinen geordneter und damit schließlich auch „effektiver" unter der Leitung und Aufsicht deutscher Kunsthistoriker. Die amtliche Bezeichnung „Sicherstellung" stellt dabei zwar eine euphemistische Kaschierung des mit vollem Bewußtsein ausgeführten Kunstraubes dar, enthält aber dennoch insofern immerhin eine Spur von Wahrheit, als angesichts der politischen Situation im GG und der Begehrlichkeiten der verschiedensten Instanzen eine Sicherung – ganz gleich mit welchem Endziel – kaum anders als durch Zentralisierung zu erreichen war. Ohne die von Frank verfügten zentralen Sammelaktionen wäre ohne Zweifel noch erheblich mehr an polnischem Kunstbesitz Privatinteressen zum Opfer gefallen oder noch während des Krieges ins Reich abtransportiert worden[18].

Schon bevor Frank sein Amt antrat, begann Mühlmann aufgrund seines Göringauftrages mit einem Stab von wissenschaftlichen Spezialisten die wertvollsten Kunstobjekte zu „erfassen". Der Breslauer Kunsthistoriker und Leiter des dortigen Instituts für das Studium der osteuropäischen Kunst Prof. Dagobert Frey, der Rostocker (vorher Breslauer) Prähistoriker Prof. Ernst Petersen und der Bruder des Sonderbeauftragten, der Wiener Kunsthistoriker Dr. Joseph Mühlmann, waren die Hauptfiguren des Arbeitsstabes. Frey, der vor dem Krieg eine ausgedehnte Informationsreise durch Polens Museen gemacht hatte und sich also auskannte, sonderte u.a. persönlich die wertvollsten Stücke der mittelalterlichen Abteilung des Nationalmuseums in Krakau aus und gab Instruktionen zum Abtransport ins Reich. Petersen sorgte zusammen mit Prof. Hans Schleif, dem ehemaligen Chef der deutschen Olympiaexpedition, Anfang November für die Fortschaffung einiger tausend Ausstellungsstücke, der Bibliothek des Archivs und wissenschaftlicher Materialien aus dem Staatlichen Archäologischen Museum in Warschau[19]. Mühlmann erschien mit einer Sonderkommission in der Warschauer Universitätsbibliothek und stellte einige hundert Stiche und Handschriften „sicher"[20]. Eins der berühmtesten Kunstwerke Polens, den Veit-Stoß-Altar der Krakauer Marienkirche, schaffte das SD-Kommando Dr. Paulsen, angeblich auf Hitlers persönlichen Befehl, im Dezember 1939 nach Berlin, von dort nach Nürnberg, dem vermutlichen Geburtsort des Veit Stoß[21].

Die zentrale „Sicherstellung" in Krakau und Warschau sollte nach anfänglichen Plänen die Grundlage für eine große Ausstellung „Polnische Kriegsbeute" in Berlin bilden[22]. Daß es dazu und zu einer späteren Aufteilung unter deutsche Museen nicht kam, war wohl der veränderten Funktion des GG seit dem Frühjahr 1940 und Franks Ehrgeiz, möglichst wenig aus seinem „Königreich" abzugeben, zuzuschreiben. Die wertvollsten Stücke, die sogenannte „Erste Wahl", verzeichnete ein schon 1940 von Mühlmann und seinen Mitarbeitern herausgegebener Katalog mit dem Titel „Sichergestellte Kunstwerke", der dem Führer überreicht werden sollte, eine ungemein aufwendige Publikation mit einer Auflage von nur 50 Exemplaren. Sie sollte jedoch nicht nur die einzelnen Stücke bekannt machen – 521 wurden aufgeführt –, sondern zugleich „den klaren Beweis für die Durchdringung des Ostens durch den deutschen Kulturwillen" erbringen, wie im Vorwort zu lesen war. „Von einer selbständigen polnischen Kunstentwicklung in den historischen Stilepochen zu sprechen, erübrigt sich. Es gibt Schöpfungen deutschen Gepräges, und es gibt flämische und holländische Werke, die ihrem ganzen Geist und Charakter nach gleichfalls nichts anderes zum Ausdruck bringen als deutsches Wesen und deutsche Kulturkraft"[23].

Durch die „Sicherstellung" blieb zwar der weitaus größte Teil der polnischen Kunstobjekte im GG, aber die „Neuordnung" war alles andere als musterhaft. Nicht nur die Unfähigkeit des Sonderbeauftragten, sondern auch die offenkundige Unklarheit, was mit der Beute zu geschehen habe, waren die Ursachen dafür. Ein Bericht des Architekten Ernst von Palézieux, der ab April 1942 als Sachbearbeiter in der Kanzlei des Generalgouverneurs in Krakau arbeitete und von Frank mit der Unterbringung von Kunstschätzen in der Burg und Untersuchungen über angeblich verlorengegangene Werke beauftragt worden war, gibt ein recht deutliches Bild davon[24].

Mühlmann erklärte nach der Enthüllung der skandalösen Zustände bei der Aufbewahrung der Kunstwerke seinen Rücktritt. Palézieux, der schon vorher als Franks inoffizieller Sonderbeauftragter fungiert hatte – er holte beispielsweise die besten Objekte der „ersten Wahl", die Mühlmann nach Berlin geschafft hatte, wieder nach Krakau zurück[25] – übernahm seine Aufgaben[26]. Zugleich wurde das „Amt für die Pflege alter Kunst" als selbständige Instanz aufgelöst und der Hauptabteilung Wissenschaft und Unterricht unterstellt[27].

Der letzte Akt in der Odyssee „sichergestellter" polnischer Kunstwerke begann mit den Räumungsmaßnahmen im GG. Frank zeigte auch hier ein gänzlich widersprüchliches Verhalten. In einer Besprechung mit Palézieux vom 10. Juli 1944 gab der Generalgouverneur zu erkennen, die mittlerweile auf der Burg – diesmal in tadellosem Zustand – untergebrachten Werke sollten dort bleiben, er wolle im Evakuierungsfall unter keinen Umständen etwas mitnehmen, was Staatseigentum sei. Das schien jedoch einer seiner charakteristischen Augenblicksentschlüsse zu sein, die ebenso schnell wie sie geboren auch wieder umgeworfen wurden. Einen Monat später begann der Abtransport der auf der Burg untergebrachten Kunstobjekte nach Schlesien in das Schloß Seichau des Grafen Manfred von Richthofen. Als der Konvoi des Generalgouverneurs nach dem Verlassen Krakaus am 17. Januar 1945 dort Halt machte, erging die Anweisung zum Weitertransport nach Schloß Muhrau bei Jauer (Niederschlesien). Franks Adjudant, SS-Hauptsturmbannführer Helmuth Pfaffenroth, sorgte schließlich dafür, daß die kostbarsten Stücke nach Neuhaus am Schliersee kamen, wo der unfreiwillig entthronte Generalgouverneur seine Schattenregierung weiterführte. Als ihn amerikanische Offiziere dort am 4. Mai 1945 verhafteten, fanden sie u.a. Leonardo da Vincis „Dame mit dem Hermelin", Rembrandts „Landschaft", den Behaim-Kodex und einen vergoldeten Kelch aus der Krakauer Marienkirche[28].

Ließen sich die „Sicherstellungen" polnischer Kunstwerke nur schwer mit volkspolitischen Motiven in Zusammenhang bringen, auch wenn solche Versuche unternommen wurden wie im Falle von Mühlmanns Katalog „Sichergestellte Kunstwerke", so konnten solche Motive bestimmend werden bei der „Neuorganisation" der ihrer wertvollsten Objekte nun beraubten Museen, vor allem auch der verschiedenen regionalen und Volksmuseen. Obwohl solche Fragen praktisch kaum noch Bedeutung erlangten, ist es für die nationalsozialistische Kulturpolitik typisch, daß sie in der Planung durchaus eine nicht unerhebliche Rolle spielten. Die Tatsache, daß mitten im Kriege relativ detaillierte Projekte entworfen wurden, die sich mit der künftigen Gestalt deutscher „Schaustätten" im GG befaßten, ist zwar einerseits durchaus symptomatisch für den Mangel an effektiver Verwaltung, auf der anderen Seite aber beweist sie, welche Bedeutung der „Volkspolitik" zugemessen wurde und wie konsequent sich die Prinzipien einer nationalsozialistischen Kulturpolitik im „fremdvölkischen Raum" im Bereich der Verwaltung niederschlugen.

Am 9. August 1941 brachte die Hauptabteilung Wissenschaft und Unterricht in der Regierung des GG einen „Erlaß und Richtlinien zur Neuordnung des Museumswesens" heraus[29]. Daraus ging deutlich hervor, nach welchen Grundsätzen künftig auf diesem Gebiet gearbeitet werden sollte: „Die öffentlichen und privaten Sammlungen im GG sind ausschließlich nach ihrer *volks- und staatspolitischen Bedeutung* zu behandeln. Sie haben der deutschen Sache und der inneren Ordnung im Lande zu dienen, sowohl in ihren wissenschaftlichen als auch in ihren unmittelbar volksbildenden Aufgaben". Innerhalb von 30 Tagen hatten Deutsche die kommissarische Leitung für alle öffentlichen Sammlungen zu übernehmen, um mit der Aufnahme aller Bestände in Karteiform beginnen zu können. In allen Distriktsabteilungen „Wissenschaft und Unterricht" sollten

„Referenten für Musealangelegenheiten" bestellt werden, deren Vorgesetzter der „Sachbearbeiter für das Gesamtinventar der Sammlungen im GG" in der Hauptabteilung „Wissenschaft und Unterricht" in Krakau war. Die Richtlinien legten im einzelnen fest, welche Typen von Sammlungen im GG künftig allein zugelassen sein sollten. Das Fernziel dieser Neuorganisation stellte die Überwindung des Zwiespalts zwischen „wissenschaftlichem Zweck und volksbildender Aufgabe" dar. Fünf Typen waren vorgesehen:

1. Eine „Sammlung der deutschen Leistung im Weichselland", mit einer wissenschaftlich-archivalischen Abteilung und einer „volkstümlichen Schaustätte", deren Aufgabe darin bestehen sollte, „den ansässigen und durchreisenden Deutschen oder auch ausländischen Besuchern ein Bild von der Pionierarbeit des Deutschtums in diesem Lande zu vergegenwärtigen". Ein „Haus der deutschen Leistung im Weichselland" sollte dazu in Krakau entstehen mit entsprechenden Tochterhäusern in den Distriktsstädten.
2. Das „Deutschland-Haus", das „durch anschauliche Darstellung der landschaftlichen und geistigen Heimat den inneren Halt der im Osteinsatz, d.h. in fremder Umwelt tätigen Volksgenossen zu stärken" hatte.
3. Die landeskundliche Sammlung, organisiert nach dem gleichen zweiteiligen Schema wie der erste Typ und ebenso mit einem zentralen und den regionalen „Häusern für Landeskunde".
4. Kulturkundliche Sammlungen, die zunächst nur in Krakau und Warschau vorgesehen waren und „zur allgemeinen Bildung" alles, was nicht deutsche Leistung betraf, zu sammeln hatten, und schließlich
5. sorgfältig auszuwählende Spezialsammlungen, die bestimmte Lebensbereiche, Regionen oder Personen betrafen.

Dr. Richard Albrecht, der für Museen zuständige Referent in Krakau, welcher die Richtlinien ausgearbeitet hatte, rechtfertigte sie durch den Hinweis auf den engen Zusammenhang mit der Volkserziehung, der im GG als dem Vorposten des Reiches besondere Bedeutung zukomme. Die Museen sollten, wie er in einem knappen, aber programmatischen Artikel „Volkspolitik und Museen – Neue Wege im GG" schrieb, „Rüststätten des Kulturkampfes" sein gegen die vor dem Krieg in der Welt verbreitete „polnische museale Agitation". Weil das Weichselland Schauplatz „eines mehrhundertjährigen harten Volkstumskampfes" sei, könne hier „kein Platz für wissenschaftliche Sammlungen sein, die nicht aktiv am deutschen Aufbau in diesem Lande mitwirken, und das einzig gegebene Wirkungsfeld ist in diesem Falle die Volkserziehung."[30]

Der Krieg vereitelte auch diese Pläne. Zwar wurden im Sinne der angeführten Zielsetzung in Radom und Lublin noch prähistorische Sammlungen eröffnet, ebenso wurde das Tatra-Museum in Zakopane in den Dienst der These von der rassischen Eigenart der Goralen gestellt[31], aber außer solchen kurzfristigen Episoden blieben alle Museen geschlossen. Im übrigen trat auch hier das unvermeidliche Gesetz nationalsozialistischer Selbstbehinderung wieder einmal in Erscheinung. In Warschau plante das „Sonderreferat für kulturelle Angelegenheiten" in der Schulabteilung 1941 ein deutsches Museum, das den deutschen Einfluß in der Geschichte Warschaus dokumentieren sollte. Das war jedoch nicht möglich ohne die Bestände des Nationalmuseums. Sie waren aber bereits vom „Sonderbeauftragten" Mühlmann „sichergestellt" worden[32].

6. Theater und Musik

Allein in Warschau existierten vor dem Krieg 24 Berufstheater, darunter 2 Opern[1]. „Die Vorführung des ernsten Schauspiels und der Oper sind für die Polen verboten" heißt es in den im Frühjahr 1940 von der Propagandaabteilung der Regierung in Krakau herausgegebenen „Kulturpolitischen Richtlinien"[2]. Damit versuchte man anfangs durchaus Ernst zu machen. Ähnlich wie im Bereich der Pressepolitik sollte das polnische Theater bestenfalls der seichten Unterhaltung dienen. Lizenzen gab es anfangs nur für Varietés, Revuen und kleine Theater, die Farcen und ähnliches spielten. Das zunächst durchgeführte Prinzip der Trennung von hoher (deutscher) und leichter (polnischer) Schauspielkunst wurde besonders deutlich im Sommer 1940, als während der „Warschauer Kulturtage" in dem aus dem 18. Jahrhundert stammenden Łazienki-Park für Deutsche Sophokles, Calderon, Tirso de Molina u.ä. gespielt wurde, während zur gleichen Zeit Zirkus Busch für die Polen eine Tournee durch das GG unternahm[3].

Dieses Prinzip wurde zwar im Grundsatz beibehalten, auf beiden Seiten im Laufe der Zeit jedoch immer mehr durchlöchert. Das deutsche Theater mußte in zunehmendem Maße Konzessionen machen und volkstümlichere Stücke auswählen, um die Aufgabe der Truppenbetreuung zu erfüllen, die immer stärker in den Vordergrund rückte. Die polnischen Theater andererseits durften zwar keinen der großen Nationaldichter spielen, das allgemeine Niveau aber immerhin ein wenig anheben. In erster Linie war es Warschau, das sich ein gewisses Maß an „Nonkonformismus" erlauben durfte. So wurde 1941 in dem im Mai 1940 zugelassenen, von Igo Sym geleiteten Privattheater „Komedia" ein Stück des 1930 verstorbenen Krakauer Dichters Włodzimierz Perżyński aufgeführt[4]. Später spielte man auch Fredro, Nestroy und Dumas[5].

Im Oktober 1940 wurde mit der Eröffnung des wiederaufgebauten Stadttheaters auch einer polnischen Abteilung zu spielen erlaubt, viermal pro Woche war es Deutschen, dreimal Polen vorbehalten[6]. Die polnische Abteilung leitete ebenfalls Igo Sym. Er war in Innsbruck geboren, hatte eine deutsche Mutter und einen ukrainischen Vater, sein Bruder war vor dem Krieg Professor für Ruthenisch an der Warschauer Universität[7]. Die Auseinandersetzung um dieses von der Stadt Warschau getragene polnische Theater illustriert sehr anschaulich, in welchem Spannungsfeld sich sowohl Deutsche, die sich um liberalere Handhabung der kulturpolitischen Richtlinien bemühten, als auch Polen im GG oftmals bewegten. Für den von Bormann im Herbst 1942 ins GG geschickten Beauftragten, der Spitzeldienste für die Partei leisten sollte, bot das Theater Anlaß zu scharfer Kritik an der deutschen Führung in Warschau, es war ihm Symptom für einen ideologisch völlig verfehlten Kurs. „Das polnische Theater", heißt es in einem seiner Berichte, „hat einen beachtlichen Zuspruch zu verzeichnen. Damit heben wir die polnische Kultur und festigen das Nationalbewußtsein der Polen. Die Begründung, warum den Polen ein polnisches Theater gestattet wird, lautet: man gleiche damit den Defizit (sic) aus! Ich weiß nicht, ob das ausreichende Begründungen sind, elementare politische Grundsätze über den Haufen zu werfen"[8].

Sym seinerseits wurde von der Widerstandsbewegung sorgfältig beobachtet. Er hatte bei dem Propagandafilm „Heimkehr" mitgewirkt, der die Umsiedlung der Galizien- und Wolhyniendeutschen im Winter 1939/40 darstellte und in dem Attila Hörbiger und Paula Wessely (als Bauernpaar) die Hauptrollen spielten[9]. Mochte die Mitarbeit in diesem Film noch toleriert werden, so ging die Anbiederung an die deutschen Besatzungsbehörden schließlich offenbar doch zu weit. Die Widerstandsbewegung sah in ihm einen deutschen Agenten und beschloß, ihn zu liquidieren. Am 7. März 1941 fand man ihn erschossen in seiner Wohnung[10]. Syms Ermordung löste ein lebhaftes Echo aus. Goebbels forderte „scharfe Sühnemaßnahmen“[11]. Gouverneur Fischer in Warschau kündigte die Erschießung von mehreren hundert Geiseln an, falls der Mord nicht aufgeklärt werde, ließ die Polizeistunde auf 20.00 Uhr verlegen und vorerst alle Theater- und Varietéveranstaltungen verbieten[12].

Was im Falle Syms in der Überschreitung der Grenzen besonders deutlich wird, galt prinzipiell für alle legalen polnischen Theater. Illegale Theater konnten ihrer von den Umständen erzwungenen Form nach nur kleine Bevölkerungskreise ansprechen. Deshalb ließ sich der eigentlich angestrebte Boykott deutsch-lizenzierter polnischer Theater nicht rigoros durchführen. Diese erfreuten sich daher auch immer größeren Zuspruchs, was von der Widerstandsbewegung mit Argwohn betrachtet wurde, aber schwer verhindert werden konnte. Keineswegs handelte es sich dabei nur um „Elemente der Kriegskonjunktur“, wie die Delegatur in Berichten an die Exilregierung zu suggerieren versuchte[13]. Die Besucherzahlen der „Komedia“ sprechen eine andere Sprache: sie stiegen von 1 461 im Jahre 1940 auf 20 824 (1943) bei einem Stück des Farcen-Autors und Chefregisseurs der „Komedia“ Roman Niewiarowicz[14].

Weil sich ihre Tätigkeit in aller Öffentlichkeit vollzog, war die Arbeit polnischer Theaterbesitzer und Schauspieler ein gefährlicher Seiltanz: sowohl die Toleranz der deutschen Behörden als auch die der Widerstandsbewegung kannte bestimmte Grenzen. Sie zu erspüren, erforderte ein hohes Maß an politischem Geschick. Einerseits war man in der Widerstandsbewegung durchaus bereit, Schauspielern in konzessionierten Theatern wenigstens bescheidene Arbeitsmöglichkeiten zu geben. Es gab jedoch auch Stimmen, die eine konsequent „nationale Haltung“ forderten. So schrieb die illegale Zeitung der Sozialisten (WRN) „Wolność“ im Mai 1944 „über die Schauspielerehre“: angesichts der Situation des Landes sei auch das Theater zum Politikum geworden, es lege dem Schauspieler Verpflichtungen auf, und aus der verpflichtenden Bindung des Theaters an die Gesellschaft müsse sich die Ablehnung aller egoistischen Motive und somit jeder Kollaboration ergeben, deren konsequente Bestrafung nach dem Krieg daher auch gefordert wurde[15]. Niewiarowicz war ein Opfer dieser Konstellation. Er arbeitete gleichzeitig in der Abteilung Gegenspionage der AK mit und wurde 1943 von der deutschen Polizei verhaftet und ins KZ eingeliefert. Dennoch bildete der Verweis, den ihm die zivile Widerstandsorganisation erteilt hatte, nach dem Kriege die Grundlage für seine Bestrafung, auch wenn man in dem Urteil grundsätzlich seine Verdienste in der Konspiration anerkannte[16]. Die lapidare Form der Widerstandsbewegung für die Boykottaufforderung lautete: „Tylko świnie siedzą w kinie, te bogatsze zaś w teatrze“ (nur Schweine sitzen im Kino, die reicheren aber im Theater)[17].

Die Politisierung des Theaters zeigte sich nicht nur darin, daß es zunächst von der deutschen Führung als Instrument der Paralysierung der nationalen Moral benutzt wurde und dadurch jede Mitarbeit für die Widerstandsbewegung mit umgekehrtem Vorzeichen ebenfalls zum Politikum machte, es dienten vielmehr sowohl das polnische wie das deutsche Theater auch der direkten politischen Propaganda. In einem internen Bericht der Hauptabteilung Propaganda in Krakau an das Ministerium in Berlin wurde eine antibolschewistische Ausrichtung des polnischen Theaters befürwortet. „Durch geschickt gewählte Sketche, Lieder und Monologe, die – um etwa ein Beispiel zu nennen – die Verhältnisse der Bolschewistenzeit in Lemberg bzw. in den von den Bolschewisten besetzten Gebieten darstellen, könnte eine Einwirkung auf die polnische Bevölkerung gewonnen werden, die gar nicht abzuschätzen ist. Auch wäre es bei dieser Propaganda das Gute, daß Polen, die innerhalb ihres Volkes einen guten Namen haben, die Propaganda für uns machen würden und daß wir vollständig hinter unserer Aufgabe verschwinden könnten."[18] Trotz einiger entsprechender Versuche hatte diese Aktion keine großen Erfolge zu verzeichnen[19].

In den Rahmen dieser mit großem Propagandaaufwand betriebenen Politik, der „europäischen Neuordnung Entwicklungsmöglichkeiten zu geben"[20], gehörte auch die Wiedereröffnung eines polnischen Theaters in Krakau. In Anwesenheit des Reichspressechefs Dietrich, des Krakauer Gouverneurs von Burgsdorff, des Stadthauptmanns Krämer und einiger ausländischer Journalisten wurde am 17. März 1944 das ehemalige „Stary Teatr" als „Polnisches Volkstheater Krakau" eröffnet, mit einem Stück Aleksander Fredros, des „polnischen Molière". Die katholische Kirche hatte sich bereit erklärt, die neue Bühne zu weihen. Obwohl die örtliche zivile Widerstandsorganisation den Boykott des Theaters verkündete und Gregorz Senowski, der im Namen der polnischen Schauspieler dem Generalgouverneur gedankt hatte, von einem Untergrundgericht „ad infamiam" verurteilt wurde[21], schien diese Aktivität der Widerstandsbewegung weder bei der Bevölkerung noch bei den Schauspielern eine große Wirkung auszuüben[22]. Das Theater spielte mit Unterbrechung in den Monaten des Warschauer Aufstandes bis Mitte Januar 1945[23].

Verlief die Entwicklung des polnischen Theaters im Laufe der Okkupationszeit in einer langsamen, aber doch ansteigenden Linie, so läßt sich für das deutsche Theater eher eine gegenläufige Tendenz beobachten. Ihm war anfangs mehr als nur gehobene Unterhaltung der im GG tätigen Deutschen als Aufgabe zugewiesen, es sollte „Erziehungsanstalt" und Manifestation der deutschen „kulturpolitischen Sendung" sein[24]. Deutsche Schauspieler im GG sollten sich verstehen als „legitime Nachfahren der deutschen Künstlerschaft, des deutschen Bürgertums und der deutschen Bauerngeschlechter, die dieses Land einst besessen und mit ihrer Arbeit und nach ihrer Art erschlossen und geformt hatten"[25]. Neben Warschau entstanden auch in Lublin und Lemberg deutsche Bühnen[26]. Den Mittelpunkt des deutschen Theaterlebens im GG bildete jedoch Krakau, dessen „Staatstheater" unter seinem Intendanten Friedrich Franz Stampe die großzügigste offizielle Förderung erfuhr. Dem Schauspielhaus waren Operette, Oper und Ballett angegliedert mit insgesamt 26 Schauspielern, 26 Opern- und Operettenkünstlern, 50 Orchestermusikern und 12 Ballett-Tänzern. Die Besucherzahlen stiegen von 62 000 in der Spielzeit 1940/41 auf 192 000 im Jahre 1943, davon waren ca. 60 Prozent Wehrmachtsangehörige[27]. Dominierten zunächst im Spielplan Klassiker und wurde hohes Niveau als Ausdruck der Kulturhöhe und der Repräsentation des Deutschtums gegenüber den Polen postuliert[28], so drängten sich bald die praktischen Aufgaben der „Truppenbetreuung" stärker in den Vordergrund[29]. Der Charakter einer „Frontbühne ersten Ranges" bewahrte das Krakauer Staatstheater auch lange Zeit davor, daß seine Mitglieder zur Wehrmacht eingezogen wurden[30]. Es wurde erst geschlossen, als die Bühnen des Reiches schon lange nicht mehr spielten und das GG nur noch ein Drittel seines ursprünglichen geographischen Umfangs aufwies, am 1. September 1944[31].

Ein ähnliches Entwicklungsbild mit deutlichen politischen Akzenten bietet das Musikleben. In den „Kulturpolitischen Richtlinien" wurde gefordert, daß Konzerte mit einem hochstehenden Programm, das den Besuchern „ein künstlerisches Erlebnis vermitteln" könne, zu verbieten seien und auch die Musikprogramme der Kaffeehäuser der Genehmigung bedürften[32]. Diese abstrusen Forderungen wurden nicht einmal mehr zur Zeit der Entstehung der „Richtlinien" strikt befolgt, auch wenn alle eigenständigen polnischen Orchester aufgelöst worden waren. In diesem Falle mochte es tatsächlich in erster Linie Frank selbst als großer Musikliebhaber sein, der für eine Lockerung des Verbots eintrat. So befürwortete er schon im Februar 1940 gegenüber seinem Propagandachef du Prel die Tolerierung künstlerisch hochstehender Konzerte von Musikern der ehemaligen Warschauer Philharmonie im Café „Lardelli", solange es dabei nicht zu politischen Demonstrationen komme[33]. Die musikalischen Veranstaltungen im „Lardelli" fanden sehr großen Zulauf und dank der guten Beziehungen des Dirigenten Dołżycki zu den deutschen Behörden wurde im Herbst 1941 sogar ein Chopinkonzert mit deutscher Billigung aufgeführt. Auch Szymanowski und Zarzycki durften gelegentlich gespielt werden[34]. Die polnischen Komponisten Lutosławski und Panufnik präsentierten sich als berühmtes Klavierduett[35].

Die Tatsache dieser auf hohem Niveau stehenden Konzerte, dazu noch mit bisweilen „nationalpolnischen Einlagen", mußte zu einem Politikum werden, und der SD nahm sie daher auch bald zum Anlaß einer eingehenden Kritik an der Kulturpolitik im GG, die eine völlige Abkehr von den politisch notwendigen Grundsätzen darstellte[36]. Andererseits gerieten Dołżycki und die Mitglieder des Orchesters in das Feuer der Kritik der Widerstandsbewegung, die zum Boykott der musikalischen Veranstaltungen aufrief, so daß schließlich der groteske Fall eintrat, daß polnische Musiker beim Warschauer Propagandaamt – mit Erfolg – um Ablösung des allzu deutschfreundlichen Dirigenten baten, um sich auf diese Weise vor den Sanktionen der Widerstandsbewegung zu schützen[37].

Den Hauptangriffspunkt von Seiten der SS bildete eine Schöpfung des Generalgouverneurs: die „Philharmonie des GG", ein aus etwa 100 Musikern bestehendes rein polnisches Orchester, das von dem Münchener Dirigenten Hanns Rohr im Sommer 1940 aus den Spitzenkräften verschiedener Warschauer und Krakauer Orchester zusammengestellt worden war. Es wurde vom GG getragen, gab Konzerte und Gastspiele für Deutsche und „Volkssymphoniekonzerte" für Polen[38]. „Da, wo im eroberten Lande angelsächsischer Geschäftsgeist Banken und Börsen errichtet hätte", schrieb dazu der 1. Dirigent des Orchesters, Hanns Rohr, „erwuchsen unter deutschem Kulturbewußtsein im ehemaligen Polen Räume, in denen die Kantate der deutschen Seele als höchster geistiger Ausdruck der gesamten Menschheit, in denen deutsche Musik erklingt."[39] Die Kritiker dagegen mußten das Kuriosum konstatieren, daß die „seit Beginn des Krieges von deutscher Seite immer wieder vertretene Behauptung, daß die Polen eine eigenwüchsige hochwertige Kultur nie besessen hätten" durch dieses erstklassige Orchester „ad absurdum geführt" werde. Konzerte eines polnischen Orchesters seien somit dazu angetan, „die polnische Bevölkerung auf eigene Kulturschöpfungen hinzuweisen und damit zu einer Stärkung ihres nationalen Lebens beizutragen."[40]

Frank dachte pragmatischer, er glaubte, man könne sich „den Luxus" eines polnischen Orchesters in deutschen Diensten nicht nur aus propagandistischen Gründen leisten[41], sondern auch weil die Tatsache, daß vor „Tausenden von deutschen Verwundeten" Musik gemacht werde, „genau so wichtig" sei „wie die Verwendung der vielen Polen bei der Ostbahn."[42]

Der Widerspruch zwischen der offiziell deklarierten Kulturlosigkeit oder mindestens kulturellen Unselbständigkeit der Polen und der Tolerierung selbst gelegentlicher Chopin-Konzerte war zu offenkundig, als daß nicht Versuche unternommen worden wären, ihn wenigstens abzumildern. Ein unzweifelhaft nationalpolitischer weltberühmter Komponist mußte den Verfechtern der „Kulturträgertheorie" ein ständiger Dorn im Auge sein. Eine Lösung bot sich in zweierlei Gestalt an: genealogische Untersuchungen kamen zu dem – freilich höchst unsicheren – Ergebnis, daß Chopins Vorfahren aus dem Elsaß stammten und sich der Name von der deutsch-elsässischen Familie Chopping herleitete[43]. Zum anderen mußte der Lehrer Chopins, der Direktor der Warschauer Oper von 1799 bis 1824, Joseph Elsner, dazu herhalten, den polnischen Musiker möglichst eng mit deutschen Einflüssen in Verbindung zu bringen. Auf Elsner – dessen

Deutschtum im übrigen auch umstritten war und ist – richteten sich daher in besonderem Maße die Interessen der deutschen Musikwissenschaft im GG[44].

In der im Oktober 1943 eröffneten Chopinausstellung wurde diese Verbindung sinnfällig dokumentiert, indem neben der Sammlung des französischen Chopinbiographen Edouard Gauche, die aus Paris nach Krakau übergeführt worden war, auch der Nachlaß Elsners ausgestellt wurde[45]. Durch diese Motivierung mußte freilich der propagandistische Effekt gegenüber den Polen, der mit diesem Museum ebenfalls beabsichtigt war, wieder zunichte gemacht werden. In totaler Überschätzung dieses Effekts wollte Frank die Eröffnung dieses Museums als „ganz große kulturelle Geste" im Rahmen seines angestrebten neuen Kurses verstanden wissen[46]. Selbst die antibolschewistische Note ließ sich finden: unter den zahlreichen Berichten über die Ausstellung in der Reichspresse stellte die „Bromberger Rundschau" ihren Artikel unter ein Zitat aus Chopins Stuttgarter Tagebuch, dessen aktuell-politischer Bezug evident war: „Soll der Moskowiter die ganze Welt beherrschen? "[47].

Zweiter Teil

I. Konspiratorische Tradition und Aufbau des polnischen Untergrundstaates

Die nationalsozialistische Kulturpolitik, die in ihren verschiedenen Teilbereichen hier dargestellt worden ist, war ihrer Intention nach deutlich auf substantielle Vernichtung des polnischen Volkes als einer Kulturnation abgestellt. Obwohl die Erscheinungsformen dieser Politik keinesfalls, wie hier ebenfalls deutlich zu machen versucht wurde, den programmatischen Direktiven entsprachen, war doch den politisch relevanten Kräften in Polen das Fernziel der nationalsozialistischen Besatzungspolitik durchaus klar. Es stellte sich somit die Frage, wie man einer solchen Politik begegnen, wie man auf sie reagieren solle.

Von seiner Geschichte her war Polen schwerlich für politische Apathie und unterwürfigen Gehorsam gegenüber der Okkupationsmacht prädestiniert. Die Radikalität des politischen Kurses der Nationalsozialisten stellte überdies die Alternative schon selbst: zumindest für den Großteil der nicht nur von der psychischen, sondern auch physischen Liquidierung bedrohten Intelligenz schien nur der aktive Widerstand, allerdings in einer Vielzahl von Formen, übrig zu bleiben. Diese Intelligenz wurde zum Motor und Organisator der polnischen Untergrundbewegung. Was sie unter Beteiligung breiter Schichten aufbaute, führte die nationalsozialistische Kulturträgertheorie ad absurdum, wie es überzeugender kaum hätte geschehen können.

Die Besonderheit der polnischen Untergrundbewegung, in der zum Partisanenkampf und zum passiven Widerstand auch in sehr ausgeprägter Form aktiver Widerstand im zivilen Bereich trat, läßt sich nicht ohne Berücksichtigung der Geschichte des polnischen Volkes nach den Teilungen erklären. In diesem Zusammenhang geht es vor allem um die Frage, welches Gewicht besonders kongreßpolnische Traditionen für den zivilen Widerstand während der nationalsozialistischen Okkupation hatten.

Daß sich personelle Kontinuitäten nur selten nachweisen lassen, besagt wenig gegen die Wirksamkeit konspirativer Traditionen, da diese auch in vermittelter Form Einfluß ausüben konnten und bewußtseinsmäßig ein konspiratives Potential schufen, das in entsprechenden Situationen sofort mobilisiert werden konnte, wie die schnelle Organisation einer Widerstandsbewegung vor allem in Warschau im Herbst 1939 bewies.

Ein Vergleich der nationalsozialistischen und der zaristischen Schulpolitik in Polen zeigt, daß formal annähernd vergleichbare politische Situationen ähnliche Reaktionen provozierten. In dem Maße, wie der administrative Druck von oben und damit die nationale Diskriminierung wuchsen, stieg der nationalbewußte Widerstand und nahmen die illegalen Organisationen zu.

Die russische Bildungspolitik in Kongreßpolen wies keine rassistischen Elemente auf, sie war ferner in Ausmaß und Konsequenz von der nationalsozialistischen verschieden, im übrigen ist sie aber in der antipolnischen Tendenz prinzipiell durchaus vergleichbar. Vor allem wurde – und um diesen Gesichtspunkt geht es hier – durch diese Politik ein breit fundierter Widerstand hervorgerufen, der schließlich eine Änderung erzwang. Schon in den 70er Jahren waren mit Ausnahme der Volksschulen fast sämtliche polnischen Schulen russifiziert. 1879 gab es an der Universität Warschau keinen polnischen Gelehrten mehr. Unter dem Generalgouverneur für Warschau, I. V. Gurko (1883–1894), und dem Kurator des Lehrbezirks, A. L. Apuchtin (1879–1897), gelang auch die äußerliche Russifizierung der Volksschulen und der letzten polnischen Einrichtungen. Sogar alle öffentlichen Aufschriften hatten in russischer Sprache zu erfolgen. Polnisch wurde an der Warschauer Universität als „Orts- und Eingeborenensprache" registriert[1]. Die Folge waren ein glühender Haß gegen die Russen und zahlreiche illegale Aktionen mit nicht nur patriotischem, sondern z. T. auch radikal-sozialistischem Einschlag. Auch hier zeigen sich gewisse Parallelen zur Zeit der nationalsozialistischen Okkupation: aus der Unterdrückung erwuchsen nicht nur aktiver Widerstand, sondern zugleich Ansätze zu einer Besinnung auf die soziale Situation der breiten Volksmassen.

Die Geschichte des illegalen Schulwesens zur Zarenzeit, auf die man sich unter nationalsozialistischer Okkupation mehrfach berief[2], ist nur noch schwer zu rekonstruieren, da kaum schriftliche Unterlagen existieren, die darüber Aufschluß geben. Den Anfang machte die Universität, die am stärksten von der Russifizierung betroffen war[3]. Seit 1886 gab es Versuche, Ersatz für eine polnische Universität zu schaffen. In Privatwohnungen entstanden akademische Kurse mit 12 bis 20 Teilnehmern, die aufgrund des aus Sicherheitserwägungen notwendigen Wechsels als „fliegende Universität" bekannt wurden. Die Organisation war jedoch außerordentlich locker, und der Name „Universität" ließ sich zu Recht in Frage stellen, da nur wenige Fachrichtungen vertreten waren und vor allem – teilweise einer allgemeinen Zeitströmung entsprechend – Psychologie und Sozialwissenschaften absolut dominierten.

Der polnische Soziologe und Marxübersetzer Ludwik Krzywicki, der selbst zweimal wöchentlich illegale Vorlesungen hielt, deswegen 1899 verhaftet wurde und zwei Jahre in der Warschauer Zitadelle verbüßte, schätzte die Zahl der illegalen Hörer im Jahre 1905 auf ca. 1 000, darunter über 100 Frauen. Als nach den revolutionären Vorgängen des Jahres 1905 in Rußland selbst und in Polen eine Kursänderung in der Schulpolitik eintrat, konnten 1906 mit der Einrichtung der sogenannten „höheren wissenschaftlichen Kurse" – einer Art Vorstufe zu einer regulären Universität – die bisher konspirativ betriebenen Aktionen in legalem Rahmen weitergeführt werden.

Ähnlich locker organisiert war der geheime Schulunterricht[4], der von 1894 bis 1906 existierte. Eine „Gesellschaft für Geheimunterricht" wurde unter Leitung von Helena Ceysingerówna gegründet, der unter anderem Henryk Sienkiewicz und Maurycy Zamoyski angehörten. Sie trat in der Regel nur einmal im Jahr zusammen und stellte ein Forum dar, vor dem Berichte erstattet, Erfahrungen ausgetauscht, die Finanzierung geregelt und in groben Zügen festgelegt wurde, wie weiter zu verfahren sei. Der illegale Schulunterricht beschränkte sich im wesentlichen auf die Volksschulstufe. Der Russifizierung sollte damit schon in den ersten Anfängen begegnet werden. Ein polnisches Schulgebet aus dieser Zeit stellt ein charakteristisches Detail für die stark nationalbetonte Tendenz dieses Unterrichts dar:

> Sieh auf uns, mächt'ger Gott und Herr,
> laß helfen uns die Gnade Dein,
> daß gut und fleißig lernen wir
> und später gute Polen sei'n[5].

1905 nahmen ca. 2 000 Kinder an illegalem Unterricht in Warschau teil, ein nicht unbedeutender Prozentsatz, im Vergleich zu den ca. 4 000 Schülern der öffentlichen

Volksschulen. Auch hier ergab sich mit dem Jahre 1906 die Möglichkeit der Überführung in legale polnische Privatschulen.

Im Zusammenhang mit der revolutionären Bewegung in Rußland ging in Polen 1905 eine ausgedehnte Streikwelle durch das Land. Kaum ein Tag verging, ohne daß es irgendwo zu Demonstrationen, Streiks, Boykottaufrufen und öffentlichen Erklärungen der verschiedensten polnischen Parteien und Gruppen kam – allesamt gegen die Russifizierung Polens gerichtet[6].

In dieser revolutionären Situation, im gezielten Kampf gegen den Zarismus entstand 1905 eine Schrift, die eine Art theoretischer Integration der verschiedenen illegalen Aktionen in allen Bereichen des öffentlichen Lebens zum Modell eines gegen die Okkupationsmacht aufgebauten Untergrundstaates versuchte: Edward Abramowskis „Allgemeine Verschwörung gegen die Regierung"[7].

Abramowski, Mitglied der Organisation „Proletariat II" und Mitbegründer der PPS, ein bedeutender Soziologe und Psychologe, beeinflußte mit seinen Schriften vor allem die polnische Lehrerschaft sehr stark. Seine „Allgemeine Verschwörung" wurde anonym unter dem Firmenschild „Volksbildungskreis" in Krakau in einer Auflage von 2 000 Stück gedruckt und nach Kongreßpolen geschmuggelt[8]. Der geheime „Soziale Verband der Selbsthilfeorganisationen" (Związek Towarzystw Samopomocy Społeczny), der die Förderung der Kultur in Stadt und Land, die Entfaltung eines freien sozialen Lebens in Polen und damit zugleich eine scharf antirussische Politik auf seine Fahnen geschrieben hatte, finanzierte und verteilte die Schrift[9]. Zu den Organisatoren des Verbandes gehörte u.a. auch Zygmunt Nowicki[10], später Präsident des polnischen Lehrerverbandes und Präsidiumsmitglied der konspirativen TON im Zweiten Weltkrieg.

Abramowski verfocht neben bewaffneten Aktionen den totalen Boykott der Regierungsmaßnahmen in allen staatlichen und gesellschaftlichen Bereichen. Die Okkupationsmacht solle von der Bevölkerung wie eine „exkommunizierte Regierung" behandelt werden. „Ihre Schulen sollen leer stehen, ihre Gerichte werden nicht über unsere Angelegenheiten verhandeln, ihrer Polizei gestatten wir nicht, sich in irgendetwas einzumischen noch geben wir ihr irgendwelche Unterstützung. . . Kein Pole stellt sich freiwillig in ihren Dienst, keiner gibt freiwillig auch nur einen Groschen für sie. Kein Pole unterstützt irgendwelche Kriegsablieferungen oder irgendwelche Regierungsarbeiten"[11]. Die Folgen eines solchen konsequenten Boykotts sind besonders einschneidend, weil der Gegner kaum greifbar ist: „. . . eine solche Konspiration ist furchtbar für die Regierung, und keine kann sich, auch wenn sie noch so stark ist, auf die Dauer widersetzen. Die Verschwörung ist um so furchtbarer, als die Regierung in jedem anderen Kampfe ihren Gegner erreichen kann und ihn gefangensetzen, töten oder bestrafen kann – bei einer allgemeinen Verschwörung jedoch kann sie nichts tun. Der Feind ist überall und nirgendwo. . ."[12]

Hand in Hand mit dem Kampf gegen die fremde Regierung soll der Aufbau des eigenen „Staates im Staate" gehen. „Wenn wir die Beziehungen mit der Regierung abgebrochen haben, werden wir unser eigenes Leben aufbauen, wir werden lernen, als freies Volk zu leben ohne Unterstützung der Regierung. . . Wir werden unsere eigenen geheimen Schulen . . ., Schiedsgerichte, Schutzwachen schaffen . . . und gegenseitige Hilfe organisieren."[13] Mit der Schaffung eines nationalbezogenen Geheimschulwesens soll die Regierung gezwungen werden, von ihrer Entnationalisierungspolitik abzugehen und den nationalen Forderungen nachzugeben. „Die russische Schule ist unnütz für unsere Kinder, weil sie ihnen die Köpfe mit Wissen in einer fremden Sprache zunagelt, aber nicht Kenntnisse, die für das Leben nützlich sind, vermittelt; sie lehrt die Kinder weder die nationale Geschichte noch die Sprache noch die Literatur. . . Diese Schule verdummt eher, als daß sie entwickelt. . . (Die Regierung) muß die polnische Schule anerkennen, wenn sie sieht, daß ihre Schulen niemand besucht und sich der Unterricht im Geheimen vollzieht."[14] Unterdrückung und Widerstand sollten zugleich das Leitbild einer neuen, freien künftigen Gesellschaft freisetzen und „destruktiver" Kampf unmittelbar in den konstruktiven Aufbau einer besseren Zukunft münden. „So wird unser Kampf gegen die Regierung ein schöpferischer Kampf sein; er wird zugleich die Schaffung eines neuen Lebens einer Gesellschaft freier Männer und Frauen bedeuten. Schrittweise, aber stetig wird sich der Bau eines solchen polnischen Volksstaates (Rzeczypospolitej Ludowej), wie wir ihn wünschen, vollziehen, eines Staates, der uns durch niemanden geschenkt wird, solange wir ihn nicht selbst schaffen."[15]

Mag der Einfluß dieser und ähnlicher Schriften auf breite Kreise der polnischen Bevölkerung auch gering gewesen sein, bei den bildungs- und sozialpolitisch aktivsten Köpfen fanden sie lebhaften Widerhall[16]. Abramowskis Schriften wurden sogar im GG von Krakau aus illegal verteilt[17]. Das aus der Unterdrückung geborene Pathos nationaler Freiheit und sozialer Gerechtigkeit kehrt in den illegalen Programmen der Untergrundbewegung des Zweiten Weltkrieges prinzipiell kaum verändert wieder. Die Schulstreiks von 1905 und die illegalen Unterrichtsformen waren in der nationalsozialistischen Okkupationszeit noch zahlreichen Lehrern in lebendiger Erinnerung[18], so daß nicht zuletzt dadurch eine wesentliche Voraussetzung geschaffen war für den Aufbau eines ausgedehnten und organisatorisch ungleich besseren konspirativen Bildungswesens.

Vor dem Hintergrund nationalsozialistischer Politik muten die Vorstellungen Abramowskis zunächst naiv an, da ihnen der Erfahrungsgehalt eines Systems fehlte, dessen Brutalität den Terror der zaristischen Geheimpolizei als vergleichsweise harmlos erscheinen läßt. Dennoch hat sich die polnische Widerstandsbewegung im Zweiten Weltkrieg weitgehend an diesem Modell orientiert, wenn auch mit erheblichen Modifikationen, die in der Praxis unvermeidlich waren. Selbst die Abramowskische Prognose, eine Okkupationsregierung werde durch Geheimunterricht gezwungen, ihre Schulpolitik zu ändern, fand im GG schließlich ihre Bestätigung[19], freilich erst im Rahmen tiefgreifender Änderungen in der militärischen und politischen Konstellation.

„Konspiratorische Traditionen" bestanden nun aber in Polen auch noch in einem anderen, übertragenen Sinne. Wenn die nationalsozialistische Propaganda das alte Schlagwort von der „polnischen Wirtschaft" – Georg Forster hat es im 18. Jahrhundert geprägt – aufgriff und auf die angeblich durch die Geschichte erwiesene Unfähigkeit der Polen zu einer „geordneten Staatsbildung" hinwies[20], so wurde damit durchaus ein im Prinzip richtiger Sachverhalt angesprochen, richtig freilich in einem total anderen Sinne, als es nationalsozialistische Ideologen und ihre wilhelminischen Vorläufer meinten. Denn nicht die „Minderwertigkeit der slawischen Rasse" ließ sich zur Erklärung anführen, sondern das der deutschen Tradition völlig entgegengesetzte und daher in Deutschland auch so schwer zu begreifende Verhältnis von Staat und Gesellschaft. Historische Erklärungsversuche, die mit Nationalcharakteren oder rassischen Eigenarten operierten, resultierten aus diesem Mißverstehen, sofern sie nicht einfach eine opportunistische Übernahme offizieller Doktrinen darstellten.

Der alte polnische Satz „Polska nierządem stoi" (Polen besteht durch Anarchie) formuliert in pointierter Weise das eigentümliche Verhältnis von Staat und Gesellschaft im Verständnis der polnischen Szlachta[21]. Die Staatsräson als politischer Orientierungs- und Wertmaßstab galt für Polen, geht man zunächst einmal vom Selbstverständnis der tragenden Schicht aus, nicht. Staat bedeutete im alten Polen nie mehr als Ciceros

„summa rerum privatarum", als ein „lose verbundenes Ensemble patriarchalischer Einheiten"[22]. Im genauen Gegensatz etwa zu Preußen lag in der Gewichtsverteilung zwischen kollektiver und staatlicher Macht einerseits und individueller und gesellschaftlicher Freiheit andererseits der Akzent einseitig auf der letzteren. Dem Zentralismus der absoluten und aufgeklärten Monarchie Mittel- und Westeuropas stand in Polen ein radikales Genossenschaftsdenken gegenüber, dessen konsequenter und – wenn es egoistisch praktiziert wurde – absurdester Ausdruck das „liberum veto" darstellte. Es existierte somit eine starke antizentralistische und „demokratische" politische Tradition, die zwar völlig einseitig an die tragende, historisch schon im Abstieg begriffene soziale Schicht des Adels gebunden war, die aber dennoch das Verhältnis der Gesellschaft zu der ihr zugeordneten Staatsform auch in Zukunft entscheidend bestimmen mußte.

Dieses Verhältnis konnte vor allem in dem Augenblick Relevanz gewinnen, in dem die staatliche Form von außen her zertrümmert wurde und die nationale Lebenskraft angesichts der mehr oder minder massiven Russifizierungs- oder Germanisierungsversuche von der inneren gesellschaftlichen Widerstandsfähigkeit abhing. Genossenschaftliche Organisationsformen und konspiratives Denken vermochten in den Zeiten der Teilung oder Unterjochung das staatliche Gefüge zu ersetzen, weil dieses nie eine deutschen Verhältnissen vergleichbare Bedeutung oder gar metaphysische Weihe besessen hatte. Konspiration und Widerstand sind daher zu einem erheblichen Teil auch Komplement und Konsequenz eines spezifisch polnischen Verhältnisses der Gesellschaft zum Staat. Denn die polnische Résistance beschränkte sich nicht auf militärische und politische Gegenaktionen, wie sie in allen besetzten europäischen Ländern zu finden sind, sondern es entstand aus der Ablehnung des aufgezwungenen Okkupationsstaates im Untergrund ein „Anti-Staat" mit unscharfen Konturen und lockeren Organisationsformen, der ganz von gesellschaftlicher Initiative und Spontaneität getragen war.

In der verwirrenden Vielfalt ihrer organisatorischen Erscheinungsformen ist die polnische Untergrundbewegung im Zweiten Weltkrieg ein außerordentlich kompliziertes historisches Phänomen, das bislang noch keine befriedigende, kritische Darstellung gefunden hat. Da hier nur ein bestimmter Teil des Untergrundstaates zu untersuchen ist, kann sich die Erörterung der Organisation und der Entwicklungsphasen der polnischen Résistance lediglich auf einen allgemeinen organisatorischen Rahmen und einige politische Grundkonstellationen und typische Elemente innerhalb dieses Rahmens beziehen. Der Umriß des Ganzen ist jedoch für das Verständnis des Teilbereichs unerläßlich, insbesondere wo es um interne politische Spannungen und Auseinandersetzungen geht, da auch der politisch zunächst relativ neutral erscheinende kulturelle Bereich im Laufe der Jahre in zunehmendem Maße in das politische und militärische Geschehen verflochten worden ist.

Noch während der Belagerung Warschaus formierte sich in der Hauptstadt nach dem Vorbild von Piłsudskis illegaler militärischer Organisation aus dem Ersten Weltkrieg POW (Polska Organizacja Wojskowa) der Kern der späteren nationalen Untergrundarmee unter dem Namen „Dienst für den Sieg Polens" (SZP) unter der Führung des Generals Tokarzewski[23]. Tokarzweski nahm gleichzeitig Kontakt zu den politischen Parteien auf[24]. Die SZP stellte zwar schon Ende 1939 die bei weitem größte militärische Organisation dar, dennoch existierten daneben zunächst noch eine ungewöhnlich hohe Zahl selbständiger kleiner militärischer Gruppen (Ende 1939 ca. 50). Jede Widerstandsorganisation besaß ihre eigene militärische Formation, eine eigene Presse und eigene Kontakte zur Exilregierung. Diese chaotische Vielfalt war nicht zuletzt Ausdruck für das ungeheure Mißtrauen, das vor allem unmittelbar nach der Septemberkatastrophe gegen jede zentrale „staatliche Organisation" bestand. Sie war – und blieb

– darüber hinaus aber auch Ausdruck der schwerwiegenden politischen Meinungsverschiedenheiten, die erst spät beigelegt werden konnten. Die Umbildung der SZP in den „Verband für den bewaffneten Kampf" (ZWZ)[25] im Januar 1940 hatte eine Zentralisierung der militärischen Widerstandsgruppen zum Ziel, eine Notwendigkeit, die angesichts des wachsenden Terrors beider Okkupationsmächte evident war. Oberst Stefan Rowecki, schon vor dem Ersten Weltkrieg konspirativ tätig[26], wurde zum Kommandanten des ZWZ ernannt. Als hervorragender militärischer Fachmann, war er bis zu seiner Verhaftung im Juni 1943 der führende Kopf der militärischen Widerstandsbewegung und hatte auch beträchtlichen Einfluß auf den politischen Bereich. Um eine bessere Kooperation zwischen Militärs und Politikern zu erreichen, wurde am 7. Februar 1940 im Wartezimmer einer Arztpraxis das „Politische Verständigungskomitee" (PKP) ins Leben gerufen, das sich aus je drei Vertretern des ZWZ und der großen Parteien zusammensetzte, mit Pużak für die PPS, die in der Konspiration nach der Parole des Kościuszko-Aufstandes von 1794 W.R.N. hieß (Wolność, Równość, Niepodległość; Freiheit, Gleichheit, Unabhängigkeit), Korboński für das SL und Dębski für die Nationaldemokraten (SN)[27]. Im Mai 1940 kam noch die zahlenmäßig unbedeutende „Arbeitspartei" (SP) hinzu.

Trotz verhaltenen gegenseitigen Mißtrauens, das bei der Zusammensetzung des Komitees – drei ehemalige Legionäre und drei Vertreter der früheren Oppositionsparteien – nicht verwunderlich sein konnte, einigte man sich schnell auf einige Prinzipien, die bald darauf als „Gebote des Augenblicks" als kurzgefaßtes Grundsatzprogramm der Widerstandsbewegung verbreitet wurden: Kampf um Polens Unabhängigkeit, keine Kollaboration, kein Reststaat, Ablehnung aller Versuche, eine polnische Armee im Dienste eines der beiden Okkupanten zu schaffen[28].

Im Frühjahr 1940 setzte die Exilregierung, die mißtrauisch auf konsequente Unterordnung der Widerstandsbewegung bedacht war, gegen den Willen von ZWZ und PKP die Schaffung einer Delegatur als Kontrollorgan des Untergrundes und Befehlsempfänger der Regierung durch[29]. Als vorläufiger Delegierter der Exilregierung fungierte seit Mai 1940 Oberst Jan Skorobohaty-Jakubowski.

Die Kapitulation Frankreichs einen Monat später bedeutete für die Widerstandsbewegung einen schweren Schlag und einen tiefen Einschnitt[30]. Übertriebener Optimismus in der Hoffnung auf einen baldigen Sieg der Alliierten hatte den Untergrundorganisationen quantitativ großen Auftrieb gegeben auf Kosten der Qualität und der Sorgfalt in der konspirativen Arbeit. Dieser „Dilettantismus der stürmischen Verschwörung"[31] hatte daher hohe Verluste verursacht. Jetzt hieß es, sich auf eine lange Okkupationszeit einzurichten und stärker auf die Qualität des Untergrundapparates als auf seine Quantität zu achten[32].

Um die organisatorische Einheit von militärischer und ziviler Gewalt, die in Zukunft besonders dringend sein mußte, in irgendeiner Form doch noch zu erreichen, wurde in der Zeit, als die Kontakte zur Exilregierung durch deren Flucht nach England unterbrochen waren, vom PKP auf Initiative Roweckis die „Sammeldelegatur" (Delegatura zbiorowa) geschaffen, die sich aus den vier Parteivertretern des PKP und Rowecki zusammensetzte und Jakubowski als Vorsitzenden wählte, um so keiner Partei ein Übergewicht einzuräumen. Vor allem auf Betreiben des Innenministers Kot und des späteren Ministerpräsidenten Mikołajczyk (beide SL), die Rowecki mißtrauten und einen zu großen Einfluß der Militärs auf die Politik befürchteten, wurde die Sammeldelegatur jedoch von der Exilregierung nicht bestätigt und Jakubowski abberufen. Diese Entscheidung, über die sich die Führung der Widerstandsbewegung konsterniert zeigte[33], hatte fatale Folgen: die mühsam erreichten Ansätze einer Aktionseinheit wurden wieder zerschlagen, die zentrifugalen Tendenzen und politischen Richtungskämpfe erhielten Auftrieb, und der Nachfolger Jakubowskis stand beim Aufbau der Delegatur zunächst vor erheblichen Schwierigkeiten. Erst am 2. Dezember 1940 wurde der neue Regierungsdelegierte ernannt: Cyril Ratajski, Mitglied des SP und ehemaliger Innenminister in der polnischen Republik (1924/25)[34]. Daß er gegen die Wünsche der PPS (WRN) und des SL, die Professor Jan Piekałkiewicz (Mitglied des SL) als Kandidaten vorschlugen, berufen wurde, mußte ihm die Arbeit anfangs sehr erschweren, da sich die beiden größten Parteien des Untergrundes brüskiert fühlten und scharf protestierten[35].

Unter Ratajski begann der Aufbau der Delegatur mit verschiedenen Abteilungen, die den Ministerressorts der Exilregierung entsprachen. Nach dem gleichen Schema wurden Wojewodschafts- bzw. Distriktsdelegaturen (in Anpassung an die Verwaltungsgrenzen des GG) eingerichtet[36]. Die größte Bedeutung kam anfangs ohne Zweifel der Presse- und Informationsabteilung zu, da Information und Gegenpropaganda angesichts der wachsenden deutschen Bemühungen auf diesem Gebiet als besonders dringlich erschienen. Im Zusammenwirken mit dem ZWZ arbeitete die Abteilung im Frühjahr 1941 detaillierte Instruktionen für alle Bereiche der polnischen Gesellschaft aus, in denen für die jeweiligen Berufsgruppen allgemeine Verhaltensmaximen und konkrete Ge- und Verbote aufgestellt wurden[37]. Sie gab ferner verschiedene Presseorgane heraus[38], und schließlich gehörte zu den wichtigsten Aufgaben dieser Abteilung der Delegatur, detaillierte Berichte über die Vorgänge im Lande und in der Konspiration zusammenzustellen, die dann verschlüsselt auf Mikrofilm per Kurier nach London geschickt wurden[39].

Formal der Delegatur unterstellt, im übrigen aber weitgehend selbständig, war der von Stefan Korboński geleitete Bereich des zivilen Widerstandes. Die zivile Widerstandsorganisation KWC (Kierownictwo Walki Cywilnej; Leitung des zivilen Kampfes) war schon vor der Delegatur ins Leben gerufen worden, große Bedeutung aber kam ihr erst seit 1941 zu, als angesichts des in greifbare Nähe gerückten deutschen Sieges nicht nur die Okkupation immer drückender wurde, sondern zugleich auch die Anfälligkeit der Bevölkerung für Kollaboration wachsen mußte[40].

Aufrechterhaltung und Stärkung des Widerstandswillens und der inneren Moral, Boykott der von den deutschen Behörden angeordneten Maßnahmen, soweit irgend möglich, Boykott vor allem der konzessionierten Zeitungen, Theater, Kinos usf., schließlich der Aufbau einer konspirativen Justiz, die Kollaborateure und Verräter aburteilte – diese Aufgaben hatte sich das KWC gestellt[41].

Korboński als Chef des KWC betrieb seit Ende 1942 einen eigenen illegalen Sender („Swit"), der sich als Warschauer Sender ausgab, aber tatsächlich in London stand und von Korboński täglich über Funkverbindung mit Nachrichten versorgt wurde. Die Geheimhaltung dieses Unternehmens ging so weit, daß selbst die Führung des Untergrundes außer Rowecki davon nichts wußte[42].

Als sehr wirksam für die Aufrechterhaltung der inneren Moral in der Bevölkerung erwiesen sich die Untergrundgerichte mit ihrem abgestuften Strafsystem, auch wenn eine solche sorgfältige Justiz nur in relativ begrenztem Rahmen möglich war und dort, wo die Grenzen zum Partisanenkampf fließend waren, kaum Bedeutung haben konnte. Rund 200 Todesurteile der Untergrundgerichte wurden in der Okkupationszeit vollstreckt[43]. „Die Todesstrafe", so schrieb ein ehemaliger hoher PPS-Funktionär im Untergrund, „brutal und unwiderruflich, stellte ein erbarmungsloses Element der Selbstverteidigung dar, aber die gesellschaftlich noch größere Bedeutung hatte die Anwendung der Infamie und des Verweises. Diese Strafen schufen die ständige Erinnerung an die

Prinzipien des ethischen Kodex' der Nation unter der Okkupation und vermochten das gemeinschaftliche Leben auf dem Niveau humaner Grundsätze zu halten, obwohl wir in einem wahren Dschungel lebten."[44]

Das Bild vom Dschungel kennzeichnet nicht nur allgemein das Leben unter der Besatzung, sondern charakterisiert auch zu einem erheblichen Teil den Untergrund, und zwar sowohl im Bezug auf die unübersehbare Fülle der politischen und militärischen Gruppen und Organisationen, von denen hier nur einige der wichtigsten überhaupt erwähnt werden, als auch im Hinblick auf die internen politischen Vorgänge.

Kots Mißtrauen gegen den ZWZ und Rowecki ging bis zur Forderung nach dessen Abberufung[45]. Seine Vorwürfe gegen den ZWZ als Sanacja-Organisation, die die Unterordnung des politischen Lebens unter das Militär anstrebe, schienen jedoch nicht aus der Luft gegriffen zu sein. So erschien im Frühjahr 1941 im „Biuletyn Informacyjny", dem führenden Blatt des ZWZ, ein politischer Artikel, in dem das wohlbekannte, gegen das Parteiwesen gerichtete autoritäre Vorkriegsvokabular auftauchte und das Militär als Hort nationaler Einigkeit gegen den Parteienhader ausgespielt wurde. Aus den Provinzen kamen Nachrichten, daß der ZWZ ohne Wissen des PKP ein eigenes ziviles Verwaltungsnetz aufbaute, das mit Vertretern des Sanacja-Regimes besetzt werden und somit im Falle eines Aufstandes gegen die deutsche Besatzung den Vertretern des alten Regimes entsprechende Machtpositionen garantieren sollte[46].

Im September 1942 tauchte im „Biuletyn Informacyjny" ein Communiqué auf, das von einer neugegründeten Parallelorganisation zum KWC unterschrieben war: dem „Kierownictwo Walki Konspiracyjnej" (KWK; Leitung des konspirativen Kampfes). Diese Neugründung entsprang der Initiative der „Heimatarmee" (AK, seit Februar 1942 die Bezeichnung für den ZWZ) und stellte, da sie ohne Wissen Korbońskis zustandegekommen war, einen deutlichen Affront gegen die rein zivile Organisation des KWC dar. Rowecki hatte seinen Plan einer engeren Verbindung von militärischer und ziviler Widerstandsbewegung noch nicht aufgegeben und nun, da er den Einfluß auf den zivilen Sektor zu verlieren fürchtete, das KWK geschaffen. Korboński gab nach, und der Kompromiß fiel eindeutig zugunsten der Militärs aus: in der neuen Organisation saß Korboński als einziger Zivilist neben vier hohen AK-Führern, nämlich Rowecki bzw. nach seiner Verhaftung Bór-Komorowski, der Stabschef und Stellvertreter des Oberkommandierenden, der Chef der Diversionsabteilung (Kedyw), und der Leiter des „Informations- und Propagandabüros" (B.I.P.) der AK[47]. Die Zusammenarbeit funktionierte jedoch gut.

Die Kooperation der großen Parteien ließ hingegen sehr zu wünschen übrig. Sie konzentrierten sich vorwiegend auf ihre eigene Arbeit. Die Delegatur hatte deshalb zunächst abgesehen von ihren Informationsaufgaben kaum mehr als dekorativen Charakter[48]. Dem PKP fehlte ein gemeinsames politisches Konzept. Nicht einmal den politisch einander so nahestehenden Parteien der Linken, der PPS und dem SL, gelang die Ausarbeitung eines gemeinsamen Grundsatzprogramms[49]. Die PPS verließ überdies nach dem Abschluß des polnisch-sowjetischen Vertrages im Juli 1941 den PKP (bis September 1942)[50] und stürzte damit auch diesen in eine Krise.

Hatte die radikale Rechte ebenso wie die radikale Linke im politischen Leben des Untergrundes in den Anfangsjahren kaum eine Rolle gespielt, so änderte sich diese Situation mit dem Wechsel der militärischen und außenpolitischen Konstellation, d.h. mit der zunehmenden Wahrscheinlichkeit einer deutschen Niederlage, somit der wachsenden Bedeutung der Sowjetunion und der offenkundigen Verschlechterung der kaum erst angeknüpften polnisch-russischen Beziehungen bis zum völligen Bruch nach dem Bekanntwerden der Morde in Katyn im April 1943[51]. Dem Druck von links und rechts war es schließlich zuzuschreiben, daß sich die politische Mitte auf ein gemeinsames Programm einigte. Am 14. August 1943 wurde eine „Deklaration über die politische Verständigung der vier das Land politisch repräsentierenden Parteien" veröffentlicht, die neben den Unterschriften der Parteivorsitzenden auch die des Regierungsdelegierten und des AK-Kommandanten trug[52]. Daß dieser Erklärung deutlich der Charakter des Kompromisses anhaftete, war angesichts der widerstreitenden Interessen der Parteien nicht verwunderlich[53]. Außenpolitisch wurde mit Nachdruck auf die Unverletzlichkeit der östlichen Grenze hingewiesen und eine polnisch-tschechische Föderation befürwortet. Im innen- und sozialpolitischen Bereich waren kaum mehr als sehr allgemein gehaltene Forderungen zu finden, wie: bürgerliche Freiheit, Gleichheit der Rechte und Pflichten, territoriale, ökonomische, soziale und kulturelle Selbstverwaltung, Verstaatlichung der (nach Abzug der Deutschen) herrenlos zurückgebliebenen Betriebe und – ohne nähere Präzisierung – die „sofortige Einführung einer Agrarreform".

Die Monopolisierung der Macht, die schon im Titel der Deklaration zum Ausdruck kam, rief verständlicherweise bei den Nichtbeteiligten scharfe Kritik hervor, und überdies bot das Kompromißprogramm vor allem den Kommunisten viele Angriffsflächen[54]. Immerhin schien mit dieser Erklärung die Plattform für eine engere Zusammenarbeit geschaffen zu sein. Die Umbenennung des PKP in „Politische Landesrepräsentation" (KRP) brachte das auch äußerlich zum Ausdruck. Zudem war nach dem kurzen Zwischenspiel von Piekałkiewicz[55] mit Jan Stanisław Jankowski (SP) im Frühjahr 1943 ein Mann an die Spitze der Delegatur gekommen, der sich sehr um die Reorganisation des Untergrundes bemühte und vor allem den PKP bzw. die KRP zu einer echten parlamentarischen Autorität entwickeln wollte[56]. Mit der Umformung der KRP in den „Rat der nationalen Einheit" (RJN) am 9. 1. 1944, in dem außer den vier großen noch drei kleinere Parteien, der Klerus und eine Sozialorganisation vertreten waren[57], wurde dieses Ziel weitgehend erreicht.

Die erste Sitzung der RJN, in der die gesamte Führungsspitze der nationalen Widerstandsbewegung (insgesamt ca. 30 Personen) trotz des großen Risikos einer solchen Versammlung zusammenkam[58], demonstrierte eine bislang nicht dagewesene Geschlossenheit, freilich erst in einer Zeit der größten Bedrohung durch den innerpolitischen Gegner. Das hier verabschiedete Manifest „Wofür die polnische Nation kämpft"[59] war im Ton verbindlicher und in der Sache präziser als die „Verständigungsdeklaration", eine Basis für Kooperation mit den Kommunisten und der Sowjetunion bot sie jedoch wegen der alten Forderung nach Integrität des Territoriums kaum, mochte sie auch zweifelsohne Ausdruck der politischen Meinung der großen Mehrheit der polnischen Bevölkerung sein.

Die Spannungen zu den Kommunisten und zur organisierten Reaktion verschärften sich durch den Zusammenschluß, so daß sich schließlich das Bild von drei nebeneinander existierenden und gegeneinander arbeitenden Untergrundstaaten bot. Denn die im Januar 1942 gegründete kommunistische PPR hatte sich am 1. 1. 1944 zusammen mit einigen unbedeutenden linksradikalen Splittergruppen eine eigene parlamentarische Vertretung, den „Landesnationalrat" (KRN) geschaffen und verfügte über eine eigene Partisanenarmee, die „Armia Ludowa" (AL)[59a]. Ebenso hatte die radikale Rechte (das National-Radikale Lager, ONR), die nicht in den Deutschen, sondern in der Sowjetunion den „Feind Nr. 1" sah, ihre Streitkräfte (NSZ) und ihre eigene politische Vertretung, den „Provisorischen Politischen Nationalrat"[60].

Die internen Kämpfe in der Widerstandsbewegung, die auch der deutschen Sicherheitspolizei nicht unbekannt waren[61], spielten sich keineswegs nur auf der Ebene der

Pressepolemik ab, sondern umfaßten auch organisierte Spionage und selbst politischen Mord. In den letzten eineinhalb Jahren der Okkupationszeit wurden diese Kämpfe zum beherrschenden Thema, der Warschauer Aufstand als politischer Vorgang war ein Teil dieser Auseinandersetzung zwischen rechts und links, und auch nach dem Krieg hat sich die historische und politische Diskussion auf diese Kontroversen konzentriert.

Unbedeutende Ansätze zu antikommunistischer Spionage gab es schon früh[62]. Relevant wurden antikommunistische Aktionen jedoch erst, als der Gegner organisiert war und politische Bedeutung erlangte und mit Katyn zugleich ein grelles Licht auf den zynisch-brutalen Protektor der polnischen Kommunisten fiel. Die Aktion „K" der Heimatarmee diente der antikommunistischen Propaganda[63] (ähnlich wie die Aktion „N" – „Niemiec", der Deutsche – gegen die deutsche Besatzung gerichtet war[64]). Die ebenfalls 1943 eingerichtete „A-Zelle" (Antikommunismus) der Delegatur hatte ähnliche Aufgaben[65]. Im Zeichen der „Totalmobilmachung gegen den Kommunismus" – unter diesem Titel erschien im September 1943 ein Leitartikel des Organs des SP „Naród"[66] – wurde 1944 ferner das „Antikommunistische Komitee" (Społeczny Komitet Antykomunistyczny, abgekürzt „Antyk") von Vertretern der Parteien zusammen mit der Delegatur ins Leben gerufen, unter der Leitung von Franciszek Białas, WRN-Mitglied und Leiter der Abteilung für soziale Hilfe in der Delegatur[67]. Die Antyk-Kartei soll schon 1943 rund 1 000 Namen von Kommunisten und linken Sozialisten umfaßt haben, von denen einige angeblich den Vermerk trugen: „liquidieren"[68]. Das Antyk schickte u.a. regelmäßige Monatsberichte an die AK[69].

Die Delegatur brachte schließlich ein eigenes Presseorgan heraus, das über kommunistische Aktivitäten berichten sollte, die „Polska Informacja Antykomunistyczna". Im Redaktionsvorspann der ersten Nummer (Januar 1944) hieß es: „Das Ziel (der Kommunisten) ist die Entfesselung eines neuen Kriegsbrandes – der kommunistischen Revolution, welche das durch den Krieg erschöpfte Polen und die europäischen Völker in den Abgrund der Anarchie stürzen und ihnen ein neues Katyn bereiten soll. Aufgabe des polnischen Volkes in diesem Augenblick ist neben dem Kampf mit dem deutschen Okkupanten die Bekämpfung des Kommunismus. . . . Dieser Aufgabe wird die „Polnische Antikommunistische Information" dienen, indem sie genaue Angaben über die Tätigkeit und die Absichten des Kommunismus in Polen bringt und sich dabei auf authentische Dokumente und die kommunistische Presse stützt."[70]

Kop. + wid.

Sehr viel unverblümter äußerten zwei Blätter der Nationaldemokraten und der Arbeitspartei, die beide zum PKP und somit noch keineswegs zur radikalen Rechten gehörten, ihre Einschätzung des Kommunismus. „Wielka Polska" (Organ des SN) sah die Hauptaufgabe der Widerstandsbewegung im Kampf gegen den Kommunismus. Erst danach sei das Gelände „gereinigt für die folgende Auseinandersetzung mit den Deutschen" (Herbst 1943)[71]. In dem schon erwähnten Artikel des „Naród" vom 8. September 1943 wurde selbst Goebbels' Propaganda in einem solchen funktionalen Zusammenhang gesehen: „Goebbels hat Recht – nach göttlichem Willen (z woli Bożej) kämpfen die Deutschen um die Rettung der ganzen christlichen Zivilisation. . . Indem sie sich verteidigen, müssen die Deutschen zugleich Polen und die ganze christliche Zivilisation verteidigen, ob sie wollen oder nicht."[72]

Angesichts solcher Stimmen, die wohl in ihrer Formulierung, nicht aber im Tenor vereinzelt waren, auch wenn sie keineswegs berechtigen, daraus Kollaborationsbereitschaft zu folgern, nimmt es kaum Wunder, daß von kommunistischer Seite die politische Mitte des Untergrundes ziemlich pauschal als „reaktionär" eingestuft wurde. Wie stichhaltig dieser Vorwurf war, wird noch in einem anderen Zusammenhang zu erörtern sein[73].

Uneingeschränkt traf er für die rechts von der KRP (bzw. der RJN) stehenden Gruppen zu, vor allem für das „National-Radikale Lager" (ONR) mit seinen beiden Flügeln „Szaniec" und „Konfederacja Narodu" und der militärischen Organisation NSZ. Hier sammelten sich die Reste des faschistischen und faschistoiden Potentials der Vorkriegszeit[74]. Der AK gelang trotz großer Nachsichtigkeit, die ihre demokratische Glaubwürdigkeit nicht gerade erhöhte, nie die Unterstellung der NSZ insgesamt unter ihren Oberbefehl. Der Führer einer NSZ-Gruppe, der das Oberkommando der AK anerkannte, wurde von der Leitung der NSZ zum Tode verurteilt[75]. Abgesehen von den Kämpfen gegen kommunistische Partisanen schienen die NSZ selbst gegen Bürgerliche vorzugehen. In einer Liste der „Feinde der polnischen Nation" tauchten bürgerliche polnische Intellektuelle auf[76]. Vier von ihnen, der Geschichtsprofessor Marceli Handelsman, der Ingenieur Jerzy Makowiecki, Abteilungsleiter im Presse- und Informationsbüro der AK, Ludwik Widerszal, ein Schüler Handelsmans und Dozent an der illegalen Universität Warschau, und Halina Krahelska, ehemals Senatorin im polnischen Parlament, dann aktiv in der AK, wurden im Sommer 1944 von NSZ-Leuten denunziert und erschossen oder starben im KZ[77]. Antisemitismus und chauvinistischer Nationalismus bestimmten die Politik des ONR[78].

Die Vorwürfe des nationalen Brudermordes aus politischen Gründen wurden nicht nur von der PPR gegen die AK und die NSZ erhoben, sondern auch umgekehrt. Schon im Sommer 1943 sprechen die Delegaturberichte von wichtigen Indizien für die Vermutung, daß insbesondere polnische Offiziere von der PPR an die Gestapo verraten worden seien. In den ostpolnischen Gebieten sei darüber hinaus der „systematische Mord an Polen durch bolschewistische Diversanten" zu beobachten[79]. Sind auch solche Vermutungen hinsichtlich gezielter Aktionen gegen führende Widerstandskämpfer mit Vorsicht aufzunehmen – das gilt sowohl für die AK und die Delegatur als auch für die Kommunisten –, ist ferner auch die PPR nicht ohne weiteres mit allem zu identifizieren, was der NKWD auf polnischem Boden tat, so steht doch außer Zweifel, daß die kommunistischen Gruppen, die die AK-Taktik des „Gewehr bei Fuß" scharf ablehnten, außerordentlich rücksichtslos vorgingen und durch ihre Terrorakte auch gegen deutsche Zivilpersonen blutige Massenrepressalien der deutschen Polizei provozierten[80]. Was später als heldenhafter Kampf glorifiziert wurde, fand kaum die Sympathie der betroffenen Bevölkerung.

Die zunehmende Schärfe der Auseinandersetzung zwischen kommunistischen, gemäßigten und reaktionären Gruppen signalisierte, daß sich schließlich innerhalb der Widerstandsbewegung die Gewichte zu verschieben begannen. Henryk Jabłoński hat 1965 auf einem Kongreß zum 20. Jahrestag der deutschen Niederlage eine Periodisierung für die europäischen Widerstandsbewegungen zu geben versucht, die eine solche Verschiebung als generelles Kennzeichen der europäischen Résistance begreift. Die erste Phase vom September 1939 bis zum Juni 1941 brachte die Expansion des Faschismus und die Formierung der Widerstandsbewegungen. In der zweiten bis zum Juni 1944 konstituierten sich die drei Fronten: die russische, die afrikanisch-italienische und die „dritte Front" in den Widerstandsbewegungen der besetzten Länder. Dabei befand sich die Achse noch bis zum Sommer 1943 in der Offensive, erst danach wurde sie immer stärker in die reine Verteidigung gedrängt. In der dritten Phase von Juni 1944 bis zum Mai 1945 wurde die Unwiderruflichkeit der Niederlage deutlich, und in den Untergrundbewegungen verschoben sich die Machtgewichte zugunsten der Linken[81]. In Polen bildete der Warschauer Aufstand die Peripetie dieser Entwicklung. Er bedeutete zugleich das faktische Ende des Untergrundstaates.

II. Bildung und Kultur in der Konspiration

1. Die organisatorische Struktur des illegalen Bildungswesens

Konspiratives Schulwesen, das auf ein Höchstmaß an Dezentralisation angewiesen ist und in kleinen und kleinsten Gruppen arbeitet, scheint mit zentraler Verwaltung und Organisation unverträglich. Gemessen an normalen Bürokratien fällt auch das, was man als illegale polnische Schulverwaltung bezeichnen könnte, überhaupt nicht ins Gewicht. Da jedoch im Rahmen des kulturellen Lebens im Untergrund der schulische Bereich fast der einzige war, der noch am ehesten organisierbar und auch weitgehend organisiert war, muß diese Organisationsstruktur hier genauer dargestellt werden. Sie sagt zudem nicht nur über die Initiatoren des Geheimschulwesens etwas aus, sondern gibt auch Anhaltspunkte für die Art und Verbreitung bestimmter bildungspolitischer Vorstellungen.

Der Prozeß der Herausbildung und Konsolidierung eines Netzes illegaler Schulen weist gewisse Parallelen auf zur Entwicklung der allgemeinen politischen und militärischen Widerstandsbewegung, die selbst einen nur relativen Grad von innerer Geschlossenheit mühsam erkämpfen mußte. Trotz solcher Parallelen ist dennoch die Behauptung richtig, daß im Vergleich mit anderen Bereichen der Widerstandsbewegung nirgendwo so einheitlich und auf so breiter Basis gearbeitet wurde und so wenig Verräter zu finden waren wie im Geheimunterricht[1].

Wichtigster Initiator und Träger des illegalen Schulwesens war der polnische Lehrerverband ZNP, der schon vor dem Kriege mit rund 52 000 Mitgliedern (von insgesamt 66 000 organisierten Lehrern) die weitaus stärkste Lehrerorganisation darstellte[2]. Er hieß in der Konspiration TON (Tajna Organizacja Nauczycielska = Geheime Lehrerorganisation) und wurde von einem fünfköpfigen Gremium geleitet, das sich im Herbst 1939 in Warschau mit dem Ziel konstituierte, möglichst schnell geheimen Unterricht zu organisieren und darüber hinaus auch soziale Hilfe für die polnische Lehrerschaft, insbesondere die Flüchtlinge aus den Westgebieten, zu leisten. Es setzte sich zusammen aus: Zygmunt Nowicki (allgemeine Leitung, ehemals Präsident des ZNP), Czesław Wycech (Organisation), Kazimierz Maj (Kontakte zu politischen und militärischen Organisationen), Wacław Tułodziecki (Soziale Hilfe, illegale Drucke) und Teofil Wojeński (Geheimunterricht). Die politische Zusammensetzung der Führungsgruppe war für den Kurs der TON durchaus repräsentativ: 3 gehörten dem SL an, 2 der PPS (Tułodziecki und Wojeński)[3]. Um die Kooperation mit den vier übrigen kleinen Lehrerverbänden sicherzustellen, wurde am 8. Dezember 1939 eine „Interverbands-Kommission" aus den Vertretern aller fünf Organisationen gegründet (Komisja Międzystowarzyszeniowa Porozumiewawcza Organizacji i Stowarzyszeń Nauczycielskich), die sich auch „geheime Bildungskommission" nannte. Ende 1940 wurde sie um einen Vertreter der illegalen Hochschulen erweitert[4]. Durch mindestens ein Treffen im Monat sollte sichergestellt werden, daß die Bemühungen um den Aufbau eines illegalen Schulwesens koordiniert würden. Die Kommission beschloß außerdem eine Steuer von 3 Prozent des monatlichen Einkommens der arbeitenden Lehrer zugunsten der aus den Westgebieten ausgesiedelten[5]. Eine Verständigung der Lehrerorganisationen untereinander war nicht zuletzt deswegen notwendig, um die sogenannten „wilden Komplets" – „Komplets" hießen die kleinen illegalen Unterrichtsgruppen – unter Kontrolle zu bringen und zu „legalisieren". Diese entstanden vor allem in Warschau spontan nach der Schließung der Oberschulen durch die deutschen Behörden und drohten, durch allzu freigebiges und unkontrolliertes Ausstellen von Zeugnissen den ganzen Geheimunterricht zu kompromittieren[6].

Die TON als größte und auch in ländlichen Gebieten über die meisten Anhänger verfügende Vereinigung baute in kurzer Zeit ein Organisationsnetz im gesamten GG auf. Mit der Gründung der Abteilung für Bildung und Kultur (DOK; Departement Oświaty i Kultury) innerhalb der Delegatur im Herbst 1940 entstand dann eine zentrale Instanz, welche die verschiedenen Gruppen zu integrieren versuchte.

Der DOK, der mit einem sehr geringen Personalbestand (4 Personen in der Zentrale) begann, der 1944 bis auf 60 Funktionäre in der Zentrale und ca. 90 in der Provinz anwuchs[7], gliederte sich in mehrere Spezialabteilungen und in fünf Regionaldepartements für das GG (einschließlich Ostgalizien). Die Leitung hatte bis zum Ende der Okkupation ein Mitglied der Führungsspitze der TON, Czesław Wycech, inne. Ihm war seit Anfang 1942 ein Generalsekretariat, geleitet von dem Sozialisten Wacław Schayer, unterstellt. Nach der Verständigungsdeklaration der vier Parteien wurden dem DOK-Chef ferner zwei Stellvertreter zugeordnet, ein Nationaldemokrat und ein Mitglied der WRN[8]. Zur Zeit seiner vollen Entfaltung (1943) umfaßte das DOK drei Hauptreferate mit jeweils verschiedenen Unterabteilungen:

1. Bildung und Erziehung (Vor-, Grund-, Oberschulen, Lehrerbildung, Berufsschulen), geleitet von Władysław Radwań (TON). Zu diesem Referat gehörte auch die „Hauptplanungskommission", die Richtlinien für eine Bildungs- und Kulturpolitik nach Kriegsende ausarbeitete und in der u.a. der polnische Pädagoge Bogdan Suchodolski und der Soziologe Stanisław Ossowski mitarbeiteten[9].
2. Kultur und Kunst mit vier Abteilungsleitern[10].
3. Wissenschaft und Hochschulen, geleitet vom ehemaligen Rektor der Warschauer Universität und Mitglied der polnischen Akademie der Wissenschaften, Stefan Pieńkowski[11]. Hier wurde u.a. auch das Material für das 1944 gedruckte Buch „The Nazi KULTUR in Poland" zusammengestellt[12].

Die fünf Distriktsdepartements im GG, die ihrerseits wieder Zellen in Kreisen und Gemeinden aufbauten, wurden geleitet von Teofil Wojeński für Warschau (Vorstandsmitglied der TON), Jan Smoleń für Krakau (Mitglied der TON), Stanisław Podrygałło für Radom, Władysław Odroń für Lublin und Stefan Balicki und Henryk Dankowski (TON-Mitglied) für den wenig entwickelten Distrikt Galizien[13].

Die Zusammensetzung der Führungsspitze des DOK ist repräsentativ auch für die unteren Ebenen: TON-Mitglieder beherrschten das Feld, und sofern sie politischen Parteien angehörten, dominierten die linken Parteien SL und PPS (WRN). Diese Tatsache ist neben der Personalpolitik Wycechs, die durchaus umstritten war[14], darauf zurückzuführen, daß der DOK sein Organisationsnetz erst relativ spät aufbaute und dabei schon einen weitgehend ausgebauten Apparat der TON vorfand, ohne den schwer sinnvoll zu arbeiten gewesen wäre, so daß dieser vielfach nur übernommen und integriert werden mußte. Auch als der „Rat der nationalen Einheit" (RJN) 1944 einen eigenen

Bildungsausschuß (Komisja Oświatowa) berief, dominierten Mitglieder der TON-Führungsgruppe[15].

Der Initiative des Lehrerverbandes war es schließlich im wesentlichen zu danken, wenn der illegale Unterricht, vor allem in der Form der Ergänzungsfächer an den zugelassenen Volksschulen, auch die ländlichen Gebiete erfaßte. Die TON, in deren Programm vor allem der Abbau der starken Bildungsschranken Vorkriegspolens stand, startete 1942 und 1943 große „Gemeindeaktionen", die politische und besonders bildungspolitische Aufklärung der ländlichen Bevölkerung und Organisation neuer Unterrichtszellen zum Ziel hatte[16]. Der DOK konnte beim Ausbau seines Organisationsnetzes hieran unmittelbar anschließen. Ein DOK-Bericht vom 1. 1. 1943 nennt eine Zahl von 1 200 Vertrauensmännern in den Gemeinden im GG[17].

Über die finanzielle Basis des organisierten Geheimunterrichts lassen sich kaum genaue Angaben machen. Vor allem ist das, was an privater Unterstützung, nicht zuletzt in Form von Lebensmitteln, und durch die zahlreichen sozialen Selbsthilfeorganisationen dem illegalen Schulwesen zufloß und von erheblicher Bedeutung war, nicht zu rekonstruieren. Mit der Gründung der Delegatur erhielten die Komplets aber auch „offizielle" Subventionen. Während die Zuwendungen anfangs sehr geringfügig waren, konnte der DOK in den ersten acht Monaten des Jahres 1944 immerhin einen Betrag von rd. 14,5 Mill. zł. für soziale Hilfeleistungen ausgeben, davon 2,05 Mill. für Wissenschaftler, 1,25 Mill. für Künstler und die übrige Summe für Lehrer[18].

Die weitgehende organisatorische Deckungsgleichheit zwischen TON und DOK sollte nun aber nicht dazu verführen, hier mehr oder weniger ausschließlich die Träger des illegalen Bildungswesens zu sehen und sich dieses so vorzustellen, als sei es von der Zentrale organisatorisch und programmatisch einheitlich nach den Vorstellungen ausgerichtet worden, wie sie in den verschiedenen Richtlinien, Memoranden und Instruktionen, die illegal publiziert wurden, zum Ausdruck kommen[19]. Auch wenn der größte Teil der anfangs nicht registrierten Gruppen sich dem DOK unterstellte[20], bedingte die konspirative Arbeitsweise doch ein Höchstmaß von Dezentralisation und Selbständigkeit, so daß schon von daher eine straffe Führung gar nicht möglich war.

Wenn auch die dominierende Rolle der TON und ihr starker Einfluß im DOK kaum zu bezweifeln sein dürften, so kam es doch besonders anfangs zu heftigen Auseinandersetzungen mit politisch rechts stehenden Kreisen. In Krakau nahmen diese Konflikte ihren Ausgangspunkt[20a].

Noch im September 1939 hatte sich in Krakau unter Vorsitz des Universitätsrektors Lehr-Spławiński eine „vorläufige Schulkommission" konstituiert, die sich mit den deutschen Militärbehörden in Verbindung setzte und die Wiedereröffnung des Schulbetriebes vorbereitete. Auch als die lokalen Schulbehörden von der „Wanderung nach Osten" zurückkehrten, arbeitete die Kommission selbständig weiter, da angesichts der Abneigung der Lehrerschaft gegen alle Vorkriegsbehörden an deren Wiedereinsetzung nicht zu denken war. Nach der Verhaftung Lehr-Spławińskis im Zusammenhang mit der „Sonderaktion Krakau" wurde die Kommission bald offiziell aufgelöst[21]. Die Nachfolgeorganisation arbeitete illegal jedoch weiter und wurde so zum Zentrum der konspirativen schulischen Aktivität in Krakau. Obwohl die Krakauer Kommission nach dem gleichen Schema wie die zentrale „Interverbandskommission" in Warschau aufgebaut war und in ihr lediglich ein Vertreter der früheren Schulverwaltung zu finden war, Władysław Gałecki, bildete dieser für die TON offenbar den Vorwand, die Kommission zu attackieren und die Krakauer Verbandsmitglieder aufzufordern, ihren Vertreter aus der Kommission zurückzuziehen, charakteristischerweise ohne Erfolg[22]. Denn hier handelte es sich offensichtlich eher um Gruppenrivalitäten als um schwerwiegende Meinungsverschiedenheiten[23]. 1942 unterstellte sich die Kommission dem Krakauer DOK-Delegierten, Jan Smoleń[24].

In Krakau brach jedoch auch ein Konflikt auf, der grundsätzlicher Natur war und längere Zeit einigen Zündstoff enthielt: die Militärs, d.h. der ZWZ, versuchten offensichtlich, Einfluß auf den Ausbau des Geheimschulwesens zu nehmen. Auf Initiative von Kazimierz Pieracki, der unter Piłsudski stellvertretender Kultusminister gewesen war und jetzt offiziell in der Schulabteilung der deutschen Stadtverwaltung in Warschau arbeitete[25], wurde eine „Kommission für öffentliche Bildung" (KOP) gegründet (Ende 1939), die in Konkurrenz zur TON vor allem im Distrikt Krakau, aber auch in Warschau eigene Komplets organisierte. Nach Pieracki, der im Juli 1940 verhaftet wurde und in Auschwitz umkam, übernahm Tadeusz Kupczyński, ehemals Schulkurator und Direktor eines Lehrerinstituts, die Leitung der KOP. Die TON griff die KOP scharf an und lehnte ebenso wie die Warschauer „Interverbandskommission" eine Zusammenarbeit ab, da man in der KOP ein Wiederaufleben der alten Schulverwaltung sah oder fürchtete, obwohl sie nur im Krakauer Distrikt, vor allem in den Teilen der ehemaligen Wojewodschaft Kielce, überhaupt Bedeutung erlangte[26]. Die TON-Leitung verbot ihren Mitgliedern sogar den Eintritt in den ZWZ, sofern sie sich dort kulturell betätigen wollten[27].

Nach der Errichtung des DOK in der Delegatur löste Kupczyński jedoch noch 1940 die KOP in Krakau auf und übertrug ihre Agenda dem örtlichen DOK[28]. In Kielce allerdings hielten sich noch Teile dieser Kommission. Hier versuchte Władysław Kabaciński, ehemals Abteilungsleiter im Krakauer Schulkuratorium, noch 1942, zusammen mit dem ZWZ (bzw. der AK) eigene Komplets aufzubauen. In Jarosław weigerte sich ein Priester, der in der KOP mitgearbeitet hatte, sich der „roten Leitung des Bildungswesens" zu unterstellen. Auch die Bischöfe von Kielce und Siedlce, Kaczmarek und Sokołowski, engagierten sich im Kampf gegen TON und DOK[29].

In diesem Zusammenhang spielten auch in Warschau klerikale Kreise eine bedeutende Rolle. Im Herbst 1940 hatte sich in Warschau, da in den eingegliederten Gebieten eine illegale Arbeit kaum möglich war, ein „Bildungs- und Schulbüro für die Westgebiete" etabliert, um das sich viele Parteigänger der Nationaldemokraten sammelten und das von einem Priester Maksymilian Rhode geleitet wurde. Auch Mitglieder zweier Lehrerverbände, die in der Interverbandskommission mit der TON eng zusammenarbeiteten, waren darin vertreten. Dieses Westbüro kümmerte sich insbesondere um die bildungsmäßige und politische Schulung der Flüchtlinge aus dem Westen. Auf seine Initiative hin wurde in Warschau eine zweite illegale Universität gegründet, es organisierte eigene Komplets und gab eine eigene Zeitschrift „Kultura Polska" heraus. In den Angriffen auf die TON und besonders Wycech persönlich lebten offenbar die Attacken klerikaler Kreise gegen den polnischen Lehrerverband aus der Vorkriegszeit wieder auf[30]. Die polnisch-nationale Zuverlässigkeit der TON und das Festhalten an christlichen Prinzipien als Grundlage der Kulturpolitik schienen den Kritikern zweifelhaft[31].

„Kultura Polska" polemisierte gegen die „mit dem Geist der polnischen Kultur nicht vereinbare Arbeit" der TON, die „Verwirrung und Chaos in der polnischen Nation" hervorrufe[32]. Die katholische Untergrundorganisation FOP (Front Odrodzenia Polski; Front der Wiedergeburt Polens) schloß sich diesen Angriffen an[33]. Die nationalistische „Konfederacja Narodu" reihte sich ebenfalls in die Linie der Gegner ein. „Die rote Lehrerschaft richtet systematisch die Jugend zugrunde", hieß es in der 1942 von dieser Organisation herausgegebenen Broschüre „Leben und Sterben für Polen"[34].

Der Chef der Delegatur, Jankowski, verlangte 1943 von der Führung des SL die Abberufung Wycechs als Leiter des DOK, jedoch ohne Erfolg. Im Herbst 1943 erhielt

Wycech eine Information, daß er unter der Nr. 18 in einer Liste des „Antyk" geführt wurde, die Personen zur „Unschädlichmachung" für den Augenblick der Machtübernahme enthielt. Die Kartei führte ihn als einen der Hauptorganisatoren des Lehrerstreiks von 1937 auf und hob seine engen Kontakte zu Kommunisten sowohl vor als auch während der Okkupationszeit hervor[35].

Es ist kaum möglich, die tatsächliche Bedeutung dieser Auseinandersetzungen richtig abzuschätzen[36]. Sie spielten sich in erster Linie zwischen den Führungskadern der verschiedenen Gruppen ab und erlauben keineswegs Rückschlüsse auf eine entsprechende Aufspaltung in sich gegenseitig befehdende Lager innerhalb der Gesamtlehrerschaft.

Trotz ihrer Radikalität in den sozialen Forderungen umfaßte die TON ein breites Spektrum politischer Überzeugungen, und Wycech stellte einen gewissen Extremfall dar. Die TON insgesamt entschied sich daher auch erst sehr spät für eine Zusammenarbeit mit der künftig einflußreichsten Gruppe in Polen: im Dezember 1944 beschloß das Präsidium der TON, sich dem kommunistischen „Nationalen Befreiungskomitee" zu unterstellen[37].

Die Kämpfe zwischen den Führungsgruppen erreichten trotz heftiger Polemiken offenkundig nie eine solche Intensität, daß sie sich auch organisatorisch – wie im politischen und militärischen Bereich – in entsprechend großem Ausmaß niedergeschlagen hätten. Denn obwohl es bis zum Kriegsende zahlreiche unabhängige Komplets gegeben hat, stand schließlich doch die überwältigende Mehrheit aller im illegalen Bildungswesen tätigen Lehrer loyal zum DOK als einem Teil der von der Exilregierung legitimierten Delegatur. Der DOK hatte nach der Krakauer Schulkommission und der KOP schließlich auch das „Westbüro" nach einer personellen Umbesetzung integrieren können und damit den einzigen ernsthaften Rivalen zumindest neutralisiert[38].

Vor allem die Bedrohung durch die Okkupationspolitik vermochte die Gegensätze zu überbrücken, weil nationale Solidarität schließlich doch vor prinzipientreuer Haltung rangierte. Wenn es daher überhaupt einen Bereich in der sonst innerlich so zerrissenen polnischen Widerstandsbewegung gab, der politisch von weit links bis weit rechts, von der PPR bis zu Germanophilen wie Studnicki[39] reichte, dann war es der des konspirativen Bildungswesens.

2. Formen und Verbreitung des Geheimunterrichts

„Niemand von uns", so schreibt ein alter polnischer Lehrer über die „Schule in der Konspiration", „hat solche Erfolge in der pädagogischen Arbeit jemals in der legalen Schule erzielt. Die Ursachen dieses Phänomens zu ergründen, ist nicht leicht. Offenbar erlebte die geheim lernende Jugend dasselbe wie wir, die Lehrer. Sie fühlte, daß sie irgendetwas Außergewöhnliches, etwas Großes tat, sie fühlte sich als Held. . . Mein Traum ist es, eine solche Haltung, solchen Fleiß und Eifer, soviel Freundschaft und Vertrauen zwischen der Jugend und der Lehrerschaft in der heutigen Schule zu erreichen, wie sie im geheimen Unterricht bestanden."[1]

In solchen Sätzen drückt sich der Erinnerungs- und Erfahrungsgehalt aus, der die meisten nach dem Krieg geschriebenen Abhandlungen über das illegale Schulwesen kennzeichnet. Die heroisch getönte Stimmung ist zweifelsohne nicht nur spätere Zutat, sondern trifft sowohl die subjektiv erlebte als auch einen Teil der objektiven historischen Wirklichkeit dieser Zeit. Eine Schulbildung, die unter der ständigen Drohung von Verhaftung und KZ erworben wird, läßt sich nur schwer mit normalen Maßstäben messen. Es ist daher nicht verwunderlich, wenn solche heroisierenden Tendenzen bisweilen in den Vordergrund rücken, zumal das gesamte Geheimschulwesen, das in der Tat ein ungewöhnliches Beispiel nationaler Solidarität darstellt, in der stalinistischen Ära bis zum „polnischen Oktober" verfemt war.

Für alle Stufen des Untergrundbildungswesens gab es prinzipiell zwei Organisations- und Arbeitsformen: die Schaffung von Komplets und die Infiltration der zugelassenen Volks-, Berufs- und Fachschulen. Ging es in den Grund- und Berufsschulen im wesentlichen darum, das offizielle Programm um die verbotenen „patriotischen Fächer" zu ergänzen, so war andererseits die Form des Komplets vorwiegend die Grundlage für Ober- und Hochschulunterricht.

Nach den im Dezember 1939 in Warschau festgelegten und später vom DOK bestätigten Grundsätzen sollten für Komplets

1. das Vorkriegsprogramm mit einigen Abstrichen (u.a. Sport, Musik, Handarbeit, Zeichnen) verpflichtend bleiben,
2. die halbe Stundenzahl obligatorisch sein (16–18 Stunden),
3. die Komplets aus je 5 bis 7 Schülern bestehen,
4. feste Gebühren (anfangs 25 zł. monatlich) und Vergütungen (10 zł. pro Wochenstunde) gelten und
5. jeder „Mittelpunkt", d.h. jede Gruppe von Komplets, eine Finanzkommission bilden, die für eine gerechte Finanzierung sorgte und auch mittellosen Schülern Zugang zum Geheimunterricht ermöglichte[2].

Angesichts der entnationalisierenden Bildungspolitik der deutschen Schulbehörden lag es nahe, daß den im legalen Unterricht verbotenen Fächern Geschichte, Geographie und Literatur eine besondere Bedeutung eingeräumt wurde[2a]. Die Komplets kamen in der Regel in Privatwohnungen zusammen, daneben aber auch in Klöstern, Kirchen, Magazinen, Schuppen usw. Sicherheitserwägungen erforderten einen möglichst häufigen Wechsel der Lokale. Die Idealzahl von 5 bis 6 Schülern wurde in der Praxis sehr oft überschritten, wegen Raummangel mußte sie zuweilen auf 10 bis 12 oder auch noch mehr erhöht werden, je nach der jeweiligen städtischen oder ländlichen Situation.

Im Anstieg der Unterrichtsgebühren und der Lehrerbezahlungen spiegelt sich der ungeheure Preis- und Kostenauftrieb im GG im Laufe der Okkupationsjahre. In Warschau betrug die monatliche Unterrichtsgebühr im Schuljahr 1940/41 40 zł. (die Vergütung 25 zł. pro Wochenstunde im Monat), 1941/42 stieg sie auf 80 zł. (bzw. 50 zł.), 1942/43 auf 150 zł. (bzw. 80 zł.) und verdoppelte sich 1943/44 auf 300 zł. (die Bezahlung stieg nur auf 100 zł.)[3]. Die Kaufkraft des Złoty läßt sich annähernd abschätzen aus einer Vergleichszahl wie der, daß auf dem einzig ergiebigen, dem schwarzen Markt, 1 Kilogramm Butter 1939/40 ca. 30, 1942/43 ca. 100 und im Januar 1945 sogar 300 zł. kostete[4]. Die Zahl der Unterrichtsstunden in Komplets staffelte sich für die Lehrer von 6 bis 21 je nach der Stundenzahl, die außerdem in öffentlichen Schulen abzuleisten war[5]. Generelle Angaben über die finanziellen Grundlagen des Geheimschulwesens, über Einkommen, Zuschüsse von der Delegatur und von verschiedenen Sozialhilfeorganisationen, in verschleierter Form auch von der einzigen offiziellen legalen Organisation, dem „Polnischen Hauptausschuß" (PHA), schließlich über Umfang und Höhe von Stipendien sind nur in seltenen Fällen möglich. Sie differieren naturgemäß stark, besonders zwischen Warschau und der Provinz, ihre Aussagekraft ist überdies sehr gering, da sich über die soziale Zusammensetzung der Teilnehmer am Geheimunterricht so gut wie nichts Sicheres sagen läßt. Das Beispiel Krakau zeigt immerhin, daß mehr als die Hälfte der Schüler unter der Normalgebühr blieben. Im Dezember 1944 zahlten von 1 181 in 207 Komplets organisierten Schülern 329 normale, 198 (freiwillig) erhöhte, 499 ermäßigte und 155 keine Gebühren[6]. In der Warschauer Vorstadt Praga, in der ein hoher Prozentsatz von Arbeitern wohnte, soll für etwa 50 Prozent der Schüler der Unterricht kostenlos gewesen sein[7].

Während der Stadt und Distrikt Warschau der größte Teil der schriftlichen Unterlagen über den Geheimunterricht im Warschauer Aufstand vernichtet wurde, blieb in Krakau einiges erhalten, so daß sich hier noch ein relativ genaues Bild gewinnen läßt. Der Kreis Neu-Sandez (Nowy Sącz) im Südosten des Krakauer Distrikts soll hier als ein Beispiel dienen, um Entwicklung, Umfang und Arbeitsweise der konspirativen polnischen Schule zu verdeutlichen. Als repräsentativ kann freilich weder dieses noch ein anderes Beispiel gelten, da die regionalen Unterschiede zu gravierend waren, wohl aber mag es das allgemeine Bild des Geheimschulwesens etwas plastischer gestalten[8].

Der Kreis Neu-Sandez umfaßte 1939 1 752 km^2 mit ca. 200 000 Einwohnern und 6 Städten. 78 Prozent der Bevölkerung waren Polen, 13 Prozent Ukrainer (die sogenannten Lemken), 8 Prozent Juden und weniger als ein Prozent Deutsche. Nicht nur die ethnische Mischung in diesem Gebiet, sondern auch die stets propagierten deutschen Ursprünge der Stadt am Dunajec[9] machten Neu-Sandez zu einem Kreis, in dem Terror und Repressalien für die polnische Bevölkerung besonders spürbar wurden. Als Folge der verfügten Schließung der Oberschulen konnten ca. 1 800 Schüler ihre Ausbildung nicht fortsetzen. Zunächst bildeten sich spontan geheime Unterrichtsgruppen. Im Dezember 1939 betätigten sich 28 Lehrer im Geheimunterricht, 14 davon in der Stadt Neu-Sandez. Anfang 1940 wurden die ersten Kontakte mit der Schulkommission in Krakau geknüpft, und es begann der systematische Aufbau illegaler Komplets.

In Übereinstimmung mit Krakau wurden in diesem Rahmen auch drei „geheime Examenskommissionen" (TKE; Tajna Komisja Egzaminacyjna) gebildet, die dafür sorgten, daß das Vorkriegsprogramm der Oberschulen für Unterricht und Prüfungen eingehalten wurde. Gleichzeitig begann die allmähliche Einbeziehung der Grundschulen in den organisierten Geheimunterricht in der Form der Ergänzung des von den deutschen Schulbehörden zugelassenen Stoffes oder auch durch Schaffung eigener Komplets innerhalb der Schulen. Anfang 1941 waren in den 6 Städten und 17 größeren Dörfern des Kreises 68 Lehrer im illegalen Unterricht tätig, davon 40 Ober- und 22 Grundschullehrer, 3 Priester und 3 Studenten. Etwa bei diesem Stand wurde der Kreis im Juni 1941 von der zentralen Delegaturorganisation übernommen. Neu-Sandez bildete die „Kreiskommission für Bildung und Kultur" (PKOK; Powiatowa Komisja Oświaty i Kultury) mit der Deckbezeichnung „Nr. 5" im Distrikt Krakau. Ihr Hauptorganisator war Ignacy Jakubiec, Mitglied der Krakauer Distriktsorganisation des DOK und der TON. Zu den Aufgaben der Kommission gehörte neben der Ausarbeitung und Kontrolle des Programms auch die Auswahl von Vertrauensleuten in Städten und Dörfern, die die Organisation in ihrem Bereich übernahmen, Kontakt mit Lehrern der öffentlichen Schulen aufnahmen und Verbindung mit der Kommission hielten. Ein solches Netz von Vertrauensleuten zu schaffen, lief nicht ohne Widerstände ab, da Angst vor Repressalien bestand, die nicht unbegründet war. Allein im Laufe des Jahres 1941 wurden im Kreis Neu-Sandez etwa 20 Lehrer verhaftet und z. T. erschossen oder ins KZ eingeliefert.

Anfang 1942 war das Netz hergestellt, und ab 1943 wurden nun auch auf Gemeindeebene insgesamt 16 entsprechende Unterkommissionen der PKOK geschaffen. Die PKOK verfaßte zweimonatliche Rechenschaftsberichte über den Geheimunterricht, die entweder aus Krakau von Jakubiec abgeholt oder chiffriert an die offiziell zugelassene Genossenschaft „Szkolnica"[10] in Krakau geschickt wurden.

Diese lokale Lehrergenossenschaft, die alle Arten von Schreib- und Druckmaterial für den Schulsektor produzierte und vertrieb, spielte in Krakau eine bedeutende Rolle, ist darin aber durchaus repräsentativ für die Bedeutung der polnischen Genossenschaften insgesamt in der Konspiration[11]. Als Wirtschaftsverbände, die auch den Interessen der Besatzungsmacht dienten, waren sie im „Staatlichen Genossenschaftsrat" zusammengefaßt und unterstanden der Hauptabteilung Ernährung und Landwirtschaft in der Regierung des GG. Ähnliche Lehrergenossenschaften existierten noch in neun anderen Städten des Distrikts Krakau. Von hier aus wurden die Untergrundbewegung und vor allem die Geheimschulen weitgehend mit Schreib- und Büromaterial und Publikationen versorgt. Illegale Drucke und Bücher wurden z. B. zusammen mit Papierballensendungen verschickt. „Szkolnica" verteilte und verschickte ca. 30 000 Vorkriegsschul- und Handbücher an die Kreise. Aus Warschau kamen umgekehrt von 1942 bis 1944 rund 10 000 Schulbücher und illegale Drucke über die Adresse der „Szkolnica" nach Krakau[12]. Allein 10 663 Exemplare lieferte ein ehemaliger Krakauer Schulbuchverlag – ein Zeichen, wie wenig effektiv die deutschen Erfassungsaktionen offenbar waren. „Szkolnica" verfügte ferner über eine kleine Geheimdruckerei und ein Elektrokopiergerät, mit dem verschiedene wissenschaftliche Schriften (darunter Arbeiten E. Abramowskis und J. Chałasińskis) reproduziert wurden. Die Magazine dienten als Treffpunkt für die illegalen Schul- und Universitätsbehörden, für Literatenversammlungen und als Aufbewahrungsort gefährdeter Manuskripte. Die Legalität der Institution bot den sichersten Schutz. Einige Angestellte, darunter Jakubiec, besaßen Sonderausweise, die ihre Inhaber vor jeder Heranziehung zu anderen Arbeiten, z. B. dem Baudienst, schützten[13]. Im Sommer 1944 gelang es dem polnischen Personal sogar, „Szkolnica" zum „kriegswichtigen Betrieb" erklären zu lassen. Durch die „Szkolnica" bezog auch der Kreis Neu-Sandez Schulbücher und Skripten. Der Bedarf konnte freilich trotz großer Anstrengungen mit der zunehmenden Ausbreitung des Geheimunterrichts nicht mehr annähernd gedeckt werden, zumal allmählich alle Vorkriegsreserven erschöpft waren, so daß allein aus solchen Gründen einer weiteren Entwicklung der Untergrundschulen schließlich Grenzen gesetzt waren[14].

Informationen über Interna der öffentlichen Schulverwaltung ließen sich mit Hilfe zweier polnischer Angestellten beziehen, die in der deutschen Schulverwaltung von Neu-Sandez arbeiteten, aber mit der Widerstandsbewegung in Verbindung standen[15]. Eine gezielte soziale Hilfe für die Familien verhafteter Lehrer – im Kreis kamen während der Okkupation 40 Lehrer um – wurde nicht zuletzt dadurch ermöglicht, daß ein Mitglied der PKOK zugleich Vorsitzender des legalen „Polnischen Hilfsausschusses" in Alt-Sandez war und eine illegal arbeitende Lehrerin in dem gleichen Ausschuß in Neu-Sandez vertreten war.

Die Examina, die vor den drei geheimen Prüfungskommissionen, bestehend aus über 20 Fachprüfern, abgelegt wurden – dazu gehörten auch Abschlußprüfungen nach jedem einzelnen Schuljahr –, wurden nach dem Ende des Krieges einem offiziellen Untersuchungs- und Bestätigungsverfahren unterzogen. Das Bildungsressort des „Polnischen Nationalen Befreiungskomitees" erließ am 22. 8. 1944 eine entsprechende Verfügung zur Bildung einer „Staatlichen Verifikationskommission" (Państwowa Komisja Weryfikacyjna) mit entsprechenden regionalen Unterabteilungen, die geheim abgelegte Examina bestätigen und Zeugnisse ausstellen sollte. Durch diese Kommission wurden 1945/46 für den Kreis Neu-Sandez insgesamt 1 102 Abschlüsse der verschiedenen Oberschulklassen bestätigt, darunter 346 „Kleine Maturae" und 159 Reifeprüfungen. Nachträglich wurden 221 Lehrer registriert, von denen 37 in nichtorganisierten geheimen Schulen unterrichtet hatten. Sie setzten sich zusammen aus: 110 Grundschullehrern (die in den ersten beiden Klassen des Gymnasiums unterrichteten), 81 Ober- und Fachschullehrern, 2 Hochschulprofessoren, 13 Priestern, 12 Studenten, 2 Beamten und einem Richter. Etwa die Hälfte von ihnen hatte ausschließlich in Oberschulkomplets unterrichtet.

Über die soziale Zusammensetzung der Schüler läßt sich auch für diesen begrenzten Bereich nur Annäherndes aussagen. Im allgemeinen, vor allem in den Städten, dominierten Kinder der Intelligenz und des Bürgertums. Dazu kam ein bedeutender Teil von Arbeiter-, vor allem Eisenbahnerkindern. In den Dörfern überwogen dagegen die Bauernkinder. In einer Gemeinde waren von 135 Schülern 70 Prozent Bauernkinder (Łącek, ähnlich in Ujanowice). Zweifellos war für die ländlichen Gegenden der Geheimunterricht ein außerordentliches Phänomen, wurde doch auf diese Weise der Oberschulunterricht – wenn auch in eng begrenztem Umfang – buchstäblich bis in entlegene Bauernhütten getragen. In fünf Orten des Kreises Neu-Sandez, in denen vor dem Kriege keine Oberschulen existierten, bestanden solche in den ersten Nachkriegsjahren. Ihre Entstehung verdankten sie dem Geheimunterricht.

Die Ansätze zu einer bildungspolitischen Erschließung der vor dem Krieg stark unterentwickelten Landgebiete hatten vor allem im Krakauer und Warschauer Distrikt relativ großen Erfolg, während etwa die Distrikte Lublin und Galizien weit dahinter zurückblieben. Solche Bemühungen waren besonders der Initiative der TON und der neben der PPS bedeutendsten im Untergrund vertretenen Partei, der Bauernpartei (SL), zu danken. Möglich wurden sie freilich nur durch die besondere Situation, die durch die Vertreibung vor allem der Intelligenz aus den polnischen Westgebieten entstanden war. So konnte gerade der geheime Schulunterricht schließlich auch die Funktion erfüllen, Bindeglied zwischen der städtischen Intelligenz und der ländlichen Bevölkerung zu sein[16].

Die TON begann in Verbindung mit dem DOK in den Schulferien des Jahres 1942 eine großangelegte „Aktion auf dem Lande" („akcja gminna"), die 1943 noch einmal wiederholt wurde. Ihr Ziel war es, durch die Ausdehnung des illegalen Unterrichts auf die bisher nur in geringem Umfang erfaßten Gebiete zugleich die Gefahren der nationalsozialistischen Kulturpolitik bewußt zu machen und somit deren demoralisierenden Auswirkungen vorzubeugen[17]. Nach Angaben der Delegatur gab es im Schuljahr 1943/44 in den ländlichen Gebieten allein 700 Oberschulkomplets mit 5 760 Schülern. Dazu kamen noch über 900 organisierte Gruppen mit etwa 8 000 Teilnehmern im Bereich der Erwachsenenbildung[18]. Der Schwerpunkt des konspirativen Schulwesens lag dennoch in den Städten, vor allem in Warschau und Krakau. Das bestehende öffentliche System insbesondere von Berufs- und Fachschulen bot günstige Ansatzpunkte zur Infiltration, d.h. zur Durchführung der alten Vorkriegsprogramme und darüber hinaus auch zur offiziellen Registrierung der in Komplets arbeitenden Lehrer. Das 120köpfige Lehrerkollegium der Kaufmannsschule für Mädchen in Krakau setzte sich beispielsweise aus nur 30 Handels- und Berufsschullehrern zusammen, 50 dagegen waren ehemalige Oberschullehrer, 11 Professoren und Dozenten, 8 Direktoren und 4 Visitatoren. Die Kaufmannschule für Jungen beschäftigte neben 23 eigenen noch 42 ehemalige Oberschullehrer und einen Professor. Eine Mädchenfachschule mit 283 Schülerinnen wies am Ende des ersten Schuljahres 46 Lehrer auf[19]!

Um solche unverhältnismäßig hohen Prozentsätze in Wahrheit oft fingierter Lehrkräfte – viele der Registrierten unterrichteten nur oder vorwiegend in illegalen Komplets – zu „beschäftigen", waren bisweilen recht abenteuerliche Manipulationen der polnischen Direktoren und Schulvisitatoren mit Statistiken und Karteien vonnöten.

Wenn im deutschen Schulsystem des GG akuter Mangel an Lehrern herrschte, dem man mit kurzen Ausbildungslehrgängen für Schulhelfer und Laien zu begegnen suchte, so gab es für die polnischen „Schulbehörden" des Untergrundes das gleiche Problem im Hinblick auf die Zeit nach der Befreiung. Nicht nur von den bildungspolitischen Grundkonzeptionen der TON her mußte der Lehrerausbildung künftig eine große Bedeutung zukommen, sondern vor allem aufgrund der großen personellen Verluste durch die Okkupation. In besonderem Maße waren davon die eingegliederten Gebiete betroffen, und nicht zuletzt diese Tatsache trug dann auch zu einer gewissen Politisierung der Lehrerbildung im Untergrund bei. „Polska jutrzejsza", das Polen von morgen, war in allen Gruppen, in denen Lehrer ausgebildet wurden, ein wichtiger Bestandteil des Unterrichts[20]. Um nach dem Krieg alle polnischen Kinder unterrichten zu können, waren nach Berechnungen der Delegatur ca. 110 000 Lehrer nötig, rd. 60 000 standen jedoch voraussichtlich nur zur Verfügung[21]. Von Seiten der TON und des DOK versuchte man daher, wenigstens Ansätze für eine schnellere Deckung des Bedarfs zu schaffen. Dazu gehörte auch, daß Laien in zwei- bis dreimonatigen Kurzlehrgängen ausgebildet wurden. Daneben legte man besonderes Gewicht auf die Ausbildung der „pädagogischen Kader" für künftige Lehrerbildungsinstitute[22].

Im Jahre 1944 gab es etwa 450 Kandidaten, die in geheimen Komplets eine Lehrerausbildung absolvierten[23]. Das war kaum mehr als ein Tropfen auf den heißen Stein, aber derartige Bemühungen machen deutlich, wie stark das gesamte illegale Bildungswesen auf die Zukunft hin orientiert war und mit den verschiedensten Mitteln den Konsequenzen der Okkupationspolitik zumindest insofern beizukommen suchte, als man auf die Ausbildungsprobleme, vor die ein künftiger polnischer Staat gestellt sein würde, hinwies und sie ins allgemeine Bewußtsein zu heben sich bemühte[24].

Im Erfindungsreichtum der konspirativen Methoden stand der Bereich des illegalen Bildungswesens dem politischen und militärischen kaum nach. Der für den Kreis Rzeszów zuständige Lehrer transportierte Berichte für die DOK-Abteilung in Krakau in ausgehöhlten und mit dünnen Drähten wieder zusammengefügten Kohlköpfen und erregte so selbst bei schärfsten Kontrollen keinen Verdacht[25]. In Warschau sammelten oder verteilten als Angestellte der städtischen Gas- und Wasserwerke verkleidete und ausgewiesene Personen chiffrierte Berichte und Materialien illegaler Unterrichtsgruppen[26]. Zusammenkünfte der TON fanden mehrfach unter dem Schutz bewaffneter Spezialabteilungen des KWC statt[27]. Im Mai 1944 wurde im Keller einer Warschauer Kirche eine Abiturprüfung abgehalten. Als überraschend eine Razzia der deutschen Polizei stattfand, konnte sich die Gruppe durch die Flucht in die Turmkuppel retten und dort die Prüfung abschließen[28]. Für Abiturzeugnisse gab es keine einheitliche Regelung. Eine der verschiedenen verschlüsselten Textformen war eine Karte mit dem Pseudonym des Prüfungsvorsitzenden und folgendem Text auf der Rückseite: „Ich danke Ihnen für Ihren netten Besuch am . . . Ich war sehr zufrieden. Sie haben mir außerordentlich interessante Dinge erzählt. Bravo!"[29] Die Reihe solcher Beispiele ließe sich beliebig fortsetzen.

Was wußten die deutsche Polizei und die deutsche Schulverwaltung vom polnischen Geheimschulwesen und wie versuchte man, ihm zu begegnen?

Über genauere Kenntnisse schienen die Deutschen vor 1943 kaum zu verfügen. Danach war zwar die Organisation und auch der bedeutende Umfang prinzipiell bekannt, ohne daß jedoch in größerem Umfang gegen das konspirative Schulwesen vorgegangen wurde. In der deutschen Verwaltung hat es zweifellos verschiedene Beamte gegeben, die davon wußten, jedoch nichts unternehmen wollten[30], zumal der allgemeine politische Kurs ab 1943 in der Zivilverwaltung eher auf Mäßigung ausgerichtet war. Gravierender mochte sein, daß eine wirksame Überwachung der öffentlichen Schulen und ferner eine sicherheitspolizeiliche Verfolgung des geheimen Unterrichts in Komplets angesichts des Personalmangels bei der Polizei und den Schulaufsichtsbehörden völlig illusorisch war.

In einer Regierungssitzung vom 26. Mai 1943 berichtete der Abteilungsleiter Stegemann aus Radom dem Generalgouverneur über das „beachtlich stark entwickelte" polnische Geheimschulwesen, das wie in der Zarenzeit so auch jetzt wieder unvorstellbare Erfolge aufzuweisen habe. „Unter der Tarnung des erlaubten Privatunterrichts werden Gruppen von Schülern in allen Unterrichtsfächern unterrichtet, und zwar jeweils in verschiedenen Privatwohnungen, es werden Prüfungen abgehalten, Zeugnisse und Berechtigungen ausgestellt. Die 6. und 7. Klassen der Volksschulen sind in den Städten als Gymnasialklassen aufgezogen. Bestehende polnische Kindergärten fangen schon im 5. Lebensjahr mit dem Schulunterricht an, so daß die Kinder beim Eintritt in die Volksschule einen Vorsprung von 1 bis 2 Klassen haben. . . Revisionen haben ergeben, daß in den Schulen noch oft antideutsche Lehrstoffe (Gedichte, Lieder) herangezogen werden und eine betont national-polnische Erziehung betrieben wird."[31]

Detaillierter spiegelt sich der Kenntnisstand in einem erhalten gebliebenen Memorandum der Sicherheitspolizei an das Reichssicherheitshauptamt vom 25. August 1943[32]. Im Februar 1943 war es der Gestapo gelungen, in Radom einen Kurier der TON-Zentrale mit wichtigen Materialien abzufangen. Dadurch erhielt sie offenbar erstmals einen genaueren Einblick in das illegale Schulwesen. Das Memorandum dürfte wesentlich auf den Ergebnissen aufbauen, welche die dieser Verhaftung folgenden Ermittlungen zu Tage förderten[33]. Dieses über 100 Schreibmaschinenseiten starke Dokument beruhte ferner auf Informationen der deutschen Schulvisitatoren und polnischen Agentennachrichten. Ein polnischer Spitzelbericht aus Tschenstochau gab nicht nur allgemein einen Einblick in die Organisation, sondern verzeichnete auch eine große Zahl von Lehrern und Schülern namentlich. Ein weiterer Bericht stammt von einem ehemaligen Offizier, „höherer Funktionär der Widerstandsbewegung", wie das Memorandum vermerkt[34].

Das Dokument beweist, daß die Sicherheitspolizei relativ viel, insbesondere von den Organisationsformen des Geheimunterrichts, wußte. Präzise Kenntnis der Gesamtstruktur hatte sie dennoch nicht. Als zentrales Führungsgremium in Warschau wurden ehemalige Beamte des Kultusministeriums und Offiziere der Armee vermutet[35]. Bekannt war die Gliederung in „Mittelinstanzen" in den Distriktsstädten und „Aufsichtskreise". Auch über die Konzentration des Geheimunterrichts in Handelsschulen und deren besondere nationale Ausrichtung war die Polizei informiert. Über die Handelsschulen heißt es in dem Memorandum: „Es ist ganz natürlich, daß sich in diesen Schulen vor allem die Jugend sammelt, die früher Gymnasien besucht und diese noch nicht beendet hat. Hier braucht man sich nicht damit abzumühen, kleine Komplets zu schaffen, hier kann der Lehrer sich an die ganze Klasse wenden und infolgedessen viel schneller das Programm bewältigen, das ihm durch die konspirative Zentrale vorgeschrieben ist."[36] Fünf Typen des geheimen Unterrichts werden aufgezählt: die „Mutterschule", d.h. Unterricht in der Familie, Kindergärten und Vorschulen, Grund-, Ober- und Hochschulen. Über die letzteren wußte die Polizei jedoch kaum etwas. Bekannt war ihr in Warschau die Fachschule für Maschinenbau, die u.a. frühere Studenten und Professoren des Polytechnikums beherbergte und so dessen Tradition weiterführte. Das Memorandum vermerkt, hier werde das verbotene Vorkriegsprogramm fast im alten Stil weitergeführt, die 39 Professoren unterrichteten nicht entsprechend den Vorschriften, sondern hielten Vorlesungen und arbeiteten insgesamt „wie Professoren akademischer Schulen."[37]

Verschiedene Passagen zeigen eine unverhohlene Achtung und Bewunderung, die das illegale Schulwesen der deutschen Polizei abnötigte. Einer Krakauer Wirtschaftsschule wird ein Niveau bescheinigt, „hinter welchem jede deutsche Haushaltsschule weit zurückstehen muß". „Wäre diese Schule deutsch, käme ihr eine sehr große Bedeutung zu."[38] Die fachliche Qualität und der Patriotismus des polnischen Lehrers werden unumwunden anerkannt: „Die Ausbildung der Volksschullehrer war in den letzten 20 Jahren der polnischen Herrschaft sehr gut. Um in eine Großstadt zu kommen, mußte ein Lehrer nach Beendigung des Seminars zumindest mehrere höhere pädagogische Kurse oder sogar die Ausbildung an einer akademischen Schule durchlaufen. Es ist besonderer Beachtung wert, daß die polnischen Volksschulen in bedeutend höherem Prozentsatz als die deutschen Universitätsstudien nachweisen können. . . Es gab in Polen keinen größeren Patrioten als den Gymnasialprofessor und z. T. auch den Volksschullehrer. Keine Jugend kann sich stärker für die nationale Sache begeistern als die, die solche Erzieher hat."[39]

Das Urteil über die deutsche Schulpolitik fällt dagegen vernichtend aus, wobei freilich zu berücksichtigen ist, daß in den Augen der deutschen Polizei die große Verbreitung des Geheimschulwesens zugleich ein Argument gegen die deutsche Schulverwaltung und ihre Effektivität sein mußte, so daß dieses Dokument schließlich auch im Zusammenhang des internen Kampfes zwischen SS und Zivilverwaltung zu sehen ist[40]. Es ist dennoch bemerkenswert, wie richtig die tieferen Gründe gesehen wurden, denen der konspirative Unterricht seine Entstehung zu verdanken hatte. „Daß die öffentlichen Schulen durch den falschen Kurs, den sie bis zum Herbst 1942 steuerten und von dem es schwer ist, sie wieder abzubringen, den Polen nicht geeignet erscheinen, auch nur ein Minimum an Bildung zu sichern, ist für jeden verantwortungsvollen Deutschen offenkundig, der die erste beste polnische Volksschule besucht. . . In Anbetracht dieser Lage und angesichts der Beobachtungen, die interessierte Polen im Hinblick auf das deutsche und ukrainische Schulwesen machen können, ist es psychologisch verständlich, daß sie sich entscheiden, ihre Kinder auf eigene, d.h. geheime, nach ihrer eigenen Vorstellung organisierte Schulen zu schicken."[41]

Dieser Passus zeigt, wie auch auf dem Schulsektor ähnlich wie auf anderen Gebieten der Okkupationspolitik die Polizei schließlich zum scharfen Kritiker der Konsequenzen ihres eigenen ideologischen Programms wurde, ohne freilich zu sehen, daß die als „chaotisch" bezeichnete Lage ohne eine Änderung eben dieses Programms und durch bloßes Kurieren an den Symptomen kaum zu beseitigen war. Zur Bekämpfung des illegalen Schulwesens wurde zwar eine „vernünftige Reorganisation" des öffentlichen gefordert. Dazu sollten sofortige Papierlieferungen für den Druck der notwendigen Schulbücher ebenso gehören wie die Eröffnung von Lehrerseminaren mit polnischer Sprache, aber unter deutscher Aufsicht[42]. Die Hauptforderung aber zeigt, daß man schließlich doch allein mit Mitteln des administrativen und polizeilichen Drucks dem Problem am ehesten beikommen zu können glaubte: in der Schulverwaltung sollten einschneidende Änderungen erfolgen. „Personen, die im Reich gute Verwaltungs- und Aufsichtsbeamte sein mögen, versagen hier vor den wichtigsten Problemen, da sie nicht in der Lage sind, sich deren Gefährlichkeit für das Reich zu vergegenwärtigen; aber angesichts der Stärke des Feindes, um dessen Bekämpfung es hier geht, sind Erfolg oder Mißerfolg von der Haltung jener Deutschen abhängig, die dazu berufen sind, diesen Kampf mit Weitsicht und Entschiedenheit zu führen."[43]

Die erfolgreichen Recherchen der Sicherheitspolizei hatten verschärfte Kontrollen zur Folge[44]. In Warschau wurde im Stadtschulamt eine Spezialkommission gegründet, die Visitationen in den Berufsschulen vorbereitete. Zugleich mußten alle Schuldirektoren eine eidesstattliche Erklärung abgeben, daß sie nichts mit dem Geheimunterricht zu tun hatten[45]. In einem Delegaturbericht vom November 1943 heißt es: „Seit einigen Wochen beschäftigen sich die deutschen Schulbehörden wie auch die Gestapo in Warschau sehr auffallend mit dem Aufspüren und der Vernichtung des polnischen Geheimunterrichts.“[46] Anfang 1944 wurden in Warschau einige Geheimschulen größeren Umfangs aufgedeckt[47].

Das immer schnellere Anwachsen des illegalen Schulwesens vermochte die Polizei jedoch nicht aufzuhalten. Die 1944 bei den deutschen Behörden einsetzende Diskussion um eine Wiedereröffnung polnischer Gymnasien war schließlich nicht nur ein Propagandamanöver, sondern indirekt auch eine Bankrotterklärung im Kampf gegen den konspirativen polnischen Unterricht: Schmelzer, ein Vertreter des „harten Kurses“ in der Krakauer Zentrale, empfahl im Juli 1944 die Errichtung polnischer Gymnasien (mit starken Einschränkungen im Aufnahmeverfahren) als einziges wirksames Mittel gegen das illegale Schulwesen[48].

Der Versuch, eine annähernd genaue Gesamtbilanz des polnischen illegalen Schulwesens zu ziehen, ohne dabei die Zahlen allzu großzügig aufzurunden, wie das in der polnischen Literatur häufig geschieht[49], stößt auf außerordentliche Schwierigkeiten. Zeitgenössische schriftliche Unterlagen existieren nur sehr bruchstückhaft, ihr Wert ist überdies angesichts der weitestgehend dezentralisierten Arbeitsmethoden der Widerstandsbewegung relativ gering.

Die erhalten gebliebenen Statistiken lassen zumeist nicht erkennen, wieviel Schüler sich kontinuierlich über mehrere Jahre hinweg und nicht nur vorübergehend oder erst in den letzten Monaten des Jahres 1944 am Geheimunterricht beteiligten, um späterhin eine Art „konspiratives Alibi“ zu haben, während der praktische Wert nur sehr gering sein konnte. Auch die Übergänge zwischen Komplets und öffentlichen Schulen, wie z. B. den oberschulähnlichen „Vorbereitungskursen“ waren fließend, so daß sich hier ebenfalls eine Fehlerquelle für die Statistik illegaler Schülerzahlen ergibt. Was die Qualität des Unterrichts und der Examina anbetrifft, so standen Lehrer und Schüler hier angesichts der Okkupationspolitik gewollt oder ungewollt unter einem politischen Druck, der zweifellos oft Patriotismus über Begabung und Können dominieren ließ. Die Einbeziehung auch der Schuljugend in das allgemeine konspirative Leben (z. B. Kolportage illegaler Zeitungen, „kleine Sabotage“ usf.[50]) zwangen die Lehrer, großzügig zu sein. Zudem waren viele Lehrer selbst noch in politischen oder militärischen Organisationen der Widerstandsbewegung aktiv tätig oder mußten nebenbei der einzig lukrativen Beschäftigung, dem Schwarzhandel, nachgehen, um die niedrigen Gehälter aufzubessern.

Unter den katastrophalen Lebensbedingungen griff die allgemeine Demoralisierung der Jugend – darauf wird noch einzugehen sein – schließlich doch mehr um sich, als die aus der Erinnerung geschriebenen und somit meist verklärenden Darstellungen vermuten lassen. In einem Delegaturbericht von 1942 heißt es beispielsweise über Warschau: „Breitere Kreise der Jugend reagieren nicht auf die Parolen des zivilen Kampfes, was sich u.a. in den häufigen Kinobesuchen und der Jagd nach billigem Vergnügen ausdrückt. . . Die Verflachung der Jugend folgt schnell, die umgekehrten Fälle dagegen, die sich in der eigenen Fortbildung in ehrlicher Arbeit in den Komplets des Geheimunterrichts oder in der Mitarbeit in der Konspiration ausdrücken, sind eher selten.“[51]

Die Berücksichtigung solcher Gesichtspunkte ist unerläßlich, will man nicht – ähnlich wie im Falle der deutschen Schulstatistik – vom Schein eines imposanten Zahlengebäudes geblendet werden. Nach Angaben der Delegatur gab es im Frühsommer 1941 in allen vier Distrikten insgesamt 12 760 Oberschüler, davon 9 500 in Warschau, 2 100 in Radom, 160 in Krakau und 100 in Lublin[52]. Ausschließlich in Form von Komplets arbeiten Anfang 1942: ca. 6 000 Schüler in Warschau (mit ca. 620 Lehrern), 4 000 in Radom (mit ca. 200 Lehrern), 1 000 in Lublin, 300 in Krakau und – noch ganz in den Anfängen – 20 in Galizien[53]. 1944 waren die Gesamtzahlen auf rd. 45 000 Schüler gestiegen, davon 22 000 in Warschau, 9 000 in Krakau, 7 500 in Radom, 3 500 in Galizien und 3 000 in Lublin[54]. Etwa 8 000 illegale Reifeprüfungen sollen allein in der Stadt Warschau abgelegt worden sein[55]. 6 573 wurden davon bis zum 1. September 1946 durch die „Staatliche Verifikationskommission" offiziell anerkannt[56].

Bei rd. 50 000 Oberschülern dürfte etwa das Maximum liegen, soweit es den wirklich relevanten Geheimunterricht (sowohl in Form von Komplets als auch im Rahmen der öffentlichen Schule) betrifft. Nach dem Krieg aufgestellte Schätzzahlen, die auch den nicht organisierten Unterricht mit berücksichtigen, gehen zwar erheblich darüber hinaus, erscheinen jedoch wenig glaubwürdig, sofern man nicht nur eine rein schematische Addition sämtlicher, und sei es auch für noch so kurze Zeit aktiven Teilnehmer betreiben will[57]. Eine solche Gefahr mag angesichts der langjährigen völligen Diskriminierung des illegalen Schulwesens in der stalinistischen Ära verständlicherweise naheliegen.

Wichtiger als die Versuche, genaue Zahlen festzustellen, sind jedoch die Ergebnisse mehrerer lokaler Untersuchungen, die auch für einige andere Kreise der Wojewodschaften Krakau und Warschau bestätigen, was hier am Beispiel Neu-Sandez dargestellt wurde: daß während der Okkupation in vielen Orten, in denen es vor dem Krieg keine Oberschulen oder nur eine geringe Schülerzahl gab, höhere Schulen geschaffen wurden oder die Zahl ihrer Schüler anstieg. So lag in fünf Kreisen Warschaus (Mińsk Mazowiecki, Błonie, Łowicz, Węgrów und Warschau Land) die entsprechende Schülerzahl fast dreimal höher als vor dem Krieg. In 63 kleinen Städten und Dörfern nahmen 4 379 Schüler am illegalen Unterricht teil, während vor 1939 acht Oberschulen mit insgesamt 1 600 Schülern existierten. Im Kreis Dąbrowa Tarnowska und Przeworsk (im ehemaligen Distrikt Krakau) ließen sich ähnliche Ergebnisse verzeichnen[58].

Mit solchen beachtlichen Ansätzen zur bildungsmäßigen Erschließung auch der ländlichen Gebiete wurde schließlich nicht nur ein Postulat der TON und der linken Parteien im Untergrund realisiert, sondern hier wurden auch Vorarbeiten geleistet, die für die spätere Schulpolitik in Volkspolen von Bedeutung waren und an die sie unmittelbar anschließen konnten.

3. Hochschule und Wissenschaft im Untergrund

Die akademische „tabula rasa", die die nationalsozialistische Wissenschaftspolitik in Polen schuf, wurde zum eigentlichen Anlaß für den Aufbau eines konspirativen Hochschulwesens von beachtlichen Ausmaßen[1]. Seine Entstehung und Arbeitsweise gehört zweifelsohne zu den abenteuerlichsten, seltsamsten, aber auch faszinierendsten Kapiteln europäischer Wissenschaftsgeschichte. Zu sicheren Urteilen zu gelangen, ist hier freilich besonders schwierig. Eine Rekonstruktion der Geschichte der illegalen Universitäten und der Wissenschaft im Untergrund muß sich in der Hauptsache auf Erinnerungsberichte stützen, die naturgemäß mehr oder weniger stark von der psychologischen oder politischen Situation beeinflußt sind, in der sie entstanden, und die nur allzu leicht eine Tendenz zur Verklärung oder Harmonisierung aufweisen. Im Spannungsverhältnis zwischen Abenteuerromantik und Wissenschaft trug letztere unvermeidlicherweise nicht immer den Sieg davon. Dieses Spannungsverhältnis macht allerdings zugleich auch die Unzulänglichkeit der Kategorien deutlich, mit denen man traditionellerweise Wissenschaft zu erfassen und zu messen gewöhnt ist. Die Autonomie der reinen Wissenschaft, wie man sie, fern aller Praxisbezogenheit, auch im Untergrund ansatzweise durchzuhalten versuchte, muß nicht nur dem späteren Betrachter bisweilen in ihrer Berechtigung zweifelhaft erscheinen, auch die Beteiligten mutete der illegale Universitätsbetrieb gelegentlich wie ein seltsames Glasperlenspiel vor einer blutigen Kulisse an. Auf der anderen Seite ließ sich jedoch gerade eine solche in ihrem Selbstverständnis nicht utilitaristisch orientierte Wissenschaft als eindrucksvolles Symbol der Traditionsverbundenheit und des Widerstandswillens einer als kulturlos deklarierten Nation deuten. Ein Urteil über Sinn und Berechtigung konspirativer Hochschulen in der Widerstandsbewegung eines Volkes, dessen Intelligenz von der physischen Liquidierung bedroht war, wird daher den gleichen Maßstäben folgen müssen, mit denen grundsätzlich eine Résistance und der Erfolg ihrer Aktionen gemessen wird. Und diese Maßstäbe sind kaum je eindeutig zu bestimmen.

Zentrum und Ausstrahlungspunkt war, wie überall in der Widerstandsbewegung, Warschau. Nachdem die Warschauer Hochschulen geschlossen waren und das durch Polizeitruppen belegte Universitätsgebäude obendrein bei einer Vergnügungsveranstaltung in Flammen aufgegangen war, begann abermals ein Kapitel „fliegende Universität" in der Warschauer Hochschulgeschichte[2]. Ende des Jahres 1940 konstituierten sich zwei Universitäten: neben der eigentlichen Warschauer, die die Traditionen der Józef-Piłsudski-Universität fortsetzte, die sogenannte „Universität der Westgebiete" (UZZ; Uniwersytet Ziem Zachodnich), die sich vorwiegend aus dem umgesiedelten Personal der aufgelösten Posener Hochschulen rekrutierte. Ähnlich wie im Bereich der Schulen wurde der illegale Universitätsbetrieb sowohl in Form von Komplets als auch unter Ausnutzung bestehender legaler Institutionen durchgeführt. Die Warschauer Universität umfaßte schon 1940 sechs Fakultäten: die theologische, juristische, philosophische, naturwissenschaftliche, medizinische und – in Ansätzen – die landwirtschaftliche. Die einzelnen Spezialdisziplinen konnten freilich nur in beschränktem Umfang organisiert werden, und sowohl Arbeitsmöglichkeiten wie Frequentierung waren in den einzelnen Fakultäten sehr unterschiedlich[3].

Die katholisch-theologische Abteilung entstand schon im Februar 1940 unter Leitung von Professor Piotr Chojnacki, mit den drei Sektionen Theologie, kanonisches Recht und christliche Philosophie. Sie umfaßte in den Jahren 1940–1944 rd. 100 Hörer und 14 Dozenten. Zehn Abschlußexamina und sechs Promotionen wurden durchgeführt[4]. Relativ am günstigsten gestaltete sich die Situation der medizinischen Fakultät, da bis zum Frühjahr 1940 noch reguläre, wenn auch beschränkte Arbeitsmöglichkeiten bestanden[5]. Nach dem Verbot der regulären Kurse bildeten Krankenhäuser und Laboratorien den legalen Rahmen für die geheime Ausbildungs- und Lehrtätigkeit. Ferner gelang es den Polen im März 1941, bei der deutschen Verwaltung die Einrichtung einer „Schule für sanitäres Hilfspersonal" (Zaorski-Schule) durchzusetzen und unter diesem Deckmantel die anderweitig besonders schwer zu organisierende Ausbildung der Studenten der ersten beiden Studienjahre mit Professoren sowohl der Universität Warschau als auch der Westuniversität durchzuführen. Durch Kooperation mit der Abteilung Gesundheitswesen der Warschauer Stadtverwaltung, in der mehrere Polen saßen, ließ sich die Arbeit entsprechend tarnen, indem beispielsweise neue Studenten als Praktikanten registriert wurden. Ca. 1 900 Medizinstudenten sollen während der Okkupationszeit in diesem Rahmen in einer Universitätsausbildung gestanden haben. Seit dem Herbst 1941 entstanden unter Leitung von Professor Marian Grzybowski auch Komplets, die vor allem den stärker theoretisch ausgerichteten Anfangsunterricht auszuüben versuchten. Im Studienjahr 1943/44 betrug die Gesamtzahl ihrer Hörer 445, davon entfielen 320 auf das erste und zweite Studienjahr, 125 auf das dritte und vierte[6].

Geringfügige Bedeutung hatte die mathematisch-naturwissenschaftliche Fakultät. Konzentration auf theoretische Arbeit wurde von den äußeren Umständen erzwungen, auch wenn sich in bescheidenem Umfang durch Zusammenarbeit mit dem zugelassenen „Polytechnikum" Laborexperimente ermöglichen ließen. Die physikalische Sektion umfaßte 1943/44 ca. 60 Hörer in sechs Komplets, die chemische ca. 150, die mathematische 14 (u.a. lehrte hier Jan Łukasiewicz), die biologische ca. 20 und die geographische 12[7].

Ähnlich wie im Oberschulbereich läßt sich auf dem Hochschulsektor das besonders starke Hervortreten der geisteswissenschaftlichen Fächer beobachten. Hier wird der Zusammenhang von Okkupationspolitik und Reaktion im Untergrund am unmittelbarsten evident. Angesichts der Eliminierung polnischer Kultur aus allen Unterrichtsprogrammen öffentlicher Schulen erhielt jede Beschäftigung mit geisteswissenschaftlichen Stoffen einen national-politischen Akzent. Es ist daher auch kaum verwunderlich, daß die juristische und die philosophische Fakultät die größten Hörerzahlen aufwiesen, darüber hinaus aber – insbesondere in den historisch-literarischen Fächern – die politisch aktivsten Kreise der jungen Intelligenz anzogen. Freilich spielte hier auch die traditionell starke Frequentierung dieser Fächer schon vor dem Kriege eine große Rolle, zumal sich die Studentenschaft in der Konspiration sozial ähnlich zusammensetzte wie vor 1939.

Mit insgesamt 600 stellten die Juristen den größten Anteil illegaler Studenten. Professor Rybarski, 1939 Dekan der Universität, 1919 Delegierter auf der Versailler Friedenskonferenz und später Staatssekretär im Finanzministerium, organisierte zusammen mit Professor Jan Rafacz, der nach der Verhaftung Rybarskis im Mai 1941 die Leitung übernahm, die Kurse. Der Sekretär der Fakultät, der die „Verwaltungsarbeit" leistete und als Verbindungsmann zwischen den einzelnen Komplets und den Dozenten fungierte, war Antoni Symonowicz mit dem Kryptonym „Tolek". Eine wichtige Rolle im illegalen Fakultätsbetrieb spielte ferner der ehemalige Dozent für internationales öffentliches Recht, Kazimierz Libera, welcher in der dem deutschen Hochschulkurator unterstehenden „Intendantur der ehemaligen Universität Warschau" im Gebäude der vormaligen Missionsprediger saß und die Wissenschaftler nicht nur heimlich mit Büchern aus den Beständen des „Theologicums", sondern auch Absolventen mit amtlichen Zeugnissen versorgte. Er verfügte noch über Reste von Originalvordrucken und über das Universitätssiegel und stellte so Studenten, die ihr Abschlußexamen an der illegalen Fakultät abgelegt hatten, zurückdatierte Zeugnisse aus, aufgrund deren es möglich wurde, eine beschränkte Anzahl von Kandidaten in den von der Besatzung zugelassenen unteren Instanzen des Gerichtswesens unterzubringen.

Schon im Frühjahr 1941 zählte die Fakultät über 200 Hörer. Für das Studienjahr 1943/44 wurden 10 neue Anfängerkomplets eingerichtet für Abiturienten der konspirativen Oberschulen. Mit annähernd 600 Hörern in 35 Komplets und 28 Dozenten (davon 13 Professoren) wurde in diesem akademischen Jahr die Grenze des organisatorisch Möglichen erreicht. 54 juristische Diplome und eine Promotion wurden im Untergrund abgelegt.

Ihrer sozialen Herkunft nach stammten die Studenten zumeist aus dem Mittelstand und aus der Intelligenz, Arbeiter- und Bauernkinder dagegen waren kaum vertreten[8]. Mit 15 bis 20 Prozent lag der Anteil der Studentinnen etwas unter dem der Vorkriegszeit. Ähnlich wie im Oberschulwesen gab es auch hier Stipendien. In den Anfangsjahren betrug die Studiengebühr 40 zł. monatlich, das Dozentenhonorar 15 zł. pro Stunde. Der inflationäre Preisauftrieb im GG zwang bald zu entsprechenden Erhöhungen: die Gebühren wuchsen auf 150, die Honorare auf 50 zł. an. 10 Prozent der Studenten hatte völlige, etwa 25 Prozent abgestufte Gebührenfreiheit[9].

Den vielleicht interessantesten Einblick in das Leben der konspirativen Warschauer Universität bietet die Betrachtung der philosophischen Fakultät. Im Studienjahr 1943/44 waren neben den beiden großen Sektionen Polonistik und Geschichte auch Philosophie, Pädagogik, klassische Philologie, Romanistik, Slawistik und Psychologie vertreten. Die Abteilung Polonistik umfaßte 1943/44 die Rekordzahl von rd. 200 Studenten, die Gruppen waren bis zu 30 Personen stark. Trotz im ganzen lockerer Organisation war hier ein Rahmen von Pflichtstunden vorgeschrieben:

1. Studienjahr:	2	Proseminare in Hilfswissenschaften und polnischer Sprache;
	2	Vorlesungen in Literaturgeschichte und Philosophie.
2. Studienjahr:	2	Proseminare in Poetik und historischer Grammatik;
	1	Seminar in Literaturgeschichte;
	1	Vorlesung in Geschichte, Ästhetik oder Soziologie.
3. Studienjahr:	1	Oberseminar in Literaturgeschichte;
	1	Seminar in Stilübungen;
	2	Vorlesungen in Literaturwissenschaft und Ästhetik[10].

„Spitzenreiter“ in diesen Polonistikkomplets waren u.a. die polnischen Dichter Tadeusz Borowski, Andrzej Trzebiński und Wacław Bojarski[11].

Auf Initiative der Leiterin des ehemaligen historischen Instituts der Warschauer Universität, Janina Dębowska, und des Historikers Marceli Handelsman, wurde im Herbst 1940 die historische Abteilung ins Leben gerufen, zunächst mit einem Komplet von 5 Studenten. Die Zahl wuchs auf ca. 100 im Jahre 1944 an. Auch hier wurde seit dem Studienjahr 1941/42 eine Pflichtstundenzahl von 8 Wochenstunden festgelegt. Der Vorlesungsplan sah nach der Erinnerung eines ehemaligen Studenten folgendermaßen aus:

1. Studienjahr: Proseminar: Einführung in die historischen Hilfswissenschaften (Manteuffel); Vorlesung zur mittelalterlichen Geschichte (Manteuffel); Vorlesung zur alten Geschichte (Więckowski); Philosophie-Vorlesung (Ossowska); Der Völkerfrühling 1848 (Handelsman); eine weitere neuhistorische Vorlesung.
2. Studienjahr: Seminar zu mittelalterlicher Geschichte (Manteuffel); Proseminar zur neueren Geschichte (Widerszal); Vorlesung: Preußisch-polnische Beziehungen (Woliński); Colloquium zur Kulturphilosophie (Kotarbiński); Vorlesung zur Stadtgeschichte (Charewiczowa).
3. Studienjahr: Vorlesung: Geschichte der sozialen Ideen im 18. Jahrhundert (Feldman); Seminar über die sächsischen Könige; Vorlesung und Seminar zur Diplomatiegeschichte des ausgehenden 19. Jahrhunderts (Widerszal); wahlweise eine kulturphilosophische oder soziologische Vorlesung (Kotarbiński/Ossowski). – Das 4. Studienjahr wies einen ähnlichen Aufbau wie das dritte auf[12].

Die Schwierigkeiten der Bücher- und Textbeschaffung zu beseitigen, halfen polnische Wissenschaftler, die an untergeordneter Stelle bei deutschen Dienststellen und gleichzeitig an der illegalen Universität arbeiteten. So war Tadeusz Manteuffel, der Leiter der historischen Sektion der philosophischen Fakultät offiziell als Kustos im „Archiv der Neuen Akten" beschäftigt. Er hatte Zugang zum Photokopiergerät und konnte auf diese Weise wichtige Quellentexte vervielfältigen[13]. Eine Dozentin an der historischen Abteilung, die gleichfalls in einem Archiv beschäftigt war, versuchte, die Studenten mit Literatur aus der Archivbibliothek zu versorgen oder sie heimlich in den Magazinen arbeiten zu lassen[14].

Treffende und amüsante Schilderungen des ersten historischen Proseminars vermitteln nicht nur den Eindruck, daß hier solide und mit Akribie gearbeitet wurde, sondern sie machen auch die anfangs gekennzeichnete Eigentümlichkeit der Situation akademischer Ausbildung im Untergrund besonders deutlich[15]. Fünf Magisterexamina wurden in der Illegalität abgelegt[16].

Während die geisteswissenschaftlichen Disziplinen der Universität nahezu ausschließlich in Form von Komplets organisiert waren, bestand in den meisten anderen Fächern eine enge Verflechtung mit den legalen Einrichtungen. Damit boten sie freilich auch nicht den gleichen Reiz des Abenteuerlichen und nehmen daher auch in der Erinnerungsliteratur nur wenig Raum ein.

Teils im Rahmen legal bestehender Berufsschulen, teils in Form geheimer Komplets arbeiteten unter den ehemaligen akademischen Schulen Polens u.a. weiter: die „Hauptschule für Landwirtschaft" (SGGW), die „Haupthandelsschule" (SGH) und die „Freie Polnische Hochschule" (WWP)[17].

Über die relativ besten Möglichkeiten verfügte die ehemalige Technische Hochschule, die ihre Arbeit vor allem im Rahmen verschiedener zugelassener Berufsschulen und des im April 1942 eingerichteten Polytechnikums weiterführte. Die Übergänge zur völlig legalen Arbeit sind hier freilich so fließend, daß Angaben über Studentenzahlen wenig Aussagewert haben[18]. Nach Wycech sollen im Rahmen der teils legalen teils illegalen Technischen Hochschule in der Okkupationszeit 186 Diplome ausgestellt, 18 Promotionen und 14 Habilitationen durchgeführt worden sein[19]. Das Polytechnikum war überdies ein Zentrum der aktiven militärischen Widerstandsbewegung. Hier wurde das Attentat auf den Warschauer SS- und Polizeiführer Franz Kutschera vorbereitet, die Helden des „Untergrundbestsellers" „Kamienie na szaniec"[20] zählten zu ihren Studenten, und vor und während des Warschauer Aufstandes wurden hier Radio- und Sendeausrüstungen für die AK hergestellt[21].

Ein vor allem in den organisatorischen Details exakteres Bild läßt sich von der „Universität der Westgebiete" (UZZ) rekonstruieren, da einige Aufzeichnungen ihrer Führungsgremien den Warschauer Aufstand überlebt haben und somit eine sicherere Quellengrundlage gegeben ist[22]. Ein katholischer Geistlicher, Dr. Maksymilian Rhode, Leiter des „Westbüros" und Antipode der TON-Parteigänger in der Kulturabteilung der Delegatur[23], stellte die ersten Kontakte mit Universitätsdozenten her, um eine illegale Universität ins Leben zu rufen, die die Tradition der Posener fortsetzen sollte. Der Name „Universität der Westgebiete" war somit zugleich ein Programm: die politische Entscheidung der Eingliederung Westpolens in das Reich wurde nicht akzeptiert, „Rückkehr der polnischen Nation in die Westgebiete" lautete die Parole, die als Leitspruch über der Arbeit der UZZ stand. Der Akzent ihrer wissenschaftlichen Ausrichtung lag daher auch auf den Fächern der philosophischen Fakultät.

Im Oktober 1940 konstituierte sich in Warschau ein Viererkomitee, bestehend aus Rhode, Professor Roman Pollak, Dr. Władyslaw Kowalenko und Professor Ludwik

Bykowski. Dazu kam später noch als Vertreter der juristischen Fakultät Dr. Witold Sawicki. Das Komitee setzte den organisatorischen Rahmen für den illegalen Unterricht fest und vereinbarte Gebühren- und Honorarsätze. Die materielle Grundlage bildete zunächst eine Summe von 40 000 zł. aus einem Sozialfond, über den Rhode verfügte. Es wurde ferner festgelegt, daß alle Professoren unter Pseudonymen leben, alle Studenten vereidigt werden und aus Sicherheitsgründen keine Bescheinigungen über den Studiengang ausgestellt werden sollten. Die von Rhode entworfene Eidesformel zeigt die enge Verflechtung wissenschaftlicher und nationaler Elemente in der Zielsetzung der akademischen Arbeit:

„Ich melde mich für die Kurse ausschließlich mit dem Ziel an, eine wissenschaftliche Ausbildung zu erlangen, und schwöre:
1. tiefstes Schweigen zu bewahren über Zeit, Orte, Personen, Titel und Inhalt von Vorlesungen und Übungen, nicht nur gegenüber Fremden und Unbekannten, von Feinden Polens ganz zu schweigen, sondern selbst gegenüber nicht eingeweihten Freunden, und Vorsicht walten zu lassen in Gesprächen, insbesondere auf öffentlichen Plätzen;
2. den Vorschriften und Anordnungen der akademischen Behörden, die das Leben und die Arbeit der Hochschule betreffen, Folge zu leisten;
3. ich schwöre schließlich, daß ich mich als Pole erweisen und keiner öffentlichen oder geheimen Organisation angehören werde, die Polen feindlich ist; daß ich nicht für die Sache der Okkupanten arbeiten und ausschließlich das Wohl des polnischen Volkes und Staates vor Augen haben werde. So wahr mir Gott helfe!“[24]

Die „Immatrikulation“ des ersten Studienjahrgangs durch diesen Eid fand am 24. November 1940 statt. Im Winter 1940/41 gab es in den beiden Abteilungen der UZZ, der philosophischen und der juristischen, 48 Studenten in 7 Komplets mit 15 Dozenten. Acht bis zehn Wochenstunden wurden zur Pflicht gemacht. Vor allem die juristische Fakultät arbeitete eng mit der „Warschauer Universität“ zusammen. Die Studenten bestanden etwa zur Hälfte aus Umgesiedelten und Eingesessenen. Das Honorar für Dozenten betrug zunächst 10 zł., für nichthabilitierte Hilfskräfte 8 zł. pro Stunde, die Studiengebühr 50 zł. im Monat. Die gesamte Universität wuchs in den Folgejahren schnell an und wies im Jahre 1944 alle Fakultäten auf, mit insgesamt über 1 700 Hörern und 209 Dozenten. Das Monatsbudget, das 1940 500 zł. betragen hatte, wies im Studienjahr 1943/44 80 000 zł. auf, davon wurden 20 000 zł. von der Delegatur aufgebracht[25].

Als zentrales Gremium bildete sich der Senat heraus, dem wenige Vertreter aller Fakultäten angehörten, vor dem Monatsberichte der einzelnen Abteilungen abgegeben wurden, der die illegale Universitätsarbeit koordinierte – soweit das überhaupt möglich war – und der die wichtigsten Entscheidungen fällte. Insgesamt fanden in der Illegalität 25 solcher Senatssitzungen statt. Der Senat legte u.a. ausdrücklich fest, daß die UZZ alle Rechte einer ordentlichen Universität haben solle, neben den Kursen also auch Habilitations- und Promotionsverfahren sowie Magisterprüfungen durchführen könne. Insgesamt wurden bis 1944 97 Magisterdiplome (davon 54 juristische und 39 Pharmazie-Diplome), 5 Promotionen und 5 Habilitationen durchgeführt[26].

Am Beispiel des Vorlesungsplans der philosophischen Fakultät aus dem Jahre 1941 läßt sich das Angebot der UZZ illustrieren:

Fach	Std.-Zahl	Name des Dozenten
1. Philosophie	1	Prof. W. Tatarkiewicz
2. Geschichte der Philosophie	2	Dr. M. Milbrandt
3. Geschichte der polnischen Kultur	2	Prof. R. Pollak
4. Geschichte der Westslawen, mittelalterliche Geschichte	2	Doz. Dr. W. Kowalenko
5. Geschichte der Neuzeit/ Hilfswissenschaften	2	Prof. Chodynicki
6. Geschichte des 17. Jahrhunderts	2	Doz. Dr. J. Woliński
7. Pommern in der Geschichte Polens	1	Dr. St. Bodniak
8. Historische Hilfswissenschaften	2	Dr. St. Bodniak
9. Altpolnische Literatur	2	Prof. R. Pollak
10. Neupolnische Literatur	2	Prof. Z. Szweykowski
11. Polnische Sprache	2	Mag. St. Saski
12. Allgemeine Pädagogik	2	Prof. L. Bykowski
13. Pädagogik	3	Dr. M. Wachowski
14. Geschichte der Pädagogik	1	Dr. M. Wachowski
15. Vorgeschichte	1	Doz. Dr. W. Kowalenko[27]

Obwohl von der ursprünglichen Zielsetzung der UZZ her das Schwergewicht der Arbeit insbesondere auf den historischen Fächern hätte liegen müssen, erwies sich bald, daß das größere Interesse der Jugend auf praktische Fächer gerichtet war, die am ehesten materielle Unabhängigkeit sicherten – ein Phänomen, auf das in anderem Zusammenhang noch einmal zurückzukommen ist. Wenn daher auch innerhalb der philosophischen Fakultät die Abteilungen Polonistik mit 52 Studenten in 8 Komplets und Geschichte mit 40 Studenten in 5 Komplets (1941) die stärksten Fächer waren, so dominierten doch im Gesamtrahmen der Universität die medizinische, die juristische und die pharmazeutische Abteilung.

Der UZZ angegliedert, in der Programmgestaltung aber völlig selbständig, war das „See-Institut", das im Herbst 1942 mit einer Subvention von 5 000 zł. von Seiten der Delegatur gegründet wurde. Mit dem vielen Gruppen des polnischen Untergrundes eigenen Optimismus, dem chauvinistische Untertöne nicht fehlten, hoffte man schon damals auf einen künftigen Land- und Küstengewinn, und diese Hoffnung war der eigentliche Motor für die Gründung dieses „Instituts", das der Vorbereitung der Jugend auf Fragen des Seehandels und der Meereswirtschaft diente. Wirtschaftsgeschichte und -geographie, Hafenverwaltung, Verwaltungsrecht, Handelsorganisation und Sprachen, vor allem Englisch und Deutsch, bildeten die Schwerpunkte in den Vorlesungen. 1944 wurden hier ca. 60 Studenten von 14 Dozenten unterrichtet. Nach dem Kriege fand das „See-Institut" seine Fortsetzung in der Seehandelshochschule in Danzig[28].

Die statistische Gesamtbilanz der UZZ sah folgendermaßen aus:

Abteilung	Jahre	Zahl d. Kompl.	Zahl d. Dozenten	Zahl d. Hörer	%
philosophische	1940–44	30	32	189	10
juristische	1940–44	35	25 (4)	580	33
pharmazeutische	1941–44	21 (?)	24	215	14
medizinische	1942–44	19	95	610	35
wirtschaftl.	1941–44	3	4 (7)	50	
mathem.-nat.	1943–44	1	5	10	
land-forstwirt.	1943–44	3	6	13	8
theologische	1943–44	3	5	20	
„See-Institut“	1942–44	7	13 (1)	60	
zusammen		122	209	1 747	100[29]

Etwa 100 Studenten (davon 42 im Warschauer Aufstand) und 32 Dozenten (davon 13 beim Aufstand) der „Westuniversität“ kamen während der Okkupationszeit um[30]. Bis auf einen Fall handelte es sich dabei jedoch um Einzelverhaftungen, die obendrein zumeist direkt politische oder militärische Gründe hatten, da ein Großteil der Teilnehmer am illegalen Unterricht noch in anderen Untergrundorganisationen aktiv tätig war. Ähnlich wie an der „Warschauer Universität“ gab es auch hier keinen größeren Fall von Verrat. Der einzige Fall, in dem eine ganze Gruppe in die Hände der Gestapo fiel, war auf eine Unvorsichtigkeit einer Teilnehmerin des Komplets, die zugleich Kontaktperson der AK war, zurückzuführen[31]. Am 5. Januar 1944 wurden die Teilnehmer dieses Soziologiekomplets verhaftet. Die „Pawiakchronik“ des geheimen polnischen Gefängniskomitees vermerkt am 25. 1. 1944: „Am 19. 1. wurden während einer „öffentlichen“ Hinrichtung alle Mitglieder des geheimen Universitätsunterrichts der Soziologie erschossen. Erschossen wurden: Professor Okiński, Władysław; die Studenten: Bursa, Gwido; Pfarrer Kania, Mieczysław; Oswald, Jerzy; Garszyński, Jerzy; Laskowski, Roman und Werner, Andrzej.“[32]

Als im Juli 1943 für das neue akademische Jahr Pollak zum Rektor gewählt wurde, hielt der scheidende, Professor Ludwik Bykowski, eine Rede, die noch einmal deutlich macht, wie wenig sich die Universität in der Konspiration in den Rahmen traditionellen Universitätszeremoniells einfügen ließ, dafür aber um so deutlicher ihre geistigen Fundamente sichtbar machte. Nach dem Dank an Kollegen und Verwaltungspersonal fuhr er an seinen Nachfolger gewandt fort:

„Dem neuen Rektor übergebe ich nicht die Amtsinsignien, weil wir sie nicht haben und nicht haben wollen; ich übergebe ihm nur die geistige Leitung einer sehr schwierigen und gefährlichen Arbeit. Diesen Worten möchte ich noch einen wenngleich etwas seltsamen Wunsch beifügen: Ich wünsche Ihnen, Magnifizenz, daß Sie unsere Hochschule nicht so sehr zu möglichst großer Entwicklung führen, sondern vielmehr zu einer möglichst schnellen und glücklichen Auflösung als geheimer Institution und zum Beginn der Arbeit unter normalen Bedingungen in einer öffentlichen staatlichen Universität. Quod felix, faustum fortunatumque sit!“[33]

Die Gründung einer illegalen Universität in *Krakau* begann erst relativ spät, im Frühjahr 1942. Wenn das Fehlen einer konspirativen Tradition im ehemals österreichischen Teilungsgebiet dabei auch eine gewisse Rolle spielen mochte, so dürfte doch vor allem der Schock der Verhaftung des gesamten Lehrkörpers am 6. November 1939 nachgewirkt haben.

Die „Immatrikulation" der ersten 7 Studenten, charakteristischerweise mit den Fächern Polonistik und Slawistik, fand Ende April 1942 statt. Die enge Verflechtung von „Kollaboration" und Widerstand zeigte sich in Krakau besonders deutlich: der Rektor der illegalen Universität, Professor Mieczysław Małecki, der auch zu den Opfern der „Sonderaktion Krakau" zählte und 1941 zurückkehrte, war zugleich als Mitarbeiter im IDO angestellt. Er hatte dort den Auftrag, Vorarbeiten für ein Lexikon deutscher Lehnwörter im Polnischen durchzuführen. In seinem Arbeitsraum in unmittelbarer Nähe einer SS-Kaserne fanden sich die ersten Komplets zusammen. Der Schutz war durch den offiziellen Arbeitsauftrag Małeckis maximal, und im Notfalle konnten sich auch die Studenten als Hilfskräfte für die Arbeit an dem geplanten Lexikon ausgeben[34]. Den Schwerpunkt bildeten auch hier zunächst die geisteswissenschaftlichen Fächer, insbesondere die Rechtswissenschaft, deren Hörerzahl sich von 4 (Oktober 1942) auf insgesamt 235 (Ende des Jahres 1944) steigerte. Es folgten die medizinische und pharmazeutische Abteilung mit (1944) insgesamt 118 und 100 Hörern. Innerhalb der philosophischen Fakultät dominierte – ähnlich wie in Warschau – die Polonistik, deren Studentenzahl sich von 7 (Frühjahr 1942) auf 48 im Jahre 1944 steigerte.

Alle Disziplinen arbeiteten mit Decknamen einer fiktiven Genossenschaft. Die juristische Abteilung nannte sich „Feniks", die polonistische Gruppe „Toledo", die historische „Foto-Hecker", die medizinische Fakultät „Pharma" usw. In einem „Genossenschaftsbericht" wird über die Entwicklung der verschiedenen Gruppen Auskunft gegeben, der Bericht vermag jedoch den Eindruck nicht ganz zu verdrängen, daß hier mit etwas naiv-romantischen Mitteln Konspiration betrieben wurde, die im Ernstfalle kaum effektiven Schutz vor der deutschen Polizei geboten hätten. „Die Genossenschaft", so heißt es dort, „begann ihre Arbeit nach längerer Unterbrechung in größerem Umfang etwa im September 1942. Die erste Firma, die im Rahmen der Genossenschaft gegründet wurde, war „Toledo" (noch im Mai 1942), damals aus 7 Mitgliedern bestehend. Das war der Anfang. Später, am 16. 10. 1942, entstand „Feniks" mit 4 Mitgliedern, „Alkadia" (November 1942), „Foto-Hecker" (Anfang November 1942), „Pharma" (Ende November 1942) . . . Bei einer Versammlung der Vertreter aller aktiv tätigen Firmen, die Anfang Januar 1943 unter dem Vorsitz des Genossenschaftsführers stattfand, wurde festgestellt, daß die Genossenschaftsaktion etwa 50 Personen umfasse."[35] Über die historischen Komplets heißt es in dem von Małecki verfaßten Bericht: „Eine der wenigen Firmen, deren Anfangsstand von 19 Mitgliedern auch nach 2 Jahren noch 19 beträgt", sei „Foto-Hecker". „Die Zahl der Mitglieder, die aufgaben, ist groß, ca. 30. Anfangs ließ sich die Entwicklung gut an: die Arbeit wurde von 4 Fachkräften getragen, und fast die ganze Woche war mit Arbeit ausgefüllt. Nach 2 Jahren bestanden 2 Gruppen, ein erster und ein zweiter Jahrgang, und für die 19 Mitglieder standen 9 Fachkräfte zur Verfügung (3 Meister, 6 Gesellen). . . Die Firma arbeitete ca. 6 Stunden wöchentlich."[36]

Die hier zum Ausdruck gebrachten Schwierigkeiten bei der Durchführung gerade historischer Komplets sind kaum zufällig. Zum einen dürften sie der Tendenz entsprochen haben, die sich auch in Warschau beobachten ließ, nämlich einer stärkeren Ausrichtung nach „praktischen" Fächern, zum anderen aber mochte diese Tendenz gegenüber Warschau noch dadurch verstärkt worden sein, daß – neben der fehlenden konspirativen Tradition in Krakau – der vergleichsweise geringere Terror keinen so erbitterten Widerstand provozierte und breite Kreise der Bevölkerung eher zu einer abwartenden Haltung gegenüber der Besatzungsmacht neigten.

Entsprechend einer Nachkriegsaufstellung gab es während der Okkupationszeit insgesamt 726 Studenten der illegalen Universität Krakau. Ähnlich wie alle anderen Angaben über den konspirativen Ober- und Hochschulunterricht sind in dieser Zahl auch diejenigen mitgerechnet, die kurze Zeit teilnahmen, dann aber wieder absprangen[37]. Immerhin dürfte die Zahl von 700 ungefähr die Größenordnung für Krakau wiedergeben[38].

Lublin, die einzige katholische Universität Osteuropas, deren höchste Hörerzahl vor dem Kriege bei ca. 1 500 gelegen hatte, versuchte ebenfalls, die akademische Ausbildung in Ansätzen illegal weiterzuführen, und zwar sowohl in den beiden kirchlichen Abteilungen der Universität (Theologie und kanonisches Recht) als auch in den beiden weltlichen, der philosophischen und gesellschaftswissenschaftlichen Fakultät. Die Organisation war im Prinzip die gleiche wie in Warschau und Krakau. Zahlenmäßig kam den Lubliner Universitätskursen kaum Bedeutung zu[39].

Auch in *Lemberg* gab es, wenn auch in sehr bescheidenem Rahmen, konspiratorische Universitätsgruppen unter der Leitung des späteren Breslauer Professors Władysław Bulunda[40]. Über ihre Aktivität ist jedoch nahezu nichts bekannt. Ihr geringer Umfang mochte darauf zurückzuführen sein, daß polnische Professoren unter sowjetischer Herrschaft zunächst fast ungestört weiterarbeiten konnten[41] und daß dann unter deutscher Besatzung trotz der brutalen Liquidierung zu Anfang schon 1942 die „Fachkurse“ eingeführt wurden, die immerhin einen gewissen Universitätsersatz boten. Gerade hier wäre es instruktiv, die Spannung zwischen illegaler Arbeit und Kollaboration genauer zu verfolgen, da die Fachkurse naturgemäß besonders günstige Ansatzpunkte zur Infiltration boten, aber bei dem gegenwärtigen Quellenstand, für den nicht zuletzt politische Gründe maßgebend sind, läßt sich darüber nichts aussagen.

Nur noch ephemeren Charakter trugen die konspirativen Universitätskurse, die seit dem Herbst 1943 in der Provinz, vor allem in Kielce und Tschenstochau, eingerichtet wurden[42]. Sie mochten ähnlich der Aktion TON auf dem Lande einen gewissen Werbewert für Gebiete haben, die mit universitärer Arbeit in keiner engeren Beziehung standen. Vor allem bekamen sie starken Auftrieb nach dem Warschauer Aufstand, als sich der größte Teil derer, die das Inferno überlebt hatten, auf das Land flüchtete und Professoren und Studenten hier ihre abgebrochene illegale Universitätsarbeit fortzusetzen versuchten. Ein tatsächlicher praktischer Nutzen konnte sich jedoch bei dieser nur auf wenige Monate bemessenen Arbeit trotz einer verhältnismäßig hohen Zahl von Teilnehmern (1944: 434 Hörer und 87 Dozenten)[43] kaum verzeichnen lassen.

Eine Statistik der Gesamthörerzahlen der illegalen polnischen Universitäten während des Zweiten Weltkrieges ist mit den gleichen Unsicherheitsfaktoren belastet wie die des geheimen Schulwesens. Die in der polnischen Literatur angegebenen Zahlen differieren beträchtlich, zeitgenössische exakte Unterlagen existieren nicht bzw. könnten, auch wenn sie existierten, nicht exakt sein, da die Unmöglichkeit einer genauen Erfassung einer solchen Art von Unterricht in der Natur der Sache lag. Insbesondere waren die Grenzen zwischen legaler und illegaler Arbeit so fließend, daß sich schon deshalb erhebliche Zahlendifferenzen erklären, die sich zwischen 4 000 und 20 000 bewegen[44]. Auch die zeitlichen Markierungen werden bisweilen höchst ungenau beachtet, so. z. B. die ersten Monate des Jahres 1945 bei Daten über das konspirative Bildungswesen mit einbezogen[45]. Es lassen sich daher nur Zahlen angeben, die annähernd die Größenordnung widerspiegeln.

Nach einem Bericht des Leiters der Abteilung Hochschulen im DOK der Delegatur, Stefan Pieńkowski, wurden für das Studienjahr 1943/44 4 235 Studenten registriert, davon 3 561 an den beiden Warschauer Universitäten, 460 in Krakau, 149 in Lemberg (und 65 in Wilna)[46]. Zwischen der Lemberger und Wilnaer Zahl wird ferner die der Lubliner Studenten liegen.

Annähernd 4 000 Studenten dürften maximal über längere Zeit am konspirativen akademischen Unterricht in Form der Komplets teilgenommen haben. Darüber hinaus gab es etwa in Warschau noch ca. 5 000 Teilnehmer halblegaler Unterrichtskurse, die im Rahmen der „Feldscherschule“, des Polytechnikums und verschiedener Berufs- und Fachschulen stattfanden[47]. Hier läßt sich konspirative von offiziell tolerierter oder sogar geförderter Ausbildung kaum noch trennen, obwohl zweifellos in solch legalem Rahmen Unterricht erteilt wurde, der keineswegs im Sinne der deutschen Politik lag und der von der deutschen Polizei, soweit sie darüber informiert war, auch klar als akademisch eingestuft wurde[48]. Bezieht man diese halblegalen Formen mit ein, so ergibt sich die runde Höchstzahl von 10 000 Hörern für das GG, das in dieser Hinsicht fast mit Gesamtpolen gleichgesetzt werden kann. Die Vorbehalte, die gegenüber solchen Zahlen zu machen sind, wurden schon an anderer Stelle ausgeführt. Mag die Zahl derer, die regelmäßig und kontinuierlich in der Konspiration einem Studium nachgingen, bei kritischer Sondierung aller Statistiken auch noch stärker zusammenschrumpfen – was bleibt, ist immer noch ein ungewöhnlich eindrucksvolles Zeugnis der Entschlossenheit einer Nation, auch intellektuell zu überleben, und diese Entschlossenheit nötigte selbst den größten Feinden Polens, entgegen aller offiziellen Propaganda vom „kulturlosen Slawen“, Respekt ab[49].

Der Versuch einer Beurteilung der polnischen Geheimuniversitäten im Zweiten Weltkrieg stößt auf beträchtliche Schwierigkeiten. Derart ungewöhnliche Arbeitsbedingungen, wie sie in der Konspiration gegeben waren, scheinen andere Urteilsmaßstäbe zu erfordern, andererseits wäre es verfehlt, die großen Schwächen und Mängel ignorieren oder unterschlagen zu wollen. Schon während der Okkupationszeit fehlte es von Seiten der Polen selbst, besonders in der Anfangsphase, nicht an harter Kritik. Man kritisierte die Privilegierung einer Handvoll Hörer gegenüber denen, die nicht am illegalen Unterricht teilnehmen konnten. Der Vorwurf des Dilettantismus wurde erhoben, die „wertlosen Examina“ attackiert und der ganze illegale Universitätsbetrieb als „Marionettentheater“ abqualifiziert[50].

Solche Vorwürfe wiesen auf die nicht unproblematische Stellung der illegalen Universitäten in der Widerstandsbewegung hin, als pauschale Kritik sind sie jedoch verfehlt. Unter Gesichtspunkten rein praktischer Nützlichkeit müßte zwar das Urteil ohne Zweifel weitgehend negativ ausfallen, da Aufwand und Risiko schwerlich in einem angemessenen Verhältnis zu dem gewünschten Effekt standen und stehen konnten, zumal angesichts des einschneidenden Mangels an Hilfsmitteln. Berücksichtigt man jedoch die durch die deutsche Kulturpolitik hervorgerufenen Situation, so sind reine Effektivitätskriterien für die historische Beurteilung gänzlich unzureichend. Zumindest für einen Teil der Studentenschaft war daher auch die Frage nach der Nützlichkeit zweitrangig. So charakterisiert eine ehemalige Dozentin der Krakauer Universität die Motive ihrer Studenten: „Das Wichtigste jedoch war, daß sich ein Komplet aus Leuten zusammensetzte, die zum Studium kamen, weil sie sich mit dem vorhandenen Stand der Dinge nicht versöhnen wollten, weil sie sich nicht auf die Rolle herunterdrücken lassen wollten, die man den Polen des Generalgouvernements gütigerweise zugestand. Keiner fragte sich während des Studiums: Was hilft mir das? Wozu wird mir das nütze sein? Wie weit wird mir das in meinem künftigen Beruf zustatten kommen?

usf. Da man sich nicht mit Plänen für die Zukunft herumschlug, jeder vielmehr ein wenig „für sich und die Musen" studierte, war das Verhältnis zum Wissen nicht utilitaristisch und die geistige Aufnahmefähigkeit des Studenten groß. Die Vorstellung mangelnder Attraktivität des Gegenstandes gab es nicht. Allein die Möglichkeit zum Studium schon war es, die wir sehr hoch schätzten."[51]

Das besonders hohe Niveau und die intellektuelle und charakterliche Qualität der Studenten werden in fast sämtlichen Erinnerungen, aber auch in den zeitgenössischen Delegaturberichten hervorgehoben. In einem Rechenschaftsbericht für das akademische Jahr 1942/43 der Warschauer Universität heißt es: „. . . allgemein kann man sagen, daß sich das studentische Element positiv präsentiert. Z.B. ist die Gruppe von Hörern im zweiten Jahr Geschichte ungewöhnlich gut, bedeutend besser als in den Jahren vor dem Krieg." Der Kulturphilosoph Kotarbiński schreibt rückschauend: „Und noch ein Paradox: jenes Vorlesungsjahr (1944), als die Universitätsbehörden mit dem deutschen Knebel im Mund schwiegen, war das arbeitsreichste und didaktisch vielleicht intensivste Jahr in meiner bisherigen vieljährigen akademischen Tätigkeit."[52]

Die politische Situation schuf von vornherein eine gründliche Auslese. Die Arbeit in kleinen und kleinsten Gruppen war überdies ein Vorzug, der sich unter normalen Verhältnissen nie erreichen ließ und manchen Nachteil wettzumachen vermochte. Diesen Voraussetzungen entsprang unter dem äußeren Druck somit eine „societas academica" zwischen Lehrenden und Lernenden, wie sie sonst allenfalls als Idealbild vorstellbar sein mochte und die daher eine gewisse spätere Verklärung nur allzu verständlich macht.

Die konspirative Universität war ein Experiment unter den denkbar ungünstigsten äußeren Umständen, aber zugleich getragen von einer ideellen Konstellation, die ebenso singulär war wie die politische Situation. Ein ehemaliger Student der Warschauer Untergrunduniversität hat das notwendigerweise unvollkommene Gelingen dieses Experiments treffend charakterisiert und damit ein Resümee dessen gegeben, was diese „Universität" und ihre Studenten prägte: „Die Studenten wollten lesen, lernen, Probleme lösen, obgleich Zeit, Energie und Konzentration nicht immer ausreichten. Das Experiment gelang, weil im Untergrundstaat die Unabhängigkeit der Wissenschaft von militärischen, gesellschaftlichen, politischen und religiösen Organisationen wirksam festgelegt war. Es scheint mir – wenngleich das erstaunlich klingen mag –, daß die „akademische Freiheit" größer war als unter Vorkriegsbedingungen. Es gab praktisch keinen Druck gegen die „Beschmutzung" irgendwelcher „Heiligtümer". Aber das Experiment gelang nur teilweise. Zum einen deshalb, weil der soziale Bereich der Universität auf eine überaus schmale gesellschaftliche Schicht begrenzt war und es keine Möglichkeiten zur Verbreiterung dieser Basis gab. Die Universität war im Grunde ein genossenschaftliches Unternehmen der Warschauer Intelligenz. Zum anderen ließ die Qualität des Unterrichts und der studentischen Arbeit sehr zu wünschen übrig. Das ist heute selbstverständlich und verzeihlich. Aber damals gaben sich weder ich noch – so glaube ich – die alten Professoren darüber deutlich genug Rechenschaft. . . Aber es ist vielleicht gar nicht so wichtig, ob die Universität ein gelungenes Unternehmen war. Sie war ein notwendiges Unternehmen – sie entsprach einem dringenden geistigen Bedürfnis."[53]

Die Schwierigkeiten, die sich aus dem Mangel an Hilfsmitteln und dem offiziell strikt unterbundenen Zugang zu wissenschaftlicher Literatur für den geheimen Universitätsunterricht ergaben, mußten in noch größerem Ausmaß für die eigentliche Forschungsarbeit gelten. Wenn diese dennoch trotz der verzweifelt schlechten äußeren Situation nicht völlig stagnierte, so mochte das zum einen am Erfindungsreichtum polnischer Wissenschaftler gelegen haben, Mittel und Wege zu finden, um bestehende Verbote zu umgehen. Zum anderen hat jedoch auch mangelnder Eifer deutscher Beamten in der Befolgung der Direktiven eine wesentliche Rolle gespielt, und schließlich dürfte die propagandistische Aktivität von deutscher Seite im Gewande wissenschaftlicher Objektivität nationale Reaktionen auf dem Felde der Wissenschaft in besonderem Maße stimuliert haben. Auch hier mußte das Ergebnis zwangsläufig bescheiden ausfallen und bisweilen auch allzu deutlich den Stempel der Entstehungssituation tragen.

Mit der Zerschlagung der polnischen Universitäten und der Auflösung aller wissenschaftlichen Einrichtungen und Verbände waren polnischen Wissenschaftlern nicht nur sämtliche technischen Hilfsmittel, sondern auch alle größeren und kleineren Bibliotheken verschlossen. Daß bis zum Jahre 1942 die Warschauer „Stadtbibliothek" geöffnet blieb – wenn auch mit einem sehr eingeschränkten Literaturbestand – und in diesem Rahmen sogar Fernleihe aus anderen Büchereien des GG möglich war, bot immerhin eine schmale Arbeitsbasis für polnische Forschungen. Auch nach der Gründung der „Deutschen Staatsbibliotheken" erhielten zwar Polen offiziell nach wie vor keinen Zutritt zu wissenschaftlicher Literatur, in praxi ließ sich dieses Verbot jedoch ohne allzu große Schwierigkeiten umgehen[54]. Ferner gab es eine sehr intensiv funktionierende „Ausleihe" sowohl in Warschau wie in Krakau ohne Wissen des deutschen Personals. So konnte es vorkommen, daß die Gestapo bei verhafteten Polen Bücher der Staatsbibliothek fand, von denen Witte dann feststellen mußte, daß sie nicht ausgeliehen waren[55]. Ein Beispiel, wie man jungen polnischen Wissenschaftlern Zugang zur Literatur verschaffte, bietet das IDO. Da nicht alle deutschen Mitarbeiter des Instituts die polnische Sprache hinreichend beherrschten, wurden junge polnische Akademiker für Übersetzungen und bibliographische Arbeiten eingestellt. Von Seiten der Widerstandsbewegung in Krakau tolerierte man das zwar bisweilen, nicht zuletzt um auf solche Weise jungen Polen Kontakt zur Wissenschaft zu geben. Auf solchen Wegen ließ sich außerdem Einblick in das IDO nehmen, um polnische Interessen zu wahren. So wurden beispielsweise Seminarbibliotheken der ehemaligen Krakauer Universität, die im IDO lagerten, auf Intervention polnischer Angestellter dem privaten Zugriff des deutschen Personals dadurch entzogen, daß sie neu katalogisiert und der Kontrolle des Bibliotheksdirektors Abb unterstellt wurden. Schließlich konnte das polnische Personal während der Räumung des IDO 1944 in einigen Fällen den vollständigen Abtransport der Materialien verhindern[56].

Diese pragmatische Einstellung fand jedoch keineswegs die ungeteilte Zustimmung der Untergrundführung in Warschau, wobei nicht zu entscheiden ist, inwieweit dafür mangelnde Information oder aber rigorose politische Grundsätze ausschlaggebend waren. So prangerte 1943 die „Leitung des zivilen Widerstandes" (KWC) namentlich die polnischen Wissenschaftler des IDO in Krakau an, und am 18. 3. 1943 wiederholte das Organ der AK diesen Angriff auf denselben Personenkreis[57].

Unter verändertem Namen arbeitete während der Okkupation das polnische „Institut für Sozialwirtschaft" weiter[58], das 1920 gegründet worden war und vor allem unter der Leitung von Ludwik Krzywicki einen großen Aufschwung genommen hatte. Die programmatische Ausrichtung an Problemen der Arbeiterschaft und der Arbeiterbewegung (Untersuchungen über die Lohn- und Wohnungssituation der Arbeiter, über sanitäre Verhältnisse usf.) wurde auch in der Illegalität beibehalten. Krzywicki und seine Mitarbeiter beschlossen schon im Oktober 1939, die Arbeit des Instituts unter dem Decknamen „Statistische Kommission des städtischen Komitees für soziale Selbsthilfe" – das Komitee ging bald darauf in der Warschauer Unterorganisation des PHA auf – fortzuführen. Eine der ersten Unternehmungen war ein Aufruf an die Landbevölkerung – entsprechend einer in den 30er Jahren durchgeführten Aktion – zur Abfassung von Memoiren. Von 1940 bis zum Aufstand wurde ein Enquête über die finanziellen Verhältnisse der Arbeiterfamilien in Warschau angelegt. Im Zusammenhang damit verfolgte man die Entwicklung der Preise und Lebenshaltungskosten. 100 Exemplare dieser Arbeit wurden illegal publiziert. Mehrere Untersuchungen waren dem Ghetto und den sozialen Auswirkungen der Okkupationspolitik auf die dortige Bevölkerung gewidmet. Einige dieser Arbeiten waren von unmittelbarem Nutzen für den PHA und die Warschauer Stadtverwaltung. Ein statistisches Jahrbuch Polens für die Zeit des Krieges und der Okkupation von 200 Seiten lag 1944 druckfertig vor, doch wurde es wie fast alle Materialien während des Warschauer Aufstandes vernichtet. In diesem Institut arbeitete u.a. der jüdische Soziologe und Wirtschaftswissenschaftler Luwik Landau. Auf seine Initiative hin beschäftigte sich eine Gruppe eingehender mit Problemen der Planwirtschaft, hier entstanden seine wirtschaftsgeschichtlichen Arbeiten, und auch seine „Chronik", die eine wichtige und aufschlußreiche Quelle für die Lebensverhältnisse in der Okkupationszeit, aber ebenso für einige interne politische Vorgänge darstellt, dürfte weitgehend auf Informationen beruhen, die er aus dem „Institut" bezog. Landau wurde 1944 verhaftet und erschossen. Seine dreibändige Chronik erschien 1962/63.

Einigen wissenschaftlichen Vereinigungen gelang ebenfalls die Fortführung ihrer Tätigkeit, so z. B. der „Warschauer Wissenschaftlichen Gesellschaft", die von 1942 bis 1944 insgesamt 20 Sitzungen abhielt[59]. Auch die polnische Akademie der Wissenschaften, deren Bücherei in die „Staatsbibliothek" eingegliedert und deren Vermögen unter die deutsche „Liegenschaftsverwaltung" kam, versuchte, ihre Arbeit geheim fortzusetzen. In Krakau war Władysław Szafer und in Warschau Stefan Pieńkowski, der Leiter der Abteilung Hochschulen im DOK der Delegatur, die treibende Kraft für die Fortführung der Akademie in der Illegalität[60].

Ein auch nur annähernd vollständiges Verzeichnis wissenschaftlicher Werke, die in der Okkupationszeit entstanden, läßt sich nicht mehr herstellen, vor allem weil eine große Zahl von Manuskripten während des Aufstandes vernichtet wurde und darüber kaum noch sichere Angaben existieren. Von Seiten der Delegatur wurde jedenfalls mit Hilfe zahlreicher privater Spenden versucht, den durch die nationalsozialistische Politik besonders schwer getroffenen polnischen Wissenschaftlern soweit wie möglich finanzielle Hilfe zukommen zu lassen und ihnen auf diese Weise wenigstens in geringem Umfang eine Fortsetzung von Forschungsarbeiten zu ermöglichen. Nach einem Bericht Pieńkowskis erhielten 1944 insgesamt 917 Wissenschaftler (wobei dieser Begriff ziemlich weit zu verstehen sein dürfte) ständige Unterstützung, davon 552 in Warschau, 195 in Krakau, 106 in Lemberg und 64 in Wilna[61]. Insgesamt sollen 282 wissenschaftliche Handbücher und Monographien in Zusammenarbeit mit der Delegatur vorbereitet worden sein, der größte Teil davon in Warschau[62].

In mehreren Arbeiten zeigte sich eine deutliche politische Akzentuierung. Einerseits wurden verschiedene Werke verfaßt, die unmittelbar die Okkupationsherrschaft zum Gegenstand hatten, so z. B. das 1942 geschriebene und 1944 in London erschienene Sammelwerk „The Nazi KULTUR in Poland", die wirtschaftspolitischen Untersuchungen von Jastrzębowski und Kłosiński und die „Deutsche Okkupation in Polen im Lichte des Völkerrechts" von A. Klafkowski, die alle kurz nach dem Kriege in Polen erschienen[63]. Andererseits blieb die nationalsozialistische Propaganda, die mit „wissenschaftlichen" Mitteln Polen als historisch legitimiertes deutsches Siedlungsland in Anspruch nahm, nicht ohne Auswirkung. Mit umgekehrten Vorzeichen wurden im Untergrund prähistorische Werke verfaßt wie der „Atlas der slawischen Urgeschichte“ von Konrad Jażdżewski, in dem die These von der prähistorischen Siedlung slawischer Stämme im ostmitteleuropäischen Gebiet illustriert wurde. Eine ähnliche Zielsetzung hatten die nach dem Kriege veröffentlichten Arbeiten „Großpolen in vorhistorischer Zeit“, „Urpolnische Kultur“ und „Probleme des Urslawentums“[64]. Auch Marian Friedbergs zweibändiges Werk „Deutsche und polnische Kultur“, das in der Besatzungszeit geschrieben wurde, gehört in diesen Zusammenhang. Es trat vor allem der These von der völligen Abhängigkeit polnischer Kulturentwicklung von der deutschen entgegen, die von deutscher Seite insbesondere mit der Verbreitung des deutschen Stadtrechts zu belegen versucht wurde[65]. Die politische Grenzdiskussion spiegelte sich ebenfalls in Publikationen, die zumindest den Anspruch der Wissenschaftlichkeit erhoben. 1943 kamen drei Hefte einer Reihe „Ziemie Powracające“ in einem illegalen Druck heraus. Das erste Heft, von Jan Dylik, vor dem Krieg Professor an der „Freien polnischen Hochschule“, ausgearbeitet, befaßte sich mit Ostpreußen und Danzig, das zweite von Maria Czekalska mit Pommern, und das dritte Heft, dessen Autor Antoni Wrzosek, Professor an der Krakauer Universität, war, hatte Schlesien zum Gegenstand[66]. Der Titel „Die Gebiete, die zurückkehren“ sagt dabei genug aus über die offenkundige Vermengung von Wissenschaft und politischer Zielsetzung und Propaganda. Auch der Kern des späteren „Westinstituts“ in Posen entstand während der Okkupationszeit im GG unter einer ähnlichen mit politischen Akzenten versehenen wissenschaftlichen Zielsetzung[67].

Es entbehrt nicht einer gewissen bitteren Ironie, daß sich diese Ansätze aus der Untergrundzeit bald voll entfalteten und aufgrund einer abermals veränderten politischen Konstellation nunmehr polnische Wissenschaftler daran gingen, diese neue Situation mit zweifelhaften historischen Argumenten zu legitimieren und so erneut einen Beitrag zu dem unseligen Kapitel der Verflechtung von Wissenschaft und Propaganda in den deutsch-polnischen Beziehungen zu liefern.

4. Illegale Presse und Literatur

„Ein tragisches Geschick vollzieht sich, so scheint mir, an der polnischen Literatur“, so schrieb Alfred Döblin in seinem Polenbuch von 1926. „Sie war eine Säule des Volkes, solange das Volk unterjocht war. Nun man frei ist, wird aus der Säule ein Dekorationsstück. Wie überall.“[1] Eine ähnliche Beurteilung ließe sich auch in zahlreichen polnischen Untergrundzeitschriften nachweisen. Wenn der Prozeß der Lösung aus nationalen Bindungen im Polen der Zwischenkriegszeit besonders deutlich in Erscheinung trat, so nicht zuletzt deswegen, weil die polnische Literatur in der Zeit der Teilungen in einem ungewöhnlich ausgeprägten Maß nationale Funktionen zu erfüllen hatte und daher der Drang zu Formexperimenten und zum „l’art pour l’art“ weitgehend eine Reaktion auf eben diese nationalpolitische Rolle, die jetzt als provinzielle Verengung empfunden wurde, darstellte. Mickiewicz war im 19. Jahrhundert der ungekrönte König in Polen, und daß er Chopin vorwarf, unverbindliche Klavierkompositionen statt einer polnischen Nationaloper zu schreiben[2], wirft ein sehr bezeichnendes Licht auf die enge Verflechtung von Kunst und Nationalbewußtsein in Polen.

Beide Traditionen, die jüngere, artistisch-ästhetische, und die ältere, national-engagierte, stoßen in der Literatur des Untergrundes im Zweiten Weltkrieg aufeinander, gehen bisweilen eine enge Verbindung ein, stehen jedoch mitunter auch – insbesondere in der Anfangszeit – einander unvermittelt gegenüber. Das Gedicht, wegen seiner Kürze und seiner Ausdruckskraft die verbreitetste und beliebteste Form der illegalen Literatur, spielte in fast allen konspirativen Zeitungen eine wichtige Rolle[3]. Aber gab es zwischen dem künstlerisch zweit- und drittrangigen Partisanenlied mit offenkundiger politischer oder militärischer Nutzanwendung einerseits und dem zweckfreien, stilistisch hochgezüchteten Formexperiment einen künstlerisch tragbaren Kompromiß? Dieses Problem wurde durchaus empfunden und zwar im Laufe der Entfaltung des Untergrundlebens in zunehmendem Maße, und von politisch sehr verschiedenen Standorten mündete die Erörterung dieses Dualismus schließlich in eine grundsätzliche Reflexion der Rolle des Schriftstellers in der Gesellschaft ein.

Die in der Illegalität entstandene und in Zeitschriften oder auch selbständig publizierte polnische Literatur ist so vielfältig und umfangreich in ihren verschiedenen Ausprägungen, daß sie den Gegenstand einer eigenen Untersuchung abgäbe[4]. Hier geht es nur darum, Ausmaß und Intensität des literarischen Lebens im Untergrund sichtbar zu machen, die enge Verquickung der verschiedenen Bereiche des konspirativen Lebens zu verdeutlichen und indirekt auch die Konsequenzen der nationalsozialistischen Kulturpolitik aufzuzeigen: daß nämlich vor dem Hintergrund der intendierten totalen Zerstörung der polnischen Kultur eben diese Kultur – in diesem Zusammenhang die Literatur – wieder einen besonders hohen Stellenwert bekam.

Im Rahmen der gesamten Untergrundpresse spielten Kultur- und Literaturzeitschriften zunächst kaum eine Rolle. In der politischen Presse herrschte bis zum Sommer 1940, als man in Polen noch allgemein auf einen alliierten Sieg hoffte, das Radio-Bulletin in vervielfältigter Form vor, obwohl es Ende 1939 schon über 30 konspirative Publikationen gab[5]. Erst nach dem französischen Zusammenbruch und der nun strafferen Organisation der Widerstandsbewegung wurde auch die illegale Presse quantitativ und qualitativ erheblich ausgebaut. Der 1962 in Polen herausgebrachte „Katalog der Untergrundpresse" verzeichnet 1 123 Titel – die Angabe ist noch unvollständig –, davon 325 gedruckte Periodica, von denen 17 regelmäßig von 1939 bis 1945 erschienen. Insgesamt kamen im Laufe der Okkupationszeit 26 literarische, 20 literarisch-kulturelle und 14 satirische Zeitschriften heraus. Im Vergleich dazu gab es etwa in Frankreich 270, in Holland 160 illegale gedruckte Zeitungen und Zeitschriften, allerdings mit z. T. sehr hohen Auflagezahlen („Combat" 300 000, „De Waarheid" 100 000), die unter den Besatzungsverhältnissen in Polen unmöglich zu erreichen waren[6]. Die größte Verbreitung im GG hatte das Blatt der AK „Biuletyn Informacyjny" mit einer Höchstauflage von ca. 45 000[7]. Etwa die Hälfte aller illegalen Publikationen erschien in Warschau, an zweiter Stelle stand Krakau mit ca. 10 Prozent[8].

Solche Zahlen, so imposant sie auf den ersten Blick sein mögen, spiegeln indes auch die in fast allen Bereichen der polnischen Widerstandsbewegung zu beobachtende Zersplitterung in kleine und kleinste Gruppen wider. Das eigen illegale Blatt wurde zum Indikator der Bedeutsamkeit und Selbständigkeit einer Organisation, mochte sie auch noch so klein und bedeutungslos sein[9]. Das galt bedingt ebenso für Kultur- und Literaturzeitschriften, obwohl Auflagenzahlen gerade hier nicht immer etwas über ihre tatsächliche Wirkung aussagten. Vervielfältigt betrugen sie bestenfalls 300 bis 500, gedruckt 1 000 bis 1 500 Exemplare, wobei oft gedruckte Zeitschriften viel bedeutungsloser waren als vervielfältigte wie „Miesięcznik Literacki" oder „Sztuka i Naród". Die Kolportage der illegalen Blätter erfolgte durch Mitglieder konspirativer Organisationen, sofern die entsprechende Zeitschrift Verbindung zu ihnen hatte, oder durch eine eigene Verteilerorganisation. Wichtige Blätter wurden auch systematisch durch polnische

Buchhändler und Antiquare, die ohnehin an Handel mit verbotenen Büchern gewöhnt waren, weitergegeben[10].

Der deutschen Polizei blieb die umfangreiche konspirative Presse keineswegs verborgen. Im Dezember 1941 kannte sie allein in Warschau 113 Zeitungen und hob von September bis November 1941 im GG 27 illegale Druckereien aus[11]. Trotz der somit unvermeidlichen hohen Verluste an Menschen und Material ging jedoch die Untergrundpresse nie zurück, sondern stieg bis zum Warschauer Aufstand ziemlich gleichmäßig an[12].

Die Grenzen zwischen politischen und kulturellen Zeitschriften waren fließend. Daß sie es waren, ist vielfach zugleich ein Indiz dafür, daß Kultur in ihrem politisch-gesellschaftlichen Bezug gesehen wurde und sich somit unter umgekehrten Vorzeichen ebenso als Politikum darstellte wie im politischen Konzept der Okkupationsmacht. Trotz dieser Schwierigkeit einer sachgemäßen Abgrenzung läßt sich diese insofern durchführen, als hier nur ein Überblick über die Publikationen gegeben werden soll, die sich nicht nur unter anderem, sondern programmatisch mit künstlerischen und literarischen Problemen auseinandersetzten. Eine politische Zuordnung der Untergrundzeitschriften, die sich speziell Kulturproblemen widmeten, ist dagegen außerordentlich schwer. Davon wird in anderem Zusammenhang noch die Rede sein. Eine dem traditionellen politischen Schema folgende Einteilung ließe eine ganz grobe Klassifizierung in vier Gruppen zu: die nationale und nationalistische Rechte, die nationale, demokratische und katholische Mitte, die sozialistisch und radikaldemokratische Linke, schließlich die marxistische und kommunistische Linke.

Die erste literarische Zeitschrift erschien im November 1941 unter dem Titel „Naród i Kultura". Sie bestand jedoch nicht lange und gelangte in ihrer Bedeutung nicht über den lokalen Bereich von Krakau hinaus[13]. „Sztuka i Naród" (Kunst und Nation) hieß die seit April 1942 in Warschau herausgebrachte erste größere und für das literarische Leben des Untergrundes wirklich bedeutende Publikation, von der bis 1944 insgesamt 16 Nummern erschienen. Sie wurde herausgegeben von einer Gruppe von Polonisten der illegalen Warschauer Universität und nacheinander redigiert von O. Kopczyński, W. Bojarski, A. Trzebiński und T. Gajcy. Zu ihren Mitarbeitern zählten u.a. Z. L. Stroiński, St. Marczak („Oborski"), L. Bartelski und J. Zagórski. Die Mitgliedschaft einiger prominenter Mitarbeiter dieser Zeitschrift zur „Nationalen Konföderation" (KN) führte zu einer nicht unerheblichen ideologischen Beeinflussung durch diese rechts-nationale Organisation[14]. Der inhaltliche Niederschlag dieses Einflusses im kulturpolitischen Programm der „Sztuka i Naród" zeigte sich indes keineswegs, wie man vermuten könnte, einfach in reaktionären Thesen bzw. in einer Anknüpfung an entsprechende Vorkriegstraditionen. „Artysta jest organizatorem wyobraźni narodowej", „der Künstler ist der Organisator der Vorstellungskraft der Nation" – so lautete das Motto im Titelblatt der Zeitschrift. Es stammte von dem polnischen Romantiker Cyprian Norwid. Dieser zu seiner Zeit verkannte Dichter, der vor allem auf das literarische „Junge Polen" um die Jahrhundertwende großen Einfluß ausübte, war nicht zufällig der „spiritus rector" der Literatengruppe um „Sztuka i Naród": ein stark philosophischer Zug und eine ungewöhnliche Sprache verbinden sich mit einem künstlerischen Credo, das Kunst nur im engen Zusammenhang mit dem Volkstum und dem Leben wie der Arbeit des Volkes für möglich hält – eine eigentümliche Paradoxie bei einem Dichter, der den größten Teil seines Lebens in der Emigration verbrachte[15].

Eben hier setzten auch die jungen Literaten im Untergrund an. Ihre scharfe Kritik der Literatur der Vorkriegsgeneration, deren rein ästhetisches Kunstverständnis eine „künstlerische Flucht in eine andere Dimension" gewesen sei[16], mündete ein in die

Forderung nach gesellschaftlich-nationalem Engagement des Künstlers und nach Verbreiterung der sozialen Basis der Kultur und führte konkret zur Schaffung eines „Ruch Kulturowy", einer „Kulturbewegung", die sich eine solche Verbreiterung zum Ziele setzte. Dieses Moment der „allgemeinen Verbreitung der Kultur" (upowszechnienie kultury) stand zwar in direktem Widerspruch zum elitären Konzept der „Konföderation", aber dieser Widerspruch, der sich ja auch bei Norwid findet, mag durchaus kennzeichnend sein für die Unklarheit des geistigen Standorts eines großen Teils der jungen Intelligenz, darüber hinaus dürfte er ein generelles Charakteristikum nationalradikaler und faschistischer Bewegungen sein. „Schöpferische Freiheit", so heißt es in der „Deklaration" der „Kulturbewegung", „entsteht aus dem Verantwortungsgefühl gegenüber der Nation und ihrer Geschichte. . . Dem Eklektizismus und der unhistorischen Schwärmerei der vergangenen 20 Jahre will die Kulturbewegung Realismus und Objektivismus der Idee in der Kultur entgegensetzen. . . Das Verständnis der Verbindung der polnischen mit der katholischen Kultur des Westens bildet die Grundlage für die Schaffung einer neuen Form, die zur Ausweitung der Nationalkultur fähig ist."[17]

Der wirkliche geistige Hintergrund solcher allgemein gehaltenen programmatischen Formulierungen enthüllt sich erst, wenn man mit einbezieht, was die Autoren von „Sztuka i Naród" als Träger auch der „Kulturbewegung" in ihrer Zeitschrift publizierten. In seinem letzten Aufsatz mit dem beziehungsreichen Titel „Im Klima der imperialen Kultur" forderte Andrzej Trzebiński, Redakteur von „Sztuka i Naród", eine kulturelle und politische Bewußtseinsrevolution, die stark dezisionistische Züge trug. „Alles, was im revolutionierten kulturellen Bewußtsein Polens entsteht, ist Resultat innerer, eigener und aus der Tiefe der Empfindung fließender Impulse, ist Resultat. . . ausschließlich des eigenen freien Willens." Die „Kulturbewegung" hatte eine solche Revolutionierung zum Ziel, die aus der Verbindung zweier für Polen als bestimmend gedachter Elemente hervorgehen sollte, der Verbindung des „Mythos des Imperiums und der realistischen, mutigen Sicht der Wirklichkeit, die uns umgibt. Das würde eine Bewegung bedeuten, die auf diesem großen historischen Wege von dem, was tatsächlich besteht, fortschreitet zu dem, was sein soll. Es existieren auch die Bedingungen, um eine solche polnische Kulturbewegung ins Leben zu rufen. Diese Bedingungen schafft das harte, für die Schwachen tödliche, sonst aber härtende herbe Klima von 4 Kriegsjahren, wie wir sie bislang in unserer Geschichte nicht erlebt haben."[18] In solchen Sätzen zeigten sich deutlich die Spuren des chauvinistischen politischen Programms der „Konfederacja Narodu".

Eine politisch ähnliche Orientierung wies die 1943 und 1944 erschienene „gesellschaftlich-literarische Zeitschrift" der nationalistisch-sozialradikalen Organisation „Miecz i Pług" „Dźwigary" (Träger) auf, sie war jedoch von ungleich geringerer Bedeutung und auch Qualität[19]. Die national-klerikale „Kultura Polska", die der Priester Maksymilian Rhode zusammen mit einer Gruppe Posener Pädagogen herausgab, wurde schon im Zusammenhang mit dem illegalen Schulwesen erwähnt[20]. Dem „Lager des kämpfenden Polen" (OPW), der illegalen Nachfolgeorganisation des OZN der Vorkriegszeit unter Julian Piasecki, war die seit März 1943 erscheinende unbedeutende Kulturzeitschrift „Nurt" (Strom) zuzuordnen, redigiert von Ferdynand Goctel[21]. In ihr stand die Polemik gegen den „Jahrmarktsbetrieb der Vorkriegszeitschriften" vom Typ der linksliberalen „Wiadomości Literackie" stark im Vordergrund[22]. Die konspirative Organisation der Nationaldemokraten gab 1943 und 1944, redigiert von Jan Dobraczyński, die „Sprawy Narodu" (Angelegenheiten der Nation) heraus[23]. Keine der Publikationen der hier genannten politisch rechts stehenden Organisationen erreichte jedoch eine größere und mit „Sztuka i Naród" vergleichbare Bedeutung.

Eine der dem Umfang und Inhalt nach anspruchvollsten Kulturzeitschriften war die von Jerzy Braun in Warschau redigierte Monatszeitschrift „Kultura Jutra“ (Kultur von morgen), die 1943 und 1944 erschien und der katholisch-demokratischen Mitte zuzuordnen ist. Neben Gedichten und Prosa, die in der Konspiration entstanden, wurde hier Essays, die grundsätzliche Kulturprobleme zum Gegenstand hatten, breiter Raum gewährt[24]. Ähnlich wie in „Sztuka i Naród“ spielte Norwid mit seinem Programm der Verbindung von Kunst und Arbeit eine bedeutende Rolle. Mystisch-katholische Elemente traten dabei jedoch stärker in Erscheinung. In einem Grundsatzartikel stand das Norwidsche „Mysterium der Beziehung Kunst – Arbeit“ (misterium sztuki – pracy) im Mittelpunkt der Überlegungen, verstanden als eine „neue soziale Organisation, in der schöpferische Kraft und Arbeit . . . sich in eine dynamische Einheit fügen, in eine Nation, die in der großen kulturellen Gemeinschaft bereits nicht (mehr) für Wohlstand oder politische Macht arbeitet, sondern für die Erfüllung des Königreiches Gottes.“[25] Verriet das mit faschistischen Elementen durchsetzte Vokabular der Autoren von „Sztuka i Naród“ einiges über geistige Herkunft und politisch-kulturelles Programm, so gilt das für „Kultura Jutra“ nicht weniger: der Mangel an klaren und konkreten Vorstellungen hatte eine Flucht in dunkel-irrationale Sprachformen zur Folge. Die Faszination durch die Terminologie Heideggers, wie sie in einem späteren Aufsatz zum Ausdruck kommt[26], lag daher nahe, zumal der politische Standort des deutschen Philosophen kaum bekannt gewesen sein dürfte. Die Zeitschrift gehörte dennoch zu den besten Untergrundpublikationen[27].

Weniger anspruchsvolle Ziele hinsichtlich des sprachlichen und theoretischen Niveaus verfolgte der von der Delegatur seit Februar 1943 herausgegebene und somit mehr oder weniger offiziöse „Przegląd Spraw Kultury“ (Kultur-Rundschau)[28]. Obwohl auch hier Artikel grundsätzlicher Art über Probleme der Kultur in der Gesellschaft nicht fehlten, lag das Schwergewicht auf der Information, insbesondere über die Kulturpolitik der Besatzungsmacht und die Situation der polnischen Kultur im Ausland.

Auf Seiten der gemäßigten Linken sind vor allem drei Zeitschrifte zu nennen: der „Miesięcznik Literacki“ (Literarische Monatsschrift) in Warschau und Krakau, die „literarisch-soziale Monatsschrift“ „Droga“ (Der Weg) und die „sozialistischen Hefte einer Gruppe humanistischer Sozialisten“, „Płomienie“ (Flamme)[29]. Obwohl eine genaue Untersuchung mannigfache Unterschiede und Schattierungen der einzelnen Gruppen untereinander und auch innerhalb der Gruppen aufweisen würde, war für alle drei kennzeichnend, daß sich ein außerordentlich hohes literarisches Niveau mit einem politischen Engagement sozialistischer Prägung verband. Bekannte Namen wie Andrzejewski, Borowski, Jan Kott, Miłosz, Baczyński, Jastrun, Kwiatkowski u.a. tauchen als Autoren auf. Auch hier entsprang das Bewußtsein von der Notwendigkeit gesellschaftlicher Aktivität des Schriftstellers zu einem nicht unerheblichen Teil der scharfen Kritik an der Hypertrophie des Formalismus der Vorkriegszeit, wenngleich einige der jungen Dichter im Untergrund selbst von diesen Traditionen entscheidend geprägt worden waren. „Der Künstler“, schrieb „Droga“ Ende 1943, „ist ein Individuum, das in einer gesellschaftlichen Umwelt lebt und handelt, nicht eine in Raum und Zeit unbestimmte Monade.“[30]

Das Motto eines polnischen Sozialisten der Jahrhundertwende, Stanisław Brzozowski, „Sozialismus als Problem eines neuen Menschentyps“ war das zentrale, wenn auch nicht immer sehr klare Credo der jungen Sozialisten von „Płomienie“[31]. In dieser Sozialismusvorstellung, die Einflüsse des belgischen Sozialisten Hendryk de Man[32] aufwies und sich deutlich vom Marxismus abgrenzte, wurde der Primat der Kultur betont.

Als gemeinsame Überzeugung der Gruppe wurde unterstrichen, „daß die Gegenwart – und mit ihr der Sozialismus – bereits die Epoche des Primats der ökonomischen Fragen durchschritten hat, und daß die gegenwärtige Zeit eine Epoche des Primats der Fragen der Kultur ist oder zu sein beginnt. . . Die dogmatische marxistische Theorie der Kultur und Ethik bedeutete für die Bewegung das größte Hindernis bei dem Bestreben, zu ihrer ursprünglichen Spannung und Bedeutung zurückzukehren."[33]

Tadeusz Sołtan, selbst Redakteur der Zeitschrift „Płomienie", urteilte später: „Wenn ich heute nach ‚Płomienie' greife, muß ich feststellen, daß man neben einer reichen, aber verwirrenden und unreifen Gelehrsamkeit, neben einem hohen Pathos und vor allem neben vielen offensichtlichen theoretischen Irrtümern und Unverständlichkeiten in dieser kleinen Zeitschrift der größten geistigen Spannweite und den größten Anstrengungen begegnet, um Wegweiser für die damalige Zeit zu finden."[34]

Die marxistische und kommunistische Linke brachte 1942 in Warschau die erste literarische Zeitschrift heraus mit dem programmatischen Titel „Literatura Walcząca" (Kämpfende Literatur). Sie wurde redigiert von Władysław Bieńkowski, einem Intellektuellen der PPR, der auch nach dem Krieg eine bedeutende Rolle in Polen spielte. Ihre Fortsetzung fand diese Zeitschrift, von der kein Exemplar erhalten geblieben ist – ein Indiz für ihre geringe Bedeutung –, im „Przełom" (Umbruch). Sie zählte neben Bieńkowski und Stefan Żółkiewski und den PPR-Funktionären Marian Spychalski und Zenon Kliszko auch Mitglieder der Demokratischen Partei und Parteilose wie Mieczysław Jastrun zu ihren Autoren. Ihr Programm war klar marxistisch orientiert, wenn nicht dogmatisch, so doch deutlich antirevisionistisch. Die Konzeption der engagierten Literatur und der kulturellen Revolution stand im Vordergrund der Zielsetzung[35].

Der gleichen Kategorie ist die auf Initiative der PPR und der KRN 1944 geschaffene „sozial-kulturelle Zeitschrift" „Realizacje" zuzurechnen, zu deren Redaktion neben Żółkiewski auch Tadeusz Kotarbiński, der in der illegalen Universität Warschau mitarbeitete, als Vertreter der parteilosen „fortschrittlichen Intelligenz", und Halina Kowalewska, die damals in der AK tätig war, gehörten[36]. Von dem Blatt kam nur noch eine Nummer vor dem Warschauer Aufstand heraus. Als Kulturzeitschrift des PPR-Jugendverbandes ZWM erschien 1943 und 1944 der „Poradnik Oświatowy" (Ratgeber für die Bildung), ebenfalls von Żółkiewski redigiert[37]. Bedeutenden Einfluß konnte keines der kommunistischen Blätter im Untergrund gewinnen.

Von einer linken Abspaltung der polnischen Sozialisten, der RPPS, wurde seit November 1942 eine kulturpolitische Zeitschrift mit dem pathetisch-„wegweisenden" Titel „Lewą Marsz" (etwa zu übersetzen mit „Augen links!") herausgebracht, die Teofil Głowacki redigierte. In ihr verband sich scharfe Polemik gegen bürgerlichen Individualismus mit entschiedener Stellungnahme für die „proletarische Literatur"[38].

Neben illegalen Periodica erschien in illegalen Drucken eine stattliche Anzahl von Gedichtanthologien und Erzählungen sehr verschiedenen Charakters und sehr unterschiedlicher Qualität. Stimuliert durch die Situation unter deutscher Besatzung, werden in der Untergrundlyrik in besonderem Maße jene zwei Traditionsstränge deutlich, von denen zu Anfang die Rede war: einerseits der nationale Protest des engagierten Dichters gegen die Okkupation in Form des politischen Gedichts, geprägt vom Geist des Kampfes für eine bessere Welt oder vom Barrikadenpathos bestimmt; auf der anderen Seite, erwachsen aus dem Überdruß an jeder Form von „Ideologie", Elend und Zerstörung als lyrisches Sujet, ohne zukunftsorientierte politische Nutzanwendung, die „Melancholie der Ruinen", wie marxistische Kritiker rügten[39].

Welcher der beiden Grundcharaktere auch dominieren mag, allein die Titel der in der Okkupationszeit geschriebenen und veröffentlichten Gedichte spiegeln die ganze Breite des politisch-historischen Hintergrundes des damaligen Polen: zahllose Verse auf Warschaus Verteidigung und auf die Hauptstadt unter deutscher Besatzung, Gedichte über Erschießungen, Gräber, Konzentrationslager, über Deutsche und das „Dritte Reich", Aufrufe und Appelle zum Kampf für Freiheit und Vaterland, Partisanen- und Barrikadenlieder, Stimmungslyrik, Gedichte über das konspirative Leben, stark religiös geprägte Hymnen und Gesänge usf.[40]

Neben Gedichtsammlungen einzelner Autoren wie Miłosz, Baczyński, Borowski, Bratny, Stroiński, Przyboś, Marczak-Oborski u.a.[41] waren es vor allem vier Anthologien, die – mit dem Schwergewicht in Warschau – Popularität und Bedeutung erlangten. Im April 1942 erschien in einer Auflage von 1 600 Stück die Sammlung „Pieśń Niepodległa" (Das unabhängige Lied), herausgegeben von Jerzy Andrzejewski und Czesław Miłosz[42]. Neben Autoren im Lande wie Baczyński, Staff, Zagórski u.a. waren in der Anthologie, die ein später nicht wieder erreichtes künstlerisches Niveau aufwies, auch Emigranten vertreten. So erschienen Auszüge aus den berühmten „Polnischen Blumen" von Julian Tuwim, Gedichte der ebenfalls in England lebenden Dichter Słonimski und Baliński sowie des in die Sowjetunion emigrierten Władysław Broniewski, dessen Gedichte sich im Untergrund besonderer Beliebtheit erfreuten. Broniewski hatte zunächst einige Zeit in einem sowjetischen Lager verbracht, da er in Lemberg „nationalistischer Abweichung" beschuldigt wurde[43]. Daß viele der genannten Autoren vor dem Krieg der Literatengruppe „Skamander" angehörten, die schrankenlose Subjektivität und „proklamierte Programmlosigkeit" auf ihre Fahnen geschrieben hatte[44], mag eine Erklärung dafür bieten, daß in den ersten Jahren in solchen Gedichten kaum „kämpferische Haltung" unmittelbar zum Ausdruck kam. Folgerichtig setzte daher auch die PPR-Zeitschrift „Przełom" hier mit ihrer Kritik an[45].

Die späteren Anthologien fielen im künstlerischen Niveau gegenüber „Pieśń Niepodległa" ab, wiesen aber einen stärker patriotisch-politischen Zug auf. Das galt sowohl für die im August 1942 im Auftrag der Informationsabteilung der Delegatur von Stanisław Sawicki herausgegebene Sammlung „Duch wolny w pieśni" (Der freie Geist im Lied) als auch für die ebenfalls 1942 erschienenen Anthologien „Wiatr Wolności" (Wind der Freiheit) und „Słowo Prawdziwe" (Wahres Wort), zusammengestellt von Jan Dobraczyński und Jerzy Zagórski. Die letztgenannte brachte eine breite Auswahl von Dichtern und erreichte zwei Auflagen[46]. Der größte Teil der Gedichtsammlungen einzelner Autoren und der Anthologien wurde vom Informations- und Propagandabüro (BIP) der AK finanziert oder finanziell unterstützt[47].

Gegenüber den in der Konspiration entstandenen und publizierten Gedichten spielte die Kunstprosa eine sehr untergeordnete Rolle. Beträchtlichen Einfluß dagegen übte die Sensationsliteratur aus. Neben „Dywizjon 303", deren Autor Arkady Fiedler in London lebte, und einer Kurzausgabe von Józef Kisielewskis „Ziemia gromadzi prochy" (Die Erde bewahrt die Asche), einer Reportage von 1939 über slawisch-polnische Traditionen der Gebiete an Oder und Neiße, ist hier vor allem die Erzählung „Kamienie na szaniec" (Steine für die Schanze) von Juljusz Górecki (Pseudonym: Alexander Kamiński) zu nennen, die 1943 in einer AK-Druckerei erschien, 1944 wiederaufgelegt und auch in England und Italien nachgedruckt wurde[48]. Der Autor war Chef des Warschauer Informations- und Propagandabüros der AK und Redakteur des AK-Organs „Biuletyn Informacyjny". Der Titel entstammte einem Gedicht des polnischen Ro-

Słowacki, mit dessen Versen auf den Lippen der Held der Erzählung „Czarny" an den Folgen der Gestapo-Folterungen stirbt:

> Ich beschwöre die noch Lebenden,
> die Hoffnung nicht aufzugeben,
> dann aber, wenn die Stunde kommt,
> voranzuschreiten in den Tod, gleich Steinen,
> von Gott auf eine große Schanze geworfen.

Die Erzählung, die auf tatsächlichen Begebenheiten beruhte, fand nicht nur großen Zuspruch unter der Jugend, sondern auch bittere Kritik. Zweifellos war diese Art von Literatur charakteristisch für das konspirative Leben in seiner Breite, und sie gab auch die Atmosphäre des Untergrundes treffend wieder. Aber eben dagegen wandte sich die Kritik einiger politisch engagierter Intellektueller wie die Karol Lipińskis in seinen Rezensionen in „Płomienie" und „Droga". Lipiński griff die Leichtfertigkeit und Verantwortungslosigkeit des Autors in der Darstellung des Lebens als eines „großen Spiels" und seine politische und soziale Naivität an. Damit traf er zugleich die verwundbarste Stelle des militärischen Untergrundes: die Ideologie des Unpolitischen, wie sie von der AK wissentlich oder unwissentlich gefördert wurde[49]. Hier wurde eine der zentralen Fragen im Selbstverständnis der Widerstandsbewegung, in der Haltung der Jugend gegenüber den Problemen der Okkupationssituation und hinsichtlich einer künftigen politischen Neuorientierung angesprochen.

III. Gesellschafts- und bildungspolitische Vorstellungen der polnischen Untergrundbewegung

1. Problem der polnischen Jugend

Das illegale Bildungswesen suggeriert, isoliert betrachtet, allzu leicht das Bild einer moralisch und geistig ungebrochenen, heroisch und im Bewußtsein des Kampfes für eine bessere Zukunft konsequent Widerstand leistenden Jugend. Auch wenn die deutsche Politik ihre destruktiven Ziele nicht voll verwirklichte, so waren ihre Auswirkungen zu verheerend, als daß ein solches Bild zutreffend sein könnte. In der grundsätzlichen Beurteilung der Situation der polnischen Jugend in der Kriegszeit stimmten schließlich verantwortungsvolle Vertreter der deutschen Verwaltung wie der Gouverneur von Burgsdorff, die Zuständigen in der Delegatur und kritische Geister unter der Warschauer Intelligenz durchaus überein. Die Trostlosigkeit der sozialen und moralischen Situation der Jugend wurde zu einem wichtigen Ansatzpunkt für die Intensivierung der Bildungsbemühungen der Widerstandsbewegung und für die verstärkte Diskussion politischer Programme.

„Dreiviertel der Jugend lebt außerhalb der Klammer des gesellschaftlichen Lebens. ... Dreiviertel der Jugend lebt ohne Plan, von Tag zu Tag, ohne klar umrissene Vorstellungen und Pflichten."[1] Diese Sätze finden sich in einem Bericht der Delegatur über die „Situation der Jugend", in dessen Mittelpunkt die Warschauer Verhältnisse stehen. Ein Brief, den 1944 der Krakauer Gouverneur, von Burgsdorff, an den Generalgouverneur schrieb, wies einen prinzipiell ähnlichen Tenor auf: „Ich habe Einblick getan in die völlige Ausweg- und Hoffnungslosigkeit der polnischen Jugend, gerade der sogenannten besseren Stände. Sie steht vor dem Nichts und ihre Erwartungen an das Leben sind zertrümmert. Es ist ihr auch nicht der kleinste Schimmer einer Hoffnung auf ein sie befriedigendes Berufsleben gelassen worden."[2] In einem Aufsatz in der Zeitschrift der PPS-Jugend „Płomienie", einer brillanten Analyse des Gesamtproblems der polnischen Jugend in der Kriegszeit, wird darauf hingewiesen, daß diejenigen, die die Normen, in denen sie erzogen wurden, in esoterischer Abkapselung vor der Wirklichkeit der Okkupation schützen wollen, eine Minderheit bilden im Vergleich der großen Mehrheit der Jugend, die gegenüber der Glaubwürdigkeit ihrer Bildungstradition resigniere. „Unter den resignierenden bildet sich eine kleine Gruppe heraus: die zynische Jugend; sie eilt zum Unterricht, neigt zu riskanten Eskapaden, schätzt nur, was aktuell, konkret, real, sie ist gleichgültig gegenüber dem Leben der Nachkriegszeit: es wird sicher nicht so eindrucksvoll und attraktiv sein."[3]

Diese drei hier angeführten Stimmen schlagen alle wesentlichen Motive an, die für die Situation eines sehr großen Teils der polnischen Jugend in dieser Zeit kennzeichnend und bestimmend waren und die in der Memoirenliteratur allzu leicht verdrängt werden: soziale Entwurzelung, Hoffnungslosigkeit, kruder Positivismus, Zynismus und Skepsis gegenüber jedweden politischen Normen. Dem entsprang oft ein fatal unpolitischer Aktivismus, der sich im Engagement für konspirative Tätigkeit in ihren abenteuerlichsten Formen niederschlug, in der Verachtung jeder kontinuierlichen Arbeit und in der Leichtfertigkeit des Spiels mit dem Tode, geboren zu einem guten Teil aus eben jener Resignation[4]. Von der militärischen Führung des Untergrundes – vielleicht, ohne sich dessen recht bewußt zu werden – ließ sich diese unpolitische Haltung leicht für die eigenen Ziele nutzbar machen[5]. Sie war der Nährboden, auf dem die ungeheure Vielzahl der Widerstandsaktionen auf allen Ebenen gedeihen konnte, jedoch oft ohne klaren politischen Horizont, ohne genaue Vorstellung darüber, was nach dem Kampf kommen sollte.

Der schon 1939 eingerichtete und 1942 verschärft durchgeführte deutsche „Baudienst" – zur Durchführung „gemeinnütziger und staatspolitisch bedeutsamer Arbeiten"[6] – war das mindeste, was allen nicht mehr schulpflichtigen Polen drohte, wenn nicht gar Zwangsverschickung ins Reich[6a]. Eine allgemeine Abneigung der polnischen Jugend vor jeder Arbeit war die Folge. Kontinuierliche Arbeit mußte sinnlos erscheinen, wenn sie nur den Interessen der Okkupationsmacht diente und wenn sich überdies mit Handel und Schmuggel viel schneller und leichter Geld verdienen ließ, die Rettung von Juden gar phantastische Summen einbrachte[7]. Gerade in diesen Bereichen des illegalen Geschäftemachens fand eine starke soziale Vermischung statt. Initiative, nicht irgendein sozialer Status, bot hier die „Legitimation" der Schwarzhandelsaktionen. Zu Anfang des Krieges konnte man aus wenigen Groschen auf solchen Wegen ein Vermögen machen, und es gab eine neue Klasse von Emporkömmlingen, deren Hauptziel die Sicherung des Erreichten für die Zeit nach dem Kriege war. Auf der anderen Seite nahm die Pauperisierung der Schicht der Deklassierten, vor allem der ehemaligen höheren Beamtenschaft, immer größere Ausmaße an[8]. In einem Delegaturbericht vom Frühjahr 1941 heißt es: „Große Sorgen bereitet ein bestimmter Prozentsatz (etwa 30 bis 40 %) junger Menschen beiderlei Geschlechts, die die oberen Lyzeumsklassen besuchten und jetzt nicht mehr lernen können. Sie tun nichts als durch die Straßen gehen, Zigaretten rauchen, versuchen Geld zu verdienen mit wenig ernsthaften Methoden, und geben sich gefährlichen Vergnügungen hin. Da die Deutschen so vieles behindern, ist es schwierig, sich um diese Jugend zu kümmern."[8a]

Es war nicht zuletzt diese materielle und soziale Situation, die bei einem Teil der Jugend den großen „Ausverkauf der Ideale" oder eine pseudo-idealistische Haltung mit sich brachte. Von hierher erfuhr die Vorkriegszeit und ihre Bildungspolitik scharfe Kritik, und auch das Schulwesen der Konspiration blieb davon nicht verschont. In dem schon erwähnten Aufsatz der Sozialistenzeitschrift „Płomienie" heißt es: „Idealistische Pädagogik nenne ich das ganze System der Normen, die einem bestimmten Erziehungsideal angepaßt sind. Sie rechnet nicht mit der Wirklichkeit, in der die Jugend später steht. . . Von dieser Pädagogik war die ganze Vorkriegsschule durchtränkt, ihre ganze moralische Erziehung mit dem Ideal des Schöngeistigen, abseits von der gesellschaftlichen Wirklichkeit, ihre ganze aufgeblähte Phraseologie, die im Leben wie eine Seifenblase zerplatzte. Heute ist mit dieser idealistischen Pädagogik das ganze konspirative Leben durchtränkt, und sein falsches Pathos verkörpert sich in oberflächlichen Erzählungen in der Art von „Steine für die Schanze". . . Ein charakteristisches Merkmal dieser Pädagogik ist es, daß sie immer neue Kreise Enttäuschter schafft. Da sie nicht lebensnah ist, führt sie zu fortwährenden Zusammenbrüchen bei der ersten Kontrolle durch Fakten."[9]

Die Erzählung „Steine für die Schanze" wurde nicht zufällig zu einem „Bestseller" der Untergrundliteratur[10]. In den dort geschilderten Abenteuern zweier junger Polen spiegelte sich eine für die Masse der Jugend charakteristische Stimmung. Hier, in der militärischen Aktion, im verwegenen Überfall, fand man die gesuchte „konkrete Arbeit", die sonst oft so schwer zu finden war. Der Wunsch nach solchen Unternehmungen konnte so bisweilen dazu führen, daß „das eigentliche Ziel der Aktion vergessen wird und nur die Form bleibt: ‚mit der Waffe in der Hand', ein Banditentum, das zur Massenerscheinung geworden ist."[11] Ein angebliches Verbot des Regierungsdelegierten Piekałkiewicz vom März 1943 an die Jugend, sich Partisanenabteilungen anzuschließen, konnte angesichts dieser Situation durchaus konsequent sein[12]. Aus ähnlichen Motiven empfahl die Leitung des zivilen Widerstandes (KWC) gerade das Gegenteil, nämlich die Flucht zu Partisanenabteilungen, um die Jugend auf diese Weise wenigstens vor den Risiken der Aktionen in den Städten zu schützen, da die Zeit für eine große bewaffnete Erhebung noch nicht reif war[13].

Eine von der großen illegalen Pfadfinderorganisation „Szare Szeregi" (Graue Reihen) durchgeführte Enquête unter der polnischen Jugend (in Warschau)[14] brachte Ergebnisse, die schwerlich mit den Wertungen und Zielsetzungen der Führung der Widerstandsbewegung harmonierten. Auf die Frage, was sie in erster Linie interessiere, antworteten die meisten Jugendlichen: technische Ausbildung. Unter diesem Gesichtswinkel bekam die deutsche Berufsschulpolitik sogar einige gute Zensuren. Die illegalen Komplets hingegen wurden nicht sehr hoch eingeschätzt, vor allem nicht die Oberschulen. Etwas besser schnitten die Universitäten ab, aber sie waren nur einem Bruchteil der Jugend zugänglich. Auch die politischen Ansichten, die bei der Befragung geäußert wurden, fielen völlig aus dem Rahmen. Von 292 Antworten fiel nur eine positiv für England aus. Alle anderen hielten die reine Verteidigung der eigenen Interessen für das treibende englische Kriegsmotiv. In der Beurteilung der Deutschen dagegen kam – trotz einer grundsätzlich feindseligen Einstellung – eine gewisse Bewunderung für Organisation zum Vorschein, für den Idealismus und den Glauben und für die Verbundenheit mit dem Kriegsziel, ebenso wie man bei den Bolschewisten die Kraft und Zähigkeit des Widerstandes bewunderte. In einer Repräsentativumfrage einer Jugendzeitschrift der rechtsorientierten Organisation „Miecz i Pług" vom März 1944 wurden ebenfalls Hitlerjugend und Komsomol als Vorbilder eines organisatorisch und in ihren Zielen einheitlich konsequent ausgerichteten Jugendverbandes genannt[15].

Ohne auf die verschiedenen Jugendorganisationen einzugehen, die von nationalistisch-chauvinistischen Gruppen in der POM (Polska Organizacja Młodych) bis zum PPR-treuen kommunistischen ZWM (Związek Walki Młodych) reichten, kann als der wohl repräsentativste Vertreter der skizzierten inneren Lage eines Großteils der polnischen Jugend der zahlenmäßig stärkste und überdies völlig selbständige Jugendverband angeführt werden: die schon erwähnten „Szare Szeregi", die konspirative Fortführung des polnischen Pfadfinderverbandes. Diese „Grauen Reihen" verkörperten vielleicht am deutlichsten die ganze Widersprüchlichkeit der Situation der polnischen Jugend. Nicht zuletzt aufgrund ihrer Pfadfindertradition waren sie im Kern völlig unpolitisch, Politik wurde weitgehend als schmutziges Geschäft angesehen, das man lieber anderen überläßt. Auf der anderen Seite waren sie eine der wenigen Organisationen, die sich mit Nachdruck um die Berufsausbildung und Fortbildung ihrer Anhänger kümmerte[17]. In dem Eid, den ein junger Pole beim Eintritt in die Organisation zu leisten hatte, trat der national-religiöse Akzent im Charakter des Verbandes deutlich zu Tage: „Ich habe den aufrichtigen Willen, mit meinem ganzen Leben den Dienst für Gott und Polen zu erfüllen, dem Nächsten bereitwillig zu helfen und die Satzung der Sz.Sz. zu befolgen. Ich schwöre, . . . meinen Dienst in den Sz.Sz. zu erfüllen, mich dienstlichen Befehlen zu fügen und vor dem Opfer des Lebens nicht zurückzuschrecken."[18] Auf der anderen Seite jedoch war es diese Organisation, die die erheblichste Veränderung gegenüber ihrer sozialen Vorkriegsstruktur erreichte und der ein beachtlicher Vorstoß in die Arbeiterjugend gelang. Etwa die Hälfte der konspirativen Kader der „Szare Szeregi“ stellten Arbeiterkinder[19]. Soziale Aktivität war durchaus eines der wichtigsten Ziele des Pfadfinderverbandes, freilich mochte auch hier ein Gutteil davon aus den Quellen der Jugendbewegung und ihrem Protest gegen den „Marasmus der Alten“ stammen[20].

Von den „Grauen Reihen“ ging die Initiative zur „kleinen Sabotage“ aus, wurde u.a. das Attentat gegen den Warschauer SS- und Polizeiführer Franz Kutschera durchgeführt, aus ihrem Kreis stammten die Helden der Erzählung „Steine für die Schanze“[21].

Nur eine Minderheit war jedoch überhaupt in illegalen Jugendverbänden organisiert[22], und wiederum nur ein kleiner Teil von ihnen verfügte über ein wirkliches politisches Bewußtsein und konturierte politische Vorstellungen. Zu ihnen gehörte die Sozialistengruppe um die Zeitschrift „Płomienie“. Sie griff scharf den in den Jugendverbänden verbreiteten „Kult des Unpolitischen“ an[23]. Sie wollte eine Jugend, die beweise, „daß Demokratie keine Phrase ist, mit der man sich über die weitere Präzisierung ihres Inhalts und ihrer Grundlagen hinweglügen kann.“[24] Die Unnachsichtigkeit dieser Kritik ist eine wesentliche Voraussetzung, um die Breite und Radikalität der programmatischen Entwürfe zur Bildungs- und Kulturpolitik zu verstehen.

Wenn hier von „der Jugend“ die Rede war, so bezogen sich die Aussagen in erster Linie auf die Stadtjugend, insbesondere in Warschau, die im Untergrund am intensivsten beobachtet und studiert wurde. Zweifellos hat es regionale Schattierungen gegeben, und die Unterschiede zwischen Stadt und Land waren zunächst nicht unerheblich. Je länger die Okkupation jedoch dauerte und je drückender sie somit auch für die Landbevölkerung wurde, desto mehr ebneten sich solche Unterschiede ein. Die Auflösung aller Landjugendorganisationen, die Eintreibung der überhöhten Ablieferungskontingente an Landwirtschaftsprodukten, die Propaganda von den „loyal arbeitenden Bauern“ und die „Honorierung“ aller möglichen Leistungen durch Wodka durch die deutschen Behörden ließen bald die Symptome einer gleichartigen Situation wie bei der Stadtjugend zu Tage treten: Widerstand, Bandenbildung und Alkoholismus[25]. Die negativen Erscheinungen aufzufangen, gestaltete sich hier noch erheblich schwieriger, da die Isolierung des Landes von der Stadt sehr stark war und die ländlichen Regionen außer von dem SL von kaum einer illegalen Organisation in größerem Umfange miterfaßt wurden[26]. Mit einigen Abstrichen läßt sich daher das hier skizzierte Bild wohl durchaus verallgemeinern.

Der Führung der Widerstandsbewegung war das Problem ebenso bewußt wie Vertretern der deutschen Behörden. Von Burgsdorff sah in der Wiederzulassung eines polnischen Kulturlebens ein wesentliches Ventil, um den „gärenden Betätigungsdrang“ der polnischen Jugend in sinnvolle Kanäle zu lenken[27]. Erst so hielt er es überhaupt für möglich, den völligen moralischen Bankrott der Jugend zu verhindern und damit Ansätze für sein antibolschewistisch akzentuiertes Europaprogramm zu schaffen. Die Delegatur versuchte u.a. durch die Herausgabe von Broschüren unter der Jugend nationale und „staatsbürgerliche Haltung“ zu wecken und zu fördern. Wojeński, Präsidiumsmitglied der TON, stellte in einer illegalen Reihe, die mit dem Decknamen „Stilübungen“ betitelt war, Auszüge aus der klassischen polnischen Literatur und stark nationalbetonte historische und politische Essays zusammen[28].

Damit wurde einer Folgerung entsprochen, die auch der Delegaturbericht über die Situation der Jugend zog, daß man dieser mehr Informationen, mehr geeignete Bücher und Zeitschriften anbieten sollte, in denen vor allem die Probleme des Nachkriegsaufbaues in allen Bereichen der Politik eindringlicher erörtert werden müßten. „Die Popularität des von der WRN herausgegebenen Programms, wie allgemein es auch sei, ist ein gutes Beispiel dafür."[29] Obwohl solche Programme und Grundsatzdeklarationen schon seit dem ersten Kriegsjahr entstanden, stieg ihre Zahl seit dem Jahre 1943 und besonders 1944 sprunghaft an. Dieser Anstieg mochte ein Reflex der durch die militärische und politische Situation, d.h. den Vormarsch der Sowjetarmee, erzwungenen inneren Auseinandersetzung mit dem künftigen kommunistischen Nachbarn und seinen polnischen Gefolgsleuten im Untergrund sein, daneben dürfte jedoch auch die katastrophale Situation der polnischen Jugend als Stimulans eine erhebliche Rolle gespielt haben, hing es doch weitgehend von ihrer Haltung ab, welche Chancen für den Wiederaufbau eines polnischen Staates bestanden und wie dieser aussehen würde.

2. Die polnische Intelligenz – Tradition und Selbstkritik im Untergrund

Wenn die Nationalsozialisten in Polen – ähnlich wie im Protektorat – eine soziale Spaltungspolitik zu betreiben versuchten, indem sie die angeblich „loyal arbeitenden" Bauern und Arbeiter gegen eine „parasitäre Führungsschicht" ausspielten, die die Verantwortlichkeit für die politisch-militärische Niederlage zugeschoben bekam, so steckten prinzipiell in einer solchen Politik sehr handfeste Realisierungschancen[1]. Die soziale Zerklüftung des polnischen Volkes war in der Zwischenkriegszeit noch außerordentlich stark gewesen. Sie hing mit der besonderen sozialgeschichtlichen Entwicklung Polens und der eigentümlichen Stellung der Intelligenz in ihr seit dem 18. Jahrhundert zusammen[2].

Generell besaß und besitzt das Problem der Stellung der Intelligenz in solchen Ländern eine besondere Bedeutung, die sich als rückständige Agrarländer erst in den Anfängen eines Industrialisierungsprozesses befinden, die sozial in einer Übergangssituation stehen, in der das Prestige der alten führenden Klasse erschüttert und noch nicht durch das einer neuen ersetzt ist und die in kultureller Hinsicht gekennzeichnet sind durch eine hohe Analphabetenrate und zugleich eine relativ große Zahl von hoch Gebildeten, für die jedoch Bildung vorwiegend schöngeistig-zweckfreien Charakter trägt[3].

Alle drei Merkmale trafen für Polen zu. Auch für die russische Intelligenz bestand eine ähnliche Situation. Ihr gegenüber weist die polnische Intelligenz dennoch charakteristische Unterschiede auf. Vor allem hat sie zumindest in ihrer Entstehungszeit ein klarer faßbares soziales Substrat.

Die polnische Intelligenz ging aus dem Adel in der Zeit seines wirtschaftlichen und – besonders während und nach dem Zeitalter der Teilungen – politischen Niederganges hervor. Der ökonomisch bedrohte kleine und mittlere Landadel trat vor dem wirtschaftlichen und gesellschaftlichen Bankrott die Flucht in die Stadt an, versuchte indes die gesellschaftlichen Formen und den Lebensstil des Adels weitgehend beizubehalten. Aus diesem Lebensideal erklärt sich das Verhältnis der Intelligenz zur Kultur. War dem Magnaten Kultur eine Art Sport und Luxus, den er sich leisten konnte, aber nicht mußte, so bot für den verarmten Kleinadel und die aus ihm hervorgegangene Intelligenz ein ernsthaftes Verhältnis zur Kultur die Grundlage des gesellschaftlichen Ansehens gegenüber der Aristokratie. Aus dem in diesem Kulturverständnis enthaltenen europäisch-neuhumanistischen Bildungsbegriff, der antiutilitaristisch und schöngeistig-zweckfrei ausgerichtet war, ergab sich zwangsläufig eine starke Abkapselung der Intelligenz gegenüber den Unterschichten und somit ein soziales Ressentiment, das angesichts der fehlenden breiten bürgerlichen Mittelschicht und der engen Verbindung der Intelligenz mit der alten Aristokratie besonders ausgeprägt in Erscheinung treten mußte. Der polnische Soziologe Chałasiński hat in diesem Zusammenhang in einer kritischen Analyse der „Vergangenheit und Zukunft der polnischen Intelligenz" den Begriff des „Intelligenz-Ghettos" geprägt. Nirgendwo war dementsprechend der Dualismus von „hoher geistiger" und materieller Sphäre so eklatant. „Die Intelligenz – das sind die polnischen Europäer; das Volk – das sind die polnischen Neger. Beides zusammen: ein geschichtsloses Konglomerat und nicht das organische Ganze eines modernen Volkes."[4] Das Fehlen eines polnischen Staates mit konkreten administrativen und wirtschaftlichen Aufgaben und die stark verzögerte und schwache Entwicklung des Kapitalismus und somit das Fehlen einer nationalen Bourgeoisie ermöglichten eine Verflüchtigung und Sublimierung des Nationalen ins Spirituell-Kulturelle. „Polen wurde zum Objekt eines besonderen religiösen Kults, dessen Priester die Dichter und Literaten waren."[5]

Die Popularität von Sienkiewicz' Romanen, die das alte, freie Polen unkritisch und nationalistisch akzentuiert glorifizierten, war dafür symptomatisch. Chałasiński nennt Sienkiewicz sarkastisch das „Ein-Mann-Ministerium für nationale Bildung"[6]. Schon der polnische Literaturkritiker und Sozialist Stanisław Brzozowski (1878–1911) übte scharfe Kritik an diesem „praeceptor Poloniae", der noch unter der Jugend während der deutschen Besatzungszeit die bei weitem größte Beliebtheit besaß[7]. „Aus der Not seines Vaterlandes", schrieb Brzozowski, „aus seiner Unwissenheit und Barbarei, aus seiner Erniedrigung spinnt sich dieser in seiner Art einzige sclavus saltans ein uns alle faszinierendes Märchen. . . Er ist ein Klassiker der polnischen Finsternis, der polnischen Unwissenheit."[8]

Wenn die russische Intelligenz wesentlich durch das ideelle Band der Negation der „verfluchten russischen Wirklichkeit" im Namen des Ideals gekennzeichnet war, wenn sie die Welt nicht erklären, sondern verändern wollte[9], so galt das in ganz anderer Form auch für die polnische Intelligenz: in der Zeit der Teilung erfüllte sie mehr und mehr, insbesondere nach dem Aufstand von 1863, die Rolle des Trägers und Bewahrers der nationalen Identität. In dieser nationalen Funktion emanzipierte sie sich auch allmählich vom Adel und füllte das soziale Vakuum zwischen niedergehendem Adel und noch kaum vorhandenem Bürgertum und politisch noch unreifer Bauernschaft[10]. Auf dieser Stellung beruhte ihre Geschlossenheit und Unabhängigkeit. Daß Piłsudskis „Legion" zu fast neunzig Prozent aus Intelligenzangehörigen bestand, ist ein anschaulicher Beleg dafür[11].

Mit dem nationalen Ideal war ein Band vorhanden, das für alle Schichten sozial integrierend wirken konnte, zumal bei einem Teil der Intelligenz, freilich nur einem kleinen, ein radikalsozialer Einschlag keineswegs fehlte. Die Schaffung des polnischen Staates nach dem ersten Weltkrieg bedeutete jedoch in dieser möglichen Entwicklung einen tiefen Einschnitt. Ansätze einer sozialen Öffnung nach unten wurden weitgehend zunichte gemacht durch die Integration der Intelligenz in den Staatsapparat. Die Bürokratisierung trennte und entfremdete die Intelligenz vollständig vom Volk und ermöglichte ein Regime über den „Mann von der Straße" hinweg[12].

Selbst wenn die generelle Kennzeichnung der Situation der Intelligenz durch den Begriff des „Ghettos" überspitzt sein mag, kennzeichnet dieser Begriff treffend die Situation der letzten Phase der polnischen Republik und insbesondere das Verhältnis der Intelligenz und der von ihr produzierten und getragenen Kultur zu den breiten Volksschichten. „Unverletzt ist der aristokratische Stil der Kulturpolitik geblieben", schrieb 1937 zum 20. Jahrestag der Unabhängigkeit der linksliberale Pädagoge B. Suchodolski. „. . . Das ist selbstverständlich deshalb so, weil wir unter dem Zauber des adligen Mythos leben, daß die Kultur ein Gut der Elite ist."[13] Eine Folge dieser elitären Kulturauffassung war das starke Übergewicht der Geisteswissenschaften an den Universitäten. Die Dominanz der philosophischen und gesellschaftlichen Wissenschaftsbereiche blieb bis zum Ende der Republik erhalten, und erst nach dem Krieg, im kommunistischen Polen, trat hier eine radikale Änderung ein[14]. Fehlende Berufsmöglichkeiten ließen im Zeichen der Weltwirtschaftskrise ein großes akademisches Proletariat entstehen, das sich für politischen Extremismus jeder, insbesondere faschistoider Art sehr anfällig zeigte[15]. Die Nachwirkungen dieser radikalen Einstellungen der polnischen Intelligenz lassen sich in der Untergrundzeit deutlich beobachten.

Auf diese negativen Traditionen der polnischen Intelligenz und – im Zusammenhang damit – die dunklen Schatten der polnischen Geschichte besonders unter sozialhistorischem Aspekt wies die nationalsozialistische Propaganda zwar in grober Simplifizierung, aber sachlich eben doch nicht ganz falsch, immer wieder hin. Sie wurden auch in der Untergrundbewegung mit einer Offenheit und Schärfe diskutiert und kritisiert, die geradezu als nachträglicher Indikator für die Bedeutung des ganzen Problemkomplexes gelten kann.

Ein wesentlich aus dem Affront gegen das zerschlagene Regime genährter sozialer Radikalismus läßt sich als generelles Merkmal fast aller Widerstandsbewegungen in den okkupierten europäischen Ländern beobachten[16], in Polen ist er in besonderem Maße im Zusammenhang der eigentümlichen Entwicklung der polnischen Intelligenz zu sehen. Überdies erhielt er seine besondere Note dadurch, daß er bei entschiedener Distanzierung von der Vorkriegszeit zugleich auch den Kommunismus ablehnte und – bedingt durch die politische und geographische Lage Polens – ausgeprägt antisowjetisch akzentuiert war[17]. Die Vorstellungen und Programme für einen künftigen polnischen Staat erwuchsen unmittelbar aus der Kritik der Vergangenheit, und in dieser Kritik spielte die Stellung der Intelligenz eine zentrale Rolle. Die Zukunftskonzeptionen der verschiedenen Widerstandsgruppen gewannen somit ihre Konturen weitgehend erst aus der Kontrastierung mit der Vergangenheit. Daß diese dabei bisweilen zu düster und nicht immer mit dem erforderlichen Maß an historischer Gerechtigkeit gezeichnet wurde, kann kaum verwundern. Die Brutalität der Okkupationswirklichkeit war kaum dazu angetan, Radikalismen zu dämpfen und differenzierte Sehweisen zu erleichtern.

Am deutlichsten wurde die Notwendigkeit einer neuen Rolle der Intelligenz im polnischen Sozialgefüge von der Linken erkannt, der Bauernpartei, den Sozialisten und den Kommunisten. Hier fiel auch die Kritik am schärfsten aus. Sie konzentrierte sich im wesentlichen auf vier Punkte[18]:

1. die starke Bindung der Intelligenz an den Adel und seine Traditionen sowie die Nichteinlösung der demokratischen Versprechen von 1918;
2. die zweckfreie und antiutilitaristische Einstellung der Intelligenz und somit der große und für den polnischen Staat verhängnisvolle Mangel an Fachintelligenz; als Folge davon: Hang zum „Karrieristentum" und zur Intrigenwirtschaft in den freien Berufen und Mangel an Engagement für die Allgemeinheit aufgrund dieser Absorption durch die eigenen Probleme;
3. die ausgeprägte Tendenz zur Abkapselung nach unten und in Korrelation dazu die elitäre Kulturauffassung der schöpferischen Intelligenz, die künstlerische Freiheit rein individualistisch und ohne gesellschaftlichen Bezug und soziale Verantwortung versteht;
4. die mit dem totalen Bankrott des Sanacjaregimes gleichzeitig offenkundig gewordene Kompromittierung der Intelligenz aufgrund der engen gegenseitigen Bindung.

Die Forderungen, die sich aus dieser Kritik als Konsequenz ergaben, waren: radikale Abkehr von der Vorkriegstradition, Integration der Intelligenz in die Gesellschaft und Anpassung an deren Bedürfnisse und Notwendigkeiten, Verbindung mit den arbeitenden Massen und damit Wiederanknüpfung an jene Intelligenz-Tradition, die besonders um die Jahrhundertwende lebendig war, dann aber allzu stark in den Hintergrund rückte.

Mochte die kritische Grundeinstellung bei den verschiedenen Gruppen der Linken im wesentlichen die gleiche sein, so war sie in den Einzelheiten doch sehr verschieden akzentuiert. In der der Bauernpartei (SL) zugehörigen „Bewegung", dem „Ruch Ludowy" (Volksbewegung), entwickelte ein Kreis von Intellektuellen eine neue Bauernideologie, eine sowohl an die demokratischen Traditionen Popławskis, Bohusz' und Abramowskis anknüpfende wie auf der christlichen Ethik aufbauende harmonistisch-organizistische „ländliche Weltanschauung" (światopogląd wiejski). Sie stellte ein höchst verschwommenes Gedankenkonglomerat dar, und nur Negationen steckten ihre Markierungen ab: Ablehnung des Kapitalismus, Liberalismus, Bolschewismus, Klerikalismus, der Stadtzivilisation, des Spezialistentums usw. Gewisse faschistoide Gedankengänge sind in dieser „Weltanschauung" unverkennbar. Darüber hinaus dürfte sie als Ausdruck dafür zu werten sein, daß dem polnischen Bauerntum angesichts der Bedrohung der Gesamtnation jetzt eine eminent wichtige Rolle als – gleichviel, ob aktivem oder passivem – Widerstandsfaktor zufiel, als „hartem Kern", der am ehesten den physischen Fortbestand des polnischen Volkes zu garantieren vermochte. Daraus resultierte nicht nur ein neues Selbstbewußtsein für die Gegenwart, sondern auch der nachhaltig vertretene Anspruch auf eine führende Rolle in einem künftigen Volkspolen[19].

„Die bäuerliche Freiheitsbewegung", so schrieb das Organ des SL „Polska Ludowa" im Januar 1944, „propagiert seit Jahrzehnten die Idee eines demokratischen und gerechten Volkspolen. Aber in der ununterbrochen an der Macht befindlichen Welt des Adels und der Intelligenz stoßen die Bauernführer unverändert auf eine solidarische Front der Geringschätzung, des Mißtrauens, der Abneigung und Gegenwehr. Im gegenwärtigen Moment des Umbruchs, in dem die harten Erlebnisse einer großen Katastrophe uns vieles verstehen lehrten, . . . in diesem Moment machen wir den Versuch der Überwindung der sozialen Spaltung unseres Volkes. . . Wir schauen auf das große Weltdrama und sehen, daß die Stärke des heutigen Staates nicht auf der Elite . . . beruht, sondern auf der Liebe, der Arbeit und dem Kampf von Millionen seiner Bürger. In den Augenblicken des Umbruchs erkennt Polen diese Wahrheit. Im Juli 1920 hat Polen auf die Bauern gesetzt. Auch im Juli 1943 setzt es auf die Bauern. Die Sprache dieser symbolischen Fakten ist überzeugend. Im Augenblick der großen Probe verstehen wir alle, daß der Bauer die wichtigste soziale Kraft Polens ist und daß man daher in seine Hände die Geschicke des Landes legen sollte."

Während in Kreisen des Ruch Ludowy die Intelligenzkritik in eine neue Bauernideologie einzumünden drohte, versuchten sozialistische Intellektuelle in Warschau aus der „Dämmerung der freien Berufe" eine neue Standortbestimmung der Intelligenz in der künftigen Gesellschaft herzuleiten. In diesem Punkt deckten sich ihre Vorstellungen weitgehend mit denen der Kommunisten, so unterschiedlich im übrigen auch eine grundsätzliche Bestimmung dessen, was Kultur ist und welche Faktoren den schöpferischen Prozeß bestimmen, ausfallen mochte. „Jede Wissenschaft, jedes Fachwissen", schrieb „Płomienie", „hat seine Verlängerung, seine gesellschaftlichen Konsequenzen. Wer die Schranken individualistischer Isolierung durchbricht, begreift diese Konsequenzen. Der Architekt versteht, daß er ein schlechter Architekt ist, wenn er

Villen für die Bourgeoisie und einträgliche Mietshäuser baut, obwohl er den Wohnungsmangel der Arbeiterschaft kennt, der Lehrer ist ein schlechter Lehrer, wenn er sich mit einem Schulwesen solidarisch erklärt, das die Massen von den Bildungsmöglichkeiten ausschließt. . . Die Verpflichtung gegenüber dem Beruf endet nicht in den engen Grenzen des Fachwissens. . . Der heutige Mensch muß seine gesellschaftliche Verpflichtung zum Ausdruck bringen. . . Die Ethik der freien Berufe ist die Ethik des kapitalistischen Bürgers. . . Die Intelligenz kann und muß schon jetzt die Aufgaben ihrer Berufe realisieren. So vollbringt sie die Revolution. So findet sie sich und den Sinn des eigenen Lebens wieder."

Władysław Bieńkowski formulierte radikalere, aber prinzipiell ähnliche Forderungen in einem Aufsatz über „Intelligenz und Kultur" in der kommunistischen Zeitschrift „Przełom" vom September 1942. Von einem anderen theoretischen Ausgangspunkt herkommend, nämlich dem dogmatisch-marxistischen der Determination geistiger Prozesse durch materielle Faktoren, lehnte er das traditionelle Kulturverständnis als „irrationale Windbeutelei" und „Maske der Reaktion" ab und forderte vom Künstler und Intellektuellen ein klares Bewußtsein über seine Stellung im Klassenkampf und im Kampf gegen die Reaktion und für sozialen und kulturellen Fortschritt. „Abgeschiedenheit und Isolierung – das heißt Dienst für den Kapitalismus, dessen imperialistische Politik zum Faschismus führt und zu periodischen Kriegen; und das bedeutet Zerstörung und Ausrottung der Kultur. Die Verantwortung für all das kann in besonderem Maße bei der Intelligenz liegen."

Nicht einer bestimmten politischen Richtung zuzuordnen, aber für das Selbstverständnis der Intelligenz von großer Bedeutung war die Schrift von Bogdan Suchodolski (Pseudonym: Jadźwing): „Woher wir kommen und wohin wir gehen"[20]. Sie gehörte zu den meistdiskutierten und für den engeren Bereich des kulturellen Lebens im Untergrund vielleicht wichtigsten Büchern. Sie war ein im weitesten Sinne „politischer" Orientierungsversuch, der seine Aktualität bis zur Gegenwart nicht eingebüßt hat[21]. Der Begriff des „uspołecznienie kultury", der „Vergesellschaftung der Kultur", spielte schon vor dem Krieg in Suchodolskis Denken eine zentrale Rolle und stand auch wieder im Mittelpunkt seiner illegalen Schrift. Vergangenheit und Zukunft versuchte der Autor insofern zu versöhnen, als er weder dem elitär geprägten Liberalismus der polnischen Intelligenz der Vergangenheit das Wort redete, noch einfach den sozialradikalen Parolen folgte, wie sie von der äußersten Linken im Untergrund verfochten wurden und zunehmend an Boden gewannen. Suchodolskis Gedankengänge erinnern bisweilen an Vorstellungen, wie sie auch in den gesellschaftspolitischen Konzeptionen der deutschen Widerstandsbewegung sehr ausgeprägt zu finden sind[22]: das Postulat eines eigenen „dritten Weges", zwischen Liberalismus und Totalitarismus sowohl kommunistischer als auch faschistischer Spielart; das Ziel einer „sozialen Demokratie" (demokracja społeczna), in der sich individuelle Initiative und kollektive Aktivität und Verantwortung verbinden[23]. Dahinter stand das Bewußtsein polnischer Eigenständigkeit und Eigenart zwischen Ost und West, gewissermaßen als geistiges Korrelat zur politisch-geographischen Lage. Suchodolski wollte die spezifisch polnischen Bildungstraditionen nicht einem künftigen revolutionären Umbruch opfern, sondern sie für eine tiefgreifende revolutionäre Wandlung nutzbar machen. „Wenn wir heute nach Wegen suchen", so schrieb er, „auf denen es möglich wird, die Idee einer von dem Menschen unabhängigen Entwicklung der Kultur mit der Idee seiner aktiven Teilnahme daran zu verbinden, dann stützen wir uns grundsätzlich auf die Bestrebungen des Neomarxismus und Pragmatismus. Aber wir sind Gegner der Lösungen, die sie anstreben."[24]

Den Schlüssel zur Lösung dieses für die ganze Frage einer Demokratisierung der Kultur zentralen Problems sah Suchodolski im Bildungs- und Schulsystem und wies damit den wohl einzig gangbaren Weg, um dem Dilemma einer an den Prinzipien der Volkskunst oder des sozialistischen Realismus orientierten Kultur einerseits und einer in der gesellschaftlichen Wirklichkeit völlig isolierten elitären Kultur andererseits zu entgehen.

Das Buch fand lebhaften Widerhall unter der Warschauer Intelligenz, wurde in zahlreichen konspirativen Blättern rezensiert und dabei von sozialistischer Seite vielfach und heftig kritisiert wegen seiner angeblich elitären Grundkonzeption und der Klassenbefangenheit seines Autors[25].

Die Schärfe der Kritik mag symptomatisch sein für den geistigen Radikalisierungsprozeß eines großen Teils der Intelligenz. Was Suchodolski anbot, trug zu deutlich den Charakter des Vorsichtig-Abwägenden, als daß es einer revolutionär gestimmten und durch die Okkupationsumstände zur Aktivierung des sozialen und politischen Bewußtseins gezwungenen Generation hätte unmittelbar zusagen können. Suchodolski einen individualistisch-humanistischen Kulturbegriff vorzuwerfen, stellte zweifelsohne eine über ihr Ziel hinausschießende Kritik dar. Aber da sein nichtrevolutionärer Begriff der „Vergesellschaftung" der sozialen Konkretion zu ermangeln schien, sah auch die nichtkommunistische Linke in Suchodolski den Vertreter einer Tradition, die jetzt endgültig über Bord geworfen werden sollte. In solchen Auseinandersetzungen trat die Ambivalenz der Stellung der polnischen Intelligenz noch einmal deutlich zu Tage, die Polen seit den Teilungen kennzeichnete. Słowacki hatte Mickiewicz vorgeworfen, er habe in seinem „Pan Tadeusz" eine Apotheose der „wieprzowatość życia", des „säuischen Wohllebens", geschaffen, er habe das Bild einer adligen Gesellschaft im Überfluß nachgezeichnet, ohne das soziale Elend in den Blick zu bekommen. Die Sozialisten-Zeitung „Wolność" griff auf diesen Vorwurf zurück und schrieb in einem Artikel „Über den neuen Stil des Lebens": „Wenn wir eine Gesellschaft sein wollen und keine Herde, müssen wir entschieden von der ‚wieprzowatość życia' abrücken, von der Auffassung des Lebens als Genuß, und zu einer Auffassung gelangen, die hier keinerlei Ausnahmen kennt. Und das wird unser neuer Stil sein."[26]

Die stärkste Triebkraft dafür, daß es nicht nur bei der Diskussion des Problems und der Aufstellung neuer Postulate blieb, waren die durch die nationalsozialistische Politik geschaffenen Okkupationsverhältnisse selbst. Wirkte in den ersten Besatzungsjahren die alte Kluft zwischen Intelligenz und Volksmassen, zwischen Stadt und Land, noch unmittelbar nach und traf die volle Härte der deutschen Politik mit ihren demoralisierenden Konsequenzen zunächst hauptsächlich die Intelligenz[27], so trat mit dem zunehmenden Übergreifen des Terrors auch auf die ländliche Bevölkerung immer deutlicher ein nationaler Solidarisierungseffekt in Erscheinung. Die ständige Verschlechterung der materiellen Situation des Landes ebenso wie die erzwungene Aufgabe des angestammten Berufs bei vielen Intellektuellen und die Ausübung sozial niederer Arbeiten ebneten die Unterschiede langsam, aber stetig ein. Vor allem bildete der Schwarzhandel, der bisweilen groteske Ausmaße annahm[28], ein wichtiges Element sozialer Nivellierung.

Nivellierung.

Der gesamte Untergrundstaat mit seiner großen Zahl an militärischen, politischen, sozialen und kulturellen Organisationen wäre ohne die materielle und organisatorische Unterstützung der Städte durch das Land undenkbar gewesen. Dieser Untergrundstaat, dessen Initiator und Organisator die Intelligenz war, konnte somit zu einem nicht unerheblichen sozialen Amalgamierungsfaktor werden, und diese Erfahrung aus der Okkupationszeit vermochte für die ersten Jahre des Wiederaufbaus in Polen beträchtliche Bedeutung zu gewinnen[29].

3. Programmatische Erklärungen der Untergrundorganisationen

a) Die Situation des polnischen Bildungswesens und die Rolle des ZNP vor dem Krieg

Die Analyse der bildungspolitischen Entwürfe der verschiedenen Untergrundgruppen, die im folgenden im Mittelpunkt der Darstellung der gesellschaftspolitischen Programmatik des polnischen Widerstandes stehen werden, müßte ohne die Folie des polnischen Bildungswesens der Vorkriegszeit unvollständig bleiben. Insbesondere dürfte das für die Vorstellungen der größten polnischen Lehrergewerkschaft, des ZNP, gelten, die sowohl vor dem Kriege wie in der Illegalität entscheidenden Einfluß besaß.

Vehemente Kritik der Bildungspolitik des polnischen Vorkriegsstaates findet sich bei den meisten größeren illegalen Vereinigungen. Zweifellos wurde diese Kritik vielfach den ungeheuren Schwierigkeiten nicht gerecht, vor die ein junger Staat gestellt war, der aus drei im zivilisatorischen Niveau völlig heterogenen Teilgebieten zusammenwachsen mußte. Es kommt jedoch in diesem Zusammenhang nicht darauf an, in einer differenzierten Darstellung Fehler und Erfolge gegeneinander abzuwägen, sondern vielmehr in einigen konkreten Bereichen lediglich die negativen Seiten der Bilanz aufzuzeigen, weil diese in der Okkupationszeit im allgemeinen Bewußtsein dominierten. Die neuralgischen Punkte des polnischen Vorkriegsbildungswesens waren:

1. der Analphabetismus;
2. das außerordentlich schroffe Gefälle zwischen Stadt und Land;
3. der zu geringe Umfang des staatlichen Schuletats;
4. die verfehlte bildungspolitische Konzeption der politischen Führung.

Das Analphabetentum war auf kulturpolitischem Sektor zweifellos die schwerste Hypothek der Teilungszeit. Ihn durch Einführung und Verwirklichung der allgemeinen Schulpflicht aus der Welt zu schaffen, mußte eine Hauptaufgabe der polnischen Bildungspolitik besonders im ehemals russischen und österreichischen Teilgebiet sein. 1921 betrug der Analphabetenanteil 33,1 Prozent der Gesamtbevölkerung. Er konnte bis 1931 auf 23,1 Prozent gesenkt werden. Bis zum Zweiten Weltkrieg ließen sich allenfalls lokale weitere Fortschritte erreichen, insgesamt war die Tendenz sogar rückläufig. So konnten im Schuljahr 1928/29 immerhin 96,4 Prozent aller schulpflichtigen Kinder von den Volksschulen erfaßt werden, 1936/37 waren es dagegen nur noch 88,9 Prozent. Im ehemals russischen Teilungsgebiet wurden damals 25,1 Prozent der Kinder von der Schule nicht erfaßt. Das Schulbudget sank von 572,4 Mill. zł. im Jahre 1929 auf 462,6 Mill. zł. 1939[1].

Die traditionelle organisatorische Benachteiligung des Landes gegenüber der Stadt wurde noch verschärft durch die 1932/33 vom Kultusminister Jędrzejewicz durchgeführte Schulreform[2]. Ähnelte vorher die polnische Schulorganisation auf allen Ebenen sehr stark dem deutschen Modell, so wurde jetzt eine Dreiteilung der Volks- und eine Zweiteilung der Oberschulen vorgenommen. Aus der jeweils an der Zahl der Schüler und Lehrer orientierten Dreistufigkeit des Volksschulsystems ergab sich dabei praktisch eine Gliederung in ländliche, kleinstädtische und städtische Gebiete: die Volksschulen ersten Grades (mit 1 oder 2 Lehrern) absolvierten lediglich ein Elementarprogramm, die zweiten Grades einen erweiterten Stoffplan, und nur die Schulen dritten Grades mit 7 Jahresklassen führten ein volles Programm durch. Aus dem starken Gefälle zwischen städtischen und ländlichen Schulen – 74 Prozent der Grundschulen lagen auf dem Lande[3] – ergab sich somit zwangsläufig eine starke Unterprivilegierung der bäuerlichen Schichten in den Ober- und damit auch an den Hochschulen. Neben den regulären Oberschulen, die auf der Grundschule zweiten Grades aufbauten und sich in das vierjährige Gymnasium (abschließend mit der „kleinen Matura“) und ein zweijähriges Lyzeum gliederten, boten freilich auch die analog gestuften Berufsgymnasien und -lyzeen Zugang zu den akademischen Ausbildungsstätten. Der Anteil der Bauernkinder unter den Oberschülern betrug 1930 ca. 12 Prozent, der der Arbeiterkinder etwa 3 Prozent[4]. Angesichts eines Anteils von etwa 70 Prozent Agrarbevölkerung stellte das ein krasses Mißverhältnis dar. Daß das Vorkriegsschulwesen nun freilich so unvollkommen blieb, hing zum großen Teil mit der katastrophalen Wirtschaftslage Polens zusammen. Polen wurde von der Weltwirtschaftskrise erst spät und besonders lange betroffen. Nicht zuletzt daraus mag sich der Rückgang im Budget mit erklären. In wirtschaftlichen Schwierigkeiten findet daher auch letztlich die groteske Situation eine Erklärung, daß 1936, als unter der Regierung des Ministerpräsidenten Kozłowski auch für die Grundschulen Schulgeld eingeführt wurde, ca. 1 Mill. Kinder ohne Unterricht, gleichzeitig aber fast 10 000 Lehrer arbeitslos waren[5].

Die Sanacja-Regierung – und das mag für die im Untergrund später geübte Kritik der bedeutsamste Faktor sein – war schließlich für die miserable Bildungssituation selbst mitverantwortlich. Sie verfügte über kein den sozialen Umständen in Polen annähernd adäquates schulpolitisches Konzept, war in antisozialistischen und klerikal-nationalistischen Ressentiments befangen und von daher kaum zu einer erfolgreichen Lösung der drängenden Probleme in der Lage. Die erwähnte Jędrzejewiczsche Schulreform, die dem Staat ein verstärktes Eingriffsrecht in das gesamte Bildungswesen erlaubte – prinzipiell hätte es sich durchaus positiv auswirken können, wäre es nicht mit der diskriminierenden Dreiteilung verbunden gewesen – ist dafür symptomatisch. Es konnte somit kaum wundernehmen, daß die Opposition unter den Lehrern wuchs und trotz anfänglicher Regierungsfreundlichkeit ein schneller Radikalisierungsprozeß nach links zu beobachten war, der inhaltlich schon auf die radikalen Tendenzen der illegalen Programme der Okkupationszeit hinweist.

Während in den 20er Jahren noch eine erhebliche Kluft zwischen den Volks- und Oberschullehrern bestand, z. T. weil die Vorbildung der Grundschullehrer schlecht war und nicht einmal immer die kleine Matura, das „Entréebillet in die gebildete Gesellschaft“, erreichte[6], schwanden diese Gegensätze unter dem Druck der Regierungspolitik. 1930 schlossen sich die zunächst getrennt organisierten Volks- und Oberschullehrerverbände zum ZNP (Związek Nauczycielstwa Polskiego; Polnischer Lehrerverband) zusammen[7]. Vor allem seit im Februar 1937 politisch linksstehende Lehrer in den Vorstand des ZNP kamen, gab es einen deutlichen Linksruck in der politischen Linie des Verbandes, der schließlich auch die Ursache harter Zusammenstöße mit der Regierung und des großen Lehrerstreiks war. Im Präsidium des ZNP waren damals diejenigen vertreten, die auch im Untergrund, in der TON, eine führende Rolle spielten: Wycech, Wojeński und Tułodziecki[8]. Am 27. Mai 1937, als im Sejm Vertreter des ZNP ihren Standpunkt darlegten, warum sie eine Zusammenarbeit mit der Regierungspartei, dem „Lager der nationalen Einheit“ (OZN), ablehnten, explodierte im Gebäude des ZNP in Warschau eine Bombe, die von rechtsextremen Gruppen gelegt worden war, da diese im ZNP eine Zentrale des Kommunismus, des Freimaurertums und des Kampfes gegen die Kirche sahen. Die Polizei war gegenüber den Radikalen auf der Rechten nachsichtig, dagegen wurde der Vorstand des ZNP im September von der Regierung suspendiert und durch einen staatlichen Kurator ersetzt. Damit war der Anlaß zum Lehrerstreik gegeben. Mitglieder des ZNP besetzten das Gebäude, verbarrikadierten sich und ließen dem Kurator und seinem Personal keinen Zutritt. Er mußte schließlich die Hilfe der Polizei in Anspruch nehmen. Ein Streikkomitee wurde gegründet, das Kontakt mit den Kreisvorsitzenden des ZNP hielt. Ihm gehörte u.a. Wanda Wasilewska an, die später als Begründerin des „Verbandes polnischer Patrioten“ bekannt werden sollte. Im Laufe der Auseinandersetzungen beteiligten sich 11 600 Lehrer an dem Streik. Die Linksparteien, besonders die PPS, unterstützten ihn. So endete die Krise schließlich im Februar 1938 mit einem Sieg des ZNP[9].

Ohne Zweifel war dieser Streik das Ergebnis einer Eskalation der Extreme. Die autoritäre Schulreform Jędrzejewicz', die verfehlte Schulpolitik und die elende materielle Situation der Lehrer setzten einen Radikalisierungsprozeß in Gang, der es sogar Kommunisten ermöglichte, innerhalb der Lehrerschaft eine gewisse Rolle zu spielen (z. B. Wanda Wasilewska). Andererseits wurden dadurch wiederum in verstärktem Maße der Argwohn und die Kritik der Regierung herausgefordert. Ein geheimes Memorandum des Kultusministeriums aus dem Jahre 1938 konstatierte, das Präsidium des ZNP betreibe eine „Anarchisierung der Lehrerschaft durch demagogische Parolen“, und kritisierte besonders das Organ des Verbandes, die „Lehrerstimme“ (Głos Nauczycielski), in dem „alle behördlichen Anordnungen . . . in einer ironisierenden, spöttischen Form“ wiedergegeben würden und eine „systematische Unterminierung der Schulbehörden“ verfolgt würde. Der Verband habe keine klare Einstellung zu einer wichtigen Aufgabe der Schule: der „geistigen Aufrüstung . . . und Vorbereitung der künftigen Bürger für die Landesverteidigung“, er erstrebe hingegen eine völlige Umgestaltung des Schulwesens nach marxistischen Prinzipien[10].

In dieser Auseinandersetzung um eine Verbesserung und Demokratisierung des Schulsystems, an der neben dem ZNP vor allem die Gruppe „Nowe Tory“ (Neue Bahnen) führend beteiligt war[11], tauchen alle Elemente auf, die auch in der Schuldiskussion der rechten und linken Gruppen im Untergrund relevant waren. Der Vorwurf mangelnder „nationaler“ Zuverlässigkeit war freilich kaum begründet. Denn charakteristisch für die politische Physiognomie des ZNP wie auch später der TON war nicht zuletzt eine eigentümliche Verbindung von sozialem Radikalismus und Nationalismus unter Beimischung chauvinistischer Elemente: den Verbandskongreß im Mai 1939 beendete der Präsident mit dem Wunsch, das nächste Zusammentreffen möge in Königsberg oder Breslau stattfinden![12]

b) TON und DOK

Auf dem Hintergrund des Kampfes um eine „Demokratisierung der Schule“ in der Zeit vor dem Krieg erscheint das bildungspolitische Programm der TON, der illegalen Nachfolgeorganisation des ZNP, als konsequente Weiterentwicklung solcher radikaldemokratischer Vorstellungen. Obwohl mit der politischen Radikalisierung der Lehrerschaft im Widerstand keineswegs eine Option für den Kommunismus verbunden war, differierten die von der TON ausgearbeiteten und die aus PPR-Kreisen stammenden Konzeptionen substantiell nur unwesentlich. Daraus zu schließen, der größte Teil der Lehrer habe im „Lager des Fortschritts“, sofern dieses als kommunistisch geführt verstanden wird, und in Opposition zur „Londoner Regierung“ gestanden, wäre dennoch ein Trugschluß. Hier ist vielmehr eine sorgfältige Differenzierung unter Einbeziehung der allgemein-politischen Grundkonstellation nötig.

In den Jahren 1943 und 1944 brachte die TON mehrere größere Entwürfe und Grundsatzerklärungen für die Bildungspolitik eines künftigen polnischen Staates heraus, von denen einige in der illegalen TON-Zeitschrift „W świetle dnia“ (Im Lichte des

Tages) veröffentlicht wurden. Ein Grundelement aller ist der Hinweis auf die Abhängigkeit jeder Kulturpolitik von der gesellschaftlichen und ökonomischen Struktur des Staates. Es finden sich daher, wenn auch ohne nähere Detaillierung, in diesen Spezialdenkschriften stets auch Postulate, die eben diesen Zusammenhang ansprechen. Darin freilich lag die eigentliche Achillesferse aller im Untergrund ausgearbeiteten Entwürfe. Vielen der aktiven Widerstandskämpfer im zivilen Bereich war klar, daß man die künftige Gestalt des polnischen Staates noch kaum näher bestimmen konnte, da sie von zu vielen Faktoren abhing, auf die das polnische Volk nur geringen Einfluß auszuüben vermochte. Demzufolge sahen sie konkrete positive Arbeit, etwa Unterricht als solide Berufsvorbereitung, als ihre Aufgabe an[13]. Je deutlicher sich jedoch die Niederlage und damit das Ende der Okkupation abzeichneten, desto unbefriedigender mußte eine solche Beschränkung empfunden werden. Die innere Unruhe in der Untergrundbewegung erforderte unabweislich, Stellung zu beziehen, und es ist daher nicht verwunderlich, daß 1944 die Zahl der Programme und programmatischen Artikel in der Presse rapide anstieg und sich keine Gruppe derartigen prinzipiellen Erklärungen entzog.

Die TON formulierte ihre politischen Prinzipien als Basis ihrer bildungspolitischen Vorstellungen am ausführlichsten und deutlichsten in der Denkschrift „Grundlagen einer Bildungs- und Kulturpolitik" und „Allgemeine Richtlinien der Berufspolitik" aus dem Jahre 1943[14]. „Schon während der Kriegszeit haben wir gleichzeitig mit unserem bewaffneten Kampf begonnen, der Welt das eigentliche Gesicht unserer Nation zu zeigen, das durch die totalitäre Hülle verdeckt war, welche die in unserem Lande regierenden Militärs und Politiker unserer Nation anzulegen sich bemüht haben. Wir haben diese Hülle abgeworfen und zeigen der Welt, daß es eine polnische Demokratie gibt, die sich verantwortlich fühlt für das künftige Schicksal Polens. . . In der Zukunft können wir uns nur in einem eigenen Staat als freie Nation behaupten und frei entwickeln, und zwar einem Volks-Staat. Der Weg zur Realisierung der Idee des Volks-Staates heißt politische, ökonomische und kulturelle Demokratie."[15] Was war unter Volks-Staat (państwo ludowe) konkret zu verstehen? Negativ zunächst einmal die entschiedene Absage an das „liberal-kapitalistische System", das als zutiefst undemokratisch abgelehnt wurde, weil es den Volksmassen den Zugang zur Kultur nur beschränkt ermögliche und sie bestenfalls passiv teilnehmen lasse. Der Faschismus als totalitäre Herrschaftsform erschien als folgerichtiges Endstadium dieses Systems. Der Neutralismus des liberal-kapitalistischen Kulturverständnisses als Instrument zur Verhinderung einer vollen Emanzipation der Massen konnte, so die Verfasser der Denkschrift, vom Faschismus aufgegriffen und schließlich für seine politischen Ziele umgebogen und zum Bestandteil eines „totalitären Instrumentalismus" werden. Vorbedingung und Grundlage für ein prinzipiell neues Kulturverständnis mußte somit der Abschied vom liberal-kapitalistischen System sein[16].

Diese Ansicht von der notwendigen Absage an das bisherige System teilte die TON prinzipiell mit sämtlichen Gruppen auf der Linken, z. T. der Mitte und auch – freilich mit anderem Vorzeichen – auf der Rechten. Die Realisierung der Forderungen sollte nach den Vorstellungen der TON jedoch nicht auf gewaltsam-revolutionärem Weg erfolgen, sondern evolutionär mit Hilfe tiefgreifender sozialer und wirtschaftlicher Reformen[17]. Hier zeigte sich die Grenzlinie zu den Kommunisten, die auch eine gewaltsame Revolution bejahten, wenngleich sie das kaum ohne Verschleierung zu verstehen gaben. Die parlamentarische Parteiendemokratie wurde grundsätzlich akzeptiert, jedoch mit der Forderung verbunden, die Zahl der Parteien im Interesse der Gesamtgesellschaft zu beschränken. Die TON forderte ferner als Grundlage einer echten Demokratisierung aller Lebensbereiche die Begrenzung des Eigentums an Produktionsmitteln, die Vergesellschaftung oder Verstaatlichung der Großindustrie, der Banken und des Transportwesens und eine Planung der Gesamtwirtschaft. Sinn dieser Maßnahmen sollte nicht zuletzt der Schutz vor ausländischem Kapital, die Einebnung der sozialen Unterschiede und somit verbesserte Bedingungen zum nationalen Schutz des neuen Staates sein[18]. Im Bereich der Agrarwirtschaft, dem zentralen Sektor eines künftigen polnischen Staates, sollten ebenfalls einschneidende Reformen erfolgen und vor allem der Großgrundbesitz „in die Hände der Landarbeiter und Kleinbauern überführt werden."[19]

Es hätte nun freilich allen polnischen Traditionen widersprochen, wäre hier einfach einer straffen Zentralisierung der Wirtschaftsorganisation und einer Konzentration der wirtschaftlichen Macht in staatlicher Hand das Wort geredet worden. Das gesellschaftliche Gegengewicht gegen den Staat sollte sich vielmehr in einem starken, entfalteten Genossenschaftswesen manifestieren, zentral geleitet in einer „Obersten Wirtschaftskammer". Aufbau und Struktur des Genossenschaftswesens sollten in allen Schultypen und in der Erwachsenenbildung zum Unterrichtsprogramm gehören[20].

Schon die wenigen hier angeführten Punkte belegen, daß derartige Forderungen in der Tat den Abschied vom liberal-kapitalistischen System bedeuteten, ohne daß damit jedoch ein zentralistisch-planwirtschaftliches System sowjetischen Musters angestrebt worden wäre. Gewisse Parallelen ergeben sich zum jugoslawischen Nachkriegsmodell in seiner zweiten Phase einer gesellschaftlich getragenen, staatlich gesteuerten, dezentralisierten Planwirtschaft. Entscheidende Fragen jedoch blieben unvermeidlich ohne nähere Präzisierung. Gerade darin aber mußten die eigentlichen Schwierigkeiten stekken: welche Bereiche sollten verstaatlicht, welche vergesellschaftet werden, und wie konnte eine solche Vergesellschaftung aussehen? Wie ließ sich großes Privateigentum wirksam begrenzen, und in welcher Form sollten Enteignung und Landaufteilung vor sich gehen? Gerade die Frage einer eventuellen Entschädigung der Eigentümer war so zentral, daß eine klare Antwort hierauf nicht nur Gradmesser sozial- und wirtschaftspolitischer Radikalität, sondern auch der Praktikabilität der Vorstellungen werden mußte.

In einem auch im Exil in London in englischer Sprache 1942 veröffentlichten Manifest der TON wurde die enge Wechselwirkung ökonomischer, politischer und kultureller Faktoren für den Wiederaufbau eines demokratischen Polen aus dem Erfahrungshorizont der Geschichte formuliert: „Die Demokratisierung des Kultur- und Erziehungssystems", so heißt es dort, „hängt unmittelbar von der Verwirklichung politischer und ökonomischer Demokratie ab, während umgekehrt politische und ökonomische Demokratie von einem demokratischen Kultur- und Erziehungssystem abhängen. Der Lehrerbewegung, die für Freiheit und Gerechtigkeit und für die Demokratisierung von Erziehung und Kultur arbeitet und kämpft, kann die Organisation der Arbeit nicht gleichgültig sein. Die Geschichte der Erziehung zeigt deutlich, daß Perioden des sozialen Fortschritts immer vom Fortschritt in der Erziehung begleitet sind, während in Perioden der sozialen Reaktion die Ungerechtigkeit wächst, die Rechte der Bürger geschmälert und die Stellung der Lehrer geschwächt werden."[21]

Keinen deutlichen theoretischen Niederschlag fand im TON-Programm die gewandelte Einstellung der polnischen Jugend an den illegalen Schulen und Hochschulen. Angesichts der bei einem Großteil der Jugend offenkundigen Tendenz zur Bevorzugung technischer Fächer, die ihrerseits als Reaktion auf die stark geisteswissenschaftliche Ausrichtung des polnischen Schulwesens zu verstehen war, ferner angesichts der künftigen Notwendigkeit, eine völlig zerstörte Wirtschaft wiederaufzubauen und darüber hinaus ein industriell unterentwickeltes Land in einen modernen Industriestaat zu verwandeln, hätte der Rückgriff etwa auf das sowjetische Modell des polytechnischen Unterrichts unter weitgehendem Verzicht auf humanistische Bildungsinhalte nahegelegen. Es mag ein deutliches Zeichen für die Stärke der spezifisch polnischen Bildungstradition – mit all ihren Nachteilen und Vorzügen – sein, daß dieses Modell von der TON ausdrücklich abgelehnt und ein „eigener polnischer Weg" gesucht wurde, der Elemente der Tradition mit den Erfordernissen der Zukunft verbinden sollte. Unter dem Eindruck des Schreckbildes des totalitären Erziehungssystems faschistischer Staaten, dessen Konsequenzen Polen nur allzu deutlich zu spüren bekam, mit seiner Politisierung im nationalistisch-chauvinistischen Sinne und einer „vulgarisierten geistigen Bildung"[22], darüber hinaus aber auch aus der Tradition des polnischen Schulwesens wurde als Ziel ein Humanismus gefordert, der die „volle Entfaltung des Menschen" ermögliche, die allein auf dem Wege naturwissenschaftlich-technischer und ökonomischer Ausbildung nicht zu erreichen sei. „Fremde und z. T. eigene Erfahrungen in der Gegenwart (Technisierung des höheren Schulwesens) machen hinreichend deutlich, daß man ohne humanistische Kultur nicht von einer vollen Entwicklung des Menschen sprechen kann. Auf einen solchen Typ der Kultur sollte sich aber ein Erziehungssystem stützen. Das bedeutet keineswegs, daß es sich hier um eine Rückkehr zum traditionellen humanistischen Schulwesen handelt. Die wirkliche Form der Bildung sollte eine humanistische Kultur darstellen, die eng mit den ökonomischen, technischen und den Naturwissenschaften verbunden ist."[23]

Derartige Vorstellungen wurden konkretisiert in der Forderung nach gesellschaftsbezogener Erziehung. Der Unterricht sollte sich nicht in der „pädagogischen Provinz" abspielen, sondern einerseits aktuellen politisch-gesellschaftlichen Gehalten unmittelbar verpflichtet sein und auch praktische Arbeit umfassen. Eine solche politische Erziehung im umfassenden Sinne sollte andererseits ihr institutionelles Korrelat in einem demokratisierten Schul- und Unterrichtssystem finden. Das negative Beispiel der autoritären Erziehung in faschistischen Staaten mit ihrer Perversion aller Ideale und der Konsequenz einer offenkundigen Brutalisierung aller Lebensbereiche ließen ebenso wie die Erinnerung an die Faschisierungserscheinungen unter der polnischen Jugend der Vorkriegszeit politischen Unterricht und „Einübung in die Demokratie", die sich nicht nur im theoretischen Bereich bewähren sollte, als besonders vordringlich erscheinen[24].

Gewisse Elemente der sowjetischen Reformpädagogik tauchen in den Denkschriften der TON auf, darüber hinaus dürften Einflüsse aus dem Schulsystem des östlichen Nachbarn jedoch kaum sehr groß gewesen sein. Die Schule wurde zwar im Zusammenhang mit der Umgestaltung der Gesellschaft gesehen und die enge Wechselwirkung von politisch-ökonomischer Struktur und Bildungswesen herausgearbeitet. Das Erziehungssystem wurde jedoch nie rein funktionalistisch als „Werkzeug" zur Umgestaltung der Gesellschaft wie in Rußland 1919 eingestuft[25], sondern seine Autonomie sowohl im Inhaltlichen wie im Organisatorischen nachdrücklich gefordert.

Detaillierte Erörterungen und Vorschläge hinsichtlich der Organisation verschiedener Schultypen, der Schulverwaltung, der Stellung der Lehrerschaft usf. zeigen die Intensität der Beschäftigung mit den Problemen der künftigen Bildungspolitik, obwohl sich solche Erörterungen vielfach im leeren Raum abspielen mußten und sich durch ihre weitgesteckten Ziele nach dem Krieg auch nicht voll realisieren ließen. Dabei sind selbst unter den verschiedenen TON-Entwürfen mehrere Differenzen festzustellen. Eine radikale Minderheit in der Führung ging so weit, ein zehnjähriges allgemeines Grundschulwesen zu fordern, das unter alleiniger Kontrolle des Staates stehen sollte. Die prinzipielle Gebührenfreiheit konnte in Ober- und Berufsschulen für Kinder materiell gut situierter Eltern eingeschränkt werden[26]. Nach den Vorstellungen der Mehrheit der TON dagegen sollte sich das Bildungswesen künftig in eine zwei- bis dreijährige Vorschule, eine achtjährige Grundschule, die darauf aufbauende vierjährige Berufs- und die allgemeinbildende Oberschule bzw. die dreijährige Berufsschule gliedern. Anders als in den radikalen Entwürfen wurde auch eine organisatorische Abstufung zwischen Stadt und Land zunächst beibehalten, ohne Zweifel aus der Erkenntnis, daß sich die Unterschiede erst allmählich würden einebnen lassen. Die niedrigste Organisationsstufe der Grundschule auf dem Lande sollte demnach zwei Lehrer und höchstens achtzig Kinder mit einem vierklassigen Programm umfassen, die folgenden vier Klassen sollten dann in höher ausgebauten Schulen absolviert werden[27].

Hinter der von der TON vertretenen Schulkonzeption stand ein Kulturverständnis, das man radikalsozialistisch nennen kann, ohne daß es utopisch-rigoristisch und damit potentiell totalitär war. Die tatsächliche und nicht nur verbale Einbeziehung polnischer Traditionselemente macht auch hier eine ungefähre Abgrenzung zu den Kommunisten möglich. Der neue Typ einer künftigen „Volkskultur“ wurde wesentlich als Wechselwirkung zwischen dem Zugang zu den tradierten kulturellen Werten für die breiten Massen und einer dann daraus resultierenden selbständigen schöpferischen Aktivität dieser Massen begriffen. In diesem Prozeß der Wechselwirkung, der zugleich mit einer radikalen Einebnung der sozialen Unterschiede und vor allem der Überwindung der Kluft zwischen den „white-collar-men“ und den physisch Arbeitenden verbunden sein mußte, spielte das Erziehungssystem die zentrale Rolle. In dem 1942 vom Generalsekretär der TON ausgearbeiteten Entwurf „Forderungen des polnischen Lehrerverbandes“ hieß es dazu: „Die didaktische und erzieherische Arbeit in der Schule muß so organisiert werden, daß den Massen der Bauern und Arbeiter der Zugang zu den bestehenden kulturellen Werten geöffnet und die Schaffung einer neuen Volks-Kultur ermöglicht wird.“[28]

Das Schulwesen im engeren Sinne, das die TON möglichst unabhängig von der staatlichen Bürokratie und vor allem von parteipolitischen und kirchlichen Einflüssen wünschte, mußte demzufolge seine Ergänzung in einem ausgedehnten und gut entwickelten, vom Staat finanziell weitgehend getragenen Erwachsenenbildungssystem finden. Eine „allseitige Emanzipation der arbeitenden Massen“ und eine Demokratisierung der Kultur sollte konkrete Gestalt gewinnen in Volkshochschulen, Kulturvereinigungen, den Organisationen der Massenmedien, des Theaters, der Museen usf. Auch hier legte die TON wiederum besonderen Wert auf die vordringliche Berücksichtigung der Landbevölkerung[29].

Die Entwürfe der TON weisen zwar keinen ausgesprochen antiklerikalen, wohl aber einen deutlich neutralistischen Tenor auf. So wurde in den „Forderungen des polnischen Lehrerverbandes“ eine Erziehung auf der Grundlage der „materialistischen Weltanschauung“, der säkularen Ethik und der „Idee des Kollektiven“ (zbiorowość) postuliert[30]. Mochten die „Forderungen“ auch nicht repräsentativ für den gesamten Verband sein und nicht zuletzt deshalb auch besonders scharfe Kritik bei den Gegnern hervorrufen[31], so gaben sie doch die Richtung an, in die die TON steuerte.

Mit der Absage an religiös-klerikale Einflüsse verband die TON – zumindest in der Theorie – auch die Abwehr jeder nationalistischen Verengung, die gerade in Polen eine gewisse Gefahr darstellte. Die Nationalkultur sollte keinen Vorrang vor der allgemeinen haben. Hier unterschieden sich die TON und die sozialistischen Gruppen erheblich von breiten Kreisen der gemäßigten und extremen Rechten, und hier wurde daher nicht mit umgekehrtem Vorzeichen der gleiche Fehler wiederholt, den der Nationalsozialismus in Polen mit einer oft ans Lächerliche grenzenden Konsequenz vorführte, nämlich alle kulturellen Phänomene in ein ausschließlich nationales Bezugssystem zu bringen.

Vergleicht man die hier in Umrissen dargestellten Vorstellungen der TON mit den vom DOK ausgearbeiteten Grundsätzen, so ergeben sich nicht unwichtige Unterschiede, die nicht zuletzt Ausdruck der dahinterstehenden heterogenen gesellschaftlichen Kräfte sind, bzw. bestimmter Rücksichtnahmen der Leitung des DOK mit Wycech an der Spitze gegenüber den verschiedenen die Delegatur tragenden Parteien.

Die Entwürfe des DOK lehnten sich etwas stärker als die der TON an die Vorkriegszeit an. Vor allem forderte der DOK zunächst eine Übergangszeit vor der Durchführung tiefgreifender sozialer und wirtschaftlicher Reformen. Eine einfache Wiederherstellung der Vorkriegszustände lehnte man jedoch auch hier ab. Polen wurde als schon vor dem Krieg „in kultureller Hinsicht verspätet" eingestuft, und diese Situation mußte durch die Okkupationspolitik zwangsläufig eine erhebliche Verschärfung erfahren. Angesichts dessen wurde die Zukunftsgestaltung zu einer ungewöhnlich schwierigen Aufgabe: In zwei größeren Denkschriften über das „System der Erziehung, Bildung und Verbreitung der Kultur" und das Hochschulwesen sowie mehreren Spezialentwürfen legte der DOK seine Vorschläge dar[32].

Die siebenklassige Elementarschule sollte die Grundlage des Schulsystems sein. Zwergschulen wurden nur für die ersten vier Klassen vorgesehen, danach war der Übergang an höher organisierte Mittelpunktschulen geplant. An den Lehrplänen und auch den Schulbüchern der Vorkriegszeit hielt man prinzipiell fest, nur im Bereich der polnischen Sprache und der Geschichte waren als Reaktion auf die deutsche Schulpolitik tiefgreifende Änderungen vorgesehen. Da nicht nur wegen der Okkupationsverluste, sondern auch aufgrund der dringend notwendigen Ausweitung und Intensivierung des Schulunterrichts eine große Zahl neuer Lehrkräfte benötigt werden würde, sollten in großem Umfang zusätzlich nicht voll Qualifizierte mit herangezogen werden.

Auch die Oberschulen wollte man nach den Plänen des DOK zunächst ohne grundlegende Änderungen weiterführen, dabei jedoch versuchen, schon in der Übergangszeit Ober- und vor allem Mittelschulen (Abschluß mit der „Kleinen Matura") in den ländlichen Gebieten in größerem Umfang zugänglich zu machen. Auch hier sollte anfangs noch nach dem Programm und mit den Schulbüchern der Vorkriegszeit gearbeitet, und es sollten Änderungen lediglich dort angebracht werden, so sich das „unter ideell-erzieherischen Gesichtspunkten" als notwendig erwies[33].

Im Berufsschulwesen weist die DOK-Denkschrift ebenfalls eine starke Anlehnung an die Vorkriegszeit auf, auch wenn „neue realistische Akzente" und eine stärkere Anpassung an die veränderte Gesellschaftsstruktur gefordert werden. Dieser veränderten Gesellschaftsstruktur, in der – ausgelöst durch die Okkupation – erstmals breite Volksschichten unmittelbar an der Gestaltung eines neuen Staates mitzuarbeiten sich anschickten, würde nicht zuletzt ein entsprechend entwickeltes außerschulisches Bildungswesen und Kultursystem Rechnung tragen müssen.

Die Hochschulen waren der durch die deutsche Politik wohl am schwersten betroffene Bereich. Folgende allgemeine Richtlinien stellte der DOK als Folgerungen aus der schon vor dem Krieg sehr mangelhaften und nun noch erheblich verschlechterten Situation im Hochschul- und Wissenschaftsbereich u.a. auf: Verkürzung und strenge Kontrolle der Studiengänge; Möglichkeiten zur weitgehenden Ersetzung der traditionellen Vorlesungen durch Formen der Seminararbeit; im Zusammenhang damit Vergrößerung des Lehrkörpers; Schaffung eines Mittelbaus nach amerikanischem und englischem Muster; angemessene Bezahlung des Lehrkörpers, um eine Abwanderung in die Industrie und in freie Berufe zu verhüten. Trotz einer konsequenten Straffung des Studiums wurde jedoch eine Einengung der Universität auf eine Fachschule zur Berufsvorbereitung entschieden abgelehnt. Das System der „freien Hörer", die ohne Abschluß eine Zeitlang studieren, sollte auch in der Übergangszeit in gewissen Grenzen beibehalten werden. Daneben forderte der DOK eine große Zahl akademischer Fachschulen ohne Forschungsverpflichtung[34].

Den DOK-Entwürfen haftet deutlich der Charakter des Kompromisses an. Besonders soweit sie die Schulpolitik betrafen, waren sie stark traditional bestimmt. Dieser konservative Grundzug entsprach freilich nicht nur der Reaktion auf das Okkupationsschulsystem, sondern auch realistischem Denken. Radikale Forderungen ließen sich leicht aufstellen, es mußte jedoch jedem nüchternen Beobachter zweifelhaft erscheinen, ob sie in der Nachkriegszeit zunächst nicht reine Utopie bleiben würden. Insofern mochte es vollkommen berechtigt sein, zunächst für eine kurze Übergangszeit einige Richtlinien aufzustellen. Dahinter wurde freilich auch das Fehlen eines klar umrissenen politisch-gesellschaftlichen Gesamtprogramms deutlich, wie es dieTON oder die WRN durchaus besaßen. Der DOK stand somit zwischen den Polen der bedingten Rückkehr zur Vorkriegszeit und einer grundlegenden Umgestaltung des polnischen Staates nach sozialistischem Vorbild. Die Bildungsprinzipien, die vom DOK formuliert wurden, machten diesen Kompromiß evident. Sie sollten einerseits im Einklang stehen mit den nationalen Idealen und der Rolle Polens in der „westlich-christlichen Kulturgemeinschaft", andererseits aber auch den Anhängern der „verschiedenen geistigen Strömungen im Rahmen der Legalität unserer nationalen und staatlichen Wirklichkeit" uneingeschränkte Mitarbeit ermöglichen[35].

c) Die politischen Gruppen der Linken

Eine genaue Trennungslinie zwischen der TON und den linksorientierten Parteien, besonders den Sozialisten und dem SL, ist kaum zu ziehen. Nicht nur, daß viele Lehrer zugleich in den illegalen Parteien aktiv waren, auch in ihrer Programmatik ergaben sich, soweit es grundlegende Fragen anbelangte, weitgehende Übereinstimmungen. Die Auseinandersetzungen um eine neue politische und geistige Orientierung setzten keineswegs erst im Endstadium der Okkupation ein, auf Seiten der PPS (WRN) und des SL finden sich vielmehr schon bald nach dem Zusammenbruch Grundsatzerklärungen. Ausgelöst wurden sie durch den Schock einer katastrophalen Niederlage und eines unerwartet brutalen Besatzungsregimes. Sie versuchten, in der Kontrastierung mit der eigenen Vergangenheit dem Zukunftsbild eines neuen Polen Konturen zu geben.

Das von der SL-nahen Bauernorganisation „Racławice" herausgegebene Blatt „Walka i Wolność" (Kampf und Freiheit) veröffentlichte im März 1940 die „Hauptgrundsätze" der Organisation[36]. Darin wurde ein Volkspolen (Polska Ludowa) in den Grenzen zwischen Ostsee, Oder und Schwarzem Meer gefordert, mit sozialistischer Wirtschaftsstruktur (Verstaatlichung und Vergesellschaftung von Industrie sowie Grund und Boden), politisch geführt von Bauern, Arbeitern und Geistesarbeitern. Die Verbitterung über den totalen Bankrott der Führungsschicht kommt unverhüllt in der Forderung nach einem „Volkstribunal" zum Vorschein, das die „faschistisch-elitäre Clique" zu verurteilen habe, die Polen ins Verderben führte. Über den kulturellen Bereich heißt es: „Das System der Kultur, Erziehung und Wissenschaft soll den Erfordernissen und Entwicklungstendenzen der arbeitenden Klassen angepaßt werden." Die geforderte „kulturelle Demokratie" bedeutete konkret: „... jedermann freien Zugang zu Wissenschaft und Kunst zu geben und bei der Weckung aller Kräfte und Fähigkeiten des Volkes zu helfen. Man muß sich dabei daran erinnern, daß Bildung auf die Eroberung der Wahrheit und die Entwicklung des Geistes abzielt. Das kann nur in Freiheit erreicht werden. . . Die 10jährige Schule kann die Kinder noch dümmer machen als das Fehlen einer Schule, wenn sie sich lediglich an Gehorsam gewöhnen und die Schule befiehlt, verlogene Nachrichten zu wiederholen, aber nicht zu selbständigem Denken erzieht."[37] Vor dem Hintergrund einer doppelten Besetzung Polens durch zwei Staaten mit einem ausgeprägt autoritären Erziehungssystem erhielten solche Sätze ihre unmittelbar politische Aktualität. Die Mischung aus sozialem Radikalismus, Antikommunismus und Großmachtchauvinismus mag besonders für die programmatischen Erklärungen aus der Anfangsphase des Untergrundes charakteristisch sein, ihre Elemente lassen sich jedoch in verschiedener Akzentuierung bis ins Jahr 1944 verfolgen. Die radikalen Ansätze der Bauernbewegung (ruch ludowy) aus der Vorkriegszeit[38] fanden im Widerstand ihre Fortsetzung und Verschärfung. Dem Kampf der bäuerlichen Schicht gegen die Großgrundbesitzerklasse korrespondierte die Polemik gegen die adelig-elitär bestimmte polnische Kulturtradition, mit der radikal gebrochen werden sollte. „Im freien Polen", so schrieb 1943 das Organ des SL, „wollen wir eine neue Kultur aufbauen, das wird jedoch eine gesamtnationale (ogólnonarodowa) polnische Kultur sein, gestützt auf die bäuerliche Schicht. . . An dem schöpferischen Kulturprozeß werden breiteste Schichten der Gesellschaft unmittelbar Anteil nehmen."[39]

„Polska Ludowa", Volkspolen als ein Staatswesen mit radikaldemokratischer Struktur wurde für die gesamte politische Linke immer mehr eine fast schon selbstverständliche Zielvorstellung. Bildung, so forderte die Bauernbewegung in ihrer „Deklaration" von 1943, müsse in einem solchen neuen Staat „endlich auf den ersten Platz unter den Sorgen und Bemühungen der Öffentlichkeit rücken."[40]

Die stärkste Aktivität und auch das durchdachteste Programm entwickelten die Sozialisten, denen zu Beginn des Widerstandes unbestritten die führende Rolle zufiel[41]. Schon am 7. November 1939 veröffentlichten sie ein „Freiheitsmanifest", das scharf gegen die Vorkriegsregierung polemisierte, die polnische Revolutionstradition seit Kościuszko beschwor und für die Zukunft zehn Postulate aufstellte, u.a. die völlige soziale und wirtschaftliche Umgestaltung des Staates und eine „allgemeine und kostenlose Ausbildung für alle Bürger, insbesondere für Bauern- und Arbeiterkinder"[42]. Ein ähnliches Manifest zum 1. Mai 1940 formulierte eindrücklich, was die innere Situation Polens im Bewußtsein der aktiven sozialistischen Widerstandskämpfer bestimmte: „Die Geschichte hat Polen eine furchtbare Lektion erteilt. Für uns führt nun der Weg in die Freiheit durch die Folterkammern der Gestapo und GPU, durch Gefängnis und KZ, durch Massendeportationen und -exekutionen. Unterdrückt, verfolgt und ausgeplündert begreifen wir endlich die bittere Wahrheit. Das Schicksal unseres Landes kann nicht den Repräsentanten der Klassen anvertraut werden, die sich als unfähig erwiesen haben, Polen groß, mächtig und gerecht zu machen. . . Das neue Polen muß die Fehler der Vergangenheit wiedergutmachen. Das Land muß ohne Entschädigung der Eigentümer unter die Bauern aufgeteilt werden. Bergwerke, Banken und Fabriken müssen der gesellschaftlichen Kontrolle unterstehen. Freiheit der Sprache, der Religion und des Gewissens muß gewährleistet sein. Schulen und Universitäten müssen für die Kinder des Volkes geöffnet sein."[43]

Schon 1940 gründete die PPS (WRN) eine „Erziehungskommission", in der auch verschiedene TON-Mitglieder mitarbeiteten[44]. Sie erörterte Probleme des kulturellen Neuaufbaus und formulierte dazu Richtlinien. Der beste Gradmesser für die politische

Breitenwirkung der Sozialisten im programmatischen Bereich ist das „Program Polski Ludowej", das die WRN 1941 veröffentlichte und das mit drei illegalen Auflagen (10 000 Stück in der zweiten Auflage!) und Übersetzungen in England und den USA zu einem „Bestseller" wurde[45]. Der Radikalität der Forderungen des Programms entsprach die Schärfe der Kritik, die es in nationalistischen und konservativen Kreisen im Untergrund und im Exil fand. Nichtsdestoweniger empfahl der polnische „Nationalrat" in London im November 1942 der Regierung, auf der Grundlage dieses Programms einen Entwurf über die künftige Struktur Polens auszuarbeiten[46]. Dieses knappe Grundsatzprogramm, das den Zweifrontenkampf der polnischen Sozialisten gegen das Besatzungsregime und die Reaktion im eigenen Lande besonders deutlich macht, wurde in der Folgezeit durch mehrere Spezialentwürfe ergänzt, die einzelne Bereiche gesondert und ausführlich behandelten. Unter diesem „Material zu einem Programm für Volkspolen" findet sich auch eine detaillierte Ausarbeitung „Grundsätze der Kulturpolitik". Sie wurde 1943 vom WRN herausgegeben und erschien ein Jahr später in New York in englischer Übersetzung[47].

Als Vorbedingung jeder echten und im Gegensatz zur Vorkriegszeit demokratischen Kultur forderte die WRN eine sozialistische Gesellschaft. „Kultur, im weitesten Sinne als volles und schöpferisches Leben von Individuum und Kollektiv verstanden, kann nur in einer wahrhaft freien Gesellschaft gedeihen, in der kein Mensch durch einen anderen ausgebeutet wird."[48] Als wichtigstes Mittel zur Verwirklichung einer „demokratischen Kultur" wurde ein hochentwickeltes und vielseitiges Schulsystem postuliert, das prinzipiell weltlich sein sollte, da „jeder Dogmatismus im Gegensatz zum Wesen der Kultur" stehe[49]. Die WRN forderte ein Einheitsschulsystem, das auf der achtjährigen Grundschule aufbaute. Auch in ländlichen Regionen sollte das Programm von acht Klassen durchgeführt werden, wobei vier Lehrer als Mindestzahl für den niedrigsten Organisationsgrad ländlicher Volksschulen angesetzt wurden. Daran anschließen konnte sich die vierjährige Ober- oder Fachoberschule oder die Berufsschule.

Besonderes Gewicht legten die Verfasser der Denkschrift auf die – im weitesten Sinne – politischen Aspekte der Ausbildung. „Eine in wirklich demokratischem Geist vermittelte Erziehung sollte in den Schulen einen ausgeprägten Sinn für staatsbürgerliche Verantwortung und ein soziales Bewußtsein entwickeln, ebenso wie Achtung und Wertschätzung ehrlicher Arbeit, dazu Opferbereitschaft und die Fähigkeit, am Leben der Gesamtheit aktiv teilzunehmen."[50]

Für die Übergangsperiode bis zur Normalisierung des wirtschaftlichen und staatlichen Lebens empfahl man, besonderes Augenmerk auf die während der Okkupation verbotenen Fächer wie Geschichte, Geographie usf. zu richten. Um die Reform des Schulwesens nach dem Krieg detailliert vorzubereiten, wurde für eine etwa vierjährige Übergangszeit die Gründung einer Kulturkommission mit Experten der verschiedenen Sachgebiete vorgeschlagen, die in unmittelbarer Zusammenarbeit mit dem polnischen Parlament und dem Kultusministerium konkrete Vorschläge unterbreiten sollte.

Die WRN ging in einigen Punkten selbst über die radikalen Entwürfe der TON hinaus. Die Realisierbarkeit der Forderungen mußte dadurch noch stärker in Frage gestellt werden. Das war indes auch den meisten Verfassern dieser und ähnlicher Memoranden durchaus bewußt. Es kam ihnen wie auch anderen Gruppen weniger auf detaillierte Zukunftsplanung an als vielmehr darauf, Diskussionsgrundlagen zu schaffen und angesichts der abgeschnittenen Debatte über Probleme des Bildungswesens in der Öffentlichkeit möglichst breite Kreise auf dem Wege illegaler Publikationen mit entsprechenden Gedankengängen vertraut zu machen, um später auf ein „Bewußtsein der Öffentlichkeit" rechnen zu können[51].

d) Die Gruppen der Mitte und der Rechten

Wenn angesichts der sozialen Situation der polnischen Bauern und Arbeiter Bildungsprobleme für die PPS und das SL erstrangige Bedeutung besaßen, so hatten die Gruppen des Zentrums und der Konservativen eher ein „selbstverständliches" und weniger kritisches Verhältnis zu Problemen der Kultur. Die Intensität der Diskussion und die Zahl der programmatischen Äußerungen sind daher auch nicht zufällig geringer. Angesichts der fortschreitenden allgemeinen Radikalisierung im Untergrund waren jedoch die Führungskader aller Gruppen gezwungen, sich mit bildungs- und kulturpolitischen Fragen als zentralem Bestandteil eines gesamtpolitischen Programms zu befassen.

In der im Dezember 1942 von der Delegatur veröffentlichten Proklamation „Wofür wir sterben, worum wir kämpfen, wofür wir leben"[52] fehlt jede Andeutung einer kritischen Auseinandersetzung mit der Vergangenheit Polens. Im Gegenteil: Polen wird als Schöpfer der politischen und kulturellen Demokratie gepriesen. Das Dokument ist in einigen Passagen Ausdruck eines hypertrophen Nationalismus, der, wenn auch durch die Okkupationssituation geradezu provoziert, keineswegs untypisch für das geistige Klima war, das weite Bereiche des Untergrundes bestimmte, ein Nationalismus, der vor groben Geschichtsklitterungen nicht zurückschreckte und dessen Pathos jeden nüchternen Blick auf die düsteren Seiten der polnischen Tradition verstellte. Es ist nicht bekannt, auf welchen Autorenkreis die Proklamation zurückging, keinesfalls war sie aber Ausdruck des politischen Standorts der Delegatur schlechthin, die eben ihrerseits auch ein Konglomerat heterogener Gruppen darstellte.

Ähnlich wie in den Denkschriften des DOK findet sich dagegen in der „Kulturrundschau" der Delegatur scharfe Kritik am Vorkriegsschulsystem und besonders der Jędrzejewicz-Reform, da sie die sozialen Ungerechtigkeiten in eklatantem Maße gefördert habe, statt sie abzubauen[53]. Die Notwendigkeit einer effektiven Organisation von Fach- und Berufsschulen für die Ausbildung der zum Wiederaufbau Polens dringender denn je benötigten Fachkräfte wurde deutlich gesehen und dem Kulturliberalismus als einem Luxus, den sich ein Land wie Polen nicht leisten könne, eine eindeutige Absage erteilt[54].

Das Schlagwort von der „Demokratisierung der Kultur" drang schließlich auch in die zunächst durchaus „unpolitische" AK ein. In einem programmatischen Artikel des „Biuletyn Informacyjny" vom 9. September 1943 waren pathetische Sätze über die Ziele des Kampfes der AK zu lesen: „Wir kämpfen um ein kulturell großes Polen, d.h. um die Verbreitung und Vergesellschaftung der Kultur in Polen. . . Das polnische Ideal der freien Entfaltung eines freien Menschen unter den Strahlen der Kultur ist das Gegenteil der kulturellen Finsternis totalitärer Staaten wie der Sowjetunion und des „Reiches", in denen Kultur in ein Werkzeug der Verdummung und Vernebelung der Bevölkerung verwandelt wurde."[55]

Ein Aufsatz im Spezialorgan der AK für Führungskader vom April 1944 über die „Demokratisierung des kulturellen Lebens"[56] macht ebenfalls deutlich, wie stark sich die von der TON und den linksdemokratischen Gruppen in Gang gesetzte Erörterung kulturpolitischer Probleme offensichtlich auch innerhalb der AK auszuwirken begann.

Wie wenig indes allgemeine Postulate wie „politische, ökonomische und kulturelle Demokratie" über das tatsächliche Kulturverständnis aussagten, zeigt der Vergleich etwa der TON-Entwürfe mit den „Bildungs- und Erziehungsgrundsätzen" der stark klerikal beeinflußten „Arbeitspartei" (SP)[57], die zwar innerhalb der „großen Vier" die bei weitem kleinste Partei darstellte, aber aufgrund ihrer oppositionellen Haltung in der Vorkriegszeit und der Tatsache, daß General Sikorski ihr nahestand und sie bedeutende Führer wie Korfanty und Karol Popiel aufwies, doch eine nicht zu unterschätzende Bedeutung hatte[58].

Das SP setzte sich mit den Vorstellungen der TON auseinander, übernahm z. T. wörtliche Formulierungen aus deren Programmen, ging jedoch von einer völlig andersartigen ideellen Grundlage aus. Baute die TON auf der weltanschaulichen Neutralität des Bildungswesens auf und forderte sie die Abwehr kirchlicher Einflußnahme, so stellte das SP christliche Prinzipien ganz in den Vordergrund. „Wir sind eine christliche Nation", hieß es in der „Deklaration" der Partei vom April 1944, „wir müssen daraus Folgerungen ziehen. Unsere ganze Vergangenheit und Kultur ist organisch mit der lateinischen Zivilisation verbunden – wir müssen uns dessen erinnern. Unsere Feinde sind die heidnischen Länder. Diese drei Feststellungen müssen die Arbeitsgrundlage darstellen für alle Institutionen, die der polnischen Kultur dienen, sowie für das Erziehungsprogramm und den Unterricht in Schule und Familie. . . Unser Ideal ist das christliche Vorbild des Lebens."[59]

Zweifellos kommen im Programm des SP Vorstellungen zum Ausdruck, die weit über den engen Kreis dieser Partei als repräsentativ für eine breite katholische Führungsschicht gelten müssen. In der engen Verquickung von Nation und Kirche traten die starken Traditionseinflüsse der polnischen Kirche unmittelbar in Erscheinung, und nur in diesem spezifischen Kontext lassen sich viele Formulierungen aus den „Bildungs- und Erziehungsgrundsätzen" richtig verstehen, die, aus dem Gesamtzusammenhang gerissen, klerikal-nationalistische Assoziationen suggerieren: das messianische Bewußtsein der Szlachta-Intelligenz von Polen als „antemurale christianitatis" war mit der national-revolutionären Tradition ebenso wie mit den Elementen des radikalen Sozialismus eine enge Verbindung eingegangen, die in ihrer Widersprüchlichkeit, ihrer Verschwommenheit und ihrem christlich-nationalen Pathos nicht untypisch war für die tastenden Orientierungsversuche gerade der nichtsozialistischen demokratischen Widerstandsbewegung. Diese konnte und wollte sich den Forderungen der Zukunft nicht entziehen, blieb aber nationalistisch-christlichen Traditionsbeständen allzu eng und unkritisch verhaftet[60].

Diese Feststellung gilt in noch größerem Maße für die konservativen und reaktionären Gruppen des Untergrundes. Wenn zwar auch in ihnen die Spuren des allgemeinen Radikalisierungsprozesses unverkennbar waren, so bleibt doch zu fragen, wieweit verbale Bekenntnisse nur formale Tarnung politisch gänzlich andersgearteter Konzeptionen waren. Es ist ein spezifisches Kennzeichen der polnischen Widerstandsbewegung, daß – bis auf kleine Grüppchen[61] – die gesamte politische Rechte ebenso erbittert und konsequent die deutsche Besatzung bekämpfte wie etwa die Linke. Wenn jedoch bei dieser die Septemberkatastrophe und die Okkupation über den Entschluß zum Widerstand hinaus auch einen Prozeß der kritischen Selbstbesinnung in Gang setzten, so fehlten derartige Erörterungen im konservativen und nationalistischen Lager so gut wie ganz.

Das „Lager des kämpfenden Polen" (OPW), die von Julian Piasecki geführte Nachfolgeorganisation des „Lagers der nationalen Einheit" (OZN) der Vorkriegszeit, trat in seiner „Deklaracja Ideowa" vom August 1942[62] zwar vor allem für ein „starkes Polen" ein mit Grenzen, die u.a. Ostpreußen, Pommern (einschließlich Stettin) und ganz Schlesien umfassen sollten, es forderte aber auch Verstaatlichung aller Bodenschätze, der großen Forsten, der Schwerindustrie und des Transportwesens. Eine Landreform sollte bezeichnenderweise vor allem aus deutschem und jüdischem Besitz durchgeführt werden. Den autoritären Charakter der Gruppe machten besonders Forderungen evident wie die nach Fortgeltung der Maiverfassung von 1935, Beschränkung der Rechte des Parlaments und Bekämpfung „destruktiver Kräfte" im Innern. Der alleinige

Bezugspunkt aller politischen und gesellschaftlichen Vorstellungen war für den OPW die Nation. Den chauvinistischen Elementen im außenpolitischen Bereich korrespondierte daher ein kulturpolitisches Programm, das deutlich völkisch-nationalistische Züge trug. „Die Quelle der nationalen Kultur", heißt es in der „Erklärung", „hat ausschließlich polnischer Geist und polnisches Schöpfertum zu sein. Allen Tendenzen, unserer Kultur Elemente, die dem polnischen Geist fremd sind, einzuimpfen, muß man sich entschieden entgegenstellen." Die polnische Wissenschaft hatte demnach „allseitig der nationalen zivilisatorischen Sendung zu dienen" und bei der „Realisierung der historischen Ziele unseres Staates mitzuwirken". Literatur und Kunst sollten „im Einklang mit dem allgemeinen Rhythmus des polnischen Lebens" sein, Presse, Funk, Theater und Kino als „Werkzeug der staatlichen Politik" vom Staat kontrolliert werden und ihm zur Verfügung stehen[63].

Allein diese wenigen Sätze lassen den totalitären Charakter des politischen Programms des OPW deutlich werden. Der hier wie auch bei Gruppen der Mitte zu Tage tretende innere Widerspruch, der in der rein völkisch-nationalen Fundierung aller Bereiche der Kultur lag und dessen absurde Konsequenzen die nationalsozialistische Politik in Polen mit ihrem prinzipiell gleichartig konzipierten Kulturbegriff hätte deutlich machen müssen, fand sich in ausgeprägtem Maße auch im „National-Radikalen Lager" (ONR).

Die Diktion verriet die Gesinnung, wenn es beispielsweise im „Kodeks Polaka", der im September 1940 von der Gruppe „Szaniec"[64] herausgebracht wurde, hieß, im Bildungswesen habe die Erziehung zur Nation an erster Stelle zu stehen, und dem Lehrer komme die Rolle eines „Apostels des Polentums" zu. „Schriftsteller sind die Offiziere der Kultur. Ein Offizier darf an der Front nicht weichen."[65] Von dieser im militärischen Bild ausgedrückten Vorstellung her wurde von den ca. 900 Künstlern in Warschau ein totaler und rücksichtsloser Boykott aller deutschen Maßnahmen auf kulturellem Gebiet und die strikte Ablehnung jeder Form von Kollaboration gefordert[66].

Zwar wurde die Szlachta-Elite wegen ihrer sozialen Blindheit kritisiert und wünschte man soziale Verhältnisse, „die jedermann eine hohe Entwicklung ermöglichen"[67], aber der verengte Blick auf die Nation als „Volksgemeinschaft" mußte jede kritische Analyse der tatsächlichen Verhältnisse in Polen als Vorbedingung für realistische bildungspolitische Entwürfe unmöglich machen. Eine Sozial- und Kulturpolitik, die die eklatanten Ungerechtigkeiten der Vorkriegszeit überwinden wollte, konnte das nur im Rahmen einer radikalen Demokratie, die nicht lediglich deren Etikett trug. In welchem Kurswert eine solche Demokratie jedoch im Lager der Rechten stand, zeigte ein Artikel, den die Gruppe „Szaniec" im ONR zur Jahreswende 1942 in ihrer gleichnamigen Zeitschrift veröffentlichte. Er decouvrierte hinreichend klar das gesamte Programm des ONR. „Es gibt nichts Besseres als die Demokratie – wenn es um den Genuß des Lebens geht, und nichts Schlechteres – wenn es um seine Verteidigung geht. Demokratie, das ist ein Narkotikum, mit Hilfe dessen die Völker farbenreiche, wonnevolle Visionen zu haben pflegen. . . Es ist noch gut, wenn das Narkotikum nicht bis ins Gehirn vordringt, bis ins Mark der Nation, weil dann noch Hoffnung besteht, daß die Kräfte nach der Ernüchterung zurückkehren und mit ihnen der Wille zum Widerstand und die Fähigkeit zur Verteidigung und zum Kampf. . . Polen und dem polnischen Volke wünschen wir, daß uns Gott bewahren möge vor Hunger, Feuer, Seuche und Demokratie, weil wir uns dann schon selbst schützen können vor den Deutschen aus dem Westen, den Moskowitern aus dem Osten und den Juden – im Innern."[68]

e) Die Rolle der Kommunisten

In dem breiten Spektrum von radikalsozialistischen bis zu faschistischen Gruppen ist es schwierig, aufgrund ihrer programmatischen Vorstellungen eine Partei einzuordnen, die im innerpolitischen Bereich mannigfache Berührungspunkte mit den linken demokratischen Gruppen aufwies, die sich aber doch mit keiner Partei von Bedeutung zur Aktionseinheit zusammenschließen konnte: die kommunistische PPR. Da ihr entgegen ihrer faktischen Bedeutung im Untergrund schließlich das entscheidende Gewicht für die Zukunft Polens zugefallen ist, soll abschließend die besondere Rolle der PPR und ihrer Spezialorganisationen im Widerstand kurz erörtert werden.

„Die Polen haben die Pflicht, national zu sein, ehe sie international sind“[69] – diese Engelssche Maxime hat in der polnischen Arbeiterbewegung zwar überwiegende, aber keineswegs ungeteilte Zustimmung gefunden. Seit Rosa Luxemburg ist vielmehr unter den polnischen Kommunisten bis auf den heutigen Tag offen oder verdeckt immer wieder um die nationale oder internationale Ausrichtung gerungen worden[69a]. Rosa Luxemburg hatte, einem dogmatischen Marxismus folgend und durchaus nicht im Sinne von Marx und Engels, die Idee der nationalen Selbständigkeit Polens als bürgerliche Vorstellung abgetan und die Integration der drei Teilgebiete in den jeweiligen Staat gefordert, in dem dann das Proletariat die entsprechende sozialistische Bewegung zu unterstützen habe. Die Einheit der polnischen Sozialdemokratie in Kongreßpolen zerbrach über dieser Kontroverse, es entstanden die stark national orientierte PPS und die – später erst so genannte – kommunistische Partei. Auch die KP trug jedoch diesen Richtungskampf latent stets in sich.

In der Komintern war sie ein unbequemes Mitglied: 1924 optierte sie für Trotzki. Ähnlich der Taktik der tschechischen Kommunisten befürworteten die polnischen bis 1935 unter der Parole „Selbstbestimmung bis zur Abtrennung“ die Zession einiger westpolnischer Gebiete an das deutsche Reich in der – freilich illusorischen – Erwartung, auf diese Weise der nationalen Agitation in Deutschland den Boden zu entziehen und so die Revolutionsentwicklung im Innern zu fördern[70]. Nach der Auflösung der KPP durch die Komintern im Jahre 1938 kamen mehrere Tausend polnische Kommunisten in der Sowjetunion um[71]. Die ohnehin schwache kommunistische Bewegung schien damit endgültig den Todesstoß bekommen zu haben. Die sowjetische Besetzung Ostpolens 1939 mußte die Sowjetunion bei der polnischen Bevölkerung auch noch um den letzten Kredit bringen. NKWD und Gestapo arbeiteten einander in den ersten Okkupationsjahren in die Hände[72].

In einer solchen Situation konnte es nicht wundernehmen, daß kommunistische Gruppen im Untergrund zunächst keinerlei Bedeutung besaßen[73]. Das änderte sich erst mit dem deutschen Angriff auf die Sojetunion, wenn auch sehr langsam und wenn auch die PPR dann nie eine so bedeutende Rolle gespielt hat, wie das die heutige offizielle polnische Geschichtsschreibung suggeriert.

Mit der Gründung der PPR Anfang 1942 konnte auch der alte Streit um nationale oder internationale Orientierung wieder relevant werden. Er vollzog sich freilich zunächst fast lautlos und nahm erst in der Schlußphase der Okkupation, in der Auseinandersetzung zwischen der Gruppe um Gomułka und Pawel Finder einerseits und den Moskauhörigen um Bierut andererseits deutlichere Formen an. In der Propaganda der kommunistischen Gruppen beider Flügel war das nationale Element eine Selbstverständlichkeit und mußte es sein, wollte man unter der polnischen Bevölkerung überhaupt Resonanz finden. Mit nationalen Parolen versuchte sich somit die PPR dem politischen Klima des Untergrundes anzupassen, mußte dabei jedoch das halsbrecherische

Kunststück vollbringen, zusammen mit dem Bekenntnis zur Nation und zur nationalen Tradition die Sowjetunion, den Besatzer und „Feind Nr. 2" von gestern, als den bedeutenden und starken Freund Polens hinzustellen, und das auch nach dem Bekanntwerden der Morde von Katyn, deren politische Auswirkungen auf den Untergrund schwer zu überschätzen sind. Aus diesem Dilemma haben die polnischen Kommunisten denn auch nie einen Ausweg finden können, und ihr Erfolg war ausschließlich der Entwicklung der außenpolitischen und militärischen Konstellation zu verdanken.

Es gehörte damals zum festen Bestand der PPR-Propaganda und ist auch heute noch – trotz einer begrenzten Rehabilitierung der AK und der „Londoner" – offiziöses Geschichtsbild, die Delegatur und die die Exilregierung stützenden Parteien als „reaktionär" einzustufen[74]. Die PPS (WRN) wurde und wird in die Nähe der Sanacja gerückt[75], zwischen der SL-Führung und den „wahren Interessen" der breiten Massen ein tiefer Gegensatz konstruiert[76]. Solcher Polemik boten sich ohne Zweifel hinreichende Angriffsflächen, zu fragen bleibt, welche Kriterien schließlich das Adjektiv „reaktionär" legitim erscheinen lassen konnten. Hier liegt eins der zentralen Probleme in der politischen Beurteilung der gesamten polnischen Widerstandsbewegung.

Die bisherige Darstellung hat zu zeigen versucht, wie innerhalb großer Teile der Intelligenz, der Parteien, der TON und z. T. auch der Delegatur die verheerenden Konsequenzen der nationalsozialistischen Politik als „Initialzündung" für einen Prozeß der intensiven Auseinandersetzung mit der eigenen Vergangenheit wirkten. Angesichts der Schärfe der Kritik vor allem auf gesellschaftspolitischem Gebiet mußte demnach eine kommunistische Partei Schwierigkeiten haben, sich auf diesem Feld zu profilieren. Vergleicht man die gesellschaftspolitischen Vorstellungen der PPR mit denen des SL und der WRN, so sind Unterschiede nur bei sehr genauer Analyse erkennbar. In ihrer äußeren propagandistischen Wirkung auf die Schichten, die angesprochen werden sollten, mußte diese Differenz völlig unbedeutend bleiben. Was die programmatische Substanz anbelangt, hätte demnach die PPR vor dem Dilemma gestanden, einen Gegner attackieren zu müssen, dessen Vorstellungen weitgehend mit den eigenen identisch waren. Die Angriffsflächen mußten daher anderswo gesucht werden.

Solange Sikorski – gegen erhebliche Widerstände in den eigenen Reihen – eine sowjetfreundliche Politik durchzuführen versuchte, ließ die PPR an ihrer Loyalität zur Exilregierung keinen Zweifel aufkommen, obwohl sie warnend auf den wachsenden Einfluß der Sanacjakreise im Exil hinwies[77]. Mit der rapiden Verschlechterung des polnisch-sowjetischen Verhältnisses, die ihren Höhepunkt im Abbruch der diplomatischen Beziehungen nach der Katynaffäre fand, ging dann die Verschärfung der Angriffe gegen die Regierung und den gesamten nichtkommunistischen Untergrund Hand in Hand. Dabei wurden die Kausalitäten verkehrt: der Einfluß der polnischen Sanacja sollte bestimmend sein für die feindliche Haltung der Sowjetunion, nicht aber umgekehrt. Für die Kommunisten wurde somit die Treue zur Sowjetunion zum ausschlaggebenden Kriterium einer politischen Beurteilung. Erst dieses grobe Schema ermöglichte es der PPR, auch Parteien wie die WRN oder das SL in entsprechende politische Schablonen zu pressen.

Wenn in anderen Widerstandsbewegungen, etwa der jugoslawischen, die Auseinandersetzung zwischen „Fortschritt" und „Reaktion" weitgehend mit pro- bzw. antisowjetischer Option parallel lief und ihr Korrelat in entsprechenden innenpolitischen Konzeptionen fand, so traf diese Zuordnung für die polnische Résistance keineswegs zu. Die Sozialisten bekämpften ebenso wie die Volksparteiler erbittert die reaktionären Tendenzen in der Exilregierung und im Untergrund. So attackierte „WRN", das Organ der Sozialisten, am 16. April 1943 scharf die Endecja- und Sanacjagruppen unter der Überschrift: „Die polnische Reaktion wirft ihre Maske ab“[78]. Premierminister Mikołajczyk selbst kritisierte in einem Brief an die Delegatur den zunehmenden Einfluß kompromittierter Politiker im Exil und in der Armee nach der Ernennung Sosnkowskis, eines ehemaligen Piłsudskioffiziers, zum Nachfolger Sikorskis[79]. Das SL brachte ebenfalls unmißverständlich zum Ausdruck, daß es neben dem äußeren Feind den inneren, die Reaktion im eigenen Lande, zu bekämpfen gelte[80].

Der Kommunisten und Nichtkommunisten gemeinsame Gegner schuf jedoch keine Einheitsfront[81]. Daß diese trotz verschiedener Versuche scheiterte, lag weniger an der traditionell antirussischen Haltung der polnischen Bevölkerung als an der brutal antipolnischen Politik der Sowjetunion. „Am Wege liegt Katyn“, schrieb eine Untergrundzeitung im Hinblick auf die Verhandlungs- und Verständigungsmöglichkeiten Polens mit seinem östlichen Nachbarn. Aus dem gleichen Grund konnte auch eine Verständigung im Untergrund nicht zustandekommen.

Es ist müßig, angesichts der heutigen außenpolitischen Situation auf die völlige Ausklammerung des Katynproblems – als des signifikantesten Ausdrucks des tatsächlichen polnisch-sowjetischen Verhältnisses damals – in der heutigen polnischen Literatur hinzuweisen[81a]. Ohne eine solche Erörterung muß jedoch notwendigerweise jede Aussage über die innerpolitische Situation und die Kräfteverteilung im Untergrund falsche Proportionen erhalten.

Die Kommunisten verbanden mit der Kritik der polnischen Vergangenheit und der Polemik gegen die Reaktion im Exil und im Lande und gegen die mit ihr angeblich paktierende gemäßigte Linke die pointiert nationale Forderung nach Besinnung auf die fortschrittlichen Traditionen der Nation und besonders der Intelligenz[82]. Der Versuch, sich als die wahren Patrioten auszuweisen und somit die Isolierung gegenüber den breiten Schichten der Bevölkerung zu durchbrechen, führte schließlich sogar zu Kontakten mit der katholischen Kirche und zur taktischen Revision des atheistischen Dogmas[83].

Große Bemühungen widmete man der Jugend. Deren Situation war einerseits besonders desolat, andererseits ließ sich hier u. U. ein politisch noch relativ neutrales Potential aktivieren. Wenn der kommunistische Jugendverband ZWM ebenso wie alle anderen kommunistischen Organe des Untergrundes scharf die Parole der AK vom „Warten, Gewehr bei Fuß“ als nationalen Verrat angriff[84], so konnte er damit bei der aktivistisch empfindenden Jugend durchaus auf Widerhall rechnen. Angesichts der ständig steigenden Brutalität der deutschen Besatzung und der sich immer katastrophaler gestaltenden materiellen Situation der gesamten polnischen Bevölkerung entsprach der Aufruf zum bewaffneten aktiven Widerstand viel eher der tatsächlichen Stimmungslage als die taktisch zweifellos richtigere Strategie der AK[85].

Lag hier also ein immerhin gradueller, wenn auch kein qualitativer Unterschied zur Politik der Delegatur und AK vor, so galt das kaum für den gesellschafts- und kulturpolitischen Sektor. Offen der gewaltsamen Revolution das Wort zu reden, verbot sich angesichts der Haltung der großen Mehrheit der Bevölkerung aus taktischen Gründen von selbst. Der soziale Radikalismus, der in den Postulaten nach Verstaatlichung und Vergesellschaftung der Industrie, der entschädigungslosen Enteignung des Grundbesitzes über 50 ha usf. manifest wurde[86], stellte nur eine Wiederholung dessen dar, was die PPS schon 1940 gefordert hatte. Das gleiche galt für den schulpolitischen Bereich: Abschaffung aller Bildungsprivilegien und besondere Förderung der bislang benachteiligten Landbevölkerung, kostenlose Ausbildung von der Volksschule bis zur Universität, Einheitsschule, Ausbau des Berufsschulwesens und umfassende Organisation des außerschulischen Erwachsenenbildungssystems[87].

Die Kritik an der in düstersten Farben geschilderten Vorkriegszeit[88] machte auch vor dem Untergrundschulwesen nicht halt. Da dieses ein Teil des organisierten Londoner Lagers war, wurde versucht, analog der politischen Diffamierung aller der Exilregierung gegenüber loyalen Gruppen auch den Untergrundschulen den Makel des Reaktionären anzuheften. Dadurch, daß die Unterrichtsprgramme der Vorkriegszeit in die Konspiration übernommen wurden, boten sich in der Tat Ansatzpunkte zur Kritik. Der Vorwurf der „unkritischen Übernahme der Sanacjaprogramme"[89] war trotz einiger Änderungen im Lehrplan nicht aus der Luft gegriffen, ließ aber völlig die Schwierigkeiten außer acht, unter den Arbeitsbedingungen der Konspiration auch noch eine inhaltliche Umgestaltung des Unterrichts zu vollziehen, über deren prinzipielle Notwendigkeit sich die führenden Leute der Lehrerorganisationen im übrigen durchaus im klaren waren. Der dominierende Einfluß des ZNP (TON), der vor dem Krieg in ständiger Auseinandersetzung mit der Regierung gestanden und sich vor allem als vehementer Gegner der Jędrzejewiczschen Schulreform erwiesen hatte, zeigt überdies, wie wenig stichhaltig die pauschale Behauptung einer unkritischen Übernahme war.

Wenn Stefan Żółkiewski in einem Artikel „Aufgaben der Untergrundschule"[90] feststellte, daß die Hypothek der Vorkriegszeit noch sehr deutlich spürbar auf der Widerstandsbewegung und insbesondere der Jugend laste, daß diese Jugend zwar gegen Hitlerdeutschland kämpfe, zugleich aber Empfänglichkeit für die Einflüsse der nationalsozialistischen Ideologie zeige, ohne sich dessen bewußt zu sein, so traf er damit ohne Zweifel einen wunden Punkt. In der Untergrundschule ebenso wie in den Universitäten gab es starke nationalistische, klerikale oder auch schlechthin unpolitische Tendenzen. Die Okkupation, die allein die Tatsache, daß Unterricht illegal fortgesetzt wurde, zu einer patriotischen Bekundung werden ließ, konnte auf diese Weise die Reflexion über Sinn und Ziel dieser Bemühungen in den Hintergrund drängen. Die Gefahr von außen konnte somit nicht nur verbindend und verschmelzend wirken, sondern zugleich die unvermeidlich notwendigen „ideologischen" Auseinandersetzungen überdecken und zugunsten eines aktiven, aber unreflektierten Widerstandes aufschieben. Diese Schwächen wurden jedoch auch von anderen Gruppen gesehen.

Auch die Berufung auf die demokratisch-aufklärerische Tradition seit den Zeiten Hugo Kołłątajs und die Forderung nach ihrer Wiederaufnahme als Impuls für die Gestaltung der Zukunft[91] rückte die Kommunisten in unmittelbare Nähe zu den Sozialisten und der TON. Zumindest auf dem schulpolitischen Gebiet hätte sich somit sachlich eher eine Aktionsgemeinschaft ergeben müssen als eine mehr oder minder scharfe Frontstellung. Daß sie nicht zustandekam, hatte politische Gründe, deren Ursprünge nicht auf gesellschaftspolitischem, sondern auf außenpolitischem Gebiet lagen. Viele linke Demokraten, unter ihnen auch Wycech als Chef des DOK, wurden in diese Konstellation verstrickt[92].

Bekanntlich gab es von Seiten des nationalkommunistischen Flügels ernsthafte Versuche, sich mit dem Londoner Lager zu arrangieren, auch wenn ein solches Arrangement nie mehr als ein Bündnis auf Zeit sein sollte. Gomułka trat auf der Sitzung des ZK der PPR vom 29. Mai 1944, wenige Wochen vor der Ausrufung des „Nationalen Befreiungskomitees" in Lublin, und Bieńkowski noch am 1. Juli für eine gemeinsame Front mit dem linken Flügel der „Londoner" ein[93]. Hier kam wiederum – und nicht zum letzten Male – die alte Auseinandersetzung zwischen Nationalen und Internationalisten, die sich jetzt als moskauhörige Gruppe um Bierut präsentierten, zum Vorschein.

Im Zusammenhang dieser Versuche schlug ein Teil der kommunistischen Presse einen verbindlicheren Ton an und versuchte, auch im kulturpolitischen Bereich Brücken zu schlagen. So wurde in einem Artikel der KRN-Zeitschrift „Rada Narodowa" voll

Stolz auf die Erfolge der Untergrundschule hingewiesen, der es gelungen sei, einen größeren Prozentsatz an Bauernkindern am Oberschulunterricht zu beteiligen als vor dem Krieg. Hier zeige sich der „Triumph der neuen, sich entfaltenden demokratischen Kultur", von der das Zwischenkriegspolen so weit entfernt gewesen sei[94].

Die Kommunisten hatten ohne Zweifel präzisere Vorstellungen über die organisatorische Verwirklichung des von nahezu allen Gruppen der Linken und der Mitte propagierten Ziels der „Demokratisierung der Kultur"[95]. Aus ihrer ideologischen Fixierung auf den Marxismus-Leninismus und damit der Orientierung an einer einzigen gesellschaftspolitischen Zielvorstellung ließen sich entsprechende inhaltliche und organisatorische Postulate viel leichter ableiten, als das für „liberalere" Gruppen möglich war. Daß damit freilich tendenziell auch eine autoritäre Reglementierung des gesamten Kulturlebens gegeben war, ist offenkundig. Was jedoch die Substanz der Forderung nach einer tiefgreifenden sozialen und kulturellen Umgestaltung Polens anbelangt, so bewegten sich die Kommunisten des Untergrundes auf einer Linie, die sozialistische und linksdemokratische Parteien schon seit langem vorgezeichnet hatten.

Schlußbemerkungen

Der konservative Historiker und Publizist W. Studnicki schrieb nach dem Kriege über die polnische Widerstandsbewegung: „Die Organisation und Tätigkeit der Untergrundbewegung in Polen erschien mir als ein riesiges Amateurtheater, das die Nation teuer zu stehen kam. Diese Wojewoden, Starosten usw., die nach Parteirücksichten ausgewählt waren – es war nichts als eine Tragikomödie."[1]

Aus der Perspektive eines Germanophilen, der nie die Hoffnung aufgab, daß es mit der deutschen Besatzungsmacht zu einer Verständigung kommen könne, und der vor der anrückenden Roten Armee die Flucht nach Westen antreten mußte, war diese Beurteilung ohne Zweifel konsequent und richtig. Die Tschechen etwa hatten durch ihr hohes Maß an äußerer Loyalität und die Bevorzugung der Formen des passiven Widerstandes die Besetzung unter ungleich geringeren Verlusten überstanden.

Gerade der Vergleich mit dem Protektorat zeigt freilich auch, wie ungleich die Ausgangssituationen waren. Für Polen gab es schwerlich eine Alternative zum Widerstand. Obgleich die politischen Fernziele für das Protektorat kaum anders aussahen als für das GG, machte in Polen, anders als in Böhmen und Mähren, die gleich mit dem Feldzug einsetzende Brutalität nationalsozialistischer Rassepolitik jeden Ansatz zum Kompromiß zunichte. Für kein anderes Land existierte überdies ein so geschlossenes Gesamtprogramm für die politische und kulturelle Vernichtung einer ganzen Nation. Aus diesem Grunde dürfte auch nirgendwo der Zusammenhang zwischen Okkupationspolitik und der Vielfalt der Widerstandsaktionen so eng sein.

In der kulturpolitischen Konzeption des Nationalsozialismus für Polen wurde aber auch der unvermeidliche Konflikt zwischen ideologischem Ziel und politischen Mitteln besonders deutlich. Theoretisch mochte der Plan, ein Volk durch Verdummung und Entnationalisierung leicht beherrschen und effektiv ökonomisch ausbeuten zu können (billige Arbeitskräfte), durchaus in sich schlüssig erscheinen. Sobald man daranging, dieses Konzept zu realisieren, zeigte sich, daß herrschaftstechnische Methoden einer Sklavenhaltergesellschaft im 20. Jahrhundert zu einem stumpfen Schwert werden mußten. Die technisch-rationalen Zwänge eines hochentwickelten Industriestaates ließen sich nicht einfach auf das Reich beschränken und in unterworfenen Gebieten beiseiteschieben, sondern forderten auch in den ideologisch am stärksten befrachteten Ostgebieten offensichtlich ihren Tribut. Damit wurde von selbst das anfangs geplante, wahrhaft atavistische Programm zumindest durchlöchert, und das Ergebnis war schließlich für alle Beteiligten höchst unbefriedigend, bot jedoch den Polen wenigstens relativ günstige Ansatzpunkte für eigene illegale Aktivität. Daß zudem deutsche Beamte, die in ihrem jeweiligen Arbeitsgebiet mäßigend zu wirken versuchten, von den rücksichtslosen Fanatikern nicht völlig beiseite gedrängt wurden, hing zu einem beträchtlichen Teil mit der anarchischen Struktur der nationalsozialistischen Herrschaft im GG zusammen.

Diese Vielfalt verschiedener, rivalisierender Machtgruppen schlug sich auch in der Kulturpolitik unmittelbar nieder. Der anfangs von der Zivilverwaltung praktizierte Radikalismus stand den Interessen der Rüstungsindustrie im Wege, die nur in einem politisch befriedeten Land arbeiten konnte. Späterhin war sie ebenso wie die Landwirtschaft und die Ostbahn an qualifizierten einheimischen Nachwuchskräften interessiert. Die bald von der Zivilverwaltung eingeschlagene modifizierte Politik kleiner Konzessionen im kulturellen Bereich rief den Konflikt mit SS und Partei hervor, die selbst im Zugeständnis polnischer Konzerte elementare politisch-ideologische Prinzipien verletzt zu sehen glaubten[2]. Himmler als RKF hatte überdies unmittelbaren Einfluß auf die Bereiche der Schulpolitik, in denen „Regermanisierung" im Vordergrund stand oder auch „schädigender Einfluß volksfremder Elemente" auszuschalten war. Die Partei versuchte ebenfalls, über die Hitlerjugend die Schulpolitik zu bestimmen. Das Reichserziehungsministerium schließlich hatte im GG nur geringe Bedeutung, konnte jedoch durch sein Vorgehen bei Stellenbesetzungen immerhin einen nicht unbeträchtlichen Einfluß in den konkreten Details der Schulpolitik ausüben.

Der Krieg selbst war ohne Zweifel der bedeutendste Faktor für eine stärker zweckbestimmte Ausrichtung der Politik. Er schob schließlich auch die Kulturpolitik in Polen auf eine neue Ebene, die, hätte man früher auf ihr agiert, möglicherweise nicht einmal ganz ohne Erfolg geblieben wäre. Die Propaganda erhielt äußerlich andere Akzente. Deutschland hatte sich – gemäß dieser Propaganda – jetzt erst recht als eigentlicher Hort echter Kultur zu erweisen: gegenüber dem plutokratischen „Barbarentum der Luft"[3] der Westmächte und den alle Kulturwerte vernichtenden Bolschewisten. Die These vom kulturlosen polnischen Volk wurde stillschweigend fallengelassen, eine vage Europaideologie wurde zum Surrogat einer überlegten konstruktiven Politik gegenüber den unterworfenen Völkern, und nationale Grenzen sollten plötzlich keine Rolle mehr spielen.

Trotz gewisser Anstrengungen, die tatsächliche Politik der neuen Europaideologie ein wenig anzupassen, war diese nicht mehr als eine dünne Hülle, unter der die alte Politik in keineswegs grundsätzlich veränderter Gestalt fortgesetzt wurde. Selbst wenn ein energischer und konsequenter Kurswechsel betrieben worden wäre, war der Zeitpunkt des Jahres 1943 viel zu spät. Die bis zum propagandistischen Umschwung getroffenen Maßnahmen hatten jedes mögliche Vertrauen in die deutsche Politik zu gründlich zerstört. Eine alles andere als kommunistenfreundliche illegale Zeitung zitierte im Hinblick auf die deutsche Kulturpropaganda gegen den Bolschewismus treffend ein polnisches Sprichwort: „Der Teufel zeigt sich im Ornat und läutet mit dem Schwanz zur Messe."[4]

In keinem anderen von Deutschland angegriffenen und besetzten Land waren die Menschenverluste so hoch wie in Polen. Die Schätzungen schwanken zwischen vier und sechs Millionen, d.h. ca. 15 Prozent bzw. 22 Prozent der Vorkriegsbevölkerung der polnischen Republik (zum Vergleich: Jugoslawien 10,8 Prozent, Sowjetunion 4 Prozent)[5]. Es ist angesichts der bislang verfügbaren Zahlen unmöglich, auch nur annähernd genau die Verluste speziell unter der Intelligenz zu bestimmen. Die Angaben für einzelne Berufsgruppen differieren bisweilen um mehrere Tausender. Überdies geben sie keinen Aufschluß darüber, wie hoch die Verlustziffern infolge der sowjetischen Polenpolitik (insbesondere der Morde von Katyn), der unmittelbaren Kriegshandlungen von 1939 und des Warschauer Aufstandes sind. Nach einer Schätzung des polnischen Kriegsentschädigungsamtes von 1947 kamen in der Zeit des Zweiten Weltkrieges 22 392 der Intelligenz zuzurechnenden Personen um, dabei waren die Verluste besonders hoch bei Rechtsanwälten (56,9 Prozent der Vorkriegszahl), Ärzten (38,7

Prozent), Professoren und Assistenten (28,5 Prozent), katholischen Geistlichen (27,2 Prozent) und Richtern, Staatsanwälten und Gerichtsreferendaren (21,5 Prozent). Ferner werden 14,2 Prozent für Fach- und Berufsschul-, 13,1 Prozent für Oberschul- und 5,1 für Volksschullehrer angegeben[6].

Wie unvollständig und mit welcher Fehlerquote behaftet solche Angaben auch sein mögen – außer Zweifel steht, daß der weitaus größte Teil dieser Verluste eine Folge der nationalsozialistischen Terrorpolitik war. Die Konsequenzen, die sich aus diesem Aderlaß an Intelligenz für den Wiederaufbau eines staatlichen und kulturellen Lebens ergaben, sind leicht zu ermessen.

Angesichts solcher Zahlen, die ja nicht nur infolge direkten Terrors wie im Falle der Judenvernichtung, sondern auch durch gezielte Gegenmaßnahmen gegen die Widerstandsbewegung zustandekamen, ist in der Tat die Frage legitim, ob diese Opfer „gerechtfertigt" waren. Darauf wird sich kaum eine eindeutige Antwort geben lassen. Eine Bilanz nach „Aufwand" und „Erfolg" läßt sich nicht aufstellen. Daß die politischen Zielvorstellungen im Untergrund, auch wo sie nur verschwommen bewußt gewesen und formuliert worden sind, anders aussahen als das, was nach dem Krieg Wirklichkeit wurde, daß somit 1945 ein „vergeblicher Sieg" errungen wurde, kann nicht zu einem negativen Urteil über die Widerstandsbewegung legitimieren. Die Frage nach den angemessenen Formen und dem Umfang der Untergrundbewegung muß dagegen offen bleiben. Es gab schon damals kritische Stimmen, die zwar den aktiven Kampf gegen die Besatzung bejahten, sich jedoch fragten, ob es sich lohne, für eine illegale Vorlesung über römisches Recht zu sterben[7] – eine Frage, die sich als pars pro toto gegenüber weiten Bereichen des Untergrundes stellen ließe.

Die rückschauende Perspektive ist freilich zu leicht geneigt, ex post ihr Urteil in die jeweilige Situation zu projizieren. Wo es nichts mehr zu verlieren gab – und in Polen hatten nur noch wenige wirklich etwas zu verlieren –, mußte in einem Lande mit so starken konspirativen Traditionen wie Polen Widerstand eine fast unvermeidliche Konsequenz darstellen, Widerstand nicht zuletzt gegen einen Terror, der nicht ausschließlich physischer Natur war, sondern sich auf den gesamten Bereich national-kultureller Eigenständigkeit erstreckte und daher den Stolz eines so nationalbewußten Volkes besonders tief verletzen mußte.

Nach allzu rationalen Motiven zu suchen, hieße, der tatsächlichen psychologischen Situation kaum gerecht zu werden. „In unserem Widerstand", schreibt Jan Strzelecki in einem Essay, in dem er die innere Einstellung der jungen Generation der Okkupationszeit zu formulieren versucht, „ging es nicht um die Rettung unser selbst; das konnte man weitaus sicherer durch Gefügigkeit erreichen. Unser Widerstand war ein Widerstand gegen die Welt, die *sie* (die Deutschen; C.K.) den Menschen bereiten wollten. Aber unser Widerstand war nicht durch eine objektive Ordnung der Dinge bestimmt, sondern durch *unser* Urteil über diese Ordnung, durch unseren Richtspruch, daß das, was sie taten, ein Verbrechen sei, dessen Vorhandensein für uns eine Herausforderung war. Wir handelten somit in einem Spalt der Freiheit, wie die Philosophen sagen. Unser Widerstand war ein Akt des moralischen Subjekts, der sich von einem objektiven Wissen weder ableiten noch begründen ließ."[8]

Der Widerstand „verselbständigte" sich im Laufe der Okkupationsjahre mehr und mehr gegenüber dem Gegner und seiner Politik. Die Breite und Intensität der Diskussion gesellschafts- und bildungspolitischer Probleme ist wohl das hervorstechendste Merkmal dieses Prozesses. Die tabula rasa des in Trümmer geschlagenen polnischen Staates stellte die Ausgangsbasis für eine Rückbesinnung auf die besten polnischen Traditionen dar, an die ein künftiger polnischer Staat unter radikal veränderten gesellschaftlichen Verhältnissen wiederanknüpfen sollte. „Wohl nirgendwo in unserer bisherigen kulturellen und politischen Geschichte", schrieb das illegale Blatt „Kultura Jutra" im März 1944, „findet sich ein solch starker Trend zu einer strukturellen Reform und einer neuen pädagogischen, sozialen, wirtschaftlichen und geschichtsphilosophischen Konzeption wie in den letzten Jahren unter der deutschen Okkupation. . . Nicht nur die politischen Parteien . . ., sondern auch zahllose Vereinigungen und sogar kleine, aus wenigen Mitgliedern bestehende Gruppen verfassen Projekte, geschichtsphilosophische Skizzen, Deklarationen, Manifeste und Programme. Viele dieser Verlautbarungen tragen den Stempel der Naivität und des Dilettantismus, viele jedoch treffen die großen national-politischen und internationalen Probleme."[9]

Daß Polen im 18. Jahrhundert in der Bildungspolitik mit Konarskis „Erziehungskommission" einen bedeutsamen Platz in Europa einnahm und daß die progressiven Ansätze der polnischen Aufklärung zwar durch äußere Gewalt vernichtet wurden, als Traditionselement aber weiterwirkten, gab der Diskussion im Widerstand während des Zweiten Weltkrieges ihre historische Dimension[10].

Die Programme und Erklärungen der verschiedenen Gruppen in dieser Zeit scheinen aufgrund ihrer allgemein gehaltenen und oft verschwommenen Formulierungen und durch die gewollte oder erzwungene Anpassung an den generellen Radikalisierungsprozeß vielfach austauschbar – ein Kennzeichen historischer Umbruchsituationen, wie es sich auch bei den deutschen Parteien unmittelbar nach dem Krieg beobachten läßt. Wie wenig sie jedoch selbst bei weitgehender inhaltlicher Deckung tatsächlich austauschbar waren, zeigte sich nach der Machtübernahme durch die Kommunisten. Zweifellos wünschte 1945 – mit wenigen Ausnahmen – niemand einfach eine Rückkehr zum Zustand vor 1939. Indes, die demokratisch-sozialistische Alternative zum stalinistischen Modell Bierutscher Prägung, auf die, wie hier zu zeigen versucht wurde, die Mehrheit gesetzt hatte, blieb Utopie.

Die Befürchtungen, nach Kriegsende werde dem künftigen polnischen Staat schließlich nur noch eine „selekcja negatywna", eine negative Auslese, zurückgelassen, mochten vor allem nach dem Warschauer Aufstand nicht unbegründet erscheinen[11]. Durch die Verluste ergab sich jedoch nicht nur ein sachlicher Zwang zur Erschließung der sozialen Unterschichten für die Schaffung neuer Führungskräfte, sondern es zeigte sich bei der Intelligenz unmittelbar nach der Befreiung auch eine spontane Bereitschaft zum Engagement, die man wohl als Indiz dafür werten darf, wie wenig die programmatischen Postulate der Untergrundbewegung lediglich unverbindliche Manifeste blieben. Im Bildungswesen und vor allem im Bereich des künstlerischen Lebens liefen von der Résistance direkte Impulse in die Zeit des Wiederaufbaus hinüber. Die „Identität von Freiheit und sozialer Funktion"[12] zu sichern, war ein Ziel, dessen Verwirklichung in Polen erstmals reale Chancen hatte. Der Stalinismus machte solche Ansätze zunichte oder deformierte sie zum staatlich verordneten „sozialistischen Realismus". Im „polnischen Oktober" wurden diese Impulse noch einmal wirksam, freilich nicht mehr in der gleichen, ungebrochenen Intensität der unmittelbaren Nachkriegszeit.

Anmerkungen

Einleitung

1 L. de Jong: Zwischen Kollaboration und Résistance, in: Probleme des zweiten Weltkrieges, hrg. v. A. Hillgruber, Köln 1967, S. 249.

2 Hier ist vor allem das Buch von M. Broszat zu nennen: Nationalsozialistische Polenpolitik 1939–1945, 2. Aufl. Fischer-TB, Frankfurt 1965. Das GG wird darin freilich nur knapp behandelt. Ausführlich geht darauf die Dissertation von G. Eisenblätter ein: Grundlinien der Politik des Reiches gegenüber dem Generalgouvernement 1939–1945, Phil. Diss. Frankfurt 1969. Aus der großen Zahl polnischer Untersuchungen ist jetzt vor allem auf die umfangreiche Gesamtdarstellung von Cz. Madajczyk hinzuweisen: Polityka III Rzeszy w okupowanej Polsce, 2 Bde, Warschau 1970, in der die gesamte einschlägige polnische Literatur verarbeitet worden ist.

3 Für das Protektorat sei hier auf einige Grundelemente der kulturpolitischen Planung und Praxis hingewiesen. Schon vom Sommer 1938 gibt es ein Dokument aus der politischen Kanzlei Henleins, das den späteren Direktiven für Polen stellenweise stark ähnelt. Dort wird u.a. für den Zeitraum der „militärischen Kampfhandlungen" eine Propagandaaktion gefordert, die sich „in erster Linie gegen die tschechischen Intelligenzler" zu richten habe, „die seit hundert Jahren dem tschechischen Volk eine falsche Ideologie gepredigt haben". Für den Zeitraum der militärischen Besetzung wird empfohlen: „Das gesamte tschechische Schul- und Bildungswesen bleibt bis auf weiteres gesperrt." Nach der Aufhebung der Militärverwaltung sollte dann das Ziel sein: „Grundsätzlich gibt es nur ein deutsches Schulwesen, und zwar vom Kindergarten bis zur Hochschule. Neuordnung des Geographie- und Geschichtsunterrichts bei besonderer Hervorhebung der Geschichte Böhmens als Reichsgeschichte." Zit. in: V. Král: Die Deutschen in der Tschechoslowakei 1933–1947, Prag 1964, S. 224 ff. Ähnliche Zielvorstellungen zeigt die „Denkschrift über die Behandlung des Tschechen-Problems und die zukünftige Gestaltung des böhmisch-mährischen Raumes" von K. H. Frank vom 28. August 1940. Die Kultur- und Schulpolitik sollte allmählich ganz auf Germanisierung abgestellt werden, für den „rassisch unverdaulichen Teil" der Bevölkerung, insbesondere die Intelligenz, empfahl Frank „Sonderbehandlung", also physische Liquidierung. Ebda, S. 420. Die Praxis im Protektorat ließ zwar erkennen, daß das angestrebte Fernziel keineswegs aus den Augen verloren wurde, dennoch fiel sie im Vergleich zu Polen erheblich gemäßigter aus. Die tschechischen Hochschulen wurden im November 1939 geschlossen. Die Ober- und Mittelschulen jedoch blieben, wenn auch in reduziertem Umfang, erhalten. Zur Protektoratspolitik bis 1942 liegt jetzt eine detaillierte Untersuchung vor von D. Brandes: Die Tschechen unter deutschem Protektorat. Besatzungspolitik, Kollaboration und Widerstand im Protektorat Böhmen und Mähren bis Heydrichs Tod (1939–1942), München 1969. Cf. ferner: A. Wolf: Higher Education in German occupied countries, London 1945.

Für die ins Reich eingegliederten Teile Sloweniens sind bislang keine ähnlich weitgehenden Planungen bekannt geworden, die Grundzüge der Germanisierungspolitik mit der Aussiedlung der slowenischen Intelligenz und der forcierten Stabilisierung des Deutschtums zeichnen sich jedoch auch hier in der Besatzungspolitik deutlich ab. Cf. dazu die Darstellung eines jugoslawischen Autors T. Ferenc: Le système d'occupation des Nazis en Slovène, in: Les systèmes d'occupation en Yougoslavie 1941–1945. Rapports au 3 Congrès International sur l'Histoire de la Résistance européenne à Karlovy Vary, les 2–4 Sept. 1963, Belgrad 1963, S. 377–424. Eine Darstellung von volksdeutscher Seite, die stark apologetisch bestimmt ist und auf Slowenien nur äußerst knapp eingeht, bringt J. Wuescht: Jugoslawien und das Dritte Reich. Eine dokumentierte Geschichte der deutsch-jugoslawischen Beziehungen von 1933–1945, Stuttgart

1969, S. 60 f. Cf. zu den Siedlungsplanungen für Lothringen, Slowenien und das Protektorat auch den Hinweis auf ungedrucktes Material bei Madajczyk, Polityka III Rzeszy, a.a.O., Bd. I S. 145, Anm. 68.

4 Nolte unterscheidet in der Hitlerschen Kriegsführung 3 Stufen: den nationalen Restitutionskrieg, den europäischen Normalkrieg und den ideologischen Vernichtungskrieg. E. Nolte: Der Faschismus in seiner Epoche, München 1965, S. 432 f.

5 Dazu Eisenblätter, a.a.O. S. 73 ff. Auch im nationalsozialistischen Selbstverständnis hatte die Polenpolitik den Charakter des Experimentierfeldes. In einer offiziösen Darstellung der „Deutschen Aufbauarbeit im Distrikt Warschau" heißt es beispielsweise: „Das Generalgouvernement war die erste Schule, in der es galt, die Bewährung fur dieses neue Großraumdenken unserer Ostpolitik zu erbringen. Was hier ein bescheidener Anfang war, wird nun im Großen in den gewaltigen Gebieten des neu erschlossenen Ostens sich vollenden. . ." F. Gollert: Warschau unter deutscher Herrschaft. Zwei Jahre Aufbauarbeit im Distrikt Warschau, Krakau 1942, S. 302.

6 Ein besonders augenfälliges Beispiel dazu: als Galizien von sowjetischen Truppen besetzt worden war, wurde zwar das polnische Bildungswesen von Grund auf nach sowjetischem Muster umgebaut, aber nicht zerstört. An der Universität Lemberg löste man die theologische Fakultät auf, der gesamte übrige Lehrkörper blieb jedoch weiter im Amt, an der Technischen Hochschule stellte man sogar Emeritierte wieder ein, um den für notwendig gehaltenen Bedarf zu decken. R. K. 1942, 1, S. 120. Cf. dazu auch Madajczyk, Polityka III Rzeszy, a.a.O. Bd II, S. 131. Als 2 Jahre später Lemberg unter deutsche Herrschaft kam, wurde die Universität sofort geschlossen, ein Großteil der Professoren verhaftet und erschossen. Cf. oben, S. 46 u. 57.

7 E. Nolte: Die faschistischen Bewegungen, dtv München 1966, S. 166. K. Hildebrand: Vom Reich zum Weltreich. Hitler, NSDAP und koloniale Frage 1919–1945, München 1969, S. 775.

8 Wolf, a.a.O., S. 105 ff. Zur Italianisierung Dalmatiens im kulturpolitischen Bereich ferner: D. Šepić: La politique italienne d'occupation en Dalmatie 1941–1943, in: Les systèmes, a.a.O., S. 381 ff.

9 H. J. Lieber: Ideologie, in: Staat und Gesellschaft, Fischer-Lexikon, Neuausgabe Frankfurt 1964, S. 138. Cf. zur Entstehung und Bedeutung des Ideologiebegriffs vor allem die problemgeschichtliche Einführung von K. Lenk: Ideologie, Soziologische Texte 4, Neuwied 1964.

10 Eine genaue philologische und bedeutungsgeschichtliche Untersuchung beider Begriffe liegt in einem Sammelband vor: Kultur und Zivilisation. Europäische Schlüsselwörter, Bd III, hrg. v. Sprachwiss. Coloquium Bonn, München 1967. Sehr unbefriedigend sind die entsprechenden Passagen des Buches von M. Abelein: Die Kulturpolitik des Deutschen Reiches und der Bundesrepublik Deutschland, Köln 1968.

11 In einem Brief an Wilhelm II. schrieb H. St. Chamberlain über den Weltkrieg: „Es ist der Krieg der modernen mechanischen Zivilisation gegen die uralte, heilige, ewig in Neugeburt befindliche Kultur auserlesener Menschenrassen." Zit. in: Kultur und Zivilisation, a.a.O., S. 335.

12 In seiner Rede auf dem Reichsparteitag 1934 warnte Hitler zwar vor den traditionsfeindlichen „Kunstverderbern", polemisierte zugleich aber auch gegen „das plötzliche Auftauchen jener Rückwärtse, die meinen, eine ‚teutsche Kunst' aus der krausen Welt ihrer eigenen romantischen Vorstellungen der nationalsozialistischen Revolution als verpflichtendes Erbteil für die Zukunft mitgeben zu können." Zit. b. H. Brenner: Die Kunstpolitik des Nationalsozialismus, rde Hamburg 1963, S. 83. Seit 1936 versuchte vor allem Rosenberg die Trennung von Kultur und Zivilisation zu überwinden. Cf. besonders den Aufsatz „Kultur und Technik", in: Gestaltung der Idee, München 1937, S. 319 ff. Auch bei Goebbels gab es schwache Ansätze in dieser Richtung, so in seiner Rede an der Universität Heidelberg: Der geistige Arbeiter im Schicksalskampf des Reiches, München 1943. Das klarste Zeugnis dieser Art ist der Artikel von H. Dressler-Andres, Hauptbereichsleiter der NSDAP im GG, in der Parteizeitschrift „Das Vorfeld": Vom sozialrevolutionären Sinn dieses Weltkrieges. Vorfeld III H. 5/6, 1943, S. 99–102. Der Autor lebt heute als Regisseur und Mitarbeiter des Agitprop in der DDR.

13 D. Schoenbaum: Die braune Revolution, Köln 1968, S. 26.

14 Rosenberg: Der Mythos des 20. Jahrhunderts, 9. Aufl. München 1933, S. 140 f.

15 So schrieb beispielsweise der nationalkonservative Publizist Walter von Molo 1942 in den „Warschauer Kulturblättern": „Es gibt nur nationale Kulturen. An vermanschte, sogenannte allgemeine Kultur zu glauben, ist Unkultur." „Wer Kultur hat, achtet andere Kulturen." Warschauer Kulturblätter 4 (1942), S. 15 u. 16.

16 G. Lukács verweist in diesem Zusammenhang auf das formale Vorbild der Spenglerschen Kulturkreislehre: Von Nietzsche zu Hitler, Fischer-TB, Frankfurt 1966, S. 159. „Kultur", schreibt Krieck, „ist die Bildung eines Ganzen, Bildung die Kultur seiner Glieder. Kultur und Bildung stehen, wenn sie real und wirkungsvoll sein sollen, im Zusammenhang von Blut und Boden, von

Rasse und Volkstum, von Schicksal und geschichtlicher Lage". E. Krieck: Nationalpolitische Erziehung, Leipzig 1932, S. 99. In „Mein Kampf" erklärt Hitler die Möglichkeit der Entstehung von Kultur durch das Zusammentreffen von Ariern mit niederen Völkern und deren Unterwerfung und Versklavung. Die Aufrechterhaltung sei, so habe sich erwiesen, nur bei „rücksichtsloser Trennung von Herr und Knecht" möglich gewesen, jede Rassenvermischung bedeute Kulturverfall. Mein Kampf, 218./219. Aufl. München 1936, S. 323 f. Diese These gibt genau das Grundmodell der Hitlerschen Ostpolitik wieder.

17 Krieck, a.a.O., S. 23.

18 Brenner, a.a.O., S. 273 f.

19 Krieck, a.a.O., S. 129. In einem Erlaß des Reichministeriums für Erziehung und Wissenschaft v. 19.1.1938 heißt es u.a.: „Die nationalsozialistische Revolution hat an die Stelle des Trugbildes der gebildeten Persönlichkeit die Gestalt des wirklichen, d.h. durch Blut und geschichtliches Schicksal bestimmten Menschen gesetzt und an die Stelle der humanistischen Bildungsideologie . . . eine Erziehungsordnung aufgebaut, die sich aus der Gemeinschaft des wirklichen Kampfes entwickelt hatte. Nur aus dem Geist dieser politischen Zucht kann auch die zentrale Aufgabe der kommenden Schule erwachsen, die die Begeisterungsfähigkeit des jungen Deutschen . . .steigert und zur Einsatzfähigkeit fortführt." Zit. b. K. Borcherding: Wege und Ziele der politischen Bildung in Deutschland, München 1965, S. 57 f.

20 E. Krieck: Volk im Werden, Oldenburg 1932, S. 53.

21 Schoenbaum, a.a.O., S. 98ff.

22 R. Eilers, Die nationalsozialistische Schulpolitik, Köln 1963, S. 107.

23 Rosenberg, a.a.O., S. 624. R. Benze: Erziehung im Großdeutschen Reich, 3. Aufl. Frankfurt 1943, S. 6.

24 Mein Kampf, a.a.O., S. 452.

25 Ebda, S. 475.

26 R. F. Behrendt: Der Mensch im Lichte der Soziologie, Stuttgart 1962, S. 45.

27 Cf. dazu I. Geiss: Der polnische Grenzstreifen 1914–1918, Hamburg 1960. Besonders aufschlußreich ist in diesem Zusammenhang die Tatsache, daß sich z. B. die Arbeiterschaft im Krieg mit Entschiedenheit nur gegen Annexionen im Westen, nicht aber im Osten aussprach. Ebda, S. 69. Cf. zu diesem Problem generell ferner G. Stökl: Osteuropa und die Deutschen, Oldenburg 1967.

28 Eins von vielen Beispielen für das schizophrene deutsche Verhältnis zu „dem Osten" ist der von Eberhard G. Schulz herausgegebene Sammelband: Leistung und Schicksal. Abhandlungen und Berichte über die Deutschen im Osten, Köln 1967. Unter dem gleichen Titel gab es seit 1967 in der Bundesrepublik eine Wanderausstellung. Die historisch-politische Schizophrenie zeigt sich schon im Titel, mehr noch aber in der Folge der Aufsätze: die nationalsozialistische Epoche fehlt oder wird lediglich am Rande gestreift, da sonst die Schablone von der deutschen Leistung seit mittelalterlichen Zeiten bis zur zusammenhanglos dastehenden Vertreibung schwerlich passen würde.
Zur polnischen These von den „wiedergewonnenen Gebieten" hat M. Orzechowski mit beträchtlichem Aufwand, aber ohne durchschlagende Überzeugungskraft nachzuweisen versucht, daß – anknüpfend an ältere Traditionen, deren politischer Hintergrund kaum noch kritisch durchleuchtet und gewertet wird – der weitaus größte Teil des Untergrundes einmütig für die Grenzziehung an Oder und westlicher Neiße eingetreten sei: Odra – Nysa Łużycka – Bałtyk w polskiej myśli politycznej okresu drugiej wojny światowej, Breslau 1969. In der Einleitung dieses Buches finden sich zahlreiche Hinweise auf polnische Literatur zur Frage der „Westgebiete" seit dem 19. Jahrhundert.

29 F. Neumann: Behemoth. The structure and practice of National Socialism, London 1942, S. 385.

30 So der Generalgouverneur Hans Frank in einer Sitzung vom 14.4.1943. Bundesarchiv (BA), Koblenz, R 52 II Diensttagebuch Franks (T.), 1943 II, S. 229.

31 Eine Dokumentation über die Europapläne der europäischen Widerstandsbewegungen hat W. Lipgens zusammengestellt. Osteuropa kommt darin freilich recht kurz. Die für Polen angeführten Dokumente können z. T. als repräsentativ angesehen werden: Europaföderationspläne der Widerstandsbewegungen 1940–1945, München 1968.

32 Zur Quellensituation cf. S. 257.

33 Cf. dazu S. 192, Anm. 24.

34 Cf. dazu meinen Aufsatz „Nationalsozialistische Kirchenpolitik und Nationalitätenfrage im Generalgouvernement", in: Jahrbücher für Geschichte Osteuropas 18 (1970), S. 575–600. Jetzt auch Madajczyk, Polityka III Rzeszy, a.a.O. Bd II, S. 189 ff.

35 Cf. zur nationalsozialistischen Judenpolitik H. Krausnick: Judenverfolgung, in: H. Buchheim, M. Broszat, H.-A. Jacobsen, H. Krausnick: Anatomie des SS-Staates, Bd II, Olten 1965, S. 283–

448. Zur deutschen Politik gegenüber den polnischen Juden: Madajczyk, Polityka III Rzeszy, a.a.O. Bd I, S. 224 ff., 280 ff., Bd II, S. 213 ff., 306 ff. Als Erlebnisbericht eines der wenigen Überlebenden ist wichtig B. Goldstein: Die Sterne sind Zeugen. Der Untergang der polnischen Juden, dtv-Dokumente, München 1965. Zu dem heiklen Thema der Beziehungen zwischen polnischer Widerstandsbewegung und jüdischer Bevölkerung J. Tenenbaum: Underground, New York 1952. Aus der Perspektive der polnischen Untergrundarmee (AK) mit stark apologetischem Akzent K. Iranek-Osmecki: Polacy i Żydzi 1939–1945, in: Zeszyty Historyczne (London) 14 (1968), S. 5–37. Cf. auch unten, S. 221, Anm. 73.

36 Ein im Charakter durchaus repräsentatives Beispiel ist das 1942 im Untergrund zusammengestellte und 1945 in London erschienene Sammelwerk „The Nazi KULTUR in Poland" (im folgenden zit. als Nazi Kultur), das minutiös die deutschen Zerstörungsaktionen verzeichnet. Dieses Bild, das nachträglich im Vergleich zum Inferno des Kriegsendes in Deutschland noch harmlos anmuten mag, ist gerade in seinen Details Ausdruck dafür, daß die nationalsozialistischen Aktionen als völliges Novum in der Kriegsgeschichte der neueren Zeit empfunden wurden. Insofern ist dieses Buch – ebenso wie zahlreiche andere zeitgenössische Publikationen – eher als „historisches Zeugnis" denn als Faktensammlung von Bedeutung.
Einen Eindruck über die Fülle der Literatur kann das unten, S. 261 ff. zusammengestellte Literaturverzeichnis vermitteln, das zwar keinen Anspruch auf Vollständigkeit erhebt – ohnehin ist ein großer Teil der Spezialliteratur in Deutschland nicht zugänglich –, aber doch alle wichtigen Materialien berücksichtigt. Noch umfangreicher dürfte die ebenfalls sehr verstreute Literatur zu Okkupation und zum Widerstand allgemein, insbesondere zu Partisanenaktionen u.ä., sein. Dazu ist auf folgende Spezialbibliographien hinzuweisen: W. Chojnacki, K. M. Pospieszalski, E. Serwański: Materiały do bibliografii okupacji hitlerowskiej w Polsce 1939–1945, Warschau 1957, Anhang zu Najnowsze Dzieje I (1957). Bibliografia walki wyzwoleńczej narodu polskiego przeciw hitlerowskiemu okupantowi 1939–1945. Materiały z lat 1945–1960, Warschau 1961. Bibliografia Warszawy (Muzeum historyczne m. st. Warszawy), Bd. II Breslau, Warschau, Krakau 1964. Revue d'Histoire de la Deuxième Guerre Mondiale. Darin ab Jg. 12 (1962) regelmäßige Bibliographien der europäischen Widerstandsbewegungen.

Erster Teil

I. Kontinuitäten

1 M. Friedberg: Kultura Polska a Niemiecka, Posen 1946, Bd I, S. 18. Cf. unten, Anm. 28.

1a Cf. dazu allgemein die Darstellung von G. Stökl, a.a.O. Speziell zu den deutsch-polnischen Beziehungen und ihrer Beurteilung in der deutschen und polnischen sowohl bürgerlichen wie marxistischen Historiographie: Polen und Deutschland. Wissenschaftliche Konferenz polnischer Historiker über die deutsch-polnischen Beziehungen in der Vergangenheit, hrg. v. H. Ludat, Köln 1963.

2 Wie stark das Problem der Kontinuitäten mit Ressentiments belastet ist, dafür kann als Indiz das Echo auf die Bücher von M. Broszat, 200 Jahre deutsche Polenpolitik, München 1963, und I. Geiss, a.a.O., gelten. H. Jablonowski, Vertreter der konservativen deutschen Polenhistoriographie, greift zu Recht die Behandlung verschiedener Details bei Broszat an, die Berechtigung der kritischen Frage nach Kontinuitäten rückt indes überhaupt nicht ins Blickfeld. Rez. in: HZ 198 (1964), S. 397 ff. Prinzipiell ähnlich auch E. Hölzles Rez. von Geiss in: Jbb. f. Gesch. Osteuropas 10 (1962), S. 146 ff.

3 S. Baske: Praxis und Prinzipien der preußischen Polenpolitik 1849–1871. Forschungen zur osteuropäischen Geschichte IX (1963), S. 188 f.

4 Zur preußisch-deutschen Polenpolitik allgemein: Broszat, a.a.O. H. Jablonowski: Die preußische Polenpolitik 1815–1914, Würzburg o. J., Schriftenreihe des Göttinger Arbeitskreises. Cf. dazu eine polnische Rez. v. G. Labuda, in: Polish Western Affairs 5 (1964), S. 366 ff. M. Laubert: Preußische Polenpolitik von 1772–1914, 3. Aufl. Krakau 1944. G. Manteuffel-Szoege: Geschichte des polnischen Volkes während seiner Unfreiheit 1772–1914, Berlin 1950. H. Rothfels: Bismarck und der Osten, in: Bismarck, der Osten und das Reich, Darmstadt 1960. H. U. Wehler: Die Polenpolitik im Deutschen Kaiserreich 1871–1918, in: Politische Ideologien und nationalstaatliche Ordnung, Festschrift für Th. Schieder, München 1968.

4a Dazu jetzt H. Neubach: Die Ausweisungen von Polen und Juden aus Preußen 1885/86. Ein

Beitrag zu Bismarcks Polenpolitik und zur Geschichte des deutsch-polnischen Verhältnisses, Wiesbaden 1967.

5 Abgeordnetenhausrede vom 28.1.1886, zit. bei Rothfels, a.a.O.,S. 96.

6 Zit. ebda, S. 75.

6a Zit b. Wehler, a.a.O., S. 302.

7 So in der erwähnten Rede. Rothfels, a.a.O., S. 96.

8 Vom objektiven Nutzen für Polens Zukunft her gesehen, läßt sich paradoxerweise durchaus sagen, daß die preußische Kulturpolitik trotz ihrer diskriminierenden Maßnahmen gegenüber der Oberschicht durch die Hebung der breiten Bevölkerungsschichten auf ein relativ hohes Niveau und durch die Provozierung eines geschlossenen nationalen Widerstandes aller Bevölkerungskreise die polnische Entwicklung mehr gefördert hat als die liberale, sozial aber einseitig auf den Adel gestützte österreichische Politik in Galizien, wo es zwar zwei polnische Universitäten gab, zugleich aber auch einen erschreckend hohen Prozentsatz von Analphabeten gab. In dieser Interpretation kommen sich Nationalisten wie Dmowski und marxistische Historiker von heute oft recht nahe.

9 Laubert, a.a.O., S. 156 f.

10 Broszat, 200 Jahre, a.a.O., S. 123.

11 Zit. ebda., S. 152.

12 Geiss, a.a.O., S. 53 ff.

13 Darunter 352 Professoren, 158 Lehrer und Geistliche, 145 höhere Verwaltungsbeamte, 148 Richter und Rechtsanwälte, 40 Reichs- und Landtagsabgeordnete, 18 Generale und Admirale a.D., 182 Männer aus Industrie, Handel und Bankwesen, 52 Landwirte und 252 Künstler, Schriftsteller und Verlagsbuchhändler.

14 Ebda., S. 53.

15 Wehler, a.a.O., S. 315.

16 Die Entnationalisierungspolitik schlägt sich z. B. in der Schulstatistik deutlich nieder. Nach volksdeutschen Angaben sank die Zahl der deutschen Schulen von 1550 (mit 93 214 Schülern) auf 490 (mit 55 000 Schülern) im Jahre 1934/35. R. Breyer: Das Deutsche Reich und Polen 1932 bis 1937, Würzburg 1955, S. 54. Im wesentlichen die gleichen Angaben bringt Th. Bierschenk: Die deutsche Volksgruppe in Polen 1934–1939, Kitzingen 1954, S. 155. Demgegenüber weist eine Statistik der „Gazeta Polska" vom 18.11.1934 neben 490 deutschen Volksschulen noch 50 Vor-, 20 Ober-, 4 Berufsschulen und 4 Lehrerseminare als rein deutsch aus, dazu u.a. 384 zweisprachige Volksschulen. Zit. b. K. E. Türcke: Das Schulrecht der deutschen Volksgruppen in Ost- und Südosteuropa, Berlin 1938, S. 171. Nach S. Potocki: Położenie mniejszości niemieckiej w Polsce 1918–1938, Danzig 1969, S. 231 soll es 1936/37 in Polen 428 deutsche und 159 zweisprachige Grundschulen mit 40 700 bzw. 33 900 Schülern gegeben haben. Auch ohne hier die verschiedenen Zahlen kritisch diskutieren zu können, läßt sich eine fallende Tendenz konstatieren. Das gilt vor allem für Mittelpolen. Obwohl die deutsche Volksgruppe hier zahlenmäßig zunahm, wurde die Zahl der deutschen Schulen immer kleiner. Der deutsche Senator Utta erklärte in einer Eingabe an den Völkerbund 1931, statt der ehemals (1914) in Kongreßpolen vorhandenen 560 deutschen Schulen gebe es jetzt nur noch 100, von denen auch nur noch ein Teil rein deutsch sei. Zit. b. O. Heike: Das deutsche Schulwesen in Mittelpolen, Dortmund 1963, S. 110 ff.

Auch die polnische Pressepolitik tat das ihre zur Vergiftung der Atmosphäre. So wurden beispielsweise die „Kattowitzer Zeitung" in fünfeinhalb Jahren 124mal, der „Oberschlesienkurier" in sechs Jahren 190mal beschlagnahmt. Der „Deutschen Rundschau" in Bromberg wurden von 1920 bis 1939 insgesamt 872 Strafverfahren angehängt, 546mal wurde sie beschlagnahmt. Breyer, a.a.O., S. 55. Bierschenk, a.a.O., S. 51.

Eine befriedigende, kritische Darstellung des ganzen Fragenkomplexes gibt es bislang nicht, sowohl auf polnischer wie auf deutscher Seite dominiert mehr oder minder deutlich die Apologie.

17 So Viktor Kauder, einer der führenden deutschen Gelehrten und Volksforscher in Mittelpolen, im Vorwort der „Deutschen Monatshefte" (bis 1939 „Deutsche Monatshefte in Polen), Heft September 1939.

18 So vor allem der „Deutsche Verband zur nationalen Befriedung Europas", die deutschen Marxisten und die evangelische Kirche in Posen und Pommerellen. Breyer, a.a.O., S. 220 ff.

19 L. de Jong: Die Deutsche Fünfte Kolonne im 2. Weltkrieg, Stuttgart 1959, S. 271.

20 Cf. Gutachten des Instituts für Zeitgeschichte, Bd I, München 1958, S. 404–407.

21 Dokumente zur Vorgeschichte des Krieges (Deutsches Weißbuch) Auswärtiges Amt Berlin 1939, Nr. II, S. 381. Systematische Mordaktionen, wie sie später die nationalsozialistische Propaganda behauptete, gab es freilich auch in dieser Zeit nicht. Das Weißbuch nennt für die Zeit vom

1.4.–1.9.1939 insgesamt 23 Todesopfer, von denen ein Großteil bei Grenzüberquerungen und Grenzzwischenfällen getötet wurde. Cf. K. M. Pospieszalki: The case of 58 000 „Volksdeutsche", Posen 1959, S. 55.

22 De Jong, a.a.O., S. 153. Pospieszalski kann in seiner – im übrigen sehr sorgfältigen – Untersuchung nur wenige wirklich stichhaltige Beweise dagegen vorbringen. In dem Bemühen um ein abgewogenes Urteil ist die Arbeit de Jongs wohl die beste bisherige Darstellung zu dem ganzen Fragenkomplex. Vor allem wird hier zwischen der 5. Kolonne als objektiver historischer Realität und der Psychose von der 5. Kolonne unterschieden, die weit auseinanderfallen, auch wenn letztere sicher erheblich größere historische Wirksamkeit erlangte.

23 Cf. de Jong, a.a.O., S. 56. Insbesondere die Vorgänge in Bromberg sind kaum noch exakt zu rekonstruieren. Sowohl für die polnische These, es sei von Volksdeutschen auf zurückflutende polnische Truppenteile geschossen worden, wie für die vorwiegend von ehemaligen Volksdeutschen verfochtene Version, im Rückzugschaos hätten polnische Soldaten Schüsse abgegeben und das Gerücht ausgestreut, es sei von Deutschen geschossen worden, gibt es Augenzeugenberichte. Cf. Pospieszalski, a.a.O. Peter Aurich: Der deutsch-polnische September 1939. Eine Volksgruppe zwischen den Fronten, München 1969. Die historisch-landeskundliche Kommission für Posen und das Deutschtum in Polen bereitet eine umfangreiche Untersuchung des ganzen Komplexes „September 1939" vor. Letztlich ist es irrelevant, wer den ersten Schuß in Bromberg abgab. Möglicherweise ist sogar von beiden Seiten vereinzelt und unüberlegt geschossen worden. Wichtiger ist, daß die Verfeindung zwischen Polen und Volksdeutschen eine derart gespannte Situation erzeugte, daß wenige Schüsse eine völlig unkontrollierte Mordaktion an der deutschen Bevölkerung Brombergs insgesamt auslösen konnten.

24 So z. B. in der vom West-Institut hrg. Propagandaschrift „Irredenta und Provokationen", in: Studien und Abhandlungen, Heft I, Posen, Warschau 1960. Hier wird die deutsche Minderheit völlig undifferenziert als „Werkzeug des 3. Reiches für die politische und militräische Diversion" hingestellt (S. 40) und von einer „liberalen polnischen Politik gegenüber der deutschen Minderheit" (S. 17) gesprochen. Mögen sich für einen Polen auch die Perspektiven etwas verschoben haben auf Grund der Nazi-Politik, so ist das doch reiner Hohn auf den Begriff „liberal". Solche klischeehaften Darstellungen sind genauso wenig geeignet, den komplizierten Sachverhalt zu klären, wie etwa Bierschenks Werk, das trotz Detailarbeit eine einzige unkritische Anklage ist und in seiner Verwertung nationalsozialistischer Literatur und Presse die Grundsätze historischer Quellenkritik nicht eben sorgfältig handhabt. Hierher gehört ebenso das Buch von O. Heike, das für Details sehr nützlich ist, dessen geistiges Niveau sich im übrigen aber in dem vorangestellten Gedicht dokumentiert: „Ein heißes Weinen geht durchs Weichselland. . . ein deutsches Volk um seine Schule klagt. . ."
Eine kritische Auseinandersetzung mit der polnischen Minderheitenpolitik fehlt auch bei Pospieszalski völlig.

25 Eins von zahllosen Beispielen aus Franks Rede vom 19.5.1940 in Zoppot: „Die Behandlung, die die Polen dem deutschen Volk haben zuteil werden lassen, ist so unbeschreiblich, daß eigentlich die polnische Nation ihr Existenzrecht verwirkt hätte." T. 1940, II 2, S. 479.

26 Der Funkspruch b. Pospieszalski, a.a.O., S. 121. Pospieszalski hat aufgrund der Akten der früheren deutschen Gräberzentrale in Posen eine minutiöse Untersuchung über den ganzen Fragenkomplex angestellt. Danach dürfte die in einem Communiqué zur 1. Ausgabe der Dokumentation des Ausw. Amtes („Die polnischen Greueltaten an den Volksdeutschen in Polen") genannte Zahl von 5 437 ungefähr den Gesamtverlust wiedergeben. Schon die im Februar 1940 verbreitete Zahl von 12 857 war erfunden. In der Gräberkartei sind 3 257 Tote und 2 238 Vermißte aufgeführt. Als Opfer direkter polnischer Racheakte und Terrormaßnahmen gibt Pospieszalski etwa 2 000 Personen an (S. 75 f.). Nach der erwähnten Untersuchung der Historischen Kommission, deren Ergebnisse in der Darstellung von Aurich schon verwertet sind, müssen diese Zahlen revidiert werden. Danach sind 3 841 Volksdeutsche als Opfer polnischer Gewalttaten im September 1939 namentlich durch jeweils mehr als einen Zeugen zu identifizieren. Opfer der Kriegshandlungen sind in dieser Zahl nicht enthalten. A.a.O., S. 10 f.

27 Breyer, a.a.O., S. 25.

28 Cf. Anm. 1. Das während der Okkupationszeit verfaßte Buch Friedbergs ist eine berechtigte Zurückweisung der deutschen Propaganda im wissenschaftlichen Gewande von der Unselbständigkeit der polnischen Kultur und dem überragenden deutschen Einfluß auf die polnische Geschichte. Dieses noch ganz im Stile der traditionellen, bürgerlich-nationalen Historiographie geschriebene Werk trägt freilich zu sehr den Stempel nationaler Apologie – was nach den Erfahrungen der Besatzungszeit nur allzu verständlich ist –, als daß es befriedigen könnte. Pauschalurteile wie das zitierte finden sich daher mehrfach.

29 So F. H. Gentzen in ZfG VI (1958), S. 1181–2220. Der Aufsatz ist ein wahres Kabinettstück unhistorischen Klischeedenkens. Einen ähnlichen Mangel verbunden mit der totalen Unfähigkeit, „völkischem Denken" irgendein zeitbedingtes Eigengewicht zuzuerkennen und Ostforschung ohne ständigen Bezug zum „deutschen Finanzkapital" zu untersuchen, zeigen H. Graf und B. Spiru (cf. Literaturverzeichnis). Es erübrigt sich, auf derartige Pamphlete näher einzugehen.

30 Das ganze Problem läßt sich nur aus der hitzigen Atmosphäre der deutschen Revisionspropaganda und der polnischen Reaktionen darauf zureichend erklären. Cf. dazu Broszat, 200 Jahre, a.a.O., S. 164 ff. und 175 ff.

31 Einige Beispiele dafür: Im Februar 1935 wurde in Berlin das „Deutsch-Polnische Institut" als Abteilung der Lessing-Hochschule gegründet. Ab 1936 war es selbständig. Die Leitung hatte auf deutscher Seite der Rektor der TH Charlottenburg, SA-Brigadeführer Prof. von Arnim, auf polnischer Seite Juljusz Skorkowski, Sekretär der polnischen Botschaft in Berlin. BA, R 43 II/1482a. In der von Hans Frank geleiteten „Akademie für Deutsches Recht" wurde im Mai 1937 eine „Arbeitsgemeinschaft für deutsch-polnische Rechtsbeziehungen" geschaffen, in deren Vorstand auf deutscher Seite Dr. Karl Lasch, der spätere Gouverneur von Galizien, und auf polnischer Seite der Vizemarschall des polnischen Sejm und ehemalige Justizminister Wacław Makowski saßen. Dt. Nachrichtenbüro v. 10.5.1937, BA, R 43 II/1482. 1937 wurde auf Initiative Brackmanns die Zeitschrift „Jomsburg" gegründet. Die ehemalige Wikingerburg an der Odermündung sollte Symbol und „erstes Beispiel des Nebeneinanders und der gegenseitigen Durchdringung von Germanen und Slawen" sein. Jomsburg I (1937), Vorwort. Noch im Jahre 1939 erschien im Sigismund-Verlag in Berlin ein Sammelwerk „Polen von Polen gesehen" mit einem Geleitwort des polnischen Botschafters Lipski und einem Beitrag von Hjalmar Schacht. Die engen kulturellen Beziehungen zwischen Deutschland und Polen als Basis der polnischen Geschichte standen darin im Mittelpunkt.

32 Zum Ostmarkenverein ist eine umfassende und sehr materialreiche Sammelarbeit dreier Historiker aus Polen und der DDR erschienen, die vorzüglich über den Charakter des Verbandes unterrichtet, auch wenn sie dessen Einfluß wohl überschätzt und im übrigen mit den üblichen politischen Polemiken behaftet ist. A. Galos; F. H. Gentzen; W. Jakobczyk: Die Hakatisten. Der Deutsche Ostmarkenverein 1894–1934, Berlin (Ost) 1966.

33 Die Statuten (von 1925 und 1934) finden sich in einer deutschen Übersetzung der Publikationsstelle Berlin Dahlem. Zur Aktivität des Verbandes gab die Publikationsstelle eine streng vertrauliche Schrift von Fr. Ross heraus: Polnische Kampfverbände und Propagandainstitute, BDO Schulungsmaterial. Publikationsstelle Berlin Dahlem Juli 1935 (Beides im Herder-Institut, Marburg).

34 So der Direktor des Instituts Dr. Borowik in der „Chronik vom polnischen Meer" 1930, hrg. v. Minist. f. Handel und Gewerbe. Zit. b. Ross, a.a.O., S. 1.

35 Protokoll des Leiters des Ostlandinstituts in Danzig, Prof. Recke. BA, R 43 II/1481, Schreiben v. 10.1.1935.

36 Bierschenk, a.a.O., S. 98.

37 Zit. b. Broszat, 200 Jahre, a.a.O., S. 191 f.

38 R. Goguel: Über die Mitwirkung deutscher Wissenschaftler am Okkupationsregime in Polen im 2. Weltkrieg, Diss. Berlin (Ost) 1964, S. 65.
Über Aubin ist in der DDR – in der üblichen polemischen Manier – viel geschrieben worden, z. B. H. Graf: H. Aubin im Dienste der faschistischen Okkupationspolitik, in: Beiträge zur Geschichte der deutschen Arbeiterbewegung, Sonderheft 1960, bes. S. 190. Man sollte Äußerungen aus der NS-Zeit nicht auf die Goldwaage legen. Bei Aubin indes bekundet sich eine fatale, lediglich subtil variierte Kontinuität völkisch-nationalistischen Denkens. In einem Aufsatz von 1940 schrieb er: „Der geliehene Schein des Trugbildes von Versailles ist vergangen. . . Die alten Grundkomponenten des Völkerlebens im Ostraum sind damit wieder in Geltung gesetzt. . . *Wir* sind jetzt am Zuge." Zeitschr. f. d. gesamte Staatswiss. 100 (1940), S. 408. Die 1953 von Aubin herausgegebene Sammlung „Der deutsche Osten und das Abendland", München, ist eine schwer erträgliche Abendlandapotheose, aus der der Faschismus selbstverständlich gestrichen ist. Der letzte Beitrag von Kurt Ziesché mutet wie eine hochgestochene Metaphysizierung faschistoider Vorstellungen und Begriffe an.
Kritisch geht auf Aubin auch W. Philipp ein: Nationalsozialismus und Ostwissenschaften, in: Universitätstage 1966, Veröffentlichungen der Freien Universität Berlin 1966, S. 53 f. Cf. auch oben, S. 26.

39 Mitteilungen d. Reichsstiftung f. dte. Ostforschung 3 (1943), zit. b. J. Baumgart: Tajna organizacja nauki niemieckiej, in: Przegl. Zachodni 3 (1947), S. 971. Im einzelnen befaßt sich mit der

Nord- und Ostdeutschen Forschungsgemeinschaft und der Publikationsstelle ausführlich Goguel, a.a.O. Mit Schlüssen wie „Einbeziehung der Wissenschaft in die unmittelbaren, großenteils konspirativen Aggressionsvorbereitungen" sollte man freilich etwas vorsichtiger sein, als es G. ist (a.a.O., S. 3). Daß sich etwa die Arbeiten der Publikationsstelle später für militärische Zwecke verwenden ließen, besagt noch nicht, daß sie per se aggressiven Zielen dienten. Während des Krieges allerdings änderte sich das. Die „Polenberichte" (Nr. 1 – 34, Mai 1939 – April 1940) befinden sich in der Bibliothek des Herder-Instituts, Marburg.

40 Baumgart, a.a.O., S. 973. Cf. auch J. Drożdżyński, J. Zaborowski: Oberländer, Posen 1960.

41 Galos, Gentzen, Jakobczyk, a.a.O., S. 408.

42 Ostdeutsche Forschungen Bd I, Plauen 1934. In leicht veränderter Neuauflage erschien das Werk 1957 in Würzburg unter dem Titel: Deutsch-polnische Nachbarschaft. Lebensbilder deutscher Helfer in Polen.

43 Mit dieser Bemerkung soll hier keineswegs die viel strapazierte These vom deutsch-polnischen Kulturgefälle aufgenommen werden. Die ständigen Hinweise auf die Bedeutung der polnischen Kultur, die sich auch in zahlreichen Dokumenten der Widerstandsbewegung finden, sind jedoch ein Indiz dafür, daß in Polen ein souverän-selbstverständliches Verhältnis zu den eigenen kulturellen Leistungen fehlte. Diese fehlende Sicherheit wurde dann leicht in einer Art nationaler Monomanie kompensiert. Die Ursachen dafür lagen freilich nicht zuletzt in der peripheren Lage Polens, die es verhinderte, daß Eigenständigkeit und Bedeutung der polnischen Geschichte und Kultur jemals tiefer in das allgemeine Bewußtsein in den mittel- und westeuropäischen Ländern drangen.

44 Cf. oben, S. 49. Das gilt auch für Lücks „Mythos vom Deutschen in der polnischen Volksüberlieferung und Literatur", Posen 1938. Das Werk will durch Aufdeckung von Klischees vom Deutschen zur Verständigung zwischen beiden Völkern beitragen. Da es aber zu einer Sammlung gehässiger polnischer Redensarten und Romanpassagen wurde, deren Analyse die spezifische Situation Polens nur sehr unzureichend berücksichtigte, konnte das Buch diese Funktion schwerlich erfüllen.
Auch die von A. Brackmann herausgegebene Sammelarbeit für den internationalen Historikertag in Warschau „Deutschland und Polen", Berlin 1933, blieb ganz und gar in der deutschnationalen Perspektive befangen. Das Buch wurde im übrigen von Brackmann mit einer persönlichen Huldigung Hitlers überreicht. Brief v. 13.8.1933, BA, R 43 II/1480a.

45 Besonders das 1941 erschienene Werk „Der Lebenskampf im deutsch-polnischen Grenzraum", Berlin 1941, zeigt recht deutlich Lücks nationalsozialistische Einstellung.

46 H. Aubin: Zur Erforschung der deutschen Ostbewegung, in: Deutsches Archiv für Landes- und Volksforschung I (1937), zit. b. Philipp, a.a.O., S. 53 f.

II. Grundelemente nationalsozialistischer Polenpolitik und machtpolitische Struktur des Generalgouvernements

1. Gründe für die Radikalität der politischen Planung; Entwicklungsphasen des Generalgouvernements

1 Zur Frage der Stellung Polens im Konzept der nationalsozialistischen Außenpolitik cf. H. Roos: Polen und Europa. Studien zur polnischen Außenpolitik 1931–1939, Tübingen 1957, S. 140 ff., 222 f., 398 f. H. A. Jacobsen: Nationalsozialistische Außenpolitik 1933–1938, Frankfurt 1968, S. 403 f. Madajczyk, Polityka, a.a.O. Bd. I, S. 17 ff. Einige interessante wirtschaftspolitische Gesichtspunkte bringt der Aufsatz von B. Puchert: Die deutsch-polnische Nichtangriffserklärung von 1934 und die Außenwirtschaftspolitik des deutschen Imperialismus gegenüber Polen bis 1939, in: Jbb. f. Gesch. d. UdSSR u. d. volksdemokratischen Länder Europas 12 (1968), S. 339–354.

2 J. Piłsudski: Erinnerungen und Dokumente. Mit einem Geleitwort von Hermann Göring, 4 Bde. Essen 1935/36. Piłsudskibilder blieben weiterhin erlaubt, während alle sonstigen nationalen Bilder und Embleme verboten wurden. Cf. oben, S. 49. In die gleiche Richtung zielt ein charakteristisches Detail aus dem Jahre 1944: am 28.1.1944 wurde in Krakau feierlich in Anwesenheit führender deutscher Nationalsozialisten des GG eine polnische Volksschule eingeweiht. Der Saal war mit weiß-roten Fahnen, einem Frank-Bild und darunter einem Piłsudski-Porträt dekoriert! R.K. 1944, 11 S. 85.

3 H. Rauschning: Gespräche mit Hitler, Zürich 1940, S. 42.

4 Ebda., S. 42 u. 109 ff. Das politische Tagebuch Alfred Rosenbergs. Hrg. v. H. G. Seraphim, dtv-Dokumente, München 1964, S. 68.
5 Zit. b. Broszat, 200 Jahre, a.a.O., S. 193.
6 Rosenberg, Tagebuch, a.a.O., S. 68.
7 Cf. dazu Broszat, NS-Polenpolitik, a.a.O., S. 11 f. Interessanterweise versuchte Mussolini, der in Hitlers Annäherung an die Sowjetunion einen Verrat der gemeinsamen Ideologie sah, sich für die Erhaltung eines polnischen Reststaates einzusetzen. Nolte, Faschismus, a.a.O., S. 434. U. v. Hassell: Vom anderen Deutschland, Zürich 1946, S. 118.
8 In einer Besprechung Hitlers mit Keitel, Frank u.a. vom 18.10.1939 heißt es zu diesem Punkt: „Es ist Vorsorge zu treffen, daß das Gebiet als vorgeschobenes Glacis für uns militärische Bedeutung hat und für einen Aufmarsch ausgenutzt werden kann." Nürnb. Dok., PS-864.
9 In einer Rede in Prag vor führenden Parteigenossen vom Mai 1940, Nürnb. Dok., L-112.
10 Dazu jetzt: J. Kaiser: Die nationalsozialistische Politik gegenüber der Slowakei, Diss. Bochum 1970 (Mschr.).
11 Hitler: Mein Kampf, a.a.O., S. 430.
12 Nolte, Faschismus, a.a.O., S. 500.
13 Zu den Sondierungen bei verschiedenen polnischen Persönlichkeiten cf. vor allem Madajczyk: Generalna Gubernia w planach hitlerowskich. Studia, Warschau 1961, S. 19–21. Jetzt auch ders., Polityka, a.a.O. Bd. I, S. 96 f. Die Haltung der polnischen Parteien und Militärs kam deutlich in der Gründung der Widerstandsorganisation SZP am 27. September 1939 zum Ausdruck. Cf. E. Duraczyński: Stosunki w kierownictwie podziemia londyńskiego 1939–1943, Warschau 1966, S. 16 ff.
14 G. F. Kennan: From Prag after Munich. Diplomatic Papers 1938–1940, Princeton 1968, S.X.
15 Cf. Nürnb. Dok. NO-4330. Broszat, NS-Polenpolitik, S. 183, Anm. 54.
16 Frank in einer Reg.sitzung v. 9.12.1942: „Dieser Begriff schwebte mir als Bezeichnung neutraler Art vor, die keinerlei Rückerinnerung an frühere Zustände in diesem Raum ermöglicht." T. 1942 II, S. 10.
17 Auf der Konferenz im Führerzug am 12.9.1939 aprach sich Hitler für diese Lösung als die ihm willkommenste aus. Nürnb. Dok. PS-3047. Auch gegenüber Rosenberg redete er von einer künftigen „polnischen Staatlichkeit". Rosenberg, Tagebuch, a.a.O., S. 99 (29.9.1939).
18 Am Tage der Ablehnung des Angebots durch Chamberlain, dem 12. Okt. 1939, wurde der entsprechende Erlaß Hitlers unterzeichnet. Broszat, NS-Polenpolitik, a.a.O., S. 34 f.
19 Die Beurteilung der Reststaatpläne ist umstritten. Madajczyk hat dazu eine detaillierte Untersuchung angestellt. Generalna Gubernia, a.a.O. Cf. auch Broszat, NS-Polenpolitik, S. 71. Überzeugend hat jetzt Eisenblätter nachgewiesen, daß es mehrere Etappen in der Verfolgung von Reststaatplänen gegeben hat, daß ihr definitives Ende aber erst mit der Niederlage Frankreichs, dem Fehlschlag von Friedensverhandlungsversuchen mit England und dem Entschluß zum Angriff auf die Sowjetunion zusammenfällt. A.a.O., S. 96 ff.
20 Frank in Abt.leitersitz. v. 19.1.1940. Piotrowski, S. 289.
21 Nürnb. Dok. EC-305. Im Januar waren es sogar 135 000 t. T. 1940 I, S. 30 (16.1.1940)
22 Frank in Reg.sitz. v. 9.12.1942. T. 1942 II, S. 8 f.
23 Heydrich in Konferenz v. 21.9.1939. Broszat, a.a.O., S. 21.
24 Entscheidung Görings v. 12.2.1940. T. 1940 II, S. 177 (Arb.sitz.). Der Menscheneinsatz, Berlin 1940, S. 41.
25 Piotrowski, S. 293.
26 Für die Rückgewinnungsaktion wurden 2 Hauptgründe ins Feld geführt: „1. Verhinderung eines weiteren Zuwachses zur polnischen Intellektuellenschicht aus germanisch bestimmten, wenn auch polonisierten Sippen; 2. Vermehrung des rassisch erwünschten Bevölkerungszuwachses für das deutsche Volk". Der Menscheneinsatz, a.a.O., S. 51 f.
27 Anders als im Protektorat galten Verträge des Deutschen Reiches nicht automatisch für das GG.Schr. des RMdI v. 2.9.1941, BA, R 43 II/1340.
28 A. Weh: Das Recht des GG, Krakau 1941, A 102.
29 Piotrowski, S. 295.
30 Hitlers Zweites Buch. Ein Dokument aus dem Jahre 1928. Quellen und Darstellungen zur Zeitgeschichte, Bd 7, Stuttgart 1961, S. 78 f. und 81.
31 T. 1941 I, S. 148 (Reg.sitz. v. 25.3.1941).
32 Madajczyk, Generalna Gubernia, a.a.O., S. 79. Ders.: Polityka, a.a.O., Bd I, S. 339 ff. Rechenschaftsbericht Bühlers v. 26.10.1943, T. 1943 (Reg.sitz.), S. 109. In einem geheimen Schreiben Himmlers an Frank v. 3.7.1943 hieß es: „Im Distrikt Lublin nehmen wir uns bei Anfang des Jahres 1944 die Besiedlung des Kreises Zamość und die Deutschwerdung der alten Hansestadt Lublin als Aufgabe vor." Zit. b. Madajczyk, Generalna Gubernia, a.a.O., S. 201 f.

33 Die Grundzüge des Plans werden aus der Stellungnahme Wetzels vom Ostministeriums deutlich. Abgedr. in: VfZG 6 (1958), S. 281 ff., hrg. u. komment. v. H. Heiber. U.a. werden dort Umsiedlungen in der Größenordnung von 90 Mill. Menschen vorgesehen. Cf. jetzt auch Madajczyk, Polityka, a.a.O., Bd. I, S. 139 ff. Wichtig zur quellenkritischen Seite des Generalplans-Ost Eisenblätter, a.a.O., S. 206 f. Anm. 4.
E. weist einige grundsätzliche Fehler in der bisherigen Literatur nach und zeigt, daß Wetzel aus dem originalen Plan des Planungsamtes des RKF von 1941 zitiert. Die zweite, umfassendere, von Meyer-Hetling 1942 ausgearbeitete Fassung des Generalplans-Ost ist abgedruckt in: Polish Western Affairs III (1962), S. 401 ff.

34 Zur Zamość-Aktion cf. Broszat, NS-Polenpolitik, a.a.O., S. 164 ff. Madajczyk, Generalna Gubernia, a.a.O., S. 113 ff. Eine größere Zahl deutscher Originaldokumente ist zusammengestellt in: Biuletyn GKBZH XXI (1970), S. 62–166.

35 Als Deutschstämmiger galt, wer deutsche Vorfahren hatte, ohne aber die deutsche Staatsangehörigkeit oder eine Kennkarte für deutsche Volkszugehörige (Volksdeutsche) zu besitzen. VO v. 29.10.1941, VOBlGG 1941, S. 622 f.

36 Frank in Reg.sitz. v. 16.12.1941. Piotrowski, S. 182.

37 „Vermerk über die Gefährdung der Ernährungs- und Landwirtschaft im GG durch die gefährlich anwachsende Bandentätigkeit" des Hauptabteilungsleiters Ernährung und Landwirtschaft v. 24.4.1943. BA, R 26 IV/33, Bl. 46.

38 Bespr. Franks mit Losacker v. 15.4.1943. T. 1943 I 2, S. 211.

39 Frankrede v. 1.6.1943. T. 1943 III 1, S. 446.

40 Cf. Franks Memorandum an Hitler von 1943. S. oben, S. 41. Typisch für die neue Europa-Ideologie war z. B. ein Flugblatt, das im September 1943 von einem deutschen Flugzeug über Warschau abgeworfen wurde. Darin heißt es u.a.: „Um Sein oder Nichtsein kämpfen heute nicht ein Land, sondern alle Länder Europas, einschließlich der wenigen „neutralen" Staaten. Und letztlich hängt das Schicksal jedes einzelnen Europäers davon ab, ob der gegenwärtige Krieg mit einem Sieg Europas oder mit einem Sieg seiner Feinde endet." „Es ist offenkundiger Unsinn, wenn unverantwortliche Aufwiegler und heuchlerische Gerüchtemacher z. B. dem polnischen Volk immer aufs Neue einreden, daß die vollständige Ausrottung einiger Völker Europas beabsichtigt sei. Wir müssen das nur mit einem Volk in Europa erledigen, und dieses Volk sind die Juden..." „In diesem gewaltigsten Krieg aller Zeiten muß jedes Volk und jeder Einzelne für sich seinen Anteil an Blut oder Arbeit beibringen, jeder muß seinen Beitrag leisten zur Verteidigung der europäischen Gemeinschaft und zur Sicherung des eigenen Schicksals." R.K. 1944. 1, S. 28–30. (Übers. a. d. Poln.)

41 Grundlage dafür war vor allem Goebbels Erlaß betr. die Behandlung der europäischen Völker v. 15.2.1943, der dann freilich nach Auffassung der Reichs- und der Parteikanzlei nicht für das GG gelten sollte. Cf. S. 214, Anm. 13.

42 Für August 1943 berichtete die Widerstandsbewegung von Kontakten des Gouverneurs von Lublin, R. Wendler, – er war Schwager Himmlers – und eines SS-Vertreters zur polnischen Fürsorgeorganisation PHA, die u.a. Freilassungen aus dem KZ Majdanek zur Folge hatten. Auch mit dem Krakauer Gestapochef Müller gab es Kontakte des PHA. R.K. 1943, 11 S. 4 f.

43 Nürnb. Dok. NG-3320, Schr. Lammers an Frank v. 25.3.1943.

44 S. Anm. 38.

45 R.K. 1943, 9 S. 4 ff. Cf. auch Broszat, NS-Polenpolitik, a.a.O., S. 168 ff.

46 Über die Vorbereitungen dazu cf. BA, R 52 III/1.

47 Broszat, NS-Polenpolitik, a.a.O., S. 83.

48 Aktion Beta (antibolschewistische Propaganda) v. Febr. 1944: T. 1944 I (Reg.sitz. v. 16.2.44), S. 61 ff. Die Antibolschewistische Liga mit Burdecki als Vorsitzendem sollte im März 1944 begründet werden, T. 1944 I 2, S. 354 (Bespr. v. 17.2.44). Die Genehmigung Hitlers zur Aufstellung eines polnischen Freiwilligenheeres: T. 1944 V 2, S. 199 f. (24.10.44). Der Text der Verpflichtungserklärung lautete: „Ich verpflichte mich als freiwilliger Helfer im Kampf gegen den Bolschewismus zum Dienst in der deutschen Wehrmacht. . . In dem Bestreben, mein Volk und damit die europäische, zivilisierte Welt vor dem Bolschewismus zu bewahren, verpflichte ich mich, meinen Truppenvorgesetzten unbedingten Gehorsam zu leisten und den mir Gleichgestellten ein guter Kamerad zu sein. . ." BA, H 11-12/5 (Ob.komm. d. Heeresgr. A). Zur Erörterung der Polenpolitik durch das RSHA s. S. 36. Der Entwurf einer Verordnung Franks zur Beteiligung von Polen an der deutschen Verwaltung bei der Regierung des GG und den Distriktsgouverneuren v. Okt. 1944: BA, R 58/1002 Bl. 175 ff. Cf. oben, S. 42. Von verschiedenen Kontaktversuchen der Wehrmacht und der Gestapo wird von der polnischen Widerstandsbewegung für April 1944 berichtet: R.K. 1944, 12, S. 56 u. 86.
Es ist interessant, daß der Präsidialchef des Protektorats, Dr. Blaschek, schon im August 1942

nach einer Dienstreise durch das GG zu dem Ergebnis kam, die GG-Verwaltung sei gegenüber dem Protektorat „um Jahre zurück". Angesichts der allmählichen und zunächst stillschweigend durchgeführten Wiedereinstellung von Polen in der deutschen Verwaltung fand er die Richtigkeit der Protektoratslösung bestätigt, wo man „die gesamte Verwaltungstätigkeit immer stärker auf tschechische Behörden unter scharfer deutscher Aufsicht" übertrage. Bericht v. Dr. Blaschek über seine Dienstreise nach dem GG, am 21.–26. August 1942, in: Biuletyn GKBZH XV (1965), S. 129 ff.

49 Ein charakteristisches Beispiel ist die Eröffnung eines Chopinmuseums 1944 in Krakau. Diese „große kulturelle Geste" bedeute den Polen mehr als irgendeine materielle Leistung und sei propagandistisch sehr wirksam, erklärte Frank vor der Presse. Piotrowski, S. 152.

50 Cf. Kaltenbrunners Stellungnahme, s. oben S. 36.

2. Rivalisierende Machtgruppierungen

a) Hitler, SS und Parteikanzlei

1 T. 1943 II, S. 229 (14.4.1943).

2 U. v. Hassell, a.a.O., S. 122.

3 H. Arendt: Elemente und Ursprünge totaler Herrschaft, Frankfurt 1955, S. 633 ff.

4 Himmlers Einstellung zu den slawischen Völkern kommt in seiner Denkschrift von 1940 deutlich zum Ausdruck. In seiner Rede vor Regierungsbeamten des GG in Krakau am 18.11.1943 sagte er über die Polen: „Dieses Volk ist ein Prototyp eines slawischen Volkes: fähig, soviel zu organisieren, daß es jeweils gegen eine staatliche Ordnung . . . Konspiration, Sabotage und Zerstörungen durchführen konnte. . ." T. 1943 VI 1, S. 1241 (Beilage, S. 9). Zum Thema „Himmler und der Osten" cf. jetzt auch das Buch von J. Ackermann: Heinrich Himmler als Ideologe, Göttingen 1970, Kap. VI.
Die Umsiedlungspläne in Zamość gehen auf Anregungen Globocniks zurück. Broszat, NS-Polenpolitik, a.a.O., S. 165.

5 Heydrich schrieb an den Chef der Orpo, Daluege, am 30.10.1941, „daß über 90 % aller Dinge im Osten überwiegend politischer Natur sind und daher meinen Geschäftsbereich überwiegend interessieren." Zit. b. H. Buchheim: SS und Polizei im NS-Staat, Boppard 1964, S. 86.

6 J. Wulf: M. Bormann – der Schatten Hitlers, Gütersloh 1962.

7 In einer Denkschrift vom 19.8.1942 schrieb er: „Die Slawen sollen für uns arbeiten. Soweit wir sie nicht brauchen, mögen sie sterben. . . Bildung ist gefährlich. . . Die Religion lassen wir als Ablenkungsmittel." Zit. b. J. Fest: Das Gesicht des Dritten Reiches, München 1963, S. 187.

8 ADAP VII, S. 468 f.

9 Aufz. d. Chefs der Abwehr Canaris im Führerzug. Nürnb.Dok., PS-3047, zit. b. Broszat, NS-Polenpolitik, a.a.O., S. 20.

10 IMG, PS-864.

11 Erl. Hitlers v. 7.10.1939. Doc. Occ. V, S. 176 ff. Durch eine Anordnung Himmlers vom 19.12. 1939 wurde der HSSPF im GG zugleich zum Beauftragten des RKF in diesem Gebiet ernannt. Ebda., S. 181.

12 Ebda., S. 102 f.

13 Abgedruckt in: VfZG 5 (1957), S. 195 ff.

14 In einer Rede vor Lagerkommandanten v. 15.3.1940 soll Himmler allerdings von direkter Ausrottung aller Polen als „Hauptaufgabe der deutschen Nation" gesprochen haben. IMG, USSR-522. Da nach Überlieferung und Stil die Echtheit dieses Dokuments jedoch höchst fragwürdig ist, kommt ihm wenig Bedeutung zu.

15 Aktennotiz Bormanns über ein Gespräch mit Hitler v. 2.10.1940. IMG, USSR-172.

16 S. oben, S. 196, Anm. 33.

17 Heiber in: VfZG 6 (1958), S. 292.

18 Himmler ordnete am 12.5.1943 an, die Ansiedlungsmaßnahmen sollten im Rahmen der gegebenen Möglichkeiten fortgeführt werden. BA, Sg. Schumacher 297 II, Bd. 2.

19 Piotrowski, S. 325.

20 Bericht Globocniks an den HSSPF v. 10.12.1942, der von dort an Himmler und Bormann weitergeleitet wurde. BA, NS 19/248 Bd. 4, Bl. 176 f.

21 Dazu H. Höhne: Der Orden unter dem Totenkopf, Gütersloh 1967, S. 294 ff.

22 Berichte des Beauftragten des Reichsleiters M. Bormann im OKW-Stab z.b.V. (1942). Inst. f. Zeitgesch., Sign. Fa 91/4.

23 Ebda., Bericht Nr. 2, S. 12. Zur Untermauerung seiner Kritik der aufwendigen Kulturpolitik gab er einen Auszug aus dem Haushaltsplan des GG für 1941 wieder mit der Bemerkung: „Ich kann mich jeden Kommentars enthalten." Bericht Nr. 5, S. 15 f. Aufgeführt wurden u.a.: Förderung des Theaterwesens und der Kleinkunst (ohne Krakauer Staatstheater): 3,2 Mill. zł.; Förderung des Schachspiels: 40 000 zł.; Polnische Philharmonie: 1,4 Mill. zł.; Empfänge zur Betreuung von Kriegsopfern dagegen nur: 45 000 zł.; Truppenbetreuung: 500 000 zł.

24 Ebda., Bericht Nr. 5, S. 17 f.

25 Bei der Ablehnung aller Vorschläge der Zivilverwaltung zu einer modifizierten Politik gegenüber den Polen hatte Bormann in der Folgezeit weitgehend seine Hand im Spiel. Broszat, NS-Polenpolitik, a.a.O., S. 169.

26 Schreiben des Chef der Sipo und des SD (Kaltenbrunner), der am 16.10.1944 dem Amt III des RSHA eine Stellungnahme zur Polenpolitik befohlen hatte, mit 5 Anlagen an Himmler, Oktober 1944. BA, R 58/1002. Dazu jetzt ausführlich Eisenblätter, a.a.O., S. 382 ff. und Madajczyk, Polityka, a.a.O., Bd. I, S. 187 ff.

27 Schreiben Kaltenbrunners v. 16.10.1944.

b) Wirtschaft und Wehrmacht

28 Cf. zur Wirtschaftspolitik jetzt vor allem die entsprechenden Kapitel bei Eisenblätter, a.a.O. und Madajczyk, Polityka, a.a.O. Bd. I, S. 560 ff. Madajczyk betont zu stark den gleichbleibenden Charakter der wirtschaftspolitischen Maßnahmen. Auch wenn die Fernziele ohne Zweifel wenig modifiziert wurden, so ergaben sich doch in der Praxis unter dem Druck der Kriegswirtschaft beträchtliche Änderungen. Cf. Eisenblätter, a.a.O., S. 256 ff.
Die private Wirtschaft kann in unserem Zusammenhang außer acht bleiben, da sie zwar Nutznießer vorangegangener politischer Entscheidungen werden konnte, etwa im Hinblick auf die Arbeiterzwangsverschickung, die Demontage polnischer Industrieanlagen oder die Übernahme von „Treuhänderschaften" für enteignete Betriebe, sie hatte jedoch keinen nachweisbaren Einfluß auf den politischen Kurs im GG. In den meisten kommunistischen Darstellungen wird die vielschichtige Beziehung zwischen nationalsozialistischem Staat und privater Wirtschaft mit der gängigen petitio principii beseitigt: der Staat ist Werkzeug der Großindustrie, in seiner Wirtschaftspolitik wird er abhängig vom Hunger der Monopole. So E. Seeber: Zwangsarbeiter in der faschistischen Kriegswirtschaft, Berlin (Ost) 1964. Ähnlich auch Goguel, a.a.O. Auch die neueste DDR-Publikation verbaut sich durch das orthodoxe Festhalten an der Faschismusformel der Komintern die Möglichkeit einer sachgerechten Analyse: Anatomie des Krieges. Hrg. u. eingel. v. D. Eichholz und W. Schumann, Berlin (Ost) 1969. Cf. dazu die kritische Rezension v. E. Hennig: Industrie und Faschismus, in: Neue Polit. Literatur 1970, H. 4. Vorsichtiger urteilt Madajczyk, Generalna Gubernia, a.a.O., S. 88.

29 Broszat, NS-Polenpolitik, a.a.O., S. 76 u. 82.

30 IMG, EC-344 und EC-410.

31 Frank in Reg.sitz. v. 9.12.1942. Piotrowski, S. 117.

32 Nürnb. Dok. EC-411. Die fatalen Folgen dieser Politik wurden sehr bald deutlich und auch offen kritisiert, so vom Leiter der Filiale der Radomer Industrie- und Handelskammer in Tschenstochau, Justus Schmitt, in einem Bericht vom Herbst 1940. Doc. Occ. VI, S. 350 ff.

33 Beglaubigte Abschrift in: BA, Ost-Dok. GG/7.

34 Der südliche Teil des GG einschließlich Radom sollte „Aufbaugebiet" sein, der Warschauer Distrikt dagegen „einer Auferstehung nicht zugeführt werden." Bespr. zw. Göring, Frank u.a. v. 4.12.1939. T. 1939, S. 84a.

35 IMG, EC-305. T. 1940 II, S. 134 (6.6.40).

36 T. 1940 II, S. 149. Cf. Madajczyk, Polityka, a.a.O., Bd. I, S. 512 f.

37 Cf. dazu Broszat, NS-Polenpolitik, a.a.O., S. 44 f. Ferner H. Krausnick: Hitler und die Morde in Polen, in: VfZG 11 (1963), S. 196 ff. In der polnischen Literatur besteht die Tendenz, die Wehrmacht unmittelbar für den Terror in Polen mitverantwortlich zu machen, so bei Sz. Datner: Eksterminacja ludności w Polsce w czasie okupacji niemieckiej 1939–1945, Posen 1962, S. 19. Ähnlich: Materiały z konferencji naukowej poświęconej zbrodniom Wehrmachtu popełnionym na ziemiach polskich w czasie drugiej wojny światowej, Warschau 1967. Differenzierter urteilt Madajczyk, Polityka, a.a.O. Bd. I, S. 58 f, 501 f. und Bd. II, S. 265 f.

38 Entsprechende Planungen werden erstmals erwähnt in einer Sitzung vom 4.6.1942. T. 1942 II. Protokoll, S. 9. Die wachsende Bedeutung des GG für Rüstungsindustrie spiegelt sich auch in der Zahl der Rüstungsarbeiter in Warschau, die von 1600 (1939) auf 65000 (1943) anstieg. Doc Occ. VI, S. 244.

39 Den Zusammenhang von Blitzkriegsstrategie und Wirtschaftsorganisation und die zentrale Rolle Todts und Speers hat erstmals A.S. Milward herausgearbeitet: Die deutsche Kriegswirtschaft 1939–1945, Stuttgart 1966, S. 51, 55, 61 u. 63.
40 Cf oben, S. 87.
41 T. 1943 I 2, S. 184 f. (Bespr. v. 26.3.43).
42 T. 1943 II, S. 190 f. (Bespr. v. 14.4.43).
43 Piotrowski, S. 136 f.
44 Ebda., S. 139. Zur Festsetzung der Ablieferungskontingente cf. Eisenblätter, a.a.O., S. 340 (Tabelle) und 358 ff. Es ist Geschichtsklitterung, wenn Heinz von Streng in seiner sehr dürftigen Darstellung „Die Landwirtschaft im GG", Tübingen 1955, eine Ausbeutung leugnet und behauptet, der Import von Waren und Dienstleistungen – der tatsächlich nicht unerheblich war – sei bei weitem größer gewesen als die „Entnahme landwirtschaftlicher Produkte" (S. 92). Franks Tagebuch (im Auszug in: IMG, PS-2233) belegte auch schon 1955 hinreichend das Gegenteil.

c) Zivilverwaltung

45 VOBlGG 1939, S. 3. Der Erlaß trat an diesem Tag in Kraft, unterzeichnet wurde er schon am 12.10.1939. Weh, a.a.O., A 100.
46 Rundverf. d. HTO v. 25.2.1940. Doc. Occ. V, S. 193 ff.
47 Broszat, NS-Polenpolitik, a.a.O., S. 181 Anm. 26.
48 VOBlGG 1939, Nr. 1, Proklamation v. 26.10.1939.
49 Bespr. in Lodsch, Piotrowski, S. 280 f.
50 v. Hassell, a.a.O., S. 112.
51 Broszat, NS-Polenpolitik, a.a.O., S. 91 f.
52 Abtl.sitz. v. 8.3.1940, Piotrowski, S. 294.
53 Goebbels Tagebücher aus den Jahren 1942/43, hrg. v. L. P. Lochner, Zürich 1948, S. 258.
54 Ob die Äußerungen authentisch von Hitler stammen, läßt sich nicht nachprüfen, ist aber sehr zweifelhaft. T. 1941 I, S. 197 (Frankrede v. 1.4.41). Piotrowski, S. 397 (Bespr. v. 9.5.43). Zu den Motiven für die Nichtablösung Franks durch Hitler cf. Eisenblätter, a.a.O., S. 290 ff.
55 Dazu ausführlich Eisenblätter, a.a.O., S. 361 ff. Broszat, NS-Polenpolitik, a.a.O., S. 168 ff. Madajczyk, Polityka, a.a.O. Bd. I, S. 168 ff.
56 IMG, PS-437.
57 Miecz i Pług (Schwert und Pflug) war eine polnische Untergrundorganisation mit faschistischen Zügen, die partiell mit der Sicherheitspolizei zusammenarbeitete. Restlose Klarheit ist über diese Organisation aus der polnischen Literatur schwer zu gewinnen, da es offenbar verschiedene Flügel, wenn nicht gar getrennte Organisationen gab. Cf. unten, S. 235 Anm. 61. Die Denkschrift ist abgedruckt in: Wojsk. Przegl. Hist. 1964 H. 2, S. 367 ff. (Fotok. d. dt. Textes).
58 Zu Franks Person und Biographie cf. meinen Aufsatz: Der Generalgouverneur Hans Frank, in: VfZG 19 (1971), H. 3.
59 Abgedruckt b. Broszat, NS-Polenpolitik, a.a.O., S. 105 ff.
60 T. 1944 I 2, S. 239 (6.2.1944). Ob die Äußerung wörtlich von Hitler stammt, muß bei Franks Hang zum Überschwang fraglich erscheinen. Sinngemäß dürfte sie wohl stimmen.
61 Cf. oben, S. 31. Nach Auflösung der vor dem Kriege bestehenden polnischen Sozial- und Fürsorgeorganisationen wurde von der deutschen Verwaltung der zentrale „Polnische Hauptausschuß" (PHA) geschaffen. Gleichartige Organisationen gab es für die anderen Nationalitäten einschließlich der Juden. Der PHA, dessen erster Präsident Graf Ronikier war, hatte als Unterorganisationen 41 Hilfskomitees in den größeren Städten und 1050 Delegaturen in den Gemeinden. L. Weirauch: Die Volksgruppen im GG, in: Europäische Revue 18 (1942), S. 252. Einiges Material zum PHA befindet sich im BA. Ausführlich geht darauf jetzt Madajczyk ein, Polityka, a.a.O. Bd. II, S. 105 ff.
62 Hinweise darauf finden sich in dem Bericht der Widerstandsbewegung R.K. 1943, 9 S. 4–6. Näheres ist darüber bisher nicht bekannt.
63 BA, Ost-Dok. 13 GG Ia/4. Cf. Anm. 69.
64 Brief an Goebbels v. 7.8.1944. BA, Sg. Schumacher 297 I Bd. 1.
65 Broszat, NS-Polenpolitik, a.a.O., S. 83.
66 BA, Sg. Schumacher 297 I Bd. 1. Entwurf der VO in: BA, R 58/1002, Bl. 175 ff.
67 Piotrowski, S. 434.
68 Siebert verließ das GG 1940 wegen der verfolgten Politik. A. Ronikier: Pamiętniki (Mschr.),

London 1945, S. 45. Losacker meldete sich am 10.10.1943 zur Front angesichts des erneut verschärften deutschen Terrors. In den Berichten der Widerstandsbewegung wird er als „Vertreter eines gemäßigten Kurses", der die „Verständigung mit den Polen suchte", beschrieben. R.K. 1944, 1 S. 9. Ähnlich Ronikier, a.a.O., S. 232. Cf. auch Eisenblätter, a.a.O., S. 300 f. Über Weirauch und Föhl liefen vor allem die Kontakte mit dem PHA, und zwar auch die politischen. Material zur Tätigkeit Weirauchs in: BA, Ost-Dok. 13 GG I/g 2. Schwieriger ist die Beurteilung Max Frauendorfers, des ersten Präsidenten der HA Arbeit in der Regierung des GG. Frauendorfer, seit 1928 Mitglied der SS, hatte einen besonders exponierten Posten, da er für die „Arbeitervermittlung", also auch für die Zwangsdeportationen verantwortlich war. Er wurde 1961 als Bundestagskandidat der CSU nominiert und geriet in das Kreuzfeuer heftiger Kritik wegen seiner Vergangenheit. Cf. dazu K. Ziesel: Der deutsche Selbstmord, Kettwig 1963, S. 254 ff. Stellt sich auch die politische Beurteilung des Falles kaum so dar, wie Ziesel suggeriert, so wird man dennoch Frauendorfer als einen klaren Gegner des politischen Kurses in Polen anerkennen müssen. Er hatte gute Kontakte zum Widerstandskreis um von Hassell. Cf. v. Hassell, a.a.O., S. 206. Der Präsident des PHA, Ronikier, urteilt über F.: „Herr Frauendorfer war unter den Mitgliedern dieser Regierung die nahezu einzige Person in dieser Zeit (1940/41), die den guten Willen hatte, uns zu helfen." Zit. b. Ziesel, a.a.O., S. 265. Im Frühjahr meldete sich F., obwohl er SS-Angehöriger war, als einfacher Soldat zur Wehrmacht, weil er die Zustände in Polen nicht mehr ertrug. Die SS kündigte daraufhin schärfste Maßnahmen gegen ihn an. Von Hassell, a.a.O., S. 308 f.

Madajczyks Urteil fällt vor allem wegen der rabiaten Methoden der Arbeitererfassung negativ aus. Polityka, a.a.O., Bd. I, S. 634.

69 Dr. Kurt von Burgsdorff, zunächst Unterstaatssekretär im Protektorat, ging 1942 wegen Heydrichs politischen Kurses zur Armee. Im Herbst 1943 wurde er ins GG berufen, und zwar – ein recht aufschlußreicher Fall für das Verhältnis von SS und Partei – auf Bestreben Himmlers (als Innenminister) im Kampf gegen Bormann. Er nahm den Posten des Gouverneurs und Distriktstandortführers in Krakau nicht zuletzt auf Franks Drängen an, um der Ernennung eines eifrigen Bormannanhängers vorzubeugen. Das polnische Gericht verurteilte ihn 1948 aufgrund seiner Zugehörigkeit zu einer „verbrecherischen Organisation" (der NSDAP). Seine Bemühungen um eine gerechtere und humane Behandlung der polnischen Bevölkerung wurden im Urteil jedoch ausdrücklich anerkannt. Das Urteil lautete auf 3 Jahre Gefängnis unter Anrechnung der 2 1/2jährigen Haft, 2 Jahre Ehrverlust und Einziehung des Vermögens. Dte. Übers. d. Anklageschrift u. d. Urteils: BA, Ost-Dok. 13 GG Ia/7. Cf. a. IMG XII, S. 63 ff. Nicht in dieses positive Bild paßt freilich die Ausstellung „Die jüdische Weltpest", die Burgsdorff im Januar 1944 zu eröffnen beabsichtigte. IMG, PS-2233, S. 674. Cf. auch Madajczyk, Polityka, a.a.O. Bd. I, S. 203 f.

70 Insbesondere Galizien wurde geradezu zum Abschubgebiet für unbrauchbare Bedienstete aus den zentralen Reichsbehörden. Es trat die groteske Situation ein, daß der Gouverneur Zörner öffentlich feststellte, die deutschen Beamten seien fürchterlich korrupt, während die polnischen sauber und loyal arbeiteten. „Das GG", so heißt es in einem SD-Bericht aus Galizien, „ist für unsere Parteihyänen und für verschiedene Sorten Drückeberger, die den Frontdienst wie den Teufel fürchten, ein Eldorado für goldene Geschäfte und ein Zufluchtsort für die Zeit des Krieges. Kein Wunder, daß sich dort der Abschaum des Volkes zusammensucht und findet. Wir haben Tausende von Beispielen." Bericht d. KdS an das RSHA v. 14.5.1943. BA, R 58/1002. Bl. 146.

71 S. oben, S. 154 ff.

3. Umsiedlung und Liquidierung der Intelligenz

1 Es ist unmöglich, die Verfolgung der Intelligenz auch nur annähernd exakt von dem Terror gegen die übrigen Bevölkerungsschichten zu trennen. Im folgenden können daher lediglich einige offenkundig zielgerichtete Aktionen hervorgehoben werden.

Zur Literatur zum Protektorat und zu Slowenien s. oben, S. 187 Anm. 3. Zu Elsaß-Lothringen cf. P. Kluke: Nationalsozialistische Volkstumspolitik in Elsaß-Lothringen 1940–1945, in: Zur Geschichte und Problematik der Demokratie. Festschr. f. H. Herzfeld, Berlin 1958, S. 629 ff.

2 Sowohl in Himmlers Denkschrift über die Behandlung der Fremdvölkischen wie im Generalplan-Ost ist nicht von Liquidierung, sondern von Aussiedlung die Rede.

3 Broszat, NS-Polenpolitik, a.a.O., S. 48 f.

4 Cf. ebda., S. 84 ff. Madajczyk, Polityka, a.a.O. Bd. I, S. 393 ff. und 333 ff. (mit detaillierten Statistiken).

5 BA, R 49 Anhang I 2.
6 Broszat, NS-Polenpolitik, a.a.O., S. 98.
7 R.K. 1942, 4 S. 116 f.
8 Über den später geradezu notorischen Mangel klagte der HSSPF Krüger schon im Oktober 1939. T. 1939, S. 24 f. (31.10.39).
9 Eisenblätter, a.a.O., S. 159. Zum Terror im GG allgemein und besonders in den großen Städten cf. Madajczyk, Polityka, a.a.O. Bd. II, 238 ff. u. 384 ff. Speziell zum Terror in Warschau ausführlich W. Bartoszewski: Der Todesring im Warschau 1939–1944, o.O. (Interpress-Verlag) 1969.
10 Eisenblätter, a.a.O., S. 68.
11 R. Moszyński: Lublin w okresie okupacji, Lublin 1964, S. 23 u. 120.
12 The German New Order in Poland, London o.J. (1942), S. 330.
13 IMG, PS-2278, S. 97.
14 J. Pietrzykowski: Hitlerowscy w Częstochowie, Posen 1959, S. 21 ff.
15 Tätigkeitsbericht der Sipo, Einsatzgruppe IV, v. 10.10.1939, in: Najn. Dzieje III (1959), S. 227.
16 Roczn. Krak. 31 (1957), S. 23 u. 35. T. 1939, S. 52. Roczn. Kom. Nauk Pedag. VII (1967), S. 227.
17 Die nachträglich glorifizierten, letztlich aber sinnlos-verwegenen Unternehmungen des Kavalleriemajors Hubal gehörten zu den bekanntesten. In der Begründung der AB-Aktion wurden sie von Frank ausdrücklich erwähnt. Piotrowski, S. 327. Ferner Streckenbach in der Sitzung v. 2.3.40: wenn nicht bald eine Großaktion gestartet würde, wüchsen die Widerstandsorganisationen der deutschen Verwaltung über den Kopf. T. 1940 I, S. 83 f. (Arb.sitz.)
18 S. oben, S. 113.
19 Eisenblätter, a.a.O., S. 173. Die einzige relativ ausführliche Quelle zur AB-Aktion ist bislang das Franktagebuch. Die wesentlichen Auszüge b. Piotrowski, S. 312 ff. und 326 ff. (Polizeisitzungen v. Mai 1940). Für den lokalen Bereich von Tschenstochau ferner das Buch von Pietrzykowski (a.a.O.), das sich auf die deutschen Polizeiakten stützt, S. 56–75 und 244 ff.
20 Piotrowski, S. 312.
21 Ebda., S. 313.
22 Ebda., S. 317.
23 Ebda.
24 J. Karski: Story of a Secret State, Boston 1944, S. 257.
25 Für Tschenstochau ergibt sich, daß die Opfer zum größten Teil zur Intelligenz, besonders zur Beamtenschaft gehörten.
26 Piotrowski, S. 314. Daß die blutige Routine noch nicht von Anfang an eine Selbstverständlichkeit war, geht aus Bemerkungen hervor, die der Berliner Polizeivizepräsident Graf Helldorf gegenüber dem Polizeipräsidenten machte.Danach soll Streckenbach in einem Gespräch in einen Weinkrampf ausgebrochen sein und beteuert haben, seine Leute könnten ihre Befehle nur noch unter starker Alkoholeinwirkung ausführen. Aufzeichnung v. 5.1.1940. Staatl. Archivlager Göttingen, Lu 4,14 h.
27 Streckenbach auf einer Arbeitssitzung v. 2.3.40: in der polnischen Widerstandsbewegung mache sich besonders „eine Kategorie außer der Intelligenz, die natürlich vielleicht hier etwas anders zu beurteilen ist als draußen“, bemerkbar: „hier gehört nämlich zur Intelligenz unbedingt der Lehrer. Hingegen scheidet der Universitätsprofessor wieder aus.“ T. 1940 I, S. 83.
28 T. 1940 II, S. 262 f. (Arb.sitz. v. 23.4.40).
29 Eisenblätter, a.a.O., S. 173.
30 Die ganze Aktion einschließlich der Rolle Oberländers in ihr wird ausführlich behandelt von Drożdżyński/Zaborowski, a.a.O., S. 83 ff. Cf. auch oben S. 57.
31 T. Rawski, Z. Stapor, Z. Zamojski: Wojna wyzwoleńcza narodu polskiego w latach 1939–1945, Warschau 1966, Bd. I, S. 275.
32 Piotrowski, S. 314.
33 Ebda., S. 357, Cracow under enemy rule, Krakau 1946, S. 35.
34 Piotrowski, S. 69.
35 Das war auch der deutschen Polizei durchaus klar. In einem Bericht Krügers vom Frühjahr 1943 heißt es: „Die führende Schicht der Widerstandsbewegung setzt sich fast ausschließlich aus der Intelligenz des Polentums zusammen. Ein Großteil der 50 000 ehemaligen polnischen Offiziere, Rechtsanwälte, Diplomingenieure, Chemiker, Ärzte, Professoren, Lehrer, Pfarrer, Gutsbesitzer und Kaufleute bilden den Kern der Bewegung. Ein nicht unerheblicher Teil von ihnen arbeitet auf Weisung der Widerstandsbewegung „loyal“ in den deutschen Verwaltungsdienststellen, um sich auf diese Weise gut zu unterrichten und Schwächepunkte als Ansatzstellen für ihre Umsturzarbeit ausfindig machen zu können.“ Nürnb. Dok. NG-4621, S. 10.

III. Die nationalsozialistische Kulturpolitik im Generalgouvernement

1. Programm und Ideologie der Kulturpolitik

1 Zeitschriftendienst Nr. 1134 v. 3.11.1939. Fotok. in: Biuletyn GKBZH IV (1948), S. 224.
2 Staatssekr. Bühler, Rechenschaftsbericht, T. 1943, S. 107 (Reg.sitz. v. 26.10.43).
3 K. Cerff: Kulturarbeit der Partei im Krieg, in: Der Hoheitsträger 1942 H. 5, S. 19.
4 „Kulturpolitische Richtlinien", hrg. v. d. Abt. Volksaufklärung und Propaganda in Krakau, IMG, USSR-93. Mehrfach abgedruckt, u.a. in: Doc. Occ. VI, S. 408–10. Obwohl Bühler im Nürnberger Prozeß den Erlaß dieser Richtlinien bestritt (IMG Bd. XVIII, S. 176) und der Text nur aus einem vervielfältigten Exemplar aus Radzyń bekannt ist (cf. Doc. Occ. VI, S. 408 Anm.), kann nach Stil und Inhalt kein Zweifel an der Authentizität des Dokuments bestehen. In den Berichten der Widerstandsbewegung wird schon seit 1941 häufig aus den Richtlinien zitiert, da sie offenbar frühzeitig bekannt wurden. Cf. auch Madajczyk, Polityka, a.a.O. Bd. II, S. 129 f.
5 S. oben, S. 26.
6 K. Lück: Deutsche Gestalter und Ordner im Osten, 2. Aufl. Leipzig 1942, S. XI f.
7 Zu Radig s. oben, S. 63.
8 G. Kossinna: Das Weichselland, ein uralter Heimatboden der Germanen, 3. Aufl. Leipzig 1940, S. 23. Wie wenig es sich bei solchen Sätzen um Einzelfälle, wie sehr vielmehr um einen Topos handelte, mag nicht zuletzt der berüchtigte Brief Theodor Mommsens „An die Deutschen in Oesterreich" von 1897 belegen, in dem die Tschechen als „Apostel der Barbarisierung" apostrophiert werden, die dabei sind, „die deutsche Arbeit eines halben Jahrhunderts in dem Abgrund ihrer Unkultur zu begraben." Cf. B. Sutter: Th. Mommsens Brief „An die Deutschen in Oesterreich", in: Ostdeutsche Wissenschaft, Jb. d. ostdt. Kulturrates X (1963), S. 152 ff.
9 W. Radig: Indogermanen im Weichselraum, in: Jb. IDO, S. 193.
10 Zeitschriftendienst Nr. 743 v. 9.9.1939.
11 W. Radig: Die Vorgeschichte des ostdeutschen Lebensraumes, in: Die Burg II (1941) H. 1, S. 5.
12 So z. B. K. O. Rabl in: Jb. IDO, S. 60.
13 Presserundschreiben II/38/41 v. 31.1.1941 (Inst. f. Zeitgesch.).
14 Zu den einzelnen Titeln s. Bibliographie Teil I. Für Warschau verfaßte der Gouverneur Fischer ein Memorandum, das eine grundlegende Umgestaltung der polnischen Hauptstadt vorsah. Die polnische Bevölkerungszahl sollte radikal gedrückt, die Industrie aus der Stadt wegverlegt werden, und die Schaffung eines deutschen Zentrums einschließlich zusätzlicher Ansiedlung von Deutschen sollte Ansatzpunkt sein für die Eindeutschung Warschaus, dessen Kulturdenkmäler „als steinerne Zeugen einstiger deutscher Herrschaft im Weichselraum" angesehen wurden. L. Fischer: Grundsätzliche Bemerkungen über die Gestaltung Warschaus während des Krieges und nach dem Kriege, hrg. v. J. Kazimierski, in: Roczn. Warsz. I (1960), S. 302–313.
15 Der Osten. Sonderlehrgang 1. Teil. Im Auftr. d. OKW. 1941, S. 134–38.
16 Najn. Dzieje V (1961), S. 13.
17 K. Grundmann: Vom Deutschtum Warschaus. In: Vorfeld II H. 5/6 (1942), S. 68.
18 Cf. Bibliographie, S. 260 s. v. Krakau.
19 H. Kurtz: Krakau. Bildnis einer deutschen Stadt im Osten, Bayreuth 1944, S. 37 f.
20 T. 1940 II, S. 147 (Abtl.sitz. v. 10.5.40).
21 W. Krause in: Vorfeld I H. 4/5 (1940), S. 29.
22 D. Frey in: Die Burg I H. 1 (1940), S. 27.
23 So Frank bei der Eröffnung der Veit-Stoß-Ausstellung. Krak. Zeitung v. 9.5.41.
24 Ein Beispiel für eine durchaus sachliche Abhandlung, die den obsoleten Volkstumsstreit nicht in den Vordergrund rückt, ist der Aufsatz von H. Weidhaas: Die Stadt Krakau im Zeichen des Veit Stoß und ihre Stellung in der deutschen Kunstgeschichte, in: Jomsburg IV (1940), S. 33–58.
25 GG II 3, S. 70.
26 BA, R 52 IV/113.
27 Ebda.
28 BA, NS 18/RPL 16 (Schreiben v. 14.5.43).
29 Dte. Volksschule im GG II (1943), S. 118.
30 Amtlicher Anzeiger f. d. GG 1943, S. 2477.

31 GG I, 7/8 S. 4.
32 T. 1940 III, S. 771 (1.9.40).
33 H. Kurtz in: GG I, 7/8, S. 8.
34 T. 1942 I 1, S. 113 (28.1.42). T. IV 2, S. 360 (13.8.43).
35 So Propagandachef Ohlenbusch bei der Eröffnung. Nationalsozialist. Landpost v. 5.12.1941. (Das GG im Spiegel der Reichspresse Bd. II, S. 160. Inst. f. Zeitgesch.)
36 Deutscher Kampf im Osten. (Ausstellungskatalog) 1941.
37 T. 1942 II 2, S. 618 (15.7.42).
38 GG IV, 4 S. 37.
39 So Gouverneur Fischer in: Nationalsozialistische Landpost v. 5.12.41. (Das GG im Spiegel der Reichspresse Bd. II, S. 160. Inst. f. Zeitgesch.)
40 T. 1943 VI 1, S. 1274 (28.11.43).
41 Die Satzung in: BA, R 52 IV/113.
42 T. 1943 IV 2, S. 761 (23.7.43).
43 Cf. dazu J. Matl: Die Kulturwelt der Slaven und das deutsche Geistesleben, in: Zeitschr. f. dte. Geistesgesch. 3 (1937), S. 224–39.
44 Es wurde verfaßt von Paul Grossmann. Der Text in: GG I, 13/14 (November 1941), S. 60. Cf. zur Ostlandideologie und ihren „literarischen" Erscheinungsformen auch H. J. Gamm: Der braune Kult, Hamburg 1962, S. 65–75.

2. Hochschul- und Wissenschaftspolitik

a) Hochschulen

1 Die Darstellung schließt sich im wesentlichen der neuesten polnischen Publikation an J. Zaborowski, St. Poznański: „Sonderaktion Krakau", Warschau 1964.
2 Der Bericht wird zitiert ebda., S. 62.
3 Nazi Kultur, S. 58 f.
4 IMG, XII S. 31, 50, 84 f. Sicher ist allerdings, daß Frank auf Intervention des Krakauer Erzbischofs Sapieha hin am 24. Januar seine Zustimmung zur Entlassung gab. Eisenblätter, a.a.O., S. 166. Seine eigenen Bemühungen hat Bühler in seinem Prozeß in Polen hervorgehoben. Lehr-Spławiński bestätigte, davon gerüchteweise gehört zu haben. T. Kułakowski: Proces Józefa Bühlera szefa Rządu GG, in: J. Gumkowski, Kułakowski: Zbrodniarze Hitlerowscy przed Najwyższym Trybunałem Narodowym, Warschau 1961, S. 241 f. Die Äußerung Franks in der Polizeisitzung v. 30.5.40 hinsichtlich der „furchtbaren Scherereien" mit den Krakauer Professoren (Piotrowski, S. 319) erklärte Bühler als „Pflästerchen auf die Wunde der Polizei". In späterer Zeit dürfte diese Trennung von verbalem Radikalismus als Absicherung gegenüber der Polizei und gemäßigter Praxis angebracht sein, kaum jedoch für den Mai 1940. Der Frank-Bühler-Version fehlt somit jede innere Wahrscheinlichkeit. Gänzlich unglaubwürdig ist die spätere Behauptung Franks, er habe bei Hitler interveniert und dieser habe ihm Unterstützung zugesichert. H. Frank: Im Angesicht des Galgens, hrg. v. O. Schloffer, München 1953, S. 406.
5 Zaborowski, Poznański, a.a.O., S. 123 ff.
6 Ebda., S. 129 und 132.
7 Prof. Hahn hat in einem Brief an den Verf. den Hergang des Interventionsversuches bestätigt.
8 Zaborowski, Poznański, a.a.O., S. 129 (rückübers. aus d. Poln.).
9 Katolicki Uniwersytet Lubelski w oczach wychowanków, Lublin 1958, S. 175 ff.
10 Die Universität arbeitete von Oktober bis Dezember 1939 normal weiter, abgesehen von der theologischen Fakultät, die geschlossen wurde. Dann erfolgten allerdings zugleich mit der Umbenennung in Ivan-Franko-Universität tiefgreifende Reformen, u.a. wurden neue Lehrstühle für Marxismus-Leninismus, Geschichte der UdSSR, ukrainische Philologie usf. geschaffen. Seit Januar 1940 war die Vorlesungssprache ukrainisch. Die Technische Hochschule dagegen konnte ihre Arbeit mit vollem Personal wieder aufnehmen. Im Mai 1940 wurden sogar noch Emeritierte wieder berufen. R. K. 1942, 1 S. 120. Cf. oben, S. 188 Anm. 6.
11 Ronikier, a.a.O., S. 161 ff.
12 Nürnb. Dok. NG-4567.
13 Doc. Occ. VI, S. 391 Anm. 2.
14 S. oben, S. 78.
15 Streckenbach in der Sitzung v. 2.3.40.T. 1940 I, S. 79 f.
16 Nazi Kultur, S. 65. Dort weitere Einzelheiten.

17 T. Manteuffel: Uniwersytet Warszawski w latach wojny i okupacji, Warschau 1948, S. 11. Bericht über den Aufbau im GG bis zum 1. Juli 1940. BA, R 52 II/247 Bd. I, S. 113.
18 Über die Prüfungen wurde eine benotete Bescheinigung von der Abteilung „Wissenschaft, Erziehung und Volksbildung" ausgestellt. Doc. Occ. VI, S. 419. Die Abschlußprüfungen waren offenbar ohne Wissen der Krakauer Zentralabteilung durchgeführt worden. Als der Generalgouverneur davon erfuhr, verfügte er die sofortige Einstellung. Vertraul. Bericht des Ministerialrats Scurla v. REM v. 31.7.40, zit. b. Goguel, a.a.O., Anhang S. 92 f.
19 R. K., 1939–1941 Streszczenie, S. 115. Manteuffel, a.a.O., S. 11 f.
20 J. Dąbrowski: Praca naukowa i uczelnie wyższe w czasie okupacji, in: Roczn. Krak. 31 (1957), S. 87.
21 VOBlGG 1940 I, S. 327; als Hochschulkuratoren amtierten 1941: Ministerialrat Dr. Licht in Krakau, Assessor Tzschaschel in Warschau (zugleich Referent in der Schulabteilung für den Distrikt Warschau) und Dr. Parisini als Leiter des Referats Hochschulen in der Hauptabteilung „Wissenschaft und Unterricht" in Krakau. Doc. Occ. VI, S. 417.
21a H. Barycz: Dzieje zakładów naukowych i uczelni akademickich w Krakowie w okresie II wojny światowej. In: Rocz. Krak. 31 (1957), S. 114 f. R. K. 1943, 7 S. 24 f.
22 Barycz, ebda. S. 114 f.
23 Zit. b. Barycz: Alma Mater Jagellonica, Krakau 1958, S. 289.
24 T. Lehr-Spławiński in: Kronika Uniwersytetu Jagiellońskiego za okres wojny 1939–1945, Krakau 1946, S. 27.
25 Bericht über den Aufbau, s. Anm. 17, S. 113 ff.
26 R. K., 1942, 4 S. 105 f.
26a Walka o oświatę, naukę i kulturę w latach okupacji,Warschau 1967, S. 292 f.
27 R. K. 1943, 7 S. 24 f. Deutsche Forschung im Osten (künftig zit. als DFO) II, 8 (1942), S. 323 f.
28 Nazi Kultur, S. 69. Dort noch etliche andere Beispiele.
29 Piotrowski, S. 148 (Bespr. v. 19.3.42). Doc. Occ. VI, S. 392 Anm.
30 R. K. 1943, 7 S. 26. In diesem Bericht der Widerstandsbewegung wird nur von polnischer und ukrainischer Unterrichtssprache gesprochen. In einem deutschen Bericht (s.u. Anm. 36) wird dagegen nur deutscher Unterricht erwähnt, vermutlich aus Gründen der Tarnung gegenüber dem Berliner Ministerium. Beide Versionen in ihrer Ausschließlichkeit dürften falsch sein.
31 Geh. Erl. d. Staatssekr. Bühler v. 21.5.1943. BA, R 21/440. Schon im Winter 1941/42 wurden von deutscher Seite Versuche unternommen, Warschauer Professoren für die Lemberger Kurse zu verpflichten, jedoch ohne großen Erfolg. R. K. 1942, 4 S. 105.
32 BA, R 21/440.
33 Ebda., Sitzungsprotokoll v. 21.1.43.
34 Eichholz, der Leiter der Hauptabteilung „Wissenschaft und Unterricht" wies auf dieses Dilemma ausdrücklich hin in einer Reg.sitz. v. 20.4.1943. Doc. Occ. VI, S. 392 Anm. 4.
35 Piotrowski, S. 149. Doc. Occ. VI, S. 393 Anm. 9.
36 Berichte der HA Wiss. u. Unter. an das Reichserziehungsministerium vom Frühjahr 1944. BA, R 21/330. Dort wird außerdem eine Zahl von 1 180 „Bediensteten" aufgeführt, deren Bedeutung aus den erhaltenen Akten nicht hervorgeht, wie überhaupt einige Zahlenangaben reichlich dubios erscheinen, z. B. das Verhältnis von 15 Professoren und 35 Assistenten zu nur 380 Studenten in den tierärztlichen Kursen. Da sonst keinerlei Quellen über die Kurse existieren, lassen sich hier keine absolut sicheren Aussagen machen.
Nach dem Erfarungsbericht Eichholz' wurden die in Lemberg abgelegten Prüfungen immerhin in Nachkriegspolen anerkannt. BA, Mikrofilm CN/969; auch Ost-Dok. 8 GG 27.
37 R. K. 1944, 12 S. 49 und 75.
38 S. oben, S. 88 f.

b) Das Institut für deutsche Ostarbeit (IDO)

1 J. Kalisch, G. Voigt: Reichsuniversität Posen, in: Juni 1941, hrg. v. A. Anderle und W. Basler, Berlin 1961, S. 188 ff. Goguel, a.a.O., S. 52.
2 T. 1940 I, S. 205 (15.3.40).
3 G. Voigt: Das IDO in Krakau, in: September 1939, hrg. v. B. Spiru, Berlin 1959, S. 111.
4 Zit. in: Jb. IDO, S. 7 ff.
5 Piotrowski, S. 146.

6 Cf. Coblitz in: GG II, 2 S. 52. VO zur Errichtung des IDO: VOBlGG 1940 I, S. 149.
7 M. Weinreich: Hitler's Professors, New York 1946, S. 96.
8 Goguel a.a.O., Anhang, S. 140. Dort auch ein genauer Stellenplan nach dem Stand v. 15.1.1943. Charakteristischerweise war die Sektion Rassen- und Volkstumsforschung mit 32 Mitarbeitern die weitaus stärkste Abteilung.
9 Voigt, a.a.O., S. 113 f. Goguel, a.a.O., Anhang, S. 103 f.
10 Randt an den Gen.direktor d. preuß. Staatsarchive Zipfel am 22.9.40, zit. b. Goguel, a.a.O., Anhang, S. 101.
11 Ebda., S. 104.
12 Coblitz in: GG II, 2 S. 52.
13 Die Organisation und die Personalangaben werden im folgenden zum größten Teil aus den Zeitschriften rekonstruiert. Einen Überblick gibt Coblitz in: GG II, 2 S. 52 f. und im Jb. IDO, ferner in der „Burg" I, 1 S. 80 ff. Ergänzungen bringen die Arbeiten von Voigt und Goguel, die Aktenmaterial aus dem DZA in Potsdam verwerten.
14 Radig ist heute Mitglied der Deutschen Akademie der Wissenschaften in der DDR. Voigt, a.a.O., S. 114 Anm.
15 Radig in: DFO I, 5 S. 37 ff.
16 BA, R 52 II/247 Bd. I, S. 206.
17 Burg I, 1 S. 83.
18 DFO I, 3 S. 28 ff.Goetel war von 1932 bis 1939 Vorsitzender des polnischen Schriftstellerverbandes und sympathisierte schon damals mit dem Faschismus. Wielka Encyklopedia Powszechna PWN, Bd. IV, Warschau 1964. Er arbeitete während der Okkupation mit dem deutschen Propagandaamt in Warschau zusammen – er wurde deswegen von einem Untergrundgericht verwarnt – und nahm an der polnischen Katyn-Delegation teil. St. Korboński: Fighting Warsaw, London 1956, S. 139.
19 Burg I, 1 S. 83.
20 DFO I, 6 S. 28 ff. und I, 7 S. 35.
21 Burg I, 1 S. 84 f.
22 Ebda., S. 85.
23 Ebda., S. 86.
24 Coblitz in: Jb. IDO, S. 47.
25 DFO I, 3 S. 21.
26 DFO I, 1 S. 32 ff.
27 Ebda., S. 36.
28 Ebda., S. 38 und 42.
29 Z. B. Niemann: Grundzüge der Verfassungsgeschichte Krakaus im Mittelalter, in: Burg II, 2. Ders.: Handwerksrecht und Handwerkssitte in den Bildern des Behaimkodex. In: Burg II, 4. H. Weidhaas: Romanische Baukunst in Cerniher und Halisz. (d. i. Czernihów und Halicz). In: Burg III, 2.
30 T. 1940 II, S. 220 (Arb.sitz. v. 21.4.40) Krak. Zeitg. v. 26.4.40.
31 Coblitz in: Jb. IDO, S. 15. Aktennotiz über Bespr. b. Frank v. 23.7.41. BA, R 52 IV/101 Bl. 155. Goguel, a.a.O., Anhang, S. 108.
32 VO v. 20.1.43. VOBlGG 1943, S. 49 f.
33 BA, R 52 IV/101. Obwohl die Zeitschriften des IDO noch bis 1944 erschienen, wurden beispielsweise keine Auskünfte mehr erteilt.
34 T. 1943 II 1, S. 274 (3.5.43).
35 Goguel, a.a.O., S. 167.
36 Ebda., Anhang, S. 130.
37 Seit 1943 wurde hier vor allem Siedlungsgeographie und militärische Wehrkunde betrieben. DFO III, 7 S. 265 f.
38 Brief Coblitz' an Frank v. 8.3.1945. BA, R 52 II/173.
39 Schreiben Coblitz' an die Regierung des GG v. 11.7.1941. BA, R 52 IV/100. Im T. 1941 I, S. 151 wird eine Zahl von 28 000 Abonnenten genannt, was offenkundig ein Schreibfehler ist.
40 In der Schriftenreihe des IDO erschienen u.a.: M. Laubert: Preußische Polenpolitik; E. v. Puttkamer: Die polnische Nationaldemokratie; geplant waren: Deutsche Rechtsbücher in Polen, I Versio Vratislaviensis, II Die deutsche Kurzform der „Magdeburger Urteile", bearb. v. J. W. Niemann. Als Einzelveröffentlichungen erschienen aus dem IDO: E. Hoff: Die Gründungshandfesten der Stadt Lublin; P. H. Seraphim: Die Wirtschaftsstruktur des GG; Hie Bürger, hie Jude – eine Krakauer Kampfschrift aus d. J. 1618, bearb. v. J. Sommerfeldt; Der Krakauer Marienaltar des Veit Stoß, Bildmappe aus der Sektion Kunstgeschichte des IDO; 2 Bände aus der

Reihe „Beiträge zur Siedlungsgeographie des GG" von H. Graul und G. Hildebrandt. Aus der Manuskriptenreihe sind noch 11 Titel nachweisbar, davon 3 landeskundliche, 1 rassenkundlicher und 7 wirtschaftliche, u.a.: Materialien über die Möglichkeit einer Vergrößerung der Nahrungs- und Genußmittelindustrie im GG (Meinhold); der Außenahndel des GG i. J. 1940 (Nonnemacher); Materialien zum Vergleich der Lohnhöhe im Gebiet des GG und im Altreich (Meinhold); Die Bereinigung der Volkstumsgrenzen (Meinhold/Plügel). Goguel, a.a.O., S. 152.

41 DFO III, 1 S. 55.

42 GG III, 1 S. 38.

43 So Radig, der Leiter der Sektion Vorgeschichte, in: GG I, 15 S. 68 f.

44 T. 1941 III 2, S. 846. Diese Ausstellung wurde im Mai 1942 von der Werbestelle des GG in modifizierter Form unter dem Titel „Die geschichtliche Leistung der Deutschen im Weichselraum" in Berlin gezeigt, vor allem zur Information für Berliner Schulen. GG II, 2 S. 69.

45 Burg III, 2 S. 234 f.

46 Goguel, a.a.O., S. 137.

47 Das Programm gestaltete sich folgendermaßen: „Donnerstag, 20.6.1940: Feierliche Eröffnung; Musikalisches Vorspiel; Eröffnungsrede des Herrn Präsidenten Generalgouverneur Dr. Frank; Vortrag: Prof. Dr. Aubin, Breslau: Das Reich und die Völker des Ostens; Direktor Dr. Barthel, Breslau: Krakaus künstlerisches Antlitz – Vortrag mit Lichtbildern; Besichtigung der Stadt. Freitag, 21.6.1940: Prof. Dr. Czajka, Zakopane: Entstehung und Gestalt Osteuropas; Prof. Dr. Frey, Breslau: Deutsche Kunst im Weichselland, Lichtbildervortrag; Besichtigung der Burg, einschl. d. Kathedrale; Festliche Abendmusik, ausgeführt von der Kammermusikgruppe des Landesorchesters Gau Württemberg-Hohenzollern unter der Leitung von Kapellmeister Gerhard Maass." Burg I, 1 S. 86 f.

48 Folgende Referate wurden gehalten: C. G. Heise: Veit Stoß. Ein Repräsentant deutscher Kultur im Weichselraum. W. Coblitz: Deutsche Forschung im Ostraum. M. Laubert: Preußische Polenpolitik im 19. Jh. K. O. Rabl: GG und Protektorat im Wandel der Verfassungsgeschichte. W. Radig: Indogermanen im Weichselraum. J. Sommerfeld: Die Ostjudenfrage als Problem der preußischen Verwaltung im 18. und 19. Jahrhundert. H. Graul: Das Weichselgebiet, eine mitteleuropäische Landschaft. H. Meinhold: Die verkehrspolitische Bedeutung der Weichsel im deutschen Ostraum. F. Christiansen-Weniger: Die Landwirtschaft im Weichselraum. DFO I, 1 S. 43.

49 DFO II, 7 S. 275. In seinem Vortrag gliederte Frank die deutsche Geschichte nach Himmelsrichtungen: von der ältesten, der Nordepoche, über die West- und Südepoche, welche die Auseinandersetzung mit dem Westen, das mittelalterliche Kaisertum und die Parallelität der nationalstaatlichen Entwicklung in Italien und Deutschland beinhalteten, führte die Entwicklung zur Ostepoche, die mit Hitlers Expansion nach Osten begann. T. 1942 IV 1, S. 1100 ff.

50 DFO III, 1 S. 55 f. Auf dieser Tagung sprachen u.a.: M. Laubert, H. J. Beyer (Generalbevollmächtigter der Heydrich-Stiftung in Prag), H. Kuhn, W. Radig, H. Graul u. J. W. Niemann.

51 So Frank in der Abtl.sitz. v. 12.4.1940. T. 1940 II, S. 111.

52 Voigt, a.a.O., S. 115.

53 Reisebericht Dr. Kloss (2.3.–1.4.41). BA, R 57 DAI/344.

54 Brief Coblitz' v. 12.3.42 an die HA Wiss. u. Unt., in dem er diese Kritik referierte. BA, R 52 IV/101.

55 Aussage v. Prof. Semkowicz im Bühlerprozeß. Goguel, a.a.O., S. 174.

56 Aussage v. Prof. Semkowicz, ebda., Anh. S. 134.

57 Goguel, S. 173. Alma Mater w podziemiu, Krakau 1964, S. 41 f.

58 Unter diesem Titel erschien am 17.4.1942 ein Artikel des Bevollmächtigten des Generalgouverneurs in Berlin im Kriegssonderdienst der NS-Parteikorrespondenz „Innere Front". BA, R 52 IV/106.

59 Abgedr. in: Burg I, 1 S. 7–20.

60 T. 1940 II 2, S. 446 (Bespr. v. 16.5.40.

61 T. 1941 III 1, S. 663 (21.7.41).

62 T. 1941 II, S. 441 f. (9.5.41). Verordnungsentwurf für die Umwandlung des IDO in: BA, R 52 IV/102. Das Projekt wurde wenige Monate später zurückgestellt. Aktennotiz Watzkes v. 4.9.41, zit. b. Goguel, a.a.O., Anh., S. 106.

63 T. 1941 III 2, S. 771 (4.8.41).

64 Schreiben der HA Wiss. u. Unt. v. 17.7.1942 an den Präsidenten des IDO. BA, R 52 IV/101. Artikel Watzkes in: Schlesische Volkszeitung v. 26.6.1941. S. Anhang.

65 Schreiben Bormanns an Lammers v. 20.8.1941. BA, R 43 II/1340 Bl. 54.

66 T. 1941 IV 2, S. 1068 (21.11.41).

67 T. 1941 III 1, S. 746 (14.8.41). Eine beschränkte Ausbildung von Polen als „Heilpraktikanten"

an der Akademie hielt Frank dabei für angebracht. Vollgültige Ärzte im GG sollten freilich nur Deutsche sein dürfen. T. 1941 III 1, S. 629.

c) Bibliotheken

1 Cf. dazu den sehr drastischen zeitgenössischen Bericht eines SS-Mannes v. 27.2.1941, in: Najn. Dzieje I (1957), S. 223–27; im Auszug b. Brenner, a.a.O., S. 212 f.

2 Abtransporte von Büchern kamen vor allem zu Beginn der Okkupation, in der Ausplünderungsphase, vor. So wurden u.a. der Hauptbestand der Sejm- und Senatsbibliothek, die hebräische Bibliothek der großen Synagoge in Warschau (30 000 Bde.) und die gesamte Bibliothek des Staatlichen Museums für Archäologie weggeschafft. Nazi Kultur, S. 79.

3 In seiner Ansprache zur Eröffnung der Staatsbibliothek sagte er u.a.: „Es ist klar, daß wir uns nicht als Fortsetzer des polnischen Bibliothekswesens denken. . . Das ist ja das Charakteristische für die Menschen dieses Raumes: Nomaden schreiben keine Bücher, Bücher schreiben nur geschichtsberufene, seßhafte Völker." T. 1941 I, S. 246.

4 Erfahrungsbericht Witte, BA, Ost-Dok. 13/GG V d/1 S. 5.

5 So gelang es beispielsweise im Oktober 1940 Rosenberg noch, eine Kollektion von Musikhandschriften, darunter vor allem die des Chopinlehrers Elsner, aus Warschau nach Berlin zu bringen, als er später jedoch die Bibliothek der Lubliner Rabbiner-Universität für seine „Hohe Schule" in Frankfurt anforderte, wurde dieser Plan auf Franks Anordnung vereitelt. Nazi Kultur, S. 82. Erfahrungsbericht Klünder, BA, Ost.-Dok. 8 GG 27.

6 Über die Staatsbibliotheken Lublin und Lemberg ist kaum Material erreichbar. Nach den Erfahrungsberichten der beiden Leiter Johannsen und Himpel wurde hier prinzipiell ähnlich verfahren wie in Warschau und Krakau. Die Zusammenarbeit mit dem polnischen Personal war gut und man versuchte, die Benutzungsbeschränkungen so gut wie möglich zu umgehen. Nach Angaben Himpels gab es in der aus vormals 4 Bibliotheken zusammengelegten Staatsbibliothek Lemberg ein 128köpfiges Personal. Im Frank-Tagebuch ist sogar von 140 Polen die Rede. T. 1942 IV 1, S. 1000. Die Erfahrungsberichte von Johannsen und Himpel in: BA, Ost-Dok. 13, GG V d2 und d3.

7 Barycz, Dzieje, a.a.O., S. 113.

8 G. Abb: Die Eröffnung der Staatsbibliothek in Krakau, in: Zentralblatt f. Bibl.wesen 58 (1941), S. 245 f.

9 Ebda., S. 253.

10 Ebda., S. 258.

11 Ebda., S. 248.

12 Ebda., S. 245.

13 Witte gibt in seinem Erfahrungsbericht 80–85, Barycz (Dzieje, a.a.O., S. 113) 83 Mann Personal an. Die Zahl dürfte für die Okkupationszeit insgesamt gelten. Abb gab für 1942 die offizielle Zahl von 64 Mann an polnischem Personal an. Abb: Ein Jahr Staatsbibliothek Krakau. In: Zentralblatt f. Bibl.wesen 60 (1943/44), S. 62.

14 Barycz, Dzieje, a.a.O., S. 114.

15 Witte, Erfahrungsbericht, S. 7.

16 Abb, Ein Jahr, a.a.O., S. 62.

17 Schreiben der HA Finanzen an das Reichsfinanzministerium v. 8.1.1943. BA, R 2/5097 Bl. 34ff.

18 Abb, Die Eröffnung. . ., a.a.O., S. 253.

19 W. Sokołowska: Dzieje Biblioteki Uniwersyteckiej 1939–1945, Acta Bibliothecae Universitatis Varsoviensis, Bd. I Warschau 1959, S. 32.

20 Ebda., S. 42.

21 Witte, Erfahrungsbericht, S. 18 und 35.

22 Sokołowska, a.a.O., S. 36.

23 Die Aufteilung erfährt in allen polnischen Veröffentlichungen äußerst scharfe Kritik, auf ähnliche Pläne in der Vorkriegszeit wird dabei nicht hingewiesen. Nach Wittes Darstellung gingen diese Pläne auf den ehemaligen Referenten im polnischen Kultusministerium Grycz zurück und wurden während der Kriegszeit vor allem von Dr. Pulikowsky, einem polnischen Mitarbeiter des Warschauer Hochschulkurators Tzschaschel, weiter verfolgt. Witte, Erfahrungsbericht, S. 32 ff. Wirkliche Klarheit ist in dieser Angelegenheit kaum zu gewinnen.

24 Sokołowska, a.a.O., S. 49 ff.

25 Ebda., S. 67 u. 83. Witte, Erfahrungsbericht, S. 18 f. Witte gibt an, etwa 1 000 Bescheinigungen für „Bedienstete" ausgestellt zu haben.

26 St. Żółkiewski: O pracy PPR wśród inteligencji w okresie okupacji, in: Nowe Drogi 16 (1962), Nr. 1, S. 29.
27 Sokołowska, a.a.O., S. 43, 51 ff., 68 u. 83. Witte, Erfahrungsbericht, S. 16.
28 Sokołowska, a.a.O., S. 85.
29 Ebda., S. 87.
30 Nach der Niederschlagung des Aufstandes im Oktober 1944 erhielten Abb und der ehemalige Leiter der Lemberger Staatsbibliothek Himpel den Auftrag, die unversehrt gebliebenen Bestände zu evakuieren, bevor Warschau „dem Erdboden gleichzumachen" war, wie Hitler es wünschte. In Zusammenarbeit mit Grycz, den Fürsten Janusz Radziwiłł und Lubomirski und dem Grafen Branicki konnte die Aktion teilweise durchgeführt werden. Sokołowska, a.a.O., S. 97. Himpel, Erfahrungsbericht.
31 St. Sawicka; T. Sulerzyska: Straty w rysunkach z gabinetu rycin biblioteki uniwersyteckiej 1939–1945, Acta Bibliothecae Universitatis Varsoviensis, Bd. II, Warschau 1960, S. 17; H. Kozerska: Straty w zbiorze rękopisów w czasie I i II wojny światowej, ebda. Bd. III, S. 131 ff.
32 Hrg. v. d. HA Propaganda. Nr. 3 u. 4, Krakau 1944 (im Inst. f. Zeitgesch.).
33 Cf. die „Kulturpolitischen Richtlinien" 1940, in: Doc. Occ. VI, S. 409 f.
34 Zu ihrer Geschichte ausführlich R. Przelaskowski: Warszawska Biblioteka publiczna w okresie okupacji, in: Najn. Dzieje V (1961), S. 5–30.
35 Nazi Kultur, S. 132 f.
36 Ebda., S. 130.
37 Verordnungen v. 26. u. 31.10.1939 u. 21.3.1940. VOBlGG 1939, S. 8 u. 19; 1940 I, S. 113.
38 T. 1943 I, S. 112 (Reg.sitz. v. 26.10.43. Rechenschaftsbericht Bühlers).
39 BA, R 55 DC/455.
40 Burgverlag, Krakau; Buchverlag Deutscher Osten, Krakau; Osteuropäische Verlagsanstalt, die dem Eher-Verlag gehörte, mit Filialen in Tschenstochau, Reichshof (Rzeszów), Lublin, Radom und Lemberg; Zeitungsverlag Krakau-Warschau; Verlag des Instituts für Deutsche Ostarbeit; Verlag „Der Kolonist", Krakau; Verlag für Wirtschaft und Handwerk, Krakau.
41 Cf. Teil 1 des Literaturverzeichnisses.
42 T. 1942 IV 3, S. 1365 f. (18.12.42).
43 Auf Vorposten. Drei Jahre Aufbauarbeit im Arbeitsbereich GG der NSDAP, Krakau 1943, S. 28.
44 T. 1941 IV 2, S. 1085.
45 R. Adrian: Büchereien als Wegbereiter deutschen Kulturgutes, in: Vorfeld III, 3/4 (1943), S. 63.
46 Ebda., S. 64.

d) Archive

1 Arbeitsbericht der Direktion der Archive des GG über die seit Herbst 1939 geleistete Arbeit v. 30.9.1941. BA, Ost 20/203, S. 2.
2 Randt: Die Archive des GG, in: Burg II 1, S. 25 ff.
3 A. Stebelski: The fate of the Polish archives during world war II, Warschau 1964, S. 22 f. Randt, a.a.O., S. 26.
4 Stebelski, a.a.O., S. 17.
5 Cf. Doc. Occ. VI, S. 65.
6 Nazi Kultur, S. 91. Stebelski, a.a.O., S. 18.
7 Mitteilungsblatt d. Gen.direktors d. Staatsarchive, Jahrg. 1941, S. 132 u. 136.
8 Stebelski, a.a.O., S. 32–35; dort genauere Angaben über den Umfang der einzelnen abtransporten Bestände.
9 Ebda., S. 29 f.
10 Cf. oben, S. 25.
11 Zit. b. Goguel, a.a.O., Anhang, S. 18.
12 Mitteilungsblatt, Jg. 1941, S. 30.
13 Stebelski, a.a.O., S. 46. Mitteilungsblatt, Jg. 1941, S. 100.
14 Stebelski, a.a.O., S. 50 f. (ca. 1,6 Mill. Einheiten des Archivs der alten Akten; 230 000 Bde. des Schatzarchivs und 70 000 Bde. des Stadtarchivs).
15 Ebda., S. 51.
Eine detaillierte Übersicht über die deutsche Archivpolitik, die hier bewußt nicht angestrebt wurde, ließe sich anhand der vorliegenden Materialien im Bundesarchiv, der zeitgenössischen Veröffentlichungen, des Mitteilungsblattes, verschiedener polnischer Publikationen und eines

Aktenbestandes der Archivverwaltung des GG im Geheimen Staatsarchiv Berlin (der hier nicht verwertet wurde) herstellen. Außer den hier im Anmerkungsapparat genannten Quellen sei noch verwiesen auf einen Vortrag Randts: Das deutsche Archivwesen im GG und die reichsdeutsche Forschung. BA, Ost 20/205. Dort findet sich auch (in deutscher Übersetzung) der Aufsatz von J. Stojanowski: Ein Blatt aus der Geschichte des Archivs der Neuen Akten in Warschau, aus: Archeion 30 (1959), der deutsches Quellenmaterial, das in Polen liegt, verwertet und polnische Literatur aufführt. Ferner der Erfahrungsbericht des ehemaligen Archivamtleiters in Lublin, Seeberg-Elverfeldt, in: BA, Ost-Dok. 13/GG I f/1.

3. Schulpolitik

1 Cf. Doc. Occ. V, S. 312 ff. Schon aus den dort abgedruckten Dokumenten geht hervor, daß auch in den eingegliederten Gebieten die Schulpolitik keineswegs einheitlich ausfiel, sowohl in negativer wie in positiver Hinsicht. Noch deutlicher wird das in dem Reisebericht des Ministerialrats Pax v. 9.2.1944 für das Reichserziehungsministerium („Einheitliche schulische Erfassung der schutzangehörigen Kinder polnischen Volkstums im gesamten Reichsgebiet"). Vor allem wird hier – prinzipiell ähnlich wie im GG – auf die den deutschen Interessen schädlichen Konsequenzen der Schulpolitik nachdrücklich hingewiesen und auf eine Revision gedrängt. BA, R 21/276. Zur Schulpolitik in den eingegliederten Gebieten cf. Madajczyk, Polityka, a.a.O., Bd. II, S. 142 ff; zum GG S. 148 ff. Für die ostpolnischen Gebiete war eine ähnliche Politik wie für Westpreußen und den Warthegau vorgesehen. In einem Schreiben Rosenbergs an die Reichskommissare Ostland und Ukraine vom 26.11.1942 heißt es u.a.: „Das polnische Schulwesen ist über ein 4klassiges Volksschulwesen hinaus nicht zu entwickeln und zu fördern. Ausnahmen für kriegswichtigen Fachunterricht können zugelassen werden." Nürnb. Dok. EC-336.

2 Dziennik Urz. M. st. Warszawy Nr. 5 (im PRC, London).

3 VOBlGG 1939, S. 18.

3a Nazi Kultur, S. 38.

4 Cf. oben, S. 45.

5 Dabei dürfte vor allem maßgebend gewesen sein, daß die Hauptstadt am längsten Widerstand leistete und demzufolge der Einfluß der Wehrmacht hier am stärksten war.

6 Nazi Kultur, S. 38 ff. J. Zanowa: W służbie oświaty. Breslau, Warschau, Krakau 1961. S. 224.

7 VO v. 16.3.1940. VOBlGG 1940 I, S. 106.

8 Bericht über den Aufbau im GG bis zum 1. Juli 1940. BA, R 52 II/247 Bd. I, S. 121.

9 Ebda.

10 Watzke in Sitz. v. 14.1.1941, T. 1941 I, S. 45.

11 Genaue Zahlenangaben liegen darüber nicht vor. Für die Abteilung in Lublin gibt der ehemalige Leiter an, daß in ihr im Juli 1944 tätig waren: 1 Abt.leiter, 5 Referenten, 17 deutsche Angestellte, allesamt ohne pädagogische oder verwaltungstechnische Vorbildung, ferner 24 polnische und ukrainische Hilfskräfte; dazu in den Kreisen 10 Kreisschulräte und 2 volksdeutsche Schulinspektoren. BA, Erfahrungsbericht Klünder, Ost-Dok. GG 27, S. 18. Im Amtsblatt „Wissenschaft und Unterricht" (Jg. 1943) werden polnische Berufs- und Fachschulinspektoren namentlich genannt, die berechtigt waren, ohne den deutschen Schulrat Visitationen durchzuführen, davon amtierten: 4 in Warschau, 1 in Warschau-Land, 7 im Distrikt Krakau, 1 Prälat für das gesamte GG. Für Krakau-Stadt sind ferner 3 polnische Schulinspektoren bekannt, die mit der Widerstandsbewegung zusammenarbeiteten. Alle 3 wurden von der Gestapo verhaftet. Waga, a.a.O., S. 47.

12 R. K. 1939–1941 VIII, S. 1.

13 Erfahrungsbericht Gruschinske (Leiter der Abt. Wiss. u. Unter. im Distrikt Warschau). BA, Ost-Dok. 8 GG 25, S. 2.

14 Waga, a.a.O., S. 47.

15 Laut Erlaß Watzkes v. 7.4.1941 war im Falle einer Ablehnung der Verpflichtungserklärung dem zuständigen Kommandeur der Sipo Meldung zu erstatten. Wiss. u. Unter. Jg. 1941, S. 50.

16 Stellenpläne für die Haupt- und Distriktsabteilungen samt allen angegliederten Verwaltungen in: BA, R 21/238. Danach stieg die Zahl der Planstellen, die aus dem Etat des Reichserziehungsministeriums bezahlt wurden, also für Reichsdeutsche, von 370 im Jahre 1941/42 auf 787 im Jahre 1944. Nach dem Stand vom 17.3.1943 gliederte sich die HA Wiss. u. Unter. in die Abteilungen: I Erziehung und Unterricht, II Wissenschaft und Volksbildung, III Allgemeine Ange-

legenheiten. Angegliedert waren: Hauptverwaltung der Bibliotheken, Zentralstelle für Volksbücherei, Zentralstelle für Film und Bild, Hauptverwaltung der Museen, Denkmalamt, Botanische Anstalten Krakau, Sternwarten des GG, Technisch-Physikalisches Prüfungsinstitut Krakau, Studienseminar Krakau, Verwaltungsstelle der Staatlichen Fachkurse Lemberg, Staatliche Fachkurse Lemberg, Staatsbibliotheken Krakau, Warschau, Lublin, Lemberg. Doc. Occ. VI, S. 69.

17 „Die Arbeit der deutschen Verwaltung für das polnische Schulwesen im GG ist gekennzeichnet durch ein ungewöhnliches Chaos und einen Mangel an Koordination, was ein riesiges Durcheinander auf allen Gebieten des Schulwesens . . . hervorruft. R. K. 1939–1941 V, S. 1 u. S. 54.

18 „Wissenschaft, Erziehung u. Volksbildung" Jg. 1941, Geleitwort.

19 Erfahrungsbericht d. Leiters d. Schulamts Krasnystaw (Distr. Lublin). BA, Ost-Dok. 8 GG/36.

20 Meldungen aus dem Reich, Nr. 38 v. 10.1.1940. BA, R 58/147, S. 4 f. Cf. Madajczyk, Polityka, a.a.O., Bd. II, S. 149.

21 Ähnlich lautete das Resümee einer Besprechung mit Frank in Warschau am 27.5.1940. T. 1940 II 2, S. 541.

22 Charakteristischerweise wurde diese Anweisung 1943, als man ein für die deutschen Interessen effektives Schulwesen wünschte, aufgehoben und eine strikte Beschränkung von Versetzungen gefordert. Wiss. u. Unt. III 2 (1943), S. 12.

23 S. Anm. 20.

24 Ein formeller Erlaß existiert charakteristischerweise darüber nicht. Auch der Sport wurde zunächst verboten und alle Sportvereine wurden aufgelöst. Frank stimmte jedoch schon im Mai 1940 einer Aufhebung dieses Verbots zu. T. 1940 II 2, S. 551 (31.3.1940).

25 Erl. v. 19.12.1939, zit. in: Najn. Dzieje I (1957), S. 236. Da er nicht hinreichend befolgt wurde, kamen später noch mehrmals ähnliche Verbote heraus.

26 Nazi-Kultur, S. 134 f.

27 Waga, a.a.O., S. 37. Watzke in: M. du Prel: Das Generalgouvernement, 2. A. Würzburg 1942, S. 175.

28 Z. B. im Bericht über den Aufbau (s. Anm. 8), Bd. I, S. 139 f.

29 T. 1940 IV, S. 1086 f. (29.11.40).

30 E. Gassner in: du Prel, a.a.O., S. 151.

31 Erl. v. 31.7.1940. Wissensch., Erz. u. Volksb. I (1941) 1/2, S. 17.

32 Walka o oświatę, a.a.O., S. 53 f. Szkoła w konspiracji, Warschau 1960, S. 70. Nazi Kultur, S. 44. Ein Mikrofilm einiger Nummern des „Ster" wurde mir freundlicherweise vom Historischen Institut der Polnischen Akademie der Wissenschaften durch Vermittlung von Prof. Madajczyk zur Verfügung gestellt. Die Zeitschrift macht in der inhaltlichen Gestaltung einen durchaus unpolitischen Eindruck. Es tauchen immerhin Schriftstellernamen wie Wł. Reymont und M. Dąbrowsk[a] auf. Die Nr. 4/5 im Schuljahr 1943/44 war ganz der Geographie des GG gewidmet, durchbrach damit also die anfänglich ausgegebenen Richtlinien. Der Redaktionsvorspann zur ersten Nummer (Sept. 1940) nimmt jedoch auf die politische Situation Bezug und ruft zur Anpassung und Loyalität auf. Es heißt dort u.a.: „Angesichts der schweren Lebensbedingungen, in denen wir uns alle befinden, möchten wir noch einige aufrichtige und tief empfundene Bemerkungen an euch richten, Bemerkungen, die sicher nicht ohne Widerhall bleiben werden und die ihr bitte von Mund zu Mund weitergeben wollt. Ihr hört insgeheim oft, leider allzu oft, daß man im gegenwärtigen Zeitpunkt warten, den Orkan des historischen Ringens um den neuen Morgen der Welt abwarten müsse. . . Das ist nicht der Weg, der in eine bessere Zukunft des arbeitenden polnischen Volkes führt. . . Ihr, die Jugend, müßt die gelichteten Reihen der Erwachsenen füllen. Ihr solltet dabei daran denken, daß jeder Mensch und jedes arbeitende Kollektiv genau so viel wert ist wie der Ertrag seiner Arbeit."

33 Szkoła w konsp., a.a.O., S. 121.

34 Wissensch., Erz. u. Volksb. I (1941) 1/2, S. 17. (Erl. v. 6.2.41).

35 Walka o oświatę, a.a.O., S. 73 f. Gemäß Erl. v. 14.9.1943 waren ferner als Lesestoffe für polnische Volksschulen zugelassen: 1. Bajka o Leniuszku 2. Biedulka 3. Fotel dziadunia 4. Złote serduszko 5. Jaś i Małgosia (Verlag Senzacja, Krakau). Wiss. u. Unter. III (1943) 6, S. 42.

36 Cf. Szkoła w konsp., a.a.O., S. 70.

37 Erl. v. 24.4.1943, Ausschreibung eines Wettbewerbs für Lesebücher an polnischen Volksschulen. Wiss. u. Unter. III (1943) 3, S. 19.

38 R. Schmelzer in Bespr. v. 4.7.1944. T. 1944 IV 1, S. 168 f. Nach Angaben des ehemaligen Präsidenten Eichholz soll 1944 doch noch ein 4bändiges Lesebuch erschienen sein, das wegen seines sachlichen Inhalts sogar in den ersten Nachkriegsjahren in Polen weiterbenutzt worden sei. Eichholz, Erfahrungsbericht, BA, Ost-Dok. 8 GG/27, S. 11.

39 J. Irmler: Der Aufbau des Schulwesens im GG. In: Deutsches Schulverwaltungsarchiv 27/1940, S. 194.

40 Abt.leiter Stegemann (Radom), Sitz. v. 26.5.1943. T. 1943 II 1, S. 369. Erfahrungsbericht d. Leiters d. Schulamtes Krasnystaw, (s. Anm. 19).

41 Meldungen aus dem Reich, Nr. 84 v. 3.5.1940. BA, R 58/184.

42 Gegen ihn wurde ein Parteiverfahren eingeleitet, und der Generalgouverneur sah sich angesichts seiner eigenen geschwächten Stellung gezwungen, ihn fallen zu lassen. T. 1942 III 2, S. 930. In allen polnischen Darstellungen wird Watzke ausgesprochen negativ beurteilt. Nicht zuletzt angesichts der vorliegenden öffentlichen Äußerungen Watzkes ist diese Beurteilung sehr viel glaubhafter als die relativ positive des deutschen Referenten für das polnische Schulwesen im Distrikt Krakau, Jakob Enders, dessen Erfahrungsbericht im übrigen recht aufschlußreich für die internen Spannungen in der Krakauer Zentrale ist. Enders, Erfahrungsbericht, BA, Ost.-Dok. 8 GG/4.

43 Die negative Rolle Schmelzers betont vor allem Enders in seinem Erfahrungsbericht und in einem Brief an den Verfasser. Eichholz, der völlig unter seinem Einfluß gestanden haben soll, wurde damit in die gleiche Richtung gedrängt, wie es scheint. Gegenüber seinem Vorgänger hatte er freilich bei den Polen eine bessere Presse. A. Birkenmajer in: Przegl. Hist.-Ośw. I 1 (1947), S. 148. Auch im Erfahrungsbericht des Ministerialrats im Reichserziehungsministeriums Pax wird Eichholz als Vertreter eines gemäßigten Kurses gewertet. Pax dürfte jedoch kaum Einblick in die Interna der Verwaltung in Krakau gehabt haben. BA, Ost.-Dok. 13 Wa V a/1, S. 14.

44 Ernst Schubert, Sudetendeutscher, war vor seiner Abordnung ins GG Chef des Hauptschulwesens in Oesterreich. Enders, Erfahrungsbericht (s. Anm. 42), S. 2. Ludwig Konrad war vor dem Krieg Lehrer an der deutschen Schule in Neu-Sandez. Waga, a.a.O., S. 41. Hans Fuhr, vor dem Krieg Lehrer an einer deutschen Schule in Warschau, war zunächst in der Hauptabteilung in Krakau, dann in Warschau als Stadtschulrat tätig. Er ist ein besonders illustratives Beispiel für die vielgleisige Politik, die ein deutscher Beamter bisweilen betreiben mußte, wollte er irgendwelche konkreten Erfolge erreichen. Er war ein guter Kenner polnischer und ukrainischer Probleme und verfügte sowohl zur SS wie zu nationalen polnischen Gruppen über gute Kontakte. Enders bescheinigt ihm einen oft sehr gefährlichen Grad von Offenheit. Waga, a.a.O., S. 36, schreibt über ihn: „Er drückte gegenüber vielen Dingen ein Auge zu.“ Es ist mir leider nicht gelungen, von Fuhr selbst, der heute in Stuttgart lebt, Näheres über seine Tätigkeit im GG zu erfahren. Positiv beurteilt ihn auch Madajczyk, Polityka, a.a.O., Bd. I, S. 499.

45 Nach Waga (a.a.O., S. 41 u. 46) fällt die Bilanz für Krakau recht trostlos aus. Waga war Angestellter in der Krakauer Schulverwaltung, hatte somit einen guten Einblick und bemüht sich in seiner Darstellung durchaus um eine sehr differenzierte Darstellung. Für Warschau ist neben Fuhr vor allem der Kreisschulrat Georg Bandorski, ein Masure aus Ostróda, zu nennen, der z. B. 5 verhaftete Lehrer aus dem KZ Majdanek holte. Er war auch über den polnischen Geheimunterricht orientiert, unternahm jedoch nichts dagegen. Walka o oświatę. ., a.a.O., S. 347. Daß viele Schulräte bestechlich waren und so der Widerstandsbewegung die Fortführung des illegalen Unterrichts ermöglichten, betont auch Cz. Wycech: Z dziejów tajnej oświaty w latach okupacji 1939–1945, Warschau 1964, S. 73.

46 Erfahrungsbericht Eichholz (s. Anm. 38), S. 2.

47 Schreiben v. 26.8.1942. BA, NS 19 neu/ 1755 (Mappe II).

48 SD-Bericht über die Verhältnisse im GG, zu Punkt VIII, S. 6. BA, Sg. Schumacher 297 II Bd. 1.

49 BA, NS 19 neu/1755 (Mappe II).

50 Nazi Kultur, S. 45.

51 T. 1944 IV 1, S. 168 f. (Sitz. v. 4.7.44).

52 T. 1940 III, S. 806 (5.9.40).

53 VOBlGG 1940 I, S. 134.

54 R. K. 1943, 9 S. 11.

55 Enders, Erfahrungsbericht (s. Anm. 42), S. 7.

56 R. K. 1943, 5 S. 108 und 1943, 9 S. 47.

57 Cf. Anm. 62.

58 S. oben, S. 164.

59 Wiss. u. Unt. III 5, (1943), S. 34 f., Erl. v. 30.7.1943.

60 Abt.leiter Stegemann in Bespr. v. 26.5.1943. T. 1943 II 1, S. 366.

61 Eichholz, Erfahrungsbericht (s. Anm. 38). Eichholz gibt keine Quelle an. Ein Vergleich mit einigen anderen verfügbaren Daten zeigt jedoch, daß es sich um eine amtliche Statistik der Regierung des GG handelt.

62 Watzke (in: du Prel, a.a.O., S. 72 ff.) gibt für 1941 die genaue Zahl von 19 303 an. Nach Anga-

ben des zuständigen Referenten, Schmelzer, gab es 1944 rd. 2 Mill. polnische Schüler und 22 000 Lehrer, dazu noch ca. 4 000 Religionslehrer. T. 1944 IV 1, S. 166 ff. (Sitz. v. 4.7.44).

63 B.P., Exposé (des poln. Innenministeriums) Nr. 19, S. 25. R. K. 1942, 4 S. 118. Nazi Kultur, S. 46. Einige Angaben werden auch durch eine deutsche Darstellung bestätigt. Gollert, a.a.O., S. 256.

64 A. Górny: Historia jawnego szkolnictwa powiatu krakowskiego podczas okupacji hitlerowskiej 1939–1945, in: Roczn. Nauk.-Pedag. VI cz. IV (1966), S. 112 f. Es handelt sich um Daten, die der Autor, der selbst in der Schulverwaltung tätig war, während der Okkupation gesammelt hat.

64a Zur Erklärung s. oben, S. 86.

65 Bericht von Studienrat Dr. Gasselich an das Reichserziehungsministerium „Vier Monate deutsche Schulverwaltung in Galizien". BA, R 21/532, S. 294. Als Fehlerquote ist freilich zu berücksichtigen, daß sich flächenmäßig und bevölkerungsmäßig das polnische, sowjetische und deutsche Verwaltungsgebiet Ostgalizien nicht deckten. Cf. zur deutschen Politik in Ostgalizien auch St. Mękarski: Die Südostgebiete Polens zur Zeit der deutschen Besatzung (Juni 1941 bis Juni 1943). Verwaltung und Nationalitätenprobleme (1944 in London verfaßt), in: Jbb. f. Gesch. Osteur. 16 (1968), S. 381–428.

66 Nazi Kultur, S. 46.

67 Bericht d. Abt.leiters Stegemann. T. 1943 II 1, S. 366 f. (26.5.43).

68 Ebda. Daß die Schulaufsicht völlig unregelmäßig gehandhabt wurde, soweit sie den Schulbesuchszwang betraf, bestätigte u.a. ein Bericht des Gouverneurs in Warschau vom April 1942. BA, R 52 III/21.

69 Wycech: Z dziejów, a.a.O., S. 201.

70 Im Mai 1941 waren nach Angaben Watzkes 95 % der polnischen Volksschulen und sämtliche Fachschulen von der Wehrmacht belegt. T. 1941 I 1, S. 107 f. (Reg.sitz. v. 20.5.41).

71 Waga, a.a.O., S. 48.

72 T. 1943 II 1, S. 367 f. (26.5.43.)

73 R. K. 1943, 7 S. 2 u. 28.

74 Ebda., 1942, 4 S. 107.

75 Das Original des Memorandums liegt in Krakau und ist nicht zugänglich. Die Zitate wurden hier rückübersetzt aus dem Aufsatz von A. Birkenmajer: Co władze okupacyjne wiedziały o polskim tajnym nauczaniu w tzw. GG, in: Przegl. Hist.-Oświat. I (1947), 1 S. 157 f.

76 VOBlGG 1941 I, S. 265.

77 BA, R 2/5097.

78 R. K. 1943, 7, S. 17 f.

79 Erfahrungsbericht d. Referenten f. Berufsschulen in Warschau, Koch. BA, Ost-Dok. 8/GG 25, S. 22. Gollert, a.a.O., S. 260.

80 R. K. 1943, 7 S. 23. Vom Januar 1941 bis zum Januar 1942 stiegen die Schülerzahlen an Handelsschulen um 5,8 %, an staatlichen Handwerkerschulen um 24,7 %, an Handelsfachschulen um 28 %, an staatlichen gewerblichen Fachschulen um 35,7 %. Bericht d. Gouv. v. Warschau v. 10.2.1942. BA, R 52 III/21, S. 29.

81 So der Leiter der Hauptgruppe Gewerbliche Wirtschaft in der Distriktskammer Warschau, Krug, in der Reg.sitz. v. 16.10.1941. T. 1941 I 2, S. 265 f. In der Zeit v. 1.4.1942 bis 1.9.1943 wurden im GG insgesamt 13 662 Betriebe des Handwerks mit 32 300 Beschäftigten als nicht kriegswichtig oder durch Einstellung von Rohstofflieferungen stillgelegt. Sie wurden den Arbeitsämtern für die Industrie zur Verfügung gestellt. Hier zeigte sich eine ähnliche Tendenz wie im Reich: das Handwerk – soweit es nicht stark reduziert und direkt von der Industrie übernommen wurde – übernahm wichtige Ausbildungsfunktionen für die Rüstungswirtschaft, indem es neben Gesellen auch in kurzer Zeit (ca. 4 Monaten) „Anlernlinge" ausbildete, die dank der Arbeitsteilung in der Industrie vorzeitig einsetzbar waren. 1943 konnten im GG vierteljährlich ca. 2 – 2 500 Anlernlinge des Holz-, Metall- und Bekleidungsgewerbes ausgebildet werden. H. K. Nonnemacher: Das Handwerk und sein Einsatz im GG, Krakau Nov. 1943 (Hektogr.) Vertraulich, BA, Ost 20/79 (Handakten Schreiber).

82 R. K. 1943, 7 S. 10; Erfahrungsbericht Koch, (s. Anm. 79), S. 23.

82a B. Stahr: Arbeits- und Sozialpolitik im Generalgouvernement, in: Vorfeld III H. 5/6 (1943), S. 105 f.

83 Darunter sind offensichtlich sowohl Lehrgänge für Schüler wie Umschulungskurse für Lehrer zu verstehen.

84 Eichholz, Erfahrungsbericht (s. Anm. 38). Gegenüber dem Dezember 1941, als man mit ca. 120 000 Schülern rechnete, (T. 1941 IV 2, S. 1086) bedeutete das somit fast eine Verdoppelung.

85 1937/38 gab es 207 500 Berufsschüler (ohne Kunst- und Spezialschulen). 1946 bestanden in

Polen 1 876 Berufsschulen und -kurse mit insgesamt ca. 215 000 Schülern. Bei einem genauen Vergleich wären hier freilich die Unterschiede im Schulsystem zu berücksichtigen. Mały Słownik Historii Polski, Warschau 1964, S. 591 und 593.

86 Wer eine Berufsschule besuchte, erhielt einen Ausweis, der ihn vom Arbeitseinsatz im Reich befreite. Koch, Erfahrungsbericht (s. Anm. 79), S. 23.

87 S. oben, S. 79.

88 Frank in seiner Rede v. 26.10.1942. T. 1942 IV 2, S. 1140.

89 Erl. v. 12.9.1944. BA, R 21/236, S. 44.

90 Walka o oświatę. ., a.a.O., S. 187.

91 Nazi Kultur, S. 42, R. K. 1942, 4 S. 121. Zanowa, a.a.O., S. 238 und 263.

92 Schon 1941 wurde diese Forderung erhoben. Bespr. Watzkes mit Frank v. 21.11.1941. T. 1941 IV 2, S. 1087.

93 S. oben, S. 60.

94 In einem geheimen Schreiben Eichholz' an den Abteilungsleiter Klünder in Lublin v. 16.5.1944 wurden genaue Auskünfte über ehemalige polnische Gymnasiallehrer gewünscht im Hinblick auf die Eröffnung eines polnischen Gymnasiums. BA, Sg. Schumacher 297 II Bd. 3.

95 Ebda.

96 T. 1944 III, S. 385 (15.9.44).

97 „Die Leidensgeschichte der deutschen Schule in diesem Lande und dieser Anfang unserer Arbeit darf nie vergessen werden" schrieb z. B. Watzke im Geleitwort zur Zeitschrift „Die deutsche Volksschule im GG" I, 1/1942.

98 Dienstanweisung f. d. b. d. Kreishauptleuten in Galizien abgestellten Mitarbeiter der VOMI v. 28.1.1942. BA, R 69, 131.

99 Erl. d. HA. Wiss. u. Unt. v. 17.7.1942, zit. in: Deutsche Volksschule im GG I (1942), S. 235 f.

100 S. Anm. 97.

101 T. 1943 II 1, S. 362 (26.5.43).

102 In: Deutsche Volksschule im GG I (1942), S. 83 ff. (s. Anhang)

103 Berufsnachwuchslenkung im GG, in: Vorfeld III 5/6, S. 117–20.

104 Der „Abschlußbericht über die Erfassung der Volksdeutschen im GG westlich der Weichsel durch die EWZ" (vom Herbst 1941) kommt zu dem Ergebnis, daß die „deutsche Volksgruppe im GG westlich der Weichsel als ausgesprochen volkspolitisch krank bezeichnet" werden müsse. S. 14. (im Inst. f. Zeitgesch.). Sehr deutlich wird die Schwierigkeit der Eindeutschung ebenfalls in einer Meldung des Chefs der Sipo und des SD von 1943 beschrieben. „Der größte Teil der Volksdeutschen", heißt es dort, „bedient sich nach wie vor der polnischen Sprache und bemüht sich kaum, die deutsche Sprache zu erlernen. Das Kind, das die deutsche Schule besucht, wird, wie deutsche Lehrer allgemein berichten, zu Hause wieder im polnischen Geiste erzogen." Doc. Occ. VI, S. 223.

105 Erl. Mühlmanns v. 6.5.1940. Wiss., Erz. u. Volksb. I 1/2 (1941), S. 10.

106 Durch Umsiedlung der Volksdeutschen gingen so z. B. im Distrikt Lublin alle deutschen Schulen bis auf je eine in Cholm und Lublin wieder ein. Bericht d. Gouv. v. Lublin v. 6.11.1940. BA, R 52 III/17, S. 4.

107 S. oben, Anm. 20.

108 Watzke in: du Prel, a.a.O., S. 172. Die Zahl ist wahrscheinlich aus propagandistischen Gründen aufgebauscht. Am 29.11.1940 sprach Watzke in einem internen Bericht gegenüber Frank von 130 deutschen Schulen. T. 1940 IV, S. 1086.

109 BA, R 21/260. Die Angaben decken sich bis auf unwesentliche Details mit denen von Eichholz (s. oben, Anm. 61).

110 Die am 16.5.1941 im Reich eingeführte und knapp einen Monat später auch für das GG übernommene Hauptschule schloß an die 4. Volksschulklasse an und umfaßte die 4 Oberklassen. Die Zulassung erforderte eine besondere Qualifikation. Wiss. u. Unt. I 6/7 (1941), S. 76 ff.

111 Zählung von 1943. T. 1943 IV 1 (9.7.43).

112 Zum Vergleich: in der Bundesrepublik kamen (laut Fischer-Weltalmanach) 1966 auf 100 Einwohner rund 15 Schüler. Nach L. Weirauch (Die Volksgruppen im GG, in: Europ. Revue 18 (1942), S. 246) gab es 1942 11,3 Mill. Polen.

113 K. Higelke, in: Deutsche Volksschule im GG I (1942), S. 7 f.

114 Die zusätzliche Ausbildung von Lehrkräften mußte daher eine besonders vordringliche Aufgabe sein. Schon 1940 wurden 50 Kandidaten zu einer dreimonatigen Sonderausbildung an die Hochschule für Lehrerbildung nach Lauenburg/Pommern geschickt. Bericht über den Aufbau (s. Anm 8) Bd I S. 131. Im Mai 1942 eröffnete die HA Wiss. u. Unt. einen ersten Lehrgang für Schulhelfer in Neu-Sandez. Dte. Volksschule im GG I (1942), S. 142 f. Weitere Ausbildungsstätten und Lehrgänge entstanden in Krakau, Mondralin (südl. v. Warschau), Zakopane und Gor-

lice. Ebda., S. 184 f. und S. 7 f. Wiss. u. Unt. III, 2 S. 12; IV, 6 S. 35. Warschauer Kulturblätter H. 3 (1941).

115 Ministerialdirigent Möckel gegenüber Frank am 7.3.1940. T. 1940 I, S. 176. Meldungen aus dem Reich, Nr. 93 v. 3.6.1940. BA, R 58/151, S. 12 f.

116 Dte. Volksschule im GG I (1942), S. 268. Nach einem Bericht des Warschauer Gouverneurs vom April 1942 war die Zahl der reichsdeutschen Volksschullehrer und Schulhelfer in dieser Zeit so weit zurückgegangen, daß 3 deutsche Volksschulen im Distrikt geschlossen werden mußten. Bericht d. Gouv. v. Warschau v. 13.4.1942. BA, R 52 III/21, S. 18f.

117 Gouv. Kundt b. d. Einweihung der Heimschule in Sandomir. Lemberger Zeitung v. 19.3.1943. BA, R 21/532.

118 Wiss. u. Unt. III 4, S. 26. Sie erschien im Verlag „Der Kolonist" in Krakau.

119 Ebda., III 7, S. 45.

120 VOBlGG 1944, S. 119 f.

121 Eichholz in Reg.sitz. v. 7.7.1944. T. 1944 II, S. 248.

122 Wiss. u. Unt. IV, 4 S. 20 (April 1944).

4. Pressepolitik

1 Madajczyk, Polityka, a.a.O. Bd. II, S. 167. Zur Presse- und Propagandapolitik im GG ebda., S. 165–173. Eine ausführliche Darstellung der öffentlichen Presse im GG ist angekündigt, aber bislang noch nicht erschienen. L. Dobroszycki: Prasa jawna w Generalnej Guberni (1939 –1945), Warschau. Eine Darstellung der Organisation des Pressewesens im GG und polnisch übersetzte Auszüge aus dem Franktagebuch zur Pressepolitik bringt derselbe Autor in seinem Aufsatz: Założenia i organizacja prasy niemieckiej w języku polskim w tzw. Generalnej Guberni w latach 1939–1945 w świetle dokumentów, in: Roczn. hist. czasop. polsk. 6 (1967), S. 245–80.

1a T. 1939, S. 46 (8.11.39). Cf. die Bespr. zw. Goebbels, Frank, du Prel u.a. am 31.10.1939 in Lodsch, s. oben, S. 39. Laut VO v. 15.12.1939 (VOBlGG 1939, S. 225) mußten alle Rundfunkgeräte von Polen und Juden abgeliefert werden. Wie es mit der tatsächlichen Ablieferung aussah, zeigen die Angaben der Sipo für Warschau: von ehemals 140 000 registrierten Geräten wurden nur 8 000 abgeliefert. Streckenbach auf d. Arb.sitz. v. 2.3.40. T. 1940 I, S. 79.

2 Das Presseamt unterstand direkt dem Staatssekretär als Chef der Regierung und Stellvertreter Franks. Der Generalgouverneur hatte daneben seinen persönlichen Pressechef. Cf. Doc. Occ. VI, S. 65.

3 Pressechef Gassner in d. Bespr. v. 23.2.43. T. 1943 I 2, S. 132 ff.

4 T., zit. in: Doc. Occ. VI, S. 439 f.

5 Nazi Kultur, S. 157. Madajczyk, Polityka, a.a.O. Bd. II, S. 166.

6 Den „Nowy Kurier Warszawski" behandelt eingehender: T. Cieślak in: Roczn. Hist. Czasop. Polsk. VII, 1 (1968).

7 Meldungen aus dem Reich, Nr. 151 v. 3.2.41. BA, R 58/157.

8 GG I 15, S. 15.

9 Eine zeitgenössische Sammlung von Berichten der reichsdeutschen Presse über das GG ist in 2 Bänden unter dem Titel „Das GG im Spiegel der Reichspresse" zusammengestellt worden (im Inst. f. Zeitgesch.).

10 Nazi Kultur, S. 159.

11 Neben der Berufsschulzeitschrift „Zawód i Życie" sind hier vor allem landwirtschaftliche Blätter zu nennen: „Siew" mit dem Supplement „Rolnik"; „Poradnik Rolniczy"; 2 doppelsprachige Zeitschriften „Die Ernährungswirtschaft – Gospodarka Wyżywienia" und „Der Musterbetrieb – Wzórowa"; die Forstzeitschrift „Las i Drewno"; einige medizinische Blätter sowie die von der Hauptabt. „Innere Verwaltung" herausgebrachte Monatsschrift „Der Ratgeber" für polnische und ukrainische Wojts. Das Kuriosum fehlte auch auf diesem Sektor nicht: die bei weitem eleganteste Zeitschrift des GG war das in Wien gedruckte Spielkasinobulletin „Biuletyn Kasina Gry". Nazi Kultur, S. 159 ff. Vorfeld III 3/4, S. 50. GG I 15, S. 13 f. A. Dresler: Die Presse des GG, in: Zeitungswissenschaft 17 (1942), S. 463.

12 Bericht der HA Propaganda an das RMVP Berlin v. 10.4.1943. BA, R 52 II/247, S. 11.

13 BA, NS 11/16, Erlaß betr. die Behandlung der europäischen Völker einschließlich der Ostvölker. Der Grundtenor des Erlasses war, jede Diskriminierung der Völker habe zu unterbleiben, ebenso

jeder Hinweis auf Siedlungsprojekte und eine politische Ordnung, die als Unterwerfungsverhältnis erscheinen könne. Stattdessen sei der gemeinsame europäische Freiheits- und Kampfeswille zu fördern und zu betonen. Auch wenn vom GG darin ausdrücklich nicht die Rede war, mußte der Erlaß sinngemäß selbstverständlich auch für Polen gelten, und Frank nahm ihn daher zum Anlaß, um pathetisch eine 180-Grad-Wendung in der Polenpolitik anzukündigen, die sich vor allem auf den kulturellen Bereich beziehen sollte. Nicht zuletzt diese verbale abrupte Wendung provozierte dann sofort ein Einschreiten der Reichskanzlei (Schreiben Lammers v. 25.2.43, Nürnb. Dok. NG-3320), und Frank hatte Weisungen, die auf eine erhebliche Lockerung der Politik hinausliefen, rückgängig zu machen, da sie nicht „den Grundsätzen, die der Führer gerade auch auf dem Gebiet der Kulturpolitik gewahrt zu sehen wünscht", entsprächen. Cf. Madajczyk, Polityka, a.a.O. Bd. I, S. 168 ff.

14 T. 1943 I 2, S. 132 ff.

15 Ebda.

16 Die Nrn. 7–10 und eine Spezialnummer zum Warschauer Aufstand befinden sich, in amtlicher deutscher Übersetzung, im BA, ZS g 3/3006. Den gleichen Tenor wiesen verschiedene Vorträge Burdeckis vom Herbst 1944 und die Denkschrift Skiwskis v. 28.9.1944 an das RMVP auf. BA, R 55 DC/455.

17 BA, R 55 DC/455, Schreiben des OKW an das RMVP v. 13.10.44.

18 Ebda., Schreiben der HA Propaganda Krakau v. 11.10.44.

19 H. v. Pozniak, O. Schneider: Wiener Zeitungswissenschaftler im GG, in: Zeitungswissenschaft 17 (1942), S. 558. Dresler, ebda., S. 465.

20 Nazi Kultur, S. 164 f.

21 Zit. in: Almanach. Deutsches Wort im Osten, Krakau, Warschau 1941, S. 17. (Die ersten Nummern der Krakauer Zeitung sind in der Bundesrepublik nicht vorhanden.)

22 Dresler, Presse, a.a.O., S. 462.

23 BA, R 52 IV/129 (Zeitungsausschnitte).

24 Nazi Kultur, S. 174.

25 Schreiben Coblitz' an Reg. d. GG. BA, R 52 IV/100 (11.7.41).

26 T. 1943 IV 1, S. 702 (13.7.43).

27 BA, R 43 II/1340b. Schreiben Lammers an Frank v. 19.6. und 1.9.42 und Antwort Franks v. 16.10.42.

28 Dresler, Presse, a.a.O., S. 463.

29 Geleitwort zum 2. Jg. Vorfeld H. 1

30 In einem Artikel „Der Weichselraum – nicht Kolonie, sondern Siedlungsgebiet" erklärte Gouverneur R. Wendler: „Es muß klar und eindeutig festgestellt werden, daß wir unsere Aufgabe nicht in einer „Kolonisierung" des Ostraumes sehen, sondern in der Zurückführung dieses Raumes in das Siedlungsgebiet des Großdeutschen Reiches." Vorfeld II 11/12 (1942), S. 164.

31 VOBl NSDAP GG III, S. 4–6.

32 Zwischenbericht der VOMI v. 14.2.1941. BA, R 69/132. Dort auch ein Exemplar der „Kolonistenbriefe" (Nr. 2, Mai 1941).

33 F. Arlt in Einleitung zu Heft 3 (Juli 1940).

34 Hrg. v. E. Jaenicke in der HA Propaganda.

35 Heft 1 (1940) – 4 (1942). Cf. Anhang

36 T. 1944 II 1 (7.3.44). Einige Exemplare befinden sich im Nachlaß des Generalintendanten Stampe. BA, b. Dr. Dienwiebel.

37 T. 1943 V 2, S. 1183 (28.10.43).

38 VO v. 23.7.1942. VOBlGG 1942, S. 415 f.

39 T. 1942 IV 3, S. 1362 f. (18.12.42).

40 Cf. Teil 1 der Bibliographie. Weitere Titel, vor allem von amtlichen Publikationen, lassen sich indirekt aus der Literatur erschließen, sind jedoch, wenn überhaupt noch, nur in Polen vorhanden.

41 T. 1941 I, S. 264 (8.4.41).

42 Im Dezember 1943 ordnete Frank, um der hohen Zahl propagandistisch wertloser Broschüren entgegenzuwirken, für alle Propaganda- und Fachzeitschriften eine Druckgenehmigung des Staatssekretärs an, T. 1943 VI 1, S. 1283. Mit der VO v. 13.3.44 mußten alle Dienststellen, Betriebe und Unternehmen, die mehr als 100 kg unbedrucktes Papier vorrätig hatten, ein Lagerbuch führen. VOBlGG 1944, S. 113 f.

5. Kunstpolitik

1 Cf. W. Treue: Kunstraub. Über die Schicksale von Kunstwerken in Krieg, Revolution und Frieden, Düsseldorf 1957.
1a Schr. v. 14.4.1940. BA, R 2/5098, S. 11.
2 VOBlGG 1939, S. 37.
3 Cf. d. Aussage Bühlers im Nürnberger Prozeß, IMG XII, S. 91 f.
4 VOBlGG 1939, S. 209.
5 Erste Durchführungsverordnung v. 15.1.1940. VOBlGG 1940 II, S. 61.
6 Cf. die von Mühlmann zusammengestellte Liste v. 5.2.1941. Nürnb. Dok., PS-3832.
7 IMG, PS-1600.
8 Nürnb. Dok., NOKW-1474.
9 Doc. Occ. V, S. 209 ff.
10 Die Satzung des „Ahnenerbe“ in: IMG, PS-488.
11 Piotrowski, S. 291 f.
12 BA, R 52 II/247 Bd. I, S. 141.
13 S. Anm. 24.
14 Piotrowski, S. 166 f.
15 VOBlGG 1942, S. 419.
16 Dazu ist von polnischen Autoren viel geschrieben und dokumentiert worden. Die Veröffentlichungen sind z. T. auch in englischer Sprache erschienen. Einige der wichtigsten sind im 2. Teil der Bibliographie aufgeführt. S. unter: Cultural Losses, Documents, Kaczmarek, Katalog obrazów, Lista, Straty.
17 Ausführlicher zum ganzen: Piotrowski, S. 155 ff. und Nazi Kultur, S. 124 ff. Auch in den Berichten der Widerstandsbewegung nach London wird der Zerstörungsaktion breiter Raum gewährt, ein Indiz dafür, welche subjektive Bedeutung ihr zukam. R. K. 1939–1941 strzeszczenie, S. 150 ff.
18 Palézieux hat das im Nürnberger Prozeß bestätigt. IMG XV, S. 119.
19 Nazi Kultur, S. 99–108.
20 Sokołowska, a.a.O., S. 28.
21 Brenner, a.a.O., S. 137. Piotrowski, S. 321. Frank in: IMG XII, S. 21.
22 Nazi Kultur, S. 102 f.
23 Piotrowski, S. 163 f. Brenner, a.a.O., S. 137.
24 T. 1943 IV, S. 691 f. Palézieux schrieb u.a.: „Die Nachforschungen über den Verbleib der Kunstgegenstände gestalteten sich äußerst schwierig, da fast überall chaotische Zustände herrschten. . . Das Chaos, das in der Verteilung der Wahlen, Verbleib und Inventarisierung herrschte, wurde noch von der Aufbewahrung übertroffen. . . Zwischen altem Gerümpel. . . lagen z. T. wertvollste Ölgemälde unverpackt am Boden. . . Der größte Teil der Gegenstände war, in Kisten und Verschläge verpackt, wahllos übereinandergetürmt.“
25 Ausgenommen Watteau's „La femme Polonaise“. Dieses beziehungsreiche Präsent hatte Mühlmann seinem Auftraggeber Göring vermacht! Najn. Dzieje I (1957), S. 217.
26 T. 1943 IV, S. 696. Piotrowski, S. 167.
27 VOBlGG 1943, S. 133. Weh, A 121 b.
28 Piotrowski, S. 170–72.
29 BA, R 57 DAI/899; als Manuskript gedruckt, verfaßt v. R. Albrecht (Sperrung im Orig.).
30 In: Deutschtum im Ausland 25 (1942), S. 16–18.
31 R. K. 1942, 4 S. 135. Zum Tatramuseum cf. A. Plügel in: Burg III 1, S. 94 f.
32 Bericht d. Gouvern. v. Warschau f. Februar 1941. Mikrofilm im Inst. f. Zeitgesch., MA 158/3 (Dok. I 151 tecz. 27).

6. Theater und Musik

1 R. K. 1939–1941, S. 135.
2 Doc. Occ. VI, S. 409.
3 Nazi Kultur, S. 194 f.
4 Ebda.

5 St. Marczak-Oborski: Teatr czasu wojny 1939–1945, Warschau 1967, S. 63.
6 B. Korzeniewski in: Pamiętnik Teatralny XII (1963), S. 111.
7 Nazi Kultur, S. 196.
8 Inst. f. Zeitgesch., Fa 91/4, Bericht Nr. 5, S. 12 f.
9 GG I 6, S. 34.
10 Die zuständige zivile Widerstandsorganisation KWC war von der Aktion nicht unterrichtet. Korboński, a.a.O., S. 136. Als ein Aufruf der deutschen Propagandabehörde herauskam zur Mitarbeit polnischer Schauspieler bei dem geplanten deutschen Beitrag für die Filmfestspiele in Venedig, „Heimkehr", unterschrieben 10 Polen einen Vertrag. 8 von ihnen wurden daraufhin vom KWC „ad infamiam" verurteilt oder erhielten einen Verweis. Der polnische Hauptdarsteller, Samborski, fürchtete danach um sein Leben, ging nach Deutschland und emigrierte von dort nach Südamerika. Marczak-Oborski in: Pamiętnik Teatralny, a.a.O., S. 23.
11 Ministerkonferenz v. 14.3.1941. W. A. Boelcke: Kriegspropaganda 1939–1941, Stuttgart 1961, S. 639.
12 Marczak-Oborski, Teatr, a.a.O., S. 64 f. Eksterminacja. . , a.a.O., S. 289. Durch Intervention des Präsidenten des PHA, Ronikier, bei Staatssekretär Bühler und dem Referenten der Abteilung Bevölkerungswesen und Fürsorge, Föhl, in Krakau ließ sich die angekündigte Erschießung von Geiseln verhindern. Um Fischers Prestige zu genügen, fand zwar eine Exekution statt, deren Opfer jedoch schon vorher zum Tode verurteilt worden waren. Diese Erschießung stand somit nicht in direktem Zusammenhang mit der Ermordung Syms, auch wenn dieser Eindruck bei den Polen entstand. Ronikier, a.a.O., S. 95 ff.
13 R. K. 1942, 4 S. 136; 1944, 1 S. 133.
14 Korzeniewski in: Pam. Teatr., a.a.O., S. 112.
15 R. K. 1944, 16 a S. 105 f.
16 Marczak-Oborski in: Pam. Teatr., a.a.O., S. 22. Ein weiteres Beispiel: nach Sikorskis Tod 1943 forderten die Untergrundbehörden kategorisch Landestrauer und verboten alle Theateraufführungen und Vergnügungsveranstaltungen. Unter diesem Druck fügten sich die Besitzer von Theatern und Vergnügungslokalen in Warschau, zumal auch das Warschauer Propagandaamt verstärkten Polizeischutz ablehnte und zur Unterbrechung der Aufführungen riet. Ebda., S. 50 f. Zur Illustration sei hier einmal der volle Wortlaut eines „öffentlichen Urteils" der zivilen Widerstandsorganisation wiedergegeben, das in dem Organ „Rzeczpospolita Polska" am 28.5.1944 erschien: „Information für die Presse: Hiermit wird bekannt gegeben, daß im Rahmen der Aktion zur Brandmarkung von Personen, die Polen schaden, am 13.5.1944 um 12 Uhr im Theater „Maska" die Prügelstrafe sowie Kahlscherungen ausgeführt wurden an: Józef Grodnicki, dem Direktor des Theaters „Komedia", ferner die Strafe des Kahlscherens an Witold Zdzitowiecki, dem künstlerischen Leiter der „Maska". Beide nehmen eine bedeutende Position in dem von der Abteilung Propaganda des Distrikts Warschau eingerichteten Theater ein und arbeiteten eng mit den Besatzungsbehörden zusammen. Dadurch fügten sie der polnischen Gesellschaft Schaden zu und beleidigten die staatsbürgerliche und künstlerische Ehre der polnischen Schauspieler. Die Leitung des Untergrundkampfes." Zit. b. Marczak-Oborski, Teatr, a.a.O., S. 324.
17 J. Pelz in: Kotarbiński, a.a.O., S. 73.
18 Bericht der HA Propaganda an d. RMVP. BA, R 52 II/247, S. 12.
19 In diesem Zusammenhang machte der Warschauer Propagandachef Grundmann den nicht uninteressanten Vorschlag, Żeromskis „Ponad śnieg bielszym się stanę" von 1921 aufzuführen. Korzeniewski in: Pam. Teatr., a.a.O., S. 110.
20 Frank in Bespr. v. 3.3.44. T. 1944 II 1, S. 29 f.
21 A. Wysiński in: Pam. Teatr., a.a.O., S. 175 f. R. K. 1944, 12 S. 61 u. 68.
22 Ohlenbusch in Reg.sitz. v. 19.4.44. T. 1944 I, S. 102.
23 Pam. Teatr., a.a.O., S. 176.
Da auf eine eigene Darstellung des illegalen Theaters, die ohne engeren Kontakt mit dem polnischen Theaterleben nur schwer möglich scheint, verzichtet wird, sei an dieser Stelle wenigstens darauf hingewiesen. „Melpomene geht in den Untergrund" – dieser Titel eines Erinnerungsberichtes über das illegale Theater (in: Pam. Teatr., a.a.O.) gibt einen bezeichnenden Vorgang wieder: das Theater, das mehr sein wollte als Unterhaltung, sich aber auch anders verstand als das deutsche und nicht nur eine ästhetisierte Fassade vor einem blutigen politischen Schauplatz sein wollte, suchte in der Illegalität Zuflucht. Interessant wäre vor allem zu untersuchen, welchen Einfluß die Okkupationsverhältnisse inhaltlich und dramaturgisch auf das illegale Theater ausübten. Eben das wäre jedoch nur in einer genaueren Darstellung möglich. Zentrum des konspirativen Theaterlebens waren Krakau mit Kwiatkowski, Kotlarczyk und Kantor als führenden Köpfen und Warschau mit Leon Schiller und Korzeniewski. Ähnlich wie im illegalen Schulunterricht

wurde in kleinen Gruppen in Privatwohnungen u.ä. gearbeitet und gespielt. Verschiedene Gruppen erhielten Unterstützung von der Delegatur und arbeiteten mit deren „Theaterkammer" zusammen. Besonders populär wurden szenische und lyrische Rezitationen (Audycje Poetyckie). In Krakau gab es nach Angaben Kwiatkowskis während der Okkupationszeit 86 Vorstellungen, die von ca. 6 000 Personen besucht wurden, in Warschau hatten die „Audycje" etwa 7 000 Zuhörer. Insgesamt gab es in ganz Polen während der Besatzungszeit 4 Studienkreise, 20 dramatische und poetische Theater, 21 Puppentheater, 16 Premieren verschiedener, nicht fest organisierter Gruppen, 5 Audycje Poetyckie und 3 Schauspielschulen. Ausführlich zum Ganzen: Marczak-Oborski: Teatr, a.a.O., und Pam. Teatr., a.a.O.

24 So O. Müller-Hanno, der Verwaltungschef des Krakauer Staatstheaters, im Jb. d. Staatstheaters d. GG, in: BA, Nachlaß Stampe.
25 U. E. Struckmann in: GG I 1, S. 31.
26 „Der Autor" (Berlin) v. 1.11.1943. BA, R 52 IV/131 (Zeitungsausschnitte).
27 Stampe im Jb. d. Staatstheaters d. GG, in: BA, Nachlaß Stampe.
28 Bei einem „reinen Kulturbetrieb für das Deutschtum im Osten" dürfe „finanzielle Rentabilität keine Rolle spielen", forderte Frank. T. 1942 IV 1, S. 1014 (21.9.42).
29 In der Spielzeit 1942/43 wurden in Krakau u.a. gegeben: Knut Hamsuns „Munken Vendt", Hans Goebsch' „Thron zwischen Erdteilen"; in Warschau: „Struensee" und „Das Opfer" von E. W. Möller, „Hans und Anna" von Hans Rehberg, „Wasser für Canitoga" von Georg Turner. GG II, 3 S. 70.
30 Frank schrieb am 22.4.1942 einen flehentlichen Brief an Hitler und bat um u.k.-Stellung der Theaterschauspieler. Sie wurde bewilligt. BA, R 43 II/1340 a.
31 BA, Nachlaß Stampe.
32 Doc. Occ. VI, S. 408.
33 T. 1940 I, S. 154 (29.2.1940).
34 Nazi Kultur, S. 205.
35 Osteuropahandbuch, Polen, Köln 1959, S. 603.
36 Meldungen aus dem Reich Nr. 257, S. 11 (s. Anhang).
37 R. K. 1943, 1 S. 11; 1944, 10 S. 83.
38 T. 1940 III, S. 683 (17.7.40). GG II 1, S. 50 f. Die Chefdirigenten waren: Hanns Rohr, Rudolf Hindemith und Hans Swarowsky.
39 Ebda.
40 S. Anhang, S. 244.
41 Piotrowski, S. 354.
42 T. 1942 II, S. 38 (9.12.42).
43 Krak. Zeitung v. 28.10.43. Doc. Occ. VI, S. 400.
44 Im IDO suchte man 1940 einen Musikwissenschaftler, der über Elsner eine größere Arbeit schreiben sollte. BA, R 52 IV/102. Eine Skizze über Elsner erschien u.a. in: DFO I (1941), S. 24–31.
45 G. Abb: Die Chopinsammlung der Staatsbibliothek Krakau, in: GG IV 2, S. 10 ff.
46 Piotrowski, S. 152.
47 BA, R 52 IV/131 (Zeitungsausschnitte).

Zweiter Teil:

I. Konspiratorische Tradition und Aufbau des polnischen Untergrundstaates

1 Manteuffel-Szoege, a.a.O., S. 206 ff. Nazi Kultur, S. 32.
2 Z. B. St. Żółkiewski in seinem Artikel im „Przełom". S. Anhang, S. 253.
3 Das Folgende nach L. Krzywicki: Tajne Kursy Naukowe, in: Nasza Walka o szkołę polską, Warschau 1934, S. 301 ff.
4 Dazu H. Ceysingerówna: Tajne nauczanie w Warszawie 1894–1906, ebda., S. 311 ff.
5 Ebda., S. 318 (Übers. v. Verf.).
6 Eine chronologische Übersicht der einzelnen Aktionen findet sich ebda., S. 520 ff.
7 Zmowa powszechna przeciw rządowi, wiederabgedruckt in: E. Abramowski: Pisma, Bd. I, Warschau 1924, S. 327–50. Zur Biographie Abramowskis cf. U. Haustein: Sozialismus und natio-

nale Frage in Polen. Die Entwicklung der sozialistischen Bewegung in Kongreßpolen von 1875 bis 1900 unter besonderer Berücksichtigung der Polnischen Sozialistischen Partei (PPS), Köln 1969, S. 68.

8 Nazsza Walka, a.a.O., S. 136 f. Die dort angegebene Auflage von 10 000 Stück steht im Widerspruch zu einer Anmerkung im wiederabgedruckten Text, wo 2 000 genannt werden. Pisma I, S. 327. Bei der Zahl von 10 000 könnte es sich eher um die geschätzte Leserzahl oder auch um illegale Warschauer Nachdrucke handeln.

9 Nasza Walka, a.a.O., S. 137.

10 Ebda, S. 149.

11 Abramowski, a.a.O., S. 337 f.

12 Ebda., S. 339.

13 Ebda., S. 340.

14 Ebda., S. 342 f.

15 Ebda., S. 340.

16 Cf. d. Artikel St. Żółkiewskis. Anhang, S. 253.

17 Roczn. Komisji Nauk Pedag. I (1961), S. 145.

18 So u.a. Zanowa, a.a.O., S. 221. Niezwyciężona szkoła, Warschau 1947, S. 14.

19 Cf. oben, S. 131.

20 Hier sei nur auf eins der zahllosen Beispiele verwiesen: auf den „Zeitschriftendienst der Presseabteilung der Reichsregierung" Nr. 421 (11. Ausgabe) vom Juli 1939, in dem die „Fragwürdigkeit des polnischen Staates" am Beispiel der Geschichte Polens demonstriert werden sollte. Zur inhaltlichen Ausrichtung von Aufsätzen wurde empfohlen: „Betonen: Polens Staatskrise als Dauerzustand. Polen als ewiger Kranker, permanenter Staats-Zusammenbruch. Polens Hauptproblem: Minderheitenfrage. Alt-Polen weder eine Nation noch ein Staat, sondern die Negation von beiden."

21 Cf. zu diesem Problem die ausführliche und sehr einfühlsame Darstellung von H. Laeuen: Polnische Tragödie, 3. A. Stuttgart 1958. Besonders das Kapitel „Die Szlachta-Genossenschaft". Ferner die Hinweise im Aufsatz von H. Roos in: H. E. Volkmann (Hrg.): Die Krise des Parlamentarismus in Ostmitteleuropa zwischen den beiden Weltkriegen, Marburg 1967, S. 26 f.

22 Roos, ebda. Laeuen, a.a.O., S. 64.

23 Die folgende Darstellung der Organisation stützt sich in erster Linie auf den Überblick des ehemaligen Leiters der Abteilung Presse und Information in der Delegatur, S. Dołęga-Modrzewski: Polskie Państwo Podziemne, London 1959. Das Bändchen, das allerdings nur die Anfänge der Widerstandsbewegung behandelt, ist sachlich sehr brauchbar, im politischen Urteil freilich wegen der sehr ZWZ-freundlichen und SL-feindlichen Haltung kritisch zu benutzen. Eine detaillierte und quellenmäßig sehr gut fundierte Darstellung der politischen Entwicklung des „Londoner Lagers" hat neuerdings E. Duraczyński vorgelegt: Stosunki w kierownictwie podziemia londyńskiego 1939–1943, Warschau 1966. Die Rolle der PPS dürfte wohl zu negativ dargestellt worden sein, im übrigen aber ist das Werk von beachtlicher Objektivität und belegt vor allem im einzelnen die vielfältigen Spannungen und politischen Auseinandersetzungen zwischen den politischen Gruppen und den Militärs, aber auch untereinander. Der erste Teil einer enzyklopädischen Übersicht über die verschiedenen illegalen Organisationen liegt ferner vor bei: T. Tarnogrodzki, R. Tryc: Polskie organizacje konspiracyjne w kraju w latach 1939–1945, in: Wojsk. Przegl. Hist. 1966, Nr. 4, S. 250–74.

24 Duraczyński, a.a.O., S. 16 f.

25 Instruktion der Exilreg. v. 4.12.1939 (im St. P. P., London). Nach Duraczyński, a.a.O., S. 19.

26 Z. Zaremba: Wojna i konspiracja, London 1957, S. 189.

27 Korboński, a.a.O., S. 29. Der volle Name der WRN lautete: Centralne Kierownictwo Ruchu Mas Pracujących Miast i Wsi „Wolność, Równość, Niepodległość". Pużak war schon im konspirativen Kampf gegen den Zaren aktiv gewesen und hatte dafür 8 Jahre im Gefängnis verbracht. Korboński, a.a.O., S. 31.

28 Ebda. Der Text der „Nakazy Chwili" v. 26.7.1940 bei Dołęga-Modrzewski, a.a.O., S. 34.

29 Zur Delegatur speziell jetzt ein Aufsatz von E. Duraczyński: Delegatura rządu emigracyjnego i reprezentacja czterech stronnictw „obozu londyńskiego". in: Problemy wojny i okupacji 1939–1944. Hrg. v. W. Góra u. J. Gołębiowski, Warschau 1969, S. 202–229. Die komplizierten Auseinandersetzungen zwischen den Militärs und den politischen Parteien behandelt neben Duraczyński für die Frühphase die Bochumer Dissertation von W. Jacobmeyer: Heimat und Exil. Diss. Bochum 1971. (Mschr.). Zu erwähnen ist in diesem Zusmmenhang noch das „Biuro Polityczne", das die persönliche Protektion von General Sikorski genoß und in Konkurrenz zum PKP stand, aber dennoch mit Vertretern von PPS, SN und SP zusammenarbeitete. T. Tar-

nogrodzki, R. Tryc, a.a.O., S. 250 ff. Nach einem Bericht von 1944 erhielt das Biuro Polityczne allein in der Zeit vom November 1939 bis Oktober 1940 die beträchtliche Summe von 15,3 Mill. zł., davon 932 500 zł. für die Unterstützung des illegalen Schulwesens. Duraczyński, Stosunki, a.a.O., S. 35.

30 In die gleiche Zeit fiel auch die gegen die Widerstandsbewegung gerichtete AB-Aktion der deutschen Polizei. Cf. oben, S. 45 f.

31 Zaremba, a.a.O., S. 92.

32 Karski, a.a.O., S. 232.

33 Zaremba, a.a.O., S. 157.

34 Ratajski war politisch und persönlich absolut integer, für den Posten des Delegierten schien er jedoch nicht unbedingt geeignet, da er zu alt war, über keinerlei konspirative Erfahrung verfügte und zu wenig Verständnis für die besonderen Gegebenheiten der illegalen Arbeit besaß. In dieser Beurteilung stimmen Korboński, Zaremba und Duraczyński im wesentlichen überein. Mulak hingegen beurteilt ihn als „tüchtigen Organisator", a.a.O., S. 12. Auch Jacobmeyer (s. Anm. 29) wertet sein Bild aufgrund seiner Depeschen an die Regierung stärker auf (S. 382). Ratajski trat Mitte 1942, nicht zuletzt auf Drängen der Parteien im Untergrund, zurück und starb bald darauf.

35 Zaremba, a.a.O., S. 161.

36 Über die Zahl der in der „Untergrundadministration" Tätigen ist naturgemäß kaum etwas Sicheres auszusagen. W. Pobóg-Malinowski (Najnowsza Historia Polityczna Polski 1864–1945, Bd. III, 2 London 1960, S. 337 Anm.) gibt für die gesamte zivile Apparatur ca. 30 000 Personen an. Die Zahl dürfte entschieden zu hoch liegen bzw. verschiedene Randbereiche, die nicht zur eigentlichen „Verwaltung" gehörten, mit einbeziehen. Präzise Abgrenzungen werden sich freilich hier kaum durchführen lassen.

37 Ein Beispiel dafür ist im Anhang wiedergegeben, S. 249 f.

38 Das Hauptorgan war das 14täglich erscheinende Blatt „Rzeczpospolita Polska", seit 1943 mit Spezialanhängen über die West- und Ostgebiete („Nasze Ziemie Zachodnie" und „Nasze Ziemie Wschodnie").

39 Zu den Tätigkeitsberichten cf. die Quellenübersicht, S. 257. Eine Beschreibung einer dieser abenteuerlichen Kurierfahrten gibt Karski, a.a.O., S. 309 ff. Mit den Ausweispapieren eines französischen Ingenieurs, der in deutschen Diensten in Warschau arbeiten mußte und ab und zu Urlaub nach Frankreich bekam, fuhr Karski „legal" durch Deutschland und Frankreich und brachte etwa 1 000 Seiten gedrucktes Material, das auf Spezialfilmen aufgenommen wurde, im Griff eines Rasiermessers versteckt und sicher verlötet, nach London zur Exilregierung.

40 J. Karski: The Polish Underground State, in: Polish Fortnightly Review Nr. 82. Dez. 1943, S. 6.

41 Korboński, a.a.O., S. 117 f.

42 Ebda., S. 200 ff.

43 Ebda., S. 126.

44 Zaremba, a.a.O., S. 206.

45 Dołęga-Modrzewski, a.a.O., S. 60 f.

46 Zaremba, a.a.O., S. 162 f. Duraczyński, Stosunki, a.a.O., S. 68 ff.

47 Cf. oben, S. 152.

48 Zaremba, a.a.O., S. 177.

49 Ebda., S. 168 f. Es kam bisweilen zu scharfen Polemiken, so daß Leser der SL-Presse den Eindruck haben konnten, Pużak, Arciszewski oder Zaremba gehörten ins Lager der Sanacja.

50 Die tatsächlichen Gründe für das Ausscheiden der PPS sind schwer genau zu eruieren. Es spielten dabei offenbar sowohl die internen Auseinandersetzungen zwischen rechtem und linkem Flügel innerhalb der Partei eine Rolle, als auch das gespannte Verhältnis von PKP und Delegatur, als auch der polnisch-sowjetische Vertrag. Cf. Duraczyński, Stosunki, a.a.O., S. 119 ff. u. 241. Die heute in der polnischen Literatur häufige Version vom Vertragsabschluß als Hauptmotiv dürfte kaum stimmen. Im WRN-Organ „WRN" v. 27.7./9.8.1941 wird der Vertrag mißtrauisch beurteilt, jedoch nicht abgelehnt. An die Stelle des WRN trat die sozialistische Partei PS unter A. Próchnik dem PKP bei. Zum Verhältnis der WRN zu ihren linken Abspaltungen cf. jetzt von kommunistischer Seite A. Przygoński: Polityka i działalność lewicy socialistycznej, in: Problemy wojny, a.a.O., S. 134–161.

51 Katyn fand in der Untergrundpresse ein breites Echo, in der gesamten Presse der Mitte wird jedoch gleichzeitig mit der Anklage gegen die sowjetische Politik die deutsche Propaganda zurückgewiesen, die Katyn für ihre Zwecke auszuschlachten versuchte. R. K. 1943, 6 S. 156 ff.. Zum Katyn-Problem s. auch unten, S. 236, Anm. 81a.

52 Zaremba, a.a.O., S. 195. Der englische Text der Erklärung in: Polish Fortnightly Review Nr. 80,

1943, S. 2–4. Auszüge des polnischen in: Polskie Siły Zbrojne, Bd. III Armia Krajowa, London 1950, S. 55 ff.

53 Die PPS (WRN) war vorwiegend eine Arbeiterpartei, auf deren Initiative hin auch die Gründung der „Bewegung der arbeitenden Massen" zurückging. Das SL besaß seine Anhänger vor allem in der bäuerlichen Bevölkerung, das SP war stark klerikal geprägt, und bei den Nationaldemokraten gab es eine bedeutende Interessenvertretung des Großgrundbesitzes.

54 So erschien z. B. in der kommunistischen „Trybuna Wolności" v. 15.9.1943 eine beißende Kritik der Deklaration wegen deren nichtssagender innen- und sozialpolitischer Aussagen, in: Publicystyka konspiracyjna PPR, Bd. II, Warschau 1965, S. 327 ff. Die Deklaration bewirkte auch den Zusammenschluß verschiedener kleiner linker, nichtkommunistischer Gruppen zur „Centralizacja stronnictw demokratycznych, socjalistycznych i syndykalistycznych". M. K. Dziewanowski: The Communist Party of Poland, Cambridge (Mass.) 1958, S. 171 und 343. Zum Problem der „nationalen Einheit" jetzt von volkspolnischer Seite E. Duraczyński: Jednosć narodowa w myśli politycznej Polski podziemnej, in: Kwart. Hist. 76 (1969), S. 279–97.

55 Er war Professor für Statistik in Warschau gewesen und Mitglied des SL. Die Urteile über ihn gehen ziemlich auseinander. Korboński, Wycech und Duraczyński beurteilen ihn nicht negativ, während ihm Zaremba vorwirft, er habe vor allem versucht, die radikale Rechte zu integrieren.

56 Zaremba, a.a.O., S. 183. Korboński, a.a.O., S. 235.

57 Polskie Siły Zbrojne, a.a.O., S. 62 f.

58 Zaremba, a.a.O., S. 201.

59 Der Text in: Polskie Siły Zbrojne, a.a.O., S. 65 ff.

59a Zur Literatur über die kommunistische Untergrundbewegung s. unten, S. 235, Anm. 69a.

60 Polskie sity zbrojne, a.a.O., S. 62 f.

61 In einer Besprechung mit Frank am 30.3.1944 wies der in der Spionageabwehr tätige Major Beck auf seine Verbindungen zur „nationalen Widerstandsbewegung" hin und hielt es für möglich, diese gegen die kommunistische Résistance einzuschalten. T. 1944 II 2, S. 242. Ob damit die AK oder die NSZ gemeint waren, ist nicht ersichtlich.

62 Dazu: M. Malinowski, W. Poterański: Na marginesie archiwum tzw. „Antyku", in: Nowe Drogi 1957, Nr. 9, S. 108 f.

63 Cf. Korboński, a.a.O., S. 274.

64 Cf. dazu S. 229, Anm. 12.

65 Korboński, a.a.O., S. 273.

66 „Naród" Nr. 8/9 v. Sept. 1943 (im PRC).

67 Malinowski/Poterański, a.a.O., S. 118 f. Zaremba, a.a.O., S. 206.

68 Z. Kliszko: Z problemów historii PPR, in: Nowe Drogi 1957 Nr. 10/11, S. 97. Die Angaben Kliszkos sind – ähnlich wie einige bei Malinowski/Poterański mit Vorsicht zu benutzen, da der Autor keine Belege anführt. Ohnehin dürfte die Bedeutung des Antyk in der kommunistischen Nachkriegsliteratur erheblich überschätzt worden sein.

69 Malinowski/Poterański, a.a.O., S. 119.

70 Im PRC.

71 Zit. b. Malinowski/Poterański, a.a.O., S. 115.

72 Zit. ebda., S. 116.

73 Cf. oben, S. 179 f. Der in der kommunistischen Literatur immer wieder erhobene Vorwurf, nicht nur die NSZ, sondern auch die AK hätten polnische Kommunisten liquidiert, ist über allgemeine Behauptungen hinaus nie exakt belegt worden. Ein Aufruf Bór-Komorowskis, des Chefs der AK, vom April 1943 richtete sich gegen plündernde Banden. Daß bei solchen Aktionen dann auch Partisanen der kommunistischen AL mitvernichtet wurden, ist möglich und wahrscheinlich. Daraus läßt sich jedoch nicht ein politisch motivierter Befehl von oben ableiten. Cf. Pobóg-Malinowski, a.a.O., S. 412 Anm.
Anders dagegen steht es um den zumindest latenten Antisemitismus, der auch in der AK verbreitet war – ein Thema, das bislang wenig untersucht ist und eine traurige Bilanz aufweisen würde. Cf. J. Tenenbaum: Underground. N. Y. 1952. Manés Sperber hat dieses Thema in seinem Roman „Die verlorene Bucht" eindrucksvoll geschildert. Primär antisemitisch Motiviertes mochte dann allerdings, da viele polnische Kommunisten jüdischer Herkunft waren, oftmals als anitkommunistische Aktion erscheinen. Cf. unten, S. 190, Anm. 35.

74 Die KN gab am 1.10.1941 eine Karte heraus, die das „slawische Imperium" darstellte. Seine Grenzen reichten bis zum Kaukasus und nach Leningrad im Osten, nach Budapest und Wien im Süden, bis Dresden im Westen und bis Rügen im Norden. Auf der Rückseite stand zu lesen: „Unsere und unserer Familien Sicherheit, unser gesamtes Hab und Gut, unser Recht auf Entwicklung und schöpferische Entfaltung werden nur dann garantiert sein, wenn Polens Stärke

größer sein wird, als die seiner Nachbarn zusammen." Zit. b. Bartelski, a.a.O., S. 55.
75 Zaremba, a.a.O., S. 186. Erst nach dem Warschauer Aufstand soll die Unterstellung zustande gekommen sein. So Z. Stypołkowski: Invitation to Moscow, London 1951, S. 191.
76 Kotarbiński, a.a.O., S. 265.
77 Pobóg-Malinowski, a.a.O., S. 360 Anm.
78 Beispielsweise zeigte das Titelblatt des ONR-Organs „Szaniec" v. 30.4.1944 das Bild des polnischen Adlers mit einer schwarzen Hälfte voller Kreuze und einer weißen Hälfte mit einer geographischen Karte Polens, die im Westen etwa die Oder-Neiße-Linie fixierte und im Osten weit über die Grenze des Rigaer Vertrages hinausging. Darunter das Motto: „Durch Leiden und Kampf zu einem großen Polen." (Im PRC).
Neben dem ONR war die Sanacja im Untergrund stark vertreten, auch wenn ihr Anhang bei breiteren Schichten nicht große gewesen sein dürfte. Sie verfügte insbesondere über einen erheblichen Teil der illegalen Presse. Der Sanacja nahe stand der „Konwent Organizacji Niepodległowych" (KON) und das „Obóz Polski Walczącej" (OPW). R. K. 1944, 9 S. 43.
79 R. K. 1943, 9 S. 9 und 28.
80 R. K. 1944, 1 S. 11.
81 H. Jabłoński: Polityczna i militarna rola antyfaszystowskiego ruchu oporu, walki podziemnej i działań partyzanckich w Europie w czasie drugiej wojny światowej, in: W dwudziestą rocznicę zwycięstwa (Breslau) 1966, S. 5–40, hier S. 34–36. Das Thema der Gewichtsverschiebung behandelt auch ein Aufsatz aus der DDR von E. Seeber, der freilich völlig undifferenziert vorgeht und kaum mehr ist als eine Verherrlichung der „revolutionären Kräfte": Zur Veränderung des Kräfteverhältnisses der Klassen im antifaschistischen Befreiungskampf in Polen bis zum Beginn der volksdemokratischen Revolution (1939 bis Juli 1944), in: Jahrbuch für Geschichte 3 (1969), S. 235 ff.

II. Bildung und Kultur in der Konspiration

1. Die organisatorische Struktur des illegalen Bildungswesens

1 T. Wojeński in: Niezwyciężona szkoła, a.a.O., S. 9.
2 Wycech, Z dziejów, a.a.O., S. 69. Dieses Buch Wycechs – im wesentlichen eine Erweiterung früherer Arbeiten – ist bisher die wichtigste überregionale Darstellung des Geheimschulwesens in Polen. Als ehemaliger Chef des DOK und der TON verfügt Wycech über besonders gute Informationen. Dennoch ist das Werk unbefriedigend. Die Darstellung mutet oft sprunghaft an, ist nicht frei von Klischees, weist zahlreiche Wiederholungen auf und läßt bisweilen Sorgfalt vermissen. Zahlenangaben werden großzügig aufgerundet. Auch die politischen Aspekte treten gelegentlich recht deutlich hervor, besonders in der nachträglichen Überbetonung des sozialen Radikalismus der TON. Das Buch ist dennoch vor allem für die Organisationsstruktur des Geheimschulwesens die Hauptquelle, auch wenn eine – bislang nicht vorhandene – Darstellung eines Exilautors möglicherweise zu einigen Korrekturen zwingen könnte.
Cf. ferner den Überblick von W. Sulewski: Z frontu tajnego nauczania, Warschau 1966. Diese Publikation will vor allem die politischen Aspekte des Geheimunterrichts herausarbeiten. Das geschieht freilich oft tendenziös und ohne die notwendige Differenzierung.
3 Wycech, S. 6 f. Nach Zaremba, a.a.O., S. 166 gehörte Wojeński dem Stronnictwo Demokratyczne an.
4 Walka o oświatę, S. 182.
5 Wycech, S. 11 f.
6 Ebda., S. 74 f.
7 Ebda., S. 41.
8 Ebda., S. 43 ff. Hier spielte offensichtlich ein gewisses Mißtrauen gegen Wycech eine Rolle, der von Anfang an trotz seiner Zugehörigkeit zum SL als den Kommunisten nahestehend galt. Schon bei seiner Berufung wurden entsprechende Warnungen laut. Cf. Dołęga-Modrzewski, a.a.O., S. 65.
9 Wycech, S. 50.
10 Ebda., S. 115 ff.
11 Wycech: Praca oświatowa w kraju w czasie wojny 1939–1945, in: Przegl. Hist.-Oświat. I (1947) Nr. 1, S. 42 f.

12 J. Z.: Nauka i szkolnictwo wyższe, in: Nauka Polska 25 (1947), S. 201.

13 Jan Smoleń, ehemals Lehrer am polnischen Gymnasium in Beuthen, Sohn eines Kleinbauern, politisch dem linken Flügel des SL angehörig, war eine der aktivsten und profiliertesten Gestalten des geheimen Schulwesens. Er hatte gute Kontakte zu Kommunisten, wußte sich aber auch das Vertrauen anderer Gruppen zu erwerben. Ausführlich über ihn I. Jakubiec in: Roczn. Kom. Nauk Ped. III (1962), S. 6–17. Podrygałło, ehemals Direktor einer Landwirtschaftsschule, gehörte der Leitung des SL an. Odroń, ehemals Mitglied der polnischen Schulverwaltung, war parteilos und gehörte keiner Organisation an. Balicki war vor dem Kriege Schulinspektor in Lemberg. Wycech, S. 52 f.

14 Besonders von seiten der PPS wurde sie angegriffen. Wycech, S. 136.

15 Es waren: K. Maj (SL), W. Tułodziecki (PPS), A. Jakiel (SP) und J. Próchnik (SN). Wycech, Praca, a.a.O., S. 43.

16 Wycech, S. 28 f. Cf. oben, S. 127.

17 Wycech, Praca, a.a.O., S. 50.

18 Ebda., S. 98. Präzise und aufschlußreiche Angaben über das Problem der Finanzierung der gesamten Untergrundarbeit gibt es bislang nicht bzw. nur äußerst bruchstückhaft.
Über eine Art der Finanzierung berichtet Karski (a.a.O., S. 262 f.): die Untergrundbehörden starteten 1941 eine Anleiheaktion bei der Bevölkerung. Das Geld sollte vom Staat nach Kriegsende zurückgezahlt werden. Der Geldgeber erhielt eine Bescheinigung mit dem Text: „Ich danke Ihnen für die Abgabe von ... Kilo Brot (Kartoffeln etc.). Ich werde mein Bestes tun, sie möglichst bald zurückzuerstatten.“ Ein geheimes Zeichen sollte dann die Identifizierung der Höhe des Geldbetrages ermöglichen. Die Aktion soll angeblich ein großer Erfolg gewesen sein. Daß die polnischen Nachkriegsbehörden jedoch diese „Schuldscheine“ eingelöst haben, ist unwahrscheinlich.

19 Diese Vorstellung versucht das Buch Wycechs allzu deutlich zu suggerieren. Richtiger scheint hier M. Kozakiewicz zu urteilen in der Einleitung zu dem Sammelband „Szkoła w konspiracji“. Er betont, daß der Geheimunterricht grundsätzlich sämtliche politischen Schattierungen umfaßte. Wenn auch die Masse der Lehrer „fortschrittlich“ gewesen sei, so doch in der Überzahl im liberal-demokratischen Sinne mit gewissen radikalen Akzenten. Dominierend war in jedem Falle zunächst einmal der patriotische Kampf gegen den Okkupanten (a.a.O., S. 34 f.). Bei Wycech wird dieses Buch übergangen.
In den vom DOK herausgegebenen Materialien finden sich neben programmatischen Verlautbarungen auch detaillierte Instruktionen über die Organisation des Geheimschulwesens (Zusammensetzung der verschiedenen Gremien, Aufgaben, Kompetenzen usf.). Wycech, Anhang, S. 248 ff. Für Krakau speziell in: Roczn. Krak. 31 (1957), S. 76–83.

20 Über die Zahl der nichtorganisierten Komplets läßt sich nichts Sicheres aussagen. Ein Indiz dafür, daß sie nicht gering war, ist eine Angabe, daß allein im Kreis Nowy Sącz 37 Lehrer im nichtorganisierten Geheimunterricht arbeiteten. Roczn. Kom. Nauk Ped. III (1962), S. 58.

20a Vor dem Kriege gab es in Krakau kaum Zusammenarbeit zwischen den einzelnen Lehrerverbänden, die vielfach politisch scharf voneinander getrennt waren. Der ZNP hatte fast nur Volksschullehrer als Mitglieder und stand politisch dem Legionärslager nahe. Im TNSŚW waren vor allem Oberschullehrer und Professoren vertreten, seiner politischen Orientierung nach gehörte der Verband zu den christlichen und Nationaldemokraten. Der Berufsschullehrerverband SNSZ, der sonst mit dem ZNP zusammenarbeitete, verfolgte in Krakau ebenfalls eine eigene Politik. Erst der Krieg und die Okkupation waren das Ferment, das eine Annäherung aller ideologischen Richtungen, insbesondere des ZNP und TNSŚW in Gang brachte. Roczn. Kom. Nauk Ped.VIII (1968), S. 40 f.

21 Waga, a.a.O., S. 27 ff.

22 Wycech, S. 20

23 Zu diesem Urteil gegen Wycechs Darstellung gelangt man, wenn man die „Gegendarstellung“ der Krakauer Seite liest, vor allem Gałeckis Einleitung zum Roczn. Kom. Nauk Ped. I (1961), S. 3 ff.

24 Wycech, S. 36.

25 Gałecki in: Roczn. Kom. Nauk Ped. I (1961), S. 8.

26 Wycech: ZNP w czasie okupacji niemieckiej 1939–1945, in: Przegl. Hist.-Ośw. I (1947) Nr. 2, S. 123 und: Z dziejów, S. 19 f. Alle Darstellungen über Gründung, Organisation und Zusammensetzung der Krakauer Kommissionen gehen auseinander. Cf. neben Wycech, Gałecki und Waga noch L. Kubik: Z dziejów tajnego nauczania, in: Tygodn. Powsz. 1961, Nr. 51 und Roczn. Kom. Nauk Ped. VII (1967), S. 42 ff. Diese Tatsache bei einem letztlich unbedeutenden Detail

zeigt, wie unsicher Informationen auch von ehemals direkt Beteiligten sein können. Sicher ist, daß anfangs mehrere Organisationen parallel oder gegeneinander arbeiteten.

27 Wycech, ZNP, a.a.O., S. 121.

28 Gałecki, a.a.O., S. 11. Szkoła w konsp., a.a.O., S. 109.

29 Sulewski, a.a.O., S. 218. Wycech, S. 35 f.

30 Charakteristisch ist z. B. eine Äußerung Kardinal Hlonds von 1937: „Ich möchte versichern, daß der Episkopat sorgfältig die Tätigkeit des ZNP beobachtet und nicht die Hände in den Schoß legt angesichts der Aktionen und Vorhaben des Verbandes, die gottlos, laizistisch und sogar kommunistisch sind." Zit. b. Sulewski, a.a.O., S. 210. In diesen Zusammenhang gehört auch der Protest der TON gegen die Ernennung Kaczyńskis zum Kultusminister der Exilregierung (1942). Kaczyński war vor dem Krieg Leiter der „Katholischen Presseagentur" gewesen, die mit dem ZNP in Fehde lag. Wycech, 31 f.

31 Ebda., S. 21 u. 37 f.

32 Zit. b. Wycech, Praca, a.a.O., S. 42.

33 Sulewski, a.a.O., S. 218.

34 Ebda., S. 212.

35 Wycech, S. 137. Zum Lehrerstreik cf. oben, S. 165 f.

36 Cf. Anm. 19. Die Tendenz zur Überbetonung der Auseinandersetzungen ist besonders stark bei Sulewski (a.a.O.).

37 Wycech, ZNP, a.a.O., S. 120.

38 Der Regierungsdelegierte Piekałkiewicz ersetzte Rhode durch Michał Pollak als Leiter des Westbüros. Pollak war nach dem Krieg im Kultusministerium und im Instytut Zachodni tätig. Wycech, S. 38. Im Rahmen des DOK behielt das Büro allerdings auch weiterhin eine gewisse Bedeutung. Seiner pädagogischen Arbeit war eine erhebliche Dosis Chauvinismus beigemischt: die Ideologie von der „Rückkehr Polens in die urpolnischen Gebiete an Oder und Neiße". Cf. den Beitrag von F. Kozanecki, einem führenden Funktionär des Büros, in: Szkoła w konspiracji, a.a.O. Der Aufsatz fällt gegenüber den übrigen sehr sachlichen Beiträgen im Niveau ziemlich ab. Von den ca. 300 000 Umsiedlern aus den Westgebieten im GG sollen etwa 4 000 Schüler an dem vom Westbüro organisierten Unterricht teilgenommen haben. Kozanecki, in: ebda., S. 150. Nach anderen Angaben sollen sogar 6 554 Schüler das Abitur oder die „Kleine Matura" in Komplets des Westbüros abgelegt haben. Sulewski, a.a.O., S. 71.

39 W. Studnicki, einer der wenigen prominenten Germanophilen, hielt das illegale Schulwesen, dem er auch seine Wohnung zur Verfügung stellte, für den einzigen positiv zu beurteilenden Sektor der ganzen Widerstandsbewegung, die er im übrigen als große Tragikomödie einstufte. W. Studnicki: Irrwege in Polen. Ein Kampf um die deutsch-polnische Annäherung, hrg. v. Göttinger Arbeitskreis, Göttingen 1951, S. 86.

2. Formen und Verbreitung des Geheimunterrichts

1 W. Jadko in: Szkoła w konsp., a.a.O., S. 340.

2 Zanowa, a.a.O., S. 227. Wycech, Praca, a.a.O., S. 53.

2a Cf. etwa die vom DOK 1942 herausgegebene „Instruktion für den polnischen Sprachunterricht am Gymnasium". Wycech, Anhang S. 262 ff.

3 Niezwyciężona szkoła, a.a.O., S. 56.

4 Waga, a.a.O., S. 70.

5 R. K. 1942, 4 S. 122.

6 Waga, a.a.O., S. 70.

7 Zanowa, a.a.O., S. 248. Zanowa schlüsselt die soziale Zusammensetzung der Schüler für das M. Skłodowska-Curie-Gymnasium und Lyzeum in Praga genau auf. Danach ergab sich – mit nur unwesentlichen Veränderungen gegenüber der Vorkriegszeit – ein Prozentsatz von 32 für Arbeiter-, Bauern- und Handwerkerkinder, 51,5 für Kinder von Beamten, Lehrern, Unteroffizieren, 8 von Offizieren, 8 von Industriellen, Kaufleuten und Freiberuflichen, 0,5 von Invaliden und Arbeitslosen. Der Prozentsatz der Schüler aus diesen Berufsgruppen gibt den Durchschnitt für die Jahre 1940 bis 1944. Zanowa, a.a.O., S. 340.

8 Im folgenden wird ein grober Abriß der sehr sorgfältigen und detaillierten Untersuchung wiedergegeben, die Mieczysław Wieczorek über das geheime Schulwesen in diesem Gebiet im Roczn. Kom. Nauk Ped. III (1962), S. 27–84 veröffentlicht hat.

9 Cf. z. B. R. Kesselring: Neu-Sandez und das Neu-Sandezer Land. Ihre deutsche Vergangenheit und Aufbauarbeit 1230–1940, Krakau 1941.

10 Das Folgende im Anschluß an den Aufsatz von I. Jakubiec: Działalność „Szkolnicy" w okresie okupacji Hitlerowskiej, in: Roczn. Kom. Nauk Ped. I (1961), S. 135–53.
11 Für Warschau spielten z. B. die Genossenschaften „Nasza Księgarnia" und „Zaranie" eine ähnliche Rolle. Dazu: Walka o oświatę, a.a.O., S. 66 ff.
12 Über die Gesamtzahl der im GG illegal verbreiteten alten oder neugedruckten Schulbücher existieren nur ungenaue Angaben. Ein Delegaturbericht gibt an, daß 1941 ca. 12 000 Geschichts-, Geographie- und Lesebücher verteilt worden seien. R. K. 1942, 4 S. 115. 1942 brachte der legal fortbestehende polnische Verlag „Nasza Księgarnia" 10 000 Exemplare eines Elementarbuches für Volksschulen heraus, das vor dem Krieg fertiggestellt worden war. Es erschien in einem fiktiven Wilnaer Verlag in der Rückdatierung auf 1939, verfaßt von St. W. Kot = St. Dobraniecki, W. Tułodziecki, M. Kotarbiński. Walka o oświatę, a.a.O., S. 73 ff.
13 Der Text des Ausweises lautete: „Der durch umstehendes Lichtbild ausgewiesene Inhaber dieses Ausweises ist bei . . ., der nur meinen direkten Weisungen untersteht und in meinem Auftrag dringende Aufgaben zu lösen hat, beschäftigt. Er ist unentbehrlich und kann zu anderen Arbeiten nicht herangezogen werden. Ich bitte sämtliche Dienststellen des Generalgouvernements, dem Inhaber dieses Ausweises in der Ausübung seines Berufes entsprechend behilflich zu sein." Jakubiec, a.a.O., S. 150.
14 St. Gawęda in: Roczn. Kom. Nauk Ped. I (1961), S. 31.
15 Wieczorek, a.a.O., S. 33 ff.
16 St. Inglot: Inteligencja a wieś (przed wojną i w czasie wojny), in: Wieś i Państwo 3 (1946), S. 87.
17 Cf. den Aufruf der TON an die polnischen Lehrer von 1942, zit. b. Wycech, S. 199 ff.
18 R. K. 1944, 10 S. 93.
19 Waga, a.a.O., S. 53.
20 Wycech, S. 83.
21 Sprawozdanie z działalności oświaty i kultury w okresie okupacji od 1939 r. [etwa 1943/44], S. 7 (Fotok. in BP, London).
22 Wycech, S. 82 f.
23 Sprawozdanie, S. 7.
24 Cf. dazu die Richtlinien des DOK von 1942 „Wytyczne pracy w dziedzinie kształcenia nauczycieli". Wycech, Anhang, S. 268 ff.
25 Szkoła w konsp., a.a.O., S. 114 f.
26 Ebda., S. 88.
27 Wycech, S. 30.
28 Szkoła w konsp., a.a.O., S. 93.
29 Karski, a.a.O., S. 308.
30 Cf. die Haltung Bandorskis, s. oben, S. 211 Anm. 45. Auch aus einem Memorandum der Sipo (s. übernächste Anm.) ergibt sich dafür indirekt eine gewisse Bestätigung. Birkenmajer, a.a.O., S. 150.
31 T. 1943 II 1, S. 368 (Reg.sitz. v. 26.5.43).
32 Dieses wichtige Dokument war mir trotz mehrfacher Bemühungen nicht erreichbar. Es hat sich zunächst im Privatbesitz von Prof. Birkenmajer befunden (Warschau) und soll später an die Jagiellonische Bibliothek in Krakau gelangt und dort unauffindbar sein. (Auskunft von J. Baumgart). Birkenmajer hat in seinem Aufsatz (a.a.O.) das Memorandum ausführlich behandelt und mehrere Passagen daraus polnisch zitiert. Die Rückübersetzung ins Deutsche war hier einigermaßen präzise möglich, da Birkenmajer verschiedene Stichwörter des Originals in Klammern in seine Zitate aufgenommen hat.
33 Dazu Sulewski, a.a.O., S. 124 ff.
34 Möglicherweise liegt hier ein Indiz vor für recht massive Auseinandersetzungen zwischen dem von den Militärs und dem von der TON bestimmten illegalen Schulwesens. Cf. oben, S. 122.
35 Hierin kann man wohl einen Hinweis auf die KOP sehen.
36 Birkenmajer, a.a.O., S. 152 f.
37 Ebda., S. 156.
38 Ebda., S. 154 f.
39 Ebda., S. 159.
40 Cf. oben, S. 82 f.
41 Aus der „Einleitung", Birkenmajer, a.a.O., S. 157 f. Birkenmajer vermutet, daß diese Einleitung, die eine allgemeine Situationsschilderung gibt, von Eichholz stammt oder von ihm inspiriert ist. Sollte das richtig sein, so wäre damit die enge Verbindung Eichholz' mit den „Radikalen" belegt und seine Zusammenarbeit mit dem SD gegen das eigene Verwaltungspersonal nahegelegt. Cf. oben, S. 82.
42 Birkenmajer, a.a.O., S. 159.
43 Ebda., S. 157.

44 Sulewski, a.a.O., S. 127.
45 R. K. 1944, 1 S. 124.
46 R. K. 1944, 4 S. 11.
47 T. 1944 I 1, S. 73 (Reg.sitz. v. 16.2.44).
48 T. 1944 IV 1, S. 169 (4.7.44).
49 Besonders gilt das für Wycech. Während er in früheren Arbeiten beispielsweise noch 50 000 Oberschüler angab (Praca oświatowa, a.a.O., S. 56), wird diese Zahl in seinen letzten Arbeiten kurzerhand verdoppelt.
50 Cf. dazu das Kap. über die polnische Jugend, S. 154 ff.
51 R. K. 1942, 4 S. 107.
52 R. K. 1942, Promemoria 22.6.–30.8.1941, S. 49.
53 R. K. 1942, 4 S. 122.
54 Sprawozdanie (s. Anm. 21), S. 6. Diese Zahl gibt auch Kubik an, a.a.O., S. 2. W. Schayer (eh. Sekretär im DOK) nimmt für ganz Polen ca. 70 000 an, Głos Naucz. 49 (1957), S. 296. Zieht man davon ca. 6 500 für die West- und Ostgebiete ab (nach Sprawozdanie, a.a.O.), so liegt die Zahl doch beträchtlich unter Wycechs Angaben.
55 Walka o oświatę, a.a.O., S. 196.
56 Die Zahl bezieht sich auf allgemeinbildende und Berufslyzeen. Die Differenz zur Gesamtzahl dürfte sich vor allem aus den Verlusten während des Warschauer Aufstandes erklären.
57 So Wycech, cf. Anm. 49.
58 Wycech, S. 79 f.

3. Hochschule und Wissenschaft im Untergrund

1 Einen Überblick über das polnische illegale Hochschulwesen gibt K. Hartmann: Hochschulwesen und Wissenschaft in Polen 1918–1960, Frankfurt 1962, S. 32–50. Ders.: Polen. Kultur der Nationen Bd. 17, Nürnberg 1966, S. 97–108. Ferner W. Bartoszewski: Les études universitaires clandestines en Pologne occupée (1939–1945), in: Cahiers Pologne-Allemagne 3 (1962), S. 38–52.
2 Einen kurzen Abriß der wechselvollen Geschichte der Warschauer Universität seit der Gründung von 1818 gibt B. Suchodolski in: Dte. Universitätszeitung 1958 Nr. 8, S. 493–99.
3 Die Grundlage für eine Darstellung der illegalen Warschauer Universität bildet der Bericht von T. Manteuffel: Uniwersytet Warszawski w latach wojny i okupacji. Kronika 1939/40–1944/45, Warschau 1948. Vom gleichen Autor jetzt auch ein knapper Überblick über die verschiedenen Formen des Geheimunterrichts in Warschau mit Hinweisen auf polnische Literatur zu Spezialfragen: Formy tajnego nauczania akademickiego w Warszawie 1939–1945, in: Kwart. Hist. LXXVII (1970), S. 748–53.
4 Manteuffel, Uniwersytet, a.a.O., S. 18 f.
5 Cf. oben, S. 58.
6 Manteuffel, Uniwersytet, a.a.O., S. 23 ff. R. K. 1942, 1 S. 50.
7 Manteuffel, Uniwersytet, a.a.O., S. 43 ff.
8 Manteuffel in: Szkoła w konsp., a.a.O., S. 198.
9 J. Sawicki: Die juristische Fakultät der Universität Warschau in der Zeit des Krieges und der Okkupation 1939–1944, in: Dte. Universitätszeitung 1959 Nr. 1, S. 41 ff.
10 Manteuffel, Uniwersytet, a.a.O., S. 33–35.
11 Krzyżanowski in: Kotarbiński, a.a.O., S. 120. Eines der ersten dieser Komplets beschrieb Tadeusz Borowski nach dem Kriege: „Ich erinnere mich noch genau an den Geschmack der Diskussionen aus dem ersten Universitätsjahr. . . Wenn draußen der Abend hereinbrach und an den blauen Scheiben lautlos große, weiche Schneeflocken herabglitten, stritten wir uns unerbittlich um die Strukturelemente des „Pan Tadeusz", um die Verbindung des lyrischen und epischen Elements in Słowackis „Beniowski". . . Zusammen mit Andrzej (Trzebiński) baute ich unversöhnlich eine Front gegen die Mädchen auf und kritisierte unbarmherzig ihre Referate. Der Professor rauchte eine Zigarette nach der anderen, lächelte schweigend, aber offenkundig erschrocken über den hitzigen Streit, berichtigte dann schließlich Ungenauigkeiten und lehrte uns, wie man wissenschaftlich zu denken und sich auszudrücken habe. . ." T. Borowski: Profesorowie i studenci, in: Zwyczajny dzień. Antologia pamięci 1939–1945. Warschau 1963, S. 72.
12 Dunin-Wąsowicz in: Kotarbiński, a.a.O., S. 249 f. u. 256 ff.
13 Manteuffel in: Kotarbiński, a.a.O., S. 213 ff.
14 J. Karwasińska ebda., S. 228.

15 K. Dunin-Wąsowicz, ebda., S. 247 f.
16 Ebda., S. 267.
17 R. K. 1942, 1 S. 50. Wycech, S. 90. Nach Wycech gab es an der SGGW 1944 ca. 160 Studenten. 27 Ingenieurs- und Doktordiplome wurden verliehen. An der SGH studierten 1943 ca. 75 Studenten und an der WWP 1944 208. Nach einer anderen Quelle sollen nach dem Krieg an der SGH sogar 555 Studenten eine offizielle Bestätigung der staatlichen „Verifikationskommission" erhalten haben. Die WWP soll dieser Publikation zufolge 1944 nur ca. 170 Studenten gehabt haben, mit 30 Dozenten und insgesamt ca. 20 Komplets. Walka o oświatę, a.a.O., S. 296 ff.
18 So gibt W. Schayer allein für eine illegale Abteilung „Architektur" für 1943 rund 350 Hörer an. a.a.O., S. 296.
19 Wycech, S. 89.
20 S. oben, S. 152 f.
21 Wycech, S. 89. Korboński, a.a.O., S. 363.
22 Das Folgende im Anschluß an W. Kowalenko: Tajny Uniwersytet Ziem Zachodnich, 2. A. Posen 1961, S. 21 ff.
23 Cf. dazu oben, S. 122.
24 Zit. b. Kowalenko, a.a.O., S. 23.
25 Ebda., S. 24 f., 114 und 116.
26 Ebda., S. 124 und 132 f.
27 Ebda., S. 28.
28 Ebda., S. 69 ff.
29 Die in Klammern angegebenen Zahlen bezeichnen diejenigen, die schon in einer anderen Abteilung mitgezählt wurden.
30 Bei Kowalenko werden 32 Dozenten (davon einige von der Warschauer Universität) und 85 Studenten namentlich aufgeführt, a.a.O., S. 137 ff.
31 Bartoszewski in: Cahiers Pologne-Allemagne 3 (1962), S. 49.
32 Auszüge aus der „Chronik" in: „Polen" 1966 Nr. 3, S. 18. Die Notiz ist nicht ganz korrekt, da dem Komplet auch 4 Studentinnen angehörten, die jedoch später ebenfalls umkamen.
33 Kowalenko, a.a.O., S. 34 f.
34 Małecki in: Alma Mater, a.a.O., S. 293 f. Für Małecki hatten sich die deutschen Slawisten Max Vasmer (Berlin) und K. H. Meyer (Königsberg) eingesetzt. Cf. oben, S. 56. Nach dem Krieg gab es in Polen eine heftige Diskussion über die Rolle Małeckis, dennoch wurde er schließlich zum Präsidenten der Akademie der Wissenschaften gewählt. Ebda., S. 42 f.
35 Ebda., S. 281 f.
36 Zit. ebda., S. 285.
37 Cf. als illustratives Beispiel den oben, S. 140, zitierten Bericht über die historischen Komplets, die eine konstante Zahl von 19 Mitgliedern aufwiesen, während die in der Gesamtstatistik aufgeführte Zahl 37 beträgt.
38 Eine Statistik für die einzelnen Fächer in: Alma Mater, a.a.O., S. 329. Die Angabe von Waga (a.a.O., S. 92), daß 468 Magister- und Diplomexamina abgelegt und 62 Promotionen durchgeführt worden seien, ist insofern wenig brauchbar, als sie die Zeit bis zum Juni 1945 umfaßt.
39 Über die illegale katholische Universität Lublin ist kaum etwas bekannt. Die einzigen Angaben, die z. T. ungenau und sehr lückenhaft sind, finden sich in dem Almanach der Universität: Katolicki Uniwersytet Lubelski w oczach wychowanków, Lublin 1958, S. 45 ff. u. 175 ff.
40 Wycech, S. 91.
41 Cf. oben, S. 203 Anm. 10.
42 Ausführlich berichtet darüber Kowalenko, a.a.O., S. 82 ff., da sie auf Initiative der UZZ ins Leben gerufen wurden. Ferner R. Pollak in: Przegl. Hist.-Ośw. I (1947) Nr. 1, S. 124 ff.
43 Kowalenko, a.a.O., S. 116.
44 Die viel zu hohe Zahl von 20 000 gibt Wycech an in der Einleitung zu dem Sammelband von Kotarbiński, a.a.O., S. 11. Ein Delegaturbericht von 1944 schätzt für das Studienjahr 1943/44 ca. 3 000 Studenten und 300 Dozenten in ca. 400 Komplets. R. K. 1944, 4 S. 36. Wycech gab 1946 eine ungefähre Zahl von 3 – 6 000 Studenten an. Roczn. Polskiej Akad. Um. 1939–1945, Krakau 1946, S. 49.
45 Cf. Anm. 38.
46 St. Pieńkowski in: Przegl. Hist.-Oświat. I (1947) Nr. 1, S. 117. Manteuffel, als Leiter der historischen Abteilung also immerhin ein kompetenter Kritiker, hat diese Zahl bezweifeld und hält sie um ca. 15 % zu hoch. Szkoła w konsp., a.a.O., S. 198. Dagegen verwahrt sich Kowalenko, a.a.O., S. 117 f. Der Streit dürfte im Zweifelsfalle immer zugunsten der niedrigeren Zahlenangabe zu entscheiden sein.

47 Konarski in: Roczn. Warsz. VII (1966), S. 450.
48 Cf. oben, S. 129 f.
49 Ebda.
50 Kowalenko, a.a.O., S. 30.
51 M. Bobrownicka in: Alma Mater, a.a.O., S. 118 f.
52 Kotarbiński, a.a.O., S. 22.
53 Hiż, ebda., S. 35 f.
54 Cf. oben, S. 73.
55 Sokołowska, a.a.O., S. 66.
56 Aussagen von Semkowicz, Małecki und Lorentski im Bühlerprozeß 1946. Zit. b. Goguel, a.a.O., Anhang, S. 136 f.
57 Im „Biuletyn Informacyjny" v. 18.3.43 hieß es: „Die einhellig durch die polnische öffentliche Meinung verurteilten Polen – die Mitarbeiter des „Ostinstituts" in Krakau – bemühen sich mit naiven Argumenten um Reinigung gegenüber den Vorwürfen. Sie sagen, ... daß sie Wissenschaftler seien und sich nicht mit Politik befaßten, daß sie durch die Arbeit im „Ostinstitut" zum Wohle Polens überleben wollten und daß gegenwärtig keine Organisation zu einem Urteil über sie berechtigt sei. Weil die Anprangerung der polnischen Mitarbeiter des „Ostinstituts" durch das KWC mit Namensnennung erfolgte, sind die naiven Ausflüchte der Beschuldigten ohne Zweifel richtig von der öffentlichen Meinung in Krakau und im (übrigen) Land eingeschätzt worden." Zit. b. W. Moskalik in: Zesz. Nauk. Uniw. Jagiell. Prace Hist., Nr. 19. Krakau 1966, S. 82 f. Anm.
58 Über die Arbeit des Instituts in der Illegalität berichtet T. Szturm de Sztrem: Instytut Gospodarstwa Społecznego 1920–1944, Warschau 1959, S. 214 ff.
59 Walka o oświatę, a.a.O., S. 652.
60 Dazu: Roczn. Polsk. Ak. Um. 1939–1945, Krakau 1946, S. 60 ff. Hartmann, Polen, a.a.O., S. 105 ff.
61 Pieńkowski, a.a.O., S. 120.
62 Ebda. Nach einem anderen Bericht waren es 440, davon 293 in Warschau. J. Z.: Nauka i szkolnictwo wyższe, in: Nauka Polska 25 (1947), S. 203.
63 W. Jastrzębowski: Gospodarka Niemiecka w Polsce 1939–1945, Warschau 1946. A. Klafkowski: Okupacja Niemiecka w Polsce w świetle prawa narodów, Posen 1946. T. Kłosiński: Polityka przemysłowa okupantów w Generalnym Gubernatorstwie, Posen 1947.
64 J. Kostrzewski: Losy nauk prehistorycznych w czasie wojny i po wojnie, in: Nauka Polska 25 (1947), S. 139. Zum sachlichen Problem cf. Z. Vána: Einführung in die Frühgeschichte der Slawen, Neumünster 1970, bes. Kap. II.
65 Cf. oben, S. 19.
66 Wycech, S. 94.
67 In einem Memorandum des Direktors des Instituts, Zygmunt Wojciechowski, vom 12.2.1945 heißt es: „Das Institut entstand in der Endphase der deutschen Okkupation auf Grund der vorangegangenen mehrjährigen Arbeit mehrerer Wissenschaftler der Universität Posen und anderer Universitäten über Westprobleme. . . Das Anliegen des Instituts zum gegenwärtigen Zeitpunkt ist es, die Aufgaben zu erfüllen, die sich aus der Tatsache ergeben, daß Polen (jetzt) Gebiete umfaßt, die seit undenklichen Zeiten polnisch waren, 1918–1939 aber nicht zu Polen gehörten." Przegl. Zach. 11 (1955) Nr. 3/4, S. 486.

4. Illegale Presse und Literatur

1 A. Döblin: Reise in Polen, Berlin 1926, S. 62.
2 M. Reich-Ranicki (Hrg.): 16 polnische Erzähler, Hamburg 1964 (rororo), S. 8.
3 „Never before the war I understand that tremendous influence poetry may have upon a people fighting for an ideal. There was no underground paper which did not contain some poetry, verses of classic Polish authors or modern poets." Karski, a.a.O., S. 271.
4 Eine ins Detail gehende Darstellung gibt aus genauer Kenntnis des literarischen Lebens und seiner bedeutendsten Vertreter L. M. Bartelski: Genealogia ocalonych. Szkice o latach 1939–1944, Krakau 1963. Ein kurzer Überblick über Umfang und Formen der illegalen Veröffentlichungen allgemein bei W. Chojnacki: Działalność wydawnictwa polskiego ruchu oporu 1939–1945, in: Kwart. Hist. LXXVII (1970), S. 754–61. Einen Katalog mit sämtlichen erreichbaren Titeln und, soweit möglich, Angaben über Autoren, Auflagenhöhe und Charakter der Schriften hat derselbe Autor zusammengestellt: Bibliografia zwartych druków konspiracyjnach wydanych pod okupacją hitlerowską w latach 1939–1945, Warschau 1970.

5 R. K. 1942, 4 S. 40. Vorwort zu B. Golka: Prasa konspiracyjna „Rocha“ 1939–1945, Warschau 1960.
6 L. Dobroszycki: Centralny katalog polskiej prasy konspiracyjnej 1939–1945, Warschau 1962, S. 7 u. 9. Dort auch einige Hinweise auf die Literatur zur illegalen Presse in den westlichen Ländern. Zu Frankreich ferner C. Bellanger: Presse clandestine 1940–1944, Paris 1961. Dobroszyckis Katalog ist vervollständigt in: Najn. Dzieje VII (1963), S. 173–196. Soweit zusätzliche Blätter im Exil nachweisbar sind, werden sie aufgeführt bei J. Garliński: Polska prasa podziemna (1939–1945) w zbiórach Londyńskich, London 1962 (hektogr.).
7 Polskie Siły Zbrojne, a.a.O., S. 295.
8 Cz. Madajczyk in: Roczn. Warsz. VII (1966), S. 417.
9 Annähernd 40 % der Presse ist diesen kleinen Gruppen zuzurechnen. Tonangebend waren dennoch die großen Organisationen. L. Dobroszycki: Studies of the underground press in Poland 1939–1945, in: Acta Pol. Hist. 4 (1961), S. 100. Besonders Korboński (a.a.O., S. 169) kritisiert scharf die Zersplitterung.
10 W. Bartoszewski: Konspiracyjne czasopiśmiennictwo kulturalne w kraju w latach 1939–1945, in: Twórczość 1961 Nr. 10, S. 83 f.
11 SS-Obergruppenführer Schöngarth in der Reg.sitz. v. 16.12.1941. T. 1942 II 2, S. 283 f.
12 Einen auch nur knappen Überblick über die illegale Presse zu geben, ist angesichts ihres Umfangs unmöglich. Am besten dokumentiert ist die – objektiv vergleichsweise unbedeutende – PPR-Presse in der dreibändigen Edition „Publicystyka konspiracyjna PPR (1942–1945), Warschau 1961–1967. Ferner A. Przygoński: Prasa konspiracyjna PPR. Zarys, Katalog, Życiorysy, Warschau 1966. Über die Publikationen des SL unterrichtet die Darstellung von Golka, a.a.O. Über die AK-Presse knapp: Polskie Siły Zbrojne, a.a.O., S. 277 ff. In den Bereich der AK-Presse gehört auch eines der interessantesten und amüsantesten Kapitel des polnischen Untergrundes: die Aktion „N“, eine auf die Deutschen in Polen abgestellte Propagandaaktion, die mit in deutscher Sprache verfaßten Zeitschriften (z. T. auch satirischen Charakters), herausgegeben von fiktiven deutschen Oppositionsgruppen, die deutsche „Einheitsfront“ aufbrechen sollte. Dazu ausführlich E. Grudziński: Akcja N – Drapacz, in: Najn. Dzieje II (1959), S. 43–108. Ferner, sehr anschaulich, A. Kawczynski: Unternehmen „N“, in: VfZG 14 (1966), S. 59–68. Farbreproduktionen einiger in diesem Rahmen hergestellter satirischer Zeitschriften finden sich in der Sammlung von G. Załęski: Satyra w konspiracji 1939–1944, Warschau 1958.
13 Bartoszewski, a.a.O., S. 81 f.
14 Ebda., S. 98 f. Zur KN cf. oben, S. 118.
15 K. Krejči: Geschichte der polnischen Literatur, Halle (Saale) 1958, S. 289.
16 Bojarski in Nr. 1 der Zeitschrift, zit. b. Marczak-Oborski in: Płomienie 1946 Nr. 1, S. 18.
17 Zit. b. Bartelski, a.a.O., S. 203 f. Cf. Anhang, S. 255.
18 St. Łomień (Pseud. f. A. Trzebiński): W klimacie kultury imperialnej, in: Sztuka i Naród Nr. 13 (Nov. 1943), S. 1 f.
19 Bartoszewski, a.a.O., S. 88. Bartelski, a.a.O., S. 233.
20 Cf. oben, S. 122.
21 Zu Goetel cf. oben, S. 205, Anm. 18.
22 Bartoszewski, a.a.O., S. 94f.
R. K. 1944, 1 S. 128.
23 Bartoszewski, a.a.O., S. 98.
24 Ebda., S. 89 f.
25 Der Aufsatz wird wiedergegeben in: R. K. 1943, 12 S. 140 ff.
26 „Sztuka jako impuls dziejów“, in: Jg. 1944 Nr. 1–3.
27 In ihrer ersten Nummer schrieb sie u.a. einen Wettbewerb für Gedichte zum Thema Warschau aus. Den ersten Preis gewann Jerzy Zagórski mit seinem „Psalm“ – ein Gedicht, das den Kampf des Warschauer Ghettos und die kriegszerstörte Stadt zum Gegenstand hat. R. K. 1943, 12 S. 155. Auch das Gedicht von Tadeusz Hollender „Warszawa“ erhielt einen Preis. Beide sind wiederabgedruckt in der „Antologia Polskiej Poezji Podziemnej“ v. J. Szczawiej, Warschau 1957, S. 101 ff. und 80 ff.
28 Einige Nummern davon befinden sich in den polnischen Instituten in London.
29 Dazu: Bartoszewski, a.a.O., S. 93. T. Sołtan in: Kotarbiński, a.a.O., S. 288 f.
30 Zit. b. Marczak-Oborski in: Płomienie 1946 Nr. 1, S. 18.
31 Płomienie Nr. 5 (Mai 1943).
32 Sołtan in: Kotarbiński, a.a.O., S. 306. Der Einfluß de Mans auf die PPS war schon vor dem Krieg beträchtlich. Cf. G. W. Strobel in: H. E. Volkmann, a.a.O., S. 54. De Mans Denken kreiste besonders um das Verhältnis der Intellektuellen zum Sozialismus und zu den Massen. Cf. „Die

Intellektuellen und der Sozialismus", Jena 1926, und „Der Sozialismus als Kulturbewegung", Berlin 1929.

33 Zit. in: R. K. 1944, 11 S. 3.
34 Sołtan in: Kotarbiński, a.a.O., S. 306.
35 Bartoszewski, a.a.O., S. 82 und 92. St. Żółkiewski, a.a.O., S. 30.
36 Bartoszewski, a.a.O., S. 96. Żółkiewski, a.a.O., S. 32 f.
37 W. Sulewski: Problemy oświaty w dokumentach PPR, in: Nowa Szkoła 1962 Nr. 5, S. 24.
38 Bartoszewski, a.a.O., S. 91. Der Artikel „Lamenty Literackie" in: Lewą Marsz 1943, Nr. 4. Głowacki war 1944 Sekretär der linksdemokratischen Vereinigung kleiner Parteien „Centralizacja Stronnictw Demokratycznych, Socjalistycznych i Syndykalistycznych". Publicystyka konsp. PPR Bd. III, a.a.O., S. 692.
39 Przełom 1942 Nr. 1. Publicystyka konsp. PPR I, a.a.O., S. 87.
40 Antologia, a.a.O. Die Edition dieser Sammlung bietet einigen Anlaß zur Kritik. Die zeitliche Ausdehnung bis 1945 ist unsinnig. Viele Verfasser der anonym abgedruckten Gedichte sind bekannt. Die Auswahl ist oftmals willkürlich, zumindest nicht repräsentativ, ihr Akzent liegt offenkundig auf militärisch-politischen Gedichten. Cf. Bartoszewski, der wohl zu den besten Kennern des literarischen Lebens im Untergrund gehört, in: Tygodn. Powsz. 1958 Nr. 2.
41 Antologia, a.a.O., Einleitung, S. 13.
42 Ebda., S. 10 und 12. Bartoszewski in: Roczn. Warsz. VII (1966), S. 240.
43 Pobóg-Malinowski, a.a.O., S. 156 Anm.
44 F. W. Neumann in: Osteuropahandbuch: Polen, a.a.O., S. 581.
45 Przełom 1942 Nr. 1. Publicystyka konsp. PPR I, a.a.O., S. 87.
46 Bartoszewski in: Tyg. Powsz. 1958 Nr. 2. Antologia, a.a.O., S. 12 f. Nur die wichtigsten Anthologien sind hier genannt. Eine Anzahl weiterer Titel sind noch in den genannten Abhandlungen zu finden.
47 Sulewski in: Miedza-Tomaszewski: Benefis konspiratora, Warschau 1962, Nachwort, S. 186.
48 Wycech, S. 116. Polskie Siły Zbrojne, a.a.O., S. 283. Fiedlers Buch wurde bis 1944 in Ausgaben verschiedener illegaler Druckereien verbreitet, „Kamienie na szaniec" erlebte 2 Auflagen von je 2 000 Stück im Untergrund, eine Übersetzung in England unter dem Titel „Stones for the Rampart", London 1945, eine italienische Übersetzung sowie 5 Nachdrucke in Polen nach dem Kriege. W. Chojnacki: Bibliografia, a.a.O., S. 68 und 98. Cf. auch oben, S. 155.
49 Płomienie April 1944; Droga 1944 Nr. 2.
R. K. 1944, 16 S. 73 ff. Sołtan in: Kotarbiński, a.a.O., S. 304. Vom BIP der AK wurden ferner verschiedene Broschüren herausgegeben, die historische, politische oder militärische Themen behandelten und z. T. Auflagen bis zu 5 000 Stück erreichten. 26 Titel werden aufgeführt in: Polskie Siły Zbrojne, a.a.O., S. 282 ff.

III. Gesellschafts- und bildungspolitische Vorstellungen der polnischen Untergrundbewegung

1. Das Problem der polnischen Jugend

1 Situacja Młodzieży Wojennej, o.D. [ca. 1943/44] (im folgenden zit. als Situacja). Auf diesen ungezeichneten und undatierten Bericht, der seinem Duktus und Inhalt nach von der Delegatur stammen muß und etwa Ende 1943 entstanden sein dürfte, stützen sich die folgenden Ausführungen weitgehend. Er ist gerade für die hier zu erörternden kritischen Aspekte außerordentlich aufschlußreich (Fot. in B.P., London). Cf. jetzt auch Madajczyk, Polityka, a.a.O., Bd. II, S. 100 f.
2 Zit. in der Denkschrift des Gouverneurs von Burgsdorff von 1944. BA, Ost.-Dok. 13 GG I a/7, S. 2.
3 Zit. in: R. K. 1944, 3 S. 71.
4 Sołtan in: Kotarbiński, a.a.O., S. 316. Situacja, S. 8.
5 Cf. Dunin-Wąsowicz: Zagadnienie młodzieży akademickiej, in: Płomienie I (1946) Nr. 1, S. 7–11.
6 VO v. 26.10.1939 und 22.4.1942. VOBlGG 1942, S. 219 f.
6a Aus den gesamten besetzten polnischen Gebieten wurden während des Krieges fast 1 Mill. Jugendliche zwischen 14 und 24 Jahren zur Zwangsarbeit nach Deutschland gebracht. J. Gumkowski: Młodzież Polska podczas okupacji 1939–1945, Warschau 1966, S. 49.

7 Situacja, S. 7. Nach einem Delegaturbericht waren schätzungsweise eine halbe Million Jugendlicher im Schwarzhandel tätig. Madajczyk, Polityka, a.a.O. Bd. II, S. 100 Anm.
8 Situacja, S. 3.
8a Zit. b. C. Falconi: Das Schweigen des Papstes. Eine Dokumentation, München 1966, S. 217 f.
9 R. K. 1944, 3 S. 70.
10 Situacja, S. 9. Cf. oben, S. 152 f.
11 Ebda., S. 8.
12 Sulewski macht diese Angabe, zitiert aber nicht den Wortlaut. Die Verfügung soll vom 2.3.1943 stammen. Walka o szkołę podziemną, in: Argumenty 1964 Nr. 3 S. 3.
13 R. K. 1943, 6 S. 105.
14 Sie wird erwähnt in: Situacja, S. 6 f.
15 Młody Nurt 1944 Nr. 13.
16 In der POM (Polska Organizacja Młodych) waren 7 verschiedene Jugendorganisationen zusammengeschlossen, u.a. die des SN, der KN und der Gruppe „Szaniec". Ein slawisches Imperium unter polnischer Führung und unter Ausschluß der Russen, die weder politisch noch ethnisch als Slawen akzeptiert wurden, gehörte zur politischen Vorstellungswelt der POW. Situacja, S. 10 f. Zum ZWM cf. oben, S. 180.
17 Situacja, S. 10.
18 T. Strzembosz: Szare Szeregi a AK w świetle dokumentów, in: Najnowsze dzieje 25 (1961), S. 192.
19 Situacja, S. 4.
20 Ebda., S. 10.
21 St. Broniewski: Szare Szeregi, Warschau 1947, S. 13 ff.
22 Nach einem Delegaturbericht waren es weniger als vor dem Krieg, d.h. weniger als 10 %. R. K. 1944, 10 S. 93.
23 R. K. 1944, 3 S. 71. „Die Politik, die hier durchgeführt wird, ist größtenteils sehr kurzsichtig, d.h. darauf berechnet, möglichst schnell eine große Zahl von Anhängern zu gewinnen. Wenige Gedanken verwendet man darauf, daß es sich hier um die erste Generation polnischer Spezialisten, Arbeiter und Beamten handelt, daß von ihrer Qualität in hohem Maße die Funktionsfähigkeit Nachkriegspolens abhängen wird. Zu wenig ehrlich führt man sie in die Aufgaben ein, die vor Polen und Europa stehen werden." Ebda., S. 72.
24 Ebda., S. 71.
25 Der in Polen traditionell schon starke Alkoholismus erreichte ungeheure Ausmaße. Die AK sah sich schließlich genötigt, selbst gegen die zahlreichen illegalen Schnapsbrennereien vorzugehen. Bewaffnete Einheiten der AK und der „Bauernbataillone" zerstörten in einer Großaktion ca. 2 000 illegale Brennereien! Korboński, a.a.O., S. 251 f.
26 Situacja, S. 1. Einige Richtlinien für die sozial- und bildungspolitische Arbeit des Ruch Ludowy von 1943 finden sich in: Materiały źródłowe do historii polskiego ruchu ludowego Bd. IV (1939–1945), Warschau 1966, S. 303 ff.
27 Denkschrift von Burgsdorff S. 8 f. (s. Anm. 2).
28 Wycech nennt 9 Titel (a.a.O., S. 115): Co to jest ojczyzna? ; Przysięga; Żołnierz Polski; Z orężem w dłoni; Tu byliśmy, jesteśmy i będziemy; Zawsze ci samy; Krzywda rodzi nienawiść; Rola Polski w Europie; O godność narodu. Die Titel lassen deutlich die nationalpolitische Grundtendenz erkennen.
Einige Instruktionen der TON für die im Bereich des Bildungswesens Tätigen machten besonders auf das Jugendproblem aufmerksam, zit. b. Wycech, Anhang, S. 210 ff. und 264 ff.
29 Situacja, S. 11. Zum WRN-Programm s. Anhang, S. 248 f.

2. Die polnische Intelligenz – Tradition und Selbstkritik im Untergrund

1 Nach dem Zusammenbruch war bei der bäuerlichen Bevölkerung eine gewisse Schadenfreude festzustellen, die sich gegen die Bürokratie, die Intelligenz und „die Stadt" richtete, zumal sich die wirtschaftliche Situation der Bauern im ersten Okkupationsjahr nicht ungünstig entwickelte. K. Wyka: Gospodarka wyłączona, in: Twórczość 1945 Nr. 1, S. 160 f.
2 Zum Problem der Intelligenz allgemein: J. Kurucz: Struktur und Funktion der Intelligenz während der Weimarer Republik, Köln 1967 (ausführliche Diskussion der Literatur im Kap. I). Zur osteuropäischen und speziell polnischen Intelligenz: A. Hertz: The Case of Eastern European Intelligentsia, in: Journ. Centr. Eur. Aff. 1951, Nr. 1, S. 10–26. R. Pipes: Die russische Intelligentsia, Stuttgart 1962. J. Chałasiński: Przeszłość i przyszłość inteligencji polskiej, Warschau

1958 (Übers. in: Wiss. Übers. d. Herder-Institut, Nr. 41). J. Szczepański: The Polish Intelligentsia. Past and Present, in: World Politics 14 (1961/62), S. 306–20. J. Żarnowski: Struktura społeczna inteligencji w Polsce w latach 1918–1939, Warschau 1964.
3 Hertz, a.a.O., S. 12.
4 Chałasiński, a.a.O., S. 114.
5 Ebda., S. 112.
6 Ebda., S. 131.
7 Nach einer Umfrage von K. Wyka nach dem Kriege. Laeuen, a.a.O., S. 320. T. Nowakowski: Die Radziwills, München 1966, S. 116.
8 Zit. b. Chałasiński, a.a.O., S. 105.
9 Pipes, a.a.O., S. 24 f. und 11 ff.
10 Hertz, a.a.O., S. 21 Cf. in diesem Zusammenhang auch die Kritik Laeuens an Chałasiński, der zu stark die Abhängigkeit der Intelligenz vom Adel betont. Osteuropahandbuch, Polen, a.a.O., S. 13 f.
11 Hertz, a.a.O., S. 22.
12 Laeuen, a.a.O., S. 15 f.
13 Zit. b. Chałasiński, a.a.O., S. 93.
14 Szczepański, a.a.O., S. 408 ff. 1956 sah die Verteilung folgendermaßen aus: 36,3 % der Studenten entfielen auf technische Fächer (1935: 11,4 %), 3,2 % auf juristische (1935: 24,3 %) und 16,7 % auf die Fächer der humanistischen Fakultät, einschließlich der naturwissenschaftlichen Fächer (1935: 22,8 %). Ebda., S. 416.
15 Ebda. M. Broszat: Faschismus und Kollaboration in Ostmitteleuropa, in: VfZG 14 (1966), S. 237.
16 So urteilt z. B. H. Michel (Les mouvements clandestines en Europe 1938–1945, Paris 1961, S. 82): die Résistance sei einmütig gewesen „en refusant le retour pur et simple aux institutions de la IIIe République, en préconisant une révolution économique et sociale autant que politique."
17 Cf. oben, S. 178 ff.
18 Aus der Fülle der Aufsätze illegaler Zeitungen zu diesem Komplex seien hier nur 5 genannt, auf die im folgenden eingegangen wird: „Mówią chłopi", in: Polska Ludowa (SL) v. Januar 1944 (R. K. 1944, 9 S. 44 ff.); „Ideologiczne podstawy naszego ruchu" (Ruch Ludowy), in: Orka v. August 1943 (R. K. 1943, 12 S. 133 ff. und 1944, 3 S. 67 ff.); „Coś niecoś o tak zwanej inteligencji", in: Wolność v. Januar/Februar 1944 (WRN) (R. K. 1944, 13 S. 44 ff.); „Zmierzch wolnych zawodów", in: Płomienie (WRN) v. Juni 1944 (R. K. 1944, 16 S. 93 f.); W. Bieńkowski: Inteligencja a kultura, in: Przełom (PPR) v. September 1942. (Publicyst. konsp., Bd II, a.a.O., S. 88 ff.).
19 R. K. 1942, 3 S. 35: „Es wächst im Volk, insbesondere unter den Bauern, das Gefühl für die Würde und Bedeutung der eigenen Klasse und der Wunsch nach einer aktiven und führenden Rolle im Staat. . . Konflikte zwischen Stadt und Land bestehen weiter, aber insgesamt sind sie schwächer geworden infolge der Verschlechterung der materiellen Situation auf dem Lande."
20 B. Suchodolski: Skąd i dokąd idziemy, 2. A. London 1947.
21 In der Wochenzeitung „Kultura" (Warschau), Nr. 23 und 25 (1968), wurde um Suchodolskis Schrift erneut eine lebhafte Diskussion geführt.
22 Cf. dazu H. Mommsen: Gesellschaftsbild und Verfassungspläne des deutschen Widerstandes, in: Der deutsche Widerstand gegen Hitler, hrg. v. W. Schmitthenner und H. Buchheim, Köln 1966.
23 Suchodolski, a.a.O., S. 13 f.
24 Ebda., S. 107.
25 Rezensionen finden sich u.a. in: Płomienie 1944 Nr. 6; Wolność 1944 Nr. 1/2; Realizacje 1944 Nr. 1; Sztuka i Naród 1944 Nr. 14/15; Młoda Demokracja (WRN) 1944 Nr. 6. Nach dem Oktober 1956, als die Diskussion um die Widerstandsbewegung neu in Gang kam, kritisierte Żółkiewski Suchodolskis Schrift als Beispiel für die angeblich unpolitische – weil nicht-revolutionäre – Haltung der Intelligenz. A.a.O., S. 25.
26 Wolność v. Juli 1944, zit. in: R. K. 1944, 16a, S. 79 f.
27 In einem Delegaturbericht an den Innenminister vom April 1942 wird die außerordentlich schwierige Situation der Intelligenz nicht zuletzt angesichts der Apathie der Bevölkerung gegenüber Hilfsappellen für die Intelligenz hervorgehoben. Schwarzhandel und Spekulation seien die Folge der Pauperisierung und Demoralisierung. „Die Skala dieser Folgen – das muß ausdrücklich festgestellt werden – ist in der Intelligenzschicht bedeutend größer und einschneidender als z. B. in der bäuerlichen oder Arbeiterschicht, wo der Kampf mit dem Hunger nicht so schwer

ist oder das Risiko moralisch-geistiger Konflikte nicht mit so drohender Deutlichkeit hervortritt." R. K. 1942, 5 S. 9 ff. Zu den sozialen und psychologischen Folgen der Okkupationspolitik auch: K. Wyka: a.a.O. Eine recht interessante Statistik über die offizielle Beschäftigung der „Geistesarbeiter" im GG bringt Madajczyk, Polityka, a.a.O. Bd. II, S. 24 ff. Aus ihr ergibt sich, daß von 1941 bis 1944 die Anzahl der vorwiegend in der Verwaltung beschäftigten Nichtdeutschen – mit geringen Schwankungen – stetig anstieg und in den Distrikten Krakau und Galizien sogar den Stand von 1931 übertraf. Vor allem in Warschau konzentrierte sich die Intelligenz, u.a. befanden sich hier nach dieser (offiziösen deutschen) Statistik ca. 10 % der gesamten Lehrerschaft des GG – ein für die Organisation des Geheimunterrichts sehr wichtiges Faktum. Über die tatsächliche soziale Situation ist freilich mit amtlichen Beschäftigungszahlen noch kaum etwas ausgesagt.

28 Zwei Beispiele dazu: 1942 wurden auf einem Bahnhof 16 Waggons Weizen gestohlen. Die Sache flog schließlich auf, als plötzlich im Schwarzhandel Eisenbahnwaggons angeboten wurden! Reisebericht Blaschek, a.a.O., S. 157. Im Dezember 1943 wurden aus den Räumen des Warschauer Zeitungsverlages 1 500 t Papier entwendet, so daß, wie Pressechef Gassner erklärte, der Warschauer Zeitungsbetrieb ernsthaft gefährdet war. T. 1943 VI 2, S. 1382 (17.12.1943).

29 St. Inglot: Inteligencja a wieś (przed wojną i w czasie wojny), in: Wieś i Państwo 3 (1946), S. 81 ff.

3. Programmatische Erklärungen der Untergrundorganisationen

1 Hartmann, a.a.O., S. 16 f. Wycech: Nauczycielstwo w walce o demokrację, Warschau 1947, S. 21.

2 Dazu 2 Aufsätze in deutscher Sprache: H. Gabrielsky: Die polnische Schulreform, in: Osteuropa 8 (1932/33), S. 139–51. S. Hessen: Die polnische Schulreform und ihre Träger, in: Jbb. f. Kultur u. Gesch. d. Slaven N.F. 10 (1934), S. 145–77.

3 Mały Słownik, a.a.O., S. 590.

4 Ł. Kurdybacha: Wpływ rewolucji październikowej i szkoły radzieckiej na polską myśl oświatową 1918–1939, Warschau 1967, S. 289.

5 Aufrufe von 10 Bildungsverbänden auf Initiative von „Nowe Tory" (cf. Anm. 11) von 1936, zit. b. Wycech: Nauczycielstwo, a.a.O., S. 66 f. Die Zahlen sind ohne Zweifel nach oben abgerundet, dürften aber wohl die Größenordnung ungefähr wiedergeben.

6 Żarnowski, a.a.O., S. 227 f.

7 Ebda., S. 229.

8 Wycech: Nauczycielstwo, a.a.O., S. 25 ff., 90 f.

9 Zu den Vorgängen ausführlich St. Brzozowski: Rządy komisaryczne w ZNP, in: Przegl. Hist.-Oświat. I (1947) Nr. 2, S. 81–105.

10 Der Text des Memorandums ebda., S. 233–38. Ähnlich heißt es in einem Flugblatt aus klerikalnationalen Kreisen: „Die Schulbehörde, die durchtränkt ist von freimaurerisch-kommunistischen Einflüssen unter Vermittlung des ZNP, der eine legale Expositur Moskaus ist, will aus den Seelen der Jugend patriotisches und religiöses Gefühl herausreißen" (1937). Zit. b. Kurdybacha, a.a.O., S. 289.

11 Die „Gesellschaft für demokratische Bildung" „Nowe Tory" wurde im Herbst 1932 unter dem Vorsitz von Prof. St. Kalinowski gegründet. Führende Mitglieder waren u.a. Schayer, Wycech, Tułodziecki, Wojeński und Wasyluk, die alle später in der TON eine wichtige Rolle spielten. St. Kot, der spätere Innenminister der Exilregierung, und Jan Hulewicz, späterer Mitarbeiter des Innenministeriums im Exil, standen den Organisatoren nahe. Die Gesellschaft bemühte sich um stärkere Demokratisierung der Kultur und bekämpfte die autoritäre Regierungspolitik. In ihrem Auftrag gab Wojeński die Publikationen „Zur Verteidigung einer demokratischen Schule" und „Im Angesicht der Schulkatastrophe" heraus. Wycech, Nauczycielstwo, a.a.O., S. 51 f. und 63 f.

12 Wycech, ZNP, a.a.O., S. 108.

13 Krzyżanowski in: Kotarbiński, a.a.O., S. 126.

14 Abgedr. b. Wycech, Anhang, S. 154 ff. und 145 ff.

15 Ebda., S. 155.

16 Ebda., S. 157 und 159.

17 Ebda., S. 145.

18 Ebda., S. 148 f.

19 Ebda., S. 148.

20 Ebda., S. 148 f.
21 Underground Voice of Polish Teachers (1942), Abschnitt „Aimes of Teacher's Movement", in: The Proposed Educational Reconstruction in People's Poland, 2. A. New York 1944, S. 21.
22 Wycech, S. 160.
23 Ebda., S. 163.
24 Ebda., S. 164 f.
25 Cf. Parteiprogramm der KPR, in: B. Meissner: Das Parteiprogramm der KPdSU 1903–1961, Köln 1962, S. 131.
26 „Postulaty ZNP" 1942, ausgearbeitet von M. Wasyluk. Zit. b. Wycech, Anhang, S. 180 ff. Cf. auch Anm. 31.
27 Wycech, S. 166 f. Der Entwurf Wasyluks forderte demgegenüber als unterste Organisationsstufe ein 7klassiges Programm und mindestens 3 Lehrer. Ebda., S. 182. Ähnlich sah das von Wojeński ausgearbeitete Projekt aus. Ebda., S. 171 ff.
28 Ebda., S. 185.
29 Ebda., S. 168.
30 Ebda., S. 184 f.
31 Das SN schickte ein Protestschreiben an den Delegierten (Piekałkiewicz). Auch dem Kultusminister der Exilregierung, dem Priester Kaczyński (SP), war das Schulprogramm offensichtlich ein Dorn im Auge. Sulewski, a.a.O., S. 54 und 72 f.
32 Zit. b. Wycech, S. 218 ff. und 235 ff.
33 Ebda., S. 227.
34 Ebda., S. 242.
35 Ebda., S. 232 f.
36 Walka i Wolność Nr. 2 v. 30.3.1940, „Główne wskazania".
37 Walka i Wolność Nr. 9 (August 1940), „Jakiej chcemy Polski? "
38 Der Führer der Bauernpartei, Witos, forderte 1932 in einem aufsehenerregenden Zeitungsartikel entschädigungslose Enteignung des Großgrundbesitzes und Umbau des Staates. H. Laeuen in: Osteuropahandbuch: Polen, a.a.O., S. 16.
39 Polska Ludowa (August 1943). R. K. 1943, 12 S. 146 f.
40 Deklaracja Ideowa-Programowa Ruchu Ludowego. o.D. (1943) Abschn. III, Teil C S. 13. cf. Anhang, S. 251 f.
41 J. Mulak: Wojsko podziemne 1939–1945, Warschau 1946, S. 8 f.
42 Manifest Wolności, in: „Z pola walki", London 1943, S. 5 ff.
43 Der volle Text ebda. Ein Auszug in englischer Übersetzung b. Karski, a.a.O., S. 127 f.
44 Wycech, Praca, a.a.O., S. 86.
45 Zaremba, a.a.O., S. 172. Chojnacki, Bibliografia, a.a.O., S. 254. Ein Auszug ist im Anhang wiedergegeben, S. 248 f.
46 Zaremba, a.a.O., S. 171. Cf. oben, S. 157 f.
47 Principles of Cultural Policy, in: The Proposed Educational Reconstruction, a.a.O., S. 3–18.
48 Ebda., S. 3.
49 Ebda., S. 5.
50 Ebda., S. 7.
51 Cf. das Vorwort des Herausgebers und auch das Vorwort der DOK-Denkschrift „System Kształcenia. .", Wycech, S. 218.
52 S. Anhang, S. 250 f.
53 Przegl. Spraw Kultury I, 6/7 (1943) Wie stark der offiziöse Standpunkt der Delegatur, sofern man von einem solchen überhaupt sprechen kann, religiös bestimmt war und damit zumindest potentiell im Gegensatz zur TON oder auch zu ihrer eigenen Kulturabteilung (DOK) stand, zeigt ein Leitartikel im 1. Heft der gleichen Zeitschrift (v. Febr. 1943) über „die Bedeutung der Kultur". Dort heißt es u.a.: „Vier Säulen sind es, auf denen das Gebäude der Kultur ruht: 1. Gott 2. Die Natur. 3. Die Individualität des schöpferischen Einzelnen 4. Die Gesellschaft." Die Reihenfolge gibt schon den Grundtenor des Artikels wieder.
54 O organizacji nauki zawodu, in: Biuletyn Gospodarczy w GG Nr. 21/22 (Juni 1943). R. K. 1943, 8 S. 128 f.
55 O jaką Polskę walczymy? In: R. K. 1944, 3 S. 47 f.
56 „Demokratyzacja życia kulturalnego", in: Serwis Nr. 16 v. 15.4.1944.
57 Założenia ideowe oświaty i wychowania, in: Reforma v. 30.6.1943. R. K. 1943, 12 S. 102 ff.
58 Pobóg-Malinowski z. B. betont mehrfach die „mikroskopische Kleinheit" und wird damit der Sache nicht gerecht. Allein drei Chefs der Delegatur waren Mitglieder des SP.
59 Deklaracja v. 10.4.1944. R. K. 1944, 13 S. 21.

60 Einige Zitate aus den „Grundsätzen" dazu: „Erziehung und Bildung, Kunst, Wissenschaft und Technik in Polen sollen vor allem dem Wohl und den Zielen der Nation und des polnischen Staates dienen und erst dann der ganzen Menschheit und auf diese Weise die geschichtliche Mission erfüllen, die durch die Vorsehung vorgezeichnet ist." „Die Versuche, unsere Zivilisation mit fremden Elementen zu impfen, . . . müssen mit allen staatlichen Mitteln unmöglich gemacht werden." „Eine Demokratie . . . muß sich äußern als ökonomische, politische und kulturelle Demokratie. Der Kampf um kulturelle Demokratie bildet einen integralen Bestandteil des Kampfes um Demokratie überhaupt" (s. Anm. 57).

61 Hier wäre u.a. die Organisation „Miecz i Pług" zu nennen, die mit der deutschen Sipo zusammenarbeitete. Es gab jedoch offensichtlich auch eine linke Organisation unter gleichem Namen. So wurde z. B. in einem Bericht des „Antyk" im Zusammenhang mit kommunistischen Organisationen auch „Miecz i Pług" genannt. Auch die zahlreichen Presseorgane, die zu dieser Gruppe gehörten, können kaum alle als kollaborationistisch eingestuft werden. Die Denkschrift des kollaborierenden Teils der Organisation vom 5.7.1943 an Hitler, in der direkte und enge Zusammenarbeit angeboten und vorgeschlagen wird, weist freilich eindeutig faschistischen Charakter auf. Cf. oben, S. 41.

62 Deklaracja Ideowa OPW v. 25.8.1942.

63 Ebda., S. 6.

64 Cf. oben, S. 118.

65 Kodeks Polaka v. September 1940, S. 14 und 18.

66 Ebda., S. 19 ff.

67 Nowa Polska (Organ der KN) Nr. 55 v. 22.6.1943, Spezialheft über Bildungsprobleme.

68 Szaniec Nr. 75 (1941). R. K. 1942, 4 S. 58 f.

69 Zit. b. W. Conze, D. Hertz-Eichenrode (Hrg.): Marx' Manuskripte über die polnische Frage, Den Haag 1961, S. 37.

69a Zum Folgenden: M. K. Dziewanoski, a.a.O., S. 22 ff. u. 107 ff. A. Bromke: Polnische Historiker revidieren die Parteigeschichte, in: Osteurop. Rundschau XIV (1968) H. 1, S. 14–19. Die kommunistischen Parteien der Welt. Polen (v. L. Blit), in: Sowjetsystem und demokratische Gesellschaft, Freiburg 1969, S. 411 ff. (mit weiteren Literaturangaben). Zur Entwicklung bis 1918 ferner: G. W. Strobel: Quellen zur Geschichte des Kommunismus in Polen 1878–1918. Programme und Statuten, Köln 1968. Zu einem wichtigen Teilproblem: U. Haustein: Sozialismus und nationale Frage in Polen. Die Entwicklung der sozialistischen Bewegung in Kongreßpolen von 1875 bis 1900 unter besonderer Berücksichtigung der Polnischen Sozialistischen Partei (PPS), Köln 1969. Speziell zur PPR, über die eine umfangreiche Literatur existiert, ist besonders auf den Forschungsbericht von A. Przygoński hinzuweisen: Przegląd badań nad dziejami PPR w latach okupacji hitlerowskiej, in: Z Pola Walki (Warschau) 1969 H. 2, S. 57–85.

70 Bromke, a.a.O., S. 16. Dieses heikle Thema ist neuerdings offenbar nicht mehr völlig tabuisiert, wie ein wenigstens knapper Hinweis in einem Aufsatz von M. M. Drozdowski zeigt: The National Minorities in Poland in 1918–1939, in: Acta Pol. Hist. 22 (1970), S. 233.

71 Genaue Zahlen existieren darüber naturgemäß nicht. Nach Aussage eines Exilpolen (gegenüber dem Verf.) sollen gemäß den Angaben eines höheren polnischen KP-Funktionärs ca. 5 000 polnische Kommunisten liquidiert worden sein.

72 Im März 1940 hielt sich eine NKWD-Kommission in Krakau auf. Der Untergrundnachrichtendienst des ZWZ machte 18 Offiziere namhaft. Pobóg-Malinowski, a.a.O., S. 400 Anm.

73 Im einzelnen zu den kleinen kommunistischen Grüppchen vor 1942: Przygoński, a.a.O., S. 13 ff.

74 Das KWC wurde z. B. als „Agentur der polnischen Reaktion seit Anfang seines Bestehens" bezeichnet. Trybuna Wolności v. 15.12.1942, in: Publicystyka konsp. PPR, a.a.O. Bd. I, S. 188.

75 So u.a. in den „Beschlüssen des Plenums des ZK der PPR zur Jahreswende 1943", in: Kształtowanie się podstaw programowych PPR w latach 1942–1945, Warschau 1958, S. 68.

76 Z. B. im Schreiben des ZK der PPR an das Büro der polnischen Kommunisten in der Sowjetunion v. 12.1.1944. Ebda., S. 208.

77 „Unser Verhältnis zur Regierung General Sikorskis", in: Trybuna Wolności v. 1.5.1942. Ebda., S. 32 f.

78 „WRN" 1943 Nr. 8.

79 Brief v. 1.9.1943. Zit. b. J. Pawłowicz: Z dziejów konspiracyjnej KRN 1943–1944, Warschau 1961, S. 25.

80 Z. B. in einem Artikel in: „Przez walkę do zwycięstwu" v. 10.10.1943.

81 Einen der wenigen greifbaren Hinweise auf die starke Zurückhaltung der PPR auch auf schuli-

schem Gebiet in der Zusammenarbeit mit Lehrern der „Londoner" gibt J. Rohloff in: Szkoła w konsp., a.a.O., S. 115 f.

81a Die „Affäre von Katyn" wird in der polnischen Literatur zumeist ohne jeden weiteren Kommentar erwähnt. Anders als z. T. in der DDR-Literatur wird Katyn jedoch äußerst selten als deutsches Verbrechen bzw. Erfindung der Goebbels-Propaganda hingestellt. Einen interessanten Hinweis aus den Akten des Auswärtigen Amtes, der die Richtigkeit der Ansicht, daß es sich nicht um ein deutsches Verbrechen handelt, weiter erhärtet, bringt Madajczyk, Polityka, a.a.O. Bd. II, S. 172 Anm. 17. Danach hat Himmler Ribbentrop vorgeschlagen, General Sikorski, den Chef der polnischen Exilregierung, unter Zusicherung des freien Geleits einzuladen, sich in Katyn selber von der Richtigkeit der deutschen Behauptungen zu überzeugen. Ribbentrop fand diesen Vorschlag unter propagandistischen Gesichtspunkten sehr gut, lehnte ihn aber aus prinzipiellen Erwägungen ab.

82 Einige Beispiele dazu: die KRN gab Dekrete heraus, die Siegel und Adler der Piasten und die Aufschrift „Rzeczpospolita Polska – Rada Narodowa" trugen. R. K. 1944, 12 S. 36. „Głos Warszawy" brachte Artikel zum 150. Jahrestag des Aufstandes von 1794 und zur Erinnerung an die Maiverfassung von 1791. „Przełom" beschwor im April 1943 Mickiewicz als Bannerträger der fortschrittlichen Tradition der Intelligenz. Publicystyka konsp. PPR, a.a.O. Bd. II, S. 146 ff. Der kommunistische Jugendverband ZWM stellte sich in die Tradition der Wilnaer Philareten und Philomaten. Związek Walki Młodych. Materiały i dokumenty, Warschau 1953, Einleitung S. XII.

83 „Okólnik" des ZK der PPR v. 22.9.1943, in: Publicystyka konsp. PPR, a.a.O. Bd. II, S. 340 ff. Der glühende Patriotismus eines großen Teils des Klerus sollte die Agitationsbasis abgeben. „Das Problem der Arbeit unter den katholischen Massen sollte nicht länger brachliegen", heißt es in dem Artikel.

84 So u.a. 1943 in einem Aufruf an die Jugend Warschaus, zit. in: Związek Walki Młodych, a.a.O., S. 100.

85 Der ZWM wurde Anfang 1943 gegründet. Im Mai 1944 erging von der Leitung eine Anzahl von Anweisungen über die Organisation und die Aufgaben des ZWM. Besonderer Wert wurde auf die enge Verbindung von politisch-pädagogischer, militärischer und technischer Ausbildung gelegt. Die Texte der Anweisungen ebda., S. 168 ff.

86 Erklärung der PPR „O co walczymy? " v. 1.3.1943, in: Kształtowanie się, a.a.O., S. 93 ff.

87 „Walka Młodych" v. 30.11.1943, in: Związek Walki Młodych, a.a.O., S. 43 ff. (Deklaracja). „Deklaracja Programowa" v. November 1943, in: Kształtowanie się, a.a.O., S. 149. Wenn Sulewski, a.a.O., S. 23, behauptet, die hier vertretene Bildungskonzeption der PPR unterscheide sich grundsätzlich von der Stellungnahme der zum Londoner Lager gehörigen Gruppen, so ist diese Behauptung für die TON, die PPS (WRN) und das SL falsch.

88 Nach „Walka Młodych" v. 30.11.1943 verringerten sich von 1929–1935 die Bildungsausgaben um 37 %, der Etat für Schulbauten sogar um 96 %; danach gab es ferner ca. 6 Mill. Analphabeten, dazu etwa doppelt soviele, die wieder in den Analphabetismus zurückfielen; es konnten nur 9 % der gesamten Jugend eine weiterführende Schule besuchen. In: Związek Walki Młodych, a.a.O., S. 42 f. Cf. oben, S. 164 f.

89 Cf. Sulewski, a.a.O., S. 25. In einem Artikel des KRN-Organs „Rada Narodowa" v. 22.5.1944 „Die Frage der Intelligenz" heißt es: „Der durchschnittliche Lehrer . . . wagt nicht, die Sanacja-Schulprogramme im Unterricht des Untergrundes anzugreifen. Er hält es für seine eigentliche Aufgabe, die kulturelle Tradition der Schule zu pflegen, in der er vor dem Krieg arbeitete. Über die notwendige Reform denkt er nicht nach." Publicystiyka kons. PPR, a.a.O. Bd. III, S. 502.

90 „Przełom", April 1943, in: ebda., Bd. II, S. 157 ff. Cf. den Auszug im Anhang, S. 252 f.

91 Ebda., S. 160.

92 Wieweit Wycech überzeugter, aber „liberaler" Marxist war und wieweit er sich opportunistisch verhielt, ist schwer abzuschätzen. Daß er schon vor dem Krieg mit den Kommunisten sympathisierte, steht außer Zweifel. Das gleiche gilt auch für die Zeit der Konspiration. Cf. Zaremba, a.a.O., S. 216. Das verhinderte jedoch offenbar nicht, daß der NKWD Material gegen ihn sammelte, um ihn so in der Hand zu haben und ihn unter Druck setzen zu können. Z. Stypułkowski, W zawierusze dziejowej, London 1951, S. 402.

93 G. Rhode in: Osteuropahandbuch, Polen, a.a.O., S. 209. In Bieńkowskis Artikel findet sich der bemerkenswerte Satz, Mikołajczyk bedürfe – anders als Leute wie Sosnkowski – nicht der Legitimierung durch die Verfassung von 1935. Publicystyka konsp. PPR, a.a.O. Bd. III, S. 303.

94 „Rada Narodowa" v. 11.7.1944, in: ebda.; S. 554 ff.

95 S. Anhang, S. 255 f. Ähnlich ein Artikel in Nr. 1 von „Realizacje" v. 10.7.1944, in: ebda., S. 544 ff

Schlußbemerkungen

1 Studnicki, a.a.O., S. 73.
2 Cf. den SD-Bericht im Anhang, S. 244 f.
3 GG IV 2, S. 14 f. Aufruf der HJ-Führung im GG.
4 „Polska" v. 29.4.1943. R. K. 1943, 6 S. 153.
5 Madajczyk, Polityka, a.a.O., Bd. II, S. 371 Anm. 1.
Z. K. Brzezinski: Der Sowjetblock, Köln 1962, S. 31 Anm.
6 Polens Kriegsverluste 1939–1945, Studien und Abhandlungen (Zachodnia Agencja Prasowa), Posen, Warschau 1960, S. 93. Im wesentlichen die gleichen Zahlen bringt Szczepański, Polish Intelligentsia, a.a.O., S. 413. Erheblich abweichende Angaben hat dagegen ein Vertreter des ZNP im Bühler-Prozeß gemacht. Kułakowski, a.a.O., S. 237 f. Danach kamen von insgesamt 112 927 Lehrern aller Schularten vor dem Krieg (nach der obigen Statistik nur 89 022) in der Okkupationszeit 17 065 um (nach der anderen Aufstellung 5 851). Diese Differenz mag sich verringern, wenn man vermutet, daß bei der höheren Zahl u.U. katholische Geistliche, sofern sie unterrichteten, als Lehrer mitgezählt wurden, während sie in der Statistik des Kriegsentschädigungsamtes nicht mitgezählt wurden. Ferner könnten in den ZNP-Angaben die Verluste aufgrund der sowjetischen Politik enthalten sein. Dennoch bleibt die Differenz zwischen den Angaben unerklärlich groß. Darüber hinaus scheint jedoch auch gegenüber den in beiden Statistiken zugrunde gelegten Vorkriegszahlen Zweifel angebracht. Am Beispiel des wissenschaftlichen Personals der Hochschulen läßt sich das deutlich zeigen. In der Statistik des Kriegsentschädigungsamtes werden für 1939 2 460 Professoren und wissenschaftliche Hilfsarbeiter genannt, in der des ZNP 3 049, während es nach einer Aufstellung für 1937/38 (in der Zeitschrift Polish Science and Learning 1944 Nr. 5) insgesamt 4 356 Professoren, Dozenten (Lektoren) und wiss. Hilfskräfte gab. Wiedergegeben in: Pologne 1919–1939, Bd. III Vie intellectuelle et artistique, Neuchatel 1947, S. 193. Auch bei Hartmann, Hochschulwesen, a.a.O., S. 13. Für einzelne Bereiche wie das Theaterwesen ist klar nachzuweisen, daß die Angaben des Kriegsentschädigungsamtes zu niedrig sind. So werden dort 104 umgekommene Schauspieler und Regisseure genannt, während inzwischen 312 namentlich bekannt sind. Pam. Teatr. XII (1963), S. 269 ff.
Da die bisher vorhandenen Zahlen, soweit ich sehe, bisher nirgendwo kritisch von kompetenter Seite miteinander verglichen und diskutiert worden sind, müssen die Widersprüche offen bleiben, und es lassen sich lediglich ungefähre Größenordnungen wiedergeben.
7 A. Symonowicz, ein ehemaliger Student der UZZ, in: Kowalenko, a.a.O., Anhang S. 195.
8 J. Strzelecki: Schule der Gefühle, in: Polen 1967 Nr. 9, S. 19.
9 R. K. 1944, 16a S. 94.
10 Cf. z. B. R. Schairer in: The Proposed Educational Reconstruction, a.a.O., S. 24, Anm.
11 „Wolna Polska" 1944. R. K. 1944, 16 S. 14 ff.
12 L. Zimmerer in: Osteuropahandbuch, Polen, a.a.O., S. 607.

Anhänge

Deutsche Kulturtage in Warschau

25. Oktober — 3. November 1940

anläßlich des Jahrestages der Errichtung des Generalgouvernements veranstaltet im Auftrage des Chefs des Distrikts Warschau von der Abteilung für Volksaufklärung u. Propaganda.

Freitag, den 25. 10. 1940
19.30 Uhr

Kundgebung der NSDAP. im „Roma", Neue Burgstr. 49. Es spielt ein Musikkorps der Luftwaffe.

Eintritt nur mit Karten, die durch die Dienststellen verteilt werden.

Sonnabend, den 26. 10. 1940
10.00 Uhr

Feierstunde anläßlich des Jahrestages der Errichtung des Generalgouvernements im „Helgoland", Warschau, Zlotastraße 7.

Es spricht der Chef des Amtes, Reichsamtsleiter Barth.

Musikalische Umrahmung durch das Musikkorps der Luftwaffe.
Karten werden durch die Dienststellen verteilt.

19.00 Uhr

Festaufführung im Theater der Stadt Warschau, Schauspiel von Calderon „Der Richter von Zalamea".

Gastspiel Schillertheater Berlin mit **Heinrich George.**

Karten an der Theaterkasse.
Vorverkauf ab Montag, 21. 10. 1940.

20.00 Uhr

Freivorstellungen für Heer, Luftwaffe, SS und Polizei in den Lichtspielhäusern Warschaus.

Karten werden durch die Dienststellen verteilt.

Sonntag, den 27. 10. 1940 10.30 Uhr	Eröffnung der Ausstellung „Deutsche Leistung im Weichselraum" in den Ausstellungsräumen der Industrie- und Handelskammer, Warschau, Dorfstraße. Hierzu ergehen besondere Einladungen.
12.00 Uhr	Standkonzert auf dem Adolf Hitler-Platz, ausgeführt vom Musikkorps des Polizeiregiments Warschau.
15.30 Uhr	Wiederholung der **Festaufführung im Theater der Stadt Warschau** „Der Richter von Zalamea". Karten an der Theaterkasse.
16.00 Uhr	**Fußballspiel** der Stadtmannschaften Danzig - Warschau im Wehrmachtsstadion Warschau. Karten nur an der Kasse.
20.00 Uhr	**Großkonzert** des Musikkorps der Luftwaffe im „Roma", Warschau, Neue Burgstr. 49. Reinertrag zum Besten des Kriegs-WHW. Das Musikkorps, unter Leitung von Musikmeister Schröder, verabschiedet sich mit diesem Konzert von Warschau. Karten durch die Dienststellen. Eintrittspreis einheitlich Zl. 2.—
Montag, den 28. 10. 1940 10—12 Uhr	Besichtigung der Ausstellung „Deutsche Leistung im Weichselraum" durch Formationen der SS und Polizei.
15.00 Uhr	Besichtigung der Ausstellung durch die Wehrmacht - Heer. Der Besuch der Ausstellung ist frei
20.00 Uhr	**Konzert der Philharmonie des Generalgouvernements im Theater der Stadt Warschau.** Karten sind durch die Dienststellen zu haben.

Dienstag, den 29. 10. 1940 18.00 Uhr	Großfilmveranstaltung im „Helgoland", Warschau, Zlotastraße 7. Karten sind durch die Dienststellen zu haben.
20.30 Uhr	Wiederholung der Großfilmveranstaltung. Karten sind durch die Dienststellen zu haben.
Mittwoch, den 30. 10. 1940 10—12 Uhr	Besichtigung der Ausstellung „Deutsche Leistung im Weichselraum" durch die Wehrmacht „Luft".
20.00 Uhr	Wiederholung des Konzertes der Philharmonie des Generalgouvernements im Theater der Stadt Warschau zu halben Preisen. Karten sind durch die Dienststellen zu haben.
Donnerstag, den 31. 10. 1940 20.00 Uhr	**Volkstümliches Konzert,** ausgeführt von der Philharmonie des Generalgouvernements im „Roma", Warschau, Neue Burgstr. 49. Karten sind durch die Dienststellen zu haben.
Freitag, den 1. 11. 1940 10—12 Uhr 15—19 Uhr	Besichtigung der Ausstellung „Deutsche Leistung im Weichselraum" durch Angehörige der Volksdeutschen Gemeinschaft.
20.00 Uhr	**Dichterlesung** mit Karl Heinrich Waggerl im Vortragssaal der Deutschen Gaststätten, Warschau, Siegesstraße. Ausstellung Nationalsozialistischen Schrifttums. Karten zum Preise von Zl. 2.— im Vorverkauf MER Reisebüro, Hotel Bristol, Deutsche Gaststätten.
Sonnabend, den 2. 11. 1940 19.45 Uhr	**Rundfunk bringt Freude.** Bunter Abend im „Roma" mit den Sendern des Generalgouvernements (Reichssender Breslau) für Angehörige der Zivil-Verwaltung und Volksdeutschen Gemeinschaft. Karten sind durch die Dienststellen zu haben.

Sonntag, den 3. 11. 1940	10.30 Uhr	Musikalische Morgenfeier, ausgeführt vom großen Orchester des Reichssenders Breslau im Theater der Stadt Warschau. Karten für Zl. 2 50 an der Theaterkasse.
	15.00 Uhr	Ein froher Sonntagnachmittag im „Roma", mit den Sendern des Generalgouvernements. Es wirken mit: Das große Orchester, das kleine Orchester, das Tanzorchester vom Reichssender Breslau, namhafte Künstler von allen Reichssendern, Filmlieblinge der Tobis. (Geschlossene Vorstellung für Wehrmacht Heer.)
	20.00 Uhr	Bunter Abend im „Roma" mit den Sendern des Generalgouvernements. Wiederholung vom Sonntagnachmittag. (Geschlossene Vorstellung für Wehrmacht „Luft", SS und Polizei.
	20.00 Uhr	Theater der Stadt Warschau Erstes Auftreten des neuen eigenen Ensembles des Theaters der Stadt Warschau. Zur Aufführung gelangt: „Ein ganzer Kerl", heiteres Volksstück von Fritz Peter Buch.

Die Dienststellen der Wehrmacht, SS und Polizei, Ostbahn, Deutsche Post Osten, Palais Brühl, Stadtverwaltung, Volksdeutsche Gemeinschaft erhalten zu allen Veranstaltungen anteilsmäßig Einlaßkarten in allen Preislagen.

Alle Deutschen sind zu diesen kulturellen Veranstaltungen herzlichst eingeladen.

Amt des Chefs des Distrikts Warschau
Abteilung für Volksaufklärung und Propaganda
gez. **Ohlenbusch**
Regierungsrat

2. Auszug aus einem SD-Bericht von 1942 zur Lage im GG. „Kulturelle Betätigung der Polen“.

Reichs- und Volksdeutsche sind den eingegangenen Berichten zufolge der Meinung, daß die Arbeit des Polentums auf kulturellem Gebiete eine Entwicklung angenommen habe, die der vom politischen Standpunkt einzuhaltenden Linie in keiner Weise entspräche und die dazu angetan sei, zu einer Stärkung des Eigenlebens der Polen beizutragen, die von deutscher Seite als bedenklich erscheine.

Bei der Errichtung der deutschen Verwaltung im Generalgouvernement habe über die Form, in der sich in Zukunft das kulturelle Leben des Polentums abzuspielen habe, durchaus Klarheit bestanden. Die kulturpolitische Planung habe sich damals von folgenden Grundsätzen leiten lassen:

1. Dem deutschen Kulturschaffen sei im Interesse der im Generalgouvernement lebenden Reichs- und Volksdeutschen – und zwar ausschließlich für diese – in uneingeschränktem Maße Eingang zu verschaffen.
2. Das polnische Kulturleben müsse auf einem Niveau gehalten werden, das von allgemeinen politischen Notwendigkeiten her bestimmt sei, das bedeute, daß eigenwüchsige kulturelle Bestrebungen zu unterbinden seien und diese einen über ein seichtes Niveau hinausgehenden Stand nicht erreichen dürften. Außerdem sei man darüber im klaren gewesen, daß sich die kulturelle Arbeit der Polen ausschließlich auf das Polentum beschränken müsse.

Die in der Zwischenzeit erfolgte Entwicklung habe nunmehr gezeigt, daß von diesen Richtlinien weit abgegangen worden sei.

Eine erste Auflockerung der Anordnungen über die kulturelle Betätigung der Polen sei im Distrikt Warschau festzustellen gewesen. Mit den sogenannten Kaffeehaus-Veranstaltungen in Warschau habe die kulturelle Betätigung der Polen ihren Anfang genommen. So hätten beispielsweise das alte Warschauer Philharmonie-Orchester im Kaffeehaus „Lardelli“ und das große Orchester des ehemaligen polnischen Senders Warschau I im Kaffeehaus „Adria“ ihren Einzug halten können, ohne daß dagegen von deutscher Seite aus Einspruch erhoben wurde. Späterhin sei dem Orchester im „Lardelli“ sogar die Erlaubnis erteilt worden, Musik von Chopin zu spielen. Hierzu sei zu bemerken, daß Chopin bei den Polen als Patriot verehrt werde, als der größte polnische Musiker gelte und dementsprechend gefeiert werde. Auf die polnische Bevölkerung, vor allem die polnische Intelligenz, hätten die musikalischen Darbietungen im „Lardelli“ eine unerhörte Anziehung ausgeübt, so daß man das Kaffeehaus „Lardelli“ als den kulturellen Mittelpunkt des Polentums in Warschau habe ansehen können. . .

Ihren Höhepunkt habe diese Entwicklung in der Bildung der „Philharmonie des Generalgouvernements“ gefunden. Dieses Orchester umfasse z. Zt. 90 polnische Künstler, unter denen sich erstklassige Kräfte befänden. . . Die Auffassungen, die in der sich mit politischen Problemen befassenden volksdeutschen Bevölkerung sowie in reichsdeutschen Kreisen über die „Philharmonie des Generalgouvernements“ im Umlauf seien, ließen sich wie folgt zusammenfassen:

1. Unter deutscher Leitung würde hier ein so hochwertiges polnisches Künstlertum demonstriert, wie es im ehemaligen Polen in dieser zusammengeballten Form nie habe in Erscheinung treten können.
2. Die seit Beginn des Krieges von deutscher Seite immer wieder vertretene Behauptung, daß die Polen eine eigenwüchsige hochwertige Kultur nie besessen hätten, würde durch das philharmonische Orchester und dessen Leistungen ad absurdum geführt.
3. Die Existenz der Philharmonie sei ein Beweis dafür, daß den Polen eine Weiterbetätigung auf kulturellem und künstlerischem Gebiete zugestanden würde.
4. Die hervorragenden Konzerte der mit deutschen Mitteln finanzierten Philharmonie unter deutscher Führung mit deutschen Solisten, aber mit polnischen Musikern, seien eine Gemeinschaftsleistung, die bei gleichbleibender Entwicklung befürchten lasse, daß dem Polentum in Zukunft noch weit größere Zugeständnisse gewährt würden.
5. Noch während der Krieg tobe, dessen Ausbruch das Polentum mit verschuldet habe, seien polnische Künstler beauftragt, deutschen Menschen hochstehendes deutsches Kulturgut zu vermitteln.
6. Die Veranstaltungen eines polnischen Orchesters seien dazu angetan, die polnische Bevölkerung auf eigene Kulturschöpfungen hinzuweisen und damit zu einer Stärkung ihres nationalen Lebens beizutragen. . .

Ebenso wie auf dem Gebiete der Musik entwickele sich auch auf dem des Theaters die Betätigung der Polen auf einer immer breiter werdenden Basis. Den Polen böten sich jetzt Möglichkeiten, die sich noch im Frühjahr 1940 niemand hätte träumen lassen. Als Beispiel könne angeführt werden, daß das Polentum heute im polnischen Theater der Stadt Warschau eine ausgezeichnete Schauspielertruppe, ein sehr gutes Orchester und ein hervorragendes Ballett besitze. Die Folge davon sei, daß das künstlerische Niveau der polnischen Vorführungen über dem der deutschen Aufführungen im Theater der Stadt Warschau liege.

Wenn schon dieser Zustand bei den Volksdeutschen kein Verständnis finde, so werde es von dieser Seite als abwegig bezeichnet, daß man in einem Lande wie dem GG., wo aus kriegsbedingten Gründen zahlreiche kulturelle Wünsche der Volksdeutschen unerfüllt bleiben müßten, vor der Warschauer polnischen Jugend die deutsche Märchenoper „Hänsel und Gretel" aufführe. Die Tatsache der vorübergehenden Einstellung dieser Aufführungen werfe ein bezeichnendes Schlaglicht auf die völlig unklare Haltung der zuständigen deutschen Führungsstellen in all diesen Fragen.

Die aufgezeigten Verhältnisse würden von volkspolitisch geschulten Kreisen mehr und mehr als eine ernste Gefahr gekennzeichnet. Vor allem stünden sie zu der von deutscher Seite immer wieder erhobenen Forderung einer strengen Abgrenzung des deutschen vom polnischen Volkstum in einem seltsamen Gegensatz. Nicht zuletzt seien es die kulturellen Veranstaltungen und hier wieder besonders die der Orchester, die dazu beitragen würden, die Schranken zwischen Deutschtum und Polentum zu verwischen und den Polen aufgrund ihrer künstlerischen Tätigkeit eine Gleichberechtigung einzuräumen. Diese Entwicklung müsse mit größter Sorge betrachtet werden und bedürfe nach Meinung volkstumsmäßig geschulter Kreise einer baldigen und grundsätzlichen Klärung. Die im deutschen Interesse zu verfolgenden Grundlinien müßten dabei folgende sein:

1. Verbot des Auftretens polnischer Künstler vor Deutschen und Verbot eines Einbaues polnischer Künstler in für Deutsche vorgesehene Kultureinrichtungen.
2. Polnische Veranstaltungen dürfen ausschließlich nur für Polen bestimmt sein. Zudem dürfen diese Veranstaltungen keinen künstlerisch hochwertigen oder erbauenden Charakter aufweisen.

(Meldungen aus dem Reich, Nr. 257 v. 5.2.1942 BA, R 58/169, S. 11–15).

3. Stoffplan für den Geschichtsunterricht der deutschen Volksschule im GG.

Zur Plangestaltung an weniggegliederten Schulen

Zwei Jahreskurse

I.	II.

A. Bilder aus der Gegenwart

Ereignisse aus dem großen Geschehen unserer Zeit in Einzelbildern. (Z. B. U-Boote auf Feindfahrt. Luftangriff auf England. Feldzug im Osten. Quelle: PK.-Berichte,) Neue Einrichtungen in unserem Dorfe.

B. Aus dem Leben und Wirken des Führers

Jugend in Braunau.	Der Führer als Soldat im Weltkrieg.
Die Fahne hoch! Horst Wessel.	Der 30. Januar 1933.
Österreich gehört wieder zum Reich.	Rückkehr des Sudetenlandes.

Befreiung des deutschen Ostens: Memelland, Danzig, Weichsel- und Wartheland, Oberschlesien, Generalgouvernement.

C. Bilder aus der ältesten Zeit unserer Geschichte

Germanen kommen vom Norden nach dem Weichselland.

Beim Bronzegießer.	Die Sonnwendfeier.
Im germanischen Dorf.	Armin besiegt die Römer 9 n.Ch.

Germanen verlassen den Osten, Slawen rücken nach.

D. Bilder aus dem I. Reich der Deutschen

Gründung eines Dorfes im deutschen Osten.
Tannenberg 1410.
Johann Gutenberg (Joh. Haller in Krakau).
Luther in Worms.
Der Großc Kurfürst vor Warschau.
Was die Deutschen dem Osten brachten
Jena und Auerstedt.

Gründung einer Stadt.
Lublin (Reichstag) 1569.
Kolumbus.
Gustav Adolf bei Lützen.
Westpreußen wieder deutsch (Friedr. d. Gr.).
Polnische Wirtschaft (Teilungen Polens).
Friede zu Tilsit.

E. Bilder aus dem Bismarckreich

Völkerschlacht bei Leipzig.
Das Reisen mit der Postkutsche.
Königgrätz.
Gründung von Kolonien.
Tannenberg 1914.

Wiener Kongreß (Kongreßpolen).
Die ersten Eisenbahnen.
Versailles 1871.
Deutschlands Einkreisung.
Kämpfe der Österreicher in Galizien.

Der große Vormarsch im Osten 1915.

Verdun.
Was uns das Diktat von Versailles raubte.

Skagerrak.
Entstehung neuer Staaten im Osten, bes. Polens.

Wie es den Deutschen in Polen erging.

F. Bilder aus dem Reiche Adolf Hitlers

Aus dem Leben des Führers.

Mitarbeiter des Führers.

Einige Hauptpunkte aus dem Programm der NSDAP: Großdeutschland, Kolonien, Rassen- und Vererbungsgedanke, Judenfrage (Eingehen auf die Verhältnisse im Osten!) Das Hakenkreuzbanner. Allgemeine Wehrpflicht. Sorge für das Bauerntum.

Was unser Dorf im Kriege 1939 erlebte.
Der Freiheitskampf des deutschen Volkes.

Rücksiedlung der Volksdeutschen.
Der Freiheitskampf des deutschen Volkes.

(Aus: Dte. Volksschule im GG I (1942), S. 83).

---

4. Josef Moder: Warschauer Sonett (1942)

Am alten Markt

Der Ritter edler Orden war gezogen
gen Osten als die große, deutsche Wacht.
Handwerker folgten und der Priester Macht.
Und nach dem Recht der Heimat, das sie pflogen,

erstand die Stadt mit ihres Marktes Pracht:
die Wände im Geviert, gotische Bogen,
Friese, barocke Fronten, ausgewogen
im Maß, voll Farbigkeit, kunstvoll erdacht

der Schwung der Ornamente und Portale.
Wie glimmt am alten, würdigen Fuggerhaus
des Wohlstands Sinnbild in der goldenen Zier!

Und dessen Träger gingen ein und aus,
willkommener Gast, im fremden Königssaale.
Noch atmet ihre Herrenseele hier!

(Aus: Warschauer Kulturblätter 4, 1942, S. 7).

5. Auszug aus einem Artikel des Chefs der Hauptabteilung „Wissenschaft und Unterricht" Adolf Watzke v. 26.6.1941

Die Kopernikus-Universität in Krakau

In feierlicher Weise hat der Generalgouverneur, Reichsminister Dr. Frank, zweimal die Errichtung der Kopernikus-Universität in Krakau proklamiert, das erste Mal bei der feierlichen Eröffnung der Staatsbibliothek Krakau am 4. April 1941, das zweite Mal bei der Eröffnung der Veit-Stoß-Ausstellung. Nach dem Willen des Generalgouverneurs soll die Kopernikus-Universität die Tradition der früheren Universität Krakau fortsetzen, der zweitältesten auf deutschem Boden, die 1364, nur 16 Jahre nach der ältesten deutschen Universität in Prag, gleichzeitig mit der Universität Wien und früher als die Universitäten Heidelberg, Köln und Erfurt in der damals rein deutschen Stadt Krakau gegründet wurde und deren Lehrer und Hörer in weit überwiegender Mehrzahl Deutsche waren. Sie soll aber auch, aus nationalsozialistischem Denken und nationalsozialistischem Tatwillen geboren, die erste wirkliche nationalsozialistische Universität werden.

Denn daß die Universitäten des Reiches, so wie sie sich heute darstellen, noch nicht der lebendige Ausdruck des Nationalsozialismus sind, weiß jeder, der Interesse an Hochschuldingen nimmt. Traditionen, Prestigefragen aller Art und nicht zuletzt zahlreiche andere Hemmnisse und bürokratische Fesseln, von dem zähen Fortwirken überalteter Anschauungen ganz zu schweigen, ließen bis heute den Durchbruch des Nationalsozialismus sich bei weitem noch nicht voll auswirken.

. . . So darf es nicht wundernehmen, daß die Kopernikus-Universität, die infolge der Stellung und Verantwortung des Generalgouverneurs frei von zwängenden Fesseln und belastenden Hemmnissen frisch in die Zukunft bauen kann, die herkömmlichen Formen der Fakultäten verläßt, die altgewohnten Schranken niederlegt und aus der kraftstrotzenden Gegenwart heraus, mitten im pulsenden Leben der Deutschen und damit der Welt stehend, mit dem Blick auf die unmittelbar sich darstellenden Ostaufgaben ein neues Universalgebäude der Wissenschaften mit neuartigen Fakultäten aufzurichten sich anschickt.

Aus dem Kerngedanken der nationalsozialistischen Lehre heraus erwuchs der Gedanke der Biologischen Fakultät. Sie soll die Kunde von dem gesamten Leben auf dieser Erde umfassen, die Kunde vom Leben der Planzen, der Tiere und der Menschen. Daraus ergibt sich schon ihre Gliederung in drei große Sektionen. Daß die Kunde vom Leben der Pflanzen nicht nur die botanischen Disziplinen im herkömmlichen Sinne umfassen kann, sondern alle heute den landwirtschaftlichen Fakultäten zugewiesenen Aufgabenbereiche einschließen muß, ist vom Standpunkt der Einheit und Ganzheit gesehen eine Selbstverständlichkeit. Die Sektion, die die Kunde vom Leben der Menschen zu vermitteln haben wird, schließt nicht nur die herkömmliche medizinische Fakultät in sich, sondern greift vielfach darüber hinaus. Alle drei Sektionen bauen auf der gemeinsamen Grundlage der Chemie auf, zahlreiche Brücken und Verbindungen führen notwendig und selbstverständlich von einer Sektion zur anderen, sie klammern die Sektionen zu einer großen Einheit zusammen und überall weitet sich der Blick einerseits nach der geisteswissenschaftlichen Fakultät hin, die nicht nur die philosophischen und historischen Fächer, sondern das gesamte Geistesleben, besonders wie es sich auch in der Rechtswissenschaft auswirkt, zu betreuen hat, andererseits nach der mathematisch-physikalisch-technischen Fakultät, deren Fächer naturnotwendig zusammengehören, da sie immer wieder Grundlage und Ergänzung füreinander sind.

Es ist nun nicht daran gedacht, das ganze Gebilde auf einmal erstehen zu lassen. Es soll bei allem Festhalten an dem großen Plan da zu bauen begonnen werden, wo die Voraussetzungen dafür schon gegeben sind oder leicht geschaffen werden können.

. . . Die geisteswissenschaftliche Fakultät kann, wenn der Zeitpunkt gekommen ist, sofort mit einem großen Grundstock ihre Arbeit aufnehmen. Hat doch die glänzende Arbeit des Instituts für Deutsche Ostarbeit während der letzten fünf Viertel Jahre dafür alle Voraussetzungen geschaffen. Die mathematisch-physikalisch-technische Fakultät wird sich um die vom Generalgouverneur geplante Groß-Sternwarte des Ostens bauen, zu der noch im Lauf dieses Jahres der Grund gelegt werden soll.

Die wesentlichste Voraussetzung jeder wissenschaftlichen Arbeit, eine große wissenschaftliche Bibliothek, besteht bereits. Die Staatsbibliothek Krakau mit ihren über eine Million Bänden ist heute bereits so leistungsfähig, daß sie allen, auch den größten Anforderungen gewachsen ist. Sie ist eine der größten Bibliotheken des Reiches überhaupt, dazu eine der ältesten und interessantesten. Sie wurde in der unwahrscheinlich kurzen Zeit von 3/4 Jahren aus vorgefundenen Beständen aller Art unter deutscher Führung durch deutsche Organisationskunst und überragendes deutsches Fachwissen geschaffen.

Weitblickende deutsche Gelehrte verfolgen das Werden der Kopernikus-Universität mit größtem Interesse. Die Reichsstudentenführung hat sich der Idee mit wahrer Begeisterung bemächtigt. Der Glaube der nationalsozialistischen Jugend wird die Kopernikus-Universität in Krakau in eine glänzende Zukunft tragen.

(Aus: Schlesische Volkszeitung v. 26.6.1941).

6. Auszug aus dem Grundsatzprogramm der WRN:

Programm Volkspolens

(Program Polski Ludowej · August 1941)

...

Der brutale Überfall Hitlerdeutschlands auf Polen unterbrach im September 1939 den Prozeß der Konsolidierung der Massenbewegungen der Bauern und Arbeiter, die es auf einen Sturz der diktatorischen Regierungen der OZN-Clique und die Begründung von Freiheit und sozialer Gerechtigkeit in Polen abgesehen hatten. Obwohl diese Bewegungen aus der offiziellen politischen Arena verdrängt worden waren, erwiesen sie sich dennoch bei Kriegsausbruch als die einzigen gesellschaftlichen Kräfte, die zur Übernahme der Verteidigungsaufgaben fähig waren. Auf ihnen ruhte auch nach der Septemberkatastrophe die Hauptlast des Kampfes gegen die Okkupation und auch der Vorbereitungen für den Wiederaufbau des polnischen Staates.

... Die erste vom klaren Willen der Volksmassen getragene Regierung des freien Polen gibt unverzüglich nach ihrer Konstituierung Erlasse heraus, die den Grundriß der politischen und wirtschaftlich-sozialen Verfassung der neuen Republik festlegen. Im einzelnen sollen sie vorsehen:

a) Landreform durch Nationalisierung und Parzellierung der großen Güter, wobei der enteignete Boden sofort der Aufsicht von Landreformkomitees der Gemeinden und Kreise anvertraut werden soll;
b) Enteignung der für die Vergesellschaftung reifen Industriebetriebe und Übertragung an den Staat, Selbstverwaltungskörperschaften oder Genossenschaften und gleichzeitig Schaffung einer innerbetrieblichen Leitung dieser Betriebe;
c) Reform des Steuersystems mit dem Ziel einer gerechten Verteilung der Steuerlasten auf alle Schichten der Gesellschaft;
d) Annullierung aller Maßnahmen der Okkupanten, welche Besitz und Vermögen der Bürger der Republik betreffen, und Übertragung dieses Besitzes zur Sicherung an zu diesem Zweck geschaffene nichtstaatliche Organisationen;
e) Bestrafung aller Bürger, die die Republik verraten haben, indem sie sich den Okkupanten zur Verfügung stellten;
f) Schaffung eines Sondergerichts, vor das die zivilen und militärischen Repräsentanten des Sanacja-Regimes gestellt werden, die für den Mißbrauch der Regierungsgewalt verantwortlich sind und die dem Staat und den Volksmassen Schaden zugefügt haben.

Diese Regierung schreibt Wahlen zum Sejm und Senat aus nach den Prinzipien eines demokratischen Wahlrechts und arbeitet einen Plan zum Aufbau der Republik auf einer neuen innenpolitischen Basis aus. Dieser Plan soll sich auf folgende Grundsätze stützen:

A. Im politischen Bereich

Eine republikanisch-demokratische Staatsverfassung wird geschaffen, die die notwendige Beständigkeit des Staates und die Leistungsfähigkeit und Stärke der Regierungen sichert und den Bürgern Einflußmöglichkeiten einräumt auf die Bildung der höchsten Staatsorgane und auf die Politik und die Tätigkeit des in seiner Würde wiederhergestellten, aus demokratischen Wahlen hervorgegangenen Parlaments; außerdem soll es das Recht des Plebiszits und der Volksinitiative geben.
... Meinungs- und Organisationsfreiheit im Bereich des geistig-politischen, sozialen und kulturellen Lebens auf der Basis von Demokratie und Unabhängigkeit wird garantiert.

Alle Bürger der Republik erhalten möglichst gleiche Startchancen durch einen wirklich allgemeinen und kostenlosen Unterricht, der jedem Bürger das erforderliche Minimum an allgemeiner Bildung sichert und ihm den Zugang zur Kultur öffnet.

Allen loyalen Bürgern werden unabhängig von Religion und Nationalität gleiche Rechte eingeräumt.

...

B. Im sozialen und wirtschaftlichen Bereich

Ziel der Reform der Sozialverfassung ist: eine gerechte Verteilung des Volkseinkommens. Die Reform soll so erfolgen, daß die Produktivität nicht verringert, sondern erhöht wird und zugleich auch der Entwicklungsstand des Wirtschaftslebens gehoben wird; nur auf diesem Wege ist eine allgemeine Anhebung des Lebensstandards der arbeitenden Massen in Stadt und Land zu erreichen.

Die Realisierung des Ideals der sozialen Gerechtigkeit soll durch die Vergesellschaftung bestimmter Sektoren der Wirtschaft erfolgen und durch größtmögliche Verringerung der Unterschiede in Besitz und Einkommen in den Wirtschaftszweigen, die nicht sozialisiert werden.

Arbeit wird der einzige Titel sein, auf Grund dessen man am Volkseinkommen teilhat. Jede Ausbeutung des Menschen muß aus dem sozialen Leben verschwinden.

...Nur beharrlicher und entschiedener Kampf gegen die Okkupanten auf polnischem Territorium kann der erfolgversprechende Weg zur Verwirklichung der hier aufgezeigten politischen und gesellschaftlichen Prinzipien zur Umgestaltung Polens sein.

Auf diesem Weg muß das arbeitende Volk zugleich den Widerstand der Klassen und Gruppen brechen, die im alten Polen privilegiert waren und die ihre Privilegien zu erhalten wünschen. Demokratische Konzentration sollte daher Ausdruck der Vorbereitung des bewaffneten Aufstandes gegen die Okkupanten und zugleich des entschiedenen Kampfes gegen die Reaktion im eigenen Lande sein.

Eine geistig einheitlich ausgerichtete und politisch disziplinierte polnische Demokratie, die auf die Auseinandersetzung mit dem äußeren Feind vorbereitet und entschlossen ist, alle Hindernisse der Reaktion im Inneren zu überwinden, muß siegen und wird eine neue Ära der Entwicklung Polens einleiten im brüderlichen Zusammenleben mit anderen freien Nationen.

(Aus: Z pola Walki, Cele i Drogi podziemnego ruchu robotniczego w Polsce 1939–1942, London 1943, S. 25 ff.)

7. Instruktionen [der Delegatur] für die Erzieher (1941)

Alle Erzieher sollten sich stets bewußt sein, daß der polnische Staat besteht und daß jeder Pole den wahren polnischen Behörden Gehorsam schuldet. Aus dem an uns gegen alle völkerrechtlichen Prinzipien und Moralvorstellungen verübten Gewaltakt ergibt sich einerseits die Verpflichtung, die angeblich rechtmäßigen Maßnahmen der Okkupanten in keiner Weise anzuerkennen, andererseits aber die Lebensnotwendigkeit, sich – zeitweilig – dem Willen des Okkupanten im Lande unterzuordnen. Selbst unter Zwang dürfen jedoch keine Anordnungen ausgeführt werden, die den Grundsätzen der nationalen Ehre und den Interessen des polnischen Staates zuwiderlaufen. Das bedeutet im einzelnen:

1. Im eigenen Auftreten und im Umgang mit den deutschen Behörden ist soweit wie irgendmöglich ein Verstoß gegen die nationale Würde zu vermeiden;
2. die polnischen Schulbehörden sollen ihre Aufmerksamkeit nicht auf die Beobachtung der Tätigkeit der untergeordneten Stellen und der Bürger insgesamt richten, wenn diese vom deutschen Standpunkt aus strafwürdig ist, aber im Einklang mit den nationalen polnischen Interessen;
3. Appellationen an deutsche Behörden sind zu vermeiden;
4. die deutsche Sprache ist ausschließlich in unumgänglichen Fällen zu gebrauchen;
5. a) es ist eine Erziehungsaktion im polnischen staatsbürgerlichen Geiste durchzuführen; insbesondere sind Verrat, Feigheit und Opportunismus zu verdammen;
   b) unter den Schülern und unter der Lehrerschaft muß das gegen den Feind gerichtete Gefühl der Solidarität entwickelt und das Kampfbewußtsein der polnischen Nation gefördert werden;
   c) die Widerstandsfähigkeit gegen die antipolnische, terroristische Politik der Okkupanten muß gestärkt werden;
   d) ihnen gegenüber soll ständig das Gefühl der Feindschaft aufrechterhalten werden durch Verbreitung antideutscher Propaganda; die Jugend muß über die Vernichtungsaktion des Fein-

des, die gegen unsere Nation und ihre Kultur und Wirtschaft gerichtet ist, unterrichtet werden;

e) der Umgang mit allen Fachkollegen, die der polnischen Sache schaden, ist zu meiden;

6. im Rahmen des Möglichen sind die polnischen Unterrichtsprogramme in den legalen Schulen aufrechtzuerhalten. Unterrichtsprogramme für fortbildende Kurse sollen auf dem Niveau der entsprechenden Klassen der polnischen Oberschulen aufgezogen werden. In Berufsschulen niedrigeren Grades sind die Programme durch allgemeinbildende Gegenstände zu erweitern, die Berufsschulen höheren Grades sollen nach Möglichkeiten akademisches Niveau erreichen;
7. geheimer Unterricht ist entsprechend den Programmen der Lyzeen und akademischen Schulen durchzuführen und möglichst breit auszubauen;
8. für weitestgehende Erhaltung des Eigentums der polnischen Schulen wie Sammlungen, Geräten, Büchern soll Sorge getragen werden;
9. eine Aktion zur Selbstbildung ist in allen Bereichen zu organisieren und zu fördern;
10. das wissenschaftliche Personal der Hochschulen soll den wissenschaftlichen Kontakt mit fortgeschrittenen Studenten halten und die zur Ablegung des Examens berechtigten Studenten prüfen;
11. die Lehrerschaft der Grundschulen soll sich bemühen, Einfluß auf die bäuerliche und Arbeiterbevölkerung zu behalten und sie im nationalen Sinne aufzuklären.

(Aus: R. K. 1939–1941, Rap.sit. v. 29.7.–30.8.1941, S. 47)

8. Programmatische Leitsätze der Delegatur von 1942: „Wofür wir sterben, worum wir kämpfen, wofür wir leben“

Die tausendjährige Vergangenheit und das Nachdenken über das, was heute geschieht, geben auf diese Frage 4 Antworten:

1. Polen und das polnische Volk sind da, um den germanischen Drang nach Osten und in die ganze Welt aufzuhalten. Schon seit dem 10. Jahrhundert bilden wir einen Damm gegen den deutschen Druck – und seit dieser Zeit haben wir uns Jahrhundert für Jahrhundert diesem Drang entgegengestellt. Wenn wir stark waren, erschlaffte der germanische Eroberungsdrang, waren wir schwach, erstarkte er und zeigte sich immer habgieriger. Wohlverstanden: Polen und das polnische Volk bilden nicht nur einen Damm gegen die Überflutung durch die germanische Rasse, wir sind auch ein Damm gegen die Beherrschung der Welt durch den germanischen *Geist,* gegen die *Moralität* von Gewalt, Raub, Rechtsbruch, Grausamkeit – gegen all das, was in germanischen Seelen lebt seit den Zeiten der Nibelungen, der Kreuzritter, Friedrichs d. Gr. und Bismarcks bis auf die Tage des Hitlerreiches.
2. Polen und das polnische Volk sind da, um die Mächte des Ostens in ihrem Drang nach Westen aufzuhalten. An erster Stelle steht der Kampf um die Verteidigung des Christentums gegen den tartarisch-türkischen Andrang; dann der Kampf gegen den Despotismus Moskaus. Wohlverstanden: dieser Kampf hat nicht nur zum Ziel, die Völker und Staaten des asiatischen oder halbasiatischen Ostens am Einfall in das Territorium der Polnischen Republik und ins Herz Europas zu hintern. Er ist vielmehr auch ein Damm gegen die *Kultur* des Ostens, gegen Unfreiheit, Autokratie, Byzantinismus, gegen die Hemmungslosigkeit der Instinkte.
3. Polen und das polnische Volk sind da, um den Gedanken der Union der freien Nationen zu verwirklichen. Diese Idee begannen wir schon in einer Zeit in die Wirklichkeit umzusetzen, als die Welt noch nichts vom Bestehen Amerikas gehört hatte, als England noch ein kleines abenteuerliches Ländchen war, als die Deutschen ihre Nachbarn buchstäblich niedermetzelten. Die Idee der „Freien unter Freien, Gleichen unter Gleichen“ war eine ganz und gar polnische Idee, zu deren Verständnis die Welt und Europa noch lange Zeit nicht gelangten. Dank dieser Idee bewies die Polnische Republik im 15., 16. und 17. Jahrhundert zusammen mit den in ihren Grenzen wohnenden Völkern soviel Lebenskraft, daß sie zur Führerin der Völker zwischen Ostsee, Schwarzem Meer, Karpaten, Oder, Düna und Dnjepr wurde. Diese Idee überdauerte den ersten unabhängigen polnischen Staat und äußerte sich in der Parole der Aufständischen von 1863 „Für unsere und eure Freiheit“. Und heute beseelt sie die polnischen Politiker im Lande und in der Emigration. Die polnische Idee der Union war und ist der Gegensatz zur germanischen und russischen Idee der Eroberungen.

4. Polen und das polnische Volk sind da, um das Ideal der Freiheit zu verwirklichen, der Freiheit des einzelnen und der Freiheit der nationalen Gemeinschaft. Das war so seit Jahrhunderten – in den Grenzen der damaligen gesellschaftlichen Vorstellungen. Der Pole konnte niemals unter der Knute leben. Wir sind keine frisch gebackenen Demokraten. Wir sind eine Nation, die – zusammen mit England und einigen anderen – zu den *Schöpfern* der Demokratie gehört, einer zugleich politischen und kulturellen und in nicht ferner Zukunft auch wirtschaftlichen Demokratie."

(Rzeczpospolita Polska v. 17.12.1942. Aus: R. K. 1943, 3 S. 85).

9. Auszug aus dem Programm der „Volksbewegung" (Ruch Ludowy; 1943)

III. Kultur und Bildung

1. Wissenschaftlich-schöpferische Arbeit ist ein Hauptfaktor in der Entwicklung von Kultur und Bildung. Auch die Volksbewegung wird im künftigen Polen Wissenschaft und Kunst sorgsam fördern und ihnen die besten Entwicklungsmöglichkeiten schaffen.
2. Die gegenwärtige polnische Kultur, die in hohem Grade mit Elementen adelig-bürgerlichen Geistes durchsetzt ist, muß in ihrem Gehalt und formalen Ausdruck große Änderungen erfahren. Das Problem der Demokratisierung der Kultur bei uns ist nicht nur eine Sache der allgemeinen Verbreitung der kulturellen Errungenschaften durch Bildung, sondern zugleich auch eine Sache der Teilnahme des Volkes am kulturschöpferischen Prozeß. Die Volksbewegung gibt ihrer unerschütterlichen Überzeugung Ausdruck, daß es aus den bodenständigen Elementen der Volkskultur zu einer Wiedergeburt der nationalen Kultur und des polnischen Lebensstils kommen wird.
3. Die Bildung muß im künftigen Polen endlich auf den ersten Platz rücken unter den Sorgen und Bemühungen der Öffentlichkeit: des Staates, der Selbstverwaltungskörperschaften und auch der gesamten Gesellschaft. Die Bildungsausgaben müssen einen der ersten Plätze im Haushalt des Staates und der Selbstverwaltungskörperschaften einnehmen. Auf diesem Gebiet muß endlich eine außerordentliche Anstrengung der ganzen Nation erfolgen, um die Rückständigkeit zu beseitigen und uns zivilisatorisch den führenden Nationen anzugleichen.
4. Die Volksbewegung stellt als vordringlichste Aufgaben im Bereich der Bildung heraus:
   a) elementare Mängel in der Grundausbildung müssen so schnell wie möglich beseitigt werden; jedes Kind im Schulalter muß einen Platz in der Grundschule finden; dafür darf es nicht an Mitteln fehlen;
   b) der Unterricht an allen öffentlichen Ober- und Hochschulen soll prinzipiell kostenlos sein und der Jugend nicht aufgrund ihrer Herkunft und Wohlhabenheit, sondern ihrer tatsächlichen Fähigkeiten gewährt werden;
   c) daher soll der Jugend der Unterschichten, wenn sie wissenschafliche Begabung zeigt, aber mittellos ist, auf Kosten des Staates und der Selbstverwaltungsorgane eine Ausbildung an Ober- und Hochschulen ermöglicht werden;
   d) das Organisationssystem und die Programme der verschiedenen Schultypen müssen der Jugend den Übergang zu den Hochschulen ohne Examen erleichtern; das ist insbesondere für die ländliche Jugend von Bedeutung.
5. Da das Organisationssystem der Schulen einer speziellen Ausarbeitung vorbehalten bleibt, hebt die Volksbewegung hier nur die folgenden wichtigsten Forderungen hervor:
   a) die ländlichen Schulen dürfen organisatorisch und in ihrem Programm den städtischen nicht nachstehen; ein Netz von Grundschulen mit höchster Organisationsstufe muß auch in den ländlichen Gebieten angemessen und gleichmäßig ausgebaut werden;
   b) das Programm der Grundschulen auf dem Lande hat den Charakter der Umwelt, bei den älteren Klassen auch die Berufsinteressen zu berücksichtigen;
   c) das Berufsschulwesen soll obligatorischen Charakter tragen und breit und gleichmäßig für alle Berufe ausgebaut werden, um jedem Bürger eine Berufsvorbereitung zu ermöglichen;
   d) eine gewisse Zahl von Oberschulen, sowohl Berufs- wie allgemeinbildenden Schulen, muß in ländlichen Zentren organisiert werden, um für deren erfolgreiche Arbeit eine unter sozialem Gesichtspunkt erzieherische Atmosphäre zu schaffen.
6. Der Krieg wird uns für längere Zeit einen ungeheuren Rückstand hinterlassen, in vielen Fällen sogar vollständigen Analphabetismus der Schuljugend aus den Kriegsjahrgängen. Es muß ein

Weg gefunden werden, um diesen Rückstand zu beseitigen und die Jugend planmäßig mit den Mitteln der außerschulischen Beeinflussung zu erziehen. Das wird ohne die Hilfe des Staates und der Selbstverwaltungsorgane nicht möglich sein.

7. Letztlich hängen die Ergebnisse des kulturellen Fortschritts nicht nur vom Schulsystem ab. Nicht weniger Bedeutung kommt dem spontanen Willen des Volkes auf kulturellem Gebiet zu. Auch die Volksbewegung, die sich auf eine ruhmreiche Tradition der Volksbildungsarbeit stützen kann, besonders auf die Arbeit der Landjugendbewegung, wird die soziale Bildungsbewegung ausbauen und stärken.
Um dieser Bewegung die notwendigen Mitarbeiter zur Verfügung stellen zu können, müssen mit Unterstützung des Staates und der Selbstverwaltungsorgane öffentliche Kultur- und Bildungsinstitute geschaffen werden. Unter ihnen stehen an erster Stelle öffentliche Bildungsbibliotheken, zu deren Organisation die lokalen Selbstverwaltungsorgane aufgerufen werden sollten."

(Aus: Declaracja ideowo-programowa Ruchu Ludowego, S. 13–15 (1943), Konspirativer Druck. Die Deklaration ist wiederabgedruckt in: Materiały źródłowe do historii Polskiego Ruchu Ludowego, Bd. IV (1939–1945), zusammengestellt v. J. Nowak, Warschau 1966, S. 245 ff.)

10. Auszug aus einem Artikel St. Żółkiewskis im „Przełom" (1943)

Aufgaben der Untergrundschule

Die Untergrundschule, die zweifellos eins der ruhmreichen Gebiete des Kampfes des polnischen Volkes mit dem faschistischen Okkupanten ist, steht vor einer Reihe schwieriger Probleme, die sich nicht nur gewissermaßen aus den physischen Arbeitsbedingungen ergeben, sondern auch aus der Notwendigkeit, mit dem geistigen Erbe der vorangegangenen Zeit fertig zu werden. Unter den gegenwärtigen Bedingungen, unter denen an die Realisierung einer irgendwie einheitlichen, von präzisen Vorstellungen getragenen Kulturpolitik gar nicht zu denken ist, ergibt sich um so dringender die Notwendigkeit, die ideelle Ausrichtung des Bildungswesens zu kontrollieren. . .

Die ganzen Umstände fordern dazu heraus, daß die Schuljugend stärker als irgend zuvor eingespannt ist in den Kampf gegen den Eroberer; sie stärkt vor allem die Reihen der organisierten Widerstandsbewegung. Trotzdem führt die unmittelbare Teilnahme sogar an der gesellschaftlichen Arbeit und die ununterbrochene Berührung mit den vielen gesellschaftlich-politischen Problemen nicht zu einer lebhafteren intellektuellen Reaktion auf diese Probleme. Diese Probleme, wie Fortschritt und Rückständigkeit, wie das Problem sozialer Bewegungen und des Bewegungsablaufs sozialer Erscheinungen rufen keinen lebhafteren Widerhall hervor.

. . . Diese geistige Situation hat viele Ursachen in der Zwischenkriegszeit, vor allem in der Rolle eines Pufferstaates, welche seit 1918 die kapitalistischen westlichen Staaten Polen aufgezwungen haben. Wir sollten den Westen vor den Gefahren abschirmen, die aus der organischen Unfähigkeit des Kapitalismus erwachsen sind, seine innerpolitischen Widersprüche zu lösen. . . Bis zur letzten Minute des Jahres 1939 sah man einzig die Gefahr in dem östlichen Miasma, man öffnete die Tore aber weit der Infiltration durch die Hitlersche Ideologie. In dieser Atmosphäre nahm die dezidiert undemokratische Schule ebenso wie die Universität die Jugend in ihre Zange. Undemokratisch ist die Schule im Hinblick auf die Ungleichheit der sozialen Herkunft der Schüler: auf ungefähr 50 Studenten kam ein Arbeiter- und Bauernsohn. Diese Tatsache prägte die Atmosphäre der polnischen Schule. Danach kam die in ihrer antidemokratischen Tendenz zynische Schulreform. Sie beseitigte die letzten Reste der Einheitlichkeit der Schule, senkte das Niveau der ländlichen Schulen, sie schnitt den Weg zu den Gymnasien und Universitäten ab. . .

. . . Die Schule kultivierte die Unreife, indem sie die Jugend von den eigentlichen Problemen fernhielt, indem sie sie absichtlich auf dem Stand des ewigen Pfadfinders konservierte. Die Mystik wurde kultiviert, man verfälschte die geschichtliche Wirklichkeit, verschwieg die sozialen Probleme.

. . . Die Erbschaft dieser Epoche lastet bis heute auf uns, die Kriegszeit hat nicht dazu beigetragen, die Wunden zu heilen, die man der Erziehung der Jugend vor dem Kriege schlug. Tatsache ist, daß die Jugend, vor allem die Intelligenz, keine Voraussetzungen besitzt, um in historischen und sozialen Kategorien zu denken, gezwungenermaßen übernimmt sie die ganze mystische, nationalistische und rassistische Phraseologie, die am leichtesten zu verdauen ist und die keiner theoretischen Vorbereitung bedarf. Diese Jugend, die kämpferisch gegen das Hitlersche Deutschland eingestellt ist, ist zugleich ungeheuer empfänglich für die Einflüsse der Hitlerschen Ideologie, ist sich dessen allerdings nicht bewußt. . .

Unter diesen Bedingungen stehen vor der Untergrundschule wichtige Aufgaben: einerseits die Bekämpfung des traurigen und schädlichen ideologischen Vermächtnisses, andererseits systematische Arbeit zur Festigung der Jugend in den Grundlagen des historischen Denkens, das ihr helfen könnte, eine Beziehung zu den großen gesellschaftlichen Gegenwartsproblemen zu bekommen, das ihr helfen könnte, den Sinn der sozialen Kämpfe und die Richtung der gesellschaftlichen Entwicklung zu verstehen. Das gäbe ihr zugleich die Möglichkeit einer kritischen Beurteilung der reaktionären faschistischen Ideologie. Vor dem Lehrer, besonders dem humanistischen, steht die Aufgabe der Wiederbelebung der demokratischen Traditionen der Zeit der Teilungen – Kołłątajs, Mickiewicz', der „Demokratischen Gesellschaft", Worcells, Dembowskis, Waryńskis. Sie muß zeigen, daß der Kampf um die Freiheit des Volkes immer verbunden war mit fortschrittlichem sozialen Denken, mit revolutionärem Denken, das ein neues gerechtes gesellschaftliches System anstrebt, in welchem die Regierenden die breiten arbeitenden Massen wären.

Die Wiederbelebung des Geistes der wirklichen Demokratie in der Untergrundschule, der Atmosphäre des Kampfes um den sozialen Fortschritt, der so markant das Untergrundschulwesen an der Wende des 19. und 20. Jahrhunderts kennzeichnete, wird der erfolgreichste Weg zur Vorbereitung der Jugend sein und zu ihrer Gewinnung für den Kampf um die Unabhängigkeit, er wird die Jugend zugleich zur gesellschaftlichen Arbeit im freien Polen vorbereiten. Nur auf diese Weise wird die Jugend zugleich zur gesellschaftlichen Arbeit im freien Polen vorbereiten. Nur auf diese Weise wird die polnische Untergrundschule die ihr auferlegte Aufgabe vollständig und ruhmreich erfüllen.

(Warschau 1965, Przełom, April 1943. Aus: Publicyst. Konspir. PPR Bd. II, S. 157 ff.)

11. Auszug aus einem Artikel der WRN-Zeitschrift „Wolność" vom Februar 1944

Die Dichtung, auf die wir warten

1914, das denkwürdige Jahr des Kriegsausbruchs, findet die polnische Literatur auf dem Wege einer besonderen, aber – das müssen wir heute zugeben – keineswegs schlechten Entwicklung. . . Unseren literarischen Traditionen des 19. Jahrhunderts, der großen romantischen Epoche treu, in Übereinstimmung mit der Grundlinie der polnischen Literaturentwicklung vom Anfang des goldenen Zeitalters der Jagellonen bis in die Stanislaussche Epoche, die Erbin des Geistes der Kochanowski, Modrzewski, Krasicki, Naruszewicz, Kołłątaj, Staszic, übernahm und trug die Literatur aufopfernd die schweren gesellschaftlichen und nationalen Aufgaben der ersten Jahre unseres Jahrhunderts, indem sie ihren Kräften und Möglichkeiten entsprechend fast alle Funktionen ausgefüllt hat, welche im normal geregelten Leben einer Nation von Staats- und Gesellschaftsinstitutionen übernommen werden. Sie war Botschafterin in der politischen und kulturellen Welt außerhalb der Grenzen, sie bildete kraftvoll jene „Regierung des Geistes", von der Mickiewicz sprach, sie inspirierte und beflügelte den Fortschritt, war ein aktiver Feind der Reaktion, sie erzog und bildete.

Das Jahr 1918, das uns nach vierjährigen blutigen Kämpfen die Wiedergeburt eines eigenen Staates brachte, entschied – trotz aller Vorbehalte, die man hier machen könnte – über die weitere Entwicklung der Dichtung und der Literatur in Polen. Es schien, als ob sich endlich die Hoffnungen von Generationen, die im Dunkel der Knechtschaft geblutet hatten, verwirklicht hatten und der Traum der Dichter von einem freien und schönen Polen sich erfülle. . . Den polnischen Schriftstellern schien eine neue Epoche anzubrechen, in der ihnen die Last ihrer bis dahin erfüllten Verpflichtungen endlich abgenommen wurde. Und hier liegt der Beginn eines tragischen Irrtums. Der Traum, wie jeder Traum, erfüllte sich nicht restlos. . . Es entstand ein Staat nach dem Vorbild bürgerlicher Nachkriegsrepubliken, beladen mit dem ganzen Ballast der adeligen Tradition in ihrer schlimmsten Form. . .

Das bürgerliche Ideal des „l'art pour l'art", der snobistische Traum von der Befreiung der Poesie aus den Fesseln der allgemeinen Verpflichtung verunstaltete das künstlerische Leben im wiedererstandenen Polen und ließ es degenerieren.

Der heutige Traum von einem neuen Polen, von einem anderen und schöneren als dem damaligen, findet seine Begründung dort, wo auch die Träume von einer größeren und schöneren Kunst, von einer großen, vollkommenen Literatur ihren Ursprung haben. Der Visionär der neuen Republik . . . schaut hoffnungsvoll auf die Millionenmassen der Arbeitenden – auf die Reihen der Arbeiter des Pfluges, des Hammers und der Stirn. Sie errichten mit ihren Armen die neue Republik. Große Werke der Feder schaffen Künstler, die kämpfend, leidend, liebend und arbeitend, Arm in Arm mit den wirklichen Baumeistern der Welt, deren Idealen den besten Ausdruck verleihen. Wer der kollektiven Sehnsucht nach Wahrheit, Schönheit und Gerechtigkeit die angemessenste Gestalt geben kann, wer die Formen des Schönen gestaltet und am besten den Traum des Volkes von Polen einfängt – der erst wird würdig sein, den Namen eines Dichters des Polen von morgen zu tragen.

Und auf solch einen Dichter wartet das Polen der Freiheit, der Gleichheit und Unabhängigkeit. Im Bewußtsein der Wahrheit seiner Ideale glaubt Polen, daß er kommen wird.

(„Wolność", Februar 1944. Aus: R. K. 1944, 13a, S. 31 ff.)

12. Auszug aus einem Artikel der WRN-Zeitschrift „Sozialistische Jugend" vom Februar 1944

Aufklärung, Demokratie, Sozialismus

(1) Ohne Aufklärung keine Demokratie

Das politische Analphabetentum der Gesellschaft schafft aus der politischen Demokratie eine Fiktion der Demokratie. Die echte Demokratie beruht auf aktiver Mitarbeit der ganzen Gesellschaft am politischen Leben. Dazu braucht man selbstverständlich eine gründliche Vorbereitung. Diese Vorbildung müßte die Oberschule vermitteln.

Das Allgemeinwissen der Oberschule bildet den Grundstein der Demokratie, deshalb müßten alle ehrlichen und aufrichtigen Demokraten ihre Anstrengungen auf die Verwirklichung der Schulpflicht bis zum 18. Lebensjahr richten. Die Reaktion wird natürlich behaupten, daß Polen zu arm ist, um das Schulwesen so auszubauen, und daß die Erhöhung des Etats für das Schulwesen die wirtschaftlichen Kräfte überfordern würde – ähnlich wie sie in der ersten Hälfte des 19. Jahrhunderts behauptet hat, daß die Begrenzung der Kinderarbeit auf das 9. Lebensjahr eine Katastrophe der englischen Wirtschaft bedeuten würde. Die Sache ist umso schwieriger, weil die weltanschauliche Propaganda der Dunkelmänner auf einen fruchtbaren Boden bei der großen Masse der Unwissenden fallen wird, die Furcht vor Steuererhöhungen hat und kein Verständnis für die Einführung derartiger Schulen.

Die sozialistische Partei wird mit der Unpopularität der Parole von der allgemeinen Pflichtoberschule rechnen müssen. Das ist ihre Aufgabe: die Massen zu bilden, nicht aber ihrer Unwissenheit zu schmeicheln, und im Gegensatz zu anderen politischen Parteien weitblickend vorauszuschauen. Und das umso mehr, weil es ohne allgemeine Bildung weder Demokratie noch Sozialismus geben kann.

Die allgemeine Einführung der Oberschule ist eine Pflicht der Gesellschaft gegenüber der Jugend. Der Arbeiter- und Bauernjugend die Ausbildung vorzuenthalten und das Gymnasium nur auf die Kinder der Bourgeoisie zu begrenzen, bedeutet ein Verbrechen, das der Gesellschaft bewußt gemacht werden muß.

(2) Die Fiktion der außerschulischen Bildung

Die Arbeiter- und Bauernjugend hat die gleiche Berechtigung auf echte Bildung wie die Bürgerjugend. Die vor dem Kriege eingerichteten außerschulischen Kurse wie „Arbeiteruniversitäten" usw. waren nur ein erbärmlicher Ersatz, eine Fiktion der Bildung. Diese Kurse erfaßten nur einen Bruchteil der Arbeiter- und Bauernjugend, sie wurden unregelmäßig und unsystematisch durchgeführt, es gab keine geeigneten Räume, Lehrkräfte, Schulbücher und wissenschaftliche Hilfsmittel. . .

. . . Diese außerschulische Bildung sollte der Arbeiterjugend die Oberschule ersetzen. . .

Nach diesem Kriege muß das anders werden. Die außerschulischen Kurse – wenn sie noch existieren werden – werden einen ganz anderen Charakter haben. Auf keinen Fall dürfen sie nur ein Ersatz für die höhere Schule sein – zu der alle Zutritt haben müssen, und die jeder obligatorisch besuchen muß –, sondern nur deren Ergänzung. Die Oberschule muß eine allgemeinbildende Schule sein, ohne besondere Berufsausrichtung, die die Menschen zu vollwertigen, kulturell und gesellschaftlich bewußten Bürgern des Staates erzieht. Die Schule muß die Jugend in die elementaren Probleme des wirtschaftlichen, sozialen, politischen und kulturellen Lebens einführen.

Es ist wahr, daß Polen ein armes Land ist, aber gerade deswegen kann es sich nicht erlauben, rückständig zu bleiben. . .

(3) Die Vorkriegsuniversitäten – eine Bloßstellung Polens

In Vorkriegspolen hatte mindestens 3/4 der Studenten keine Qualifikation zum Studium an den Universitäten. Es war ein Haufe, der das Studium als ein Sprungbrett für eine bessere Position betrachtete. . .

Die Arbeiter- und Bauernjugend, die zu den Oberschulen nicht zugelassen war, hatte automatisch keinen Zugang zu den Hochschulen. Beschränkt auf eine soziale Klasse wurden die höheren Lehranstalten zu Brutstätten reaktionärer Sturmscharen. Die Heldentaten der Studenten, die das Hitlersche Vorbild vor Augen hatten, kompromittierten Polen. „Student", vor 30, 50 und 100 Jahren ein Synonym für Idealist, Fortschrittler, Demokrat, Philaret, wurde in Vorkriegspolen zum Synonym für Reaktionär und Faschist. In Nachkriegspolen muß der Begriff Student rehabilitiert werden.

(Młodzież Socjalistyczna Nr. 2, Febr. 1944, S. 6 f. Im PRC, London).

13. Deklaration der „Kulturbewegung" (Ruch kulturowy; 1944)

Schöpferischer Wille entsteht aus dem Pflichtgefühl gegenüber der Nation und ihrer Geschichte.

Die äußerliche Beseitigung unseres Staatswesens und die Verfolgung durch die Okkupanten können die polnische Kulturentwicklung nicht hemmen oder ihre Kontinuität unterbrechen. Organisation der Kulturarbeit ist heute die Forderung der Stunde. Der Wert dieser Arbeit hängt von der ideellen Grundlage derer ab, die die Kultur schaffen.

Dem Eklektizismus und der unhistorischen Schwärmerei der vergangenen 20 Jahre will die Kulturbewegung Realismus und Objektivismus der Idee in der Kultur entgegensetzen. Das geistige Fundament der Bewegung ist der polnische Universalismus im Zusammenspiel von Individuum und Kollektiv in bewußter schöpferischer Arbeit.

Das Verständnis der Verbindung der polnischen Kultur mit der katholischen Kultur des Westens bildet die Grundlage für die Schaffung einer neuen Form, die zur Ausweitung der Nationalkultur fähig ist. Das Ziel der Kulturbewegung ist die Verwirklichung dieser Grundsätze.

Die Kulturbewegung bildet in der Wirklichkeit der Kultur Polens keine Gruppe oder Partei. Sie will auf kulturellem Gebiet den Typ des aktiven und verantwortlichen Individuums erziehen. Die Kultur auf eine breitere Basis zu stellen und ihr entsprechendes Gewicht im sozialen Leben zu verleihen, ist für die Kulturbewegung ebenfalls eine wesentliche Aufgabe.

Sie ist sich, indem sie diese Aufgabe übernimmt, der Schwierigkeit und des Ernstes ihrer Arbeit voll bewußt.

(Aus: R. K. 1944, 13a, S. 34 f. Wiederabgedruckt in: L. Bartelski: Genealogia ocalonych, Krakau 1963, S. 203 f.)

14. Auszug aus einem Artikel im Organ der kommunistischen KRN vom 11. Juli 1944

Das Problem der Kulturorganisation

Das Problem der Demokratisierung der Kultur betrifft deren Inhalte und Organisationsformen. In den gegenwärtigen Ausarbeitungen, Projekten und Diskussionen erscheint fast ausschließlich die Notwendigkeit zur Änderung der ideellen und gesellschaftlichen Inhalte der heutigen Kultur, die Skala der Werte und die Rolle, die eine kulturelle Bewegung im Prozeß der Erziehung eines neuen Menschen in einem neuen System spielen soll. Angelegenheiten der Organisation der Kultur werden als zweitrangig, als ausschließlich technische Probleme angesehen. Dieser abstrakte Standpunkt bringt Änderungen der Kultur gewissermaßen in einem luftleeren gesellschaftlichen und kulturellen Raum an, macht sie unabhängig von der Gesamtheit gesellschaftlicher und wirtschaftlicher Prozesse.
. . .

Demokratisierung der Kultur ist so lange nicht möglich, als Aktivisten und Schöpfer der Kultur keine Verbindung mit den breiten Massen der arbeitenden Bevölkerung haben, als über die Verbreitung der Kultur und die Schaffung neuer kultureller Werte ein privater, auf Gewinn ausgerichteter Vermittlungsapparat entscheidet oder eine antidemokratische staatliche Bürokratie. . .

Das Problem der Demokratisierung der Kultur ist daher in erster Linie eine Frage der *Organisation* des breiten, allgemeinen Zugangs zu kulturellen Gütern für die Massen und der schöpferischen Arbeit entsprechend ihrem gesellschaftlichen Auftrag. Demokratisierung der Kultur führt deshalb zur Schaffung solcher Organisationsformen der Kultur, die nicht nur die Befriedigung geistiger Bedürfnisse der Volksmassen ermöglichen, sondern ihnen auch Einfluß und Mitwirkung an der Entwicklung der Kultur sichern, damit sie Ausdruck ihrer Wünsche und Waffe im Kampf um volle soziale Demokratie werden kann.

Das ist die eigentliche und schwere Aufgabe, weil der für die Macht und den Wohlstand des Landes notwendige hohe Grad der Industrialisierung nur erreichbar ist bei einem entsprechenden Potential gleich hoch qualifizierter Kräfte. Hohe technische Qualifikation aber ist nicht zu erreichen ohne ein allgemeines hinreichend hohes individuelles Kulturniveau. Die Wachstumskurven von Industrialisierung, technischer Qualifikation und Kultur der Massen müssen mehr oder weniger einheitlich verlaufen. . .

(Rada Narodowa Nr. 12/1944. Aus: Publicyst. Konsp. PPR Bd. III, Warschau 1967, S. 557 ff.)

Quellen- und Literaturverzeichnis

Ungedruckte Quellen

Für den Bereich der deutschen Politik ist das sogenannte „Tagebuch“ Hans Franks eine der wichtigsten Quellen. Dieses 38 Bände mit ca. 11 000 Schreibmaschinenseiten umfassende Dokument bringt Protokolle sämtlicher amtlicher Sitzungen, Besprechungen und Konferenzen auf höchster Ebene im GG, verzeichnet Empfänge und Reisen des Generalgouverneurs und gibt den größten Teil seiner Reden im vollen Wortlaut wieder. Eine Fotokopie davon befindet sich im Bundesarchiv.

Für die Auseinandersetzungen der verschiedenen Reichsinstanzen mit dem und innerhalb des GG bilden einige Akten der Reichskanzlei eine wichtige Ergänzung. Aus den Beständen der Regierung des GG in Krakau sind einige im Aussagewert sehr unterschiedliche Bruchstücke erhalten geblieben. Das gleiche gilt für die Polizeiakten. Sehr zufällig ist auch das von anderen Reichsministerien und von den Abteilungen in Krakau oder in den Distrikten erhalten gebliebene Material.

Angesichts dieser Quellensituation gewinnen die verschiedenen amtlichen und öffentlichen Publikationen des GG besondere Bedeutung, auch sie dürften freilich nur in Polen selbst einigermaßen vollständig vorliegen. Eine wichtige Ergänzung bilden nicht zuletzt die zahlreichen Erfahrungsberichte ehemals im GG tätiger deutscher Beamter, die in der Abteilung Ost-Dokumentation des Bundesarchivs vorliegen. Ihr Wert ist freilich äußerst unterschiedlich. Die Berichte reichen von platter Apologie und Verharmlosung der deutschen Politik bis zu sachlich gut fundierten und aufgrund vieler Details und Daten sehr brauchbaren Darstellungen, wobei die erstgenannten entschieden überwiegen. Aufgrund einiger dieser Berichte lassen sich insbesondere einige personelle Interna und vor allem die Schwierigkeiten eines systemimmanenten Widerstandes wenigstens an einigen Beispielen rekonstruieren.

Daß sich in Polen noch in bedeutendem Umfang unbekanntes deutsches Quellenmaterial befindet, ist möglich, aber nicht sehr wahrscheinlich. Der größte Teil dürfte vor der Räumung des GG von Deutschen vernichtet worden sein. (Es existierte z. B. seit Anfang 1940 ein offizielles „Deutsches Archiv des GG“, das neben amtlichem Schriftverkehr auch zeitgeschichtliche Materialien aller Art wie Aufrufe, Plakate, Broschüren usf. sammelte. Cf. VOBlGG 1940 II Nr. 43. 1943 verfügte das Archiv bereits über 40 Schränke mit entsprechendem Material. Mitteilungsblatt Jg. 1943, S. 174). Eine detaillierte Übersicht über die in der Bundesrepublik vorhandenen Archivbestände zum GG im allgemeinen hat G. Eisenblätter im Anhang zu seiner Dissertation (a.a.O.) zusammengestellt.

Für die Darstellung der Widerstandsbewegung sind die Hauptquelle die – bislang noch kaum ausgewerteten – „Raporty Krajowe“ der Delegatur an die Exilregierung in London. Sie sind in hektographierter Form in mehreren polnischen Instituten in London zugänglich und umfassen ca. 6 000 eng beschriebene Schreibmaschinenseiten. Sie betreffen gegliedert alle Bereiche der Okkupationspolitik und der Widerstandsbewegung und geben ferner regelmäßig Auszüge aus Artikeln der bedeutendsten Organe der Untergrundpresse aller Parteien und wichtigen Gruppen. Zusätzlich befinden sich in London zahlreiche Fotokopien verschiedener illegaler Zeitungen, Manifeste und einiger Spezialberichte.

Angesichts des Zwangs einer Widerstandsbewegung zu möglichst geringer Schriftlichkeit erhalten im übrigen die Erinnerungsberichte und Darstellungen vor allem der Zeit unmittelbar nach Kriegsende einen hohen Quellenwert. Für diese Zeit von 1945 bis etwa 1949 und dann wieder seit dem „polnischen Oktober“ 1956 (mit zunehmenden ideologischen Restriktionen seit Beginn der 60er Jahre) ist die Literatur aus Polen recht objektiv und ungefärbt. Daß in der eigentlichen stalinistischen Ära gerade zu dem hier behandelten Sektor nahezu nichts erschienen ist, dürfte kaum zufällig sein.

Aus dem Bundesarchiv, Koblenz:

(Akten der Regierung des GG; darin enthalten ist das Diensttagebuch Franks: R 52 II/174–246; hier abgekürzt als T.; die Seitenzahlen entsprechen den originalen der Posener Vorlage der Koblenzer Kopie; soweit gedruckte Auszüge vorliegen, wird zitiert nach *Piotrowski*; Auszüge auch in: IMG, PS-2233)

R 55 (Reichsmin. f. Volksaufklärung und Propaganda)
R 57 (Deutsches Auslands-Institut, Stuttgart)
R 58 (Reichssicherheitshauptamt)
R 43 II (Reichskanzlei)
R 21 (Reichsmin. f. Wiss., Erzieh. und Volksbildung)
R 18 (Reichsmin. d. Innern)
R 2 (Reichsmin. f. Finanzen)
R 69 (Reichskommiss. f. Festigung d. dt. Volkstums)
R 26 IV (Der Beauftragte f. d. Vierjahresplan)

Verschiedenes: NS 18, 19 und 19 neu; Sammlung Schumacher, 297 I und II; ZS g 3/3006;
H 11-12/5 (Oberkomm. d. Heeresgr. A);
Mitteilungsblatt (d. Generaldirektors d. Staatsarchive. Jgge. 1940–1944; hektogr.)
Frank: Persönliches Tagebuch; Nachlaß 2
Ost-Dok. 8 GG und 13 GG (Erfahrungsberichte)
Nachlaß Stampe (b. Dr. Dienwiebel)

Aus dem Institut für Zeitgeschichte, München:
Abschlußberichte über die Erfassung der Volksdeutschen durch die EWZ (Sign.: ED 72/7)
Berichte des Beauftragten des Reichsleiters M. Bormann im OKW/Stab z.b.V. (1942) (Sign.: Fa 91/4
Presserundschreiben (d. Reichsmin. f. Volksaufklärung u. Propaganda)
Zeitschriftendienst, hrg. i. A. d. Presseabt. d. Reichsregierung, Abt. Zeitschriftenpresse

Aus dem Staatlichen Archivlager, Göttingen:
Dokumente des Nürnberger Prozesses (hektogr.; hier abgekürzt als Nürnb. Dok.)

Aus dem Herder-Institut, Marburg:
Materialien der Publikationsstelle Berlin-Dahlem (hektogr.)

Aus der Biblioteka Polska, London:
Exposés (d. poln. Innenmin. d. Exilreg.); hektogr., unsortierte Bestände, numeriert
Ronikier, A.: Pamiętniki, 1945 (Masch.schr.) Sign. 300 Rps
Raporty Krajowe 1939–1945, hektogr. (zit. nach Jahr und Nummer: z. B. 1943, 5 = Jg. 1943 Bericht Nr. 5)
Situacja młodzieży wojennej. o. D. [1943/44] (Fotokopie)
Sprawozdanie z działalności oświaty i kultury w okresie okupacji od 1939 (skrót). o. D. [1943/44] (Fotokopie), tecz. 49.

Aus dem Polish Research Center und dem Studium Polski Podziemnej, London:
Fotokopien zahlreicher illegaler Presseorgane, Manifeste und Broschüren

Literatur

1. Zeitgenössisches deutsches Schrifttum aus dem GG oder das GG betreffend

(Aufsätze aus Zeitschriften des GG werden hier nicht noch einmal gesondert aufgeführt).

Abb, G.: Die Eröffnung der Staatsbibliothek in Krakau, in: Zentralbl. f. Bibliothekswesen 58 (1941 S. 245–259.
ders.: Ein Jahr Staatsbibliothek Krakau, ebda. Bd. 60 (1943/44), S. 59 ff.
Albrecht, R.: Volkspolitik und Museen. Neue Wege im Generalgouvernement, in: Deutschtum im Ausland 25 (1942), S. 16–18.

Almanach. Deutsches Wort im Osten. Ein Jahr Krakauer Zeitung, Krakau, Warschau 1941.
Amtlicher Anzeiger für das Generalgouvernement, Krakau 1940 ff.
Aubin, H.: Deutschland und der Osten, in: Zeitschr. f. d. ges. Staatswiss. 100 (1940), S. 385–411.
Aufbauarbeit, Ein Jahr Aufbauarbeit im Distrikt Krakau, Krakau 1940.

Baedeker, K.: Das Generalgouvernement. Ein Reisehandbuch, Leipzig 1943.
Best, W.: Die Verwaltung in Polen vor und nach dem Zusammenbruch der Polnischen Republik, Berlin 1940.
Beyer, H. J.: Das Schicksal der Polen. Rasse, Volkscharakter, Stammesart, Leipzig 1942.
Blachetta, W.: Das wahre Gesicht Polens, Berlin 1939.
Blätter für deutsche Kultur, Heft 1 und 2, Krakau 1942.

Die Burg. Krakau I (1940) – V (1944).
Deutsche Forschung im Osten. Mitteilungen des Instituts für Deutsche Ostarbeit, Krakau I (1941) – IV (1944).
Deutscher Kampf im Osten. Schrifttums- und Dokumentenschau im Generalgouvernement, Krakau vom 25.10.–12.11.1941, anläßlich des 2. Jahrestages des Generalgouvernements im Rahmen der Kriegsbuchwoche 1941.
Dokumente polnischer Grausamkeit. Im Auftrag des Auswärtigen Amtes hrg. v. d. Deutschen Informationsstelle, Berlin 1940.
Dokumente zur Vorgeschichte des Krieges. Auswärtiges Amt, 1939 Nr. 2, Berlin 1939.
Dresler, A.: Der Aufbau des deutschen Schulwesens im Generalgouvernement, in: Der deutsche Erzieher 4 (1942), S. 239 ff.
ders.: Die Presse des Generalgouvernements, in: Zeitungswissenschaft 17 (1942), S. 461–66.

Frank, H.: Das Generalgouvernement in der Neuordnung Europas, in: Europ. Revue 18 (1942), S. 233–235.
ders.: Friedrich Nietzsche. Eine Gedenkrede. Schriftenreihe der Gesellschaft d. Wiss. des Generalgouvernements, Sonderheft, Krakau 1944.

Die Gemeinschaft. Wochenschrift für Siedlungsdeutsche im Generalgouvernement, Radom 1942 und 1943.
Das Generalgouvernement. Seine Verwaltung und seine Wirtschaft, Krakau 1943.
Das Generalgouvernement. Krakau I (1940) – V (1944).
Das Generalgouvernement im Spiegel der Reichspresse. (Zeitgenöss. Sammlung v. Zeitungsausschnitten, im Inst. f. Zeitgesch., München).
Gesellschaft der Wissenschaften des Generalgouvernements. 1944 Folge I, Krakau 1944 (1 Heft).
Gollert, F.: Warschau unter deutscher Herrschaft. Zwei Jahre Aufbauarbeit im Distrikt Warschau, 2. Aufl. Krakau 1943.
Grundmann, K.: Führer durch Warschau, Krakau 1942.

Hebenbrock, W.: Mit der NSV nach Polen. Schriftenreihe der NSDAP, Gruppe VI, Bd. I (1940).
Hirche, B. H.: Erlebtes Generalgouvernement. Krakau 1941.
Hoff, E.: Warum deutsche Führung im Generalgouvernement? In: Europ. Revue 18 (1942), S. 256–263.

Irmler, J.: Der Aufbau des Schulwesens im Generalgouvernement, in: Deutsches Schulverwaltungsarchiv 37 (1940), S. 192–200.

Jahrbuch des Instituts für Deutsche Ostarbeit. I (1941) (Krakau)

Kalender, Deutscher K. im Generalgouvernement. Im Auftr. des Höheren SS- und Polizeiführers hrg. v. L. v. Seltmann, Krakau 1943 und 1944.
Kesselring, R.: Neu-Sandez und das Neu-Sandezer Land. Ihre deutsche Vergangenheit und Aufbauarbeit 1230–1940, Krakau 1941.
Kolonistenbriefe, I (1941) – IV (1944), Lublin (Jg. I im BA).
Kolonistenkalender für die deutschen Siedlungen des Zamośćer Landes im Distrikt Lublin, i.A. des SS- und Polizeiführers im Distrikt Lublin hrg. v. L. v. Seltmann, Lublin 1942/1943.
Kossinna, G.: Das Weichselland, ein uralter Heimatboden der Germanen, 3. Aufl. Leipzig 1940 (1. Auflage 1919).

Krakau. Hauptstadt des deutschen Generalgouvernements Polen. Gestalt und künstlerische Leistung einer deutschen Stadt im Osten. Hrg. v. Amt d. Generalgouverneurs, Breslau 1940.

Krakau. Hauptstadt des deutschen Generalgouvernements Polen. In Verb. m. d. Institut f. Dte. Ostarbeit Krakau, bearb. v. G. Sappok, J. Swart, H. Weidhaas, Leipzig 1940.

Krakau, Mittelalterliches Krakau. Werden und Wirken deutscher Bürgergeschlechter. Hrg. v. O. L. Rodler, i.A. d. Stadthauptmanns der Stadt Krakau, Krakau 1943.

Krakauer Zeitung, 1939 ff.

Kurtz, H.: Deutscher Kulturaufbau im Generalgouvernement, in: Nationalsozialistische Monatshefte 12 (1941), S. 121–127.

ders.: Krakau. Bildnis einer deutschen Stadt im Osten, Bayreuth 1944.

Kusch, E.: Aus dem alten Warschau, in: Deutschtum im Ausland 26 (1943), S. 222–225.

Leuschner, E.: Nationalsozialistische Fremdvolkpolitik. Hrg. v. Rassepol. Amt der NSDAP (Nur für den Dienstgebrauch) 1941.

Loesch, K. C. von: Der polnische Volkscharakter. Urteile und Selbstzeugnisse aus 4 Jahrhunderten, Berlin 1940.

Lück, K.: Der Lebenskampf im deutsch-polnischen Grenzraum, Berlin 1941.

ders.: Volksdeutsche Soldaten unter Polens Fahnen, Berlin 1940.

ders. (Hrg.): Deutsche Gestalter und Ordner im Osten Forsch. z. dt.-poln. Nachbarschaft im ostmitteleurop. Raum III, in Verb. m. d. Institut f. Dte. Ostarbeit hrg. v. K. Lück, 2. Aufl. Leipzig 1942.

Der Menscheneinsatz. Grundsätze, Anordnungen, Richtlinien. Hrg. v. d. Hauptabteilung I des RKF, Berlin Dezember 1940 (Nachtrag Sept. 1941).

Müller, Th.: Landeskunde des Generalgouvernements. Hrg. i.A. der Hauptabt. „Wissenschaft und Unterricht" in der Regierung des GG, Krakau 1943.

Der Osten. Sonderlehrgang 1. Teil. Soldatenbriefe zur Berufsförderung. Ausg. A: Allgemeinbildende Lehrgänge. Im Auftr. des OKW, 1941.

Die Ostgebiete des Deutschen Reiches und das Generalgouvernement der besetzten polnischen Gebiete in statistischen Angaben, hrg. v. d. Publikationsstelle Berlin Dahlem, 1940.

Pozniak, H. von; Schneider, O.: Wiener Zeitungswissenschaftler im Generalgouvernement, in: Zeitungswissenschaft 17 (1942), S. 549–559.

du Prel, M. Frh. von: Das Generalgouvernement. Im Auftr. und mit einem Vorwort des Generalgouverneurs Hans Frank, 2. Aufl. Würzburg 1942.

Schöller, F.; Vandrey, M. O.: Führer durch die Stadt Lublin. Hrg. v. der Abt. Propaganda im Amt des Gouverneurs in Lublin, Krakau 1942.

Schriftenreihe der Volksbildungsstätte Krakau im Arbeitsbereich Generalgouvernement der NSDAP. Hrg. v. W. Proksch, Krakau.

1. W. Albert: Die Ernährungswirtschaft des Generalgouvernements, 1942.
2. F. P. Lorz: Kann Europa sich selbst ernähren? 1942.
3. H. Drescher: Die Polen über sich selbst, 1943.

Stanislau, Die Kreishauptmannschaft Stanislau im Distrikt Galizien, Stanislau Okt. 1941.

Verordnungsblatt des Generalgouvernements (für die besetzten polnischen Gebiete). Krakau 1939 ff.

Verordnungsblatt der NSDAP, Arbeitsbereich Generalgouvernement. 1940 ff.

Volkspolitischer Informationsdienst. Hrg. v. d. Regierung des Generalgouvernements, Abt. Innere Verwaltung. 5 Hefte, 1940 ff.

Volksschule, Die deutsche V. im Generalgouvernement. Zeitschrift für praktische Volksschularbeit, I (1942) – III (1944)

Das Vorfeld. Schulungsblätter für den Nationalsozialisten im Generalgouvernement. Hrg. von Reichsleiter H. Frank, bearb. im Schulungsamt der NSDAP GG, Krakau. Jgge. I (1940) – III (1943) (1943 mit Untertitel: Monatszeitschrift für Politik und Kultur im Generalgouvernement).

Vorfeld, Deutsches V. im Osten. Bildbuch über das Generalgouvernement. Bearb. v. H. Gauweiler im Einvernehmen mit der Hauptabteilung Propag. der Reg. des Generalgouvernements, Krakau 1941.

Auf Vorposten. Drei Jahre Aufbauarbeit im Arbeitsbereich Generalgouvernement der NSDAP, Krakau 1943.

Warschauer Kulturblätter. Hrg. v. d. Abt. Propaganda des Distrikts Warschau (Dr. K. Grundmann). 4 Hefte, 1940 ff.
Weh, A.: Die rechtlichen Grundlagen des Generalgouvernements, in: Europ. Revue 18 (1942), S. 236–244.
ders.: Übersicht über das Recht des Generalgouvernements. Stand vom 1.1.1943, Krakau 1943.
ders.: Das Recht des Generalgouvernements, 3. Aufl. Krakau 1941.
Weidhaas, H.: Die Stadt Krakau im Zeichen des Veit Stoß und ihre Stellung in der deutschen Kunstgeschichte, in: Jomsburg IV (1940), S. 33–58.
Weirauch, L.: Die Volksgruppen im Generalgouvernement. Der polnische Staat und seine Minderheiten, in: Europ. Revue 18 (1942), S. 245–256.
Wissenschaft, Erziehung und Volksbildung. Amtsblatt der Abteilung Wissenschaft, Erziehung und Volksbildung in der Regierung des GG. I (1941) – IV (1944) (ab Heft 4/5, 1941: Wissenschaft und Unterricht) Krakau.

Zeitschrift für Erdkunde 10 (1942) Sondernummer: Das Generalgouvernement.

2. Allgemeine Literatur

Abelein, M.: Die Kulturpolitik des Deutschen Reiches und der Bundesrepublik Deutschland, Köln 1968.
Abramowski, E.: Zmowa powszechna przeciw rządowi, in: Pisma, Warschau 1924–1928, vol. I, S. 327–350.
Ackermann, J.: Heinrich Himmler als Ideologe, Göttingen 1970.
Acta Bibliothecae Universitatis Varsoviensis.
Bd. I: W. Sokołowska: Dzieje Biblioteki Uniwersyteckiej 1939–1945, Warschau 1959.
Bd. II: H. Kozerka: Straty w zbiorze rękopisów w czasie I i II wojny światowej, Warschau 1960.
Bd. III: St. Sawicka; T. Sulerzyska: Staty w rysunkach z gabinetu rycin Biblioteki uniwersyteckiej 1939–1945, Warschau 1960.
Acta Poloniae Historica. I (1958) ff. (Warschau).
Alma Mater w podziemiu. Kartki z dziejów tajnego nauczania w Uniwersytecie Jagiellońskim 1941–1945, Krakau 1964.
Anatomie des Krieges. Neue Dokumente über die Rolle des deutschen Monopolkapitals bei der Vorbereitung und Durchführung des zweiten Weltkrieges. Hrg. u. eingel. v. D. Eichholtz und W. Schumann. Berlin (Ost) 1969.
Anthologie der Gefallenen, in: Polen 1967 Nr. 11, S. 17 ff.
Antologia Polskiej poezji podziemnej (1939–1945). Hrg. u. eingel. v. J. Szczawiej, Warschau 1957.
Antologia poezji współczesnej. Wydana w podziemnej Warszawie. Mit einem Vorwort v. T. Terlecki, Glasgow 1942.
Arendt, H.: Elemente und Ursprünge totaler Herrschaft, Frankfurt 1955.
Aubin, H. (Hrg.): Der deutsche Osten und das Abendland. Eine Aufsatzreihe, München 1953.
Aurich, P.: Der deutsch-polnische September 1939. Eine Volksgruppe zwischen den Fronten, München 1969.

Baczyński, K. K.: Utwory zebrane. Bearb. v. A. Kmita-Piorunowa und K. Wyka, Krakau 1961.
Badania nad okupację niemicką w Polsce, Posen 1947 ff. s. Kowalenko und Pietrzykowski.
Bartelski, L. M.: Genealogia ocalonych. Szkice o latach 1939–1944, Krakau 1963.
Bartoszewski, W.: Der Todesring von Warschau 1939–1944, Interpress-Verlag o.O. 1969.
ders.: Die polnische Untergrundpresse in den Jahren 1939 bis 1945, in: Publizistik 12 (1967), S. 148–157.
ders.: Niedomalowany obraz poezji podziemia, in: Tygodnik Powszechny 1958 Nr. 2.
ders.: Konspiracyjne czasopiśmiennictwo kulturalne w kraju w latach 1939–1945. Zarys informacji, in: Twórczość 1961 Nr. 10, S. 81–102.
ders.: Konspiracyjne varsaviana poetyckie 1939–1944. Zarys informacyjny, in: Roczn. Warsz. II (1961), S. 221–270.
ders.: Les études universitaires clandestines en Pologne occupée (1939–1945), in: Cahiers Pologne-Allemagne 3 (1962), S. 38–52.
Barycz, H.: Alma Mater Jagellonica. Studia i szkice z przeszłości Uniwersytetu Krakowskiego, Krakau 1958.
ders.: Dzieje zakładów naukowych wyższych i uczelni akademickich w Krakowie w okresie drugiej

wojny światowej (1939–1945), in: Roczn. Krak. 31 (1957), S. 103–126.
ders. (Hrg.): s. Kronika.
Baske, S.: Praxis und Prinzipien der preußischen Polenpolitik (1849–1871). Forsch. z. osteurop. Gesch. IX (1963).
Baumgart, J.: Co tłumaczyła „Publikationsstelle"? Wykaz polskich książek i większych rozpraw tłumaczonych w Berlinie w latach 1935–1944, in: Przegl. Zach. IV (1948), S. 44–63.
ders.: Tajna organizacja nauki niemieckiej, in: Przegl. Zach. III (1947), S. 968–980.
Benze, R.: Erziehung im Großdeutschen Reich. Eine Überschau über ihre Ziele, Wege und Einrichtungen, 3. Aufl. Frankfurt 1943.
Bierschenk, Th.: Die deutsche Volksgruppe in Polen 1934–1939. Beih. Jb. Alb. Magnus Univers. Königsberg. Aus dem Göttinger Arbeitskreis, Kitzingen 1954.
Birkenmajer, A.: Co władze okupacyjne wiedziały o polskim tajnym nauczaniu w tzw. Generalnej Guberni, in: Przegl. Hist.-Oświat. I (1947), Nr. 1, S. 146–159.
Biuletyn Głównej Komisji Badania Zbrodni Hitlerowskich I (1946) ff. (Warschau).
Blättler, F.: Warschau 1942. Tatsachenbericht eines Motorfahrers der 2. schweizerischen Ärztekommission 1942 in Polen, Zürich 1945.
Blaschek: Bericht (des Präsidialchefs des Protektorats) Dr. Blaschek über seine Dienstreise nach dem Generalgouvernement am 21.–26. August 1942, in: Biuletyn GKBZH XV (1965), S. 129 ff.
Boelcke, W. A.: Kriegspropaganda 1939–1941. Geheime Ministerkonferenzen im Reichspropagandaministerium, Stuttgart 1966.
Bór-Komorowski, T.: The Secret Army, New York 1951.
Brandes, D.: Die Tschechen unter deutschem Protektorat. Besatzungspolitik, Kollaboration und Widerstand im Protektorat Böhmen und Mähren bis Heydrichs Tod (1939–1942), München 1969.
Brenner, H.: Die Kunstpolitik des Nationalsozialismus, Hamburg 1963 (rde. 167/168).
Breyer, R.: Das Deutsche Reich und Polen 1932–1937, Würzburg 1955.
Bromke, A.: Polnische Historiker revidieren die Parteigeschichte, in: Osteur. Rundschau XIV (1968), H. 1, S. 14–19.
Broniewski, St.: Szare Szeregi. Notatka historyczna o pracy hacerstwa w czasie okupacji niemieckiej, Warschau 1947.
Bross, W.: Gespräche mit Hermann Göring während des Nürnberger Prozesses, Flensburg 1950.
Broszat, M.: 200 Jahre deutsche Polenpolitik, München 1963.
ders.: Nationalsozialistische Polenpolitik 1939–1945, 2. Aufl. Fischer-TB, Frankfurt 1965.
ders.: Faschismus und Kollaboration in Ostmitteleuropa, in: VfZG 14 (1966), S. 225–251.
Brzozowski, St.: Rządy komisaryczne w ZNP, in: Przegl. Hist.-Oświat. I (1947) Nr. 2, S. 81–105.
Buchheim, H.: SS und Polizei im NS-Staat. Studiengesellschaft für Zeitprobleme, Boppard 1964.
Bujnicki, T.; Stepień, M.: Podstawowe założenia programu kulturalnego Polskiej Partii Robotniczej, in: Zeszyty Nauk. Uniwers. Jag., Prace Hist. z. 10, Krakau 1963, S. 80 ff.
Burch, T.: Tagebuch aus den Flammen, in: Polen 1967, Nr. 11, S. 14 ff.

Cerff, K.: Kulturarbeit der Partei im Kriege, in: Der Hoheitsträger 1942, H. 5.
Chałasiński, J.: Przeszłość i przyszłość inteligencji polskiej, Warschau 1958. (Übers. in „Wissenschaftl. Übersetzungen des Herder-Instituts" Nr. 41).
Chojnacki, W.: Bibliografia zwartych druków konspiracyjnych wydanych w latach 1939–1945, Warschau 1970.
ders.: Działalność wydawnicza polskiego ruchu oporu 1939–1945, in: Kwart. Hist. LXXVII (1970), S. 754–61.
Cieślak, T.: Szkice z historii czasopiśmiennictwa niemieckiego w Polsce, in: Roczn. Hist. Czasop. Polsk. 7 (1968) Nr. 2, S. 181–95.
ders.: Hitlerowskie czasopismo „Nowy Kurier Warszawski", in: Roczn. Hist. Czasop. Polsk. 7 (1968) Nr. 1, S. 162–169.
Conditions in occupied territories. A series of reports issued by the Inter-Allied Information Committee, London 1942.
Cracow under enemy rule, Krakau 1946.
Cultural Losses of Poland. Index of cultural losses during the German occupation 1939–1944. Hrg. v. Ch. Estreicher, London 1944.

Dąbrowski, J.: Praca naukowa i uczelnie wyższe w czasie okupacji, in: Roczn. Krak. 31 (1957), S. 85–93.
Datner, Sz.: s. Eksterminacja.

Die Deutschen in der Tschechoslowakei 1933–1947. Dokumentensammlung, hrg. v. V. Král. Acta Occupationis Bohemiae et Moraviae, Prag 1964.
Deutschland und Polen. Beiträge zu ihren geschichtlichen Beziehungen. Hrg. v. A. Brackmann, München 1933.
Dobraniecki, St.; Pokora, W.: s. Walka.
Dobroszycki, L.: Studies of the underground press in Poland 1939–1945, in: Acta Pol. Hist. 3 (1962), S. 96–102.
ders.: Kilka uwag o kronikach i pamiętnikach z okresu okupacji, in: Najn. dzieje I (1957), S. 357–366.
ders.: Zaginiona prasa konspiracyjna z lat 1939–1945, in: Najn. dzieje VII (1963), S. 173–196.
ders.: Centralny katalog polskiej prasy konspiracyjnej 1939–1945, Warschau 1962.
ders.: Założenia i organizacja prasy niemieckiej w języku polskim w tzw. Generalnej Guberni w latach 1939–1945 w świetle dokumentów, in: Roczn. Hist. Czasop. Polsk. 6 (1967), S. 145–80.
ders.; Getter, M.: The Gestapo and the Polish resistance movement (on the example of the Radom District), in: Acta Pol. Hist. IV (1961), S. 85–118.
Documenta Occupationis Teutonicae. s. Pospieszalski.
Documents relating to the administration of occupied countries in Eastern Europe. Polish Information Center. Nr. 2: German destruction of cultural life in Poland, New York o.J. [1940].
Döblin, A.: Reise in Polen, Berlin 1926.
Dołęga-Modrzewski, St.: Polskie państwo podziemne, London 1959.
Domarus, M. (Hrg.): Hitler, Reden und Proklamationen 1932–1945, Bd. II, München 1964.
Dreitzel, H.: Differenzierungen innerhalb der Nazibarbarei, in: Oester. Osthefte 7 (1965), S. 420–424.
Drozdowski, M. M.: The National Minorities in Poland 1918–1939, in: Acta Pol. Hist. 22 (1970), S. 226–51.
Drożdżyński, J.; Zaborowski, J.: Oberländer. A study in German East Policies, Posen 1960.
Dunin-Wąsowicz, K.: Zagadnienie młodzieży akademickiej, in: Płomienie 1946 Nr. 1, S. 7–11.
Duraczyński, E.: Stosunki w kierownictwie podziemia londyńskiego 1939–1943, Warschau 1966.
ders.: Jedność narodowa w myśli politycznej Polski podziemnej, in: Kwart. Hist. 76 (1969) H. 2, S. 279–97.
Dziewanowski, M. K.: The Communist Party of Poland, Cambridge (Mass.) 1958.

Eilers, R.: Die nationalsozialistische Schulpolitik. Eine Studie zur Funktion der Erziehung im totalitären Staat. Staat und Politik IV, Köln 1963.
Eisenblätter, G.: Grundlinien der Politik des Reiches gegenüber dem Generalgouvernement 1939–1945, Diss. Phil. Frankfurt 1969.
Eissner, A.: Polens materielle Verluste im 2. Weltkrieg, in: Außenpolitik Dez. 1962, S. 830–837.
Eksterminacja ludności w Polsce w czasie okupacji niemieckiej 1939–1945. Hrg. v. Sz. Datner, Posen 1962.
Emmendörfer, H.: Die geschäftlichen Beziehungen der deutschen Eisen- und Stahlindustrie zur eisenschaffenden Industrie besetzter Gebiete 1939–1945, Diss. Köln 1955 (M.schr.).
Erdely, E.: Germany's first European Protectorate. The fate of the Czechs and Slovaks, London 1941.
Estreicher, C.: s. Cultural Losses.
European Resistance Movements 1939–1945. First International Conference on the History of the Resistance Movements, Oxford 1960.
European Resistance Movements. Second International Conference, London 1964.

Falconi, C.: Das Schweigen des Papstes. Eine Dokumentation, München 1966.
Fest, J. C.: Das Gesicht des Dritten Reiches. Profile einer totalitären Herrschaft, München 1963.
Fischer, L.: Grundsätzliche Bemerkungen über die Gestaltung Warschaus während des Krieges und nach dem Kriege. Hrg. v. J. Kazimierski in: Roczn. Warsz. I (1960), S. 302–313.
Flitner, A. (Hrg.): Deutsches Geistesleben und Nationalsozialismus. Eine Vorlesungsreihe der Universität Tübingen, Tübingen 1965.
Forst de Bataglia, O.: Zwischeneuropa, Frankfurt 1954.
Frank, H. Im Angesicht des Galgens. Deutung Hitlers und seiner Zeit aufgrund eigener Erlebnisse und Erkenntnisse. Hrg. v. O. Schloffer, München 1953.
Friedberg, M.: Kultura Polska a Niemiecka, 2 Bde. Posen 1946. (Deutsch: Bd. I, Wiss. Übers. d. Herder-Instituts Nr. 39).

Gabrielsky, H.: Die polnische Schulreform, in: Osteuropa 8 (1932/33), S. 139–51.
Galos, A.; Gentzen, F. H.; Jakobczyk, W.: Die Hakatisten. Der Deutsche Ostmarkenverein 1894–1934, Berlin 1966.
Gamm, H. J.: Der braune Kult. Das dritte Reich und seine Ersatzreligion, Hamburg 1962.
Geiss, I.: Der polnische Grenzstreifen 1914–1918. Ein Beitrag zur deutschen Kriegszielpolitik im 1. Weltkrieg. Histor. Studien Bd. 378, Hamburg 1960.
Der Generalplan Ost. Dokumentation. Hrg. u. komm. v. H. Heiber, in: VfZG 6 (1958), S. 281–325.
Gentzen, F. H.: Die „Ostforschung" – ein Stoßtrupp des deutschen Imperialismus. In: ZfG VI (1958), S. 1181–2220.
ders.; Wolfgramm, E.: „Ostforscher" – „Ostforschung". Taschenbuch Geschichte Nr. 7, Berlin (Ost) 1960.
The German invasion of Poland. Polish Black Book, London o. J. [1939].
The German New Order in Poland. London o. J. [1942].
Gilbert, G. M.: Nürnberger Tagebuch (1947), Fischer-TB Frankfurt 1962.
Godden, G. M.: Murder of a Nation. German destruction of Polish culture, London 1943.
Goebbels, J.: Tagebücher aus den Jahren 1942/43. Mit anderen Dokumenten herausgegeben v. L. P. Lochner, Zürich 1948.
ders.: Der geistige Arbeiter im Schicksalskampf des Reiches, München 1943.
Goguel, R.: Über die Mitwirkung deutscher Wissenschaftler am Okkupationsregime in Polen im 2. Weltkrieg, untersucht an 3 Institutionen der deutschen Ostforschung, Phil. Diss. Berlin (Ost) 1964 (Mschr.).
Goldstein, B.: Die Sterne sind Zeugen. Der Untergang der polnischen Juden. dtv-Dokumente, München 1965.
Golka, B.: Prasa konspiracyjna „Rocha" 1939–1945, Warschau 1960.
Górny, A.: Historia jawnego szkolnictwa powiatu Krakowskiego podczas okupacji Hitlerowskiej 1939–1945, in: Roczn. Kom. Nauk.-Pedag. VI (1966) cz. IV, S. 84–115.
Graf, H.: Hermann Aubin im Dienste der faschistischen Okkupationspolitik gegenüber Polen und des klerikal-militaristischen Antibolschewismus, in: Beiträge z. Gesch. d. deutschen Arb.bewegung, Sonderheft, Berlin (Ost) 1960, S. 187–211.
ders.: Zur faschistischen Okkupationspolitik des deutschen Imperialismus in Polen während des 2. Weltkrieges, Diss. Berlin (Ost) 1961 (Mschr.).
Günther-Hornig, M.: Kunstschutz in den von Deutschland besetzten Gebieten 1939–1945. Studien d. Inst. f. Besatzungsfragen, Tübingen 1958 (hektogr.).
Gumkowski, J.: Młodzież polska podczas okupacji 1939–1945, Warschau 1966.
ders.; Leszczyński, K.: L'occupation Hitlérienne en Pologne, Warschau 1961.
Gutachten des Instituts für Zeitgeschichte. I München 1958, II Stuttgart 1966.

Hadamovsky, E.: Propaganda und nationale Macht. Die Organisation der öffentlichen Meinung für die nationale Politik, Oldenburg 1933.
Hartmann, K.: Hochschulwesen und Wissenschaft in Polen 1918–1960, Frankfurt 1962.
ders.: Polen. Kultur der Nationen Bd. 17, Nürnberg 1966.
Hassell, U. von: Vom anderen Deutschland. Aus den nachgelassenen Tagebüchern 1938–1944, Zürich 1946
Haustein, U.: Sozialismus und nationale Frage in Polen. Die Entwicklung der sozialistischen Bewegung in Kongreßpolen von 1875 bis 1900 unter besonderer Berücksichtigung der Polnischen Sozialistischen Partei (PPS), Köln 1969.
Heike, O.: Das deutsche Schulwesen in Mittelpolen. Ein Kapitel mühsamer Abwehr staatlichen Unrechts. Veröff. d. Ostdt. Forschungsstelle i. Lande NRW, Reihe A, Nr. 6, Dortmund 1963.
Herzog, L.: Polski Ruch Oporu w świetle oceny Centralnych Władz Rzeczy Hitlerowskiej, lipiec 1943 r., in: Wojsk. Przegl. Hist. 1964 H. 2, S. 361–71.
Herzog, R.: Grundzüge der deutschen Besatzungsverwaltung in den ost- und südosteuropäischen Ländern während des 2. Weltkrieges. Studien d. Inst. f. Besatzungsfragen, Tübingen 1955 (hektogr.)
Hertz, A.: The case of Eastern European Intelligentsia, in: Journ. Centr. Europ. Aff. 1951 Nr. 1, S. 10–26.
Hessen, S.: Die polnische Schulreform und ihre Träger, in: Jbb. f. Kultur u. Gesch. d. Slaven, N. F. 10 (1934), S. 145–177.
Hildebrand, K.: Vom Reich zum Weltreich. Hitler, NSDAP und koloniale Frage 1919 bis 1945, München 1969.

Himmler, H.: Denkschrift über die Behandlung des Fremdvölkischen im Osten (Mai 1940). Hrg. v. H. Krausnick in: VfZG 5 (1957), S. 194–198.
Hitler, A.: Mein Kampf. 218./219. Aufl. München 1936.
ders.: Hitlers Zweites Buch. Ein Dokument aus dem Jahr 1928. Quellen und Darstellungen zur Zeitgesch. Bd. 7, Stuttgart 1961.
ders.: H. Picker: Hitlers Tischgespräche im Führerhauptquartier 1941/42. Neu hrg. v. P. E. Schramm, 2. Aufl. Stuttgart 1965.
Höhne, H.: Der Orden unter dem Totenkopf. Die Geschichte der SS, Gütersloh 1967.

Inglot, St.: Inteligencja a wieś (przed wojną i w czasie wojny), in: Wieś i Państwo 3 (1946), S. 81–90.
Internationale Hefte der Widerstandsbewegungen. Zeitschrift für Geschichte, Wien. 4 Jgge. 1959–1963.
Internationaler Militär-Gerichtshof, Nürnberg. Der Prozeß gegen die Hauptkriegsverbrecher, Nürnberg 1947–1949.
Iranek-Osmecki, K.: Polacy i Żydzi 1939–1945. Pomoc Wojskowa, in: Zeszyty Historyczne (Paris) 14 (1968), S. 5–37.

Jabłoński, H.: Polityczna i militarna rola antyfaszystowskiego ruchu oporu, walki podziemnej i działań partyzanckich w Europie w czasie drugiej wojny światowej, in: W dwudziestą rocznicę zwycięstwa, o.O. (Breslau) 1966, S. 5–40.
Jacobmeyer, W.: Heimat und Exil. Die Anfänge der polnischen Untergrundbewegung im 2. Weltkrieg (September 1939 bis Mitte 1941), Diss. Bochum 1971 (Mschr.).
Jacobsen, H. A.: Nationalsozialistische Außenpolitik 1933–1938, Frankfurt 1968.
Jong, L. de: Die Deutsche Fünfte Kolonne im 2. Weltkrieg. Quellen u. Darstellungen zur Zeitgeschichte 4, Stuttgart 1959.
ders.: Zwischen Kollaboration und Résistance, in: Probleme des zweiten Weltkrieges, hrg. v. A. Hillgruber, Köln 1967.

Kaczmarzyk, D.: Straty wojenne Polski w dziedzinie Rzeźby. Warschau 1958.
Kaiser, J.: Die nationalsozialistische Politik gegenüber der Slowakei. Diss. Bochum 1970 (Mschr.).
Kalisch, J.; Voigt, G.: „Reichsuniversität Posen“. Zur Rolle der faschistischen deutschen Ostforschung im 2. Weltkrieg, in: Juni 1941, Berlin (Ost) 1961, S. 188–206.
Kamenetsky, I.: Secret Nazi Plans for Eastern Europe. A Study of Lebensraum Policies, New York 1961.
Kamiński, A.: Stones for the rampart, London 1945.
Karol, K. S.: Polen zwischen Ost und West. Ein polnischer Journalist berichtet, Hamburg 1962.
Karski, J.: Story of a Secret State, Boston 1944.
Katalog, Centralny K.: s. Dobroszycki.
Katalog obrazów wywiezonych z Polski przez okupantów niemieckich w latach 1939–1945. Bd. I: Malarstwo obce. Bearb. v. W. Tomkiewicz, Warschau 1949. Bd. II: Malarstwo Polskie, Warschau 1951.
Katolicki Uniwersytet Lubelski w oczach wychowanków. Założenia, wspomnienia, sprawozdania, Lublin 1958.
Kawczyński, A.: Unternehmen „N“ – Deutschsprachige Propaganda der polnischen Untergrundpresse 1941–1944, in: VfZG 14 (1966), S. 59–68.
Kleßmann, Ch.: Nationalsozialistische Kirchenpolitik und Nationalitätenfrage im Generalgouvernement (1939–1945), in: Jbb. f. Gesch. Osteur. 18 (1970), S. 575–600.
ders.: Der Generalgouverneur Hans Frank, in: VfZG 19 (1971) H. 3.
Kliszko, Z.: Z problemów historii PPR, in: Nowe Drogi 1957, Nr. 10/11, S. 90 ff.
Kłosiński, T.: Polityka przemysłowa okupanta w Generalnym Gubernatorstwie, Posen 1947.
Kluke, P.: Nationalsozialistische Volkstumspolitik in Elsaß-Lothringen 1940–1945, in: Zur Geschichte und Problematik der Demokratie. Festschr. f. H. Herzfeld, Berlin 1958.
Klukowski, Z.: Dziennik z lat okupacji Zamojszczyzny 1939–1944, Lublin 1958.
Kozerska, H.: s. Acta Bibl.
Korboński, St.: Fighting Warsaw. The Story of the Polish Underground State 1939–1945, London 1956.
Kosiński, A.: Polityczny Profesor, in: Przegl. Zach. III (1947), S. 980–992.
Kostrzewski, J.: Losy nauk prehistorycznych w czasie wojny i po wojnie, in: Nauka Polska 25 (1947), S. 132–154.
(Kotarbiński, T.): Z dziejów podziemnego uniwersytetu Warszawskiego. Wspomniają: T. Kotarbiński i inne, Warschau 1961.

Kowalenko, W.: Tajny Uniwersytet Ziem Zachodnich. Uniwersytet Poznański 1940–1945. 2. Aufl. Posen 1961. Badania nad okupację Niemiecką w Polsce, Bd. 7.
Kraków w latach okupacji 1939–1945. Studia i materiały. Roczn. Krak. 31 (1949) (ersch. 1957).
Krausnick, H.: Hitler und die Morde in Polen, in: VfZG 11 (1963), S. 196–209.
Krejči, K.: Geschichte der polnischen Literatur, Halle 1958.
Krieck, E.: Nationalpolitische Erziehung, Leipzig 1932.
Kriegsverluste, siehe Studien und Abhandlungen sowie Straty.
Kronika Uniwersytetu Jagiellońskiego za okres wojny 1939–1945 oraz za rok akad. 1945. Hrg. v. H. Barycz, Krakau 1946.
Kształtowanie się podstaw programowych Polskiej Partii Robotniczej w latach 1942–1945. Wybór materiałów i dokumentów, Warschau 1958.
Kubik, L.: Z dziejów tajnego nauczania, in: Tygodnik Powszechny 1961 Nr. 51.
Kudyba, T.: Die strukturelle Veränderung der polnischen Wirtschaft während der Besatzungszeit (1939–1945), Diss. Jur. Bonn 1950 (Mschr.).
Kułakowski, T.: Proces Józefa Bühlera szefa Rządu GG, in: J. Gumkowski, T. Kułakowski: Zbrodniarze hitlerowscy przed Najwyższym Trybunałem Narodowym, Warschau 1961.
ders.: Dokumenty dotyczące eksterminacji kultury Polskiej, in: Najn. dzieje I (1957), S. 213–243.
Kulski, J.: Zarząd Miejski Warszawy 1939–1944, Warschau 1964.
Kultur und Zivilisation. Europäische Schlüsselwörter Bd. III. Hrg. v. Sprachwiss. Colloquium (Bonn) München 1967.
Kurdybacha, Ł.: Wpływ rewolucji październikowej i szkoły radzieckiej na polską myśl oświatową 1918–1939, Warschau 1967.
Kursy akademickie w Częstochowie w 1944/45 r., in: Przegl. Hist.-Oświat. I (1947) 1, S. 124–145.
Kurucz, J.: Struktur und Funktion der Intelligenz während der Weimarer Republik, Köln 1967.

Laeuen, H.: Polnische Tragödie, 3. Aufl. Stuttgart 1958.
Lagarde, P. de: Deutsche Schriften, 3. Aufl. München 1937.
Landau, L.: Kronika lat wojny i okupacji, 3 Bde. Warschau 1962/63.
Laubert, M.: Die preußische Polenpolitik von 1772 bis 1914. Schr.reihe d. IDO, Krakau, Sekt. Gesch. Bd. I, 3. Aufl. Krakau 1944.
Lemkin, R.: Axis Rule in Occupied Europe. Laws of occupation. Analysis of Government. Proposals for Redress, Washington 1944.
Lipgens, W.: Europa-Föderationspläne der Widerstandsbewegungen 1940–1945, München 1968.
Lista Strat Kultury Polskiej (1.9.1939–1.3.1946). Zus. gest. v. B. Olszewicz, Warschau 1947.
Lorentz, St.: Straty w dziełach sztuki i zabytkach przeszłości, in: Kwart. Hist. 53 (1946), S. 715–739.
Łubieński, T.: Universität Sachsenhausen, in: Polen 1963 Nr. 8, S. 17–19.
Ludat, H.: Polen und Deutschland. Wissensch. Konferenz polnischer Historiker über die deutsch-polnischen Beziehungen in der Vergangenheit, Köln 1963.
Lück, K.: Der Mythos vom Deutschen in der polnischen Volksüberlieferung und Literatur. Forschungen zur deutsch-polnischen Nachbarschaft im ostmitteleuropäischen Raum. Ostdeutsche Forschungen, hrg. v. V. Kauder, Bd. 7, Posen 1938.
ders.: Deutsche Aufbaukräfte in der Entwicklung Polens. Forsch. z. dt.-poln. Nachbarsch. i. ostmitteleurop. Raum, mit einem Geleitw. v. H. Rauschning, Ostdte. Forsch. I, Plauen 1934.
Lukács, G.: Von Nietzsche zu Hitler oder der Irrationalismus und die deutsche Politik. Fischer-TB, Frankfurt 1966.

Madajczyk, Cz.: Generalna Gubernia w planach hitlerowskich. Studia, Warschau 1961.
ders. (Hrg.): Generalplan Ost [Juni 1942], in: Polish Western Affairs 3 (1963), S. 391–442.
ders.: Die deutsche Besatzungspolitik in Polen (1939–1945). Institut f. europ. Gesch. Mainz, Vorträge, Wiesbaden 1967.
ders.: Polityka III Rzeszy w okupowanej Polsce, 2 Bde. Warschau 1970.
Malaparte, C.: Kaputt. Roman, Karlsruhe 1961.
Malinowski, W. B.: Pattern of Underground Resistance in Central Eastern Europe, in: Annals Amer. Acad. of Polit. and Soc. Science 232 (1944) (Sonderdruck im PRC, London)
ders.: The Polish Underground Labor Movement (Reprinted from Intern. Postwar Problems I (1944) No. 3, New York 1944, Sonderdruck im PRC, London).
ders.: Underground Resistance in Poland (Reprinted from Intern. Postwar Problems I (1944) No 2, New York 1944, Sonderdruck im PRC, London)

Malinowski, M.; Poterański, W.: Na marginesie archiwum tzw. „Antyku", in: Nowe Drogi 1957 Nr. 9, S. 105–120.
Mały Słownik Historii Polski, 3. Aufl. Warschau 1964.
Man, H. de: Die Intellektuellen und der Sozialismus, Jena 1926.
ders.: Der Sozialismus als Kulturbewegung, Berlin 1929.
Manifesto to the Peoples of the World. Underground Poland Speakes (WRN, Febr. 1941), London 1941.
Manteuffel, T.: Uniwersytet Warszawski w latach wojny i okupacji. Kronika 1939/40–1944/45, Warschau 1948.
ders.: Formy tajnego nauczania akademickiego w Warszawie, in: Kwart. Hist. LXXVII (1970), S. 748–53.
Manteuffel-Szoege, G. von: Geschichte des polnischen Volkes während seiner Unfreiheit 1772–1914, Berlin 1950.
Marczak-Oborski, St.: Teatr czasu wojny 1939–1945, Warschau 1967.
Materiały do dziejów oświaty w okresie okupacji hitlerowskiej na terenie dystryktu Krakowskiego, s. Roczn. Kom Nauk. Ped.
Materiały źródłowe do historii polskiego ruchu ludowego. Zusgest. v. J. Nowak, Bd. IV (1939–1945), Warschau 1966.
Matl, J.: Die Kulturwelt der Slaven und das deutsche Geistesleben, in: Zeitschr. f. dte. Geistesgesch. 3 (1937), S. 224–239.
Maurach, B.: Die polnische Untergrundbewegung 1939–1945, in: Wehrkunde 6 (1957), S. 550–559.
Mękarski, St.: Die Südostgebiete Polens zur Zeit der deutschen Besatzung (Juni 1941 bis Juni 1943), in: Jbb. f. Gesch. Osteur. 16 (1968), S. 381–428.
Meller, H.: Probleme der polnischen Kultur. Wie wir uns umerziehen. Berlin 1948.
Michel, H.: Résistance, in: Times Lit. Suppl. v. 8.9.1966.
Miedza-Tomaszewski, St.: Benefis konspiratora, Warschau 1962.
Milosz, Cz.: Verführtes Denken, Köln 1959.
Milward, A. S.: Die deutsche Kriegswirtschaft 1939–1945, Stuttgart 1966.
Moskalik, W.: Uwagi o działalności placówki hitlerowskiej „Das Institut für deutsche Ostarbeit", in: Zesz. Nauk. Uniw. Jagiell., Prace Hist., Heft 19 (1966), S. 78–94.
Moszyński, R.: Lublin w okresie okupacji 1939–1944, Lublin 1964.
Mulak, J.: Wojsko podziemne 1939–1945, Warschau 1946.

Najnowsze Dzieje Polski. Materiały i studia z okresu II wojny światowej (Warschau), I (1958) – XII (1968).
Nasza Walka o szkołę polską 1901–1917. Opracowania, Wspomnienia, Dokumenty. Hrg. v. B. Nawroczyński, 2 Bde. Warschau, Lemberg 1932/1934.
The Nazi KULTUR in Poland. Publ. for the Polish Ministry of Information, London 1945 (zit. Nazi Kultur).
Neubach, H.: Die Ausweisungen von Polen und Juden aus Preußen 1885/86. Ein Beitrag zu Bismarcks Polenpolitik und zur Geschichte des deutsch-polnischen Verhältnisses, Wiesbaden 1967.
Neumann, F.: Behemoth. The structure and practice of National Socialism, London 1942.
Niezwyciężona szkoła. Tajne nauczanie w czasie okupacji na terenie okr. szk. Warszawskiego. Hrg. v. T. Wojeński, Warschau 1947.
Nolte, E.: Der Faschismus in seiner Epoche, 2. Aufl. München 1965.
ders.: Die faschistischen Bewegungen. dtv. Weltgeschichte 4, München 1966.
Nowid, St.: Martyrium eines Volkes. Das okkupierte Polen, Stockholm 1945.

Orzechowski, M.: Odra, Nysa Łużycka, Bałtyk w polskiej myśli politycznej okresu II wojny światowej, Breslau 1969.

Pamiętnik Teatralny XII (1963) H. 1–4 (Sondernummer über das polnische Theater im 2. Weltkrieg).
Pawłowicz, J.: Z dziejów konspiracyjnej KRN 1943–1944, Warschau 1961.
Philipp, W.: Nationalsozialismus und Ostwissenschaften, in: Universitätstage 1966, Veröffentlichungen der Freien Universität Berlin, Berlin 1966, S. 43–62.
Picker, H.: S. Hitler.
Pieńkowski, St.: Nauka polska w czasie okupacji, in: Przegl. Hist.-Oświat. I (1947) Nr. 1, S. 115–123.

Pietrzykowski, J.: Hitlerowcy w Częstochowie w latach 1939–1945. Badania nad okupację niemiecką w Polsce Bd. 6, Posen 1959.
Piotrowski, St.: Hans Franks Tagebuch, Warschau 1963 (zit. Piotrowski).
Pipes, R. (Hrg.): Die russische Intelligentsia, Stuttgart 1962.
Piwarski, K.: Straty personalne nauki polskiej w Krakowie w dobie okupacji niemieckiej, in: Roczn. Krak. 31 (1957), S. 97–102.
Pobóg-Malinowski, W.: Najnowsza Historia Polityczna Polski 1864–1945, Bd. III, 2 (1939–1945), London 1960.
Pokolenie podziemna, s. Proza Polska.
Z Pola Walki. Cele i Drogi podziemnego ruchu robotniczego w Polsce (1939–1942), London 1943.
Polen von Polen gesehen. Mit einem Beitrag von Reichsminister Dr. H. Schacht, Berlin 1939.
Polen. Osteuropa-Handbuch. Hrg. v. W. Markert, Köln 1959.
Polish Fortnightly Review, London 1940–1945 (Hrg. v. poln. Informationsministerium).
Polish Labour Underground Press. Foreword by I. Thomas, M. P. London o. J. [1944].
Polska Akademia Umiejętności. Sprawozdania z czynności i posiedzeń. Wrzesień 1939 – Grudzień 1944, Bd. 45, Krakau 1945.
Polska karząca./W ogniu. (Reportaże z AK) Przedruck z wyd. krajowego, London 1945.
Polskie Siły Zbrojne w drugiem wojnie światowej. Bd. III: Armia Krajowa, London 1950.
Pospieszalski, K. M.: Hitlerowskie „prawo“ okupacyjne w Polsce. Cz. II Generalna Gubernia. Documenta Occupationis Teutonicae Bd. VI, Posen 1958.
ders.: The case of 58 000 „Volksdeutsche“. An investigation into Nazi claims concerning losses of the German minority in Poland before and during September 1939. Documenta Occupationis Teutonicae Bd. VII, Posen 1959.
ders.: Nazi Terror in Poland 1939–1945, in: Polish West. Aff. V (1964), H. 1 S. 65–91.
Potocki, S.: Położenie mniejszości niemieckiej w Polsce 1918–1938, Danzig 1969.
Problemy wojny i okupacji 1939–1944. Hrg. v. W. Góra u. J. Gołębiowski, Warschau 1969.
The Proposed Educational Reconstruction in People's Poland, New York 2. Aufl. 1944.
Proza Polska 1939–1945. Zus.gest. v. St. Lam. Bd. III: Pokolenie Podziemia (Nowele i Opowiadania), Paris o. J. [ca. 1947].
Przelaskowski, R.: Warszawska Biblioteka publiczna w okresie okupacji, in: Najn. dzieje V (1961), S. 5–30.
Przygoński, A.: Prasa konspiracyjna PPR. Zarys, katalog, życiorysy, Warschau 1966.
ders.: Przegląd badań nad dziejami PPR w latach okupacji hitlerowskiej, in: Z Pola Walki (Warschau) 1969, H. 2, S. 57–85.
Publicystyka konspiracyjna PPR (1942–1945). 3 Bde, Warschau 1961, 1965, 1967.

Rauschning, H.: Gespräche mit Hitler, Zürich 1940.
Rawski, T.; Stapor, Z.; Zamojski, Z.: Wojna wyzwoleńcza narodu polskiego w latach 1939–1945. 2 Bde. Warschau 1966.
Revue d'Histoire de la Deuxième Guerre Mondiale 12 (1962) ff.
Rocznik Komisji Nauk Pedagogicznych. Materiały do dziejów oświaty w okresie okupacji Hitlerowskiej (1939–1945) na terenie dystryktu Krakowskiego. I (1961) – VIII (1968).
Rocznik Warszawski VII (1966). Darin: Warszawa w latach drugiej wojny światowej, S. 415–461.
Rocznik Polskiej Akademii Umiejętności. Rok 1939/1945, Krakau 1946.
Roos, H.: Geschichte der polnischen Nation 1916–1960, Stuttgart 1961.
Rose, W.: Poland old and new, London 1948.
Rosenberg, A.: Der Mythus des 20. Jahrhunderts, 9. Aufl. München 1933.
ders.: Gestaltung der Idee, in: Reden und Aufsätze von 1933–1935, 4. Aufl. München 1937.
(ders.): Das politische Tagebuch Alfred Rosenbergs aus den Jahren 1934/35 und 1939/40. Hrg. u. eingl. v. H. G. Seraphim, dtv Dokumente Bd. 219, München 1964.

Sappok, G.: Deutsche Kulturleistungen in Polen, in: Volk und Reich 15 (1939) H. 8, S. 587–602.
Sawicka, St.: s. Acta Bibl.
Sawicki, J.; Cyprian, T.: Nazi rule in Poland 1939–1945, Warschau 1961.
Sawicki, J.: Die juristische Fakultät der Universität Warschau in der Zeit des Krieges und der Okkupation 1939–1944, in: Dte. Univ.zeitung 14 (1959) H. 1, S. 41–50.
Schayer, W.: Naród bronił swojego istnienia, in: Głos Nauczycielski 49 (1957).
ders.; Sipałło, J.: Polskie życie kulturalne w latach okupacji. Próba syntezy, in: Głos Naucz. 25 (1946), S. 264 f., 279 f., 296 f.
Schoenbaum D.: Die braune Revolution. Eine Sozialgeschichte des 3. Reiches, Köln 1968.

Seeber, E.: Zwangsarbeiter in der faschistischen Kriegswirtschaft. Schr.reihe d. Inst. f. Gesch. d. europ. Volksdemokr. Karl-Marx-Univ. Leipzig, Bd. III, Berlin (Ost) 1964.

dies.: Zur Veränderung des Kräfteverhältnisses der Klassen im antifaschistischen Befreiungskampf in Polen bis zum Beginn der volksdemokratischen Revolution (1939 bis Juli 1944), in: Jahrbuch für Geschichte 3 (1969), S. 235 ff.

Seraphim, H. G.: Quellen zur Erforschung der Geschichte des 3. Reiches, in: Europa-Archiv 5 (1950), S. 3028 und 3307 ff.

Śledziński, J.: Governor Frank's Dark Harvest, London 1946.

Sokołowska, W.: s. Acta Bibl.

Spiru, B.: Ostforscher-Ostfälscher-Ostfahrer, in: Jbb. f. Gesch. d. UdSSR u. d. volksdem. Länder Europas III (1959), S. 34–79.

Stebelski, A.: The fate of the Polish archives during World War II, Warschau 1964.

Stempowski, J.: Die polnische Intelligenz gestern und heute, in: Slav. Rundsch. 11 (1939), S. 7–14.

Stern, F.: Kulturpessimismus als politische Gefahr. Eine Analyse nationaler Ideologie in Deutschland, Bern 1963.

Stökl, G.: Osteuropa und die Deutschen. Geschichte und Gegenwart einer spannungsreichen Nachbarschaft, Oldenburg 1967.

Straty Kultury Polskiej 1939–1944. Hrg. v. A. Ordęgi und T. Terlecki, 2 Bde. Glasgow 1945.

Straty kulturalne Warszawy. Hrg. v. W. Tomkiewicz, Warschau 1948.

Strobel, G. W.: Die polnische Widerstandsbewegung seit 1939, in: Osteuropa 2 (1952), S. 188–196.

Strzelecki, J.: Schule der Gefühle, in: Polen 1967, Nr. 9.

Streng, H. von: Die Landwirtschaft im GG. Studien d. Instit. f. Besatzungsfragen Nr. 6, Tübingen 1955.

Studien und Abhandlungen. Zachodnia Agencja Prasowa, Posen, Warschau 1960.
I. Irredenta und Provokationen. Zur Geschichte der deutschen Minderheit in Polen.
II. Kriegsverluste in Polen 1939–1945.

Studnicki, W.: Irrwege in Polen. Ein Kampf um die polnisch-deutsche Annäherung. Hrg. v. Göttinger Arbeitskreis, Göttingen 1951.

Stypułkowski, Z.: Invitation to Moscow, London 1951.

ders.: W zawierusze dziejowej, London 1951.

Suchodolski, B.: Skąd i dokąd idziemy. Przewodnik po zagadnieniach kultury współczesnej, 2. Aufl. London 1947. (Auszüge daraus deutsch: „Woher und wohin uns der Weg führt“, in: Polen 1966, Nr. 6, S. 32 ff.).

ders.: Demokracja i wychowanie, in: Ruch Pedag. 29 (1945/46), S. 39–61.

ders.: Die Universität Warschau, in: Deutsche Universitätszeitung 1958 Nr. 8, S. 493–499.

Sulewski, W.: Walka o szkołę podziemną, in: Argumenty 1964 Nr. 3, S. 3.

ders.: Problemy oświaty w dokumentach PPR (1942–1945), in: Nowa Szkoła 1962 Nr. 5, S. 22–25.

ders.: Z frontu tajnego nauczania, Warschau 1966.

Les Systèmes d'occupation en Yougoslavie 1941–1945. Rapports au 3e Congrès International sur l'Histoire de la Résistance européenne à Karlovy Vary, les 2 – 4 Sept. 1963, Belgrad 1963.

Szczawiej, J.: s. Antologia.

Szczepański, J.: Die polnische Intelligenz. Genealogie und Gegenwart, in: Polen 1964 Nr. 2, S. 16 f.

ders.: The Polish Intelligentsia. Past and Present, in: World Politics 14 (1961), S. 406–420.

Szczepański, S.: Education in Poland, London 1943.

Szembek, J.: Journal 1933–1939, Paris 1952.

Szkoła w konspiracji. Wspomnienia uczestników tajnego nauczania. Zus.gest. v. M. Kozakiewicz und St. Brzozowski, Warschau 1960.

Szturm de Sztrem, T.: Instytut Gospodarstwa Społecznego 1920–1944, Warschau 1959.

Tarnogrodzki, T.; Tryc, R.: Polskie organizacje konspiracyjne w kraju w latach 1939–1945. Krótki informator encyklopedyczny. In: Wojsk. Przegl. Hist. 1966, Nr. 4, S. 250–274 (Erster Teil).

Tazbir, M.: TNSSW w latach wojny 1939–1945, in: Przegl. Hist.-Oświat. I (1947), Nr. 3/4, S. 71–85.

Tenenbaum, J.: Underground. The story of a people, New York 1952.

Tomkiewicz, W.: s. Straty kulturalne.

Towards a New Poland. A programme of the Polish underground movement, London o. J. [ca. 1943].

Treue, W.: Kunstraub. Über die Schicksale von Kunstwerken in Krieg, Revolution und Frieden, Düsseldorf 1957.

Türcke, K. E. Frh. von: Das Schulrecht der deutschen Volksgruppen in Ost- und Südosteuropa. Berlin 1938.
Turlejska, M.: O wojnie i podziemiu. Dyskusje i polemiki, Warschau 1959.
dies.: Wrzesień 1939 – Grudzień 1941, Warschau 1966.

Uziembło, A.: Podziemie, in: Kultura (Paris) I (1950), Nr. 27, S. 3–33.

Voigt, G.: Das Institut für deutsche Ostarbeit in Krakau, in: September 1939. Hrg. v. B. Spiru, Berlin (Ost) 1959.
Volkmann, H. E. (Hrg.): Die Krise des Parlamentarismus in Ostmitteleuropa zwischen den beiden Weltkriegen, Marburg 1967.

Waga, J.: Szkolnictwo miasta Krakowa w latach okupacji niemieckiej 1939–1945, in: Roczn. Krak. 31 (1957), S. 23–84.
Walka o oświatę, naukę i kulturę w latach okupacji 1939–1944. Materiały z terenu m. st. Warszawy i woj. Warszawskiego. Zus.gest. u. bearb. v. St. Dobraniecki und W. Pokora, Warschau 1967.
Walka o szkołę Polską: s. Nasza Walka.
Wehler, H. U.: Die Polenpolitik im Deutschen Kaiserreich 1871–1918, in: Politische Ideologien und nationalstaatliche Ordnung. Festschr. f. Th. Schieder, München 1968, S. 297–316.
Weinreich, M.: Hitler's Professors. The Part of Scholarship in Germany's Crimes against the Jewish People, New York 1946.
Werner, K. F.: Das NS-Geschichtsbild und die deutsche Geschichtswissenschaft, Stuttgart 1967.
Wierne Płomienie 1943, Bari 1946 (Nachdruck der konspirativen Ausgabe, Lemberg 1943).
Winter, G.: Culture lives on in occupied Czechoslovakia, London 1941/42.
Wojciechowski, Z.: Memoriał w sprawie Instytutu Zachodniego, in: Przegl. Zach. 11 (1955) H. 3–4 s. 485 f.
Wojeński, T.: s. Niezwyciężona szkoła.
Wolf, A.: Higher Education in German Occupied Countries, London 1945.
Wulf, J.: Martin Bormann – Hitlers Schatten, Gütersloh 1962.
ders.: Dr. Hans Frank. Generalgouverneur im besetzten Polen. Beil. z. „Parlament" v. 2. Aug. 1961.
Wycech, Cz.: Z dziejów tajnej oświaty w latach okupacji 1939–1945, Warschau 1964 (zit. Wycech).
ders.: Praca oświatowa w kraju w czasie wojny (1939–1945). In: Przegl. Hist.-Oświat. I (1947) Nr. 1, S. 5–103.
ders.: Nauczycielstwo w walce o demokrację, Warschau 1947.
ders.: ZNP w czasie okupacji niemieckiej 1939–1945, in: Przegl. Hist.-Oświat. I (1947) Nr. 2, S. 106–145.

Z., J.: Nauka i szkolnictwo wyższe, in: Nauka Polska 25 (1947), S. 196–213.
Zaborowski, J.; Poznański, St.: „Sonderaktion Krakau", Warschau 1964.
Załęski, G. (Hrg.): Satyra w konspiracji 1939–1944, 2. Aufl. Warschau 1958.
Zanowa, J.: W służbie oświaty. Pamiętnik z lat 1900–1946, Breslau 1961.
Zaremba, Z.: Wojna i konspiracja, London 1957.
Żarnowski, J.: Struktura społeczna inteligencji w Polsce w latach 1918–1939, Warschau 1964.
Zentner, K.: Illustrierte Geschichte der Widerstandsbewegungen in Deutschland und Europa 1933–1945, München 1966.
Żółkiewski, St.: O pracy PPR wśród inteligencji w okresie okupacji, in: Nowe Drogi 16 (1962), Nr. 1, S. 22–33.
Źródła i Materiały do dziejów ruchu oporu na Lubelczyźnie (1939–1944), Lublin 1960 ff.
Związek Walki Młodych. Materiały i dokumenty, Warschau 1953.

Aus technischen Gründen war es mir nicht mehr möglich, noch das Heft 78 der Revue d'Histoire de la Deuxième Guerre Mondiale 1970 auszuwerten, das Polen im 2. Weltkrieg gewidmet ist; darin besonders der Aufsatz von E. Duraczyński: La structure sociale et politique de la résistance antihitlérienne en Pologne (1939–1945), S. 47–66.

Register

(Nicht aufgenommen wurden ständig vorkommende Namen, z. B. Frank, Krakau, Warschau, ferner Autorennamen in den Anmerkungen)

Studien zur modernen Geschichte

Band 1 Arnold Sywottek

Deutsche Volksdemokratie
Studien zur politischen Konzeption der KPD 1935–1946

Band 2 Joachim Radkau

Die deutsche Emigration in den USA
Ihr Einfluß auf die amerikanische Europapolitik
1933–1945

Band 3 Bernd Jürgen Wendt

Economic Appeasement
Handel und Finanz in der britischen Deutschland-Politik
von 1933–1939

Band 4 Erich Thomsen

Deutsche Besatzungspolitik in Dänemark 1940–1945

Band 5 Christoph Kleßmann

Die Selbstbehauptung einer Nation
Nationalsozialistische Kulturpolitik und polnische
Widerstandsbewegung im Generalgouvernement
1939–1945

Bertelsmann Universitätsverlag

Studienbücher zur auswärtigen und internationalen Politik

Band 1 Wolfram F. Hanrieder

Die stabile Krise
Ziele und Entscheidungen der bundesrepublikanischen Außenpolitik 1949 – 1969. Aus dem Amerikanischen übersetzt von Ursula Schmiederer und Karin Thornton

Band 2 Abraham Ashkenasi / Peter W. Schulze

Karl W. Deutsch: Nation und internationale Umwelt

Band 3 Gerhard Kiersch / Gilbert Ziebura

Einführung in die Außenpolitik Frankreichs seit 1944

Band 4 Gerd Junne

Spieltheorie in der internationalen Politik

Bertelsmann Universitätsverlag